Schwerpunkte Band 10/1   Lieb/Jacobs · Arbeitsrecht

Schwerpunkte

Eine systematische Darstellung der wichtigsten Rechtsgebiete anhand von Fällen
Begründet von Professor Dr. Harry Westermann †

Arbeitsrecht

von

Dr. Manfred Lieb

em. o. Professor an der Universität zu Köln

und

Dr. Matthias Jacobs

Professor an der Bucerius Law School, Hamburg

9., neu bearbeitete Auflage

CFM

C.F. Müller Verlag
Heidelberg

Bibliografische Information der Deutschen Nationalbibliothek
Die Deutsche Nationalbibliothek verzeichnet diese Publikation in der Deutschen Nationalbiblio-
grafie; detaillierte bibliografische Daten sind im Internet über <http://dnb.d-nb.de> abrufbar.

ISBN-13: 978-3-8114-8006-3
ISBN-10:   3-8114-8006-5

© 2006 C.F. Müller, Verlagsgruppe Hüthig Jehle Rehm GmbH,
Heidelberg, München, Landsberg, Berlin

www.cfmueller-verlag.de

Satz: Textservice Zink, Schwarzach
Druck und Bindung: J.P. Himmer, Augsburg

Printed in Germany

Vorwort

Die 9. Auflage ist wiederum mit Blick auf neue Gesetze, Rechtsprechung und Literatur aktualisiert und ergänzt worden. Sie verfolgt weiterhin die bewährte Konzeption, den Begriff der „Schwerpunkte" ernst zu nehmen: Sie setzt in bewusster Auswahl vertiefend Akzente vor allem, aber nicht ausschließlich, im Schwerpunktbereich Arbeitsrecht, der freilich in den verschiedenen Bundesländern unterschiedlich zugeschnitten ist, und berücksichtigt dabei vornehmlich die aktuellen Brennpunkte der arbeitsrechtlichen Diskussion. Judikatur und Schrifttum, die beide im Arbeitsrecht eine ganz besondere Rolle spielen, wurde deshalb wie schon bisher besondere Aufmerksamkeit geschenkt. Insoweit ist wieder ergänzend auf die – von den Studierenden zu wenig genutzten – vorzüglichen jährlichen Rechtsprechungs- und Literaturberichte in der ZfA zu verweisen.

Als Mitautor ist *Matthias Jacobs* in die 9. Auflage eingetreten. Beide Autoren haben bei der Überarbeitung zusammengearbeitet und teilen sich für den Gesamttext gemeinsam die Verantwortung. Die Neuauflage bringt kleine formale Neuerungen: Eine moderate Modernisierung des Layouts soll die Lesbarkeit des Textes erleichtern. Gerichtsentscheidungen sind nunmehr durchgängig mit Datum und Aktenzeichen zitiert, um dem Leser die Auffindbarkeit zu erleichtern. Die Beispielsfälle sowie die Randnummern sind neu durchgezählt worden. Das Buch befindet sich auf dem Stand Juni 2006. Das Gesetz zur Umsetzung europäischer Richtlinien zur Verwirklichung des Grundsatzes der Gleichbehandlung, das am 18.08.2006 in Kraft getreten ist, konnte allerdings noch berücksichtigt werden. Für die hilfreiche Unterstützung bei der Erstellung der Neuauflage danken wir herzlich Herrn Wiss. Mit. Dr. *Donat Wege* sowie Frau Wiss. Mit. *Daniela Dunker.*

Köln und Hamburg im August 2006

Manfred Lieb
Matthias Jacobs

Inhaltsverzeichnis

	Rn	Seite
Vorwort		V
Verzeichnis der abgekürzt zitierten Literatur		XV

Erster Teil
Individualarbeitsrecht

§ 1 **Grundlagen**	1	1
I. Arbeitnehmerbegriff	1	1
1. Arbeitnehmerbegriff der hL	1	1
2. Schutzbedürftigkeit der Arbeitnehmer	10	3
3. Grenzfälle	16	6
a) Freie Mitarbeiter	16	6
b) Neue Selbstständigkeit	22	8
c) Organe juristischer Personen, Gesellschafter	26	10
4. Zusammenfassung	31	12
II. Arbeitsvertrag und Arbeitsverhältnis	32	13
1. Arbeitsvertrag und Dienstvertrag	32	13
2. Personaler Charakter	36	14
3. Vom Arbeitsrecht zum Gesellschaftsrecht?	37	14
4. Kodifikation	38	15
III. Besondere Gestaltungsfaktoren (Überblick)	39	16
1. Verfassungs- und europarechtliche Vorgaben	40	16
a) Verfassungsrecht	40	16
b) Europarecht	42	17
2. Besondere individualrechtliche Regelungsformen	47	18
a) Grundsätzliche Vorbemerkung	47	18
b) Allgemeine Arbeitsbedingungen	50	19
c) Gesamtzusage	51	19
d) Betriebliche Übung	53	20
3. Konkretisierung von Arbeitsvertragsinhalten (Direktionsrecht)	67	25
4. Änderung von Arbeitsbedingungen (Überblick)	75	27
IV. Gleichheit, Gleichbehandlung und Gleichberechtigung im Arbeitsrecht	80	28
1. Gleichheitssatz (Art. 3 Abs. 1 GG)	80	28

2. Gleichberechtigung nach europarechtlichen Vorgaben . 82 29
   a) Allgemeines Gleichbehandlungsgesetz (AGG) . . . 86 31
   b) Diskriminierung wegen des Geschlechts 92 33
   c) (Mittelbare) Diskriminierung und Arbeitsentgelt . . 94 34
   d) Quotenregelungen 101 37
3. Arbeitsrechtlicher Gleichbehandlungsgrundsatz 104 37

§ 2 Bürgerliches Recht und Arbeitsrecht 112 40

  I. Modifizierungen im Bereich der Rechtsgeschäftslehre . . 113 40
    1. Auswahlentscheidung des Arbeitgebers 114 40
    2. Einschränkungen des Fragerechts 117 42
    3. Rechtsfolgen der Anfechtung und Nichtigkeit –
       fehlerhaftes Arbeitsverhältnis 132 47
      a) Anfechtung 132 47
      b) Nichtigkeit 137 49
  II. Vertragsfreiheit und Inhaltskontrolle 139 49
    1. Ausgangspunkt: Vertragsfreiheit 139 49
    2. Korrektur: Inhaltskontrolle 141 50
      a) Anwendungsbereich der AGB-Kontrolle
        bei Arbeitsverträgen 141 50
      b) Arbeitsverträge als Verbraucherverträge
        (§ 13 BGB) 144 51
      c) Ausgewählte Anwendungsfälle der AGB-Kontrolle . 147 52
    3. Überraschende Klauseln und Unklarheitenregel
      (§ 305c BGB) 155 55
    4. Inhaltskontrolle von Tarifverträgen 156 56
    5. Inhaltskontrolle von Betriebsvereinbarungen 157 56
  III. Modifizierungen im Bereich des Leistungsstörungsrechts . 158 57
    1. Lohnansprüche trotz Nichtleistung 159 57
      a) Urlaub, Feiertage 160 57
      b) Krankheit und persönliche Verhinderung 161 58
      c) Annahmeverzug 173 60
      d) Betriebsrisikolehre 182 63
      e) Exkurs: Einführung von Kurzarbeit 196 67
    2. Schadensersatzansprüche des Arbeitgebers 198 68
      a) Vorbemerkung 199 68
      b) Schadenersatzansprüche wegen Nichterfüllung
        (bei Unterbleiben der Arbeitsleistung) 200 69
      c) Mankohaftung 210 72
      d) Zurückbehaltungsrechte 213 74
      e) Haftungsprobleme bei Gruppenarbeit 217 75
    3. Haftungsbeschränkungen zu Gunsten
      des Arbeitnehmers 218 75
      a) Schadensteilung nach Verschuldensgraden 219 76

b) Freistellungsanspruch 227   79
c) Auswirkungen im Gesamtschuldverhältnis 229   80
4. Haftungsbeschränkung zu Gunsten des Arbeitgebers
   bei Personenschäden 231   81
5. Haftung des Arbeitgebers für Eigenschäden
   des Arbeitnehmers 235   83

§ 3 Ausgewählte Einzelfragen aus dem Individualarbeitsrecht . 239   85

I. Ausgewählte Entgeltfragen 239   85
   1. Sonderzahlungen (Gratifikationen) 239   85
   2. Leistungslohn 244   86
      a) Akkordlohn 245   87
      b) Prämienlohn 250   89
   3. Lohnansprüche bei zweckverfehlenden
      Arbeitsleistungen 251   89
   4. Exkurs: Wegfall der Bereicherung bei Lohnüberzahlung 257   91

II. Betriebliche Altersversorgung 258   92
   1. Grundsätzliches 258   92
   2. Durchführungswege 263   94
   3. Spezielle Rechtsprobleme 268   95
      a) Unverfallbarkeit 269   95
      b) Auszehrung, Anrechnung, Überversorgung 271   96
      c) Anpassung 273   97
      d) Insolvenzsicherung 280   98
      e) Änderung von Versorgungsordnungen 281   99
      f) Begünstigter Personenkreis 286   101
      g) Exkurs: Nachhaftung 287   101

III. Betriebsübergang 291   102
   1. Einführung 291   102
   2. Tatbestandsmerkmale 299   104
      a) Betriebsübergang 299   104
      b) Betriebsteil 305   107
      c) Rechtsgeschäft 310   109
   3. Anwendungsbereich 311   109
   4. Weitergeltung von Tarifverträgen
      und Betriebsvereinbarungen 318   111
   5. Kündigungsverbot 327   116

§ 4 Beendigung des Arbeitsverhältnisses 331   118

I. Überblick 331   118

II. Soziale Rechtfertigung 338   121
   1. Grundlagen 338   121
   2. Personenbedingte Kündigung 353   126
   3. Verhaltensbedingte Kündigung 358   128

4. Betriebsbedingte Kündigung 361 129
   a) Betrieblicher Grund 362 129
   b) Soziale Auswahl 367 131
   c) Darlegungs- und Beweislast 372 134
5. Kündigung wegen Betriebsstilllegung 373 135
6. Prozessuale Fragen (insbes Fristwahrung
   gem. § 4 KSchG) 376 136
III. Außerordentliche Kündigung 378 137
IV. Anspruch auf Weiterbeschäftigung 385 140
1. Gesetz und Rechtsfortbildung 385 140
2. Folgeprobleme 390 141
3. Rechtspolitische Wertungen 394 143
V. Änderungskündigung 396 144
VI. Abfindungen 408 148
VII. Zulässigkeit von befristeten Arbeitsverträgen
und deren gerichtliche Kontrolle 411 151

Zweiter Teil
Kollektives Arbeitsrecht

§ 5   **Verfassung und Koalition** 426 156
    I. Art. 9 Abs. 3 GG 426 156
      1. Individuelle und kollektive Koalitionsfreiheit 426 156
      2. Bestandsgarantie 430 158
      3. Betätigungsgarantie 437 161
      4. Koalitionsmittelgarantie 442 162
      5. Regelungsbefugnis des Gesetzgebers im Bereich
         des Art. 9 Abs. 3 GG 445 162
      6. Verhältnis staatlicher und tarifvertraglicher
         Normensetzung 448 164
    II. Negative Koalitionsfreiheit 456 167
    III. Art. 9 Abs. 3 GG und paritätische Mitbestimmung 460 168

§ 6   **Tarifvertragsrecht** 464 170
    I. Inhalt und Rechtswirkungen des Tarifvertrags 464 170
      1. Grundlagen 464 170
      2. Günstigkeitsprinzip 484 177
         a) Gesetzliche Regelung 484 177
         b) Günstigkeitsvergleich 486 178
         c) Günstigkeitsprinzip und Arbeitszeit 488 179
         d) Günstigkeitsprinzip und aufeinander folgende
            Tarifverträge 490 179

    e) Günstigkeitsprinzip und Betriebsvereinbarungen . . . 492 180
    f) Effektivklausel 493 180
  3. Nachwirkung von Tarifverträgen (§ 4 Abs. 5 TVG) . . . 497 182

  II. Bindung an den Tarifvertrag 501 184
    1. Tarifgebundenheit 501 184
    2. Geltungsbereich 508 186
    3. Veränderungen der Geltungsvoraussetzungen 525 193
    4. Geltung betrieblicher und betriebsverfassungsrechtlicher
       Normen (§ 3 Abs. 2 TVG) 535 197
       a) Begriff der betrieblichen Norm 535 197
       b) „Qualitative Besetzungsregelungen" 539 198

  III. Normen über Gemeinsame Einrichtungen
      der Tarifvertragsparteien (§ 4 Abs. 2 TVG) 545 200

  IV. Allgemeinverbindlicherklärung von Tarifverträgen
      (§ 5 TVG) 549 202

  V. Tariffähigkeit 554 203

  VI. Grenzen der Tarifmacht 563 206

§ 7 **Arbeitskampfrecht** 567 208

  I. Gewerkschaftlich organisierter Streik 567 208
    1. Individualrechtliche Ebene 569 209
    2. Rechtmäßigkeit gewerkschaftlich organisierter Streiks
       (kollektivrechtliche Ebene) 575 212
       a) Notwendigkeit der Rechtfertigung 575 212
       b) Kriterien der Rechtfertigung 582 214
       c) Umfang 612 222
    3. Unzulässigkeit der Erzwingung von Firmentarifverträgen
       mit verbandsangehörigen Arbeitgebern? 613 223
    4. Deliktsrechtliche Einordnung 622 226
    5. Ausgewählte Haftungsfragen 631 229
    6. Maßregelungsverbote 634 230
    7. Verfahrensfragen 637 231

  II. Aussperrung 641 232
    1. Zulässigkeit 643 232
       a) Entwicklung der Rechtsprechung 643 232
       b) Würdigung 652 235
    2. Methodenprobleme 655 237
       a) Zulässigkeit der Rechtsfortbildung 655 237
       b) Rückwirkung 657 238
       c) Richterrecht und Rechtsquellenlehre 658 238
    3. Adressaten der Aussperrung 659 238
    4. Stilllegungsbefugnis 662 240
    5. Lösende Aussperrung 664 240
    6. Kampftaktik der Weiterproduktion 666 241

III. Stellung der Außenseiter im Arbeitskampf 670   243
    1. Außenseiterarbeitnehmer 670   243
    2. Außenseiterarbeitgeber 671   244
    3. Andersorganisierte 673   244
IV. Drittwirkungen des Streiks 674   245
    1. Auswirkungen auf zivilrechtliche Abnahme-
      und Lieferverpflichtungen 674   245
    2. Wegfall des Lohnanspruchs bei Drittbetroffenheit . . . 678   246
      a) Arbeitskampfrisikolehre 678   246
      b) Folgeprobleme 682   248
V. Sonderformen des Arbeitskampfs 686   250
    1. Systematische Vorbemerkungen 686   250
    2. Zulässigkeit von Sympathiearbeitskämpfen 688   251
      a) Zulässigkeit von Sympathiestreiks 688   251
      b) Zulässigkeit von Sympathieaussperrungen 697   255
      c) Zulässigkeit sog. Boykotts 698   255
      d) Zulässigkeit von Betriebsblockaden 700   255
    3. Kollektive Arbeitsniederlegungen ohne gewerkschaftliche
      Trägerschaft 701   256
      a) Individualrechtliche Rechtfertigung 702   256
      b) „Wilde Streiks" 707   258
    4. Massenänderungskündigungen der Arbeitnehmer . . . 709   259
    5. Zulässigkeit von Massenänderungskündigungen
      der Arbeitgeber 712   260
      a) Herabsetzung übertariflicher Arbeitsbedingungen . . 712   260
      b) Verschlechterung bisheriger Tariflöhne 714   261

§ 8   **Betriebsverfassungsrecht** 715   261
   I. Einleitung 715   261
    1. BetrVG und MitbestG 715   261
    2. Schwerpunkte (Übersicht) 719   263
    3. Instrumente der Mitbestimmung 720   263
      a) Betriebsvereinbarung 720   263
      b) Einigungsstelle 730   267
      c) Regelungsabrede 733   268
      d) Unterlassungsansprüche 734   268
    4. Leitprinzipien 738   269
  II. Anwendungsbereich 745   271
    1. Überblick 745   271
    2. Begriff des leitenden Angestellten 748   271
    3. Begriff des Tendenzbetriebs 754   273
      a) Reichweite des § 118 Abs. 2 BetrVG 755   274
      b) Problematik des § 118 Abs. 1 BetrVG 756   274

III. Mitbestimmung in sozialen Angelegenheiten
   (§ 87 BetrVG) 764   277
   1. Grundlagen 764   277
      a) Überblick 764   277
      b) Mitbestimmung und Direktionsrecht 765   277
      c) Theorie der Wirksamkeitsvoraussetzung 766   278
      d) Initiativrecht 768   278
      e) Kollektivbezug/Abgrenzung zu Einzelfällen 769   279
      f) Vorrang unternehmerischer (Vor-) Entscheidungen? . 772   279
   2. Betriebsvereinbarung und Tarifvertrag 773   280
      a) Tarifvorbehalt (§ 77 Abs. 3 BetrVG) 773   280
      b) Tarifvorrang (Zwei-Schranken-Theorie) 781   283
      c) Delegationsproblematik 790   285
   3. Betriebsvereinbarung und Arbeitsvertrag
      (zur Problematik des Günstigkeitsprinzips) 795   286
   4. Einzelfälle 801   289
      a) Fragen der Ordnung des Betriebs und
         des Verhaltens der Arbeitnehmer im Betrieb
         (§ 87 Abs. 1 Nr 1 BetrVG) 801   289
      b) Mitbestimmung in Bezug auf die Arbeitszeit
         (§ 87 Abs. 1 Nr 2 und 3 BetrVG) 802   289
      c) Entgeltbegriff des § 87 Abs. 1 Nr 10 BetrVG 809   292
      d) Reichweite der Mitbestimmung gem. § 87 Abs. 1
         Nr 10 BetrVG für sog. AT-Angestellte 821   297
      e) Sonderproblematik leistungsbezogener Entgelte
         (§ 87 Abs. 1 Nr 11 BetrVG) 826   299
      f) Mitbestimmung gemäß § 87 Abs. 1 Nr 6 BetrVG . . 835   302
IV. Mitbestimmung in personellen Angelegenheiten
   (§§ 99 ff BetrVG) 837   303
   1. Überblick 838   303
   2. Einzelne personelle Maßnahmen 845   305
      a) Einstellung 845   305
      b) Versetzung 856   308
      c) Eingruppierung, Umgruppierung 861   310
   3. Problematik vorläufiger Einstellungen 864   310
V. Mitbestimmung in wirtschaftlichen Angelegenheiten
   (§§ 106 ff BetrVG) 877   313
   1. Wirtschaftsausschuss 877   313
   2. Interessenausgleich und Sozialplan 879   314
   3. Einzelheiten 884   316
      a) Begriff der Betriebseinschränkung
         (§ 111 S. 3 Nr 1 BetrVG) 884   316
      b) Betriebsaufspaltung 888   318
      c) Auszugleichende Nachteile 893   319
      d) Sozialplan in der Insolvenz 901   322

§ 9   Mitbestimmung im Unternehmen   902   322

   I. Überblick   902   322

     1. Montanmitbestimmung   902   322

     2. Mitbestimmungsgesetz   910   325

     3. Unterschiede zwischen Montanmitbestimmung
       und MitbestG   911   325

     4. Drittelbeteiligungsgesetz   915   326

     5. SE-Beteiligungsgesetz   920   327

     6. Zusammensetzung und Wahlverfahren in Bezug
       auf die sog. Arbeitnehmerbank   923   329

     7. Arbeitsdirektor   925   329

  II. Funktionsweise der Mitbestimmung   928   330

     1. Mitbestimmung in der AG   928   330

     2. Mitbestimmung in der GmbH   934   332

     3. Mitbestimmung in der GmbH & Co. KG   940   334

     4. Mitbestimmung im Konzern   943   335

       a) Grundlagen   943   335

       b) Konzernbegriff   944   336

       c) „Konzern im Konzern"   945   337

       d) Gemeinschaftsunternehmen   947   338

       e) Beteiligungsausschuss   948   338

 III. Spannungsverhältnis zwischen Mitbestimmungs-
    und Gesellschaftsrecht   949   338

     1. Grundsätzliches (insbesondere zur Auslegung
       des MitbestG)   949   338

     2. Grenzen zulässiger Satzungsregelungen   953   340

       a) Beschlussfähigkeit und Vertagung   954   340

       b) Aufsichtsratsausschüsse   958   342

     3. Verschwiegenheitspflicht   961   343

     4. Stimmverbote   963   344

Sachverzeichnis   347

Verzeichnis der abgekürzt zitierten Literatur

Brox/Rüthers	Arbeitskampfrecht, 2. Aufl. 1982
ErfK-*Bearb.*	Erfurter Kommentar zum Arbeitsrecht, 6. Aufl. 2006
Fitting/Engels/Schmidt/	Betriebsverfassungsgesetz mit Wahlordnung, 23. Aufl. 2006
Trebinger/Linsenmaier	
GK-*Bearb.*	Betriebsverfassungsgesetz, Gemeinschaftskommentar, Hrsg. *Kraft/ Wiese/Kreutz/Oetker/Raab/Weber/Franzen*, Band I §§ 1–73b, 8. Aufl. 2005, Band II §§ 74–132, 8. Aufl. 2005
Hanau/Adomeit	Arbeitsrecht, 13. Aufl. 2005
Hess/Schlochauer/	Kommentar zum Betriebsverfassungsgesetz, 6. Aufl. 2002
Worzalla/Glock	
v. Hoyningen-Huene	Betriebsverfassungsrecht, 5. Aufl. 2002
v. Hoyningen-Huene/Linck	Kündigungsschutzgesetz, 13. Aufl. 2002
Hueck/Nipperdey	Lehrbuch des Arbeitsrechts, Band I, II, 7. Aufl. 1963/1970
Kissel	Arbeitskampfrecht, 2002
KR-*Bearb.*	Gemeinschaftskommentar zum Kündigungsschutzgesetz und zu sonstigen kündigungsschutzrechtlichen Vorschriften, Hrsg. *Becker/Etzel* ua, 7. Aufl. 2004
Löwisch/Kaiser	Betriebsverfassungsgesetz, 5. Aufl. 2002
Löwisch/Spinner	Kündigungsschutzgesetz, 9. Aufl. 2004
Löwisch-*Bearb.*, AK	Arbeitskampf- und Schlichtungsrecht, 1997
Löwisch/Rieble	Tarifvertragsgesetz, Kommentar, 2. Aufl. 2004
Maunz/Dürig/Herzog	Grundgesetz, Loseblattkommentar, Stand: 2006
v. Münch-*Bearb.*	Grundgesetz-Kommentar, Band I, 5. Aufl. 2000
MünchArbR-*Bearb.*	Münchener Handbuch zum Arbeitsrecht Band I, 2. Aufl. 2000; Band II, 2. Aufl. 2000; Band III, 2. Aufl. 2000; Ergänzungsband Individualarbeitsrecht 2001
MünchKomm-*Bearb.*	Münchener Kommentar zum Bürgerlichen Gesetzbuch, Band 1, 4. Aufl. 2001; Band 2a, 4. Aufl. 2003 und Band 5, 4. Aufl. 2004
MünchKommAktG-*Bearb.*	Münchener Kommentar zum Aktiengesetz, Band 9/2, §§ 329–410 AktG, Europäisches Aktienrecht, 2. Aufl. 2006
Nikisch	Arbeitsrecht, Band I, 3. Aufl. 1961; Band II, 2. Aufl. 1959
RGRK	Bürgerliches Gesetzbuch, Kommentar, 12. Aufl. 1982 ff
Richardi-*Bearb.*	Betriebsverfassungsgesetz, 10. Aufl. 2006
Säcker/Oetker	Grundlagen und Grenzen der Tarifautonomie, 1992
Schaub-*Bearb.*	Arbeitsrechts-Handbuch, 11. Aufl. 2005
Soergel-*Bearb.*	Bürgerliches Gesetzbuch, 13. Bearb. 1999 ff
Söllner/Waltermann	Arbeitsrecht, 13. Aufl. 2003
Stahlhacke/Preis/ Vossen	Kündigung und Kündigungsschutz im Arbeitsverhältnis, 9. Aufl. 2005
Staudinger-*Bearb.*	Kommentar zum Bürgerlichen Gesetzbuch, §§ 611–615, 13. Aufl. 1999, §§ 616–619, 13. Aufl. 1997
Ulmer/Habersack/ Henssler-*Bearb.*	Mitbestimmungsrecht, 2. Aufl. 2006
Wiedemann-*Bearb.*	Tarifvertragsgesetz, 6. Aufl. 1999
Zöllner/Loritz	Arbeitsrecht, 5. Aufl. 1998

Bezüglich der Abkürzungen wird verwiesen auf: *Kirchner/Butz*, Abkürzungsverzeichnis der Rechtssprache, 5. Auflage 2003

Erster Teil

Individualarbeitsrecht

§ 1   Grundlagen

I.   Arbeitnehmerbegriff

1.   Arbeitnehmerbegriff der hL

Arbeitnehmer ist nach tradierter Auffassung derjenige, der auf Grund privatrechtli- **1**
chen Vertrags zur Arbeitsleistung im Dienste eines anderen verpflichtet ist[1]. Diese
Definition ist als solche ebenso nichtssagend wie selbstverständlich. Wenigstens etwas Leben bekommt sie, wenn man die Erläuterungen zum entscheidenden Merkmal
„im Dienste eines anderen" hinzunimmt und hört, es müsse eine persönliche Abhängigkeit vorliegen, was dasselbe bedeuten soll wie die Aussage, es müsse in Bezug auf
die Arbeitspflicht eine Gehorsamspflicht (Weisungsgebundenheit, Weisungsunterworfenheit) bestehen[2]. Noch etwas deutlicher wird das Gemeinte, wenn von fremd-
bestimmter, unselbstständiger im Gegensatz zu selbstbestimmter, selbstständiger Arbeit gesprochen[3] oder zusammenfassend formuliert wird, „Arbeitnehmer ist, wer auf
Grund eines privatrechtlichen Vertrags im Dienste eines anderen zur fremdbestimmten Arbeit in persönlicher Abhängigkeit verpflichtet ist"[4]. Auch diese Merkmale sind
– das Unbehagen über den gegenwärtigen Arbeitnehmerbegriff ist weit verbreitet –
jedoch noch immer blass, weil sehr allgemein gehalten, doch konnte man sich damit
begnügen, solange es im Wesentlichen nur darum ging, den kaum streitigen Normaltypus des Arbeitnehmers zu beschreiben und allenfalls gegenüber dem ebenfalls un-
problematischen Normaltyp des freien Dienstnehmers gemäß §§ 611 ff BGB abzugrenzen.

Schwierigkeiten ergeben sich für die referierten Definitionen dagegen in Grenzfällen, **2**
wie etwa bei der (Uralt-) Frage, ob (angestellte) Chefärzte als Arbeitnehmer angesehen werden können[5]. Hier geht es nicht nur um Dienste höherer Art – dies steht nach
allgemeiner Meinung der Bejahung der Arbeitnehmereigenschaft nicht entgegen –,

---

1   Vgl nur *Hueck/Nipperdey I* 34 f; RGRK-*Schliemann* § 611 Rn 950 ff, 982 ff; *Staudinger-Richardi* Vor-
    bem zu § 611 ff Rn 132 ff; zur Entwicklung *Weber*, Das aufgespaltene Arbeitsverhältnis 1992, 214 ff.
2   *Hueck/Nipperdey I* 41 ff; MünchKommBGB-*Müller-Glöge* § 611 Rn 154.
3   *Zöllner/Loritz* § 4 III 5 (45 ff).
4   BAG v. 06.07.1995, 5 AZB 9/93, NZA 1996, 33. § 84 Abs. 1 S. 2 HGB unterscheidet zwischen Selbst-
    und Unselbstständigkeit und herrschend wird hierin ein verallgemeinerungsfähiger Rechtsgedanke ge-
    sehen. Entscheidendes Kriterium für die Unselbstständigkeit sei die persönliche Abhängigkeit. Zur
    Auslegung des § 84 Abs. 1 S. 2 HGB und seiner Bedeutung für das Arbeitsrecht *Hromadka* NJW 2003,
    1847. Ein wesentliches Merkmal selbstständigen Tätigwerdens ist bspw die Berechtigung, die Dienst-
    leistung durch Dritte erbringen zu lassen: BAG v. 12.12.2001, 5 AZR 253/00, NZA 2002, 787, 788.
5   BAG v. 27.07.1961, 2 AZR 255/60, NJW 1961, 2085.

sondern um eine Dienstleistung in besonderer, weitgehend unabhängiger, uU sogar arbeitgeberähnlicher Funktion.

3   Selbst qualifizierte Dienstleistungen können von Arbeitnehmern erbracht werden; allenfalls könnte man angesichts des damit zumeist verbundenen höheren Gehalts an der Schutzbedürftigkeit der betroffenen Personen zweifeln, aber wirtschaftliche Schutzbedürftigkeit ist jedenfalls nach heute hL für die Bejahung der Arbeitnehmereigenschaft nicht erforderlich; außerdem legen auch „Hochbesoldete" auf die mit der Arbeitnehmereigenschaft verbundenen Vorteile durchaus Wert, überdies sind sie etwa im Bereich der sozialen Vorsorge als Beitragszahler sehr erwünscht!

4   In diesen Fällen wird daher das in obiger Definition mit persönlicher Abhängigkeit gleichgesetzte, ja für diese möglicherweise sogar konstitutive Merkmal der **fachlichen Weisungsgebundenheit** problematisch. Das BAG hat denn auch in seiner Chefarztentscheidung nicht gezögert, die weitgehend oder sogar völlig gegebene (fachliche) **Weisungsfreiheit** als mit der Arbeitnehmereigenschaft durchaus vereinbar zu erklären, und die hL ist ihm darin gefolgt[6]. Die weitgehende Selbstständigkeit bei der Erfüllung der dienstlichen Obliegenheiten steht also der Arbeitnehmereigenschaft nicht entgegen. Nach der Rechtsprechung kommt es bei fehlender fachlicher Weisungsgebundenheit vielmehr im Wesentlichen nur auf die Eingliederung des Arbeitnehmers in den arbeitsorganisatorischen Betriebsablauf an[7]. Mit diesem formalen Merkmal kann man jedoch allenfalls unstreitige Regelfälle erfassen; in Streitfällen ist die Eingliederung als Abgrenzungsmerkmal dagegen deswegen ungeeignet, weil es die Schutzbedürftigkeit des Betroffenen nicht selbstständig zu begründen vermag.

5   Im Chefarztfall war noch zu erwägen, ob das Liquidationsrecht und vor allem die Möglichkeit des Betreibens einer Privatpraxis mit der Arbeitnehmereigenschaft vereinbar war; denn in Bezug auf diese Tätigkeiten konnte der Betreffende sicherlich nicht als Arbeitnehmer angesehen werden; insoweit lag vielmehr eine freie, nebenberufliche Unternehmertätigkeit vor. Dies kann jedoch die Arbeitnehmereigenschaft innerhalb der Haupttätigkeit nicht berühren. Im Übrigen kann den Besonderheiten der Chefarztstellung etwa im betriebsverfassungsrechtlichen Bereich durch Einordnung des Arztes als leitender Angestellter Rechnung getragen werden (§ 5 Abs. 3 BetrVG). Auch ein Rechtsanwalt kann trotz seiner Stellung als unabhängiges Organ der Rechtspflege (§ 1 BRAO) Arbeitnehmer sein, denn die Weisungsgebundenheit betrifft allein das Innenverhältnis zwischen den Vertragsparteien[8].

---

6   BAG v. 27.07.1961, 2 AZR 255/60, NJW 1961, 2085; aus dem Schrifttum vor allem *Herschel*, Freier Beruf und Arbeitsverhältnis 1964, 28 ff; MünchArbR-*Richardi* § 24 Rn 26 f; aA aber etwa *Zöllner/Loritz* § 4 III 5 a bb (47).

7   Vgl nur BAG v. 09.03.1977, 5 AZR 110/76, AP Nr 21 zu § 611 BGB Abhängigkeit. Aufschlussreiche Rechtsprechungsfälle: BAG v. 10.05.1990, 2 AZR 607/89, EzA § 611 BGB Arbeitnehmerbegriff Nr 36 (Vertragsamateur); BSG v. 12.12.1990, 11 RAr 73/90, NZA 1991, 907(Fotomodell); BAG v. 15.04.1993, 2 AZB 32/92, NZA 1993, 789, 790 ff (Juniorpartner einer Anwaltssozietät) BAG v. 26.07.1995, 5 AZR 22/94, NZA 1996, 477, 478 f und BAG v. 29.05.2002, 5 AZR 161/01, AP Nr 152 zu § 611 BGB Lehrer, Dozenten (Lehrkräfte an Volkshochschulen); BAG v. 15.12.1999, 5 AZR 566/98, NZA 2000, 447 f und BAG v. 15.12.1999 5 AZR 3/99, NZA 2000, 534, 535 ff (Versicherungsvertreter); BAG v. 22.08.2001, 5 AZR 502/99, NZA 2003, 662, 663 f (Orchesteraushilfe); LAG München v. 22.01.2004, 3 Ta 440/03, NZA-RR 2004, 365 f (Telefonistin); weitere Nachw. bei *Stoffels*, ZfA 1999, 56 ff und *Nicolai*, ZfA 1999, 621 ff.

8   LAG Düsseldorf v. 23.07.2002, 16 Sa 162/02, NZA-RR 2002, 567, 568; Henssler/Prütting-*Koch* § 1 BRAO Rn 51 ff.

Gegen die Weisungsgebundenheit als Merkmal des Arbeitnehmerbegriffs hat im Übrigen schon *Nikisch* zutreffend eingewandt, dass sich das Arbeitsrecht weder in seinem Umfang, noch in seiner heutigen Gestalt darauf zurückführen lasse[9]. Außerdem ist die mangelhafte Aussagekraft der (als solche bei sehr vielen Arbeitnehmern rechtstatsächlich selbstverständlich zu beobachtenden) Weisungsunterworfenheit unter dem wichtigen und interessanten Aspekt der Einwirkung der Mitbestimmung auf das Arbeitsrecht besonders deutlich geworden[10]. **6**

Wenn man an der Weisungsgebundenheit als Merkmal des Arbeitnehmerbegriffs daher überhaupt festhalten will, so allenfalls dann, wenn man sie – gewissermaßen rudimentär – allein auf Zeit und Ort der Arbeitsleistung bezieht. Wer wenigstens insoweit der **Fremdbestimmung** unterliegt (wie auch der Chefarzt), wäre als Arbeitnehmer anzusehen. **7**

Ein formales Abstellen auf Fremdbestimmung in Bezug auf Zeit und Ort der Arbeitsleistung ist jedoch schwerlich geeignet, in Grenzfällen Klarheit zu schaffen. Dies lässt sich etwa am Beispiel eines Schauspielers zeigen, der sich für eine mehrwöchige Filmproduktion zur Verfügung stellt und innerhalb dieses Zeitraums sicherlich weitgehend einer sich aus den Produktionszwängen und den Anforderungen der Filmtechnik, aber auch den Anweisungen des Produktionsleiters ergebenden Fremdbestimmung unterliegt, ohne dass man ihn allein deshalb als Arbeitnehmer bezeichnen könnte. Vor allem aber ist schlechterdings nicht ersichtlich, wie eine so formal verstandene Fremdbestimmung in Bezug auf Zeit und Ort der Arbeitsleistung die spezifische Schutzbedürftigkeit des Arbeitnehmers begründen könnte[11]. Es ist daher weiterhin erforderlich, nach materiell aussagekräftigen Merkmalen zu suchen, aus denen sich die mit dem Arbeitnehmerbegriff zusammenhängende Entwicklung des gesamten Arbeitnehmerschutzrechts rechtfertigen lässt. **8**

Wie notwendig dies (immer noch und immer wieder) ist, zeigen neuere („moderne") Vertragsgestaltungen, die als „Flucht aus dem Normalarbeitsverhältnis"[12] kritisiert werden (dazu noch Rn 27 ff). Auch dort geht es um die für viele wichtige Frage, ob sie als selbstständige Dienstverpflichtete oder als Arbeitnehmer zu betrachten und zu behandeln sind. Sie kann nur beantwortet werden, wenn Klarheit besteht über die eigentliche Ursache der Schutzbedürftigkeit und die Rechtfertigung der Schutzwürdigkeit. **9**

2. Schutzbedürftigkeit der Arbeitnehmer

Ein erster Ansatzpunkt für die Beantwortung dieser Frage findet sich wiederum bei *Nikisch*, wenn dieser die **Fremdbestimmung** dadurch kennzeichnet, dass Arbeit- **10**

---

9   *Nikisch I* 6, der auch darauf hinweist, dass die Weisungsgebundenheit allenfalls den Gesetzgeber hätte veranlassen können, dieses Weisungsrecht des Arbeitgebers zu beschränken. Dies ist heute in vielfältiger Weise durch das BetrVG geschehen.

10 Dazu eingehend *Zöllner* RdA 1969, 65.

11 Vgl dazu insb die in ihrer begrenzten Aussagekraft aufschlussreichen, ganz traditionell angelegten Ausführungen von MünchArbR-*Richardi* § 24 Rn 22, 47 ff; zur Beschäftigung auf Produktionsdauer *Lieb* RdA 1977, 210 und *Beuthien/Wehler* RdA 1978, 2, 8 f.

12 Vgl dazu die überwiegend rechtspolitischen Ausführungen von *Zachert* AuR 1988, 129 und *Däubler* AuR 1988, 302.

nehmer letztlich als Hilfskräfte in den Herrschaftsbereich eines anderen eintreten, dadurch – unter fremder Leitung arbeitend – zu Gliedern eines größeren Ganzen werden und auf diese Weise vor allem ihre Selbstständigkeit verlieren, nicht mehr ihr eigener Herr sind, sondern einem anderen dienstbar werden, der ihre Arbeitskraft für seine Zwecke verwertet[13]. Damit ist neben der Fremdbestimmung die **Fremdnützigkeit** angesprochen, und das dürfte ein entscheidender Gedanke sein. Zwar verwertet auch der Arbeitnehmer seine Arbeitskraft letztlich für sich selbst, nämlich zur Bestreitung seines Lebensunterhalts, aber seine Arbeitsleistung bekommt ihre Bedeutung und ihre Funktion, auch ohne dass es auf den von *Nikisch* stark überbewerteten, wiederum eher formalen Gesichtspunkt der sog. Eingliederung ankommt, doch vor allem durch ihre Ausrichtung auf einen weiterführenden dritt- oder fremdbestimmten Zweck, nämlich den des Arbeitgebers oder hier besser den des Unternehmers.

11 Der Gedanke der Fremdnützigkeit echter Arbeitnehmertätigkeit ist vor allem von *Wiedemann* weiterführend verwendet worden[14]. Er weist zutreffend insbesondere darauf hin, dass (auf Dauer angelegte) fremdnützige Beschäftigung dem Arbeitnehmer die Möglichkeit eigener (unternehmerischer!) Teilnahme am Marktgeschehen nimmt, dass er über seine Arbeitskraft nicht mehr selbstständig disponieren kann, sondern dass er kraft Arbeitsvertrags diese Dispositionsmöglichkeit gewissermaßen auf den Arbeitgeber übertragen hat. Aus diesem Verlust eigener Dispositionsmöglichkeit und der daraus resultierenden Unmöglichkeit eigennützigen, unternehmerischen (wenn auch – Unternehmerschicksal – risikoreichen) Einsatzes der eigenen Arbeitskraft ergibt sich dann zugleich die ganze, die Entwicklung des Arbeitsrechts begleitende und rechtfertigende Schutzbedürftigkeit und Schutzwürdigkeit des Arbeitnehmers, der wegen dieses Verlustes der eigenen Dispositionsmöglichkeit zur Eigenvorsorge unfähig und daher der Fremdvorsorge bedürftig ist, sei es nun durch Gewährung von Kündigungsschutz (Bestandsschutz für das Rechtsverhältnis, das die Existenzgrundlage des Arbeitnehmers darstellt), sei es durch Gewährung sozialer Leistungen (Lohnfortzahlung, Altersversorgung, Urlaubsgeld etc). Zugleich wird damit die weitgehende Belastung des Arbeitgebers mit dieser Daseinsvorsorge zumindest teilweise dadurch gerechtfertigt, dass er seine Dispositionsmöglichkeiten, seinen unternehmerischen Spielraum, durch die Indienstnahme fremder Arbeitskraft nicht unerheblich erweitern und dadurch wirtschaftliche Vorteile ziehen kann[15]. Marxistisch gesprochen: Ihm wächst der Mehrwert zu, aus dem sonst der Arbeitnehmer die Daseinsvorsorge selbst hätte bestreiten können.

12 Diese Rückführung der formelhaften persönlichen Abhängigkeit auf eine sich aus der gesamten Lebenssituation des Arbeitnehmers ergebende konkrete Schutzbedürftigkeit enthält freilich zumindest auch wirtschaftliche Elemente. Dies steht im Gegensatz zur hL, die – wie bereits erwähnt – seit längerem fast ängstlich betont, auf wirtschaft-

---

13 *Nikisch I* 7.
14 *Wiedemann*, Das Arbeitsverhältnis als Austausch- und Gemeinschaftsverhältnis 1966, 14 ff.
15 Zu diesem Ansatz *Lieb* RdA 1977, 210; *Beuthien/Wehler* RdA 1978, 2; *H.P. Westermann* AcP 178 (1978), 150, 160.

liche Schutzbedürftigkeit käme es nicht an[16]. Dies war angesichts vieler, gerade materieller Vorteile und Vergünstigungen, die dem Arbeitnehmer zufließen und die doch offenbar gerade mit der Arbeitnehmereigenschaft zusammenhängen, schon bisher verwunderlich und wenig überzeugend. Erklären lässt sich die Stellungnahme der hL aber wohl damit, dass man zum einen fürchtete, so könnte die Arbeitnehmereigenschaft besser verdienender Arbeitnehmer entgegen der bereits geschilderten Entwicklung verneint werden, und weil man zum anderen die wirtschaftliche Schutzbedürftigkeit zum Merkmal bloßer **Arbeitnehmerähnlichkeit** erklärte[17].

Beide Befürchtungen sind indessen grundlos: Zum einen findet sich der Verlust der **13** Möglichkeit eigener wirtschaftlicher Disposition durchaus auch bei Hochbesoldeten; diese bedürfen daher in zumindest nicht unerheblichem Umfang ebenfalls der Fremdvorsorge, mag ihnen auch das höhere Entgelt (das meist mit größeren Bedürfnissen gekoppelt ist!) auch eine etwas größere Bewegungsfreiheit bringen. Zum anderen bedeutet wirtschaftliche Schutzbedürftigkeit auch der Arbeitnehmer deswegen keine Gleichstellung mit nur arbeitnehmerähnlichen Personen[18], weil bei diesem Personenkreis, der durch **nur** wirtschaftliche Schutzbedürftigkeit gekennzeichnet ist, die unternehmerischen Dispositionsmöglichkeiten jedenfalls rechtlich durchaus vorhanden sind; sie sind dort – im Gegensatz zum echten Arbeitnehmer – keineswegs durch auf Dauer angelegte Festanstellung verloren bzw auf den Arbeitgeber übergegangen, sondern erhalten geblieben. Allenfalls besteht rein tatsächlich keine Möglichkeit, davon ausreichenden Gebrauch zu machen. Dies ist jedoch ein typisches, mit wirtschaftlicher Selbstständigkeit oft verbundenes Unternehmer- und kein eigentliches Arbeitnehmerrisiko. Zwar mag auch eine solche Schutzbedürftigkeit unter gewissen Umständen eine Gleichstellung mit Arbeitnehmern nahe legen, dies ist dann jedoch eine andere, jenseits vom Arbeitnehmerbegriff zu entscheidende Sonderfrage[19].

Die persönliche (und – im Rahmen des Gesagten – zugleich wirtschaftliche) Abhän- **14** gigkeit des Arbeitnehmers beruht also letztlich auf der „Arbeitsleistung im Dienste eines anderen", weil vor allem diese umfassende **Dauerverpflichtung**, fremdnützig tätig zu sein, den Dienstleistenden zu eigener Daseinsvorsorge unfähig macht. Er hat sich der Möglichkeit dazu in rechtlich bindender Weise auf Dauer begeben. Dies ist angesichts der betriebswirtschaftlichen Notwendigkeit, nicht einzel- oder gar hauswirtschaftlich, sondern mittels großer Unternehmenseinheiten produzieren oder Dienstleistungen erbringen zu müssen, kein selbstgewähltes Schicksal, sondern zwangsläufige Folge moderner Wirtschaftsentwicklung.

Im Übrigen sei noch darauf hingewiesen, dass die hier für ausschlaggebend erachtete **15** Möglichkeit eigenverantwortlicher unternehmerischer Disposition über die eigene Arbeitskraft nicht nur dann erhalten bleibt, wenn der Dienstverpflichtete angesichts

---

16 MünchArbR-*Richardi* § 24 Rn 36 f.
17 Zur Widersprüchlichkeit dieses Ansatzes *Stolterfoht* DB 1973, 1068.
18 Zur Frage, ob der Juniorpartner einer freiberuflichen Sozietät als arbeitnehmerähnliche Person anzusehen ist, BAG v. 15.04.1993, 2 AZB 32/92, NZA 1993, 789, 790 ff (verneinend); dagegen *Eckert* DStR 1993, 1531, 1532 ff.
19 Dazu *Lieb* RdA 1974, 257, 262 f.

des Fehlens einer Verpflichtung, die Arbeitskraft voll in den Dienst eines anderen zu stellen, mit mehreren Auftraggebern kontrahieren kann, sondern auch dann, wenn eine vollständige Zur-Verfügung-Stellung der Arbeitskraft vorliegt, diese aber bewusst zeitlich beschränkt ist und damit die Möglichkeit eröffnet, die eigene Arbeitskraft nacheinander unter Zweckmäßigkeitsgesichtspunkten mehreren Auftraggebern zur Verfügung zu stellen, wie dies etwa wiederum beim nicht fest angestellten Schauspieler, Sänger etc der Fall sein kann[20].

3. Grenzfälle

a) Freie Mitarbeiter

16   **Fall 1:** M ist als „Freier Mitarbeiter" bei der Rundfunkstation X beschäftigt und arbeitet dort als Sprecher, Aufnahmeleiter und zT auch als Autor. Zur Ausübung der erstgenannten Tätigkeiten stellt X dem M das notwendige technische Equipment zur Verfügung, ein eigenes Büro hat M in den Räumen der X allerdings nicht. Wöchentlich werden Einsatzpläne erstellt, aus denen M seinen Einsatz als Sprecher und Aufnahmeleiter entnehmen kann. Sie werden im Voraus nicht mit den „Freien Mitarbeitern" abgesprochen, diese sind aber berechtigt, Tätigkeiten abzulehnen (BAG v. 16.02.1994, 5 AZR 402/93, NZA 1995, 21). **Rn 20**

17   Anlass zur Diskussion über Inhalt und Reichweite des Arbeitnehmerbegriffs boten vor allem die sog. freien Mitarbeiter der Rundfunk- und Fernsehanstalten sowie die dazu ergangene umfangreiche Rechtsprechung[21]. Ihre Sonderstellung beruhte zum einen darauf, dass zwischen ihnen und ihren Auftraggebern rein (vertrags-) rechtlich keine Dauerverbindung begründet wurde; die freien Mitarbeiter erhielten vielmehr nur einzelne und infolgedessen auch einzeln vergütete Aufträge. Bedenken gegen die rechtliche Zulässigkeit einer solchen Beschäftigungspraxis tauchten in den Fällen auf, in denen sich solche einzelne Beschäftigungsverhältnisse vielfach wiederholten und zum Teil sogar so nahtlos ineinander übergingen, dass jedenfalls äußerliche Unterschiede zwischen der Tätigkeit solcher angeblich freien Mitarbeiter und der Tätigkeit von (auf Dauer) Festangestellten nicht mehr erkennbar waren. Insbesondere diese sog. **ständigen freien Mitarbeiter** strengten etwa seit Anfang der Siebzigerjahre Klagen auf Feststellung ihrer Arbeitnehmereigenschaft an, die in großem Umfang Erfolg hatten[22].

---

20   Dazu *Lieb* RdA 1977, 210; zum Arbeitnehmerbegriff s. auch die umfassende Untersuchung von *Wank*, Arbeitnehmer und Selbstständige 1988, 10 ff, 145 ff, 154 ff und *passim* (hierzu auch *Lieb*, 8. Aufl., Rn 18 f); vgl auch *Hilger* RdA 1989, 1; *Reuter*, FS Dieterich 1999, 473 ff; insgesamt zu neueren Tendenzen *Weber*, Das aufgespaltene Arbeitsverhältnis 1992, 257 ff.

21   Dazu nunmehr zusammenfassend (und teilweise modifizierend) BAG v. 30.11.1994, 5 AZR 704/93, NZA 1995, 622, 623 ff; einen Überblick über die Entwicklung liefern *Rüthers/Beninca* Anm. zu BAG EzA § 611 BGB Arbeitnehmerbegriff Nr 55.

22   Die erfolgreiche Klage auf Festeinstellung kann auch negative Folgen, nämlich eine Entgeltminderung, haben: BAG v. 21.01.1998, 5 AZR 50/97, NZA 1998, 594; zur Rückabwicklungsproblematik BAG v. 29.05.2002, 5 AZR 680/00, NZA 2002, 1328; zum Ganzen *Reinecke* RdA 2001, 357; *Niepalla/Dütemeyer* NZA 2002, 712; *Lampe* RdA 2002, 18; *Reiserer* BB 2003, 1557.

Zum anderen gewinnt die von Art. 5 Abs. 1 S. 2 GG geschützte Rundfunkfreiheit be- **18** sondere Bedeutung. Sie gewährleistet die freie Auswahl und Gestaltung von Rundfunkprogrammen und hierzu ist es notwendig, dass auch die Auswahl, Einstellung und Beschäftigung des programmgestaltenden Personals[23] frei von fremdem, insbesondere staatlichem Einfluss bleibt. Der Schutz der Rundfunkfreiheit umfasst deshalb auch die Entscheidung darüber, ob Mitarbeiter fest angestellt oder als freie Mitarbeiter und ob sie dauerhaft oder befristet beschäftigt werden sollen. Auf Grund einer von den Rundfunkanstalten eingelegten Verfassungsbeschwerde hat das BVerfG eine ganze Reihe von Urteilen des BAG wegen Verstoßes gegen Art. 5 GG aufgehoben, in denen die Arbeitnehmereigenschaft freier Mitarbeiter bejaht und infolgedessen Kündigungsschutz gewährt worden war[24].

In diesen Fällen stellen sich zwei, vor allem zu Beginn der Rechtsprechung nicht im- **19** mer ausreichend deutlich unterschiedene Fragen, nämlich zum einen die nach der Arbeitnehmereigenschaft der betreffenden Personen während der einzelnen befristeten Beschäftigungsverhältnisse und erst daran anschließend die weitere nach der Zulässigkeit der jeweils vereinbarten Befristung. Die Entscheidung über die Arbeitnehmereigenschaft während der einzelnen (befristeten) Beschäftigungsverhältnisse hängt davon ab, welchem Arbeitnehmerbegriff man folgt.

Im **Ausgangsfall 1** hat sie das BAG im Hinblick auf die Tätigkeit zu Recht bejaht. Es wertete **20** die Aufstellung von Dienstplänen als starkes Indiz für die Arbeitnehmereigenschaft[25]. Zwar könne theoretisch jeder Auftrag abgelehnt werden, das sei jedoch lebensfremd. Die Mitarbeiter leisteten die vorgesehenen Einsätze, weil sie im Dienstplan enthalten sind und nicht, weil sie in jedem Einzelfall darüber vertragliche Vereinbarungen abschließen[26]. In vielen Bereichen sei es üblich, dass der Arbeitgeber auf Wünsche seiner Arbeitnehmer eingehe. Die Arbeit werde ihnen deshalb letztlich „zugewiesen". Hingegen spiele es keine Rolle, ob dem Mitarbeiter ein eigener Schreibtisch zur Verfügung gestellt wird[27]. Entscheidend für das BAG war der geringe Umfang der inhaltlichen Gestaltung des Rundfunkprogramms. Als Sprecher liest A vorgegebene Texte vor, als Aufnahmeleiter überwacht er den Ablauf bereits fertiggestellter Sendungen. Lediglich als Autor bleibt ihm völlige Gestaltungsfreiheit, so dass er in Bezug auf seine Autorentätigkeit nicht als Arbeitnehmer angesehen werden kann.

Die Kritik des BVerfG richtete sich nicht so sehr gegen die Feststellungen der Arbeit- **21** nehmereigenschaften durch das BAG, sondern gegen dessen Annahme, bei dem fraglichen Personenkreis seien Befristungen grundsätzlich unzulässig. Sie hat sich mit Einführung des TzBfG entscheidend geändert. Befristungen sind gem. § 14 Abs. 1

---

23   Hierzu gehören diejenigen Mitarbeiter, die „typischerweise ihre eigene Auffassung zu politischen, wirtschaftlichen, künstlerischen oder anderen Sachfragen, ihre Fachkenntnisse und Informationen, ihre individuelle künstlerische Befähigung und Aussagekraft in die Sendungen einbringen, wie dies etwa bei Regisseuren, Moderatoren, Kommentatoren, Wissenschaftlern und Künstlern der Fall ist" (BVerfG v. 13.01.1982, 1 BvR 848/77, BVerfGE 59, 231). Für Mitarbeiter, die nicht unmittelbar den Inhalt der Sendungen mitgestalten, gelten hingegen die allgemeinen Regeln.
24   BVerfG v. 13.01.1982, 1 BvR 848/77, BVerfGE 59, 231; siehe auch BVerfG v. 03.12.1992, 1 BvR 1462/88, NZA 1993, 741; dazu nur MünchArbR-*Richardi* § 24 Rn 54 ff.
25   BAG v. 16.02.1994, 5 AZR 402/93, NZA 1995, 21, 22.
26   BAG v. 20.07.1994, 5 AZR 627/93, NZA 1995, 161, 163.
27   BAG v. 16.02.1994, 5 AZR 402/93, NZA 1995, 21, 22.

TzBfG nun bei Vorliegen eines sachlichen Grundes ohne bestimmte zeitliche Grenzen möglich. § 14 Abs. 1 Nr 4 TzBfG lässt sie zu, wenn die Eigenart der Arbeitsleistung die Befristung rechtfertigt, und hierunter sollen laut Gesetzesbegründung insbesondere die Fälle im Rundfunkbereich subsumierbar sein[28]. Das Erfordernis der Befristung kann sich dabei sowohl aus der Einführung neuer Programme[29] als auch aus der bloßen Unsicherheit darüber, ob ein Programm fortgeführt wird[30], ergeben. Die Dauer der Befristung muss sich dabei an ihrer Begründung orientieren, dass bedeutet, das Arbeitsverhältnis kann nur für die Dauer der zu erwartenden Unsicherheit befristet werden. Das BAG hat in einer Entscheidung aus dem Jahre 1998 eine Befristung von insgesamt vier Jahren und neun Monaten für unbedenklich gehalten[31].

b) Neue Selbstständigkeit

22 **Fall 2:** F, Eigentümer eines Transportfahrzeugs, wird vom Transportunternehmen T als selbstständiger Frachtführer verpflichtet. Im Vertrag ist detailliert geregelt, wie das Fahrzeug aussehen muss und wie die Frachtführer und ihre Arbeitnehmer sich kleiden und verhalten müssen. Die Frachtführer sind ferner verpflichtet, die von Montag bis Samstag zwischen 6.00 und 17.00 Uhr erteilten Aufträge anzunehmen; ihren „Jahresurlaub" von maximal 20 Tagen müssen sie mit T absprechen. Als T den Vertrag kündigt, erhebt F Kündigungsschutzklage mit der Begründung, er sei Arbeitnehmer (BAG v. 19.11.1997, 5 AZR 653/96, NZA 1998, 364).

Abwandlung: Wie wäre der Fall zu entscheiden, wenn F keine feste Zeiten für die Erledigung der Frachtaufträge vorgeschrieben wären, er seinen Urlaub ohne Absprache mit T festlegen könnte, und er die Möglichkeit hätte, eigene Kunden auf eigene Rechnung zu bedienen (BAG v. 30.09.1998, 5 AZR 563/97, NZA 1999, 374)? **Rn 24**

23 Eine neue Herausforderung für den Arbeitnehmerbegriff stellen die Fälle der sog. **neuen Selbstständigkeit** dar, die häufig auch – negativ präjudizierend – als **Scheinselbstständigkeit** bezeichnet und als „Flucht aus dem Normalarbeitsverhältnis" kritisiert werden. Gemeint sind damit Vertragsgestaltungen, mit denen Unternehmen Tätigkeiten vermeintlich Selbstständigen übertragen, die häufig ihre früheren Arbeitnehmer waren. Dies hat sowohl im Sozialversicherungsrecht[32] als auch im Arbeitsrecht umfangreiche Diskussionen über die Rechtsstellung dieser Personen ausgelöst. Im Sozialversicherungsrecht geht es dabei primär um die Frage, ob der damit

---

28 BT-Drs 14/4374, S. 19.
29 BAG v. 24.04.1996, 7 AZR 719/95, NZA 1997, 196.
30 APS-*Backhaus* § 14 TzBfG Rn 281.
31 BAG v. 22.04.1998, 5 AZR 342/97, NZA 1998, 1336, 1340 f; weiterführend Annuß/Thüsing-*Maschmann*, TzBfG, 2. Aufl. 2006, § 14 Rn 48.
32 Mit dem Gesetz zu Korrekturen in der Sozialversicherung und zur Sicherung der Arbeitnehmerrechte (BGBl. 1998 I, 3843) hatte die rot-grüne Bundesregierung 1998 der Scheinselbstständigkeit den Kampf angesagt (hierzu *Buchner* DB 1999, 146). Insb wurde in § 7 Abs. 4 SGB IV eine Vermutungsregelung kodifiziert, nach der erwerbsmäßig tätige Personen dann als Beschäftigte galten, wenn sie mindestens zwei von vier (später drei von fünf) Kriterien erfüllten. Siehe hierzu *Bauer/Diller/Lorenzen* NZA 1999, 169; zu Gemeinsamkeiten und Unterschieden von sozialversicherungs- und arbeitsrechtlichem Arbeitnehmerbegriff *Hanau/Peters-Lange* NZA 1998, 785, 786 f. Das Zweite Gesetz für moderne Dienstleistungen am Arbeitsmarkt (BGBl. 2002 I, S. 4621) hat die Vermutungsregeln mit Wirkung vom 01.01.2003 ersatzlos aufgehoben, der jetzige § 7 Abs. 4 SGB IV betrifft einen völlig anderen Sachverhalt; hierzu *Rolfs* NZA 2003, 65 und *Reiserer/Freckmann* NJW 2003, 180.

verbundene Rückzug aus der (kostenträchtigen) Sozialversicherungspflicht sozial-politisch hinnehmbar ist. Für das Arbeitsrecht steht die Überlegung im Zentrum, ob der durch arbeitsrechtliche Vorschriften, insbesondere durch das KSchG, vermittelte Bestands- und Inhaltsschutz auch solchen „Scheinselbstständigen" zugute kommen kann. Im Rahmen dieser Diskussion muss zwischen zwei – Punkten differenziert werden: Zum einen geht es um die Auslegung des Arbeitnehmerbegriffs **de lege lata** und zum anderen um **rechtspolitische** Bestrebungen, den Arbeitnehmerbegriff aus-zudehnen.

Die Abgrenzung zwischen Arbeitnehmern und Selbstständigen ist an den bekannten Kriterien zu orientieren. Ausgangspunkt der Beurteilung muss sein, dass es grundsätzlich der freien Ent-scheidung des Unternehmers obliegt, wie er bestimmte Aufgaben des Unternehmens und hier vor allem den Vertrieb seiner Produkte organisieren will[33]. Einen „Rechtsformzwang" des In-halts, dass bestimmte Tätigkeiten nur im Rahmen eines Arbeitsverhältnisses verrichtet werden können, gibt es nicht. Entscheidet sich ein Unternehmer dafür, selbstständige Dienstverpflichtete heranzuziehen, muss er dies jedoch auch bei der vertraglichen Ausgestaltung und Durchführung des Dienstverhältnisses berücksichtigen. Damit hängt die Beurteilung, ob jemand Selbstständi-ger ist, primär vom Inhalt und der Art und Weise der Praktizierung des Vertrages ab. Dabei ist freilich problematisch, dass gerade bei modernen Vertriebsformen (Franchising[34]!) die jeweili-gen Verträge die Rechte und Pflichten der Vertragsparteien umfassend und detailliert, teilweise sogar bis hin zum Verhalten und der Kleidung der Dienstverpflichteten regeln. Eine genaue Ana-lyse des jeweiligen Vertrages ist daher notwendig; dabei soll es nach der Rechtsprechung des BAG – insofern misst es dem Kriterium der „Wahrnehmung unternehmerischer Chancen und Ri-siken" Bedeutung zu – im Wesentlichen darauf ankommen, ob der Vertrag dem Dienstverpflich-teten hinreichende eigene unternehmerische Entscheidungsspielräume zugesteht, und ob diese vertraglichen Möglichkeiten auch wirklich umgesetzt werden können. Weicht die tatsächliche Ausgestaltung des Dienstverhältnisses vom zugrunde liegenden Vertrag ab, ist Erstere maßge-bend[35].

> So hat das BAG bei Transportfahrern im **Ausgangsfall 2** die Arbeitnehmereigenschaft des Klägers wegen seiner weit reichenden fachlichen und zeitlichen Weisungsgebundenheit be-jaht, während es in der **Abwandlung** den Frachtführer als Selbstständigen ansah; bei Letzte-rem war neben der weitgehend freien Gestaltung der Arbeitszeit maßgebend, dass er die auch (faktische und nicht nur rechtliche!) Möglichkeit hatte, Transporte für eigene Kunden auf ei-gene Rechnung durchzuführen[36].

24

Hiervon deutlich zu unterscheiden sind **rechtspolitische** Bestrebungen, den Arbeit-nehmerbegriff zu erweitern und dabei insbesondere die – de lege lata selbstständigen – arbeitnehmerähnlichen Personen (zur Definition § 12a TVG) unmittelbar dem An-

25

---

33 BAG v. 09.05.1996, 2 AZR 438/95, NZA 1996, 1145.
34 Vgl nur die sog. Eismann-Beschlüsse BAG v. 16.07.1997, 5 AZB 29/96 NZA 1997, 1126; BAG v. 28.04.1998, 1 ABR 50/97, NZA 1999, 53; RdA 1999, 268 mit Anm. *Wank* gegen OLG Düsseldorf v. 30.01.1998, 16 U 182/96, NJW 1998, 2978, 2981; BGH v. 27.01.2000, III ZB 67/99, NZA 2000, 390. Dazu eingehend *Horn/Henssler* ZIP 1998, 589; *Franzen,* BAG-FS 2004, 31.
35 Aus dem umfangreichen und kaum noch überschaubaren Schrifttum vgl nur *Hromadka* NZA 1997, 569; *Buchner* NZA 1998, 1144; *Griebeling* RdA 1998, 208; *Joost,* FS Wiese 1998, 191; *Flohr* DStR 2003, 1622.
36 BAG v. 19.11.1997, 5 AZR 653/96, NZA 1998, 364; BAG v. 30.09.1998, 5 AZR 563/97, NZA 1999, 374.

wendungsbereich arbeitsrechtlicher Normen zu unterstellen.[37] Dass wirtschaftliche Abhängigkeit allein die Arbeitnehmereigenschaft jedoch nicht begründen kann, hat das BAG in den Frachtführerentscheidungen ausdrücklich betont. Des Weiteren ist darauf hinzuweisen, dass auch arbeitnehmerähnliche Personen nicht schutzlos gestellt sind, sondern ihre Verträge – vor allem bei Vorliegen einer „strukturellen Ungleichgewichtslage" – in weitem Umfang (häufig auf Grundlage der §§ 305 ff BGB) kontrollierbar sind. Außerdem sollte berücksichtigt werden, dass eine Ausdehnung des Arbeitnehmerbegriffs durchaus erwünschte Existenzgründungen erheblich erschweren kann[38].

c) Organe juristischer Personen, Gesellschafter

26 aa) Keine Arbeitnehmer sind die Vorstandsmitglieder von Aktiengesellschaften. Sie leiten die Gesellschaft nach § 76 Abs. 1 AktG unter eigener Verantwortung und sind daher frei von Weisungen der Aktionäre und des Aufsichtsrates. Für Geschäftsführer einer GmbH fehlt demgegenüber eine dem § 76 AktG entsprechende, die Autonomie der Organmitglieder gegenüber den Gesellschaftern gewährleistende Vorschrift[39]. Das BAG plädiert deshalb für eine Einzelfallbetrachtung. Grundsätzlich seien auch Geschäftsführer einer GmbH keine Arbeitnehmer, der Status als Repräsentationsorgan stehe einer arbeitsrechtlichen Weisungsabhängigkeit aber nicht zwingend entgegen[40]. Eine solche Art von (Weisungs-) Abhängigkeit ist indessen lediglich gesellschaftsrechtlicher Natur und daher arbeitsrechtlich irrelevant[41]. Fällen besonderer Schutzbedürftigkeit kann durch (vorsichtige) Einzelanalogien zu bestimmten arbeitsrechtlichen Schutzvorschriften ausreichend Rechnung getragen werden. So hat der BGH etwa § 622 BGB entsprechend für die Kündigung des Dienstverhältnisses des Geschäftsführers einer GmbH herangezogen[42]. § 623 BGB ist hingegen nicht analog anwendbar[43].

27 Zum Problem ist die Arbeitnehmereigenschaft und der davon abhängende Kündigungsschutz in den Fällen geworden, in denen bisherige **leitende Angestellte** (Arbeitnehmer!) zu Geschäftsführern ernannt wurden, ohne dass sich deren Arbeitsbedingungen wesentlich änderten. Das BAG neigte hier früher dazu, das bisherige

---

37 Die arbeitnehmerähnliche Person des Arbeitsrechts hat nichts mit dem sog. arbeitnehmerähnlichen Selbstständigen im Sozialversicherungsrecht zu tun, für den bei geringfügiger Tätigkeit § 2 S. 1 Nr 9 SGB VI eine Rentenversicherungspflicht anordnet; hierzu *Jacobs* ZIP 1999, 1549.
38 Dazu einerseits *Wank* DB 1992, 90 ff, andererseits *Buchner* NZA 1998, 1144; *Boemke* ZfA 1998, 285 ff; *Rieble* ZfA 1998, 327 ff; *Hopt*, FS Medicus 1999, 235.
39 Insb Schaub-*Schaub* § 14 Rn 11 ff.
40 Zumindest bei einer Mehrpersonengeschäftsführung sei die unternehmerische Willensbildung und die Wahrnehmung von Arbeitgeberfunktionen auch dann noch möglich, wenn einzelne Mitglieder der Geschäftsführung wegen entsprechender Weisungsabhängigkeit materiell-rechtlich als Arbeitnehmer anzusehen seien (BAG v. 26.05.1999, 5 AZR 664/98, NZA 1999, 987, 988). Hierzu auch BSG v. 14.12.1999, B 2 U 48/98 R, EzA § 7 SGB IV Nr 1.
41 *Boemke* ZfA 1998, 209, 213 f; dazu auch *G. Hueck* ZfA 1985, 25; *Eckardt* ZfA 1987, 467; *Zöllner/Loritz* § 4 III 5 a, aa (46 f); differenzierend MünchKommBGB-*Müller-Glöge* § 611 Rn 27 ff und *Henssler* RdA 1992, 289.
42 BGH v. 29.01.1981, II ZR 92/80, NJW 1981, 1270 f.
43 *Zimmer* BB 2003, 1175; ErfK-*Preis* § 611 BGB Rn 162; aA KR-*Spilger* § 623 BGB Rn 41.

Arbeitsverhältnis als ruhend weiterbestehen zu lassen, damit es dem Geschäftsführer nach Widerruf der Organbestellung wiederum Schutz gewähren kann[44], änderte seine Rechtsprechung jedoch[45]. „[J]edenfalls bis zum In-Kraft-Treten des § 623 BGB" soll im Abschluss des Geschäftsführerdienstvertrages im Zweifel die konkludente Aufhebung das Arbeitsverhältnisses liegen[46]. Damit legt das Gericht selbst den Finger in die Wunde: Nunmehr bedarf die Beendigung des Arbeitsverhältnisses der Schriftform, so dass eine stillschweigende Abrede nicht ausreicht. Der Wille der Parteien, das Arbeitsverhältnis aufzuheben, muss deshalb im schriftlich fixierten Geschäftsführerdienstvertrag zumindest in irgendeiner – wenn auch unvollkommenen – Weise zum Ausdruck gekommen sein (sog. Andeutungstheorie)[47].

Probleme treten auch auf, wenn Geschäftsführer von Tochtergesellschaften im Konzern noch (Dienst- oder Arbeits-?)Verträge mit der Muttergesellschaft haben[48], oder wenn in der GmbH & Co. KG der Anstellungsvertrag des Geschäftsführers der Komplementär-GmbH nicht mit dieser, sondern – wie rechtstatsächlich häufig – mit der KG geschlossen wurde. Im letztgenannten Fall stellt sich regelmäßig die Frage, ob der Geschäftsführer der GmbH die KG iSv § 5 Abs. 1 S. 3 ArbGG vertritt, so dass für Rechtsstreitigkeiten zwischen ihm und der KG nicht der Weg zu den Arbeits- sondern den ordentlichen Gerichten eröffnet ist. Das BAG hat dies in einem Beschluss vom 20.08.2003 nun bejaht und damit seine bisherige Rechtsprechung zu Recht aufgegeben[49]. Die formale Trennung von GmbH und KG ist eine juristische Konstruktion zur Haftungsbegrenzung, die auch im Gesellschaftsrecht häufig durchbrochen wird[50]. Arbeitsrechtlich übt der Geschäftsführer der GmbH auch dann Arbeitgeberfunktionen aus, wenn der Anstellungsvertrag nicht mit der Komplementär-GmbH, sondern der KG geschlossen wurde. **28**

bb) Schwierigkeiten bereiten auch die Fälle, in denen (nicht geschäftsführungsbefugte) Gesellschafter auf Grund primär gesellschaftsvertraglicher Verpflichtung Dienstleistungen für die Gesellschaft erbringen, die bei einer Person, die kein Gesellschafter ist, zwingend zur Annahme eines Arbeitsverhältnisses führen würden. Unstreitig ist insoweit, dass auch von Gesellschaftern selbstständige Arbeitsverträge mit der Gesellschaft abgeschlossen werden **können**. Fraglich ist aber, ob Arbeitsrecht auch dann anwendbar ist, wenn es an einem ausdrücklichen Arbeitsvertragsschluss fehlt. Das BAG hat dies im Ergebnis in zwei Entscheidungen zu sog. alternativen Arbeitnehmergesellschaften aus Besonderheiten des Einzelfalls verneint[51]. *Loritz* neigt zu einer differenzierenden Lösung: Wenn die gesellschaftsrechtliche Prägung über- **29**

---

44   BAG v. 09.05.1985, 2 AZR 330/84, NZA 1986, 792, 793 f.
45   BAG v. 08.06.2000, 2 AZR 207/99, NZA 2000, 1013, 1015 f.
46   BAG v. 25.04.2002, 2 AZR 352/01, NZA 2003, 272, 273.
47   So auch *Bauer* GmbHR 2000, 767, 769; Staudinger-*Oetker* § 623 BGB Rn 39; *Krause* ZIP 2000, 2284, 2289; APS-*Preis* Grundlagen F Rn 56; *Niebler/Schmiedl* NZA-RR 2001, 281, 285 ff favorisieren eine Lösung über § 242 BGB.
48   Hierzu BAG v. 20.10.1995, 5 AZB 5/95, NZA 1996, 200; *Henssler* RdA 1992, 289, 300 f.
49   BAG v. 20.08.2003, AZB 79/02, NZA 2003, 1108, 1109 f mwN.
50   Der Geschäftsführer der Komplementär-GmbH haftet unter Umständen nicht nur der GmbH, sondern auch der KG gegenüber; hierzu BGH v. 17.03.1987, VI ZR 282/85, NJW 1987, 2008; BGH v. 12.11.1979, II ZR 174/77, NJW 1980, 589.
51   BAG, v. 28.11.1990, 4 AZR 198/90, NZA 1991, 392; BAG v. 10.04.1991, 4 AZR 467/90, NZA 1991, 856. Jedenfalls ausgeschlossen ist die Arbeitnehmereigenschaft, wenn der Gesellschafter als Kapitaleigner einen so großen Einfluss auf die Führung der Gesellschaft ausübt, dass er letztlich auch die Leitungsmacht inne hat, weil ihm bspw mehr als 50% der Stimmrechte zustehen (BAG v. 06.05.1998, 5 AZR 612/97, NZA 1998, 939, 940).

wiege, kämen wiederum nur Einzelanalogien in Betracht; wenn die arbeitsrechtlichen Elemente dominierten, könne der zusätzlichen gesellschaftsrechtlichen Prägung durch teleologische Reduktion einzelner unpassender arbeitsrechtlicher Vorschriften Rechnung getragen werden[52].

30 cc) Zu verneinen ist schließlich die Arbeitnehmereigenschaft der Schwestern vom Roten Kreuz[53] selbst dann, wenn sie im Rahmen sog. Gestellungsverträge bei Dritten, etwa in Krankenhäusern anderer Träger, tätig werden, da neben ihrem Mitgliedschaftsverhältnis zum DRK für eine zusätzliche arbeitsrechtliche Qualifikation kein Raum ist. Die Mitgliedschaftsrechte enthalten eigenständige und ausreichende Schutzvorkehrungen, die keine (objektive) Umgehung von Arbeitnehmerschutzrechten darstellen. Auch eine Unterordnung unter die Organisationsgewalt des Krankenhauses liegt nicht vor; die erforderlichen Weisungen werden vielmehr stets vom DRK selbst, etwa durch eine dafür ausdrücklich eingesetzte Oberschwester, erteilt. § 5 Abs. 2 Nr 3 BetrVG, nach dem Personen keine Arbeitnehmer iSd BetrVG sind, deren Beschäftigung nicht in erster Linie ihrem Erwerb, sondern karitativen oder religiösen Zwecken dient, spielt hingegen für die Anwendung von Arbeitnehmerschutzvorschriften keine Rolle. Die Norm ist betriebsverfassungsrechtlicher Natur und enthält keinen allgemeinen Rechtsgedanken[54].

4. Zusammenfassung

31 Zusammenfassend lässt sich feststellen, dass die zur Bejahung der Arbeitnehmereigenschaft führende spezielle arbeitsrechtliche Schutzbedürftigkeit darauf beruht, dass der auf Dauer und zumindest in wesentlichem Umfang zur Dienstleistung in einem fremden Unternehmen Verpflichtete angesichts der damit verbundenen Unmöglichkeit des eigenen unternehmerischen Einsatzes seiner Arbeitskraft zu eigenverantwortlicher Selbstvorsorge für die Wechselfälle des Lebens außer Stande und daher der Fremdvorsorge bedürftig ist, die gerade für das Arbeitsrecht kennzeichnend ist und die gegenüber dem damit im Wesentlichen belasteten Arbeitgeber dadurch gerechtfertigt werden kann, dass dieser seine eigenen Dispositionsmöglichkeiten durch die Indienstnahme fremder Arbeitskräfte entsprechend erweitert. Ist man sich dieser Zusammenhänge bewusst, ist die Verwendung der **Formel von der persönlichen Abhängigkeit** unschädlich. **Grenzfälle zwischen Arbeits- und Dienstvertragsrecht** sind danach zu entscheiden, ob eine vertragliche Dienstleistungsverpflichtung für anderweitigen unternehmerischen Einsatz der Arbeitskraft Spielraum lässt – dies kann auch bei jeweils befristeten Vollzeitbeschäftigungsverhältnissen gegenüber verschiedenen Auftraggebern der Fall sein – oder ob ein zur Schutzbedürftigkeit führender Dauerverzicht auf solch eigenen unternehmerischen Einsatz der Arbeitskraft gegeben ist.

---

52 *Loritz* RdA 1992, 310, 316.
53 Zutreffend BAG v. 06.07.1995, 5 AZB 9/93, NZA 1996, 33; zT aA MünchArbR-*Richardi* § 24 Rn 94 f; vgl auch GK-*Kreutz* § 7 Rn 49 ff.
54 BAG v. 22.03.1995, 5 AZB 21/94, NZA 1995, 823, 832.

II. Arbeitsvertrag und Arbeitsverhältnis

1. Arbeitsvertrag und Dienstvertrag

Der Begriff des Arbeitsvertrages bzw des dadurch begründeten Arbeitsverhältnisses **32**
war ursprünglich im BGB überhaupt nicht enthalten. Dies änderte sich bereits durch
das sog. erste Arbeitsrechtsbereinigungsgesetz vom 14.08.1969 in bezeichnender
Weise: Nun enthielt der damals neugefasste und jetzt auf Grund der Rechtsprechung
des BVerfG novellierte § 622 BGB bezüglich der Kündigungsfristen eine **rein arbeitsrechtliche Regelung**. Noch aufschlussreicher ist die Neufassung der §§ 621 und
627: Dort findet sich jetzt die Formulierung: „Bei einem Dienstverhältnis, das kein
Arbeitsverhältnis im Sinne des § 622 ist …“. Damit ist jetzt auch vonseiten des Gesetzgebers das klargestellt worden, was freilich auch schon vorher einhellige Meinung
war, dass nämlich die Regelungen der §§ 611 ff BGB sowohl für den sog. **freien
Dienstvertrag** als auch für den **Arbeitsvertrag** gelten[55]. Anders ausgedrückt: Auch
der Arbeitsvertrag, ist ein (spezieller) Dienstvertrag, die ihre Grundlage ebenfalls in
den §§ 611 ff hat.

Diese Vorschriften regeln also im Grunde **zwei Vertragstypen**: Einmal den **freien** **33**
Dienstvertrag, der dadurch gekennzeichnet ist, dass hier die Dienstleistung in persönlicher Unabhängigkeit und Selbstbestimmung erbracht wird, und zum anderen, jedenfalls bezüglich der Hauptpflichten, auch den Arbeitsvertrag. Dessen Eigenart, der
Erbringung der Dienstleistung in persönlicher Abhängigkeit, in Fremdbestimmung,
bzw der daraus resultierenden besonderen Schutzbedürftigkeit des Arbeitnehmers
wird durch eine Fülle von Spezialgesetzen (zB Kündigungsschutzgesetz, Urlaubsge-
setz, Arbeitszeitordnung, Mutterschutzgesetz etc) Rechnung getragen, die in ihrer Gesamtheit das Arbeitnehmerschutzrecht darstellen. Die Grundregeln der §§ 611 ff werden dadurch in vielfacher Weise ergänzt und auch zurückgedrängt, so dass sich die
Rechte und Pflichten des Arbeitnehmers sozusagen nur noch „dem Grunde nach“ aus
den §§ 611 ff ergeben, im Übrigen aber in entscheidender Weise von speziell arbeitsrechtlichen Regelungen, insbesondere auch von den kollektivrechtlichen Rechtsquellen Tarifvertrag und Betriebsvereinbarung, bestimmt werden.

Das Pflichtengefüge des Dienstvertrags wird im Arbeitsrecht dadurch modifiziert und **34**
ergänzt, dass sich dort neben der Vergütungspflicht des Arbeitgebers ergänzend die
Beschäftigungspflicht des Arbeitgebers durchgesetzt hat, so dass der Arbeitnehmer
nicht nur einen Anspruch auf Zahlung der vereinbarten Vergütung, sondern auch auf
Beschäftigung hat[56]. Dieser auf den §§ 611, 242 BGB iVm mit dem allgemeinen Persönlichkeitsrecht (Art. 2 Abs. 1, Art. 1 Abs. 1 GG) fußende Beschäftigungsanspruch
ist vom BAG im Rahmen der Problematik des sog. **Weiter**beschäftigungsanspruchs
während des Kündigungsschutzprozesses argumentativ verwendet worden (dazu
Rn 385 ff). Im Übrigen ist schon jetzt darauf hinzuweisen, dass im Arbeitsrecht, ins-

---

55 *Hueck/Nipperdey I* 134 f; *Zöllner/Loritz* § 4 III 2 (41); *Reuter*, Die Stellung des Arbeitsrechts in der
    Privatautonomie 1988, 4, 30 f.
56 Vgl nur BAG GS v. 27.02.1985, GS 1/84, NZA 1985, 702, 703 f.

besondere im Betriebsverfassungsrecht, häufiger zwischen dem Arbeitsverhältnis als solchem und der darauf beruhenden tatsächlichen Beschäftigung unterschieden wird (dazu Rn 845).

35 In der Systematik der Schuldvertragstypen des BGB lassen sich – korrespondierend mit der Unterscheidung zwischen Arbeitnehmer und Unternehmer – bei genauerer Betrachtung deutliche Unterschiede zwischen dem (Arbeits-) Vertrag der Unselbstständigen (Arbeitnehmer) einerseits und den beiden Vertragstypen der Selbstständigen (Unternehmer), nämlich Dienst- und Werkvertrag, andererseits, feststellen, während sich Dienst- und Werkvertrag dann nur noch durch das Ausmaß der Erfolgsbezogenheit und damit sekundär unterscheiden[57].

2. Personaler Charakter

36 Die Problematik der vertragsrechtlichen Zuordnung des Arbeitsverhältnisses ist damit nicht erschöpft. Zu berücksichtigen sind vielmehr noch zusätzliche, im Kern unstreitige Eigenarten des Arbeitsvertrages bzw der darauf beruhenden **Verpflichtung des Arbeitnehmers zur Arbeitsleistung im Dienste eines anderen**, in persönlicher Abhängigkeit. Sie bestehen vor allem darin, dass diese Arbeitsverpflichtung den Arbeitnehmer insbesondere in auf Dauer angelegten Vollzeitarbeitsverhältnissen sehr viel mehr als Person ergreift als dies etwa in schlichten bürgerlich-rechtlichen Austauschverhältnissen der Fall ist; dazu kommt angesichts der vielfältigen Besonderheiten arbeitsteiliger Produktion die notwendige Einordnung des Arbeitnehmers in die Betriebsgemeinschaft mit zahlreichen tatsächlichen und rechtlichen Folgen. Diesem vor allem **personalen Charakter** des Arbeitsverhältnisses hat man früher mit der Bezeichnung als personenrechtliches Gemeinschaftsverhältnis Rechnung zu tragen versucht[58]; sie ist auf Grund intensiver (ideologischer) Kritik in Verruf geraten. An der sachlichen Notwendigkeit der Berücksichtigung der auf Dauer angelegten personalen Prägung ändert dies ebenso wenig wie an der Notwendigkeit, daraus unter den (ihrerseits gelegentlich angegriffenen) Stichworten der **Treu- und Fürsorgepflicht**[59] umfangreiche Nebenpflichten beider Vertragspartner abzuleiten. Schuldrechtlich und damit neutral formuliert zeichnet sich das Arbeitsverhältnis auf diese Weise durch ein besonders dichtes Geflecht weit reichender **Schutz- und Nebenpflichten** aus[60].

3. Vom Arbeitsrecht zum Gesellschaftsrecht?

37 Seit längerer Zeit gibt es in der Literatur Ansätze, die die Fortentwicklung des Arbeitsverhältnisses zu einem Rechtsverhältnis für möglich halten, das man eher als ein **unternehmerisches Teilhaberverhältnis** begreifen könnte[61]. Den Ansatzpunkt dafür lie-

---

57 Dazu *Lieb* in: Gutachten und Vorschläge zur Überarbeitung des Schuldrechts, Bd. II 1983, 183 ff mit Vorschlägen zu einer entsprechenden Ergänzung des Dienstvertragsrechts des BGB; aA ohne überzeugende Begründung *Richardi* ZfA 1988, 221, 224 ff.

58 Dazu *Hueck/Nipperdey I* 128 ff; *Wiedemann*, Das Arbeitsverhältnis als Austausch- und Gemeinschaftsverhältnis 1966, 25 ff; *Zöllner/Loritz* § 11 II 7 (154 ff); *Wiese* ZfA 1996, 439.

59 Dazu *Zöllner/Loritz* § 16 III (209 f); MünchArbR-*Blomeyer* § 51, Rn 16 ff.

60 Dazu noch einmal *Wiese* ZfA 1996, 439, 459 ff; zur ideengeschichtlichen Entwicklung des Arbeitsrechts *Konzen* ZfA 1991, 379.

61 *Adomeit*, Gesellschaftsrechtliche Elemente im Arbeitsverhältnis 1986.

fert die Beobachtung, dass die klassische Abhängigkeit des Arbeitnehmers durch Schutzgesetze, betriebsverfassungsrechtliche Mitbestimmung, Tarifautonomie, Kündigungsschutz, Sozialversicherungsrecht und unternehmerische Mitbestimmung weitgehend überwunden sein könnte. Dies ist indessen eine schiefe Sicht. Natürlich hält das Arbeitsrecht in seiner heutigen, fast perfekten Gestalt eine Fülle von Vorkehrungen zum Schutz des Arbeitnehmers bereit. Damit ist dessen Schutzbedürftigkeit jedoch nicht entfallen, sondern lediglich kompensiert worden. Dies zeigt die Überlegung, dass ein Arbeitnehmer, der beim Wegfall des auf Abhängigkeit aufbauenden Arbeitnehmerschutzrechts zwangsläufig sofort wieder in den Urzustand völlig ungeminderter arbeitsrechtlicher Abhängigkeit zurückfallen würde, als unabhängig, als selbstständig und gleichrangig, nicht angesehen werden kann. Auch noch so vollständig kompensierte Abhängigkeit begründet daher noch keine echte Unabhängigkeit. Schon daran scheitert eine gesellschaftsrechtliche Qualifizierung. Im Übrigen ist der gesellschaftsrechtlichen Qualifikation auch schon deswegen entgegenzutreten, weil sie in rechtspolitisch bedenklicher Weise dazu führen könnte, die Schutzpositionen des Arbeitsrechts und die Rechte eines Gesellschafters zu kumulieren. Das Gegenteil ist richtig: Da der Arbeitnehmer schutzbedürftig ist und bleibt, ist es in sich unstimmig, ihm neben dem gesamten arbeitsrechtlichen Schutz auch noch gesellschaftsrechtsähnliche Anspruchspositionen einzuräumen. Dem weiteren Ausbau der (betriebsverfassungsrechtlichen und unternehmerischen) Mitbestimmung sowie der Vermögensbildung in Arbeitnehmerhand sind von daher strukturelle Grenzen gesetzt[62].

4. Kodifikation

Das Arbeitsrecht ist bisher gesetzlich nur punktuell, in wenigen, meist auch noch lückenhaften Einzelgesetzen geregelt; weite Bereiche sowohl des Individual- als auch des kollektiven Arbeitsrechts entbehren jeglicher Normierung. An die Stelle des Gesetzgebers ist daher weithin **Rechtsfortbildung durch Rechtsprechung** getreten, die freilich kaum noch überschaubar ist und – bei allem Respekt vor guten Absichten – nicht selten über die Grenzen des Notwendigen hinausgegangen sein dürfte. Nichts liegt daher näher als der Appell an den Gesetzgeber, wenigstens das Individualarbeitsrecht zu kodifizieren, während eine Kodifikation des besonders heiklen Arbeitskampfrechts wohl auf Dauer an den divergierenden Interessen der betroffenen Verbände und der Schwäche des parlamentarischen Gesetzgebers scheitern wird. Nachdem Vorschläge einer von der Bundesregierung eingesetzten Arbeitsgesetzbuchkommission folgenlos geblieben waren[63], hat auf Grund des in Art. 30 Abs. 1 Nr 1 des Einigungsvertrages enthaltenen Regelungsauftrags ein „Arbeitskreis deutsche Rechtseinheit im Arbeitsrecht" einen Gesetzgebungsvorschlag vorgelegt, der dann auch Gegenstand der Beratungen des 59. Deutschen Juristentages war[64]. Der Entwurf beschränkt sich im Wesentlichen – und darin liegt seine Schwäche – auf eine Kodifizierung von Rechtsprechung und hL[65]. Derzeit arbeiten *Preis* und *Henssler* an einem Entwurf eines Arbeitsgesetzbuches.

38

---

62 Zum Ganzen *Lieb* in: *Beuthien* (Hrsg), Arbeitnehmer oder Arbeitsteilhaber 1987, 41; *Beuthien*, BAG-FS 1979, 1; *ders.*, FS E. Wolf 1985, 17; *Reuter*, Die Stellung des Arbeitsrechts in der Privatautonomie 1988, 23 f.

63 Arbeitsgesetzbuchkommission, Entwurf eines Arbeitsvertragsgesetzes – Allgemeines Arbeitsvertragsrecht – 1977; hierzu *Wlotzke*, BAG-FS 1979, 681. Nunmehr liegt auch ein sächsischer Entwurf vor (BR-Drucks. 293/95); dazu *Neumann* DB 1995, 2013.

64 Vgl dazu Gutachten D und Sitzungsbericht P zum 59. Deutschen Juristentag 1992.

65 Dazu eingehend *Dauner-Lieb* ZfA 1994, 34 ff.

III.   Besondere Gestaltungsfaktoren (Überblick)

39   Im Arbeitsrecht ist gerne von einer sog. **Pyramide arbeitsrechtlicher Gestaltungs-faktoren** die Rede. Dabei werden diese Gestaltungsfaktoren in ihrer Rangfolge, be-ginnend mit der Verfassung und endend mit den (verbleibenden) individualvertragli-chen Regelungsmöglichkeiten im Einzelnen dargestellt und behandelt. Darauf sei zunächst verwiesen[66], da hier Vollständigkeit nicht angestrebt wird. Hervorgehoben werden im Folgenden daher nur besondere „Schwerpunkte"; genauere Darlegungen zu den kollektivrechtlichen Gestaltungsfaktoren Tarifvertrag und Betriebsvereinba-rung finden sich in den § 6 (Rn 464 ff) und § 8 (Rn 715 ff).

1.   Verfassungs- und europarechtliche Vorgaben

a)   Verfassungsrecht

40   Die verfassungsrechtlichen Einwirkungen auf das Zivilrecht hielten sich lange deswe-gen in relativ engen Grenzen, weil hier nur eine sog. mittelbare, insbesondere über die Generalklauseln des BGB vermittelte Grundrechtsgeltung Platz greifen sollte. In neu-erer Zeit gewinnt indessen eine Auffassung an Boden, die schon im Allgemeinen Zi-vilrecht eine intensivere Verfassungsbindung postuliert[67]. Auch das BVerfG hat in zwei Aufsehen erregenden Entscheidungen die Grundrechtsbindung des Zivilrechts deutlich verstärkt[68].

41   Im Arbeitsrecht war der **Einfluss des Verfassungsrechts** im Vergleich zum allgemei-nen Zivilrecht schon immer größer: Das kollektive Arbeitsrecht wird seit langem re-giert von der außerordentlich weit ausgelegten Vorschrift des Art. 9 Abs. 3 GG, die als eine der wenigen im Grundgesetz auch unmittelbare Wirkung zwischen Privaten ent-faltet (Art. 9 Abs. 3 S. 2 GG; dazu Rn 426 ff); im Individualarbeitsrecht kam schon immer den Grundrechten der einzelnen Arbeitnehmer, zum Teil auch des Arbeitge-bers, erhebliche Bedeutung zu, zumal sich das BAG im Rahmen seiner umfangreichen rechtsfortbildenden Rechtsprechung zur Absicherung stets auf verfassungsrechtliche Wertungen zu berufen pflegt[69]. Diese Entwicklung kann hier nicht umfassend darge-stellt werden; soweit relevant, wird bei der Behandlung der einzelnen Problemkom-plexe darauf eingegangen werden.

---

66   *Zöllner/Loritz* § 6 (64 ff); *Hanau/Adomeit* Rn 44 ff; MünchArbR-*Richardi* § 8 Rn 30 ff.
67   So vor allem *Canaris* AcP 184 (1984), 201; *ders*. JuS 1989, 161.
68   BVerfG v. 07.02.1990, 1 BvR 26/84, BVerfGE 81, 242; BVerfG v. 19.10.1993, 1 BvR 567/89, 1 BvR 1044/89, BVerfGE 89, 214 = NJW 1994, 36 (Bürgschaft); siehe auch die sog. zweite Bürgschaftsent-scheidung in BVerfG v. 05.08.1994, 1 BvR 1402/89, NJW 1994, 2749; dazu krit *Zöllner* AcP 196 (1996), 1, 4 ff.
69   Vgl dazu nur *Söllner* NZA 1992, 721; *ders*., FS Kissel 1994, 1121; MünchArbR-*Richardi* § 10 Rn 19 f.

b) Europarecht

Große Teile des nationalen Arbeitsrechts werden inzwischen durch **europäisches** **42**
Recht beeinflusst und gestaltet[70]. Unmittelbare Geltung haben die Normen des EG-
Vertrages (insbesondere Art. 39, 141 EG) sowie die – seltenen – Verordnungen (vgl
Art. 249 Abs. 2 EG). Dagegen bedürfen die – zahlreicheren – Richtlinien grundsätz-
lich einer Umsetzung in das jeweilige nationale Recht. Fehlt es allerdings an einer
fristgerechten Umsetzung von Richtlinien, soll sich nach der Rechtsprechung des
EuGH der Bürger gegenüber dem Staat uU direkt auf die Richtlinie berufen dürfen[71].
Ferner sollen die nationalen Gerichte zur richtlinienkonformen Auslegung verpflich-
tet sein[72].

Dass den europäischen Organen arbeitsrechtliche bzw (in europäischer Diktion) sozi- **43**
alpolitische Kompetenzen zustehen, ist allerdings erst seit 1992 (Abschluss des
Maastrichter Vertrages und des sog. Elferabkommens über die Sozialpolitik[73]) endgültig anerkannt. 1958 zielte die (damals noch) EWG auf die Gründung und Förderung
einer **Wirtschafts**gemeinschaft (EG-Binnenmarkt); diese sollte nach damaliger Vorstellung die Angleichung sowohl der tatsächlichen Lebensbedingungen der Arbeitnehmer als auch der nationalen Arbeitsrechtsordnungen im Wesentlichen mit sich
bringen (siehe Art. 136 EG). Die (heutzutage so verstandenen) arbeitsrechtlichen
Normen des EG-Vertrages (Art. 39, 141 EG) hatten daher nach ihrer ursprünglichen
Zielsetzung nur wirtschaftsrechtlichen Charakter; sie sollten (Wettbewerbs-) Hindernisse auf dem Weg zum europäischen Binnenmarkt beseitigen. Erst seit Beginn der
70er-Jahre nahmen Rat und Kommission zunehmend sozialpolitische Kompetenzen
für sich in Anspruch; es wurden (zum Teil auf zweifelhafter Rechtsgrundlage[74]) zahlreiche Richtlinien erlassen.

Im „materiellen" Arbeitsrecht steht bisher das Individualarbeitsrecht ganz im Vorder- **44**
grund. Von Bedeutung sind hier vor allem Art. 141 EG sowie die ihn flankierenden
Richtlinien zur Gleichberechtigung der Geschlechter im Arbeitsleben und im Bereich
der sozialen Sicherheit sowie die auf Art. 13 EG beruhenden Antidiskriminierungsrichtlinien (dazu Rn 82 ff). Wichtig ist ferner die schon 1975 erlassene Richtlinie zum
Schutz der Arbeitnehmer beim Übergang von Betrieben, die der deutsche Gesetzgeber
mit § 613a BGB umgesetzt hat (dazu Rn 291 ff).

Gesonderter Erwähnung bedarf die neue **Entsenderichtlinie**, die auf dem Phänomen **45**
des sog. **Sozialdumpings**, dh dem Einsatz (wesentlich billigerer) ausländischer Arbeitskräfte in anderen Mitgliedstaaten (Baugewerbe), beruht. Hier wird dem Schutz

---

70   Dazu *Heinze* RdA 1994, 1; siehe auch die Nachw. bei *Weber* ZfA 2001, 722 ff und *Thüsing* ZfA 2002,
     655 ff; zu den Auswirkungen auf das deutsche Recht *Konzen* ZfA 2005, 189.
71   EuGH v. 17.12.1970, Rs. 33/70, Slg. 1970, 1213 = NJW 1971, 1006.
72   Grdl EuGH v. 10.04.1984, 14/83, Slg. I-1984, 1891, Rn 26; jüngst ausführlich EuGH v. 05.10.2004,
     C-397/01 bis C 403/01 (Pfeiffer), Slg. 2004, I-8835 = NZA 2004, 1145 Rn 113 ff; zur Staatshaftung
     bei nicht fristgerechter Umsetzung von Richtlinien siehe EuGH v. 19.11.1991, Rs. C-6/90 und 9/90
     (Francovich), Slg. 1991, I-5357; EuGH v. 08.10.1996, C-178/94 ua, (MP-Travel), Slg. 1996, I-4845,
     NJW 1996, 3141; dazu nur *Ossenbühl* DVBl. 1992, 993, 994; *von Danwitz* JZ 1994, 335, 338 f.
73   Umfassend dazu *Heinze* ZfA 1992, 331; *Junker* JZ 1994, 277; *Konzen* EuZW 1995, 39.
74   *Konzen* EuZW 1995, 39, 40 ff.

der Arbeitnehmer (aber auch dem Schutz der jeweiligen nationalen Unternehmen) gegenüber dem Gemeinschafts- bzw Freizügigkeitsgedanken Vorrang gewährt[75].

46 Das kollektive Arbeitsrecht unterliegt nur zum Teil europäischer Rechtssetzungskompetenz (siehe nur die RL 94/45/EG des Rates zum europäischen Betriebsrat sowie die RL 2001/86/EG zur Beteiligung der Arbeitnehmer in der SE[76]); ausdrücklich ausgenommen sind vor allem das Koalitions- und Arbeitskampfrecht (Art. 2 Abs. 6 des Sozialabkommens). Die besondere Rolle der Sozialpartner betont aber schon Art. 137 EG („sozialer Dialog"); das Sozialabkommen weist ihnen sogar Kompetenzen zu[77].

2. Besondere individualrechtliche Regelungsformen

a) Grundsätzliche Vorbemerkung

47 Der Inhalt des Arbeitsverhältnisses bzw – genauer – die Pflichten von Arbeitgeber und Arbeitnehmer werden weithin durch arbeitsrechtliche (Schutz-) Gesetze[78], Tarifverträge und Betriebsvereinbarungen bestimmt, während individuelle Vereinbarungen zwar (insbesondere auf Grund des Günstigkeitsprinzips des § 4 Abs. 3 TVG – dazu noch Rn 484 ff) möglich, aber doch jedenfalls im Tarifbereich eher selten sind; der individuellen Vertragsgestaltung dürfte vielmehr erst im AT-Bereich sowie vor allem bei Arbeitsverträgen mit leitenden Angestellten (zum Begriff Rn 748 ff) größeres Gewicht zukommen[79]. Dennoch ist die arbeitsrechtliche Ebene auch sonst nicht ohne Bedeutung. Dazu gehört vielmehr auch die Vertragsgestaltung durch die besonderen Regelungsinstrumente der Allgemeinen Arbeitsbedingungen, der Gesamtzusage und der betrieblichen Übung, die nachfolgend sämtlich besonderer Aufmerksamkeit bedürfen.

48 Ihre Zuordnung zur Ebene des Arbeitsvertrages ist freilich deswegen nicht ganz unstreitig, weil Adressat dieser Regelungen nicht (nur) der einzelne Arbeitnehmer, sondern vielmehr idR eine Mehrheit, ein Kollektiv, unter Umständen die gesamte Belegschaft ist. Es handelt sich also nicht um individuelle, auf die besonderen Bedürfnisse (nur) einzelner Arbeitnehmer ausgerichtete Regelungen, sondern um solche, die sich auf die jeweils gleichen Sachfragen einheitlich für alle Betroffenen beziehen[80]. Damit ist diesen Regelungsinstrumenten ein **rechtstatsächlich** kollektiver Bezug eigen, der dazu verführen könnte, sie etwa in Parallele zur Betriebsvereinbarung zu setzen[81]. Dies geht jedoch deswegen nicht an, weil damit Inhalt und Herkunft bzw Geltungsgrund verwechselt würden: Der aus inhaltlicher Sicht kollektive Charakter der ge-

---

75 Siehe dazu *Cornelissen* RdA 1996, 329; *Deinert* RdA 1996, 339; *Birk*, FS Wißmann 2005, 523; *Junker* JZ 2005, 481.
76 Siehe hierzu MünchKommAktG-*Jacobs* Vor § 1 SEBG Rn 12 ff.
77 Dazu *Buchner* RdA 1993, 193; informativ *Wisskirchen*, FS 100 Jahre Deutscher Arbeitsgerichtsverband 1994, 653.
78 Dazu nur *Zöllner/Loritz* §§ 29–32 (341 ff); MünchArbR-*Wlotzke* §§ 206 ff.
79 Zur Situation der leitenden Angestellten *Hromadka*, Das Recht der leitenden Angestellten 1979, 194 ff.
80 Siehe die Definitionen bei MünchArbR-*Richardi* § 12 Rn 35, 38, 42, § 13 Rn 1 ff.
81 So zB *Reuter* SAE 1983, 202, *ders.* RdA 1991, 193, 197 ff; *Buchner* DB 1983, 877, 883 ff; *Nebel*, Die Normen des Betriebsverbandes 1989, 245 ff.

nannten Regelungen ändert nichts daran, dass sie der vertraglichen Ebene entstammen, dass ihr Geltungsgrund die vertragliche Vereinbarung und nicht irgendein Rechtssetzungsakt ist. Der Unterschied, der Dualismus, zwischen Vertrag und Norm zwingt insoweit zu einer klaren Zuordnungsentscheidung, die nur zu Gunsten des Vertrags ausfallen kann[82].

Einzuräumen ist freilich, dass Regelungen, die keinen individuellen, sondern aus inhaltlicher Sicht kollektiven Bezug haben, Besonderheiten aufweisen, die nicht negiert werden dürfen, sondern eine spezielle Behandlung ermöglichen und erzwingen. Zu denken ist etwa an den Bereich der Inhaltskontrolle (dazu Rn 141 ff) oder an die Abänderbarkeit durch (verschlechternde) Betriebsvereinbarungen (dazu Rn 79, 795 ff). So gesehen wäre es unrichtig, aus der rechtsquellentheoretisch richtigen vertraglichen Herkunft eine völlige Gleichbehandlung mit dem echten Individualvertrag abzuleiten, wie dies zum Teil in übertriebener Weise im Zusammenhang mit der Frage der Abänderbarkeit durch nachfolgende kollektivrechtliche Regelungen bzw mit der damit verbundenen Frage der Geltung des Günstigkeitsprinzips geschehen ist[83]. **49**

b) Allgemeine Arbeitsbedingungen

Allgemeine Arbeitsbedingungen (bzw: Arbeitsvertragliche Einheitsregelungen) bilden das arbeitsrechtliche Gegenstück zu den Allgemeinen Geschäftsbedingungen (bzw Formularverträgen) des Bürgerlichen Rechts. Der Befund ist hier wie dort (im Wesentlichen) derselbe: Arbeitsbedingungen, die eine Mehrzahl von Arbeitsverhältnissen betreffen, werden nicht im Einzelnen ausgehandelt, sondern einseitig vom Arbeitgeber in der Weise „geregelt" (§ 305 Abs. 1 S. 1: „gestellt"), dass dieser den betreffenden Arbeitsvertragsinhalt vorformuliert und damit derart vorgibt, dass es nur noch einer entsprechenden Bezugnahme bei Arbeitsvertragsschluss bedarf, wenn nicht sogar – im Arbeitsrecht besonders häufig[84] – ein entsprechendes, vom Arbeitgeber entworfenes, **(Vertrags-) Formular** verwendet wird. Damit stellt sich auch im Arbeitsrecht zunächst die Frage, welche Anforderungen an eine wirksame Einbeziehung zu stellen sind und zwar mit dem Schwerpunkt der Problematik von **(dynamischen) Verweisungen**[85]. Vor allem aber ist damit auch im Arbeitsrecht der Weg zur Inhaltskontrolle eröffnet (dazu Rn 141 ff). **50**

c) Gesamtzusage

Auch **Ergänzungen nach Vertragsschluss** erfolgen häufig nicht individuell, sondern in dem Sinn kollektiv, dass sich der Arbeitgeber an eine Mehrheit von Arbeitnehmern, unter Umständen die gesamte Belegschaft, wendet. Das rechtstechnische Mittel dafür bildet die sog. Gesamtzusage mit (rechtstatsächlichen) Schwerpunkten im Bereich **51**

---

82 AA sind naturgemäß diejenigen, die die Unterscheidung zwischen Vertrag und Norm letztlich leugnen, indem sie das staatliche Normsetzungsmonopol bestreiten und infolgedessen auch private/gesellschaftliche Normsetzung zulassen; vgl dazu vor allem *Reuter* SAE 1983, 202.
83 So vor allem *Richardi* RdA 1983, 201, 210 ff, 214 ff; *Belling* DB 1987, 1888, 1890; zum Ganzen *Joost* RdA 1989, 7.
84 Dazu *Preis*, Grundfragen der Vertragsgestaltung im Arbeitsrecht 1993, 25 f, 275 f.
85 Auch dazu *Preis*, Grundfragen der Vertragsgestaltung im Arbeitsrecht 1993, 55 f, 394 ff.

freiwilliger Zuwendungen des Arbeitgebers, insbesondere (früher) im Bereich der betrieblichen Altersversorgung[86]. Sie stellt nach hL eine Willenserklärung gegenüber allen begünstigten Arbeitnehmern dar, die diese zumindest konkludent (unter Zugangsverzicht gem. § 151 BGB) annehmen; die rechtsgeschäftliche Konstruktion[87] bereitet hier keine besonderen Schwierigkeiten[88].

52 Der Spielraum für Gesamtzusagen des Arbeitgebers ist allerdings dadurch erheblich verengt worden, dass das BAG in zweifelhafter Ausweitung des § 87 Nr 10 BetrVG (dazu Rn 811 ff, 815) die Mitbestimmungsrechte des Betriebsrats nach dieser Vorschrift in wesentlichen Punkten auch auf freiwillige Zuwendungen des Arbeitgebers erstreckt hat, so dass trotz gewisser mitbestimmungsfreier Vorgaben in der Regel Betriebsvereinbarungen abgeschlossen werden, soweit sich der Betriebsrat nicht mit einer sog. **Regelungsabrede** (dazu Rn 733) begnügt.

d) Betriebliche Übung

53 **Fall 3:** Seinen Arbeitnehmern zahlte Arbeitgeber B in den letzten drei Jahren neben dem tariflich festgelegten Lohn stets ohne Vorbehalt eine übertarifliche Zulage. Als sich der Tariflohn erhöht, verrechnet A die Zulage mit der Erhöhung. Zu Recht? **Rn 59**

54 aa) Eine eigenartige spezielle arbeitsrechtliche Rechtsquelle stellt die sog. **betriebliche Übung (oder: Betriebsübung)** dar[89]. Sie diente ursprünglich dem Zweck der Anspruchsbegründung in solchen Fällen, in denen Arbeitgeber aus bestimmten (wiederkehrenden) Anlässen (Zusatz-) Leistungen gewährten, ohne sich dabei auch schon für die Zukunft binden zu wollen: Ob (und ggf in welcher Höhe) auch zukünftig entsprechende Leistungen gewährt werden sollten, blieb vielmehr bewusst (wenn auch nicht notwendigerweise ausdrücklich) offen, so dass die begünstigten Arbeitnehmer die Wiederholung der betreffenden Zuwendungen allenfalls **erhoffen** konnten; ein Rechtsanspruch darauf bestand jedenfalls zunächst nicht.

55 Als Beispiel dient die erstmalige Gewährung einer Weihnachtsgratifikation (heute: Meist schon tarifvertraglich geregeltes 13. Monatsgehalt). Hier war es zunächst ganz unsicher, wie der Arbeitgeber in den Folgejahren verfahren werde. An dieser Stelle setzt das Rechtsinstitut der betrieblichen Übung an. Aus der bloßen, für den Arbeitgeber unverbindlichen Hoffnung des Arbeitnehmers kann dann **schutzwürdiges Vertrauen** entstehen, wenn es nicht beim einmaligen Leistungsvorgang bleibt, sondern wenn sich insbesondere durch mehrfache[90], ununterbrochene, gleichför-

---

86 Dazu *Zöllner/Loritz* § 6 I 6 e (71); MünchArbR-*Richardi* § 12 Rn 38 ff.
87 Dazu eingehend *Lieb*, 4. Aufl., § 3 I 3.
88 Zur bindenden Wirkung und zur Widerruflichkeit einer solchen Gesamtzusage BAG v. 14.06.1995, 5 AZR 126/94, NZA 1995, 1194 sowie BAG v. 23.10.2002, 10 AZR 48/02, NZA 2003, 557.
89 Grundlegend *Seiter*, Die Betriebsübung 1967; *Canaris*, Die Vertrauenshaftung im deutschen Privatrecht 1971, 254 ff, 386 ff; siehe auch *Hromadka* NZA 1984, 241.
90 Für Gratifikationen ist insofern die dreimalige Gewährung ausreichend: BAG AP Nr 26 zu § 611 BGB Gratifikation. Im Übrigen kommt es auf die Häufigkeit der erbrachten Leistungen, ihre Art und ihren Inhalt an. Bei für den Arbeitnehmer weniger wichtigen Leistungen sind an die Zahl der Wiederholungen höhere Anforderungen zu stellen als bei bedeutsameren Leistungsinhalten: BAG v. 28.07.2004, 10 AZR 19/04, NZA 2004, 1152.

mige[91] und vorbehaltslose[92] Wiederholung der Eindruck verfestigt, der Arbeitgeber werde die betreffenden Leistungen auch zukünftig gewähren. Dieses schutzwürdige Vertrauen des Arbeitnehmers wirkt anspruchsbegründend; aus dem wiederholten gleichförmigen Arbeitgeberverhalten folgt eine Bindung auch für die Zukunft. So wie Ansprüche durch bestimmtes Verhalten, auf das der Schuldner vertrauen darf, **verwirkt** werden kann, ist es möglich, mithilfe der entgegengesetzten Figur der **Erwirkung** Ansprüche entstehen zu lassen. Die Betriebsübung stellt damit eine Ausprägung der Vertrauenshaftung dar[93]. Voraussetzung für einen Anspruch ist daher, dass der Arbeitgeber in zurechenbarer Weise einen Vertrauenstatbestand geschaffen hat, auf den die Arbeitnehmer vertraut haben und vertrauen durften (Schutzbedürftigkeit)[94].

Im Gegensatz zu dieser, vor allem von *Seiter* und *Canaris* begründeten rechtlichen Qualifikation der betrieblichen Übung hält die Rechtsprechung an einer rechtsgeschäftlichen Einordnung fest[95]. Insbesondere seit dem (außerordentlich zweifelhaften) Verzicht des BGH auf die Notwendigkeit eines Erklärungsbewusstseins für die Wirksamkeit einer Willenserklärung[96] ist sie der Auffassung, es komme auch im Arbeitsrecht nicht darauf an, ob der Arbeitgeber wirklich mit **Verpflichtungswillen** (für die Zukunft) gehandelt habe; denn die Wirkung einer Willenserklärung, eines bestimmten Verhaltens, trete im Rechtsverkehr nicht deshalb ein, weil der Erklärende einen bestimmten Willen hege, sondern weil er (anscheinend?!) einen auf eine bestimmte Rechtswirkung gerichteten Willen dem Erklärungsempfänger gegenüber äußere. Für die Bindungswirkung der betrieblichen Übung sei daher die Frage entscheidend, wie der Erklärungsempfänger, der Arbeitnehmer, die Erklärung oder das Verhalten des Arbeitgebers nach Treu und Glauben unter Berücksichtigung aller Begleitumstände verstehen durfte. **56**

Dies ist selbst bei minimalen Anforderungen an den Tatbestand der Willenserklärung kaum vertretbar; insbesondere wird nicht ausreichend berücksichtigt, dass sich die (schutzwürdige) Erwartung der Arbeitnehmer nicht auf einzelne (nach der Rechtsprechung rechtsgeschäftlich zu verstehende) Erklärungen des Arbeitgebers bezieht, sondern dass maßgeblich allein das Gesamtverhalten des Arbeitgebers und die sich darauf gründenden Schlüsse sind[97]. Dies ist nicht mit rechtsgeschäftlichen Kategorien, sondern allein mithilfe der Rechtsfigur der Vertrauenshaftung ausreichend erfassbar, **57**

---

91 Dazu einschränkend BAG v. 28.02.1996, 10 AZR 516/95, NZA 1996, 758, 759.
92 BAG v. 06.09.1994, 9 AZR 672/92, NZA 1995, 418.
93 Selbst für den laufenden Bezugszeitraum verhindert ein ausdrücklicher Freiwilligkeitsvorbehalt das Entstehen eines entsprechenden Vertrauens: BAG v. 05.06.1996, 10 AZR 883/95, NZA 1996, 1028, 1029.
94 Speziell für die betriebliche Übung *Hromadka* NZA 1984, 241, 244 mwN.
95 BAG v. 23.06.1988, 6 AZR 137/86, NZA 1989, 55, 56; BAG v. 29.09.2004, 5 AZR 528/03, NZA-RR 2005, 501.
96 BGH v. 07.06.1984, IX ZR 66/83, NJW 1984, 2279 mit abl Anm. *Canaris*; dazu auch *Hepting*, FS 600-Jahr-Feier der Universität zu Köln 1988, 209; *Brehmer* JuS 1986, 440; *Singer* JZ 1989, 1030, 1034 f.
97 Zutreffend *Seiter*, Die Betriebsübung 1967, 60 f, 84 ff; *Canaris*, Die Vertrauenshaftung im deutschen Privatrecht 1971, 407; *Singer* ZfA 1993, 487, 492 ff.

so dass der Rechtsprechung der Vorwurf der Denaturierung der Willenserklärung nicht erspart werden kann.

58 Seit einiger Zeit wird auch wieder eine, im Einzelnen freilich ganz unterschiedliche, **normative Deutung** der betrieblichen Übung versucht[98]; dem liegt eine Verwechslung von Inhalt und Form zu Grunde. Auch wenn es sich bei den Sachverhalten der betrieblichen Übung in aller Regel um kollektive Gestaltungen handelt (die seltene Individualübung kann hier außer Betracht bleiben), und wenn sich daraus auch möglicherweise Folgerungen für die Abänderbarkeit ergeben, ändert dies nichts an der individualrechtlichen Herkunft und Qualität der betrieblichen Übung und der daraus folgenden Unvereinbarkeit mit normativer Gestaltung. Verfehlt ist es insbesondere, die betriebliche Übung als Vorstufe der Betriebsvereinbarung (miss-) zu verstehen.

59 bb) Selbst wenn die äußeren Voraussetzungen – mehrfaches, gleichförmiges Verhalten – an sich vorliegen, steht damit die Existenz einer entsprechenden betrieblichen Übung noch keineswegs fest. Entscheidend ist vielmehr, ob die Arbeitnehmer insbesondere unter Berücksichtigung der Art der betreffenden Leistungen wirklich auf einen entsprechenden Verpflichtungswillen des Arbeitgebers schließen, ob sie wirklich auf **Wiederholung in der Zukunft vertrauen** durften. Insbesondere im Vergütungsbereich ist nämlich zu bedenken, dass sich der Arbeitgeber (erkennbar) schwerlich der Möglichkeit begeben will, veränderten wirtschaftlichen Umständen in freier Entscheidung Rechnung zu tragen. Das BAG hat daher zu Recht entschieden, dass selbst bei mehrjähriger Anpassung der Gehälter der AT-Angestellten an die Tarifentwicklung des Vorjahres eine betriebliche Übung nicht entsteht[99]. Dasselbe gilt für die Frage der Anrechnung von Tariflohnerhöhungen auf übertarifliche Lohnbestandteile: Selbst wenn der Arbeitgeber hierauf vorbehaltlos mehrere Jahre lang verzichtet haben sollte, entsteht daraus noch keine betriebliche Übung[100].

> Die Arbeitnehmer haben im **Ausgangsfall 3** deshalb keinen Anspruch auf Zahlung der ungekürzten Zulage.

60 cc) **Fall 4:** Seit zehn Jahren erhält die in einem Krankenhaus angestellte Telefonistin K jährlich vier Tage Zusatzurlaub. Die Arbeitgeberin teilt ihr nun mit, dass sich ihr Urlaubsanspruch um vier Tage reduziere, da sie bisher den einschlägigen Tarifvertrag irrtümlich falsch angewendet habe; bei einer Überprüfung habe sich herausgestellt, dass K danach kein Anspruch auf die zusätzlichen Urlaubstage zustehe (BAG v. 06.03.1984, 3 AZR 340/80, NZA 1984, 256). **Rn 61**

61 Schon im Tatsächlichen, vor allem aber auch rechtlich anders liegen die Fälle, in denen es – im Gegensatz zur Ausgangslage – nicht um die Problematik der erhofften zukünftigen Wiederholung einmaliger Leistungen zu besonderen Zeitpunkten oder aus besonderen Anlässen, sondern um (meist fortlaufende) Zuwendungen geht, die der

---

98   *Gamillscheg*, FS Hilger/Stumpf 1983, 227; *Reuter* SAE 1983, 202 f; hierzu auch *Thüsing* NZA 2005, 718, 721 f.
99   BAG v. 04.09.1985, 7 AZR 262/83, NZA 1986, 521 f.
100 Zutr BAG v. 08.12.1982, 4 AZR 481/80, NJW 1984, 1708; zur betrieblichen Übung in Bezug auf die Übernahme tariflicher Lohnerhöhungen durch Außenseiterarbeitgeber BAG v. 26.06.1959, 2 AZR 25/57, AP Nr 1 zu § 259 ZPO.

Arbeitgeber dem Arbeitnehmer **irrtümlich**, dh in dem – vom Empfänger geteilten – Glauben gewährt, dazu verpflichtet zu sein, obwohl eine entsprechende Verpflichtung in Wahrheit gar nicht bestand (sog. **irrtümliche Betriebsübung**[101]). Auch hier geht der Arbeitnehmer zwar von der zukünftigen Weitergewährung aus. Im Gegensatz zum Regelfall der Betriebsübung fehlt es hier jedoch an einer besonderen, auf die freiwillige zusätzliche Leistung des Arbeitgebers als auffälligem Vertrauenstatbestand gegründeten schutzwürdigen Erwartungshaltung des Arbeitnehmers. Da ihm bei nur irrtümlicher Betriebsübung die Divergenz zwischen den (nur) geschuldeten und den tatsächlich erbrachten Leistungen ebenso wenig bewusst geworden ist wie dem Arbeitgeber, ist ein schutzwürdiges aktuelles Vertrauen nicht gegeben; zumindest ist der Vertrauenstatbestand sehr viel schwächer ausgeprägt.

> Die Klage der K auf Gewährung der zusätzlichen Urlaubstage im **Ausgangsfall 4** wurde deshalb zu Recht abgewiesen.

Eine solche unterschiedliche Behandlung der sozusagen klassischen Fälle der Betriebsübung und des Sonderbereichs der irrtümlichen Betriebsübung lässt sich auch noch mit der Zurechnungserwägung abstützen, dass die bewusste Entscheidung für die Gewährung von Zusatzleistungen, die der freiwilligen betrieblichen Übung zugrunde liegt, unzweifelhaft schwerer wiegt als (fahrlässige) Fehler bei der Normanwendung[102]. **62**

> dd) **Fall 5:** Arbeitgeber B zahlt seit 1970 in betrieblicher Übung eine Weihnachtsgratifikation. Seit Ende der achtziger Jahre hat er in Bekanntmachungen stets darauf hingewiesen, dass es sich dabei um eine „freiwillige, jederzeit widerrufliche Leistung" handele, auf die auch zukünftig kein Rechtsanspruch bestehe. 2003 stellt B die Zahlungen ein. Haben die Arbeitnehmer weiterhin einen Anspruch auf Zahlung der Weihnachtsgratifikationen? (BAG v. 26.03.1997, 10 AZR 612/96, NZA 1997, 1007) **Rn 64** **63**

Diese Divergenzen zwischen den Begründungstheorien erschöpfen sich nicht in der Theorie, sondern wirken sich vor allem bei der **Beendigung** einer betrieblichen Übung aus. Die von der Rechtsprechung vorgenommene rechtsgeschäftliche Einordnung erlaubt die Annahme einer vollen vertraglichen Bindung, so dass eine einseitige Lösung außerordentlich schwierig ist (zur Reichweite der Änderungskündigung siehe Rn 396 ff). Hingegen kann die Entstehung weiterer Ansprüche, die „nur" auf Vertrauen beruhen, jedenfalls grundsätzlich durch Beendigung des Vertrauenstatbestandes für die Zukunft ausgeschlossen werden, mag ein entsprechender Widerruf auch eines (weit verstandenen) sachlichen Grundes bedürfen[103]. **64**

---

101 Dazu insb *Singer* ZfA 1993, 487, 491 ff.

102 Dazu auch *Hahn*, Die fehlerhafte Normenanwendung im Arbeitsverhältnis 1976, 108 ff; teilw. abw. *Singer* ZfA 1993, 487, 491 ff; vgl dazu jetzt BAG v. 23.04.2002, 3 AZR 224/01, EzA § 1 BetrAVG Betriebliche Übung Nr 2.

103 Dazu BAG v. 23.04.1963, 3 AZR 173/62, NJW 1963, 1893; *Seiter* DB 1967, 1585; *Canaris*, Die Vertrauenshaftung im deutschen Privatrecht 1971, 407; *Schrübbers*, Rechtsprobleme der Beseitigung betrieblicher Übungen 1976, 129 ff.

Das BAG hat sich in **Ausgangsfall 5** mit einer **gegenläufigen betrieblichen Übung** geholfen. Da der Arbeitnehmer der mehrmaligen Ankündigung des Freiwilligkeitsvorbehaltes nicht widersprochen habe, dürfe das Unternehmen von einer stillschweigenden Annahme seines auf Beseitigung des vorbehaltlosen Zahlungsanspruchs gerichteten Vertragsänderungsangebotes ausgehen. Der Arbeitgeber durfte darauf vertrauen, dass Arbeitnehmer widersprochen hätten, wenn sie damit nicht einverstanden gewesen wären[104].

65   Die Begründung des BAG ist nicht nur lebensfremd, sie offenbart vor allem dogmatische Inkonsistenz. Folgt man der Erklärungstheorie des Gerichts, bedarf es zur Begründung einer („umgekehrten") betrieblichen Übung zunächst einer Willenserklärung des Arbeitgebers. Bestimmt man sie danach, ob der Empfänger sie als solche verstehen musste, fehlte es im geschilderten Fall hieran. Die Bekanntmachung des Vorbehaltes, dass „auch zukünftig" keine Rechtsansprüche bestünden, ist eine (falsche) rechtliche Würdigung, eine unrichtige Tatsachenmitteilung und der Hinweis, sich jetzt und zukünftig vertragswidrig zu verhalten, aber keine Willenserklärung. Auch die Annahme der Arbeitnehmer ist reine Fiktion, denn die widerspruchslose Kenntnisnahme einer falschen Rechtsansicht hat keinen Erklärungswert[105].

66   ee) Das Aus für betriebliche Übungen könnten zukünftig sog. **doppelte Schriftformklauseln** bedeuten. Die Doppelung besteht darin, dass nicht nur Vertragsänderungen der Schriftform bedürfen, sondern zugleich die Abbedingung dieser Schriftformklausel unwirksam ist. Der Neunte Senat des BAG hat im Juni 2003 entschieden, dass eine solche Klausel das Entstehen von – naturgemäß nicht-schriftlichen – Betriebsübungen verhindert[106]. Der Neunte Senat berief sich dabei auf ein Urteil des BGH, in dem dieser entschieden hatte, dass eine solche doppelte Schriftformklausel nicht mündlich abbedungen werden kann[107]. Der BGH bezog sich dabei allerdings auf einen Vertrag zwischen Kaufleuten und begründete seine Entscheidung mit den Besonderheiten des kaufmännischen Verkehrs. Der Dritte Senat hatte 1985 noch anders entschieden[108], ohne dass der Neunte Senat dieses Urteil auch nur erwähnte[109]. Das letzte Wort ist also noch nicht gesprochen; vor allem auch, weil das BAG nur unzureichend auf AGB-rechtliche Bedenken einging. Zwar wird man eine betriebliche Übung nicht als Individualvereinbarung (§ 305b BGB) betrachten können, da sie sich ja gerade an die gesamte Belegschaft oder zumindest an eine Vielzahl von Mitarbeitern wendet[110]; doppelte Schriftformklauseln sind aber regelmäßig nach § 307 Abs. 2 Nr 1, Abs. 1 BGB unwirksam[111]. Wesentlicher Grundgedanke des BGB ist es, dass Verträge nicht nur

---

104   BAG v. 26.03.1997, 10 AZR 612/96, NZA 1997, 1007, 1008 f.
105   *Kettler* NJW 1998, 435, 436 ff; auch zur Substanzlosigkeit des vom BAG verwendeten Arguments, die umgekehrte betriebliche Übung sei nur das Spiegelbild zur Anspruchsbegründung *Thüsing* NZA 2005, 718, 719 f.
106   BAG v. 24.06.2003, 9 AZR 302/02, NZA 2003, 1145.
107   BGH v. 02.06.1976, VIII ZR 97/74, NJW 1976, 1395.
108   BAG v. 25.06.1985, 3 AZR 305/83, NJW 1986, 275.
109   Zum Ganzen *Roloff* NZA 2004, 1191, 1194 ff.
110   BAG v. 24.06.2003, 9 AZR 302/02, NZA 2003, 1145, 1147 f; *Roloff* NZA 2004, 1191, 1196 f; aA Däubler/Dorndorf-*Däubler*, AGB-Kontrolle im Arbeitsrecht 2004, § 305b BGB Rn 12.
111   *Hromadka* DB 2004, 1261, 1264; *Michalski* DStR 1998, 771, 778; iE auch *Ulrici* BB 2005, 1902, 1903.

schriftlich, sondern auch mündlich geschlossen werden können (vgl § 311 Abs. 1 BGB) und das bedeutet auch, dass Schriftformabreden ihrerseits mündlich abbedungen werden können. Hiervon weicht eine doppelte Schriftformklausel zu Lasten des Arbeitnehmers ab und hat deshalb keinen Bestand.

3. Konkretisierung von Arbeitsvertragsinhalten (Direktionsrecht)

a) Die Eigenart des Arbeitsverhältnisses bringt es mit sich, dass insbesondere die **67** Verpflichtung zur Arbeitsleistung arbeitsvertraglich oft nur recht allgemein beschrieben, nur eine Art Rahmen vereinbart wird, so dass es einer (fortlaufenden) Konkretisierung bedarf. Das rechtstechnische Instrument dafür ist das Direktions- oder Weisungsrecht, ein einseitiges Leistungsbestimmungsrecht des Arbeitgebers, mithilfe dessen er in den Grenzen der Billigkeit (§ 315 BGB) die erforderlichen Einzelweisungen treffen und damit die entsprechenden Verpflichtungen des Arbeitnehmers konkretisieren kann[112]. Es ist mittlerweile an entlegenem Ort in § 106 GewO kodifiziert[113], die Rechtsfolge der Unbeachtlichkeit einer unbilligen Weisung folgt indes weiterhin aus § 315 Abs. 3 BGB[114]. Der (früher häufigen) Annahme einer korrespondierenden Weisungsunterworfenheit oder gar Gehorsamspflicht des Arbeitnehmers bedarf es nicht[115]; die Verpflichtung des Arbeitnehmers zur Befolgung der Weisung ergibt sich vielmehr bereits aus dem Vertrag selbst. Der Arbeitnehmer schuldet infolgedessen Leistungen in der Art und in dem Umfang, wie sie der Arbeitgeber (zulässigerweise) durch sein Direktionsrecht bestimmt hat.

Die Einseitigkeit der Leistungsbestimmung war Anlass zur Einführung der betrieblichen Mitbe- **68** stimmung durch den Betriebsrat in personellen und sozialen Angelegenheiten; insbesondere der Katalog des § 87 BetrVG bezieht sich zumindest weithin auf Angelegenheiten, die sonst der Arbeitgeber einseitig hätte regeln können (dazu genauer im § 8).

Das **Direktionsrecht des Arbeitgebers** ist dem Arbeitsvertrag immanent, das belegt **69** nun auch § 106 GewO; besonderer Vereinbarung bedarf es nur dann, wenn Befugnisse begründet werden sollen, die über das normale Direktionsrecht inhaltlich hinausgehen[116].

b) **Fall 6:** Der Musiklehrer M schließt mit dem Schulträger S einen Arbeitsvertrag ab, der ua **70** folgende Klausel enthält: „Arbeitsleistungen sind nur nach Aufforderung durch die Musikschule zu erbringen: Die Zahl der zu erteilenden Unterrichtsstunden wird von Fall zu Fall im Einvernehmen mit dem Schulleiter festgelegt." (BAG v. 12.12.1984, 7 AZR 509/83, NZA 1985, 321) **Rn 71**

---

112 Zum Direktionsrecht insb *Bötticher*, Gestaltungsrecht und Unterwerfung im Privatrecht 1964; *Söllner*, Einseitige Leistungsbestimmung im Arbeitsrecht 1966; *Birk*, Die arbeitsrechtliche Leitungsmacht 1973; *Gast*, Arbeitsvertrag und Direktion 1978.
113 Dazu *Bauer/Opolony* BB 2002, 1590; *Wisskirchen* DB 2002, 1886.
114 *Hoppe/Wege* Anm. zu ArbG Wuppertal LAGE § 626 BGB 2002 Nr 2a, S. 5, 31.
115 *Zöllner* RdA 1969, 65, 67.
116 Dazu *Hromadka* RdA 1992, 234, 237 f sowie *Söllner* und *Wank* in: *Hromadka*, Änderung von Arbeitsbedingungen 1990, 13 ff, 35 ff; siehe auch *Birk*, Die arbeitsrechtliche Leitungsmacht 1973, 21.

71 Problematisch ist ein einseitiges Leistungsbestimmungsrecht des Arbeitgebers dann, wenn es sich auf den Umfang der Arbeitsverpflichtung beziehen soll. Das BAG hat im **Ausgangsfall 6** eine solche Regelung unter mehreren Aspekten als unwirksam verworfen: Zunächst hat es darauf hingewiesen, dass das allgemeine Weisungsrecht des Arbeitgebers sich allenfalls auf die im Arbeitsvertrag enthaltenen Rahmenbedingungen, nicht aber auf die beiderseitigen Hauptpflichten beziehen könne; auch eine Auslegung als Widerrufsvorbehalt hat es unter demselben Aspekt verneint. Außerdem ist die angegriffene vertragliche Regelung als objektive Umgehung von zwingenden Vorschriften des Kündigungs- und Kündigungsschutzrechts angesehen und damit aus ähnlichen Gründen verworfen worden wie Befristungen, die eines sachlichen Grundes entbehren[117]. Der Gesetzgeber hat auf diese Entscheidung durch die Regelung der variablen Dauer der Arbeitszeit in § 12 TzBfG[118] reagiert.

72 c) Schwierig ist die rechtliche Einordnung und Behandlung **der Arbeitsverweigerung aus Gewissensgründen**[119]. Als – entschiedene – Beispielsfälle seien der Drucker genannt, der sich weigert, kriegsverherrlichende Schriften zu drucken[120] und der Arzt, der sich aus Gewissensgründen weigert, an der Entwicklung eines Medikaments mitzuwirken, das zur Linderung der Folgen eines Atomkriegs eingesetzt werden kann[121]. Das BAG will hier schon am **Direktionsrecht** des Arbeitgebers ansetzen und die Zuweisung von Arbeit, die aus Gewissensgründen nicht geleistet zu werden braucht, unter gewissen Umständen als unzulässig und damit unwirksam ansehen.

73 Dies dürfte der falsche Ansatzpunkt sein, weil es allein Sache des Arbeitnehmers ist, sich gegenüber einer Zuweisung bestimmter Arbeiten auf sein Gewissen zu berufen und damit ein Leistungsverweigerungsrecht geltend zu machen[122]. Vor der Schuldrechtsmodernisierung wurde dieses Recht auf § 242 BGB gestützt, mittlerweile ist § 275 Abs. 3 BGB der richtige Anknüpfungspunkt[123]. Das Direktionsrecht des Arbeitgebers ist dann nur insofern bedeutsam, als dieser bei begründeter Leistungsverweigerung gehalten ist, dem Arbeitnehmer im Rahmen seiner arbeitsvertraglichen Verpflichtung andere Arbeit zuzuweisen. Unterlässt der Arbeitgeber dies, bleibt der Lohnanspruch des Arbeitnehmers nach § 615 S. 1 BGB erhalten. **Kann** der Arbeitgeber den Arbeitnehmer dagegen nicht anderweitig einsetzen, gerät er gem. § 297 BGB auch nicht in Annahmeverzug, so dass der Lohnanspruch entfällt[124]. Ob er nach § 616 S. 1 BGB bei bloß vorübergehender Verhinderung aufrecht erhalten werden kann, ist

---

117 BAG v. 12.12.1984, 7 AZR 509/83, NZA 1985, 321 = SAE 1985, 357 (*Schüren*).
118 Vormals § 4 BSchFG.
119 Dazu *Konzen/Rupp*, Gewissenskonflikte im Arbeitsverhältnis 1990; *Rüfner* RdA 1992, 1; *Reuter* BB 1986, 385; genereller zu Leistungsverweigerungsrechten bei Pflichtenkollisionen *Henssler* AcP 190 (1990), 538. Bislang wurden religiöse Pflichten und Gewissenspflichten im Arbeitsverhältnis stets nach gleichem Muster behandelt. Zu den Unterschieden und den Auswirkungen des AGG *Wege*, Religion im Arbeitsverhältnis 2006.
120 BAG v. 20.12.1984, 2 AZR 436/83, NZA 1986, 21.
121 BAG v. 24.05.1989, 2 AZR 285/88, NZA 1990, 144 = SAE 1991, 1 (*Bydlinski*).
122 Dazu *Konzen/Rupp*, Gewissenskonflikte im Arbeitsverhältnis 1990, 113 ff; differenzierend *Wege*, Religion im Arbeitsverhältnis 2006; vgl auch BAG v. 21.05.1992, 2 AZR 10/92, NZA 1993, 115 zum Leistungsverweigerungsrecht einer Arbeitnehmerin bei Erkrankung ihres Kindes.
123 *Henssler* RdA 2002, 129, 131.
124 Dazu *Brox* Anm. zu BAG AP Nr 27 zu § 611 BGB Direktionsrecht; *Kohte* NZA 1989, 161, 167 f.

seit jeher umstritten[125]. Kann der betreffende Arbeitnehmer wegen seiner Gewissenszweifel überhaupt nicht mehr eingesetzt werden, kommt eine personenbedingte Kündigung in Betracht[126].

Zentral ist bei alledem die Frage, unter welchen Umständen Gewissenszweifel zur **74** Leistungsverweigerung berechtigen. Maßgeblich ist dafür kein objektiver, sondern ein subjektiver Gewissensbegriff, der sich freilich einer Plausibilitätskontrolle zu stellen hat. Insbesondere muss der Arbeitnehmer seine Entscheidung im Einzelnen darlegen und erläutern. „Es muss hierbei erkennbar sein, dass es sich um eine nach außen tretende, rational mitteilbare und intersubjektiv nachvollziehbare tiefe, Ernsthaftigkeit und absolute Verbindlichkeit einer Selbstbestimmung handelt"[127]. Zu berücksichtigen ist dabei auch, ob und inwieweit Gewissenszweifel für den Arbeitnehmer vorhersehbar waren[128].

4. Änderung von Arbeitsbedingungen (Überblick)

„Arbeitsverhältnisse dürfen nicht versteinern"[129]; erforderlich ist vielmehr die Mög- **75** lichkeit einer praktikablen Anpassung an wechselnde Bedürfnisse während des Bestehens des Dauerschuldverhältnisses. So selbstverständlich dieses Postulat klingt, so schwierig ist seine Verwirklichung, zumal die beharrenden Kräfte im Arbeitsrecht dann besonders stark sind, wenn es um die Reduzierung von (Sozial-) Leistungen und sozialem Schutz geht (polemisch: „Verbot des sozialen Rückschritts"!?). Angesichts dessen ist es kein Wunder, dass kaum Klarheit darüber besteht, welche Änderungsinstrumentarien zur Verfügung stehen, welche Voraussetzungen jeweils erfüllt sein müssen und wie weit die Änderungsmöglichkeiten reichen[130]. Zusätzlich wird die Rechtslage dadurch belastet, dass die Rechtsprechung der Änderung von Arbeitsvertragsinhalten sehr kritisch gegenübersteht und ihnen zumindest durch eine intensive **richterrechtliche (Ausübungs-) Kontrolle** enge Grenzen setzt.

Auf der individualrechtlichen Ebene kommen vor allem (auch stillschweigende) **Wi-** **76** **derrufsvorbehalte** in Betracht. Allerdings ist die richterliche Ausübungskontrolle gerade hier besonders intensiv[131]. Dazu kommt die Notwendigkeit der Beachtung von – im Umfang streitigen – Mitbestimmungsrechten des Betriebsrats[132].

Soweit sich der Arbeitgeber Änderungen nicht vorbehalten hat und insbesondere auch **77** keine Widerrufsvorbehalte vereinbart wurden, bedarf es einer **Änderungskündigung**

---

125 Dagegen (Normzweck) *Reuter* BB 1986, 389; *Konzen/Rupp*, Gewissenskonflikte im Arbeitsverhältnis 1990, 167 f; aA *Henssler* AcP 190 (1990), 538, 568 Fn 128.
126 BAG v. 24.05.1989, 2 AZR 285/88, NZA 1990, 144; dazu noch Rn 356.
127 So BAG v. 24.05.1989, 2 AZR 285/88, NZA 1990, 144, 145.
128 Dazu *Konzen/Rupp*, Gewissenskonflikte im Arbeitsverhältnis 1990, 138 ff; *Rüfner* RdA 1992, 1, 4 f; *Henssler* AcP 190 (1990), 538, 550 ff; differenzierend *Wege*, Religion im Arbeitsverhältnis 2006.
129 *Hromadka* RdA 1992, 234 im Anschluss an BAG v. 30.01.1970, 3 AZR 44/68, NJW 1970, 1620.
130 Dazu die umfangreichen, verdienstvollen Untersuchungen von *Hromadka*, RdA 1992, 234.
131 Dazu *Zöllner* RdA 1989, 152, 161 f; *Preis*, Grundfragen der Vertragsgestaltung im Arbeitsrecht 1993, 199 ff.
132 Vgl hierzu Rn 754 ff sowie Rn 807 ff zur besonderen Problematik des Widerrufs übertariflicher Zulagen.

(dazu Rn 396 ff). An deren sozialen Rechtfertigung werden freilich insbesondere bei eventuellen Vergütungsminderungen sehr (zu?) strenge Anforderungen gestellt[133].

78　Auch **Versetzungen** setzen dann eine Änderung des Arbeitsvertrags voraus, wenn keine Versetzungsvorbehalte, die ein entsprechendes Direktionsrecht des Arbeitgebers begründen, vereinbart wurden. Dazu kommt dann noch die Notwendigkeit der Beachtung der Mitbestimmungsrechte des Betriebsrats gemäß §§ 99 ff BetrVG[134].

79　**Betriebsvereinbarungen** scheiden gegenüber Individualverträgen als Änderungsinstrument schon wegen der Geltung des Günstigkeitsprinzips aus. In Bezug auf die Verschlechterung von Arbeitsvertragsinhalten, die auf Allgemeinen Arbeitsbedingungen beruhen, ist dies allerdings zweifelhaft und umstritten (dazu Rn 789)[135].

IV. Gleichheit, Gleichbehandlung und Gleichberechtigung im Arbeitsrecht

1. Gleichheitssatz (Art. 3 Abs. 1 GG)

80　Der in Art. 3 Abs. 1 GG normierte Gleichheitssatz verbietet dem Gesetzgeber jegliche **willkürliche Differenzierung**; dies gilt (natürlich) auch für gesetzliche Regelungen auf dem Gebiet des Arbeitsrechts. Dort stellt sich vor allem die Frage, ob bzw unter welchen Umständen zwischen verschiedenen Arbeitnehmergruppen differenziert werden darf; im Vordergrund steht dabei die historisch überkommene Zweiteilung in Arbeiter und Angestellte[136]. Sie wurden lange Zeit als ganz verschiedene Arbeitnehmergruppen verstanden, so dass arbeitsrechtliche Regelungen nicht selten deutlich differenzierten, ohne dass dies zunächst als willkürlich empfunden worden wäre. Dies hat sich drastisch verändert: Die Unterscheidung zwischen Arbeitern und Angestellten hat nach heutiger Auffassung viel an Bedeutung verloren, so dass entsprechende arbeitsrechtliche Differenzierungen immer zweifelhafter werden. Dies gilt insbesondere für den Kündigungsschutz. Hier erklärte das BVerfG schon 1982 die unterschiedliche Berücksichtigung von Zeiten der Betriebszugehörigkeit bei der Berechnung (verlängerter) Kündigungsfristen für verfassungswidrig; 1990 wurden die unterschiedlichen gesetzlichen Kündigungsfristen für Arbeiter und Angestellte (§ 622 BGB) wegen Verstoßes gegen Art. 3 Abs. 1 GG generell für verfassungswidrig erklärt[137]. Der Gesetzgeber kam der ihm schon in der ersten Entscheidung aufgegebenen Neuregelungspflicht 1993 durch die Neufassung des § 622 BGB nach, der nunmehr Arbeiter und Angestellte durchweg gleich behandelt[138].

133　BAG v. 20.03.1986, 2 AZR 294/85, NZA 1986, 824; dazu Rn 401 ff.
134　Dazu BAG v. 30.09.1993, 2 AZR 283/93, NZA 1994, 615 sowie Rn 837 ff.
135　Siehe dazu aber auch den mutigen Versuch von *Fastrich* RdA 1994, 129.
136　Dazu *Hromadka* ArbRGegw Bd. 21 (1983), 49 ff.
137　BVerfG v. 16.11.1982, 1 BvL 16/75, 1 BvL 36/79, BVerfGE 62, 256; BVerfG v. 30.05.1990, 1 BvL 2/83, BVerfGE 82, 126, 145.
138　Dazu *Preis/Kramer* DB 1993, 2125; *Wank* NZA 1993, 961; *Worzalla* NZA 1994, 145.

Dennoch sind Differenzierungen zwischen Arbeitern und Angestellten nicht gänzlich **81** ausgeschlossen. Sie sind vielmehr dann weiterhin zulässig, wenn sich dafür ausreichende **sachliche Gründe** finden lassen. Dies ist im Rahmen von Gesetzen, die alle Arbeitnehmer betreffen, kaum denkbar, wohl aber im personell deutlich begrenzteren Geltungsbereich von Tarifverträgen. Zwar sind auch die Tarifvertragsparteien als Normsetzer an den Gleichheitssatz des Art. 3 Abs. 1 GG gebunden[139]. Dieser ist aber dann nicht verletzt, wenn im Geltungsbereich eines Tarifvertrags besondere „funktions-, branchen- oder betriebsspezifische Interessen" vorhanden sind, die etwa unter dem Aspekt der erforderlichen „personalwirtschaftlichen Flexibilität" unterschiedliche (Grund-) Kündigungsfristen rechtfertigen können[140]. Dafür soll in Tarifverträgen eine (zweifelhafte) Vermutung der angemessenen Berücksichtigung der Arbeitnehmerinteressen und damit für das Vorliegen einer sachlichen Rechtfertigung der Differenzierung sprechen[141]. Ist Letzteres nicht der Fall, gelten die gesetzlichen Kündigungsfristen[142].

2. Gleichberechtigung nach europarechtlichen Vorgaben

Zur Gleichberechtigung wird Deutschland zunehmend aus Brüssel angehalten. Zwar **82** ist bereits nach Art. 3 Abs. 2 GG eine nicht zu rechtfertigende Differenzierung zwischen Frauen und Männern verboten; Antrieb erhält das Verbot der Geschlechtsdiskriminierung aber vor allem durch Art. 141 EG sowie zahlreiche europäische Richtlinien, die die Mitgliedsstaaten verpflichten, gegen geschlechtsbedingte Diskriminierungen im Berufsleben vorzugehen[143]. Die bis zum 31.12.2007 umzusetzende RL 2004/113/EG verpflichtet die Mitgliedstaaten nun sogar auf allgemein-zivilrechtlicher Ebene zur Gleichbehandlung der Geschlechter, soweit es um Güter und Dienstleistungen geht, die der Öffentlichkeit ohne Ansehen der Person zur Verfügung stehen (Art. 3 Abs. 1 RL).

Daneben verbieten die RL 2000/43/EG und 2000/78/EG Diskriminierungen wegen **83** der Rasse und ethnischen Herkunft, wegen der Religion oder der Weltanschauung, einer Behinderung, des Alters oder der sexuellen Ausrichtung. Sie beziehen sich – wie auch die Vorschriften gegen geschlechtsspezifische Ungleichbehandlungen – nicht nur auf die (hoheitliche) Tätigkeit staatlicher Organe; verpflichtet werden auch die Tarifvertragsparteien und der einzelne Arbeitgeber[144].

Der nationale Gesetzgeber hat sich mit der Umsetzung von Richtlinienvorgaben **84** schwer getan; bereits der bisherige § 611a BGB musste zweimal auf Grund der Recht-

---

139 Vgl dazu BAG v. 24.03.1993, 4 AZR 265/92, NZA 1993, 896; *Sachs* RdA 1989, 25 f.
140 BVerfG v. 30.05.1990, 1 BvL 2/83, BVerfGE 82, 126, 152 f, 154; dazu etwa BAG v. 10.03.1994, 2 AZR 605/93, NZA 1994, 1045.
141 Vgl zuletzt BAG v. 16.09.1993, 2 AZR 697/92, NZA 1994, 221,; BAG v. 10.03.1994, 2 AZR 605/93, NZA 1994, 1045; dazu auch *Weber* ZfA 1992, 575 ff.
142 BAG v. 10.03.1994, 2 AZR 323/84 (C), 2 AZR 323/84, NZA 1994, 799.
143 RL 75/117/EWG, RL 76/207/EWG, RL 97/80/EG und RL 2002/73/EG. Die Kommission plant die Richtlinien in einer einzigen zu vereinen.
144 Siehe hierzu *Bühring/Lang* ZEuP 2005, 88.

sprechung des EuGH geändert werden. Im Entgeltbereich liegt – trotz des seitherigen § 612 Abs. 3 BGB – der Schwerpunkt der Verwirklichung der Gleichberechtigung von Frauen und Männern (immer noch) in der Rechtsprechung sowohl des EuGH[145] als auch der nationalen Arbeitsgerichte (dazu noch Rn 88 ff). Der nach zähem Ringen in der letzten Legislaturperiode am 15.12.2004 vorgelegte Gesetzesentwurf[146] zur Umsetzung der Diskriminierungsverbote wegen Rasse und ethnischer Herkunft (RL 2000/43/EG), wegen der Religion oder der Weltanschauung, einer Behinderung, des Alters oder der sexuellen Ausrichtung (RL 2000/78/EG) war heftig umstritten und scheiterte schließlich an den vorgezogenen Bundestagswahlen im September 2005. Erst im Juni 2006 hat der Deutsche Bundestag das Allgemeine Gleichbehandlungsgesetz (AGG) verabschiedet (hierzu ausführlich Rn 86 ff).

85 Der EuGH hat jüngst in seiner methodisch äußerst zweifelhaften Entscheidung in Sachen Mangold/Helm einen über die Richtlinien hinausgehenden **Diskriminierungsschutz** entwickelt[147]. Das Gericht hat entschieden, dass § 14 Abs. 3 TzBfG mit dem **Verbot der Altersdiskriminierung** nicht vereinbar sei. Das ist an sich wenig spektakulär; Überraschung (und Erschrecken) erregte indes die Begründung des Urteils in der deutschen Arbeitsrechtswissenschaft. Der EuGH entschied, dass das Gebot zur Gleichbehandlung nach dem Alter nicht bloß der Richtlinie 2000/78/EG entspringe, sondern dem allgemeinen europäischen Gleichheitssatz; er hob es damit auf Primärrechtsebene[148]. Infolgedessen gilt das Verbot der Altersdiskriminierung im Gegensatz zu Richtlinien (Art. 249 Abs. 3 EG) unmittelbar zwingend; der EuGH hat § 14 Abs. 3 TzBfG deshalb für unanwendbar erklärt, und das BAG ist ihm gefolgt[149]. Daraus wird zT gefolgert, der EuGH habe mit dieser Entscheidung eine unmittelbare Wirkung der Richtlinien für Privatpersonen begründet. Für derartige Befürchtungen ist es allerdings zu früh. Der Gerichtshof hat den europäischen allgemeinen Gleichheitssatz ausschließlich herangezogen, um eine unmittelbare Wirkung der Antidiskriminierungsrichtlinien **für den Staat** zu begründen und auf Grund dessen § 14 Abs. 3 TzBfG für unanwendbar zu erklären. Mittelbar wirkt sich das selbstverständlich auf das Verhältnis zwischen Arbeitgeber und Arbeitnehmer aus, denn die vereinbarte Befristung ist dementsprechend unwirksam. Das bedeutet aber noch nicht, dass auch der Arbeitgeber selbst vor Umsetzung der Richtlinien an das Diskriminierungsverbot gebunden wäre oder die Richtlinien gar überflüssig würden[150]. Hierzu wäre ein weiterer Schritt des EuGH notwendig, der über die Mangold/Helm-Entscheidung deutlich hinausginge. Wie sich die Recht-

---

145   Zur Gleichbehandlung beim Dienst mit der Waffe EuGH v. 11.01.2000 – C-285/98 (Kreil), Slg. 2000, I-69, NZA 2000, 137.
146   BT-Drs 15/4538.
147   Hierzu *Preis* NZA 2006, 401, 406 ff: Eine gemeinsame Verfassungstradition der Mitgliedstaaten hinsichtlich eines Verbots der Altersdiskriminierung existiert nicht; allein Finnland besitzt ein solches Verbot auf Verfassungsebene.
148   EuGH v. 22.11.2005, C-144/04, NZA 2005, 1345; dazu *Giesen* Anm. zu EuGH SAE 2006, 45.
149   BAG v. 26.04.2006, 7 AZR 500/04, AuR 2006, 166 (Kurzwiedergabe).
150   So zu Recht *Thüsing* ZIP 2005, 2149 ff; *Thüsing/Wege* NZA 2006, 136, 138; *Annuß* BB 2006, 325; *Preis* NZA 2006, 401, 402; aA *Körner* NZA 2005, 1395, 1396 f; *Bauer/Arnold* NJW 2006, 6, 9 f; siehe auch *Herrmann*, EuZW 2006, 69 f; zu Altersgrenzen im Arbeitsrecht siehe auch *Zöllner*, GS Blomeyer 2003, 517.

sprechung des EuGH und der nationalen Gerichte weiter entwickeln wird, ist bislang kaum absehbar; klar ist nur, dass das europarechtlich initiierte Diskriminierungsrecht deutlich weitreichendere Folgen haben wird, als man sich dies bei Verabschiedung der Richtlinien vorgestellt hatte.

a) Allgemeines Gleichbehandlungsgesetz (AGG)[151]

Durch die **Schaffung des AGG** sollen die europarechtlichen Vorgaben zur Antidis- **86**
kriminierung umgesetzt werden[152] (vgl bereits Rn 84). Entsprechend den schon erwähnten Richtlinien (Rn 83) ist es das erklärte Ziel des Gesetzes, Benachteiligungen aus Gründen der Rasse oder wegen der ethnischen Herkunft, des Geschlechts, der Religion oder Weltanschauung, einer Behinderung, des Alters oder der sexuellen Identität zu verhindern oder zu beseitigen (§ 1 AGG). § 2 AGG regelt den sachlichen Anwendungsbereich des Gesetzes. Aus arbeitsrechtlicher Sicht sind hier insbesondere § 2 Abs. 1 Nr 1 und Nr 2 sowie § 2 Abs. 4 AGG von Bedeutung. Hiernach sind ua Benachteiligungen in Bezug auf die Bedingungen zum Zugang zu einer Tätigkeit einschließlich der Auswahlkriterien und Einstellungsbedingungen (Abs. 1 Nr 2) und hinsichtlich der Beschäftigungs- und Arbeitsbedingungen einschließlich Arbeitsentgelt und Entlassungsbedingungen (Abs. 1 Nr 2 AGG) unzulässig. Gem. § 2 Abs. 4 AGG sollen jedoch für Kündigungen **ausschließlich** die Bedingungen des allgemeinen und besonderen **Kündigungsschutzes** gelten. Dass das europarechtswidrig ist, liegt auf der Hand (vgl Art. 3 Abs. 1 lit. c RL 2000/78 EG)[153]. § 3 AGG enthält die Begriffsbestimmungen von unmittelbarer und mittelbarer Benachteiligung, Belästigung, sexueller Belästigung und der Anweisung zur Benachteiligung.

Die besonderen arbeitsrechtlichen Regelungen sind in §§ 6–18 AGG enthalten. Gem. **87**
§ 6 AGG unterliegen dem persönlichen Anwendungsbereich des Gesetzes nicht nur Arbeitnehmer sondern auch Auszubildende, arbeitnehmerähnliche Personen, Bewerber und ehemalige Arbeitnehmer. Soweit Bedingungen für den Zugang zu einer Erwerbstätigkeit und den beruflichen Aufstieg in Frage stehen, ist das Gesetz darüber hinaus sogar auf Selbstständige und Organmitglieder, insbesondere Geschäftsführer und Vorstände, anwendbar (§ 6 Abs. 3 AGG).

Besondere Bedeutung wird aus arbeitsrechtlicher Sicht in Zukunft va den in den §§ 7– **88**
10 AGG geregelten **Benachteiligungsverboten** zukommen. Gem. § 7 AGG dürfen Beschäftigte grundsätzlich nicht wegen eines in § 1 AGG genannten Grundes benachteiligt werden. § 8 AGG enthält jedoch einen Rechtfertigungsgrund. Hiernach darf in Ausnahme zu § 7 AGG eine Benachteiligung erfolgen, wenn berufliche Gründe, insbesondere die Art der auszuübenden Tätigkeit, eine unterschiedliche Behandlung

---

151 BGBl. 2006 I, 1897; in Kraft getreten am 18.08.2006; zum Regierungsentwurf v. 08.06.2006 siehe BT-Drs 16/1780; Änderungsvorschläge des Bundesrats v. 16.06.2006 in BR-Drs 320/06; Beschlussempfehlung des Rechtsausschusses v. 28.06.2006 in BT-Drs 16/2022; Verabschiedung durch Deutschen Bundestag am 23.06.2006, Plenarprotokoll 16/43.
152 Zur Begründung siehe BT-Drs 16/1780.
153 *Thüsing*, in: Bauer/Thüsing/Schunder, NZA 2006, 774, 777.

erfordern[154]. Ungeachtet der Regelung des § 8 AGG enthalten die §§ 9–10 AGG besondere Rechtfertigungsgründe für eine unterschiedliche Behandlung wegen der Religion oder Weltanschauung und des Alters.

89 Gem. § 11 AGG darf ein Arbeitsplatz nicht unter Verstoß gegen das Benachteiligungsverbot des § 7 Abs. 1 GG ausgeschrieben werden. § 12 AGG schreibt vor, dass der Arbeitgeber geeignete Maßnahmen zum Schutz von Benachteiligungen treffen muss. Hierzu gehört uU auch, dass er einschreitet, wenn Beschäftigte (§ 12 Abs. 3 AGG) oder Dritte (§ 12 Abs. 4 AGG), also zB Kunden, diskriminieren. Ergreift der Arbeitgeber keine geeigneten Maßnahmen zur Unterbindung einer Belästigung oder sexuellen Belästigung am Arbeitsplatz, hat der betroffene Arbeitnehmer gem. § 14 AGG ein **Leistungsverweigerungsrecht**. Bedeutend sind auch die Regelungen des § 15 AGG, der den Arbeitnehmern einen Schadensersatzanspruch (Abs. 1) bzw eine Entschädigung (Abs. 2) zuspricht, wenn der Arbeitgeber schuldhaft gegen das Benachteiligungsverbot verstößt. Ein entsprechender Anspruch muss allerdings innerhalb einer Frist von zwei Monaten schriftlich geltend gemacht werden (§ 15 Abs. 4 AGG). Eine weitere Besonderheit enthält § 17 Abs. 2 AGG. Hiernach können bei einem groben Verstoß des Arbeitgebers gegen die Vorschriften der §§ 7 ff AGG in Betrieben, in denen die Voraussetzungen des § 1 Abs. 1 BetrVG vorliegen, auch der Betriebsrat oder eine im Betrieb vertretene Gewerkschaft unter den Voraussetzungen des § 23 BetrVG die dort genannten Rechte gerichtlich geltend machen.

90 Das nach heftigen politischen Diskussionen mit einiger Verzögerung verabschiedete AGG ist trotz mancher Kompromisse und Änderungen, die es in buchstäblich letzter Sekunde erhalten hat[155], nach wie vor in vielen Punkten **kritikwürdig**[156]. Schwer begreiflich ist bereits, warum der deutsche Gesetzgeber auf eine „Eins zu Eins"-Umsetzung der Richtlinie verzichtet und der Privatautonomie weitere nach den europarechtlichen Vorgaben nicht erforderliche Beschränkungen auferlegt hat.

91 Durch die Einführung des § 11 AGG wird der Arbeitgeber zudem bei **Stellenausschreibungen** mehr noch als bisher auf Neutralität achten müssen, will er sich nicht der Gefahr von Schadensersatzprozessen aussetzen. So wird beispielsweise im Hinblick auf das Verbot der Altersdiskriminierung in Zukunft nicht mehr der Hinweis erfolgen dürfen, es werde ein „junger dynamischer Mitarbeiter" gesucht. Auch beim

---

154 Zur Frage, wann berufliche Anforderungen wesentlich und entscheidend sind iSd § 8 Abs. 1 AGG, siehe *Thüsing/Wege* NZA 2006, 136, 138.

155 Für Kündigungen gelten etwa die Bestimmungen des allgemeinen und besonderen Kündigungsschutzes nicht mehr nur „vorrangig", sondern ausschließlich (§ 2 Abs. 4 AGG, oben Rn 86). Die Frist zur Geltendmachung von Ansprüchen wurde von drei auf zwei Monate verkürzt (§ 15 Abs. 4 AGG). § 17 Abs. 2 AGG beschränkt das Recht des Betriebsrats zur gerichtlichen Geltendmachung gegen die Diskriminierungsvorschriften auf grobe Verstöße sowie auf Betriebe, in denen das BetrVG anzuwenden ist. Gemäß § 22 AGG genügt nicht mehr die Glaubhaftmachung von Tatsachen, die eine Benachteiligung iSd AGG vermuten lassen; vielmehr muss die benachteiligte Partei Indizien beweisen, die eine Benachteiligung vermuten lassen; erst dann kommt es zur Beweislastumkehr (dazu gleich Rn 93). Eingeschränkt wurde schließlich auch das Recht der Antidiskriminierungsverbände zur Unterstützung von Benachteiligten (§ 23 AGG).

156 Zur Kritik am AGG jüngst *Adomeit* FAZ v. 03.07.2006, S. 10 ff; vgl auch zur kritischen Auseinandersetzung mit den früheren Entwürfen *Bauer/Thüsing/Schunder* NZA 2005, 32 ff; *Wolff* AuA 2005, 82; *Braun* ZTR 2005, 244 ff.

Einstellungsgespräch wird im Hinblick auf das Alter des Bewerbers künftig Vorsicht geboten sein. Die bisher übliche Fragen nach Geburtsort und Lebensalter dürften in Zukunft ebenfalls unzulässig sein. Ein weiteres Problem, das die Regelungen des AGG mit sich bringen, ist der erhöhte Verwaltungsaufwand, den der Arbeitgeber zukünftig betreiben muss. Um sich in einem etwaigen Schadensersatzprozess verteidigen zu können, ist ihm zu raten, eine umfassende Dokumentation über Bewerbungen und Einstellungsgespräche anzulegen. Allein diese Beispiele zeigen, dass mit dem AGG in Zukunft nicht nur eine weitere erhebliche Belastung der Arbeitgeber, sondern in vielen Bereichen auch eine nicht zu unterschätzende Rechtsunsicherheit einhergehen wird.

b) Diskriminierung wegen des Geschlechts

§§ 7 Abs. 1 iVm 1, 2 Abs. 1 Nr 1 und Nr 2 AGG (bislang in § 611a BGB geregelt) **92** verbietet dem Arbeitgeber jede Diskriminierung wegen des Geschlechts in Bezug auf die Bedingungen für den **Zugang zum Arbeitsverhältnis** sowie die **Beschäftigungs- und Arbeitsbedingungen**; der Verstoß muss vom Arbeitgeber weder zu vertreten, noch muss die Diskriminierung tragender Grund für die Benachteiligung des Bewerbers gewesen sein. Sanktioniert wird eine solche geschlechtsbedingte Diskriminierung gemäß § 15 Abs. 2 S. 1 AGG (früher: § 611a Abs. 2 BGB nF) nunmehr – nachdem der EuGH die ursprüngliche Regelung des § 611a Abs. 2 BGB aF mit ihrer Beschränkung auf das negative Interesse („Portoparagraph") als unzulänglich verworfen[157] und auch die 1994 erfolgte Neufassung insbesondere wegen ihrer generellen höhenmäßigen Beschränkung auf drei Monatsverdienste als unvereinbar mit der Richtlinie 76/207/EWG angesehen hatte[158] – mit einem höhenmäßig nicht begrenzten Entschädigungsanspruch des bzw der (siehe dazu auch § 61b Abs. 2 ArbGG) abgelehnten Bewerber. Ein Verstoß gegen das Diskriminierungsverbot des § 7 Abs. 1 AGG begründet allerdings keinen Einstellungsanspruch (§ 15 Abs. 6 AGG, bislang: § 611a Abs. 2 Hs 2 BGB).

Daneben kann ein verschuldensabhängiger **Schadensersatzanspruch** nach § 15 Abs. 1 AGG bestehen. Kann der Arbeitgeber nachweisen, dass der Bewerber auch bei benachteiligungsfreier Auswahl nicht eingestellt worden wäre, beträgt die Entschädigung gemäß § 15 Abs. 2 S. 2 AGG (früher: § 611a Abs. 3 BGB) maximal drei Monatsverdienste. Bei der Anwendung von Kollektivvereinbarungen ist der Arbeitgeber gemäß § 15 Abs. 3 AGG allerdings nur zur Entschädigung verpflichtet, wenn er vorsätzlich oder grob fahrlässig gehandelt hat. Der Anspruch muss innerhalb der Fristen des § 15 Abs. 4 AGG (früher: § 611a Abs. 4 BGB), § 61b Abs. 1 ArbGG geltend gemacht werden[159]. Flankiert wurde der Schutz der Arbeitnehmer bislang in § 611a Abs. 1 S. 3 BGB durch eine erleichterte Beweislastregelung: Es reichte aus, wenn der

---

157 EuGH v. 10.04.1984, 14/83, Slg. 1984, 1891, NZA 1984, 157; das BAG sah sich daher genötigt, den abgewiesenen Bewerbern einen Schmerzensgeldanspruch gem. §§ 823 Abs. 1, 847 BGB wegen Verletzung des allgemeinen Persönlichkeitsrechts zuzusprechen, vgl BAG v. 14.03.1989, 8 AZR 447/87, NZA 1990, 21, 24.
158 EuGH v. 22.04.1997, C-180/95 (Draehmpaehl), Slg. 1997 I-2195, NZA 1997, 645.
159 Umfassend zur Neuregelung *Treber* NZA 1998, 856.

Arbeitnehmer Tatsachen glaubhaft machte (§ 294 ZPO), die eine Benachteiligung wegen des Geschlechts vermuten ließen; der Arbeitgeber musste dann **darlegen und beweisen** (also nicht nur glaubhaft machen), dass **keine geschlechtsbedingte Diskriminierung** vorlag.

93 Diese insgesamt recht großzügige Regelung provozierte mehrfach Klagen insbesondere männlicher Bewerber, die ersichtlich nur um der Entschädigung willen angestrengt wurden. Um solchen mutwilligen Klagen den Boden zu entziehen, postulierte das BAG daher jüngst, ein Anspruch aus § 611a Abs. 2 BGB könne nur bei einer subjektiv ernsthaften Bewerbung entstehen[160]. Nach § 22 AGG, der die bedeutendste Einschränkung gegenüber der bisherigen Rechtslage bedeutet, muss die Partei, die sich für benachteiligt hält, nunmehr **Indizien beweisen**, die eine Benachteiligung wegen des Geschlechts **vermuten** lassen. Erst dann kehrt das Gesetz die Beweislast um und der Arbeitgeber muss nachweisen, dass kein Verstoß gegen das Verbot der Benachteiligung wegen des Geschlechts vorliegt. Ob diese Regelung einer europarechtlichen Prüfung stand hält (vgl Art. 10 Abs. 1 und 2 RL 2000/78/EG), ist zweifelhaft.

c) (Mittelbare) Diskriminierung und Arbeitsentgelt

94 Jede Diskriminierung wegen des Geschlechts beim Arbeitsentgelt ist gem. Art. 119 EG-Vertrag, dem der EuGH seit 1976 unmittelbare und horizontale Wirkung zumisst, verboten. Dieses Diskriminierungsverbot erfasst alle Vergütungen im Sinne von Art. 119 Abs. 2 EG-Vertrag, die der Arbeitgeber den Arbeitnehmern auf Grund des Arbeitsverhältnisses zahlt (und damit etwa auch die betriebliche Altersversorgung!); es bezieht sich außerdem nach der Richtlinie 75/119/EWG nicht nur auf gleiche, sondern auch auf **gleichwertige** Tätigkeiten. Damit verbietet Art. 119 zunächst sog. **unmittelbare** Diskriminierungen, dh Unterschiede beim Arbeitsentgelt, die direkt an eine bestimmte Geschlechtszugehörigkeit anknüpfen. Dies ist in jüngerer Zeit insbesondere den Männern zugute gekommen; 1990 hat der EuGH in der spektakulären Barber-Entscheidung unterschiedliche, Frauen bevorzugende Altersgrenzen bei Betriebsrenten für unvereinbar mit Art. 119 erklärt[161]. Dies hat zahlreiche Probleme auf der Rechtsfolgenseite aufgeworfen, obwohl der EuGH die Rückwirkung seiner Entscheidung beschränkt hat.

95 **Fall 7:** Ein Kaufhausunternehmen gewährt Leistungen der betrieblichen Altersversorgung, die durch eine betriebliche Versorgungsordnung geregelt sind. Anspruchsvoraussetzung ist ua, dass die Mitarbeiter mindestens 20 Jahre ununterbrochen als Vollzeitbeschäftigte tätig waren.

---

160 BAG v. 12.11.1998, 8 AZR 365/97, NZA 1999, 371 = EzA § 611a BGB Nr 14 (*Annuß*); dies steht im Widerspruch zur Rechtsprechung des BVerfG, nach der es nur auf die Diskriminierung an sich ankommt, vgl BVerfG v. 16.11.1993, 1 BvR 258/86, BVerfGE 89, 276.

161 EuGH v. 17.05.1990, C-262/88, Slg. 1990, I-1889, NZA 1990, 775 = SAE 1992, 257 (*Hanau*); vgl auch die Folgeentscheidungen des EuGH v. 28.09.1994 – C-200/91, Slg. 1994, I-4389, NZA 1994, 1073; zur Rückwirkungsproblematik vor allem *Hanau/Preis* DB 1991, 1276; *Nicolai* ZfA 1996, 481.

Eine Verkäuferin arbeitete zunächst zehn Jahre als Vollzeitkraft und daran unmittelbar anschließend zehn Jahre als Teilzeitkraft. Sie verlangt nun von dem Kaufhausunternehmen die Zahlung einer Betriebsrente (vereinfachter und leicht abgeänderter Sachverhalt der sog. Bilka-Entscheidung[162]). **Rn 96, 99**

Dieser Sachverhalt betrifft die für das deutsche Recht seinerzeit neue Rechtsfigur der **96** **mittelbaren Diskriminierung**, die der EuGH auf der Grundlage des Art. 119 EG-Vertrag entwickelt hat: Eine mittelbare Diskriminierung soll dann vorliegen, wenn eine Regelung zwar objektiv geschlechtsneutral abgefasst ist, in ihrer Wirkung bzw Rechtsfolge aber überwiegend nur **ein** Geschlecht betrifft und damit insbesondere Frauen benachteiligt, weil auf Merkmale abgestellt wird, die typischerweise nur Männer erfüllen können und damit das andere Geschlecht benachteiligen; eine **Diskriminierungsabsicht** oder auch nur ein entsprechendes **Bewusstsein des Gesetzgebers**, der Tarifvertragsparteien oder des Arbeitgebers soll dabei nicht erforderlich sein[163]. Seit 2006 ist die Rechtsfigur der mittelbaren Diskriminierung auch im deutschen Recht verankert (§ 3 Abs. 2 AGG).

Eine mittelbare Diskriminierung wurde vom EuGH im **Bilka-Fall** angenommen, weil als Teilzeitbeschäftigte, die von der betrieblichen Altersversorgung durch die geschlechtsneutral formulierte Versorgungsordnung ausgeschlossen waren, überwiegend Angehörige nur eines Geschlechts, nämlich Frauen, in Betracht kamen.

Inzwischen liegen zahlreiche weitere Entscheidungen des EuGH und des BAG zur **97** mittelbaren Diskriminierung vor[164]. Auch gesetzliche und tarifvertragliche Regelungen wurden wegen ihrer mittelbar diskriminierenden Wirkung als unvereinbar mit Art. 119 EG-Vertrag angesehen[165]. Der umstrittenste Fall, der gleichzeitig die Reichweite dieses Rechtsinstituts verdeutlicht, betrifft § 37 Abs. 1 S. 2, 6 BetrVG. Der EuGH hat in zwei Entscheidungen eine mittelbare Diskriminierung darin gesehen, dass nach dieser Vorschrift teilzeitbeschäftigte Betriebsratsmitglieder bei Teilnahme an einer ganztägigen Betriebsratsschulung (nur) die Vergütung für die von ihnen sonst im Rahmen der Teilzeitarbeit zu leistenden Arbeitsstunden erhalten[166].

---

162 BAG v. 05.06.1984, 3 AZR 66/83, NZA 1984, 84; EuGH v. 13.05.1986, 170/84, Slg. 1986, 1607, NZA 1986, 599; BAG v. 14.10.1986, 3 AZR 66/83, NZA 1987, 445; BVerfG v. 28.09.1992, 1 BvR 496/87, NZA 1993, 213; dazu *Pfarr* NZA 1986, 585.
163 BAG v. 15.10.1992, 2 AZR 227/92, NZA 1993, 257, 258 f; EuGH v. 05.05.1994, C-421/92, Slg. 1994, I-1657, NZA 1994, 609; zur mittelbaren Diskriminierung auch *Hanau/Preis* ZfA 1988, 177; *Buchner* ZfA 1993, 321 ff.
164 Vgl dazu die inzwischen umfangreichen Entscheidungssammlungen jew zu Art. 119 EG-Vertrag in AP und EzA aus der Literatur: *Thüsing* RdA 2001, 319.
165 Vgl EuGH v. 13.07.1989, 171/88 (Rinner-Kuehn), Slg. 1989, 2743, NZA 1990, 437 und BAG v. 09.10.1991, 5 AZR 598/90, NZA 1992, 259 (zu § 1 Abs. 3 Nr 3 LohnFZG aF); EuGH v. 27.06.1990, C-33/89 (Kowalska), Slg. 1990, I-2591, NZA 1990, 771 und EuGH v. 07.02.1991, C-184/89 (Nimz), Slg. 1991, I-297, NJW 1991, 2207 (Tarifverträge).
166 EuGH v. 04.06.1992, C-360/90 (Boetel), Slg. 1992, I-3589 = NZA 1992, 687 sowie auf Vorlagebeschluss des BAG, EuGH-Vorlage v. 20.10.1993, 7 AZR 581/92 (A), NZA 1994, 278 erneut EuGH v. 06.02.1996, C-457/93 (Lewark), Sgl. 1996, I-243, NZA 1996, 319; siehe dazu nur *Preis* ZIP 1995, 891, 901.

98 Von erheblicher Bedeutung könnte die Rechtsfigur der mittelbaren Diskriminierung ferner für tarifvertragliche Eingruppierungssysteme sein; so war in der sog. Enderby-Entscheidung des EuGH über ein Eingruppierungssystem zu entscheiden, in dem – nach Behauptung der Klägerin – gleichwertige Arbeit in der Gruppe, in die überwiegend Frauen eingruppiert waren, wesentlich geringer entlohnt wurde als in den Gruppen, denen überwiegend Männer angehörten. Der EuGH hielt es für möglich, dass eine unzulässige mittelbare Diskriminierung vorlag, wies aber die endgültige Entscheidung den nationalen Gerichten zu[167]. Die Auswirkungen dieser Entscheidung auf die nationalen Tarifsysteme können bis jetzt noch nicht abgeschätzt werden.

99 Allerdings kann auch eine mittelbare Diskriminierung sachlich gerechtfertigt sein. In den **Bilka-Entscheidungen** haben freilich EuGH und BAG daran strenge Anforderungen gestellt. Die betreffende Versorgungsordnung sollte nur dann gerechtfertigt sein, wenn die Differenzierung zwischen den verschiedenen Arbeitnehmergruppen einem wirklichen Bedürfnis des Unternehmens diente und für die Erreichung dieses Ziels geeignet und erforderlich war. Bei der Beurteilung eines Zulagensystems hat es der EuGH ausreichen lassen, dass das Unternehmen darlegen konnte, dass seine Lohnpolitik auf Faktoren beruhte, die objektiv gerechtfertigt waren und nichts mit einer Diskriminierung auf Grund des Geschlechts zu tun hatten[168]. Dies stellt eine deutliche und begrüßenswerte Abschwächung der bisher kaum erfüllbaren Anforderungen an eine sachlich gerechtfertigte Differenzierung dar.

100 Die **Rechtsfolge** eines solchen Verstoßes soll die unmittelbare Einbeziehung der benachteiligten Personengruppe in die begünstigende Regelung sein. Dies ist wegen der damit notwendigerweise verbundenen **Rückwirkung** der Rechtsprechung und der Entstehung von Ansprüchen, für die in der Vergangenheit keinerlei finanzielle Vorsorge getroffen werden konnte, außerordentlich zweifelhaft. Der EuGH hat denn auch die Rückwirkung etwas eingeschränkt[169], während BVerfG[170] und BAG[171] bisher jegliches Verständnis für die Problematik in schwer erträglicher Weise vermissen lassen. Insbesondere wird nicht berücksichtigt, dass sich hier nur sehr allmählich ein Wertewandel vollzogen hat, den der Arbeitgeber schwerlich vorausschauend berücksichtigen musste. Jeder Gesetzgeber hätte vielmehr entsprechende Regelungen selbstverständlich auf die Zukunft beschränkt[172].

---

167 EuGH v. 27.10.1993, C-127/92 (Enderby), Slg. 1993, I-5535, NZA 1994, 797; *Preis* ZIP 1995, 891, 901; vgl jetzt auch BAG v. 23.08.1995, 5 AZR 942/93, NZA 1996, 579.

168 EuGH v. 17.10.1989, 109/88, Slg. 1989, 3199, NZA 1990, 772; dazu auch *Hanau/Preis* ZfA 1988, 177, 190 ff.

169 EuGH v. 17.05.1990, C-262/88 (Barber), Slg. 1990, I-1889, NZA 1990, 775 = SAE 1992, 257 (*Hanau*); EuGH v. 06.10.1993, C-109/91 (Ten Oever), Slg. 1993, I-4879, EuZW 1993, 742; EuGH v. 14.12.1993 – C-110/91 (Moroni), Slg. 1993, I-6591, NZA 1994, 165 ff; umfassend dazu *Nicolai* ZfA 1996, 481.

170 BVerfG v. 28.09.1992, 1 BvR 496/87, NZA 1993, 213; BVerfG v. 19.05.1999, 1 BvR 263/98, NZA 1999, 815.

171 BAG v. 28.07.1992, 3 AZR 173/92, NZA 1993, 215; BAG v. 09.12.1997, 3 AZR 661/96, NZA 1998, 1173; dazu *Hanau/Preis* DB 1991, 1276 ff; *Nicolai* ZfA 1996, 481.

172 Dazu eingehend *Lieb* ZfA 1996, 319, 338 ff; *Nicolai* ZfA 1996, 481.

d) Quotenregelungen

Die Frage einer (un-) zulässigen Diskriminierung (von Männern!) stellt sich ferner bei den sog. **Quotenregelungen**, die (bisher nur im öffentlichen Dienst) in der Regel bei gleicher Qualifikation beider Bewerber die vorrangige Berücksichtigung von Frauen vorschreiben. **101**

Der EuGH hat – auf Vorlage des BAG[173] – in der Entscheidung Kalanke[174] die Bremer Quotenregelung als Verstoß gegen das Diskriminierungsverbot in Art. 2 Abs. 1 der Richtlinie 76/207/EWG gewertet; dass Art. 2 Abs. 4 dieser Richtlinie (nationale) Maßnahmen zur **Förderung der Chancengleichheit** von Männern und Frauen ausdrücklich gestattet, soll dem nicht entgegenstehen. Nach Auffassung des EuGH geht es über eine Förderung der Chancengleichheit hinaus, wenn Frauen (wie in Bremen) bei Ernennungen und Beförderungen absolut und unbedingt der Vorrang eingeräumt wird. **102**

Im nationalen Recht werfen Quotenregelungen schwierige verfassungsrechtliche Fragen auf. Berührt sind neben Art. 33 Abs. 2 GG vor allem Art. 3 Abs. 2 und Art. 3 Abs. 3 GG, da durch die Quotenregelungen zwischen beiden Grundrechten ein Konkurrenzverhältnis entsteht. Art. 3 Abs. 2 GG wird zwar von der neueren Rechtsprechung dahingehend interpretiert, dass er ein an den Staat gerichtetes Gleichberechtigungsgebot enthält, so dass faktische Nachteile, die typischerweise Frauen treffen, durch begünstigende Regelungen ausgeglichen werden können, fraglich ist jedoch, ob die mit den Quotenregelungen verbundene Benachteiligung männlicher Bewerber hiervon noch abgedeckt ist[175]. **103**

3. Arbeitsrechtlicher Gleichbehandlungsgrundsatz

a) Vom verfassungsrechtlichen (nur staatliche bzw normsetzende Organe bindenden) Gleichheitssatz des Art. 3 Abs. 1 GG strikt zu unterscheiden ist der (privatrechtliche) arbeitsrechtliche Gleichbehandlungsgrundsatz, dessen Adressat der einzelne Arbeitgeber ist. Er darf nach allgemeiner Meinung einzelne Arbeitnehmer oder Arbeitnehmergruppen nicht willkürlich schlechter stellen als andere[176]. **104**

Die materiellrechtliche Ableitung und Rechtfertigung dieses im Ursprung direkt im allgemeinen Gerechtigkeitsgebot (Gewährleistung austeilender Gerechtigkeit = iustitia distributiva) wurzelnden Grundsatzes ist immer noch nicht ganz geklärt, insbesondere irritiert, dass das BAG, das ohnehin zur Kumulation von Begründungsaspekten neigt, privat- und öffentlichrechtliche Ansatzpunkte vermengt („inhaltlich bestimmt **105**

---

173 BAG v. 22.06.1993, 1 AZR 590/92, NZA 1994, 77 = SAE 1995, 242 (*Herrmann*).
174 EuGH v. 17.10.1995, C-450/93 (Kalanke), Slg. 1995, I-3051, NJW 1995, 3109 = EuZW 1995, 762 (*Loritz*); vgl auch die Abschlussentscheidung BAG NZA 1996, 751.
175 Dazu *Sachs* NVwZ 1991, 437 ff; *Ebsen* RdA 1993, 11; *Pfarr* NZA 1995, 809; *Herrmann* SAE 1995, 229.
176 Grundlegend hierzu *Bötticher* RdA 1953, 161, *ders.* RdA 1957, 317; *G. Hueck*, Der Grundsatz der gleichmäßigen Behandlung im Privatrecht 1958; *Zöllner/Loritz* § 17 (215 ff); siehe auch *H. Hanau*, FS Konzen 2006, 233.

durch den allgemeinen Gleichheitssatz des Art. 3 Abs. 1 GG"[177]!?). Dennoch ist seine Geltung im Ergebnis unbestritten und Grundlage zahlreicher wichtiger Entscheidungen.

106 Einigkeit besteht darin, dass der arbeitsrechtliche Gleichbehandlungsgrundsatz ein (objektiv feststellbares) kollektiv ausgerichtetes Verhalten des Arbeitgebers erfordert[178]. Nicht erfasst ist der reine Individualbereich, in dem der Arbeitgeber auf eine generelle Ordnung verzichtet und stattdessen mit dem Einzelnen und durchaus unterschiedlichen Ergebnissen verhandelt und kontrahiert. Hier hat der Grundsatz der Vertragsfreiheit Vorrang. Allerdings kann der Arbeitgeber dem Gleichbehandlungsgrundsatz nicht dadurch aus dem Wege gehen, dass er nach außen hin bestimmte Sonderleistungen nur zum Schein individuell jedem Gruppenmitglied einzeln zusagt, um so den Eindruck einer Individualleistung zu erwecken, während er in Wirklichkeit kollektivbezogen und nach Gruppengesichtspunkten, dh ohne Rücksicht auf die persönlichen Verhältnisse des Leistungsempfängers, vorgeht.

107 Der Gleichbehandlungsgrundsatz findet auch im **Entlohnungsbereich** Anwendung[179]; insbesondere dürfen nach der zutreffenden Rechtsprechung des BAG einzelne Arbeitnehmer von generellen regelmäßigen Lohnerhöhungen nicht willkürlich ausgeschlossen werden. Erforderlich – und besonders sorgfältig zu beachten – ist allerdings auch und gerade hier der Gruppenbezug: Wenn der Arbeitgeber jeweils nur mit einzelnen Arbeitnehmern verhandelt und kontrahiert, können selbst bei gleicher Tätigkeit unterschiedliche Entgelte vereinbart werden. Außerdem ist eine willkürliche Differenzierung bei begründeter Anders-(Schlechter-)behandlung (etwa bei Minderleistungen) zu verneinen. Das BAG stellt hier allerdings (zu) hohe Transparenzanforderungen[180].

108 Beschränkte das BAG den räumlichen Geltungsbereich des arbeitsrechtlichen Gleichbehandlungsgrundsatzes früher auf den einzelnen Betrieb, so ist mittlerweile anerkannt, dass er unternehmensweit Anwendung findet[181]. Zieht man zur Begründung des Gleichbehandlungsgrundsatzes – wie bereits das RAG[182] – die arbeitsvertragliche Fürsorgepflicht des Arbeitgebers heran, ergibt sich dies zwanglos daraus, dass Adressat dieser Pflicht nun einmal der Arbeitgeber ist, auf dessen Ausübung der Leitungsmacht es ankommt[183]. Allerdings können Unterschiede zwischen den einzelnen Betrieben eine Ungleichbehandlung der Arbeitnehmer rechtfertigen.

109 b) Von der Ungleichbehandlung Einzelner bei gruppenbezogenem Verhalten des Arbeitgebers ist ein zweiter, unterschiedlich strukturierter Bereich zu unterscheiden, in dem es um die richtige Gruppenbildung als solche, dh um die Frage geht, ob die Ar-

---

177 BAG v. 28.07.1992, 3 AZR 173/92, NZA 1993, 215, 216.
178 Vgl BAG v. 28.07.1992, 3 AZR 173/92, NZA 1993, 215, 217; *Zöllner/Loritz* 196. Der Arbeitgeber ist nicht *verpflichtet*, abstrakte Regeln aufzustellen: BAG v. 15.11.1994, 5 AZR 682/93, NZA 1995, 939.
179 BAG v. 11.09.1985, 7 AZR 371/83, NZA 1987, 156; MünchArbR-*Richardi* § 14 Rn 12 ff.
180 *Lieb* ZfA 1996, 319, 333 f.
181 Vgl BAG v. 17.11.1998, 1 AZR 147/98, NZA 1999, 606; *Tschöpe* DB 1994, 40; *Zöllner/Loritz* § 17 III 2 (217 f); *Hanau* RdA 1999, 264; MünchArbR-*Richardi* § 14 Rn 9 ff.
182 RAG ARS 33, 172, 176; ebenso BAG v. 13.09.1956, 2 AZR 152/54, AP Nr 3 zu § 242 BGB Gleichbehandlung und *G. Hueck*, Grundsatz der gleichmäßigen Behandlung 1958, 58 f; einen Überblick über die Begründungsansätze liefert *Maute*, Gleichbehandlung von Arbeitnehmern 1993, 20 f.
183 Anders die *Lieb*, 8. Aufl., Rn 102.

beitnehmergruppe, der der Arbeitgeber etwa freiwillige Zusatzleistungen gewähren will, „richtig", dh willkürfrei abgegrenzt ist[184]. Diese Unterscheidung ist besonders wichtig, weil hier die normalerweise eingreifende **Rechtsfolge** eines Verstoßes gegen den Gleichbehandlungsgrundsatz nicht passt: Ein Verstoß gegen den Gleichbehandlungsgrundsatz hat nicht unbedingt anspruchserzeugende Wirkung, sondern führt allein zur Nichtigkeit der vom Arbeitgeber aufgestellten Leistungszusage. Andernfalls würde der Gesamtaufwand erheblich ausgeweitet, wenn der Arbeitgeber dieselben oder entsprechende Leistungen plötzlich einem sehr viel größeren Personenkreis gewähren müsste[185]. Hätte er gewusst, dass die Rechtsprechung einen ganz anderen Zuschnitt des zu begünstigenden Personenkreises für richtig hält, dann wäre bei gleichem Gesamtaufwand eine andere Verteilung mit notwendigerweise für den Einzelnen geringeren Leistungen erforderlich geworden. Diese Freiheit der Entscheidung über die Höhe der Gesamtdotation muss auch bei notwendigen Korrekturen nach Verletzung des Gleichbehandlungsgrundsatzes respektiert werden[186].

Dafür spricht auch, dass selbst der Staat bei Verstößen gegen den Gleichheitsgrundsatz nach der insoweit vorbildlichen Rechtsprechung des BVerfG die Freiheit der Entscheidung in der Regel behält[187]. Daraus folgt, dass zum einen die Rückwirkung richterlicher Entscheidungen eng zu begrenzen ist und daher allenfalls den Klägern zugute kommen kann, wie das jetzt auch der EuGH anzustreben scheint, während dem Arbeitgeber für die Zukunft die Möglichkeit der Korrektur (zulasten der bisher allein Begünstigten) unter erleichterten Umständen eingeräumt werden muss[188]. **110**

c) Von großer Tragweite ist schließlich die Entscheidung, welche Anforderungen an die **Rechtfertigung von Differenzierungen**[189] zu stellen sind. Die Rechtsprechung hält Differenzierungen dann für sachfremd, wenn es für die unterschiedliche Behandlung keine billigenswerten Gründe gibt[190]. Die Rechtfertigung hat sich dabei auf den Zweck der Leistung zu beziehen; ob eine Unterscheidung billigenswert ist oder nicht, bestimmt sich nach der Zielsetzung des Arbeitgebers. Und hierin ist er frei. Wer jegliche Leistung verweigern könnte, muss dann, wenn er sich für freiwillige Zusatzleistungen entscheidet, nach seinem billigen Ermessen entscheiden können, welche Gruppen er (in welcher Höhe) bedenken will. **111**

---

184 *Lieb* ZfA 1996, 319, 329 ff; BAG v. 21.03.2001, 10 AZR 444/00, NZA 2001, 782, 784 mwN.
185 Ähnlich, aber weniger weitgehend *Käppler* SAE 1993, 346; MünchArbR-*Richardi* § 14 Rn 39.
186 So auch BAG v. 13.11.1985, 4 AZR 234/84, NZA 1986, 321.
187 Deutlich BVerfG v. 28.11.1967, 1 BvR 515/63, BVerfGE 22, 349, 361 ff; vgl dazu auch von Münch/Kunig-*Gubelt* Art. 3 Rn 47.
188 Dazu noch einmal *Lieb* ZfA 1996, 319, S. 338 ff.
189 Insoweit hat sich eine umfangreiche Kasuistik herausgebildet, auf die hier nur verwiesen werden kann; Überblick bei *Zöllner/Loritz* § 17 IV 3 (222 f).
190 BAG v. 28.07.1992, 3 AZR 173/92, NZA 1993, 215.

§ 2 Bürgerliches Recht und Arbeitsrecht*

112   Aus der Anwendbarkeit der §§ 611 ff (dazu bereits Rn 34 ff) ergibt sich, dass auch der Arbeitsvertrag als bürgerlich-rechtlicher Vertrag grundsätzlich den Regeln des BGB unterliegt. Dies wurde zwar gelegentlich bestritten, ist aber de lege lata unbezweifelbar und auch de lege ferenda wünschenswert; die Abkoppelung sog. **Sonderprivatrechte** von den Grundgedanken und Grundwertungen des Bürgerlichen Rechts ist ein problematischer und verlustreicher Vorgang[1]. Einzuräumen ist freilich, dass die Eigenarten des Arbeitsvertrags, etwa sein **Charakter als Dauerschuldverhältnis**, vor allem aber die Schutzbedürftigkeit des Arbeitnehmers, manche, nicht unwesentliche Modifizierung erzwingen. Sie betreffen sowohl die Regeln des Allgemeinen Teils des BGB als auch das Schuld-, insbesondere das Leistungsstörungsrecht. Dem soll in diesem Paragraphen nachgegangen werden.

I. Modifizierungen im Bereich der Rechtsgeschäftslehre

113   Im Bereich des Allgemeinen Teils des BGB liegt der Schwerpunkt arbeitsrechtlicher Modifizierungen in der Rechtsgeschäftslehre und zwar zunächst im Bereich der Behandlung von Willensmängeln bei Vertragsschluss, die nach den Vorschriften des BGB zur Anfechtbarkeit wegen Irrtums (§ 119) oder arglistiger Täuschung (§ 123) und damit zur Möglichkeit rückwirkender (§ 142 Abs. 1) Vernichtung der fehlerhaften Willenserklärung führen. Diese Regelungen gelten zwar auch für den Abschluss von Arbeitsverträgen; sie sind aber sowohl im Tatbestand (Rn 114 ff), als auch in den Rechtsfolgen (Rn 132 ff) deutlich zu modifizieren; dasselbe gilt mit Ausnahmen für von vornherein gegebene Nichtigkeit wegen Verstoßes gegen §§ 134, 138 (Rn 137 f).

1. Auswahlentscheidung des Arbeitgebers

114   Nach Bürgerlichem Recht kann die Anfechtung wegen Irrtums oder arglistiger Täuschung praktisch auf jeden Umstand gestützt werden, der für die Entschließung, für die Abgabe der entsprechenden Willenserklärung einer Vertragspartei von Bedeutung war. Dies ist im Arbeitsrecht deswegen grundsätzlich anders, weil das Arbeitsrecht die Tendenz verfolgt, das **Zustandekommen des Vertrages** im Interesse des Arbeitnehmers zu begünstigen. Zwar geht diese Tendenz bei der Einstellung nicht so weit wie bei der Kündigung, wo der Arbeitgeber die Kündigungsgründe dartun und beweisen muss und dabei in der **Kündigungsfreiheit stark beschränkt** ist (dazu Rn 331 ff); wie weit die Entscheidungsfreiheit des Arbeitgebers eingeschränkt ist, ist jedoch seit jeher umstritten.

---

*   Bestimmungen des BGB werden in diesem Paragraphen ohne Gesetzeszusatz zitiert.
1   Vgl dazu nur *H.P. Westermann* AcP 178 (1978), 150; *Lieb* AcP 183 (1983), 327; *Richardi* ZfA 1988, 221. Zur Historie aufschlussreich *Herrmann* ZfA 2002, 1 ff.

Im Vordergrund steht dabei die Frage, ob es dem Arbeitgeber verwehrt ist, Bewerber **115** um einen Arbeitsplatz aus bestimmten, von der Rechtsordnung missbilligten Gründen abzulehnen oder ob seine Einstellungsentscheidung von jeder Kontrolle frei bleibt. Für die Einstellung in den öffentlichen Dienst schreibt Art. 33 Abs. 2 GG unmissverständlich die Auswahl nach Eignung vor und verbietet damit unsachliche Entscheidungskriterien[2]. Für den Bereich der Privatwirtschaft ist ein Befund hingegen schwieriger. *Salzwedel* hat bereits 1964 die These entwickelt, dass eine Diskriminierung wegen eines in Art. 3 Abs. 3 GG genannten Merkmals eine Verletzung des allgemeinen Persönlichkeitsrechtes darstellen kann, die unter Umständen auch einen Ersatz materiellen Schadens und ein angemessenes Schmerzensgeld nach § 823 Abs. 1 iVm Art. 2 Abs. 1, Art. 1 Abs. 1 und Art. 3 Abs. 3 GG nach sich zieht[3]. Hieran anknüpfend wurde von einigen Autoren die Auffassung vertreten, der Arbeitgeber sei gehalten, sich von den in Art. 3 Abs. 3 GG niedergelegten Gesichtspunkten nicht leiten zu lassen; tue er es dennoch, mache er sich schadensersatzpflichtig[4]. Andere lehnen eine derartige Beschränkung der Vertragsfreiheit teilweise von zivil-[5], teilweise von öffentlich-rechtlicher Seite her strikt ab[6].

Durch die Erweiterung des Diskriminierungsschutzes durch die europäischen Richt- **116** linien 2000/43/EG und 2000/78/EG dürfte insoweit Klarheit geschaffen worden sein. Durch sie wurde entschieden, auf welche Kriterien ein Arbeitgeber seine **Einstellungs- oder Ablehnungsentscheidung** nicht stützen darf. Sie sehen überdies entsprechende **Sanktionen** vor. Insoweit hat sich der Arbeitgeber in einem Prozess zu entlasten, wenn der Arbeitnehmer eine Diskriminierung dargelegt hat (s. Art. 8 Abs. 1 RL 2000/43/EG und Art. 10 Abs. 1 RL 2000/78/EG). Im Übrigen ist der Arbeitgeber frei, Bewerber aus anderen, sachfremden Gründen abzulehnen oder einzustellen. Er darf also, ohne Schadensersatzansprüche fürchten zu müssen, einen Bewerber ablehnen, weil er grüngefärbte Haare trägt oder sich nicht standesgemäß kleidet, solange darin keine Diskriminierung wegen eines in den Richtlinien genannten Merkmals liegt.

---

2   Hieraus kann sogar ein Einstellungsanspruch erwachsen, sollte die einzig sachgerechte Entscheidung in der Einstellung des Bewerbers liegen (BVerfG v. 19.09.1989, 2 BvR 1576/88, NJW 1990, 501; BAG v. 01.10.1986, 7 AZR 383/85, NJW 1987, 2699, 2701 jew mwN). Ein derartiger Kontrahierungszwang verbietet sich für private Arbeitgeber indes.

3   *Salzwedel*, FS Jahrreiss 1964, 339, 347 ff. Weitere Anspruchsgrundlagen könnten § 826 und § 823 Abs. 2 iVm § 75 BetrVG sein, sofern man in letztgenannter Norm ein Schutzgesetz erblickt (s. einerseits BAG v. 05.04.1984 AP Nr 2 zu § 17 BBiG und andererseits die ablehnende Anm. von *Herschel*). § 823 Abs. 2 ist nicht einschlägig, da Art. 3 Abs. 3 GG kein Schutzgesetz in diesem Sinne ist (*Rädler* NJW 1998, 1621 ff). Für Auszubildende könnte ein Anspruch auch aus § 823 Abs. 2 iVm § 15 BBiG resultieren.

4   MünchArbR-*Buchner* § 39 Rn 84 und § 40 Rn 148 ff; *Canaris* AcP 184 (1984), 201, 235; *Gläser* Glaubens-, Gewissens- und Meinungsfreiheit im Arbeitsverhältnis 1972, S. 131 ff; *Grabau* BB 1991, 1257, 1260 f; *Löwisch*, Arbeitsrecht, Rn 1199; vgl auch *Bezzenberger* AcP 196 (1996), 395, 409. Für Geschlechterdiskriminierungen hat das BAG einen solchen Schadensersatzanspruch bejaht (BAG v. 14.03.1989, 8 AZR 447/87, NJW 1990, 65); hier greift allerdings auch Art. 3 Abs. 2 GG.

5   *Zöllner/Loritz* § 11 III 2, 159.

6   *Stern*, Staatsrecht III/1 1988, § 76 V 6 c, S. 1580 f; so auch *Hesse*, Grundzüge des Verfassungsrechts, 20. Aufl. 1999, Rn 356.

2. Einschränkungen des Fragerechts

117 Neben diesen Beschränkungen der Entscheidungsfreiheit des Arbeitgebers, die neueren Datums sind, hat die Rechtsprechung seit langem die Informationsgewinnung im Vorfeld der Entscheidung begrenzt. Bestimmte Eigenschaften des Arbeitnehmers, von denen er seine Einstellungsentscheidung gerne abhängig machen möchte, darf er gar nicht erst einholen. Das rechtstechnische Mittel dafür sind **Beschränkungen seines Fragerechts** mit der Folge, dass der Arbeitnehmer sanktionslos lügen darf, wenn er etwa Unzulässiges gefragt wurde. Eine Anfechtung gemäß den §§ 142 Abs. 1, 123 Abs. 1 scheidet dann aus, da die Täuschung des Arbeitnehmers nicht rechtswidrig, sondern rechtmäßig war[7]. Hinzu kommen noch entsprechende Beschränkung der eigenen (ohnehin eng begrenzten) Offenbarungspflichten des Arbeitnehmers sowie Begrenzungen der **Informationserhebung bei Dritten** (Beispiel: Einholung ärztlicher Auskünfte oder Analysen, oder von Auskünften der Verfassungsschutzbehörden bei Sicherheitsüberprüfungen etc[8]).

118 a) Das Recht des Arbeitgebers, nach persönlichen Umständen des Arbeitnehmers zu fragen, wird grundsätzlich dadurch beschränkt, dass nur solche Fragen zulässig sind, die in einem **ausreichenden Sachzusammenhang** mit dem geplanten Arbeitsverhältnis und (vor allem, wenn auch nicht ausschließlich) mit der sich daraus ergebenden Arbeitspflicht stehen. Die Rechtsprechung fordert stets eine Abwägung[9]: Dem Arbeitgeber ist daran gelegen, sich ein möglichst umfassendes Bild von den Bewerbern zu verschaffen, wohingegen diese davor geschützt werden müssen, allzu persönliche Eigenschaften, die für die Tätigkeit keine oder nur untergeordnete Bedeutung haben, preiszugeben. Beide Seiten können sich dabei auf Grundrechte berufen. Die Vertragsfreiheit (Art. 2 Abs. 1 GG) und die unternehmerische Freiheit des Arbeitgebers (Art. 12 Abs. 1 GG) stehen zumindest dem allgemeinen Persönlichkeitsrecht (Art. 2 Abs. 1 und Art. 1 Abs. 1 GG) des Arbeitnehmers gegenüber. Fragen nach persönlichen Umständen des Arbeitnehmers im Vorstellungsgespräch werden deshalb nur zugelassen, wenn der Arbeitgeber ein „berechtigtes, billigenswertes und schutzwürdiges Interesse an der Beantwortung seiner Fragen im Hinblick auf das Arbeitsverhältnis hat"[10].

119 Der Sachzusammenhang zwischen Umstand und Arbeitsleistung lässt sich dreifach konkretisieren[11]: Unterschieden werden können Fragen nach der fachlich/beruflichen

---

7   Eine arglistige Täuschung iSv § 123 Abs. 1 BGB setzt voraus, dass die Täuschung widerrechtlich geschah, auch wenn der Wortlaut der Norm dies ausdrücklich nur für die außerdem in § 123 BGB genannte Drohung fordert. Die Rechtswidrigkeit der Täuschung ist ungeschriebenes Tatbestandsmerkmal von § 123 Abs. 1 BGB. Im Wege der teleologischen Reduktion muss es hinzugefügt werden, denn der Schutzzweck des § 123 BGB, die freie Willensentschließung zu sichern, ist nicht berührt, wenn die Täuschung zwar arglistig, aber rechtlich erlaubt war (BAG v. 21.02.1991, 2 AZR 449/90, NZA 1991, 719; APS-*Preis* Grundlagen K Rn 54).

8   Dazu *Buchner* NZA 1991, 577; *Zöllner*, Daten- und Informationsschutz im Arbeitsverhältnis 1982, 32 ff.

9   BAG v. 01.08.1985, 2 AZR 101/83, NZA 1986, 635.

10 BAG v. 20.02.1986, 2 AZR 244/85, NZA 1986, 739; BAG v. 11.11.1993, 2 AZR 467/93, NZA 1994, 407, 408; BAG v. 05.10.1995, 2 AZR 923/94, NZA 1996, 371 f.

11 Vgl hierzu MünchArbR-*Buchner* § 41 Rn 39 ff; *Thüsing/Lambrich* BB 2002, 1146.

Qualifikation, nach der (davon freilich nicht trennscharf zu unterscheidenden) persönlichen Eignung sowie nach der körperlichen und (allgemeinen) gesundheitlichen Verfassung des Arbeitnehmers.

aa) Zunächst gilt, dass Fragen nach der **fachlich/beruflichen Qualifikation** im Wesentlichen uneingeschränkt zulässig sind, geht es insoweit doch schlicht um die Zentralfrage der Eignung des Bewerbers für die in Aussicht genommene Tätigkeit.   **120**

bb) Heikler sind darüber hinausgehende Fragen nach der **persönlichen Eignung**; **121** hier bedarf es einer besonders sorgfältigen Abwägung zwischen dem Informationsbedürfnis des Arbeitgebers und der schutzwürdigen Persönlichkeitssphäre des Arbeitnehmers; bei leitenden Angestellten, auf deren auch persönliche Eignung und Zuverlässigkeit es besonders ankommt, wird das Informationsinteresse des Arbeitgebers weiter gehen dürfen. Zur allgemeinen persönlichen Eignung gehört auch die viel erörterte Frage nach Vorstrafen des Arbeitnehmers, wobei insoweit allerdings in besonders schwerwiegenden Fällen auch schon die beruflich/fachliche Qualifikation beeinträchtigt sein kann. Auch sie ist in der Regel nur zulässig, soweit sie auf die Anforderungen des Arbeitsplatzes zurückgeführt werden kann; außerdem darf ohnehin nicht nach solchen Vorstrafen gefragt werden, die im Strafregister bereits getilgt sind oder der beschränkten Auskunft unterliegen (§ 53 Abs. 1 BZRG)[12].

cc) Bei der **körperlich/gesundheitlichen Verfassung** des Bewerbers ist wiederum **122** besonders auf die Erforderlichkeit der Fragen im Hinblick auf die geplante Beschäftigung zu achten. Nicht zulässig ist daher eine umfassende gesundheitliche Information, mag diese auch etwa im Hinblick auf die Verpflichtung des Arbeitgebers zur Lohnfortzahlung im Krankheitsfall (dazu Rn 161 ff) von besonderem Interesse sein; das Recht mutet dem Arbeitgeber vielmehr insoweit die Übernahme eines gewissen Risikos zu.

Die Frage nach ansteckenden Krankheiten hält das BAG für zulässig, wenn durch die Tätigkeit des Bewerbers andere Arbeitnehmer oder dritte Personen gefährdet werden können[13]. Die Frage nach einer HIV-Infektion ohne akute Erkrankung erlaubt die überwiegende Literatur deshalb, wenn die Gefahr besteht, dass Blut des Bewerbers in Kontakt mit Dritten kommen wird[14]. In der Praxis von besonderer Bedeutung, in der juristischen Auseinandersetzung aber (noch) weitgehend unbeachtet ist das Problem hepatitisinfizierter Ärzte[15]. In Bezug auf das Fragerecht lassen sich insoweit die Grundsätze zur HIV-Erkrankung von Bewerbern – bei allen Unterschieden – übertragen, sind doch die Übertragungswege weitgehend identisch. Dabei ist allerdings eine weitere Differenzierung notwendig: Die bislang dokumentierten Fälle zeigen, dass bei Operationen, bei denen keine erhöhte Übertragungsgefahr besteht, eine Ansteckung

---

12 Dazu BAG v. 05.12.1957, 1 AZR 594/56, NJW 1958, 516; *Hofmann* ZfA 1975, 1, 27 ff; Staudinger-*Richardi* § 611 Rn 107 ff.
13 BAG v. 07.06.1984, 2 AZR 270/83, NZA 1985, 57.
14 Dazu *Richardi* NZA 1988, 73; MünchArbR-*Buchner* § 41 Rn 67 ff.
15 Hierzu *Jacobs* MedR 2002, 140; zu den der Tagespresse zu entnehmenden Fällen siehe dort Fn 1 und 2.

bei Einhaltung der üblichen Sicherheitsstandards nahezu ausgeschlossen ist[16]. In diesen Fällen ist das Interesse des Bewerbers am Schutz seiner Individualsphäre höher zu gewichten und ein Fragerecht abzulehnen.

Sind Fragen nach Krankheiten in einem Personalfragebogen enthalten, kann im Übrigen ein Mitbestimmungsrecht der Mitarbeitervertretung bestehen, das den Spielraum des Arbeitgebers bei der Einstellung einschränkt (vgl §§ 94 BetrVG und 75 Abs. 3 Nr 8 BPersVG).

123 dd) In der Diskussion standen in letzter Zeit insbesondere das Fragerecht des Arbeitgebers nach einer **bestehenden Schwangerschaft** sowie einer **(Schwer-)Behinderung**. Angesichts der (finanziellen) Belastungen, die der Gesetzgeber (sich selbst damit entlastend!) dem Arbeitgeber an Stelle der staatlichen Gemeinschaft durch die Verpflichtungen auf Grund des Mutterschutzgesetzes auferlegt hat[17], ist es nicht unverständlich, dass Arbeitgeber der Einstellung von Schwangeren reserviert gegenüber stehen und durch entsprechende Fragen bei der Einstellung zu vermeiden suchen. Lange Zeit wurden diese Frage denn auch für zulässig gehalten, so dass ihre falsche Beantwortung die (freilich nur ex nunc wirkende – dazu Rn 132 f) Anfechtbarkeit des Arbeitsvertrages begründen konnte[18]. Dies hat sich geändert. Nach einer Art „Interimsentscheidung", die Fragen nach bestehender Schwangerschaft nur dann für unzulässig hielt, wenn sich sowohl Frauen als auch Männer beworben hatten[19], sieht sie das BAG unter dem Einfluss des EuGH und unter Berufung auf den bisherigen § 611a Abs. 1 (heute: §§ 7 Abs. 1, 1 AGG) nunmehr in der Regel wegen sogar unmittelbarer Diskriminierung als unzulässig an[20], so dass die wahrheitswidrige Verneinung der Schwangerschaftsfrage die Anfechtbarkeit des Arbeitsverhältnisses in der Regel nicht mehr begründen kann. Dem Gerichtshof zufolge gilt dies sogar dann, wenn die Arbeitsleistung „für das ordnungsgemäße Funktionieren des Unternehmens (…) unerlässlich ist"[21]. Ob diese neue, richterrechtlich ausgeformte Rechtslage bei allem Verständnis für die Situation schwangerer Arbeitssuchender die ihrerseits zu berücksichtigenden Arbeitgeberinteressen ausreichend wahrt, ist zweifelhaft[22].

124 ee) Das Fragerecht nach einer bestehenden Behinderung hat sich unter dem **Einfluss des europäischen Diskriminierungsrechtes** ähnlich entwickelt. Die Frage nach ei-

---

16 Siehe hierzu *Hasselhorn/Hofmann* Gesundheitswesen 60 (1998), 549, 561.
17 Vgl dazu die Regelungen der §§ 11, 14 MuSchG sowie die freilich folgenlosen Überlegungen in BAG v. 15.10.1992, 2 AZR 227/92, NZA 1993, 257, 258.
18 Vgl nur BAG v. 22.09.1961, 1 AZR 241/60, NJW 1962, 74.
19 BAG v. 20.02.1986, 2 AZR 244/85, NZA 1986, 739.
20 BAG v. 15.10.1992, 2 AZR 227/92, NZA 1993, 257; EuGH v. 08.11.1990, C-177/88, NZA 1991, 171; krit dazu *Buchner* ZfA 1993, 332 ff; zur Einordnung der Schwangerschaftsproblematik als unmittelbare Diskriminierung *Hanau/Preis* ZfA 1988, 177, 200 f; *Thüsing/Wege* ZEuP 2004, 404, 417 ff.
21 EuGH v. 03.02.2000, 207/98 (Mahlburg), NZA 2000, 255, 256; EuGH v. 04.10.2001, C-109/00 (Brandt-Nielsen), NZA 2001, 1241, 1243; EuGH v. 27.02.2003, C-320/01 (Busch), NZA 2003, 373; hiergegen erhob sich im deutschen Schrifttum deutliche Kritik: *Stürmer*, NZA 2001, 526, 529 f; *Schulte Westenberg*, NJW 2003, 490, 492; mwN zum Ganzen *Thüsing/Lambrich*, BB 2002, 1146, 1147 ff.
22 *Rolfs* (in: APS § 9 MuSchG Rn 48) hält die Frage nach der Schwangerschaft allerdings immer noch dann für zulässig, wenn die Arbeitnehmerin befristet eingestellt werden soll und ihre Beschäftigung für die *gesamte* vorgesehene Vertragsdauer mutterschutzrechtlich verboten ist.

ner konkreten Behinderung, die Auswirkungen auf die Tätigkeit hat, wurde vom BAG bislang stets für zulässig gehalten, sofern die Behinderung die ordnungsgemäße Ausführung „beeinträchtigt"[23]. Nach der Schwerbehinderteneigenschaft iSd SGB IX durfte der Arbeitgeber demgegenüber auch dann fragen, wenn sie keine Auswirkungen auf die konkrete Tätigkeit hatte[24]. Diese Rechtsprechung ist spätestens seit Ablauf der Umsetzungsfrist für die RL 2000/78/EG im Dezember 2003 nicht mehr aufrecht zu erhalten[25]. Die Richtlinie, die zumindest durch den bisherigen § 81 Abs. 2 SGB IX nur unzureichend umgesetzt wurde[26], verbietet Benachteiligungen wegen einer Behinderung im Arbeitsleben, soweit sie nicht durch wesentliche und entscheidende berufliche Anforderungen zu rechtfertigen sind (Art. 1, 2 Abs. 2 und 4 Abs. 1). Jetzt verweist § 81 Abs. 2 S. 2 SGB IX auf die Vorschriften des AGG (siehe zum AGG bereits Rn 86 ff). Der Katalog in § 81 Abs. 2 S. 2 Nr 1–5 SGB IX aF wurde aufgehoben. Eine Behinderung im Sinne der RL 2000/78/EG ist nach einer neuen Entscheidung des EuGH eine Einschränkung, die insbesondere auf physische, geistige oder psychische Beeinträchtigungen zurückzuführen ist und die ein Hindernis für die Teilhabe des Betreffenden am Berufsleben bildet; in Abgrenzung zur Krankheit, die nicht in den Schutzbereich der Richtlinie falle, müsse wahrscheinlich sein, dass die Einschränkung von langer Dauer sei[27].

c) **Offenbarungspflichten** des Arbeitnehmers bestehen ebenso wie im Bürgerlichen Recht nur in zu begründenden Ausnahmefällen; grundsätzlich gilt auch hier, dass der Arbeitgeber nach dem, was ihn interessiert (und was ihn – nach dem bereits Ausgeführten – überhaupt nur interessieren darf) selbst fragen kann und soll; der Arbeitnehmer ist von sich aus zur Information in der Regel nicht verpflichtet[28]. Ausnahmen werden für die Fälle anerkannt, in denen der Arbeitnehmer etwa wegen körperlicher Behinderung, generell schlechter Gesundheit oder aus sonstigen Gründen seine Arbeitspflicht voraussichtlich überhaupt nicht erfüllen kann. In krassen Fällen fehlender fachlicher Qualifikation dürfte im Übrigen ein konkludentes arglistiges Vorspiegeln

125

---

23 BAG v. 07.06.1984, 2 AZR 270/83, NZA 1985, 57.
24 Die Einstellung von Schwerbehinderten iSd § 2 Abs. 2 SGB IX (oder diesen Gleichgestellten iSv § 2 Abs. 3 SGB IX) ziehe beträchtliche Pflichten des Arbeitgebers und damit erhöhte Vertragsrisiken mit sich, die nicht nur vorübergehend, sondern für die gesamte Dauer des Beschäftigungsverhältnisses bestünden, so BAG v. 01.08.1985, 2 AZR 101/83; v. 11.11.1993, 2 AZR 467/93; v. 05.10.1995, 2 AZR 923/94 und v. 03.12.1998, 2 AZR 754/97, AP Nr 30, 38, 40 und 49 zu § 123 BGB.
25 So die überwiegende Ansicht in der Literatur, s. nur *Thüsing/Lambrich* BB 2002, 1146, 1149; *Messingschlager* NZA 2003, 301, 303 ff; *Rolfs/Paschke* BB 2002, 1260, 1261; *Leuchten* NZA 2002, 1254, 1256 f; ErfK-*Preis* § 611 Rn 347; KR-*Etzel* §§ 85–90 Rn 32; *Thüsing/Wege* FA 2003, 296, 298 ff; aA *Schaub* NZA 2003, 299, 300 f.
26 Zum einen gilt § 81 Abs. 2 und 4 SGB IX nur für Schwerbehinderte iSv § 2 Abs. 2 und 3 SGB IX, die RL 2000/78/EG aber für Behinderte im Allgemeinen und damit auch für diejenigen, deren Behinderung nicht den in § 2 SGB IX genannten Grad erreicht (s. hierzu *Thüsing/Wege* FA 2003, 296 f). Zum anderen fordert Art. 5 RL 2000/78/EG auch und gerade Maßnahmen, die die Einstellung von Behinderten erst ermöglichen, wohingegen die einschlägigen Vorschriften des SGB IX nur auf bereits Beschäftigte Anwendung finden (s. hierzu *Thüsing/Wege* NZA 2006, 136, zu dem Urteil des ArbG Berlin v. 13.07.2005, 86 Ca 24618/04, NZA-RR 2005, 608).
27 EuGH v. 11.07.2006, C-13/05, NZA 2006, 839, 840.
28 Hierzu *Hofmann* ZfA 1975, 1; MünchArbR-*Buchner* § 41 Rn 164 ff; Staudinger-*Richardi* § 611 Rn 110 ff.

anzunehmen sein[29]. Auch Krankheiten hat der Bewerber unter Umständen zu offenbaren. Dies gilt etwa für die HIV- oder Hepatitis-Infektion eines Arztes, der Operationen mit erhöhter Übertragungswahrscheinlichkeit ausführen soll[30].

126 d) Eine **falsche Beantwortung zulässiger Fragen** und das Verschweigen offenbarungspflichtiger Tatsachen begründen, soweit die subjektiven Voraussetzungen gegeben sind, die Anfechtbarkeit wegen arglistiger Täuschung (§ 123). Daneben kommt eine Anfechtbarkeit wegen Eigenschaftsirrtums (§ 119 Abs. 2) in Betracht; insofern ist die Bedeutung des Begriffs der verkehrswesentlichen Eigenschaft im Arbeitsrecht zu klären[31]. Dafür kommt es darauf an, ob der betreffende Umstand, über den sich der Arbeitgeber geirrt hat, die fachliche und persönliche Eignung des Arbeitnehmers im bereits dargestellten Sinn wesentlich beeinflusst hat.

127 Das **LG Darmstadt** hat bspw die Anfechtung eines Personalberatungsvertrages auf Honorarbasis nach den §§ 142 Abs. 1, 119 Abs. 2 für zulässig gehalten, die allein darauf gestützt wurde, dass der Personalberater Mitglied der Scientology-Sekte war[32]. Die Mitgliedschaft sei deshalb verkehrswesentlich, weil dem Personalberater besonderes Vertrauen entgegen gebracht wurde, er erhielt Einblicke in sensible Firmeninterna. Hätte das Unternehmen gewusst, dass er der Scientology-Sekte angehört, hätte sie ihm den Beratungsauftrag nicht erteilt, da sie eine Schädigung ihres guten Rufs fürchtete, wenn bekannt werden würde, dass sie mit Hilfe eines Mitglieds der Scientology-Sekte nach Führungskräften sucht.

128 e) **Fall 8:** Die als Kassiererin eingestellte Arbeitnehmerin K erbringt die erhoffte Arbeitsleistung nicht. Arbeitgeber B bittet sie daher zu einem Gespräch, in dessen Verlauf er K unter Vorlage einer vorgefertigten Auflösungsvereinbarung vorschlägt, das Arbeitsverhältnis einvernehmlich aufzulösen. K liest das Formular in Ruhe durch und unterschreibt es dann. Einen Tag später widerruft sie den Aufhebungsvertrag und erklärt die Anfechtung wegen arglistiger Täuschung und widerrechtlicher Drohung. Zu Recht? (BAG v. 30.09.1993, 2 AZR 268/93, NZA 1994, 209 und BAG v. 27.11.2003, 2 AZR 135/03, NZA 2004, 597) **Rn 130**

129 Weitgehende Übereinstimmung mit allgemeinen bürgerlich-rechtlichen Grundsätzen besteht bei der Anfechtung von **Aufhebungsverträgen** oder sog. **Eigenkündigungen**[33] durch den **Arbeitnehmer**. Vor allem bei Aufhebungsverträgen stellt sich die Frage nach einer Anfechtungsmöglichkeit wegen widerrechtlicher Drohung (§ 123), wenn der Arbeitgeber den Arbeitnehmer durch Hinweise auf eine sonst erfolgende Kündigung zum Abschluss eines Aufhebungsvertrages bewogen hat. Nach der Rechtsprechung des BAG soll Widerrechtlichkeit dann nicht anzunehmen sein, wenn ein verständiger Arbeitgeber eine Kündigung ernsthaft in Betracht gezogen hätte[34]. Nicht erforderlich ist daher, dass die angedrohte Kündigung im Kündigungsschutzverfahren Bestand gehabt hätte.

---

29 Zu schwierigen Schadensproblemen BAG v. 06.06.1972, 1 AZR 438/71, AP Nr 71 zu § 611 BGB Haftung des Arbeitnehmers mit zu Recht krit Anm. *Möschel.*
30 *Jacobs* MedR 2002, 140, 141 mit weiteren Nachw.
31 Dazu MünchArbR-*Richardi* § 46 Rn 31 ff.
32 LG Darmstadt v. 18. 12. 1996, 2 O 114/96, NJW 1999, 365, 366.
33 Hierzu instruktiv BAG v. 06.02.1992, 2 AZR 408/91, NZA 1992, 790; vgl *Hromadka*, FS Zöllner 1998, 785 ff.
34 BAG v. 16.01.1992, 2 AZR 412/91, NZA 1992, 1023, 1996, 1030; BAG v. 27.11.2003, 2 AZR 135/03, NZA 2004, 597, 599;vgl auch *Bauer* NZA 1992, 1015.

Bestrebungen, dem Arbeitnehmer wenigstens rechtsfortbildend ein **Rücktritts- oder Widerrufs-** **130** **recht** für Aufhebungsverträge einzuräumen, hatte das BAG immer schon eine deutliche Absage erteilt[35] und dem Arbeitgeber lediglich Hinweis- und Aufklärungspflichten auferlegt[36]. Auch nach der Integration der Haustürwiderrufsvorschriften in das BGB durch die Schuldrechtsmodernisierung, hält das BAG daran fest und lehnt ein Widerrufsrecht des Arbeitnehmers nach den §§ 355, 312 ab[37]. Eine arbeitsrechtliche Beendigungsvereinbarung sei kein Haustürgeschäft im Sinne des § 312 Abs. 1 S. 1 Nr 1. Dabei hat das Gericht ausdrücklich unbeantwortet gelassen, ob der Arbeitnehmer Verbraucher im Sinne des § 13 ist (dazu Rn 144), ob eine Beendigungsvereinbarung ohne Abfindung überhaupt eine entgeltliche Leistung zum Gegenstand hat und ob es sich um ein von den Haustürwiderrufsvorschriften nicht erfasstes Verfügungsgeschäft handelt. Jedenfalls spreche ihr Zweck gegen eine Anwendung des Widerrufsrechts bei arbeitsvertraglichen Beendigungsvereinbarungen. Der Gesetzgeber halte nur in den Fällen einer atypischen, situativen Vertragsanbahnung einen Schutz des Verbrauchers für erforderlich. Der Abschluss einer arbeitsrechtlichen Beendigungsvereinbarung im Betrieb erfolge aber für den Arbeitnehmer nicht an einem fremden, für das abzuschließende Rechtsgeschäft atypischen Ort. Der Arbeitnehmer wisse und rechne vielmehr damit, dass die das Arbeitsverhältnis betreffenden Fragen im Betrieb vertraglich geregelt werden. Dass er sich unter Umständen dem Vertragsangebot des Arbeitgebers nur schwer entziehen könne, erfasse der Schutzzweck des § 312 nicht. Es fehle mithin an dem situationstypischen Überraschungsmoment[38].

> Daher wurde **im Ausgangsfall 8** die auf das Fortbestehen des Arbeitsverhältnisses gerichtete Klage der K zu Recht abgewiesen und würde auch heute noch abgewiesen werden.

f) In der Praxis werden bei den Einstellungsverhandlungen oft **standardisierte schriftliche Per-** **131** **sonalfragebögen** verwendet. Insoweit besteht gemäß § 94 Abs. 1 BetrVG ein (erzwingbares) Mitbestimmungsrecht des Betriebsrats. Die Grenzen des Fragerechts gelten auch dafür. Zu erinnern ist schließlich noch an das ergänzende Instrument der Auswahlrichtlinien des § 95 BetrVG.

3. Rechtsfolgen der Anfechtung und Nichtigkeit – fehlerhaftes Arbeitsverhältnis

a) Anfechtung

Die zweite wesentliche Modifizierung der Regelungen des Bürgerlichen Rechts be- **132** zieht sich auf die **Rechtsfolge** der Anfechtbarkeit, die bereits erwähnte rückwirkende Nichtigkeit (§ 142 Abs. 1). Sie passt nach heute unstreitig gewordener Auffassung auf die gelebte Wirklichkeit des Dauerschuldverhältnisses Arbeitsverhältnis jedenfalls dann nicht, wenn das Arbeitsverhältnis „in Vollzug gesetzt" worden ist, die Arbeit also bereits aufgenommen wurde[39]. An Stelle der Rückabwicklung von Anfang an nichtiger Verträge (die das moderne Bereicherungsrecht ebenso bewältigen könnte[40] wie die Lehre vom gesetzlichen Schutzpflichtverhältnis die Problematik der Verlet-

---

35 BAG v. 30.09.1993, 2 AZR 268/93, NZA 1994, 209; BAG v. 14.02.1996, 2 AZR 234/95, NZA 1996, 811; zust *Bengelsdorf* DB 1997, 874, *Germelmann* NZA 1997, 236.
36 BAG v. 17.10.2000, 3 AZR 605/99, NZA 2001, 206.
37 BAG v. 27.11.2003, 2 AZR 135/03, NZA 2004, 597, 600 ff.
38 BAG v. 27.11.2003, 2 AZR 135/03, NZA 2004, 597, 602 f.
39 AA zum letztgenannten Punkt *Zöllner/Loritz* § 11 II 1 b (S. 152 Fn 35); zu Auswirkungen von Unterbrechungen MünchArbR-*Buchner* § 41 Rn 184.
40 Vgl nur MünchKommBGB-*Lieb* § 818 Rn 46; aA *Zöllner/Loritz* § 11 II 1 b (152 f).

zung von Nebenpflichten bei nichtigen Verträgen[41]) tritt daher eine bloße Vernichtbarkeit ex nunc mit der Folge, dass sich die Vertragsparteien für die Vergangenheit die vertraglich versprochenen Leistungen uneingeschränkt schulden[42]. Dies ist der Kern der Lehre vom fehlerhaften (nicht: „faktischen") Arbeitsverhältnis[43].

133 Die aus der **Lehre vom fehlerhaften Arbeitsverhältnis** folgende Verdrängung des § 142 BGB ist vom BAG für den Fall abgeschwächt worden, dass der Arbeitnehmer arbeitsunfähig erkrankt war und der Arbeitgeber im Anschluss daran die Anfechtung erklärt hatte: Wenn das Arbeitsverhältnis zwischenzeitlich wieder (durch Erkrankung) außer Funktion gesetzt worden sei, ein Leistungsaustausch also nicht mehr stattgefunden habe, könne die Anfechtung immerhin auf den Zeitpunkt der Erkrankung zurückwirken, so dass – dies ist die wichtige Folge – der Arbeitnehmer keine Lohnfortzahlung (Rn 159 ff) verlangen könne[44].

134 Die so begründete **ex-nunc-Wirkung der Anfechtung** stellt diese im Ergebnis einer Kündigung gleich. Dennoch sind beide Rechtsinstitute entgegen streitiger Aufweichungstendenzen in der Rechtsprechung[45] scharf zu unterscheiden; insbesondere bedarf die Anfechtung weder einer sozialen Rechtfertigung im Sinne des KSchG, noch ist es angebracht, beide Rechtsinstitute auch nur bezüglich der einzuhaltenden Fristen (§ 626 Abs. 2) anzugleichen oder gar ein Mitbestimmungsrecht des Betriebsrats (§ 102 BetrVG) für erforderlich zu halten. Eine gewisse (vertretbare) Annäherung von Anfechtung und Kündigung stellt es dagegen dar, wenn bei der Beurteilung einer erst nach längerer Zeit erklärten Anfechtung nicht auf die Umstände im Zeitpunkt der Abgabe der anfechtbaren Willenserklärung, sondern auf diejenigen im Zeitpunkt der Anfechtungserklärung mit der Folge abgestellt wird, dass der ursprüngliche Anfechtungsgrund durch Zeitablauf seine rechtfertigende Kraft verloren haben bzw widerlegt worden sein kann[46].

135 Die Frage nach der richtigen Behandlung des fehlerhaften Arbeitsverhältnisses war einer der Ansatzpunkte im jahrzehntelangen Streit zwischen **Vertrags- und Eingliederungstheorie**[47]. Während nämlich die hier zugrundegelegte und inzwischen ganz herrschend gewordene Vertragstheorie am Erfordernis eines den allgemeinen bürgerlich-rechtlichen Vorschriften unterstellten Vertragsschlusses für den Arbeitsvertrag festhält und lediglich – wie dargestellt – entweder die ex-tunc-Wirkung der Anfechtung modifiziert oder die Abwicklungsregeln der §§ 812 ff durch eine angemessenere Lösung ersetzt, ging die Eingliederungstheorie noch einen entscheidenden Schritt weiter und verneinte die Erforderlichkeit des Vertragsschlusses überhaupt. Nach dieser Theorie kam demnach ein Arbeitsverhältnis rein tatsächlich nur durch Arbeitsaufnahme und die damit verbundene Eingliederung in den Betrieb zu Stande. In diesem Bereich ist der Streit heute im Wesentlichen zu Gunsten der modifizierten Vertragstheorie überwunden.

---

41 Dazu *Canaris* JZ 1965, 475. Siehe heute: § 241 Abs. 2 BGB.
42 Zu einem heute nicht mehr diskutierten Gegenstandpunkt vgl *Lieb*, 4. Aufl., S. 16.
43 Zur Parallelproblematik im Gesellschaftsrecht vgl *Ulmer* Großkomm. HGB § 105 Rn 327 ff.
44 BAG v. 03.12.1998, 2 AZR 754/97, NZA 1999, 584 = SAE 1999, 216 m. weiterführender Anm. *Natzel*.
45 BAG v. 14.12.1979, 7 AZR 38/78, NJW 1980, 1302; ähnlich *M. Wolf/Gangel* AuR 1982, 271; ablehnend *Picker* ZfA 1981, 1, 20 ff und MünchArbR-*Richardi* § 46 Rn 27 f; vermittelnd *Hönn* ZfA 1987, 61.
46 BAG v. 12.02.1970, 2 AZR 184/69, NJW 1970, 1565; BAG v. 18.09.1987, 7 AZR 507/86, NZA 1988, 731; *Picker* ZfA 1981, 1, 85 ff.
47 Dazu *Hueck/Nipperdey I* 115 ff.

Schwer zu bewältigende Relikte der Eingliederungstheorie im Sinne des Abstellens auf rein fak- **136**
tische Elemente begegnen noch bei der Abgrenzung zwischen Werkvertrag und Arbeitnehmerüberlassung sowie beim Begriff der Einstellung des § 99 BetrVG (dazu Rn 846 ff).

b) Nichtigkeit

Die eben dargelegte Behandlung der Anfechtbarkeit lässt sich auch auf die Fälle ur- **137**
sprünglicher Nichtigkeit wegen **Gesetzes- oder Sittenverstoßes** übertragen. Hier ist
jedoch stets zu fragen, ob nicht der Sinngehalt der Norm, gegen die verstoßen wurde,
einer auch nur vorläufigen Aufrechterhaltung des fehlerhaften Rechtsverhältnisses
entgegensteht. Es ist also stets zu prüfen, ob die betreffenden Fehlerquellen so ge-
wichtiger Natur sind (§ 138)[48], dass an der Nichtigkeit ex tunc festgehalten werden
muss[49].

Ein Beispiel für die häufig geübte Zurückhaltung gegenüber Nichtigkeitsfolgen bildet die Be- **138**
handlung der (arbeitsrechtlichen) Schwarzarbeit, die darin besteht, dass Arbeitsleistungen ohne
Abführung von Steuer- und Sozialversicherungsbeiträgen erbracht werden; im Gegensatz zu
Schwarzarbeitsverpflichtungen von Unternehmern wird hier (zum Schutz der Arbeitnehmer)
Nichtigkeit ebenso verneint[50] wie – im Regelfall – bei Fehlen der Arbeitserlaubnis[51].

II. Vertragsfreiheit und Inhaltskontrolle

1. Ausgangspunkt: Vertragsfreiheit

Auch im Arbeitsrecht gilt grundsätzlich Vertragsfreiheit[52]; sie ist jedoch sehr viel stär- **139**
ker beschränkt als im allgemeinen Zivilrecht, weil das, etwa auf (Arbeitsschutz-) Gesetzen und kollektivrechtlichen Vereinbarungen (Tarifvertrag, Betriebsvereinbarung)
beruhende Geflecht zwingender Normen sehr viel dichter ist. Insbesondere die Ver-
tragsinhaltsgestaltungsfreiheit ist bereits dadurch enger begrenzt. Dazu kommen zahlreiche richterrechtliche Beschränkungen der Freiheit des Arbeitgebers zur Ausgestaltung des Arbeitsvertragsinhalts. Sie werden durch zweifelhafte Schlagworte wie
richterliche Inhalts- oder gar Billigkeitskontrolle gekennzeichnet und begründet[53].
Dieser Vorgang bedarf sorgsamer Betrachtung und vor allem Begrenzung: Im allgemeinen Zivilrecht werden der Inhalt des Vertrags und insbesondere bedenkliche einzelne Bestimmungen grundsätzlich lediglich anhand der Generalklauseln der §§ 134,
138 überprüft. Der Vertragsfreiheit werden damit nur äußerste Grenzen gesetzt, weil
zwingendes Gesetzesrecht im Schuldrecht selten ist, und weil die Anforderungen an
den Vorwurf der Sittenwidrigkeit mit freilich abnehmender Tendenz im Allgemeinen

---

48 Siehe etwa BAG v. 01.04.1976, 4 AZR 96/75, NJW 1976, 1958, aber auch BAG v. 07.06.1972, 5 AZR
    512/71, EzA § 138 BGB Nr 9.
49 Ähnlich MünchArbR-*Richardi* § 46 Rn 73, 76; einschränkend *Zöllner/Loritz* § 11 II 1 b (151).
50 BAG v. 26.02.2003, 5 AZR 690/01, NZA 2004, 313, 315 f; Staudinger-*Richardi* § 611 Rn 204.
51 Dazu nur Staudinger-*Richardi* § 611 Rn 131.
52 *Zöllner/Loritz*, § 11 III (158 ff); *Zöllner* NZA 2000, Sonderbeilage zu Heft 3, 1 ff.
53 Bezeichnend insofern BAG v. 12.08.1959, 2 AZR 75/59, AP Nr 1 zu § 305 BGB Billigkeitskontrolle;
    dazu *Fastrich*, Richterliche Inhaltskontrolle im Privatrecht 1992, 159 ff.

hoch sind. Dies beruht darauf, dass das Gesetz im allgemeinen Zivilrecht (normativ, nicht rechtstatsächlich) von der Prämisse des frei und gleichgewichtig ausgehandelten und infolgedessen im Wesentlichen kontrollfreien Vertrags ausgeht, wie dies durch § 305 Abs. 1 S. 3 bestätigt wird[54].

140 Auch das allgemeine Zivilrecht musste freilich anerkennen, dass es **Fälle gestörter Vertragsparität** gibt, in denen von der sonst angenommenen Richtigkeitsgewähr des Vertrags nicht mehr ausgegangen werden kann, so dass insoweit ein Bedürfnis nach engeren Grenzen der Vertragsfreiheit zum Schutze des Schwächeren entsteht. Im Zuge der Schuldrechtsmodernisierung sind die Vorschriften des AGBG, welches dem Sonderfall der durch Verwendung Allgemeiner Geschäftsbedingungen gestörten Vertragsfreiheit Rechnung getragen hatte, ins BGB eingestellt worden (§§ 305 ff; dem § 9 AGBG entspricht § 307; die Klauselverbote der bisherigen §§ 10, 11 AGBG sind in den §§ 308, 309 enthalten). Diese Vorschriften begrenzen die Vertragsfreiheit des Verwenders, soweit er sich Allgemeiner Geschäftsbedingungen bedient. Dabei besteht die Funktion der Generalklausel zum einen darin, dispositives Recht gegenüber gravierenden Abweichungen durch Allgemeine Geschäftsbedingungen für zwingend zu erklären sowie – zum anderen – den Richter bei Fehlen einschlägiger Regelungen implizit zu entsprechender Rechtsfortbildung, zur Entwicklung zusätzlicher engerer Grenzen der Vertragsfreiheit für den Fall der Verwendung Allgemeiner Geschäftsbedingungen, zu ermächtigen[55]. Man mag diese spezielle Art der Überprüfung von AGB, wie es verbreitet geschieht, als Inhaltskontrolle bezeichnen. Dies darf indessen nicht darüber hinwegtäuschen, dass es sich auch dabei um eine Rechtskontrolle handelt, deren Besonderheit lediglich darin besteht, dass der Kontrollmaßstab im Vergleich zu §§ 134, 138 enger ist.

2. Korrektur: Inhaltskontrolle

a) Anwendungsbereich der AGB-Kontrolle bei Arbeitsverträgen

141 Zumindest die unmittelbare Anwendung des AGB-Gesetzes auf entsprechende arbeitsrechtliche Regelungen war ursprünglich durch die Bereichsausnahme des § 23 AGBG ausgeschlossen[56]. Dies hat sich geändert: Die neugefasste Bereichsausnahme des § 310 Abs. 4 ist in S. 3 auf die kollektivrechtlichen Gestaltungsmittel Tarifvertrag, Betriebs- und Dienstvereinbarung beschränkt worden. Für das Individualarbeitsrecht und damit insbesondere für arbeitsvertragliche Regelungen, welche die Anwendungsvoraussetzungen der gesetzlichen Regelung erfüllen, sind die §§ 305 ff nunmehr anwendbar[57].

---

54 Grundlegend zur Vertragsparität *Schmidt-Rimpler* AcP 147 (1941), 130; *ders.*, FS L. Raiser 1974, 3; *Lieb* AcP 178 (1978), 220; *Zöllner* AcP 176 (1976), 221; *Fastrich*, Richterliche Inhaltskontrolle im Privatrecht 1992, 79 ff.
55 Dazu *Lieb* AcP 178 (1978), 196, 205 ff.
56 Zu dieser alten Rechtslage *Lieb*, 7. Aufl., Rn 110 ff; siehe auch BeckOKArbR-*Jacobs* § 305 BGB Rn 2 f.
57 Zur neuen Rechtslage *Gotthardt*, Arbeitsrecht nach der Schuldrechtsreform, 2. Aufl. 2003, 230 ff; *P. Hanau*, FS Konzen 2006, 249 ff; *Lieb*, FS Ulmer 2003, 1231 ff; *ders.*, FS Konzen 2006, 501 ff; *Richardi* NZA 2002, 1057 ff; *Henssler* RdA 2002, 129, 135 ff; *Annuß* BB 2002, 458 ff.

Der Gesetzgeber hat jedoch zugleich ein Korrektiv geschaffen. Es ist problematisch, die **142** §§ 305 ff – insbesondere die nicht auf Arbeitsverträge zugeschnittenen Klauselkataloge der §§ 308, 309 – unbesehen auf Arbeitsverhältnisse anzuwenden. Infolgedessen hat er die angemessene Berücksichtigung der „im Arbeitsrecht geltenden Besonderheiten" vorgeschrieben (§ 310 Abs. 4 S. 2). Das BAG versteht darunter zB die besondere Verteilung von Leistung und Gegenleistung, den Charakter der Arbeitsleistung als absoluter Fixschuld, die Höchstpersönlichkeit der Arbeitsleistung (vgl § 613) sowie die Unvollstreckbarkeit des Anspruchs auf Arbeitsleistung (vgl § 888 Abs. 3 ZPO)[58]. Berücksichtigt werden können im Rahmen von § 310 Abs. 4 S. 2 aber auch – in ihrer Gesamtheit – tarifvertragliche Ausschlussfristen mit verhältnismäßig kurzer Dauer[59].

Eine weitere Unklarheit ergibt sich aus § 310 Abs. 4 S. 3, der Tarifverträge, Betriebs- **143** und Dienstvereinbarungen „Rechtsvorschriften iSv § 307 Abs. 3" gleichstellt. Der Zweck des § 307 Abs. 3 S. 1 erschließt sich nicht ohne Weiteres. Der Gesetzgeber wollte vermeiden, dass kollektive Regelungen der Inhaltskontrolle unterliegen, nur weil ihr Geltungsgrund eine einzelvertragliche Bezugnahme ist und ein Geltungsausschluss wegen normativer Wirkung (§ 310 Abs. 4 Satz 1) ausscheidet (vgl aber gleich noch Rn 150). Nicht überzeugend ist demgegenüber der Vorschlag, auf Grundlage dieser Norm individualvertragliche Vereinbarungen am Maßstab kollektiver Verträge zu überprüfen[60], ihm ist nicht zu folgen[61].

b) Arbeitsverträge als Verbraucherverträge (§ 13 BGB)

Im Zuge der Schuldrechtsmodernisierung ist streitig geworden, ob Arbeitsverträge als **144** Verbraucherverträge im Sinne der jetzigen umfassenden Definition des § 13 angesehen werden können. Das BAG qualifiziert Arbeitsverträge als **Verbraucherverträge** und stützt sich dabei im Wesentlichen auf den Bedeutungswandel, den der Verbraucherbegriff erfahren habe[62]. Diese Auffassung überzeugt jedoch sowohl sachlich als auch methodisch nicht[63], denn mit der Entscheidung, die Kontrolle der §§ 305 ff auf das Arbeitsrecht auszudehnen, wollte der Gesetzgeber das Schutzniveau des Arbeitsrechts an dasjenige des Zivilrechts anpassen. Der über das allgemeine Zivilrecht hinausgehende Verbraucherschutz sollte damit weder erreicht werden, noch stellt er eine sinnvolle Ergänzung zu dem ohnehin hohen Schutzniveau des Arbeitsrechts dar. Andererseits darf die praktische Bedeutung des Meinungsstreits auch nicht überschätzt werden. Relevant wird er va bei § 310 Abs. 3. Ein (Haustür-) Widerrufsrecht bei Aufhebungsverträgen nach §§ 312, 355 steht dem Arbeitnehmer indessen schon aus sys-

---

58 BAG v. 18.08.2005, 8 AZR 65/05, NZA 2006, 34, 36; BAG v. 04.03.2004, 8 AZR 196/03, NZA 2004, 727, 731 f.
59 BAG v. 25.05.2005, 5 AZR, 572/04, NZA 2005, 1111, 1114.
60 So insb Däubler/Dorndorf-*Däubler*, AGB-Kontrolle im Arbeitsrecht 2004, § 307 BGB Rn 272 ff; *ders.* NZA 2001, 1329, 1334.
61 *Henssler* RdA 2002, 129, 136 f; BeckOKArbR-*Jacobs* § 307 BGB Rn 13 ff; *Lieb*, FS Ulmer 2003, 1231, 1242 ff.
62 BAG v. 25.05.2005, 5 AZR 572/04, NZA 2005, 1111.
63 So auch *Henssler* RdA 2002, 129, 133f; BeckOKArbR-*Jacobs* § 310 BGB Rn 10 ff; *Jacobs/Naber* RdA 2006, 181, 183 f; *Lieb*, FS Ulmer 2003, 1231, 1232 ff; *Löwisch*, FS Wiedemann 2002, 311, 315 f jew mwN auch zur Gegenmeinung.

tematischen Gründen nicht zu[64]. Die Anwendung des § 288 Abs. 2 (Höhe der Verzugszinsen) auf Arbeitsverträge schließt das BAG aus, ohne auf die hier diskutierte Frage einzugehen, ob Arbeitsverträge Verbraucherverträge sind[65].

145 Das BAG hatte in seiner früheren Rechtsprechung auch Individualarbeitsverträge einer gewissen **Inhaltskontrolle** unterworfen[66], ohne danach zu unterscheiden, ob die betreffenden Verträge im Einzelfall ausgehandelt worden waren. Nach § 305 Abs. 1 S. 3 sind ausgehandelte Individualarbeitsverträge kontrollfrei. In Folge dieser Rechtsprechung gilt dies jedoch nicht für nicht-ausgehandelte Individualarbeitsverträge (§ 310 Abs. 3 Nr 2). Im Hinblick auf eine möglicherweise generell auch im Rahmen des „Einmal"-Vertrages bestehende Ungleichgewichtslage[67] ist jedoch auch eine entsprechende Anwendung des § 310 Abs. 3 BGB auf nicht ausgehandelte Individualarbeitsverträge zu erwägen[68]. Allein um die Rechtsfolgen des § 310 Abs. 3 herbeizuführen, hätte es einer Qualifikation von Arbeitsverträgen als Verbraucherverträge jedenfalls nicht bedurft[69]. Die Anwendbarkeit von § 310 Abs. 3 Nr 1 und Nr 2 auf Arbeitsverhältnisse führt jedoch mit Blick auf die Tatsache, dass Arbeitsverträge regelmäßig vom Arbeitgeber für eine Vielzahl von Fällen vorgesehen sind und von ihm gestellt werden, zu keinen großen Änderungen[70].

146 Als – damit den §§ 305 ff unterstellte – Verbraucherverträge sind Rechtsgeschäfte dagegen anzusehen, wenn es um nur mittelbar mit dem Arbeitsverhältnis zusammenhängende Angelegenheiten geht, wie etwa den Abschluss von Kauf- oder Darlehensverträgen zwischen Arbeitgeber und Arbeitnehmer (sog. **Parallelgeschäfte**). Für Darlehensverträge ist die interessante verallgemeinerungsfähige Sonderregelung des § 491 Abs. 2 Nr 2 zu beachten[71].

c) Ausgewählte Anwendungsfälle der AGB-Kontrolle

147 **Fall 9:** Am 23.01.2006 stellt Arbeitgeber G den Arbeitnehmer A zum 01.03.2006 ein. In dem von G vorformulierten Standardarbeitsvertrag verpflichtet sich A, bei Nichtantritt des Arbeitsverhältnisses eine Vertragsstrafe in Höhe von einem Bruttomonatsgehalt an G zu zahlen. Am 30.01.2006 teilt A dem G schriftlich mit, dass er bei ihm nicht beginnen werde zu arbeiten. Darauf macht G die Vertragsstrafe geltend. Zu Recht? (BAG v. 04.03.2004, 8 AZR 196/03, NZA 2004, 727). **Rn 154**

148 Die Auswirkungen der Klauselkataloge der §§ 308, 309 sowie der Generalklausel des § 307 Abs. 1 S. 1 auf allgemeine Arbeitsbedingungen sind vom Schrifttum mittler-

---

64 BAG v. 27.11.2003, 2 AZR 135/03, NZA 2004, 597 (siehe auch oben Rn 130).
65 BAG v. 23.02.2005, 10 AZR 602/03, NZA 2005, 694.
66 Siehe *Lieb*, 7. Aufl., Rn 115.
67 Dazu *Lieb*, 7. Aufl., Rn 113.
68 *Henssler*, in: Dauner-Lieb/Konzen/K. Schmidt, Das neue Schuldrecht in der Praxis 2003, S. 615, 634; *Lieb*, FS Konzen 2006, 501, 504 f; *Reichold*, BAG-FS 2004, 153, 160; zu diesem Vorschlag auch *K. Schmidt*, FS Konzen 2006, 863, 874.
69 Vgl BeckOKArbR-*Jacobs* § 310 BGB Rn 13.
70 BeckOKArbR-*Jacobs* § 310 BGB Rn 7; *Jacobs/Naber* RdA 2006, 181, 182 ff.
71 Dazu *Lieb*, FS Ulmer 2003, 1231, 1239; *Henssler* RdA 2002, 129, 134 f.

weile rege diskutiert und von der Rechtsprechung jedenfalls teilweise konkretisiert worden. Das BAG hat bereits wichtige Leitentscheidungen zu folgenden Problemkreisen gefällt: Abgeltung von Überstunden[72], Ausschlussfristen[73], Arbeit auf Abruf[74], Befristung einzelner Arbeitsbedingungen[75], Vertragsstrafen[76], Freiwilligkeits- und Widerrufsvorbehalte[77], Rückzahlungsklauseln von Ausbildungskosten[78].

Formularvertragliche Widerrufsvorbehalte, mit welchen der Arbeitgeber bestimmte Leistungen oder Teile davon für die Zukunft widerrufen kann, bleiben – wie vor der Reform – grundsätzlich wirksam. Sie dürfen allerdings nicht zu einer Kürzung von 25–30 % der gesamten Vergütung führen. Weiter fordert das BAG für ihre Wirksamkeit nunmehr, dass die konkreten Voraussetzungen eines Widerrufs im Arbeitsvertrag benannt werden müssen: Darunter fallen sowohl die Gründe, auf die der Widerruf gestützt werden soll, als auch der Grad der Störung[79]. Allerdings schafft das BAG mit dieser Rechtsprechung, der ihre Unbestimmtheit entgegengehalten werden muss[80], keine hinreichende Rechtsklarheit. **149**

Besondere Schwierigkeiten bereiten unter dem Aspekt der Kontrollfähigkeit (Rn 143) die verbreiteten **Bezugnahmeklauseln** (Rn 505 ff)[81]. Die Regelung des § 310 Abs. 4 S. 3, die Tarifverträge, Betriebs- und Dienstvereinbarungen den Rechtsvorschriften iSv § 307 Abs. 3 gleichstellt, soll die mittelbare Tarifzensur über den Umweg der AGB-Kontrolle verhindern[82]. Tarifverträge können eine Angemessenheitsvermutung für sich beanspruchen, die keine weitere inhaltliche Kontrolle erfordert. Diesem Konzept liegt indessen das Modell einer Globalverweisung zugrunde; in der Praxis finden sich aber häufig Einzel- oder Teilverweisungen, die Bezug auf Fragmente von kollektiven Abreden nehmen, die wiederum mitunter zeitlich, fachlich oder räumlich für das Arbeitsverhältnis nicht einschlägig sind. Inwieweit solche Bezugnahmeklauseln unter die Ausnahmebestimmung des § 310 Abs. 4 S. 3 fallen, ist umstritten. Richtigerweise ist zu differenzieren: Einzelverweisungen sind stets kontrollfähig, denn der kollektiv vereinbarte Komplex, auf den sie Bezug nimmt, kann schon begrifflich zu keinem anderen in einem angemessenen Verhältnis stehen[83]. Teilverweisungen sind nicht kontrollfähig, sofern sie abgrenzbare Sachbereiche betreffen, wie es zB auch in gesetzlichen Verweisungen (§ 622 Abs. 4 S. 2 BGB, § 13 Abs. 1 S. 2 BUrlG oder § 7 Abs. 3 ArbZG) der Fall ist[84]. Solche Sachbereiche sind typischerweise in sich angemessen. **150**

72 BAG v. 28.09.2005, 5 AZR 52/05, NZA 2006, 149.
73 BAG v. 25.05.2005, 5 AZR 572/04, NZA 2005, 1111.
74 BAG v. 07.12.2005, 5 AZR 535/04, NZA 2006, 423.
75 BAG v. 27.07.2005, 7 AZR 486/04, NZA 2006, 40.
76 BAG v. 04.03.2004, 8 AZR 196/03, NZA 2004, 727.
77 BAG v. 12.01.2005, 5 AZR 364/04, NZA 2005, 465.
78 BAG v. 11.04.2005, 9 AZR 610/05, BeckRS 2006, 43397.
79 BAG v. 12.01.2005, 5 AZR 364/04, NZA 2005, 465, 468, dazu zB *Schimmelpfennig* NZA 2005, 603; *Hromadka*, FS Konzen 2006, 321 ff.
80 Vgl zur Kritik BeckOKArbR-*Jacobs* § 308 BGB Rn 15; *Kort* SAE 2005, 310, 312; *Willemsen/Grau* NZA 2005, 1137, 1138 f.
81 Vgl zum Ganzen zB *Oetker*, FS Wiedemann 2002, 383, *Gaul* ZfA 2003, 75; *Bayreuther* RdA 2003, 81.
82 BT-Drs 14/6857, 54; *Richardi* NZA 2002, 1057, 1061 f.
83 *Konzen*, FS Hadding 2004, 148, 157.
84 BeckOKArbR-*Jacobs* § 307 BGB Rn 26.

151 Nach der Schuldrechtsmodernisierung ebenfalls diskutiert wurde die **Zulässigkeit formularmäßig vereinbarter Ausschlussfristen**, deren Vereinbarkeit mit § 309 Nr 13 bzw § 307 Abs. 1 S. 1 problematisch ist[85]. Klarheit herrscht darüber, dass einseitige Ausschlussfristen, die lediglich dazu führen, dass der Arbeitnehmer seine Ansprüche nur innerhalb einer bestimmten Frist geltend machen kann, immer unwirksam sind, weil sie gegen § 307 Abs. 1 S. 1 verstoßen[86]. Für zweiseitige Ausschlussfristen, die sowohl Ansprüche des Arbeitgebers als auch solche des Arbeitnehmers betreffen, gilt dies nicht grundsätzlich. Das BAG verlangt allerdings, dass die Frist zur Geltendmachung mindestens drei Monate beträgt[87]. Vor der Schuldrechtsreform war noch eine Dauer von einem Monat ausreichend[88]. Drei Monate muss auch die zweite Stufe einer sog. zweistufigen Ausschlussfrist betragen, bei der ein Anspruch nicht nur innerhalb einer bestimmten Frist gegenüber dem Vertragspartner, sondern innerhalb einer weiteren Frist auch gerichtlich geltend gemacht werden muss[89]. Die Ausschlussfrist ist angesichts § 307 Abs. 1 S. 1 überdies an die Fälligkeit der Ansprüche, nicht aber an den Zeitpunkt der Beendigung des Arbeitsverhältnisses zu knüpfen[90]. Da diese Voraussetzungen, die im Verhältnis zur früheren Rechtssprechung erheblich strenger sind, immer noch lediglich einen Bruchteil der gesetzlichen Verjährungsvorschriften ausmachen, hätte man ebenso gut daran festhalten können, Ausschlussfristen mit der Dauer von einem Monat für zulässig zu halten, zumal kurze Fristen zur Wahrung von Rechten im Arbeitsverhältnis durchaus üblich sind (vgl zB § 4 S. 1 KSchG, § 626 Abs. 2 S. 1)[91]. Selbst die Frist in § 61b Abs. 1 ArbGG, die das BAG zur Begründung angeführt hat, wurde durch die Antidiskriminierungsgesetzgebung mittlerweile von drei auf zwei Monate verkürzt. Wegen ihrer hohen Verbreitung in Arbeitsverträgen steht die angemessene Berücksichtigung arbeitsrechtlicher Besonderheiten (§ 310 Abs. 4 S. 2, dazu oben Rn 142) jedenfalls der teilweise im Schrifttum geäußerten Auffassung entgegen, zweiseitige Ausschlussfristen seien nach der Modernisierung des Schuldrechts grundsätzlich unwirksam.

152 In Arbeitsverträgen gleichermaßen verbreitet sind **Vertragsstrafen**, die zB an den Nichtantritt oder die vorzeitige Beendigung des Arbeitsverhältnisses ein Strafversprechen zugunsten des Arbeitgebers knüpfen. Da auch an ihrer Zulässigkeit angesichts § 307 Abs. 1 S. 1 sowie insbesondere mit Blick auf § 309 Nr 6 Zweifel gehegt wurden, entstand eine kontroverse Diskussion[92]. Vertragsstrafen werden erlassen, weil die

---

85 Vgl zB Däubler/Dorndorf-*Däubler*, AGB-Kontrolle im Arbeitsrecht 2004, Anh zu § 307 BGB Rn 25; BeckOKArbR-*Jacobs* § 307 BGB Rn 35 ff; *Nägele/Chwalisz* MDR 2002, 1341; *Preis/Roloff* RdA 2005, 144; *Reinecke* BB 2005, 378.
86 BAG v. 31.08.2005, 5 AZR 545/04, NZA 2006, 324, 326.
87 BAG v. 28.09.2005, 5 AZR 52/05, NZA 2006, 149, 152 f.
88 BAG v. 13.12.2000, 10 AZR 168/00, NZA 2001, 723, 725; BAG v. 27.02.2002, 9 AZR 543/00, AP Nr 1 zu § 307 BGB 2002.
89 BAG v. 25.05.2005, 5 AZR 572/04, NZA 2005, 1111.
90 BAG v. 01.03.2006, 5 AZR 511/05.
91 So auch *Jacobs/Naber* RdA 2006, 181, 184 ff.
92 Siehe zB *Joost*, FS Ulmer 2003, 1199, *Leder/Morgenroth* NZA 2002, 952, *Reichenbach* NZA 2003, 309; *Thüsing* BB 2002, 2666, 2673 aus dem Schrifttum; als Instanzgerichte zB LAG Hamm v. 24.01.2003, 10 Sa 1158/02, NZA 2003, 499; LAG Niedersachsen v. 23.01.2004, 16 Sa 1400/03, NZA-RR 2005, 65.

Arbeitsleistung üblicherweise höchstpersönlicher Natur ist (§ 613) und gemäß § 888 Abs. 3 ZPO eine Vollstreckbarkeit der Arbeitsleistung ausscheidet. Weiter sind aufgrund des Nichtsantritts oder des plötzlichen Fernbleibens entstehende Schäden, deren Ersatz der Arbeitgeber von dem Arbeitnehmer freilich verlangen könnte, bzw die zu ihnen führende Kausalität schwer nachzuweisen. Zu Recht hält das BAG mit Rücksicht auf die beschriebenen arbeitsrechtlichen Besonderheiten formularmäßige Vertragsstrafen in Arbeitsverträgen deshalb entgegen § 309 Nr 6 für wirksam[93].

Angesichts § 307 Abs. 1 S. 1 verlangt das BAG weiter, dass Vertragsstrafen so bestimmt formuliert werden, dass der Arbeitnehmer erkennen kann, wann sein Verhalten ihn zur Zahlung einer Vertragsstrafe verpflichtet, wobei nicht jegliches arbeitsvertragswidrige Verhalten des Arbeitnehmers einer Vertragsstrafe unterworfen werden darf[94]. Auch die Höhe einer Vertragsstrafe kann unangemessen sein: Unzulässig soll bereits eine formularvertraglich vereinbarte Vertragsstrafe sein, die dem Arbeitgeber abhängig vom Einzelfall eine Straffestsetzung zwischen einem Monatsgehalt und drei Monatsgehältern ermöglicht[95]. Das Ausmaß dieser zu strengen Rechtsprechung zeigt sich beim Blick auf die Rechtsfolge, denn nach § 306 Abs. 1 sind unangemessen hohe Vertragsstrafen unwirksam, so dass eine Herabsetzung nach § 343, die nur für ansonsten wirksame Vertragsstrafen in Betracht kommt, ausscheidet[96]. **153**

> Daher verstößt die Vertragsstrafe im **Ausgangsfall 9** wegen der angemessenen Berücksichtigung der Besonderheiten des Arbeitsrechts nicht gegen § 309 Nr 13. Da die Höhe der Strafe (ein Bruttomonatsgehalt) auch nicht unangemessen iSv § 307 Abs. 1 S. 1 ist, macht der Arbeitgeber die Vertragsstrafe mit Recht geltend. **154**

3. Überraschende Klauseln und Unklarheitenregel (§ 305c BGB)

Schließlich ist auf § 305c hinzuweisen. § 305c Abs. 1 behandelt das **Verbot überraschender Klauseln**, § 305c Abs. 2 legt fest, dass Zweifel bei der Auslegung zu Lasten des Verwenders, sprich: des Arbeitgebers, gehen. Beide Absätze basieren auf Rechtsgrundsätzen, die bereits vor der Schuldrechtsmodernisierung im Arbeitsrecht angewendet wurden[97]. Insbesondere § 305c Abs. 2 kann für die Praxis sehr bedeutsam werden, wenn das BAG die angekündigte Änderung seiner Rechtsprechung zu Bezugnahmeklauseln, die bislang als Gleichstellungsabrede ausgelegt wurde[98], verwirklicht[99] (hierzu auch Rn 506). **155**

---

93 BAG v. 04.03.2004, 8 AZR 196/03, NZA 2004, 727.
94 BAG v. 21.04.2005, 8 AZR 425/04, NZA 2005, 1053, 1055; BAG v. 18.08.2005, 8 AZR 65/05, NZA 2006, 34, 37; mit Recht krit *Bauer/Krieger* SAE 2006, 12, 13.
95 BAG v. 18.08.2005, 8 AZR 65/05, NZA 2006, 34, 37.
96 BeckOKArbR-*Jacobs* § 309 BGB Rn 25; so zB auch LAG Niedersachsen v. 23.01.2004, 16 Sa 1400/03, NZA-RR 2005, 65.
97 BAG v. 24.03.1988, 2 AZR 630/87, NZA 1989, 101; BAG v. 29.11.1995, 5 AZR 447/94, NZA 1996, 702; siehe auch *Gotthardt* ZIP 2002, 277, 281; *Richardi* NZA 2002, 1057, 1059.
98 Vgl nur BAG v. 29.08.2001, 4 AZR 332/00, NZA 2002, 513.
99 BAG v. 14.12.2005, 4 AZR 536/04, NZA 2006, 607; krit zu den Folgen dieser Ankündigung zB *Bauer/Haußmann* DB 2005, 2815; *Klebeck* NZA 2006, 15.

4. Inhaltskontrolle von Tarifverträgen

156 Tarifverträge sind der Inhaltskontrolle nach allgemeiner Auffassung entzogen[100]. Dies ist – wegen der dort herrschenden Parität- auch richtig, wenn man Inhaltskontrolle als Rechtskontrolle versteht. Zwar sind auch die Tarifvertragsparteien selbstverständlich zwingendem Recht unterworfen; wohl aber können sie von dispositivem Recht abweichen. Insbesondere haben die engeren Grenzen der Vertragsfreiheit, wie sie für den Bereich der Inhaltskontrolle kennzeichnend sind, für sie keine Geltung. Dementsprechend können selbst inhaltsgleiche, in Allgemeinen Arbeitsbedingungen verworfene Klauseln in Tarifverträgen toleriert werden; die Rechtslage ist insofern keine andere als im Verhältnis von Allgemeinen Geschäftsbedingungen zum Individualvertrag; auch für den Letzteren gelten lediglich die allgemeinen Maßstäbe.

5. Inhaltskontrolle von Betriebsvereinbarungen

157 Stark umstritten ist die Rechtslage in Bezug auf Betriebsvereinbarungen, die das BAG – in seiner Terminologie – einer Billigkeits- oder Inhaltskontrolle seit jeher unterwirft[101], während das überwiegende Schrifttum bereits deren Voraussetzungen, das Vorliegen einer Ungleichgewichtslage, bestreitet[102]. Hier dürften indessen weithin terminologisch bedingte Missverständnisse vorliegen, die auf der nicht ausreichend präzisen methodischen Erfassung dessen beruhen, was das BAG hier eigentlich vorgenommen hat. Versteht man nämlich, wie hier nachdrücklich vertreten, unter Inhaltskontrolle lediglich eine spezifische Rechtskontrolle, deren Besonderheit darauf beruht, dass der Vertragsfreiheit wegen der gestörten Vertragsparität **engere Grenzen** gezogen werden als im Bereich von Gleichgewichtslagen, so fragt es sich, ob denn das BAG gegenüber Betriebsvereinbarungen überhaupt solche strengeren Maßstäbe angewendet hat, oder ob es sich nicht vielmehr nur um eine – dann unbedenklich zulässige – allgemeine Rechtskontrolle gehandelt hat. Letzteres ist weitgehend der Fall; insbesondere die viel zitierte Inhaltskontrolle von Betriebsvereinbarungen im Bereich der betrieblichen Altersversorgung beruht nicht auf strengen Sondermaßstäben, die gestörte Vertragsparität voraussetzen würden, sondern lässt sich bereits mit allgemein anerkannten Grenzen der Vertragsfreiheit, wie insbesondere der Notwendigkeit des Schutzes erdienter Rechtspositionen und der Beachtung des Vertrauensschutzes, rechtfertigen, so dass es der – in der Tat problematischen – Annahme, beim Abschluss von Betriebsvereinbarungen fehle es an der Parität, gar nicht bedarf[103]. Eine Kontrolle

100 BAG v. 06.02.1985, 4 AZR 275/83, AP Nr 1 zu § 1 TVG Tarifverträge: Süßwarenindustrie; *Löwisch/ Rieble* Grundl. Rn 39, § 1 Rn 5; *Zöllner/Loritz*, § 38 VI (434 f); s. dazu aber auch *Schliemann* ZTR 2000, 198 ff sowie jetzt § 310 Abs. 4 S. 1 BGB.

101 BAG v. 17.02.1981, 1 AZR 290/78, AP Nr 11 zu § 112 BetrVG 1972; BAG v. 24.03.1981, 1 AZR 805/78, AP Nr 12 zu § 112 BetrVG 1972; BAG v. 08.12.1981, 3 ABR 53/80, AP Nr 1 zu § 1 BetrAVG Ablösung; BAG v. 17.03.1987, 3 AZR 64/84, AP Nr 9 zu § 1 BetrAVG Ablösung. Dazu kommt – in nicht überzeugender Begründungshäufung – meist noch eine Berufung auf den sehr weit verstandenen § 75 BetrVG.

102 So vor allem *v. Hoyningen-Huene*, § 11 III 5 f (236); *Kreutz* ZfA 1975, 65, 71 ff; vgl auch *Zöllner/ Loritz*, § 46 II 8 (541 f). Siehe auch *Reichold* Anm. zu BAG AP Nr 84 zu § 77 BetrVG 1972.

103 Vgl dazu *v. Hoyningen-Huene* BetrAV 1992, 185.

von Betriebsvereinbarungen am Maßstab der §§ 305 ff scheitert an § 310 Abs. 4 S. 3. Eine AGB-Kontrolle von Klauseln in Betriebsvereinbarungen hat das BAG sogar für Fälle ausgeschlossen, in denen diese Klausel individualvertraglich wiederholt wird[104].

III. Modifizierungen im Bereich des Leistungsstörungsrechts

Grundsätzlich finden auch die Regelungen des allgemeinen Schuldrechts, insbeson- **158** dere diejenigen über Leistungsstörungen, Anwendung auf das Arbeitsverhältnis; auch insoweit ergeben sich jedoch Besonderheiten, die sowohl die Erfüllungsansprüche (Stichwort: Lockerung des Synallagmas), als auch die Behandlung von Schadenser- satzansprüchen betreffen[105].

1. Lohnansprüche trotz Nichtleistung

Auf Grund der synallagmatischen Verknüpfung der beiderseitigen Erfüllungsansprü- **159** che im gegenseitigen Vertrag entfällt bei Unmöglichkeit[106] der dem einen Teil oblie- genden Leistung auch die Verpflichtung zur Erbringung der Gegenleistung (§ 326 Abs. 1 S. 1). Dies gilt zwar grundsätzlich auch im Arbeitsrecht (Stichwort: „Ohne Ar- beit kein Lohn"); hier gibt es jedoch eine große Anzahl wichtiger Ausnahmen, die die Regel weithin außer Kraft setzen. Zu nennen sind zunächst die Fälle, in denen die Ar- beitnehmer kraft Gesetzes von ihrer Arbeitsverpflichtung freigestellt sind, den Lohn- anspruch aber trotzdem behalten (Urlaub, Feiertage); daran schließen sich an die Fälle, in denen die Erfüllung der Arbeitsverpflichtung aus Gründen in der Person des Arbeitnehmers unmöglich geworden ist, der Arbeitgeber aber trotzdem kraft gesetz- licher Risikozuweisung zur Lohnzahlung verpflichtet bleibt (Krankheit; § 616). Schließlich sind zu nennen die Fälle des Annahmeverzugs und die richterrechtlich entwickelte Betriebsrisikolehre (vgl nun § 615 S. 3).

a) Urlaub, Feiertage

Zum Schutz des Arbeitnehmers vor Lohnausfällen in Zeiträumen, in denen nicht ge- **160** arbeitet werden darf (Feiertage) oder nicht gearbeitet werden soll (Erholungsurlaub[107] zum Zwecke der Erhaltung von Gesundheit und Arbeitskraft), ordnet das Gesetz selbst die Verpflichtung des Arbeitgebers zur Lohnfortzahlung an (EFZG, BUrlG). Dieser Bereich bedarf keiner vertieften Behandlung; auf die Spezialliteratur sei ver- wiesen[108].

---

104 BAG v. 01.02.2006, 5 AZR 187/05, NZA 2006, 563.
105 Siehe *Preis/Hamacher* Jura 1998, 11 ff, 116 ff.
106 Da die einmal ausgefallene Arbeitsleistung jedenfalls innerhalb der vorgegebenen Arbeitszeit nicht nachholbar ist, liegt bei Nichtleistung Unmöglichkeit iSv § 275 Abs. 1 vor.
107 Zur Hypertrophie des sog. Bildungsurlaubs, der in der Praxis vielfältige Schwierigkeiten bereitet, nur MünchArbR-*Boewer* § 93.
108 Zum Urlaubsrecht MünchArbR-*Leinemann* §§ 88 ff; zur Lohnzahlung an Feiertagen MünchArbR-*Boewer* § 81.

b) Krankheit und persönliche Verhinderung

161 aa) Der Lohnanspruch bleibt – für die Dauer von 6 Wochen – gemäß § 3 EFZG im Fall der Krankheit erhalten. Erforderlich ist freilich, dass den Arbeitnehmer **kein Verschulden** trifft.

162 Im Rahmen freier Dienstverträge gibt es Ansprüche auf Lohnfortzahlung im Krankheitsfall nicht. Insoweit gilt vielmehr nur § 616. Dies bedeutet, dass dort der Anspruch auf die Vergütung nur dann nicht verloren geht, wenn eine Arbeitsverhinderung von verhältnismäßig nicht erheblicher Dauer vorliegt. Dienstverpflichtete, die keine Arbeitnehmer sind, haben also insbesondere das Risiko länger dauernder Erkrankung selbst zu tragen.

163 **Fall 10:** Arbeitnehmer K erleidet bei einem (von ihm nicht verschuldeten) Verkehrsunfall schwere Verletzungen, weil er den Sicherheitsgurt nicht angelegt hat. Arbeitgeber B verweigert deshalb die Lohnfortzahlung für die Zeit der Arbeitsunfähigkeit (BAG v. 07.10.1981, 5 AZR 1113/79, NJW 1982, 1013). **Rn 165**

164 Zu fragen ist, was unter „Verschulden" im Sinne dieser Vorschriften zu verstehen ist[109]. Wir haben es hier wieder einmal mit der Figur des sog. „**Verschuldens gegen sich selbst**" zu tun, dh es ist nicht nach der objektiven und subjektiven Vermeidbarkeit als solcher zu fragen – das wäre zu eng – es ist vielmehr zu erwägen, ob die Übernahme des (meist gesundheitlichen) **Risikos**, dessen Verwirklichung zur Verhinderung des Arbeitnehmers geführt hat, unter Abwägung auch der Interessen des Arbeitgebers vertretbar ist[110]. Dabei ist man heute allgemein recht großzügig, da ein relevantes Verschulden des Arbeitnehmers nur bei einem „gröblichen Verstoß gegen das von einem verständigen Menschen im eigenen Interesse gebotene Verhalten"[111] angenommen wird. Die Bejahung des so verstandenen Verschuldens wird daher nur in relativ seltenen Ausnahmefällen in Frage kommen. Eine vernünftige, (freilich dann sehr viel engere) Grenzziehung könnte in der Überlegung bestehen, wie sich eine Person, die nicht auf Lohnfortzahlung hoffen darf (der Selbstständige!), im eigenen Interesse verhalten hätte.

165 Aus der neueren Rechtsprechung vgl die Stellungnahmen zur Ausübung besonders gefährlicher Sportarten[112], zur Arbeitsunfähigkeit infolge eines misslungenen Selbstmordversuchs[113] sowie zum Fahren ohne Sicherheitsgurt[114]. In der letztgenannten, dem **Ausgangsfall 10** entsprechenden Entscheidung hat das BAG ein „Verschulden" im Sinne des (damaligen) § 1 LohnFZG (jetzt: § 3 Abs. 1 EFZG) angenommen; daher besteht kein Anspruch auf Lohnfortzahlung, wenn die Verletzungen auf das Nichtanlegen des Sicherheitsgurts zurückzuführen sind.

---

109 Dazu umfassend MünchArbR-*Boecken* § 83 Rn 94 ff.
110 Vgl nur BAG v. 05.04.1962, 2 AZR 182/61, AP Nr 28 zu § 63 HGB und v. 23.11.1971, 1 AZR 388/70, NJW 1972, 703; *Hofmann* ZfA 1979, 275.
111 BAG v. 07.12.1972, 5 AZR 350/72, NJW 1973, 153.
112 Vgl nur BAG v. 07.10.1981, 5 AZR 338/79, NJW 1982, 1014 (Drachenfliegen).
113 BAG v. 06.09.1973, 5 AZR 182/73, AP Nr 34 zu § 1 LohnFZG (*Birk*) = JZ 1974, 229 mit Anm. *Hanau* einerseits und BAG v. 28.02.1979, 5 AZR 611/77, NJW 1979, 2326 = AP Nr 44 zu § 1 LohnFZG mit Anm. *Zeuner* andererseits.
114 BAG v. 07.10.1981, 5 AZR 1113/79, NJW 1982, 1013; *Denck* RdA 1980, 246.

Der Lohn ist auch bei **wiederholter** Erkrankung **jeweils** für die Dauer von sechs Wo- **166**
chen weiterzuzahlen, es sei denn, es handelt sich um „Fortsetzungserkrankungen" auf
Grund desselben Leidens. Im letztgenannten Fall entsteht eine weitere Lohnfortzah-
lungsverpflichtung nur dann, wenn der Arbeitnehmer zwischenzeitlich „mindestens
sechs Monate nicht infolge derselben Krankheit arbeitsunfähig war" (§ 3 Abs. 1 S. 2
EFZG).

Im Gegensatz zu früheren Regelungen gibt es sog. **Karenztage**, mithilfe derer die Verpflichtung **167**
zur Lohnfortzahlung aufgeschoben werden kann, nicht mehr. Dies ist im Hinblick darauf, dass im
Arbeitsleben (leider) kurzfristige Erkrankungen nicht selten vorgespiegelt werden[115], bedenklich.
Die infolgedessen immer wieder erhobene Forderung nach Wiedereinführung von Karenztagen
konnte sich jedoch bisher nicht durchsetzen und soll im Hinblick auf entgegenstehende tarifvertragliche Regelungen auch verfassungsrechtlich bedenklich sein[116]. (Zur Problematik sog. Anwesenheitsprämien Rn 241).

Die Entgeltfortzahlung im Krankheitsfall wurde durch das Arbeitsrechtliche Beschäftigungsför- **168**
derungsgesetz vom 25.09.1996[117] auf 80% desjenigen Entgelts beschränkt, das auf die für den
Arbeitnehmer maßgebliche regelmäßige Arbeitszeit entfällt (damals § 4 Abs. 1 Nr 1 EFZG).
Diese Änderungen sind 1998 durch die rot-grüne Koalition im Wesentlichen rückgängig gemacht
worden, so dass nunmehr wieder die volle Lohnfortzahlung Platz greift. Allerdings bleiben dabei
angesichts der Neufassung des § 4 Abs. 1a Überstunden außer Betracht. Die Möglichkeit der Anrechnung auf den Erholungsurlaub durch § 4a aF ist entfallen.

Diese gut gemeinte, aber schwächliche Kürzung der Lohnfortzahlung hatte deswegen zu erhebli- **169**
chen Irritationen geführt, weil es der Gesetzgeber aus übergroßem Respekt vor der Tarifautonomie (dazu Rn 448 ff) wieder einmal unterlassen hatte, die Neuregelung **zwingend** auszugestalten.
Aus diesem Grund blieben insbesondere entgegenstehende tarifvertragliche Regelungen in Kraft.
Daraus entstand zusätzlich ein massiver Streit um die Frage, ob bisherige tarifvertragliche Regelungen als nur **deklaratorisch**, die bisherige Gesetzeslage lediglich wiederholend und damit der
Neuregelung weichend anzusehen seien oder ob sie als **konstitutiv** und damit der Neuregelung
trotzend weiterhin zu respektieren seien (dazu Rn 454; zu den arbeitskampfrechtlichen Implikati-
onen Rn 455).

bb) Keine Krankheit im Rechtssinn stellt eine Schwangerschaft dar. Die Gehalts- und **170**
Lohnfortzahlungsansprüche werdender Mütter richten sich daher im Regelfall nicht
nach § 3 EFZG (mit Ausnahme außergewöhnlicher, nach medizinischer Erfahrung als
Krankheit anzusehender Schwangerschaftsbeschwerden[118]), stattdessen greifen die
Sondervorschriften des MuSchG. Dabei ist zu beachten, dass Schwangere einmal
den besonderen Beschäftigungsverboten der §§ 3 Abs. 1; 4; 6 Abs. 2 und 3; 8 Abs. 1,
3, 5 MuSchG unterliegen und zum anderen auch während der **generellen Beschäftigungsverbote** vor und nach der Geburt (§§ 3 Abs. 2; 6 Abs. 1 MuSchG) nicht tätig
sein werden. In beiden Fallgruppen stellt sich die Frage, ob und auf welcher Rechtsgrundlage die Schwangere Lohnfortzahlung verlangen kann. Sie wird vom Gesetz dahingehend beantwortet, dass bei Arbeits- und damit an sich Lohnausfall auf Grund der
besonderen Beschäftigungsverbote der erstgenannten Normengruppe der Arbeitgeber
gem. § 11 MuSchG zur Lohnfortzahlung verpflichtet ist, während der Lohnausfall in

---

115 Krasser Fall: BAG v. 17.03.1988, 2 AZR 576/87, NZA 1989, 261.
116 Dazu *Oppolzer/Zachert* BB 1993, 1353 und *Säcker* AuR 1994, 1.
117 BGBl. 1996 I, 1476; dazu *Löwisch* NZA 1996, 1009; *Schwedes* BB 1996, Beil. 17, 2 ff.
118 Dazu etwa BAG v. 26.08.1960, 1 AZR 202/59, AP Nr 20 zu § 63 HGB.

den Schonzeiten vor und nach der Entbindung gem. § 13 MuSchG im Wesentlichen von den Krankenkassen zu tragen ist, so dass der Arbeitgeber nur den Zuschuss gem. § 14 MuSchG zu leisten hat.

171   Diese, wenig durchsichtige und durch die in Bezug genommenen Bestimmungen der RVO noch komplizierte Regelung beruht auf dem Versuch, die nicht unerheblichen Lasten, die der soziale Schutz der werdenden Mutter mit sich bringt, zwischen den Arbeitgebern und der Allgemeinheit zu verteilen. Das BVerfG hat im Jahre 2003 § 14 Abs. 1 MuSchG nun für verfassungswidrig erklärt[119]. Gerügt hat es dabei allerdings nicht die erheblichen Leistungspflichten, die dem Arbeitgeber auferlegt werden, obwohl doch Schutz und Fürsorge von (werdenden) Müttern gem. Art. 6 Abs. 4 GG Sache der „Gemeinschaft" ist. Für verfassungswidrig hielt das BVerfG allein die aus der Leistungspflicht des Arbeitgebers resultierenden Folgen einer faktischen, mittelbaren Diskriminierung von Frauen[120].

172   cc) Neben der Verhinderung durch Krankheit steht die Verhinderung durch sonstige, in der Person des Arbeitnehmers liegende Gründe. Auch sie lassen die Verpflichtung zur Lohnzahlung unberührt, freilich nur für eine, im Einzelfall zu konkretisierende, „verhältnismäßig nicht erhebliche Zeit" (§ 616 S. 1). Den Schwerpunkt bilden **kurzfristige persönliche Verhinderungen**, insbesondere auch durch familiäre Ereignisse, da es hier nicht auf die Unmöglichkeit der Arbeitsleistung, sondern auf Unzumutbarkeit ankommt[121]. Tarifverträge enthalten unter formeller Abbedingung des § 616 häufig detaillierte Einzelregelungen der in Frage kommenden Fälle. § 616 kommt nur bei wirklich **persönlichen**, in der Sphäre des einzelnen Arbeitnehmers liegenden Gründen zur Anwendung; allgemeine, jedermann treffende Verhinderungen (zB witterungsbedingte Verspätungen; – vgl dazu aber auch noch Rn 172) fallen dagegen dem Arbeitnehmer zur Last[122].

c) Annahmeverzug

173   **Fall 11:** Arbeitgeber A kündigt am 09.01. der Arbeitnehmerin B fristgerecht zum 27.01. B erhebt am 30.01. Kündigungsschutzklage, die dem A am 07.02. zugestellt wird. B war vom 16.–27.01. arbeitsunfähig krank, was sie A durch Vorlage einer bis 27.01. befristeten ärztlichen Bescheinigung nachwies. In ihrer Klageschrift befindet sich kein Hinweis auf die Wiederherstellung ihrer Arbeitsfähigkeit. Am 22.03. gibt das Arbeitsgericht der Kündigungsschutzklage (rechtskräftig) statt. B macht nun Lohnansprüche für die Zeit vom 31.01. bis zum 22.03. geltend (BAG v. 19.04.1990, 2 AZR 591/89, NZA 1991, 228). **Rn 176**

174   Symptomatisch für die Schwierigkeiten, die die Anwendung allgemeiner Vorschriften im Arbeitsrecht bereiten kann, aber auch für die Neigung, einfache, alltägliche Fragen

---

119   BVerfG v. 18.11.2003, 1 BvR 302/96, NJW 2004, 146.
120   Krit *Buchner* NZA 2004, 1121; s. auch *Aubel* RdA 2004, 141; zur Rechtfertigung vieler Belastungen des Arbeitgebers umfassend *Zöllner*, FS Söllner 2000, 1297 ff.
121   Dazu MünchArbR-*Boewer* § 80 insb Rn 15.
122   Vgl nur BAG v. 08.09.1982, 5 AZR 283/80, NJW 1983, 1078; BAG v. 27.04.1983, 4 AZR 506/80, NJW 1983, 2600; zur Anwendbarkeit des § 616 bei Glaubens- und Gewissenskonflikten s. *Greiner*, Ideelle Unzumutbarkeit 2004, 150 ff.

durch feinsinnige Erklärungsversuche zu komplizieren, ist die Problematik des arbeitsrechtlichen Annahmeverzugs nach (unwirksamer) Kündigung des Arbeitgebers. Hier geht es um die Frage, unter welchen Voraussetzungen der Arbeitnehmer nach Obsiegen im Kündigungsschutzprozess wegen Annahmeverzugs nachträglich (unter Berücksichtigung von § 615 S. 2) die vereinbarte Vergütung verlangen kann. Dafür ist an sich gemäß § 294 ein **tatsächliches Angebot der Arbeitsleistung** durch den Arbeitnehmer erforderlich. Dies ist – und darauf beruht das Problem! – selbst dann nicht entbehrlich, wenn der Gläubiger (wie durch jede Kündigung!) erklärt hat, er werde die Leistung nicht mehr annehmen; vielmehr ist gemäß § 295 wenigstens noch ein **wörtliches** (im Gegensatz zu § 294 kein tatsächliches) **Angebot der Arbeitsleistung** durch den Arbeitnehmer erforderlich.

Darauf verzichtet das BAG nunmehr nach einer, wie im Schrifttum formuliert wird, **175** „ersten Wende" seiner Rechtsprechung sowohl für die fristlose als auch für die fristgebundene Kündigung[123]. Begründet wurde dies unter Heranziehung des § 296 mit der kaum haltbaren Annahme, der Arbeitnehmer brauche sich nur zu erklären, wenn der Arbeitgeber einen funktionsfähigen Arbeitsplatz eingerichtet und dem Arbeitnehmer Arbeit zugewiesen habe. Wenigstens vertretbar ist demgegenüber die (freilich mit § 295 nur schwer zu vereinbarende und deswegen zur teleologischen Reduktion zwingende) Annahme, wenn der Arbeitgeber gekündigt habe, bedürfe es irgendwelcher Erklärungen des Arbeitnehmers nicht mehr; vielmehr trete mit Ablauf der Kündigungsfrist (unter der Voraussetzung der Erhebung der Kündigungsschutzklage) ohne weiteres Annahmeverzug ein.

Weitere Schwierigkeiten bereiteten im Hinblick auf die Voraussetzung der Leistungs-**176** bereitschaft des Arbeitnehmers die Fälle der **Erkrankung**, da während der Dauer der Krankheit gemäß § 297 Annahmeverzug nicht besteht. Zumindest insoweit wurde zunächst an der Forderung festgehalten, der Arbeitnehmer müsse nach Gesundung seine Leistungsbereitschaft anzeigen, sonst trete der Annahmeverzug nicht wieder ein. Mit einer „zweiten Wende" hat das BAG jedoch auch auf dieses Erfordernis verzichtet[124]: Da der Arbeitgeber durch Kündigung die Arbeitsleistung des Arbeitnehmers abgelehnt habe, sei für ihn Kenntnis von dessen Leistungsfähigkeit entbehrlich; die Frage, für welchen Zeitraum im Hinblick auf § 297 Annahmeverzug bestehe, sei infolgedessen rein objektiv zu entscheiden. Einzuräumen ist, dass dies mit den §§ 293 ff nur schwer zu vereinbaren ist[125]. Da die genannten Vorschriften aber auf die Besonderheiten des Arbeitsverhältnisses nicht ausreichend zugeschnitten sind, dürfte eine entsprechende teleologische Reduktion vertretbar sein[126].

---

123 BAG v. 09.08.1984, 2 AZR 374/83 und BAG v. 21.03.1985, 2 AZR 201/84, NZA 1985, 119, 778 = AP Nr 34, 35 zu § 615 BGB (*Konzen*); *Reuter* JuS 1991, 697; *Stahlhacke* AuR 1992, 8; MünchArbR-*Boewer* § 78 Rn 16 ff; *Waas* NZA 1994, 151.
124 Bestätigt in BAG v. 24.11.1994, 2 AZR 179/94, NZA 1995, 263.
125 So auch BGH v. 20.01.1988, IVa ZR 128/86, NJW 1988, 1201; *Konzen* Anm. zu BAG AP Nr 34, 35 zu § 615 BGB; Soergel-*Wiedemann* § 295 Rn 11.
126 Dezidiert am System des BGB festhaltend *Zöllner/Loritz* § 18 IV 1 b.

Daher hat das BAG im **Ausgangsfall 11** der Zahlungsklage der B im Ergebnis zu Recht stattgegeben[127].

177 Die Ansprüche des Arbeitnehmers richten sich im Falle des Annahmeverzugs nach dem **Lohnausfallprinzip**, dh zu zahlen ist die Vergütung, die der Dienstpflichtige bei Weiterarbeit erzielt hätte. Hierzu können auch Lohnansprüche für Überstunden gehören, wenn davon auszugehen ist, dass sie der Arbeitnehmer bei Weiterbeschäftigung geleistet hätte; Anhaltspunkt dafür kann die bisher erhaltene Vergütung bieten. Dem BAG zufolge gilt dies sogar dann, wenn ihn der Arbeitgeber für die Zeit bis zur Beendigung des Arbeitsverhältnisses von der Arbeit freigestellt hatte[128].

178 **Fall 12:** Arbeitgeber B spricht gegenüber Arbeitnehmer K eine fristlose Kündigung aus, gegen die K Kündigungsschutzklage erhebt. B bietet K daraufhin an, ihn für die Dauer des Kündigungsschutzprozesses weiterzubeschäftigen; K lehnt dieses Angebot ab, verlangt aber trotzdem Lohnzahlung gemäß § 615 S. 1. Zu Recht? (BAG v. 14.11.1985, 2 AZR 98/84 NZA 1986, 637) **Rn 179**

179 Geblieben ist ein weiteres Problem, nämlich die Frage, ob der Arbeitgeber den Annahmeverzug dadurch einseitig beenden kann, dass er dem Arbeitnehmer für die Dauer des Kündigungsschutzprozesses die befristete oder auflösend bedingte **Weiterbeschäftigung anbietet**. Das BAG hat dies mit der doktrinären Begründung abgelehnt, der Annahmeverzug des Arbeitgebers könne nur dadurch beendet werden, dass er die Arbeitsleistung als Erfüllung des mit dem Arbeitnehmer abgeschlossenen Arbeitsvertrages akzeptiere[129]. Dies würde den Arbeitgeber indessen letztlich zur Rücknahme der Kündigung zwingen, und ist daher nicht akzeptabel. Außerdem steht die Auffassung des BAG im Widerspruch zum Bestreben, dem Arbeitnehmer die Weiterbeschäftigung während des Kündigungsschutzprozesses nach Möglichkeit zu sichern. Im Hinblick darauf kommt der Arbeitgeber dem Arbeitnehmer gerade entgegen, wenn er ihm die befristete Weiterbeschäftigung unter Vorbehalt der Nachprüfung der aufrechterhaltenen Kündigung anbietet.

Infolgedessen ist die Zahlungsklage im **Ausgangsfall 12** entgegen der schwankenden Haltung des BAG unbegründet[130].

180 Ist der Arbeitgeber im **Annahmeverzug**, bleibt er zur Lohnzahlung verpflichtet (§ 615 S. 1). Der Arbeitnehmer muss sich aber nach § 615 S. 2 Ersparnisse, seinen

---

127 Interessante Zweifelsfälle der Anwendung des § 297 betrafen die Entscheidungen BAG v. 17.02.1998, 9 AZR 130/97, NZA 1999, 33; BAG v. 29.10.1998, 2 AZR 666/97, NZA 1999, 377; dazu *Nicolai* ZfA 1999, 647 f.

128 BAG v. 18.09.2001, 9 AZR 307/00, NZA 2002, 268, 270 mwN.

129 BAG v. 14.11.1985, 2 AZR 98/84, NZA 1986, 637; zum Ganzen *Stahlhacke* AuR 1992, 8, 13 f.

130 Das BAG kommt in den meisten Fällen freilich letztlich zum selben Ergebnis, wenn es die Ablehnung eines zumutbaren Angebots auf Weiterbeschäftigung als böswilliges Unterlassen eines anderweitigen Erwerbs im Sinne von § 615 S. 2 ansieht; dazu BAG v. 13.07.2005, 5 AZR 578/04, NZA 2005, 1348.

sog. Zwischenverdienst sowie dasjenige **anrechnen lassen**, was er „durch anderweitige Verwendung seiner Dienste ... zu erwerben böswillig unterlässt". § 11 Nr 2 KSchG enthält eine ähnliche, speziellere Regelung, die für den Arbeitnehmer indes zwei deutliche Vorteile hat: Zum einen muss er sich Einsparungen nicht anrechnen lassen[131], und zum zweiten ist die Vorschrift nicht abdingbar[132]. Wann der Arbeitnehmer anderweitigen Verdienst böswillig unterlässt, ist schwer zu sagen; auch das BAG hat bislang nur ebenso generalklauselartige Formulierungen zur Umschreibung gefunden, wie sie der Gesetzestext bereits enthält. Einigkeit besteht allerdings darin, dass ein böswilliges Unterlassen weit weniger voraussetzt, als man zunächst meinen könnte. Zwar genügt ein fahrlässiges Unterlassen nicht; der Arbeitnehmer muss aber auch nicht aus besonders verwerflicher Gesinnung heraus handeln oder dem Arbeitgeber gar Schaden zufügen wollen. Hinter der gesetzlichen Vorschrift steht die Forderung, dass der Arbeitnehmer nicht mehr erhalten soll, als er bei ordnungsgemäßer Abwicklung des Arbeitsverhältnisses erhalten hätte. Deshalb kommt es letztlich auf eine Abwägung gegenseitiger Interessen an: Zu prüfen ist, ob dem Arbeitnehmer nach Treu und Glauben (§ 242) sowie unter Beachtung des Grundrechts auf freie Arbeitsplatzwahl (Art. 12 GG) die Aufnahme einer anderweitigen Arbeit zumutbar ist[133].

Schwierigkeiten wirft dies insbesondere bei Änderungsangeboten des Arbeitgebers **181** selbst auf. Während die Weiterarbeit zu den bisherigen Arbeitsbedingungen regelmäßig zumutbar ist[134], ist ein Befund schwieriger, wenn der Arbeitgeber dem Arbeitnehmer einen erheblich geringeren Lohn anbietet. Hierin kann eine Herabsetzung und Verächtlichmachung des Mitarbeiters liegen, die dieser nicht zu dulden braucht. Damit sollte man allerdings vorsichtig sein. Das BAG hat zu Recht eine Weiterbeschäftigung für den Arbeitnehmer grundsätzlich für zumutbar gehalten, wenn der Arbeitgeber durch eine Änderungskündigung einen Teil des Festgehaltes durch eine Provision ersetzen wollte; und zwar auch dann, wenn die Einbuße bis zu 40 % des Bruttogehaltes betragen kann. Andere sind hier strenger. *Schirge* bspw schlug eine Grenze von 10–20 % vor[135].

d) Betriebsrisikolehre

Fall 13: Wegen eines plötzlichen Kälteeinbruchs fällt im Betrieb des B die Ölheizung aus, so **182** dass der Betrieb einen Tag lang geschlossen bleiben muss. Arbeitnehmerin K verlangt Lohnzahlung für diesen Tag. Zu Recht? (BAG v. 09.03.1983, 4 AZR 301/80, AP Nr 31 zu § 615 BGB Betriebsrisiko)

---

131 Krit hierzu MünchKommBGB-*Henssler* § 626 Rn 65.
132 ErfK-*Preis* § 615 BGB Rn 90.
133 BAG v. 16.06.2004, 5 AZR 508/03, NZA 2004, 1155, 1156.
134 BAG v. 16.06.2004, 5 AZR 508/03, NZA 2004, 1155, 1157.
135 *Schirge* Anm. zu BAG AP Nr 2 zu § 11 KSchG 1969; siehe hierzu auch *Bayreuther* NZA 2003, 1365; *Opolony* BB 2004, 1386; *Sandmann* RdA 2005, 247 und *Wank* Anm. zu BAG AP Nr 4 zu § 11 KSchG 1969.

Der **Ausgangsfall 13** betrifft den Bereich der sog. Betriebsrisikolehre. Die entscheidende Frage lautet bei solchen und ähnlichen Fällen stets: Muss der Arbeitgeber den Lohn fortzahlen, obwohl er die arbeitswilligen Arbeitnehmer nur infolge von Ereignissen nicht beschäftigen kann, die keine der beiden Arbeitsvertragsparteien zu vertreten hat?

183 Dogmatisch handelt es sich um ein **Problem der Gegenleistungs-, der Vergütungs- gefahr** für die nicht oder nur teilweise erbrachte Arbeitsleistung. Die Einordnung die- ser Fälle in das bürgerlich-rechtliche System der Leistungsstörungen könnte zunächst einmal von der Definition der Leistung, die der Arbeitnehmer zu erbringen hat, ab- hängen:

184 Sieht man den Inhalt der Arbeitspflicht in der tatsächlichen Arbeitsleistung an einer bestimmten Maschine, in einem bestimmten Betrieb, stellt man also auf die Umstände ab, unter denen die Arbeitsleistung konkret zu erbringen ist, dann würde dies zB bei Maschinenstillstand infolge Energiemangels zur Unmöglichkeit der Leistung mit der Rechtsfolge führen, dass der Arbeitnehmer zwar nach § 275 Abs. 1 von seiner Leis- tungspflicht befreit, andererseits aber nach § 326 Abs. 1 S. 1 auch seinen Lohnan- spruch verlieren würde. Geht man dagegen davon aus, dass der Arbeitnehmer nur ver- pflichtet ist, dem Arbeitgeber seine Arbeitskraft als solche zur Verfügung zu stellen, bliebe er weiterhin leistungsfähig im Sinne des § 297. Der Arbeitgeber, der infolge der Betriebsstörung die ihm obliegenden Mitwirkungshandlungen nicht vornehmen könnte, würde daher in Annahmeverzug (§§ 293 ff) geraten und dementsprechend den Lohn weiterzuzahlen haben, während der Arbeitnehmer von seiner Leistungs- pflicht wiederum befreit würde (§ 615 S. 1).

185 An die **Betriebsrisikofälle** kann man also theoretisch sozusagen „von beiden Seiten herangehen"[136], allerdings mit ganz unterschiedlichem Ergebnis: Je nachdem, ob man – je nach dem gewählten Leistungsbegriff – Unmöglichkeit oder Annahmeverzug an- nehmen wollte, würde der Vergütungsanspruch entfallen oder bestehen bleiben. Beide Standpunkte (Unmöglichkeits- bzw Annahmeverzugstheorie[137]) wurden so hartnäckig vertreten, dass sie sich letztlich gegenseitig blockierten und infolgedessen insbesondere die Rechtsprechung Zuflucht suchte bei der Annahme, das BGB ent- halte überhaupt keine Regelung dieser Risikoproblematik, weise also eine Lücke auf, die rechtsfortbildend geschlossen werden könne und müsse[138].

186 Dementsprechend wurde in einem langen und vielschichtigen Entwicklungsprozess die sog. **arbeitsrechtliche Betriebsrisikolehre** entwickelt, die von vornherein in ei- nem Regel-/Ausnahmeverhältnis zweispurig angelegt war: Während – orientiert an der Wertung des § 615 – das sozusagen normale Betriebsrisiko dem Arbeitgeber zu- gewiesen wurde (so dass der Lohnanspruch des Arbeitnehmers im **Ausgangsfall 13**

---

136 So *Esser*, Schuldrecht, 2. Aufl. 1960, 322.
137 Dazu *Hueck/Nipperdey I* 347 ff; *Kalb*, Rechtsgrundlagen und Reichweite der Betriebsrisikolehre 1977, 20 ff, 90 ff.
138 Grundlegend RG v. 06.02.1923, RGZ 106, 272 ff (sog. Kieler Straßenbahn-Entscheidung); BAG v. 08.02.1957, 1 AZR 338/55 und BAG v. 02.11.1973, 5 AZR 147/73, AP Nr 2 und 3 zu § 615 BGB Betriebsrisiko.

erhalten blieb), sollte (unbeschadet vieler kontroverser Einzelheiten) das davon zu unterscheidende **Arbeitskampfrisiko** jedenfalls dann von der Arbeitnehmerseite zu tragen sein, der Lohnanspruch also entfallen, wenn die Betriebsstörung auf Arbeitskämpfen beruhte. Diese grundsätzliche Zweiteilung und die dementsprechende unterschiedliche Risikozuweisung hat sich im Ergebnis durchgesetzt[139]. Streitig geblieben sind jedoch die Begründung sowie schwierige Abgrenzungsfragen im Bereich der Arbeitskampfrisikolehre.

aa) Heute wird – insbesondere auf Grund der unermüdlichen Arbeiten von *Picker*[140] – **187** zunehmend angenommen, bezüglich des normalen Betriebsrisikos habe es entgegen der Auffassung der Rechtsprechung einer Rechtsfortbildung deswegen gar nicht bedurft, weil das Risiko der Verwendbarkeit der Arbeitsleistung schon nach allgemeinen, durch § 615 nur bestätigten Grundsätzen beim Arbeitgeber als Gläubiger liege. Ein solches Verständnis des § 615, der infolgedessen nicht nur bei Verweigerung der Annahme möglicher Arbeitsleistungen, sondern auch bei deren Unmöglichkeit eingreift, ist gut vertretbar. Der Arbeitgeber hat infolgedessen bereits nach allgemeinem Bürgerlichen Recht den Lohn auch bei Unmöglichkeit der Arbeitsleistung ebenso fortzuzahlen, wie – dort unstreitig – im Fall des Wirtschaftsrisikos, dh dann, wenn die Weiterführung der Produktion etwa wegen marktbedingter Absatzschwierigkeiten wirtschaftlich sinnlos wird.

Die Zuordnung des Betriebsrisikos zu den Annahmeverzugsfällen des § 615 wird nunmehr bestä- **188** tigt durch die klarstellende Regelung des § 615 S. 3, die im Zuge der Schuldrechtsmodernisierung ins BGB eingefügt worden ist. S. 3 ordnet damit die Verpflichtung des Arbeitgebers zur Fortzahlung der Vergütung (nur) für diejenigen Fälle an, in denen dies nach der Betriebsrisikolehre der Fall ist. Eine eigene gesetzgeberische Entscheidung der Frage, in welchen Fällen der Arbeitgeber das Risiko des Arbeitsausfalls zu tragen hat, enthält das Gesetz dagegen nicht. Insoweit bleibt es beim gegenwärtigen Stand der Betriebsrisikolehre[141].

Von beiden Risiken kann er sich freilich unter Beachtung der einschlägigen gesetzlichen Regelun- **189** gen, dh insbesondere unter Beachtung der Mitbestimmungsrechte des Betriebsrats (§ 87 Abs. 1 Nr 3 BetrVG) durch die Einführung von Kurzarbeit oder durch den Ausspruch betriebsbedingter Kündigungen ganz oder teilweise entlasten.

bb) Noch immer nicht ausreichend geklärt ist dagegen die Frage, was letztlich die **190** Sonderbehandlung des Arbeitskampfrisikos rechtfertigt, weshalb also der Arbeitgeber gerade (und nur) von diesem Risiko (teilweise) entlastet werden soll. Die schlichte Vorstellung, die ratio des § 615 (Zuweisung des Verwendungsrisikos zum Arbeitgeber) reiche zur Bewältigung auch des Arbeitskampfrisikos nicht aus, infolgedessen bleibe es in diesem Sonderfall bei der Grundwertung des § 326 Abs. 1 S. 1[142], so dass der Lohnanspruch bei jeder, auch nur kausal auf Arbeitskämpfe zurückgehenden Betriebsstörung entfalle, reicht vielen als Rechtfertigung nicht mehr aus. Auf Grund dessen werden im Zusammenhang mit der Fortentwicklung des Arbeitskampfrechts zunehmend mit der Folge **Paritätserwägungen** angestellt, dass der Lohnanspruch (nur)

---

139 Deutlich BAG v. 14.12.1993, 1 AZR 550/93, NZA 1994, 331.
140 *Picker* JZ 1979, 285, *ders.* JZ 1985, 693; ebenso *Zöllner/Loritz* § 18 V 1 (240).
141 Hierzu *Luke* NZA 2004, 244 ff.
142 Vgl dazu MünchArbR-*Otto* § 290 Rn 12 ff.

dann entfallen soll, wenn die Verpflichtung des Arbeitgebers zur Lohnfortzahlung die Kräfteverhältnisse im Arbeitskampf beeinflussen könne[143]. Eine solche Modifizierung der bürgerlich-rechtlichen Risikotragung durch überlagernde arbeitskampfrechtliche Erwägungen liegt nahe, ist aber dadurch diskreditiert worden, dass das BAG (zu) strenge Anforderungen an den Nachweis der Paritätsgefährdung gestellt und insbesondere angenommen hat, dass eine Verpflichtung zur Lohnfortzahlung den Arbeitskampf dann nicht beeinflussen könne, wenn es sich um Betriebe handle, die nicht zum fachlichen Geltungsbereich des umkämpften Tarifvertrags gehörten.

191 Vorzugswürdig ist demgegenüber eine Sicht, die das Arbeitgeberlager insoweit realistischerweise als Einheit betrachtet und infolgedessen jegliche Belastung mit Lohnfortzahlungsverpflichtungen als paritätsgefährdend anerkennt[144]. Dies würde auch der Wertung des § 146 Abs. 1 S. 2 SGB III entsprechen, der für Betriebe außerhalb des fachlichen Geltungsbereichs des umkämpften Tarifvertrags die staatliche Verpflichtung zur Gewährung von Arbeitslosengeld aufrecht erhält und damit offensichtlich vom Wegfall des Lohnanspruchs ausgeht (dazu Rn 678 ff).

192 Auf Grund dessen ist im Ergebnis die Auffassung gerechtfertigt, dass die Arbeitnehmer bei Fernwirkungen von Arbeitskämpfen das Lohnrisiko tragen, dh ihren Anspruch auf Lohnfortzahlung verlieren, während dem Arbeitgeber die übrigen wirtschaftlichen Folgen der Produktionsunterbrechung (Fixkosten, Gewinnentgang etc) zur Last fallen, insgesamt also im Ergebnis eine **Schadensteilung** stattfindet. Dabei braucht – entgegen früherer Auffassung[145] – weder zwischen Betriebs- und Wirtschaftsrisiko, noch zwischen Streik- und Aussperrungsfolgen differenziert zu werden. Die Risikoverteilung ist davon vielmehr ganz unabhängig[146].

193 Streitig ist, ob bei Vorliegen der Voraussetzungen der Arbeitskampfrisikolehre der Lohnanspruch **ex lege** entfällt, oder ob es dafür einer **gestaltenden Erklärung** des Arbeitgebers („Lohnverweigerung") bedarf. Sollte Letzteres der Fall sein, würde sich die Folgefrage stellen, ob der Arbeitgeber dann gemäß oder analog § 87 Abs. 1 Nr 3 BetrVG (dazu noch Rn 682) Mitbestimmungsrechte des Betriebsrats beachten müsste. Vorzugswürdig ist die erstgenannte Betrachtungsweise[147].

194 Der Lohnanspruch entfällt wegen Unmöglichkeit oder wirtschaftlicher Sinnlosigkeit weiterer Produktion auch dann, wenn diese Störungen auf Teilstreiks im selben Betrieb beruhen. Dies hat – nach einigem Hin und Her – auch das BAG (wieder) anerkannt[148]. Im Übrigen hat das BAG der Möglichkeit des Arbeitgebers, sich auf die Arbeitskampfrisikolehre zu berufen, in seltsamer Weise noch eine sog. **Stilllegungsbefugnis** vorgeschaltet, die es dem Arbeitgeber ermöglichen soll, Beschäftigung und

---

143 So vor allem BAG v. 22.12.1980, 1 ABR 2/79, NJW 1981, 937; BAG v. 22.12.1980, 1 ABR 76/79, NJW 1981, 942; dagegen *Zöllner/Loritz* § 18 V 2 d: „erheblich zu eng".
144 *Lieb* NZA 1990, 289, 294 ff; enger *Kissel* § 33 Rn 18 ff.
145 Vgl *Picker* JZ 1979, 285, 293; zu einer Differenzierung zwischen Betriebs- und Wirtschaftsrisiko tendierte zeitweise auch das BAG; vgl BAG v. 06.03.1974, 5 AZR 313/73, AP Nr 29 zu § 615 BGB und BAG v. 07.11.1975, 5 AZR 61/75, NJW 1976, 990; dazu *Lieb*, BAG-FS 1979, 327, 329 ff.
146 Zum Verhältnis zwischen Betriebsrisikolehre und Arbeitskampfrecht vgl Rn 670 ff.
147 Auch dazu *Lieb* NZA 1990, 377 ff.
148 BAG v. 27.06.1995, 1 AZR 1016/94, NZA 1996, 212, 214.

Lohnzahlung (in den Grenzen des Streikbeschlusses) auch schon vor Erfüllung der Voraussetzungen der Arbeitskampfrisikolehre zu verweigern. Dem kann schwerlich gefolgt werden (dazu genauer Rn 662 ff)[149]. Schließlich hat das BAG die Arbeitskampfrisikolehre auf die Fälle des sog. **Wellenstreiks** (Rn 681) ausgedehnt[150].

cc) Mehrfach ist die Frage behandelt worden, wer das Risiko zu tragen hat, dass Betriebe wegen eines sog. **Smog-Alarms** nicht produzieren dürfen. Dies ist ein klassischer Fall des vom Arbeitgeber zu tragenden Betriebsrisikos[151]. Zu beachten ist allerdings, dass das sog. Wegerisiko (die Arbeitnehmer können wegen eines Verkehrsverbots ihren Arbeitsplatz nicht erreichen) ihnen selbst zur Last fällt; insbesondere greift hier § 616 S. 1 nicht ein, da ein objektives Leistungshindernis und kein in der Person des Arbeitnehmers liegender Grund besteht. **195**

e) Exkurs: Einführung von Kurzarbeit

Wirtschaftliche Schwierigkeiten, mögen diese auf Auftragsmangel, Absatzstockungen oder etwa auf Finanzierungsschwierigkeiten zurückgehen, können dazu führen, dass der Arbeitgeber seine Arbeitskräfte nicht mehr in vollem Umfang beschäftigen kann. Dies ist an sich ein klarer Fall des sog. **Wirtschaftsrisikos**, das – wie eben ausgeführt – nach allgemeiner Meinung vom Arbeitgeber zu tragen ist, so dass die Arbeitnehmer, wenn sie vom Arbeitgeber nicht beschäftigt werden, diesen in Annahmeverzug setzen (§ 615), dh trotz Nichtleistung der Arbeit den Lohn verlangen können. Dem Arbeitgeber bliebe dann nichts anderes übrig, als zu Massenentlassungen zu schreiten, dh einer uU größeren Anzahl von Arbeitnehmern zu kündigen. Eine solche Massenentlassung unterliegt zwar den vor allem zeitlichen Einschränkungen der §§ 17 ff KSchG, den Vorschriften über die Mitbestimmung in wirtschaftlichen Angelegenheiten einschließlich der Verpflichtung zur Erstellung eines Sozialplans (dazu Rn 879 ff) und muss im Übrigen jedem einzelnen Arbeitnehmer gegenüber iSv § 1 KSchG sozial gerechtfertigt sein; dennoch ist es möglich, dass die betroffenen Arbeitnehmer schließlich ihre Arbeitsplätze verlieren. Auch für sie kann es daher vorteilhaft sein, diesen letzten Schritt etwa dadurch zu vermeiden, dass an Stelle der Reduzierung der Belegschaft für alle Arbeitnehmer oder doch eine größere Anzahl von ihnen Kurzarbeit eingeführt, dh die Arbeitsleistung entweder auf einige Stunden am Tag reduziert oder gar für einige Zeit ganz ausgesetzt wird. Dies wird insbesondere dann in Frage kommen, wenn es sich nur um **vorübergehende wirtschaftliche Schwierigkeiten** handelt, nach deren Beendigung die gesamte Belegschaft wieder beschäftigt werden kann (vgl dazu §§ 169 ff SGB III). **196**

Die Einführung von Kurzarbeit ist freilich deswegen problematisch, weil sie die Herabsetzung der vertraglichen Arbeitszeit und damit eine Vertragsänderung voraussetzt. **197**

---

149 Wenig geklärt ist, ob die Arbeitskampfrisikolehre auch bei rechtwidrigen Arbeitskampfmaßnahmen zur Anwendung kommen kann. Dazu *Zöllner/Loritz* § 18 V 2 c (243); *Lieb* Anm. zu BAG SAE 1996, 182, 188.
150 BAG v. 12.11.1996, 1 AZR 364/96, NZA 1997, 393 = SAE 1997, 281 (*Rieble*); BAG v. 17.02.1998, 1 AZR 386/97, NZA 1998, 896 = EzA Art. 9 GG Arbeitskampf Nr 129 mit Anm. *Nicolai* = SAE 1999, 51 (*Hergenröder*).
151 Dazu *Richardi* NJW 1987, 1231; aA *Ehmann* NJW 1987, 401, 404, dessen Prämisse – Wegfall der Betriebsrisikolehre angesichts der Möglichkeit der Einführung von Kurzarbeit – freilich eher für eine (dann abwälzbare) Belastung des Arbeitgebers mit diesem Betriebsrisiko spricht.

Dafür bedarf es einer Rechtsgrundlage, für die das Direktionsrecht des Arbeitgebers vorbehaltlich seltener ausdrücklicher vertraglicher Vereinbarungen nicht ausreicht. In Betracht kommen daher tarifvertragliche Kurzarbeitsklauseln (insoweit stellt sich die schwierige Zusatzfrage, ob es sich dabei, der erwünschten betriebseinheitlichen Geltung wegen, um Betriebsnormen handelt[152]) sowie Betriebsvereinbarungen; bezüglich Letzterer ist allerdings durchaus fraglich, ob die Betriebsparteien die Arbeitszeit aus eigener Zuständigkeit verkürzen können[153] oder dafür nicht ebenfalls einer (tarifvertraglichen) Ermächtigung bedürfen.

2. Schadensersatzansprüche des Arbeitgebers

198 Schadensersatzansprüche können sowohl – bei Nicht- oder Schlechterfüllung der Arbeitsverpflichtung des Arbeitnehmers – dem Arbeitgeber, als auch dem Arbeitnehmer insbesondere bei Arbeitsunfällen zustehen; dabei kommt arbeitsrechtstypischen Haftungsbeschränkungen sowohl zu Gunsten des Arbeitnehmers als auch zu Gunsten des Arbeitgebers besondere Bedeutung zu.

a) Vorbemerkung

199 Das **Schuldrechtsmodernisierungsgesetz**[154] hat im Zuge der Neuordnung des Leistungsstörungsrechts für den Bereich des Schadensersatzes aufbauend auf dem Zentralbegriff der sog. **Pflichtverletzung in den §§ 280 ff** ein völlig neues Regelungsmodell entwickelt, das sowohl die gesetzlichen Regelungen des bisher geltenden BGB, als auch die daneben entwickelte Rechtspraxis, namentlich die Grundsätze einer Schadensersatzhaftung aus positiver Forderungsverletzung aufnimmt. Im Ausgangspunkt werden alle Leistungsstörungen einschließlich der Verletzung von Schutz- und Nebenpflichten in der **zentralen Schadensersatznorm des § 280** zusammengefasst. Damit kann jede Abweichung vom vertraglichen Pflichtenprogramm (vorbehaltlich weiterer Voraussetzungen) zu einem Schadensersatzanspruch führen, es sei denn der Schuldner habe die **Pflichtverletzung nicht zu vertreten** (§ 280 Abs. 1 S. 2[155]). Auf die Art der Pflichtverletzung und damit der Leistungsstörung kommt es zunächst einmal nicht an; es ist also unerheblich, ob der Schuldner eine **Haupt- oder eine Nebenpflicht**, eine **Leistungs- oder eine Schutzpflicht** verletzt hat. Der einheitliche Haftungstatbestand des § 280 Abs. 1 bildet nunmehr neben § 311a Abs. 2 die einzige Anspruchsgrundlage für Ansprüche auf Schadensersatz. Für bestimmte Schäden schreiben § 280 Abs. 2 und 3 allerdings zusätzliche Voraussetzungen vor, die sich aus den §§ 281–286 ergeben: So muss für einen Ersatz des Verzögerungsschadens neben

---

152 Dazu *Säcker/Oetker* ZfA 1991, 131, 141 ff; *dies.*, Grundlagen und Grenzen der Tarifautonomie 1992, 139 ff einerseits; *Löwisch/Rieble*, TVG, 2. Aufl. 2004, § 1 Rn 96 sowie *Loritz* SAE 1991, 245 andererseits.

153 Vgl dazu *Lieb*, 4. Aufl., § 3 II 3, sowie *Waltermann* NZA 1993, 679; s. zum Ganzen auch *Boecken* RdA 2000, 7.

154 Aus der kaum noch überschaubaren Literatur s. nur *Canaris* JZ 2001, 499 sowie die Beiträge in dem Sammelband *Dauner-Lieb/Konzen/K. Schmidt*, Das neue Schuldrecht in der Praxis 2003.

155 Die damit verbundene Beweislastumkehr ist bezüglich der Haftung des Arbeitnehmers durch § 619a rückgängig gemacht worden.

der Pflichtverletzung in Form der Nichterbringung einer fälligen Leistung Verzug iSv § 286 vorliegen (§ 280 Abs. 2). Für den „Schadensersatz statt der Leistung" richten sich die zusätzlichen Voraussetzungen nach der Art der Pflichtverletzung. Bei Leistungsverzögerung und Schlechtleistung ist gem. § 281 grundsätzlich die erfolglose Bestimmung einer Frist zur Leistung oder zur Nacherfüllung erforderlich. Bei der Verletzung einer leistungsbegleitenden Nebenpflicht kann Schadensersatz statt der Leistung nur ausnahmsweise dann verlangt werden, wenn dem Gläubiger die Leistung durch den Schuldner nicht mehr zuzumuten ist (§ 282). Für die Unmöglichkeit verweist § 280 Abs. 3 auf § 283. An Stelle des Schadensersatzes statt der Leistung kann der Gläubiger Ersatz der Aufwendungen verlangen, die er im Vertrauen auf den Erhalt der Leistung gemacht hat und billigerweise machen durfte (§ 284). Damit kann der Gläubiger nunmehr alternativ auch gewisse Elemente des negativen Interesses, die sog. frustrierten Aufwendungen, liquidieren, die die Rechtsprechung bisher im Rahmen der §§ 325, 326, 463 aF nur mithilfe der sog. **Rentabilitätsvermutung** berücksichtigen konnte.[156] Als wichtigere Neuerung ist schließlich die erstmalige gesetzliche Regelung der bisherigen cic in den §§ 311 Abs. 2, 241 Abs. 2 zu nennen. Verletzungen der Pflichten des § 241 Abs. 2 erfüllen wiederum den Tatbestand der Regelanspruchsgrundlage des § 280. Sachliche Änderungen für das Arbeitsrecht waren mit der Neuordnung der Schadensersatzregelungen nicht beabsichtigt[157].

b) Schadenersatzansprüche wegen Nichterfüllung (bei Unterbleiben der Arbeitsleistung)

Fall 14: Die Arzthelferin A stellt am 17.09. ohne hinreichenden Grund die Arbeit für ihren Arbeitgeber, den Arzt B, ein. Da B bis zum 31.12. keine Ersatzkraft für A findet, erledigt er in der Zwischenzeit die der A obliegenden Aufgaben selbst. B verlangt nun von A Schadensersatz für die von ihm verrichtete Mehrarbeit sowie die Kosten für ein Zeitungsinserat. Zu Recht? (BAG v. 24.08.1967, 5 AZR 59/67, NJW 1968, 221) **Rn 208**   **200**

Auch die Beantwortung der sich aus Nicht- oder Schlechterfüllung des Arbeitnehmers   **201** ergebenden Fragen richtet sich jedenfalls im Ausgangspunkt nach den allgemeinen bürgerlich-rechtlichen Vorschriften. Der Arbeitsvertrag ist zweifellos ein **gegenseitiger Vertrag im Sinne der §§ 320 ff**, so dass auch Leistungsstörungen zumindest zunächst auf der Grundlage dieser Vorschriften zu beurteilen sind[158]. Zu beachten sind jedoch eine ganze Reihe von **Besonderheiten**, die schon beim **Erfüllungsanspruch** beginnen: Zwar steht dem Arbeitgeber gegenüber dem Arbeitnehmer, der sich seiner Arbeitspflicht ohne Kündigung entzieht, sicherlich der normale Erfüllungsanspruch zu, und er kann diesen auch unstreitig im Klageweg geltend machen. Dies führt jedoch deswegen nicht recht weiter, weil die Vollstreckung eines entsprechenden Leis-

---

156 § 284 BGB schließt es indes nicht aus, weiterhin auf die sog. Rentabilitätsvermutung zurück zu greifen: LG Bonn v. 30.10.2003, 10 O 27/03, NJW 2004, 74; *Lorenz* NJW 2004, 26 mwN.
157 Vgl nur *Richardi* NZA 2002, 2004; *Henssler* RdA 2002, 129 ff.
158 Allg. Meinung, s. nur MünchArbR-*Blomeyer* § 57 Rn 4; zur Schlechtleistung im Allgemeinen siehe *Dauner-Lieb*, FS Konzen 2006, 63; zu Leistungspflichten und Leistungsstörungen siehe *Hadding*, FS Konzen 2006, 193.

tungsurteils gemäß § 888 Abs. 3 ZPO ausgeschlossen ist (zu beachten ist allerdings die Möglichkeit eines Vorgehens gemäß § 61 Abs. 2 ArbGG)[159].

202 Ist demnach die vertragliche Arbeitsverpflichtung nicht erzwingbar, wäre doch immerhin zu erwägen, eine **Klage auf Unterlassung der Arbeit** beim neuen Arbeitgeber zuzulassen. Dies wird jedoch von der ganz hL mit der Begründung abgelehnt, insoweit fehle es schon an einer selbstständigen, materiellrechtlichen Verpflichtung des Arbeitnehmers; eine entsprechende Unterlassungsverpflichtung sei vielmehr nur die Kehrseite der positiven Arbeitspflicht gegenüber dem alten Arbeitgeber[160]. Zulässig sind dagegen Klagen auf Unterlassung solcher Tätigkeiten, zu deren Nichtvornahme der Arbeitnehmer gesetzlich oder vertraglich ausdrücklich verpflichtet ist. Insbesondere die **Wettbewerbsverbote der §§ 60 und 74 ff HGB** sind daher durch Unterlassungsklagen verfolgbar und erzwingbar[161].

203 Unter diesen Umständen verbleibt dem Arbeitgeber bei Nichterfüllung praktisch nur der Anspruch auf Schadensersatz. Dieser wirft indessen sowohl bezüglich der richtigen Anspruchsgrundlage als auch vor allem im Hinblick auf den Schadensnachweis einige Probleme auf:

204 aa) Als **Anspruchsgrundlage** für den Schadensersatzanspruch gegen den vertragsbrüchigen Arbeitnehmer kommen im Ergebnis nur § 280 Abs. 1 iVm §§ 280 Abs. 3, 283 wegen Unmöglichkeit gem. § 275 in Betracht. Zwar könnte auf den ersten Blick die Annahme eines Verzögerungsschadens gem. §§ 280 Abs. 2, 286 näher liegen; es ist jedoch zu beachten, dass der Verzugstatbestand Nachholbarkeit der Leistung voraussetzt. An dieser Nachholbarkeit wird es im Arbeitsvertragsrecht in aller Regel deshalb fehlen, weil die einmal ausgefallene Arbeitsleistung jedenfalls innerhalb der vorgegebenen Arbeitszeit nicht nachholbar ist (sog. **Fixschuldcharakter der Verpflichtung zur Arbeitsleistung**). Die Arbeitsleistung wird daher durch Zeitablauf mit der Folge unmöglich, dass § 283 iVm § 280 Abs. 1 heranzuziehen ist.

205 bb) Der allgemeinen **schuldrechtlichen Beweislastverteilung** zufolge hat sich dabei der Arbeitnehmer zu entlasten (§ 280 Abs. 1 S. 2), dh er muss nachweisen, dass er die Unmöglichkeit nicht zu vertreten hat. § 619a kehrt nun die **Beweislast** seinem Wortlaut nach (nochmals) um und legt sie dem **Arbeitgeber** auf. Für Ansprüche aus positiver Forderungsverletzung hatte das BAG dies auch schon vor der Schuldrechtsmodernisierung entschieden und eine Analogie zu § 282 aF abgelehnt[162]. Für Ansprüche aus Unmöglichkeit blieb es dagegen bei den allgemeinen Regeln. Die Schuldrechtsreform sollte hieran nichts ändern; dem Wortlaut des § 619a, der nicht nach der Art der Pflichtverletzung differenziert, ist das aber nicht zu entnehmen. Die Norm ist deshalb teleologisch zu reduzieren. Die Beweislast des Arbeitnehmers nach § 280 Abs. 1 S. 2 widerspricht arbeitsrechtlichen Besonderheiten nur in den Fällen, in denen der Arbeitgeber **überlegene Erkenntnismöglichkeiten** besitzt, um die Verursachung von Schä-

---

159 Dazu *Lüke*, FS E. Wolf 1985, 459. Auch nach der Einbeziehung von Arbeitsverträgen in die AGB-Kontrolle sind Vertragsstrafenvereinbarungen, die die Einhaltung der Arbeitsverpflichtung sichern sollen, zulässig, siehe hierzu Rn 152 f.
160 *Nikisch I* 282 f; *Kraft* NZA 1989, 777, 778.
161 Dazu LAG Düsseldorf v. 01.03.1972, 2 Sa 520/71, DB 1972, 878; dass die §§ 74 bis 75f HGB auch im Arbeitsverhältnis anwendbar sind, bestimmt nun ausdrücklich § 110 GewO.
162 BAG v. 17.09.1998, 8 AZR 175/97, NZA 1999, 141, 143 f mwN.

den aufzuklären, weil er es ist, der den Arbeitsablauf koordiniert und verantwortet. Dann käme es auch zu Wertungswidersprüchen zu den Grundsätzen des innerbetrieblichen Schadensausgleichs[163]. Im Falle bloßer Nichtleistung entstammt die Schadensursache hingegen regelmäßig der Sphäre des Arbeitnehmers. Dem Arbeitgeber fehlen überlegene Erkenntnismöglichkeiten, so dass eine Rückumkehr der Beweislast gem. § 619a nicht gerechtfertigt wäre.

cc) Der **Schadensnachweis** ist dann unproblematisch, wenn durch das Ausbleiben **206** der Arbeitsleistung des vertragsbrüchigen Arbeitnehmers die diesem obliegenden Arbeiten ganz oder teilweise liegen geblieben sind und dadurch dem Arbeitgeber ein mit der traditionellen **Differenzmethode**[164] nachweisbarer Schaden durch entsprechenden Gewinnentgang entstanden ist oder wenn etwa zum Ausgleich dieser ausgefallenen Arbeitskraft teurere (der Arbeitgeber erspart das Gehalt des vertragsbrüchigen Arbeitnehmers!) Ersatzkräfte eingestellt oder höher bezahlte Überstunden geleistet werden mussten. Es gibt jedoch auch wesentlich schwierigere Fallgestaltungen:

Häufig wird der **Ausfall einer Arbeitskraft** unternehmensintern einfach durch ent- **207** sprechend größere Anstrengungen der übrigen Arbeitnehmer „aufgefangen", ohne dass diese Mehrarbeit im Einzelnen fassbar ist. Hier sind weder Mehrkosten, noch entgangener Gewinn nachweisbar[165]. Problematisch ist dann, ob man eine solche Schadenstilgung oder gar schon Schadensvereitelung dem Schädiger zugute kommen lassen oder dem Arbeitgeber trotzdem einen Schadensersatzanspruch zubilligen will, wobei dies freilich entgegen einer Grundwertung des Schadensersatzrechts zu einer entsprechenden Bereicherung des Arbeitgebers führen müsste. Dogmatisch könnte man dabei etwa an der Lehre von der (zu versagenden) Vorteilsausgleichung anknüpfen und dem Arbeitgeber dann einen Anspruch auf Ersatz des (hypothetischen) Schadens zubilligen, der entstanden wäre, wenn der Ausfall der Arbeitskraft von den übrigen Mitarbeitern nicht „aufgefangen" worden wäre[166]. Einen weiteren Anhaltspunkt könnte auch die Rechtsprechung zur Ersatzfähigkeit sog. Vorhaltekosten[167] liefern, wenn man diesen die Personalreserven des Arbeitgebers gleichstellen wollte.

Noch problematischer wird die Frage nach dem **Vorliegen eines Schadens** dann, **208** wenn etwa (wie im **Ausgangsfall 14**) der Arbeitgeber selbst in zusätzlicher Arbeit den Ausfall der Arbeitskraft des vertragsbrüchigen Arbeitnehmers ausgeglichen hat[168]. Hier könnte man zunächst daran denken, auch diese Art der Schadensvereitelung bei der Feststellung eines dann wiederum rein hypothetischen Schadens gänz-

---

163 *Dedek* ZGS 2002, 320, 322; *Gotthardt*, Arbeitsrecht nach der Schuldrechtsreform, 2. Aufl. 2003, Rn 157 und 197; *Henssler* RdA 2002, 129, 132 f; *Lindemann* AuR 2002, 81, 85; *Oetker* BB 2002, 43, 44; ErfK-*Preis* § 619a BGB Rn 4.
164 Vgl dazu nur *Lange*, Schadensersatz, Handbuch des Schuldrechts, 3. Aufl. 2003, § 6 I.
165 Dazu BAG v. 24.04.1970, 3 AZR 324/69, AP Nr 5 zu § 60 HGB (*Weitnauer/Emde*); *Lieb* JZ 1971, 358, 359; *Schiemann*, Argumente und Prinzipien bei der Fortbildung des Schadensrechts 1981, 80 ff.
166 Dazu *Lieb* JR 1971, 371; *Zeuner*, GS Dietz 1973, 99 ff.
167 Vgl BGH v. 10.05.1960, VI ZR 35/59, BGHZ 32, 280 und BGH v. 10.01.1978, VI ZR 164/75, NJW 1978, 812 = BGHZ 70, 199; Staudinger-*Schiemann* § 249 Rn 109 ff.
168 BAG v. 24.08.1967, 5 AZR 59/67, NJW 1968, 221 = AP Nr 7 zu § 249 BGB (*Larenz*) sowie BGH v. 16.02.1971, VI ZR 147/69, NJW 1971, 836 = BGHZ 55, 329 (Fahrschullehrerfall).

lich außer Acht zu lassen und dem Arbeitgeber – als entgangenen Gewinn – denjenigen Schaden zuzusprechen, der entstanden wäre, wenn er nicht selbst tätig geworden wäre. Auch unter Berücksichtigung der Tatsache, dass der Arbeitgeber zu einer solchen zusätzlichen Tätigkeit nicht verpflichtet war (über § 254 Abs. 2 hinausgehende, sog. **überpflichtgemäße Schadenstilgung bzw Schadensvereitelung**), erscheint es jedoch nicht ohne weiteres gerechtfertigt, das Faktum dieser Arbeitsleistung schadensersatzrechtlich völlig zu ignorieren. Näher liegt vielmehr die Vorstellung, dass sich der Arbeitgeber in diesen Fällen quasi selbst „als Ersatzkraft eingestellt" hat, so dass ein Schaden auf der Grundlage des wahrscheinlich höheren Gegenwerts seiner Arbeitsleistung sowie unter Berücksichtigung einer Art „Mehrarbeitsvergütung" durchaus konkret berechnet werden könnte[169]. Dabei ist das ersparte Gehalt des vertragsbrüchigen Arbeitnehmers im Wege der Vorteilsausgleichung zu berücksichtigen.

209 Eine weitere Frage des allgemeinen Schadensersatzrechts wird schließlich berührt, wenn man danach fragt, ob der Arbeitgeber etwa die Kosten von Zeitungsannoncen ersetzt erhalten kann, mit deren Hilfe er versucht hat, einen neuen Arbeitnehmer zu finden, oder ob der Arbeitnehmer einwenden kann, diese Kosten wären dem Arbeitgeber ja auch dann – nur etwas später – entstanden, wenn ordnungsgemäß gekündigt worden wäre. Die Behandlung dieses Einwandes des sog. **rechtmäßigen Alternativverhaltens** ist streitig: Im Gegensatz zu seiner früheren Rechtsprechung lässt das BAG diesen Einwand heute im Regelfall zu[170].

c) Mankohaftung

210 Einen speziellen Fall der Haftung des Arbeitnehmers stellt die sog. **Mankohaftung** dar. Sie greift ein, wenn dem Arbeitnehmer Geld oder Sachen (des Arbeitgebers) anvertraut werden und ein Fehlbestand oder ein Fehlbetrag (das sog. Manko) entstanden ist. Das BAG geht dann in ständiger Rechtsprechung von einem sog. **zweiteiligen Haftungskonzept** aus: Sofern der Arbeitnehmer alleinigen Zugang zum Geld- oder Warenbestand hat und seine Tätigkeit eine gewisse bzw – nach neuerer Rechtsprechung des BAG – erhebliche Selbstständigkeit aufweist, werden die Vorschriften des Auftrags- oder Verwahrungsrechts mit der Folge herangezogen, dass der Schadensersatzanspruch des Arbeitgebers wegen Unmöglichkeit der Herausgabe auf § 280 gestützt werden kann. Daraus folgt dann die Anwendung des § 280 Abs. 1 S. 2, der dem Arbeitnehmer den Entlastungsbeweis für das mangelnde Vertretenmüssen der Unmöglichkeit der Herausgabe des Geldes oder der Waren auferlegt[171]. § 619a kehrt die Beweislast dabei nicht (nochmals) um, denn die Norm findet – teleologisch reduziert – nur im Falle der Schlechtleistung Anwendung, nicht jedoch in Fällen der Unmöglichkeit.

---

169 Zum Ganzen *Lieb* JZ 1971, 358; MünchArbR-*Blomeyer* § 57 Rn 32 ff.
170 BAG v. 26.03.1981, 3 AZR 485/78, NJW 1981, 2430 und BAG v. 23.03.1984, 7 AZR 37/81, NZA 1984, 122; dazu *Kraft* NZA 1989, 777, 779; MünchArbR-*Blomeyer* § 57 Rn 36.
171 Vgl dazu BAG v. 29.01.1985, 3 AZR 570/82, NZA 1986, 23; enger BAG v. 22.05.1997, 8 AZR 562/95, NZA 1997, 1279 = AP Nr 1 zu § 611 BGB Mankohaftung (*Krause*) = SAE 1998, 131 (*Preis/Kellermann*); BAG v. 17.09.1998, 8 AZR 175/97, NZA 1999, 141; dazu *Nicolai* ZfA 1999, 650 ff; umfassend *Otto/Schwarze*, Die Haftung des Arbeitnehmers, 3. Aufl. 1998, Rn 270 ff.

Außerhalb dieser – wenigen – Fälle kann nur die sog. **allgemeine Mankohaftung** ein-   **211**
greifen. Die haftungsbegründende Pflichtverletzung will das BAG – in bedenklicher
Vermischung der einzelnen Tatbestandsmerkmale – dabei schon darin sehen, dass
dem Arbeitgeber durch das Verhalten des Arbeitnehmers ein Schaden entstanden ist.
Die – wichtigste und sehr umstrittene – Frage nach der richtigen Beweislastverteilung
bei der Mankohaftung wird vom BAG allein auf der Verschuldensebene angesiedelt.
Eine analoge Anwendung des § 282 aF lehnte es dabei ausdrücklich ab; dem Arbeitgeber wurden jedoch gewisse Beweiserleichterungen zugestanden[172]. Konsequenterweise müsste nun § 619a zur Geltung kommen, so dass die volle Beweislast dem Arbeitgeber obliegt. Zu beachten ist dabei, dass die Haftungsprivilegierung des
Arbeitnehmers bei betrieblicher Tätigkeit auch auf die Mankohaftung anzuwenden
ist; es muss also festgestellt werden können, dass der Arbeitnehmer vorsätzlich oder
grob fahrlässig handelte[173].

Als **vertragliche Anspruchsgrundlage** kommen ferner besondere, in ganz unter-   **212**
schiedlichen Formen auftretende **Mankoabreden** zwischen Arbeitgeber und Arbeitnehmer in Betracht; das BAG unterzieht diese jedoch in ständiger Rechtsprechung
einer strengen Inhaltskontrolle. Insbesondere muss dem erhöhten Risiko des Arbeitnehmers ein angemessener Ausgleich, in Form eines vom Arbeitgeber zu zahlenden
sog. **Mankogeldes**, korrespondieren. Die Haftung des Arbeitnehmers auf vertraglicher Grundlage darf dieses Mankogeld nicht überschreiten, so dass das BAG zu einer
summenmäßigen Haftungsbeschränkung zu Gunsten des Arbeitnehmers gelangt[174].
Eine darüber hinaus reichende Haftung ist an den Grundsätzen des innerbetrieblichen Schadensausgleichs zu orientieren. Eine Inhaltskontrolle von Mankoabreden
nach den §§ 305 ff findet nicht statt, wenn man – mit dem BAG – davon ausgeht, dass
die Haftungsprivilegierung des Arbeitnehmers einseitig zwingend ist (s. § 307
Abs. 3 S. 1)[175].

Problematisch ist, ob der Arbeitgeber dann, wenn er gegen den Lohnanspruch des Arbeitnehmers
mit Schadensersatzansprüchen wegen positiver Forderungsverletzung aufrechnen will, gem.
§ 394 die **Pfändungsgrenzen** (§§ 850 ff ZPO) zu beachten hat. Dem könnte entgegenstehen, dass
zumindest im Fall eigenmächtiger Arbeitspausen, aber auch bei Langsamarbeit und bei qualitativer Schlechterfüllung, der Arbeitnehmer den vollen Lohn eigentlich gar nicht „verdient" hat, so
dass – anders als bei Aufrechnung mit Ansprüchen aus einem anderen Rechtsgrund – eine Auf-
rechnungsbeschränkung jedenfalls in Höhe des „Arbeitsminderwerts" nicht Platz greifen könnte.
Eine solche Argumentation würde indessen sowohl dem Sinn des Minderungsausschlusses im
Arbeitsrecht als auch dem Sinn der Pfändungsgrenzen nicht gerecht: Wenn der Arbeitnehmer

---

172   BAG v. 17.09.1998, 8 AZR 175/97, NZA 1999, 141, 143 f.
173   BAG v. 22.05.1997, 8 AZR 562/95, NZA 1997, 1279; BAG v. 17.09.1998, 8 AZR 175/97, NZA
      1999, 141; zur Beweislastproblematik insb *Krause* Anm. zu BAG AP Nr 1 zu § 611 BGB Mankohaf-
      tung und *Kellermann* SAE 1998, 131.
174   BAG v. 29.01.1985, 3 AZR 570/82, NZA 1986, 23; BAG v. 17.09.1998, 8 AZR 175/97, NZA 1999,
      141 = EzA § 611 BGB Arbeitnehmerhaftung Nr 64 mit Anm. *Pallasch*; BAG v. 02.12.1999, 8 AZR
      386/98, NZA 2000, 715; umfassend *Stoffels*, AR-Blattei 870.2 Rn 93 ff.
175   Hiergegen und für eine Inhaltskontrolle *Schwirtzek* NZA 2005, 437, 438 ff; gegen die These des
      BAG, die Grundsätze des innerbetrieblichen Schadensausgleichs seien einseitig zwingendes Recht,
      hat sich insb *Preis* gewandt (Grundfragen der Vertragsgestaltung im Arbeitsrecht 1993, 464 f; *ders.*
      in: ErfK § 619a BGB Rn 11 mwN).

überhaupt gearbeitet hat, dann soll „ein Streit über die Güte der geleisteten Arbeit nicht auf der Lohnseite ausgetragen werden"[176]. Der Lohn soll vielmehr dem Arbeitnehmer für seinen Lebensunterhalt zur Verfügung stehen, und dieser Lebensunterhalt wird gerade durch die Pfändungsgrenzen nachhaltig geschützt. Die Pfändungsgrenzen sind daher auch bei der Aufrechnung mit Schadensersatzansprüchen zu beachten, die aus der bloßen Schlechterfüllung der unmittelbaren Arbeitspflicht resultieren[177].

d) Zurückbehaltungsrechte

213 **Fall 15:** Arbeitgeber B wird insolvent. Der Betrieb wird vom Insolvenzverwalter weitergeführt. Den Arbeitnehmern wird zwei Monate lang allerdings nur ein Teil der Arbeitsvergütung ausgezahlt. Daraufhin legen die Arbeitnehmer unter Hinweis auf § 273 im Juli die Arbeit nieder. Zu Recht? (vgl BAG v. 25.10.1984, 2 AZR 417/83, NZA 1985, 355) **Rn 215**

214 Besondere, auch kollektivrechtliche Probleme (dazu Rn 686 f) wirft die Frage nach dem Bestehen eines **Zurückbehaltungsrechts des Arbeitnehmers** etwa in den Fällen auf, in denen der Arbeitgeber mit der Lohnzahlung im Verzug ist oder – häufiger – Arbeitsschutzvorschriften missachtet[178]. Hier stellen sich zwei Fragen: Einmal die, ob dem Arbeitnehmer Zurückbehaltungsrechte gem. §§ 273 oder 320 überhaupt zustehen, zum anderen die, wie sich die Ausübung eines solchen Zurückbehaltungsrechts, also die zeitweilige Arbeitseinstellung, auf den Lohnanspruch des Arbeitnehmers auswirkt[179].

215 Gegen die Möglichkeit, auch im Arbeitsverhältnis von Zurückbehaltungsrechten Gebrauch zu machen, könnte generell sprechen, dass die **Arbeitsleistung als strenge Fixschuld**, wie bereits ausgeführt, nicht nachholbar ist, so dass sie dem Arbeitgeber bei Beibehaltung des Lohnanspruchs gänzlich und endgültig entzogen würde. Daran ist sicher richtig, dass das Zurückbehaltungsrecht an sich von der Nachholbarkeit, also von der bloßen zeitlichen Verschiebung der Leistung, ausgeht. Andererseits ist man sich zumindest im Ergebnis darüber einig, dass dem Arbeitnehmer bei Verzug des Arbeitgebers mit der Lohnzahlung eine weitere Vorleistungspflicht (§ 614) ebenso wenig zumutbar ist, wie die Erbringung der Arbeitsleistung unter Selbstgefährdung (Nichteinhaltung von Schutzvorschriften!).

Dies spricht entscheidend dafür, den Arbeitnehmern im **Ausgangsfall 15** ein Zurückbehaltungsrecht aus § 273 Abs. 1 zuzubilligen.

216 Zu begründen bleibt, wieso der Arbeitnehmer den Lohnanspruch behalten soll, obwohl er nicht leistet, seine Leistung nicht einmal anbietet, wenn er sie bewusst zurück-

---

176 *Beuthien* ZfA 1972, 73, 74.
177 BGH v. 22.04.1959, IV ZR 255/58, NZA 1959, 1275; BAG v. 31.03.1960, 5 AZR 441/57, NJW 1960, 1589; BAG v. 28.08.1964, 1 AZR 414/63, NJW 1965, 70 = AP Nr 9 zu § 394 BGB mit Anm. *Bötticher*; *Kraft* NZA 1989, 777, 781.
178 Vgl auch BAG v. 02.02.1994, 5 AZR 273/93, NZA 1994, 610 (asbestbelasteter Arbeitsplatz) sowie BAG v. 08.05.1996, 5 AZR 315/95, NZA 1997, 86 (gefahrstoffbelastete Räume); hierzu *Molketin* NZA 1997, 849.
179 Dazu eingehend *Söllner* ZfA 1973, 1 sowie MünchArbR-*Blomeyer* § 49 Rn 50 ff.

hält. Insoweit ist jedoch dem Sinn des Zurückbehaltungsrechts zu entnehmen, dass der Arbeitnehmer die Arbeitsleistung keineswegs unbedingt, sondern nur insoweit und so lange verweigert, als der Arbeitgeber seinen Verpflichtungen nicht nachkommt. Auch in der Ausübung eines Zurückbehaltungsrechts kann daher ein für die §§ 293 ff ausreichendes Angebot mit der Folge gesehen werden[180], dass der Arbeitgeber bei Lohnrückständen gem. § 298 bzw bei Unterlassung von Arbeitsschutzmaßnahmen gem. § 295 in Annahmeverzug gerät und daher gem. § 615 zur Lohnzahlung verpflichtet bleibt. Damit scheidet selbstverständlich auch eine Kündigung aus[181].

e) Haftungsprobleme bei Gruppenarbeit

In gewissen Bereichen werden Arbeitnehmer nicht allein tätig, sondern im Rahmen einer **Arbeitsgruppe**, die – insbesondere im Akkord – einen bestimmten **Arbeitsauftrag gemeinsam zu erledigen hat**.[182] Je nachdem, ob die Initiative zur Bildung solcher Arbeitsgruppen von den Arbeitnehmern selbst oder aber vom Arbeitgeber ausgegangen ist, spricht man von Eigen- oder Betriebsgruppen[183]. Dabei ergeben sich insbesondere bei der Betriebsgruppe dann haftungsrechtliche Schwierigkeiten, wenn innerhalb der Gruppe von einzelnen Arbeitnehmern mangelhafte Arbeit geleistet wurde. Der Arbeitgeber steht hier vor dem Problem, diese Schlechtleistung nachweisen zu müssen, obwohl er nicht weiß, welches Gruppenmitglied schlecht gearbeitet hat. Das BAG hat hier durch eine – zumindest in der dogmatischen Begründung zweifelhafte – (doppelte) Beweislastumkehr zu helfen versucht[184]. Zusätzlich stellt sich die Frage nach gesamtschuldnerischer oder nur anteiliger Haftung der Gruppenmitglieder. Sie ist – mit dem BAG – im letzteren Sinne zu entscheiden[185].

217

3. Haftungsbeschränkungen zu Gunsten des Arbeitnehmers[186]

Fall 16: Als die Kinderkrankenschwester K das neugeborene Kind B zu seiner Mutter bringen will und es aus seinem Kinderbett nimmt, rutscht es ihr aus den Händen und fällt zu Boden. B erleidet einen Scheitelbeinbruch. Als K zur Zahlung von Schadensersatz und Schmerzensgeld verurteilt wird, verlangt sie von ihrem Arbeitgeber Freistellung von dieser Verbindlichkeit. Zu Recht? (BAG v. 12.02.1985, 3 AZR 487/80, NZA 1986, 91) **Rn 224**

218

---

180 *Söllner* ZfA 1973, 1, 10.
181 BAG v. 09.05.1996, 2 AZR 387/95, NZA 1996, 1085.
182 Seit der Reform des BetrVG im Jahre 2001 besteht gem. § 87 Abs. 1 Nr 13 BetrVG ein Mitbestimmungsrecht in Bezug auf die Grundsätze über die Durchführung von Gruppenarbeit; hierzu *Preis/Elert* NZA 2001, 371.
183 Übersicht bei Schaub-*Schaub* § 181 ff; Ausdifferenzierung bei *Hoffmann*, Die Gruppenakkordarbeit 1981, 50 ff.
184 BAG v. 24.04.1974, 5 AZR 480/73, NJW 1974, 2225 = AP Nr 4 zu § 611 BGB Akkordkolonne (*Lieb*) = EzA § 611 BGB Arbeitnehmerhaftung Nr 24 (*Hanau*); dazu *Rüthers* ZfA 1977, 1; *Prütting*, Gegenwartsprobleme der Beweislast 1983, 216 ff.
185 Vgl dazu auch BAG v. 18.05.1983, 4 AZR 456/80, NZA 1984, 201 = AP Nr 51 zu § 1 TVG Tarifverträge: Bau (*Leipold*).
186 Vgl dazu den Überblick von *Walker* JuS 2002, 736.

a) Schadensteilung nach Verschuldensgraden

219 Der Arbeitnehmer ist – dies wurde bereits hervorgehoben – im Rahmen des ihm Möglichen verpflichtet, sorgfältig und vorsichtig zu arbeiten. Dennoch wird es vorkommen, dass er bei der Verrichtung der ihm obliegenden Arbeit **Sach- oder Personenschäden** verursacht, wobei als Betroffene der Arbeitgeber selbst, Arbeitskollegen, aber auch Dritte in Frage kommen. Untersucht man in solchen Fällen die Verantwortlichkeit des Arbeitnehmers nach allgemeinen zivilrechtlichen Maßstäben, wird man bei Prüfung des konkreten Vorfalls an der Feststellung der auch subjektiven Vorhersehbarkeit und Vermeidbarkeit und damit am haftungsbegründenden Vorwurf zumindest leichter Fahrlässigkeit selten vorbeikommen. Der Arbeitnehmer wäre dann nach dem Grundsatz der Totalrestitution zum Ersatz des gesamten Schadens verpflichtet. Jedoch begegnet eine so begründete Verantwortlichkeit des Arbeitnehmers vor allem aus zwei Gründen Bedenken: Zum einen drängt sich das Gefühl auf, zumindest auf Dauer sei gelegentliches, leicht fahrlässiges Fehlverhalten wohl für jedermann unvermeidlich („Das passiert jedem einmal"), zum anderen stehen die Schäden, die ein Arbeitnehmer auch durch nur leichte Unaufmerksamkeit herbeiführen kann, in ihrem Umfang in gar keinem Verhältnis zu eventuellen Ersatzmöglichkeiten des im Wesentlichen auf seinen Verdienst als Grundlage des Lebensunterhalts angewiesenen Arbeitnehmers. Beide Feststellungen implizieren die inzwischen allgemein anerkannte Notwendigkeit einer Haftungsbeschränkung zu Gunsten des Arbeitnehmers.

220 Schwierig und streitig ist deren konstruktive Durchführung: Der zweite Gesichtspunkt – die geringe Leistungsfähigkeit des Arbeitnehmers – müsste an sich zu einer summenmäßigen Begrenzung seiner Haftung führen, wie sie etwa aus dem Bereich der Gefährdungshaftung bekannt ist. Entsprechende rechtspolitische Vorschläge (Haftungsbegrenzung auf etwa ein bis drei Monatsgehälter) wurden jedoch bisher nicht verwirklicht; de lege lata lassen sie sich ohnehin nicht durchsetzen[187].

221 Der erste Gesichtspunkt – „das kann jedem passieren" – müsste eine Modifizierung des Fahrlässigkeitsbegriffs zur Folge haben, indem aus einer gewissermaßen generalisierenden Betrachtungsweise heraus schon das Vorliegen von Fahrlässigkeit verneint wird. Man könnte sich insoweit entweder auf einen **speziellen arbeitsrechtlichen Fahrlässigkeitsbegriff** stützen[188] oder auf einen besonderen **Fahrlässigkeitsbegriff für Dauerschuldverhältnisse,** der die erforderliche Sorgfalt nicht auf die einzelne Handlung, sondern auf das Gesamtverhalten des Schuldners, hier also des Arbeitnehmers, bezieht[189]. Beides würde indessen zu einer speziellen, von der allgemein geltenden Regelung abweichenden Fahrlässigkeitsdefinition für Arbeits- bzw Dauerrechtsverhältnisse führen und wäre daher wenig glücklich.

---

187 Zu entsprechenden rechtspolitischen Vorschlägen des DGB *Küchenhoff* AuR 1969, 193; *Otto/Schwarze*, Die Haftung des Arbeitnehmers, 3. Aufl. 1998, Rn 198 ff; *Hanau* ZRP 1978, 215, 219. Zur rechtspolitischen Entwicklung s. auch die Verhandlungen auf dem 56. DJT 1986 (Gutachter *Otto/Seewald* Bd. I Gutachten E/F; Verhandlungen N 6 ff).

188 *Scheuerle* RdA 1958, 247, 251 ff; dagegen *Otto/Schwarze*, Die Haftung des Arbeitnehmers, 3. Aufl. 1998, Rn 71 ff; Soergel-*Kraft* § 611 Rn 64.

189 *Steindorff* JZ 1959, 1; dazu umfassend *Otto/Schwarze*, Die Haftung des Arbeitnehmers, 3. Aufl. 1998, Rn 74.

Entwickelt wurde daher von Rechtsprechung und Literatur eine dritte Lösungsmög-   **222**
lichkeit[190], die den allgemeinen bürgerlich-rechtlichen Grundsatz, dass jedes Verschulden zur vollen, uneingeschränkten Schadensersatzhaftung führt, durchbrach und
stattdessen den Haftungsumfang je nach **Verschuldensintensität** modifizierte. „Er-
funden" wurde zu diesem Zweck in Umsetzung des schon zitierten Schlagworts, das
könne jedem passieren, eine dritte, dem BGB unbekannte Fahrlässigkeitsstufe[191],
nämlich der Begriff der **„leichtesten" Fahrlässigkeit,** für die der Arbeitnehmer überhaupt nicht haften soll[192]. Bei **mittlerer Fahrlässigkeit** soll der Schaden zwischen Arbeitgeber und Arbeitnehmer unter Berücksichtigung aller Umstände des Einzelfalls
geteilt werden, während es bei **grober Fahrlässigkeit** in der Regel (und selbstverständlich auch bei Vorsatz) bei der vollen Haftung des Arbeitnehmers bleiben soll; allerdings lässt die Rechtsprechung unter besonderen Umständen eine zumindest teilweise Schadensüberwälzung auf den Arbeitgeber auch bei grober Fahrlässigkeit zu[193].
Bei **gröbster Fahrlässigkeit** (eine weitere Differenzierung der Fahrlässigkeit!) sollen
solche Haftungserleichterungen allerdings ausscheiden[194].

Diese Dreiteilung wollte der Siebte Senat des BAG zunächst aufgeben und stattdessen – sehr   **223**
weitgehend – den Arbeitnehmer auch dann von der Haftung völlig freistellen, wenn er mit nor-
maler Fahrlässigkeit gehandelt hatte. Die Unterscheidung zwischen leichtester und mittlerer
Fahrlässigkeit sollte also beseitigt werden. Diese zweifelhafte Fortentwicklung ist vom nunmehr
zuständigen Achte Senat des BAG wieder aufgegeben worden[195] und zwar unter besonderer Berücksichtigung der an die Zulässigkeit einer (weiteren) Rechtsfortbildung zu stellenden Anforderungen[196].

Diese Haftungsbeschränkung wurde den Arbeitnehmern allerdings nur in den Sonder-   **224**
fällen der sog. **gefahrgeneigten Arbeit,** dh dann zugebilligt, wenn nach der Art der
Tätigkeit und den Umständen ihrer Erbringung Sorgfaltspflichtsverletzungen besonders nahe lagen[197]. Dies ist seit langem mit rechtspolitischen Argumenten angegriffen
worden. Daraufhin hat die Rechtsprechung diese einschränkende Voraussetzung
fallengelassen[198]; die zunächst erforderliche Anrufung des Gemeinsamen Senats der
Obersten Gerichtshöfe des Bundes erübrigte sich, nachdem sich auch der BGH der
Rechtsauffassung des BAG angeschlossen hatte[199].

---

190   Vgl dazu den Überblick bei *Otto/Schwarze,* Die Haftung des Arbeitnehmers, 3. Aufl. 1998,
      Rn 181 ff; ferner *Gick* JuS 1980, 393 und Schaub-*Linck,* § 52 Rn 42 ff. Die einschlägige Rspr ist in
      der AP bei § 611 BGB Haftung des Arbeitnehmers zusammengestellt.
191   *Mayer-Maly* AcP 163 (1963), 114.
192   Vgl die Anfänge in BAG v. 19.03.1959, 2 AZR 402/55, NJW 1959, 1796 und BAG v. 21.11.1959, 2
      AZR 547/58, SAE 1960, 62.
193   BAG v. 12.10.1989, 8 AZR 276/88, NZA 1990, 97 = EzA § 611 BGB Gefahrgeneigte Arbeit Nr 23
      (*Rieble*).
194   BAG v. 25.09.1997, 8 AZR 288/96, NZA 1998, 310. Dazu im Einzelnen *Walker* JuS 2002, 736, 739.
195   BAG v. 24.11.1987, 8 AZR 524/82, NZA 1988, 579.
196   Dazu allzu krit *Hanau/Preis* JZ 1988, 1072.
197   Vgl dazu sowie zu den damit verbundenen Abgrenzungsproblemen die Darstellung bei *Lieb,* 4. Aufl.,
      S. 30.
198   BAG GS v. 12.06.1992, GS 1/89, NZA 1993, 547; dazu *Blomeyer* JuS 1993, 903; BAG GS v.
      27.09.1994, GS 1/89, NZA 1994, 1083.
199   BGH v. 21.09.1993, GmS-OGB 1/93, NZA 1994, 270; dazu *Richardi* NZA 1994, 241; umfassend zur
      historischen Entwicklung Schaub-*Linck,* § 52 Rn 42 ff.

Im **Ausgangsfall 16** wurde die Haftung der K infolgedessen verneint. Diese Entwicklung ist ein Musterbeispiel dafür, wie die Gerichte in methodisch zweifelhafter Weise die Rechtsfortbildung am zögernden Gesetzgeber vorbei aus modischen (von Teilen der Wissenschaft mitgetragenen) sozialpolitischen Motiven immer weiter vorantreiben.

225 Der Gedanke der **Haftungsbeschränkung anhand von Verschuldensgraden** wird ergänzt durch (noch wenig präzise) Überlegungen über Obliegenheiten des Arbeitgebers zum Abschluss von (Kasko-, Betriebsunterbrechungs- etc) Versicherungen mit dem Ziel, die Haftung des Arbeitnehmers zusätzlich auf die höchste Selbstbeteiligungsquote begrenzen zu können[200]. Gerechtfertigt wurde die Einschränkung der Arbeitnehmerhaftung früher mit dem vielfältig verwendeten Instrument der Fürsorgepflicht des Arbeitgebers[201]. Demgegenüber hat sich heute im Wesentlichen die Auffassung durchgesetzt, dass es hier um die angemessene Verteilung des Betriebsrisikos des Arbeitgebers geht[202]. Auch der Arbeitgeber selbst würde – dies ist der entscheidende Gedanke – bei eigener Tätigkeit Schadensersatzverpflichtungen nie ganz vermeiden können. Es sei daher nur recht und billig, ihm mithilfe der Rechtsgrundsätze über Haftungserleichterungen zu Gunsten der Arbeitnehmer das Haftungsrisiko, das durch die Arbeitsteilung im Unternehmen auf die Arbeitnehmer verlagert worden ist, wieder aufzubürden. Umgekehrt ausgedrückt bedeutet dies, dass der Arbeitgeber aus dieser Risikoverlagerung keine unangemessenen Vorteile ziehen soll, sondern den Schaden jedenfalls im dargelegten Rahmen selbst tragen muss[203]. Schließlich wird – in dogmatisch zweifelhafter Weise – als Begründung für die Entlastung des Arbeitnehmers auf § 254 verwiesen[204]. Die Neufassung des § 276 durch das Schuldrechtsmodernisierungsgesetz hat mit dem Abstellen auf den „sonstigen Inhalt des Schuldverhältnisses" die Möglichkeit eröffnet, die Lehre von der Haftungsbeschränkung zu Gunsten des Arbeitnehmers mit dieser (vagen) Gesetzesergänzung zu begründen[205]. Letztlich vermag aber auch dieser Ansatz nicht zu überzeugen. § 276 Abs. 1 S. 1 eröffnet die Möglichkeit eines besonderen Haftungsmaßstabs, lässt aber einer gestuften Haftung je nach Verschuldensgrad keinen Raum[206]. Zudem handelt es sich bei dem Haftungsprivileg des Arbeitnehmers nicht um ein vertraglich vereinbartes, das wäre reine Fiktion[207].

Nach der Beweislastregel bezüglich des Verschuldens in § 280 Abs. 1 S. 2 wird Verschulden an sich vermutet; § 619a belässt es dagegen über die Geltendmachung von Schadensersatzansprüchen des Arbeitgebers gegen den Arbeitnehmer bei den normalen Beweislastregeln (siehe Rn 205).

226 **Fall 17:** Arbeitnehmer A beschädigt im Rahmen seiner Arbeitstätigkeit beim Ausparken sein Dienstfahrzeug, das er auch privat nutzen darf. Im Arbeitsvertrag war vereinbart worden, dass der Arbeitnehmer im Falle eines von ihm verschuldeten Unfalls die Selbstbeteiligung der Vollkaskoversicherung in Höhe von € 1000,– zu tragen hat; sie wird ihm deshalb vom Lohn abgezogen. A verklagt Arbeitgeber B auf Zahlung. (vgl BAG v. 05.02.2004, 8 AZR 91/03, NZA 2004, 649). **Rn 226**

---

200   BAG v. 24.11.1987, 8 AZR 524/82, NZA 1988, 579; BAG v. 01.12.1988, 8 AZR 65/84, NZA 1989, 796.
201   *Hueck/Nipperdey I* 233; *Nikisch I* 304; so auch noch BAG v. 10.06.1969, 1 AZR 339/68, NJW 1969, 2299.
202   *Otto/Schwarze*, Die Haftung des Arbeitnehmers, 3. Aufl. 1998, Rn 199; ebenso BAG v. 03.11.1970, 1 AZR 228/70, SAE 1971, 196 = AP Nr 61 zu § 611 BGB Haftung des Arbeitnehmers (*Rieger*); vgl aus dem Schrifttum *Canaris* RdA 1966, 41; *Hanau/Adomeit* Rn 704 ff; *Gick* JuS 1980, 393; *Schwerdtner*, Arbeitsrecht 1976, 147; differenzierend *Zöllner/Loritz* § 19 II 1 b (254 f).
203   Beachtliche Bedenken bei *Zöllner* Anm. zu BAG NJW 1983, 1693.
204   BAG GS v. 12.06.1992, GS 1/89, NZA 1993, 547; *Blomeyer* JuS 1993, 903, 905.
205   So die Stellungnahme der Bundesregierung in BT-Drs 14/6857, S. 48; ihr folgend *Däubler* NZA 2001, 1329, 1331.
206   AnwK-*Dauner-Lieb* § 276 Rn 46.
207   *Gotthardt*, Arbeitsrecht nach der Schuldrechtsreform, 2. Aufl. 2003, Rn 195.

Die Haftungsprivilegierung ist nach der Rechtsprechung des BAG **einseitig zwingendes Arbeitnehmerschutzrecht**[208]. Dies wurde nach der Schuldrechtsmodernisierung insbesondere von *Preis*[209] in Frage gestellt. Die Grundsätze der Arbeitnehmerhaftung seien durch die Schuldrechtsreform – unabhängig davon, ob man § 254 oder § 276 Abs. 1 direkt oder analog anwendet – in das allgemeine System des BGB integriert worden, und diese Vorschriften seien – das ist in der Tat unbestreitbar – dispositiv. Auf den ersten Blick mag man es im **Ausgangsfall 17** auch nicht für unbillig halten, dass der Arbeitnehmer den Selbstbehalt trägt; wenn er das Fahrzeug schon privat nutzen darf, soll er auch das damit verbundene Risiko tragen. Bei seinem eigenen Fahrzeug müsste er dies ja auch. Allerdings hat das eine mit dem anderen nur wenig zu tun. Die private Nutzung könnte allenfalls die Vereinbarung einer verschärften Haftung für Privatfahrten rechtfertigen, nicht aber für betrieblich veranlasste. Und zweitens ist auch die Nutzungsmöglichkeit des Fahrzeugs zum privaten Gebrauch eine zusätzliche Gegenleistung für die geschuldete Arbeitsleistung in Form eines geldwerten Vorteils[210].

Ließe man es zu, dass die Arbeitsvertragsparteien die Haftungsprivilegierung abbedingen, könnte sie ihre sozialpolitische Funktion überdies kaum mehr erfüllen[211]. Der wirtschaftlich stärkere Arbeitgeber könnte sie durch eine arbeitsvertragliche Klausel stets aushöhlen. In allgemeinen Geschäftsbedingungen ließe sich dem noch mit § 307 begegnen; bei Individualabreden nur mit Hilfe der allgemeinen Generalklauseln der §§ 138 und 242. Das wäre allerdings auch notwendig, da die Haftungsprivilegierung des Arbeitnehmers bereits aus verfassungsrechtlichen Gründen geboten ist[212]. Das Argument der Integration der richterrechtlichen Grundsätze in das BGB überzeugt demgegenüber nicht, denn weder aus § 254 noch aus § 276 Abs. 1 lässt sich eine Kodifikation des Haftungsprivilegs herauslesen. Dieses ist und bleibt „Richterrecht", und so sind es die Richter, die die Disponibilität der von ihnen entwickelten Grundsätze festlegen.

> Das BAG hat daher im **Ausgangsfall 17** die vertraglich vereinbarte Abwälzung des Selbstbehalts der Vollkaskoversicherung in Höhe von € 1000,– bei jeder Fahrlässigkeit auf den Arbeitnehmer zu Recht für unwirksam erklärt. Die Klage des A hat daher Aussicht auf Erfolg.

b) Freistellungsanspruch

Durch die Grundsätze über die arbeitsrechtliche Haftungsbeschränkung wird der Arbeitnehmer zunächst nur gegenüber Ansprüchen seines Arbeitgebers geschützt. Eines entsprechenden Schutzes bedarf er aber auch dann, wenn Dritte geschädigt oder verletzt werden. Hier hätte man daran denken können, die Haftungsbeschränkung des Arbeitnehmers durch eine entsprechende Begrenzung der Ansprüche des Geschädigten

227

---

208   BAG v. 05.02.2004, 8 AZR 91/03, NZA 2004, 649, 650 f mwN.
209   ErfK-*Preis* § 626 BGB Rn 11; ebenso *Gotthardt*, Arbeitsrecht nach der Schuldrechtsreform, 2. Aufl. 2003, Rn 195; aA MünchKommBGB-*Henssler* § 619a Rn 12; *Waltermann* RdA 2005, 98, 108.
210   BAG v. 05.02.2004, 8 AZR 91/03, NZA 2004, 649, 650.
211   MünchKommBGB-*Henssler* § 619a Rn 12.
212   BAG GS v. 27.09.1994, GS 1/89 (A), NZA 1994, 1083, 1085 f; siehe hierzu auch MünchKommBGB-*Henssler* § 619a Rn 9 mwN.

oder Verletzten zu verwirklichen. Dies wäre diesen gegenüber jedoch im Regelfall schwerlich zu rechtfertigen[213]. Daher beließ man es im Außenverhältnis bei der vollen Haftung des schädigenden Arbeitnehmers, billigte ihm aber im Innenverhältnis gegenüber seinem Arbeitgeber einen sog. **Freistellungsanspruch**[214] zu, dh der Arbeitgeber hat den Arbeitnehmer dem Dritten gegenüber durch eigene Leistung freizustellen, soweit der Arbeitnehmer den Schaden nicht nach den dargelegten Kriterien selbst zu tragen hat[215]. Dieser Freistellungsanspruch kann an den geschädigten Dritten abgetreten und von diesem gepfändet werden, so dass der Dritte auf diese Weise direkt gegen den Arbeitgeber vorgehen kann: Der Freistellungsanspruch verwandelt sich hier nach Abtretung oder Pfändung in einen entsprechenden Zahlungsanspruch[216]. Das Risiko einer Insolvenz des Arbeitgebers trägt bei einer solchen Konstruktion freilich der Arbeitnehmer.

228 Dritte im Sinne dieser eben entwickelten Grundsätze sind auch die Arbeitskollegen des Schädigers. Allerdings gilt für sie bei Personenschäden die gleich zu besprechende, weit reichende Ausnahme des § 105 SGB VII.

c) Auswirkungen im Gesamtschuldverhältnis

229 **Fall 18:** Die W-GmbH beauftragt einen Wachdienst mit der Überwachung eines Baugeländes. In den AGB ist die Haftung des Wachdienstes auf Vorsatz und grobe Fahrlässigkeit beschränkt. Wegen einer Unachtsamkeit des beim Wachdienst tätigen Arbeitnehmers A wird ein Mannschaftswagen der W-GmbH durch einen Brand völlig zerstört. Die W-GmbH verlangt nun von A Schadensersatz. Zu Recht? (vgl BGH v. 07.12.1961, VII ZR 134/60, NJW 1962, 388)
Rn 230

230 Die Zubilligung eines Freistellungsanspruchs des Arbeitnehmers gegen den Arbeitgeber (hier: A gegen den Wachdienst) führt dann zu Schwierigkeiten, wenn die Eigenhaftung des Arbeitgebers vertraglich oder gesetzlich beschränkt ist. Man denke nur an die vor allem in Reparaturbetrieben häufig vorkommende vertragliche Haftungsbeschränkung durch Allgemeine Geschäftsbedingungen. Wie steht es, so ist zu fragen, etwa mit dem Gesellen, der den Wagen nach Reparatur auf einer abschließenden Probefahrt leicht fahrlässig beschädigt? Wie, wenn der Geselle den reparierten Wagen dem Kunden zurückbringen will, ihn aber nicht antrifft und auf der Rückfahrt leicht fahrlässig einen Totalschaden verschuldet (beachte § 300)? Hier würde die Belastung des Arbeitgebers mit Schadensfolgen auf dem Wege der Freistellungsverpflichtung die eigene Haftungsbeschränkung illusorisch machen. Man wird daher diese Proble-

---

213   BGH v. 21.12.1993, VI ZR 103/93, NJW 1994, 852.
214   Vgl dazu generell *Gerhardt*, Der Befreiungsanspruch 1966, 116 ff; ferner *Zöllner/Loritz* § 19 II 2 (255 f); *Gick* JuS 1980, 393, 398 f; dogmatisch wird der Anspruch in der Regel auf die §§ 670, 257 gestützt; s. hierzu und zu anderen Ansätzen MünchArbR-*Blomeyer* § 60 Rn 15.
215   *Otto/Schwarze*, Die Haftung des Arbeitnehmers, 3. Aufl. 1998, Rn 474 ff.
216   Vgl dazu die Entscheidungen BAG v. 18.01.1966, 1 AZR 247/63, NJW 1967, 238; BAG v. 11.02.1969, 1 AZR 280/68, AP Nr 45 zu § 611 BGB Haftung des Arbeitnehmers; *Otto/Schwarze*, Die Haftung des Arbeitnehmers, 3. Aufl. 1998, Rn 489; die Entscheidung BGHZ 41, 203, in der die Abtretbarkeit verneint wurde, betrifft einen Sonderfall (vgl dazu *Gamillscheg*, FS Rheinstein II 1969, 1043).

matik jedenfalls im Ausgangspunkt dahingehend lösen müssen, dass die (vertragliche oder gesetzliche) Haftungsbeschränkung auch für den Arbeitnehmer gilt, dh hier auch im Außenverhältnis zu einer entsprechenden Begrenzung der Ansprüche des Geschädigten führt, letztlich also zu dessen Lasten geht, so dass die Klage der W im **Ausgangsfall 18** abzuweisen ist. Dies dürfte sowohl dem Sinn der vertraglichen als auch der gesetzlichen Haftungsbeschränkung im Regelfall entsprechen, so dass in unserem Beispiel sowohl die vertragliche Haftungsbeschränkung im Rahmen des Reparaturauftrags als auch die gesetzliche nach Annahmeverzug des Bestellers (§ 300 Abs. 1) auch dem Arbeitnehmer zugute kommt und zwar letztlich im Interesse des Arbeitgebers, dessen Haftungsbeschränkung sonst durch den Befreiungsanspruch hinfällig würde[217]. Im Übrigen ist zu beachten, dass alle diese Fälle in den Gesamtzusammenhang der sog. **Regressbehinderung** durch vertragliche und gesetzliche Haftungsbeschränkungen gehören[218].

4. Haftungsbeschränkung zu Gunsten des Arbeitgebers bei Personenschäden

a) Beschränkt bzw ausgeschlossen ist nicht nur die Haftung des Arbeitnehmers gegenüber seinem Arbeitgeber bzw – auf dem rechtstechnischen Weg der Zubilligung eines Freistellungsanspruchs – auch gegenüber Dritten, sondern umgekehrt auch die Haftung des Arbeitgebers gegenüber dem Arbeitnehmer, und zwar bezüglich der Haftung für Personenschäden des Arbeitnehmers als Folge von vom Arbeitgeber verschuldeten Arbeitsunfällen: An die Stelle der in diesen Fällen an sich gegebenen Schadensersatzverpflichtung des Arbeitgebers treten hier **Ansprüche gegen die gesetzliche Unfallversicherung**, und zwar deshalb, weil sie allein von den Beiträgen der Arbeitgeber gespeist wird. Die vorsorglichen gemeinschaftlichen Leistungen der Arbeitgeber an die Unfallversicherung sichern sie also im konkreten Arbeitsunfall vor direkten Ansprüchen der Arbeitnehmer (§ 104 Abs. 1 SGB VII) mit der Ausnahme für vorsätzliche Schädigung sowie für Unfälle im allgemeinen Verkehr, nicht aber bei Werksverkehr. Allerdings können die Sozialversicherungsträger bei grober Fahrlässigkeit des Arbeitgebers Regress nehmen (§ 110 SGB VII). **231**

Die Arbeitnehmer müssen insoweit eine nicht unbedenkliche, vom BVerfG[219] jedoch akzeptierte Schlechterstellung in Kauf nehmen, als sie von den Sozialversicherungsträgern keinen Ersatz für immaterielle Schäden, also **kein Schmerzensgeld (§ 253)**, erhalten (s. § 105 SGB VII)[220]. Ein verletzter Arbeitnehmer kann daher seine Hei- **232**

---

217 Weitere Fallkonstruktionen bei *Gamillscheg*, FS Rheinstein II 1969, 1044 ff, der den Satz aufstellt, dass der schädigende Arbeitnehmer im Fall des Bestehens eines Regressanspruchs gegen den Arbeitgeber ebenfalls nur beschränkt haftet, wenn der Arbeitgeber, hätte er selbst den Schaden verursacht, der vertraglichen oder gesetzlichen Haftungsbeschränkung wegen nicht haften würde.

218 Dazu zusammenfassend *Medicus*, Bürgerliches Recht, § 35 II 6; MünchKommBGB-*Selb* § 426 Rn 20 ff.

219 BVerfG v. 07.11.1972, 1 BvL 4 u 17/71, 1 BvR 355/71, NJW 1973, 502.

220 Eine Ausnahme gilt gem. § 105 Abs. 1 S. 1 SGB VII für vorsätzlich herbeigeführte Schäden. Dabei muss sich der Vorsatz allerdings nicht nur auf die Eröffnung der Gefahrenquelle, sondern auch auf den Unfall selbst beziehen (LAG Rheinland-Pfalz v. 17.02.2005, 6 Sa 839/04, MDR 2005, 1117).

lungskosten allein von der zuständigen Berufsgenossenschaft als Träger der Unfallversicherung ersetzt verlangen, Schmerzensgeld erhält er den gesetzlichen Vorgaben
zufolge nicht.

Richardi wandte ein, diese Regelung sei mit Art. 3 Abs. 1 GG nicht vereinbar: Wenn nun § 253
Abs. 2 zufolge Schmerzensgeld nicht mehr bloß Teil deliktischer, sondern sämtlicher Schadensersatzansprüche sei, müsse dies auch für Ansprüche gegen die Berufsgenossenschaft gelten[221].
Die Argumentation des BVerfG ist indes nicht gegenstandslos geworden. Die Haftungsregelun-
gen des BGB und des SGB VII sind unterschiedlich ausgestaltet, verfolgen verschiedene Zwecke
und sind deshalb nicht vergleichbar. Das allgemeine Zivilrecht umfasst alle am Rechtsleben beteiligten Personen und bezweckt den Ausgleich von schuldhaftem Verhalten (von Ausnahmen einmal abgesehen). Die sozialversicherungsrechtlichen Ansprüche hingegen beruhen nicht auf dem
Verschuldensprinzip; sie sollen Konfliktsituationen im Betrieb vermeiden und gewähren deshalb
Ansprüche gegen eine leistungsfähige Genossenschaft (soziales Schutzprinzip) und sperren im
Gegenzug die Haftung des Unternehmers und der Arbeitskollegen (Prinzip der Haftungserset-
zung)[222]. Unterschiedliche – vom BVerfG so genannte – Ordnungssysteme dürfen auch unterschiedliche Rechtsfolgen enthalten. Dies mag rechtspolitisch fragwürdig sein angesichts des
§ 253 Abs. 2 einerseits und der Tatsache, dass Arbeitgeber und Kollegen ja gerade von einem
Schadensersatzanspruch nicht betroffen sind, andererseits; einen Verstoß gegen den Gleichheitsgrundsatz wird das BVerfG aber wohl auch zukünftig verneinen.

233 b) Dieser, durch Leistung von Beiträgen an die gesetzliche Unfallversicherung er-
kaufte Schutz des Arbeitgebers vor direkter Inanspruchnahme bei Arbeitsunfällen mit
Personenschäden würde ausgehöhlt, wenn der Arbeitgeber im Fall eines von einem
Arbeitskollegen verursachten Arbeitsunfalls den Schädiger gegenüber dem verletzten
Arbeitnehmer freistellen müsste: In Übernahme einer berühmten Entscheidung des
BAG im Fall der sog. **Kameradenhaftung**[223] hat § 105 Abs. 1 SGB VII daher Ansprüche des verletzten Arbeitnehmers gegen seinen Arbeitskollegen ebenso ausgeschlossen wie im Direktverhältnis Arbeitgeber/Arbeitnehmer. Allerdings gilt dies
nach der unglücklichen Gesetzesfassung nur bei Verletzten, die im selben Betrieb
(nicht im selben Unternehmen!)[224] beschäftigt sind, sowie nur für Verletzungen bei
„betrieblicher Tätigkeit"[225].

Die daraus folgende, problematische personelle Differenzierung[226] ist durch die Neuregelung des § 2 Abs. 2 iVm § 2 Abs. 1 Nr 1 SGB VII sowie durch die umfassendere
Formulierung in § 105 Abs. 1 SGB VII überwunden worden[227].

234 c) Auch die Haftungsfreistellung des Arbeitgebers bzw von Arbeitskollegen gem.
§§ 104 Abs. 1, 105 Abs. 1 SGB VII führt zu **Störungen des Gesamtschuldausgleichs**,
die der BGH im Ergebnis ebenfalls zulasten des Geschädigten bzw seines Sozialver-
sicherungsträgers (§ 116 SGB X) löst: Wenn zB ein Arbeitnehmer sowohl durch Ver-

---

221 *Richardi* NZA 2002, 1004, 1009; aA – allerdings ohne verfassungsrechtliche Würdigung der Proble-
     matik – nun LAG Rheinland-Pfalz v. 17.02.2005, 6 Sa 839/04, MDR 2005, 1117.
222 BVerfG v. 07.11.1972, 1 BvL 4 und 17/71 und 1 BvR 355/71, NJW 1973, 502, 503.
223 BAG GS v. 25.09.1957, GS 4/56, NJW 1959, 2194.
224 *Otto/Schwarze*, Die Haftung des Arbeitnehmers, 3. Aufl. 1998, Rn 543.
225 *Otto/Schwarze*, Die Haftung des Arbeitnehmers, 3. Aufl. 1998, Rn 543.
226 Vgl dazu die Darstellung auf S. 65 der 5. Aufl.
227 Dazu eingehend *Rolfs* NJW 1996, 3177, 3178, 3179 f.

schulden eines Dritten (Zweitschädiger) als auch durch das Verschulden seines Arbeitgebers oder von Arbeitskollegen (Erstschädiger) geschädigt wurde, hat er zunächst im Rahmen der erwähnten, sich aus SGB VII ergebenden Beschränkungen Anspruch auf vollen Schadensersatz gegen den zuständigen Sozialversicherungsträger. Ansprüche gegen den Zweitschädiger hat er aber angesichts der Tatsache, dass diesem ein Regress gegen den Erstschädiger (entweder Arbeitgeber oder Arbeitskollege) wegen deren Haftungsbeschränkung nicht möglich wäre, nur insoweit, als bei einer (hypothetischen) Abwägung gem. § 426 der Schaden vom Zweitschädiger endgültig zu tragen wäre[228]. Dies gilt auch für Schmerzensgeldansprüche. Dementsprechend kommt ein Anspruchsübergang gem. § 116 SGB X auf den Sozialversicherungsträger auch nur in diesem Umfang in Frage, so dass auch der Sozialversicherungsträger nur in beschränktem Umfang auf den Zweitschädiger zurückgreifen kann. Im Falle von **vertraglichen Vereinbarungen** zwischen Erst- und Zweitschädiger nimmt die Rechtsprechung komplizierte und wenig überzeugende Differenzierungen vor[229].

5. Haftung des Arbeitgebers für Eigenschäden des Arbeitnehmers

Fall 19: Arbeitnehmer A benutzt mit Billigung seines Arbeitgebers B seinen privaten PKW für Dienstgeschäfte. Bei einer Dienstfahrt verursacht A einen Unfallschaden, der von seiner Haftpflichtversicherung reguliert wird. Dafür wird A von der Schadensfreiheitsklasse 5 in Klasse 3 zurückgestuft. A verlangt von B jetzt Erstattung des Prämienmehraufwandes. Zu Recht? (BAG v. 30.04.1992, 8 AZR 409/91, NZA 1993, 262) **Rn 238**   **235**

a) Eine Erweiterung der Haftung des Arbeitgebers für Sachschäden, die der Arbeitnehmer im Betrieb erlitten hat, hat das BAG im sog. **Ameisensäurefall**[230] auch bei fehlendem Verschulden angenommen, indem es dem geschädigten Arbeitnehmer auf der Grundlage des § 670 einen entsprechenden **Aufwendungsersatzanspruch** zugesprochen hat. Dieser sollte jedoch nur bei gefährlichen Arbeiten und außergewöhnlichen Schäden gegeben sein[231]. Dies ist eng. Andererseits ist stets zu fragen, ob nicht gerade bei sog. „arbeitstypischen" Schäden, die die Kritiker des BAG in die Haftung mit einbeziehen wollen, eine pauschale Abgeltung durch entsprechende Lohnzulagen gegeben ist.   **236**

b) Neuerdings ist diese Haftung des Arbeitgebers auf den Ersatz von Schäden erweitert worden, die der Arbeitnehmer etwa bei Fahrten mit eigenem Pkw im Dienst des Arbeitgebers auf Grund Eigenverschuldens erlitten hat. Solche Ansprüche des Arbeit-   **237**

---

228 BGH v. 12.06.1973, VI ZR 163/71, NJW 1973, 1648 = BGHZ 61, 51 = JR 1974, 150 (*Gitter*); dazu auch *Medicus*, Bürgerliches Recht, § 35 II 6; MünchKommBGB-*Selb* § 426 Rn 23.
229 BGH v. 17.02.1987, VI ZR 81/86, NJW 1987, 2669; JZ 1990, 384 (*Selb*); zu vertraglichen Haftungsvereinbarungen zwischen Arbeitgebern zu Lasten von Arbeitnehmern *Denck* NZA 1988, 265.
230 BAG GS v. 10.11.1961, GS 1/60, NJW 1969, 1413 (wegen der Vielfalt der behandelten Anspruchsgrundlagen unbedingt lesenswert); zum Ganzen auch MünchArbR-*Blomeyer* § 96 Rn 61 ff, *ders.* FS Kissel 1994, 77.
231 Dagegen: *Canaris* RdA 1966, 41; ferner *Gick* JuS 1979, 638, 642. Krit zur analogen Anwendung des § 670 BGB durch das BAG *Genius* AcP 173 (1973), 481, 499 ff.

nehmers waren unter Zugrundelegung der Kriterien des Großen Senats (Verlangen des Arbeitgebers, gefährliche Arbeit, außergewöhnliche Schäden) zunächst noch abgewiesen worden[232]. Dann ließ es der Dritte Senat genügen, wenn das Fahrzeug mit Billigung des Arbeitgebers ohne besondere Vergütung im Betätigungsbereich des Arbeitgebers eingesetzt worden war; ein solcher Einsatz sei dann anzunehmen, wenn sonst der Arbeitgeber ein eigenes Fahrzeug einsetzen und damit dessen Unfallgefahr hätte tragen müssen[233]. Dem liegt letztlich eine verdeckte, über § 670 weit hinausführende Rechtsfortbildung zu Grunde, die sich an denselben Wertungen orientiert wie die Grundsätze zur Haftungsbeschränkung zu Gunsten des Arbeitnehmers. Gleichgültig ob der Arbeitnehmer schädigt oder Schäden erleidet, soll sich die schadensersatzrechtliche Beurteilung allein nach dem Aspekt angemessener Risikoverteilung zwischen Arbeitgeber und Arbeitnehmer richten[234].

238   Die Tendenz, Haftungsbeschränkungen bei Schäden, die der Arbeitnehmer verursacht, und Eigenschäden in einem Rechtsinstitut zusammenzufassen, zeigt sich besonders deutlich im **Ausgangsfall 19**, in dem der Arbeitnehmer einen von ihm verursachten Drittschaden nicht nach den Grundsätzen schadensgeneigter Arbeit liquidiert hatte, sondern durch seine Versicherung regulieren ließ, um dann den verminderten Schadensfreiheitsrabatt als Eigenschaden geltend zu machen, womit zugleich – der neueren Rechtsprechung[235] folgend – über echte Sachschäden hinaus auch Vermögensschäden in den innerbetrieblichen Schadensausgleich einbezogen wurden[236]. Um Ausuferungen zu vermeiden, ist es jedoch erforderlich, den Schadensausgleich mit der neueren Rechtsprechung[237] auf solche Schäden zu begrenzen, die nicht dem Lebensbereich des Arbeitnehmers zugeordnet werden können und auch durch das Arbeitsentgelt nicht abgegolten sind.

---

232 BAG v. 16.11.1978, 3 AZR 258/77, NJW 1979, 1424.
233 BAG v. 08.05.1980, 3 AZR 82/79, NJW 1981, 702; vgl auch BAG v. 14.12.1995, 8 AZR 875/94, NZA 1996, 417 (Beschädigung während des Parkens).
234 Zutr *Brox* Anm. zu BAG AP Nr 6 zu § 611 BGB Gefährdungshaftung des Arbeitgebers.
235 BAG v. 11.08.1988, 8 AZR 721/85, NZA 1989, 54.
236 Allerdings hat das BAG in dieser Entscheidung einen Anspruch des Arbeitnehmers abgelehnt, da die Parteien eine Kilometerpauschale vereinbart hatten.
237 BAG v. 20.04.1989, 8 AZR 632/87, NZA 1990, 27; BAG v. 30.04.1992, 8 AZR 409/91, NZA 1993, 262.

§ 3 Ausgewählte Einzelfragen aus dem Individualarbeitsrecht

I. Ausgewählte Entgeltfragen

1. Sonderzahlungen (Gratifikationen)[1]

Arbeitgeber sind schon aus Kostengründen an einem möglichst langen und störungsfreien Bestand der Arbeitsverhältnisse interessiert; jede Unterbrechung der regelmäßigen tatsächlichen Arbeitsleistung auch durch Krankheit und jede Beendigung durch Kündigung werden daher als unwillkommene Störungen betrachtet, die es zu vermeiden gilt. Ein häufig gebrauchtes Mittel dafür stellen **Gratifikationen (Sonderzahlungen)** dar, die der Arbeitnehmer auf Grund der (vertraglich, durch Betriebsvereinbarung oder durch Tarifvertrag festgelegten) Zusagebedingungen beispielsweise nur dann erhält, wenn das Arbeitsverhältnis im gesamten Kalenderjahr bestanden hat (Stichwort: Belohnung für erbrachte Betriebstreue[2]), oder wenn es im Leistungszeitpunkt ungekündigt besteht (Stichwort: Anreiz für künftige Betriebstreue[3]). **239**

Besonders häufig sind Gratifikationen, die an die tatsächlich erbrachte Arbeitsleistung anknüpfen, so dass sich Fehlzeiten (bewusst) anspruchsmindernd auswirken (sog. Anwesenheitsprämien[4]). In vielen Fällen wird der Arbeitgeber mehrere, wenn nicht alle Zwecke verfolgen (Gratifikationen mit Mischcharakter[5]); dies führt zu schwierigen Auslegungsfragen. Entscheidend sind dabei stets die Grenzen, die der Vertragsfreiheit des Arbeitgebers bei der Ausgestaltung der Anspruchsvoraussetzungen gezogen sind. Dies mag deshalb verwundern, weil dem Arbeitgeber bei freiwilligen Zusatzleistungen, die er aus eigenem Antrieb erbringt, also auch gänzlich verweigern könnte, an sich eine größtmögliche Gestaltungsfreiheit zustehen müsste. Gerade sie wird ihm jedoch von Rechtsprechung und hL seit langem nachhaltig bestritten: (Wohl) auf Grund des (angeblichen) Ungleichgewichts im Kräfteverhältnis zwischen Arbeitgeber und Arbeitnehmer nimmt die Rechtsprechung unter Schutzaspekten das Recht für sich in Anspruch, auch und gerade bei freiwilligen Leistungen des Arbeitgebers die Anspruchsvoraussetzungen einer intensiven richterlichen Kontrolle zu unterwerfen. **240**

In Bezug auf **Anwesenheitsprämien** vollführte die Rechtsprechung in einer kaum noch überschaubaren Fülle von Entscheidungen[6] einen regelrechten Schlingerkurs: **241**

---

1 Vgl dazu den Überblick von *Hauck* RdA 1994, 358.
2 Siehe nur BAG v. 27.10.1978, 5 AZR 139/77, AP Nr 96 zu § 611 BGB Gratifikation.
3 Kennzeichnend für solche Sonderzahlungen ist idR die Vereinbarung, dass der Arbeitnehmer zum Stichtag in einem ungekündigten Arbeitsverhältnis steht oder nicht vor einem bestimmten Zeitpunkt nach Auszahlung des Betrages aus dem Arbeitsverhältnis ausscheidet, vgl nur BAG v. 10.05.1962, 5 AZR 452/61; BAG v. 10.05.1962, 5 AZR 353/61 und BAG v. 17.03.1982, 5 AZR 1250/79, AP Nr 22, 23 und 110 zu § 611 BGB Gratifikation.
4 Vgl hierzu nur BAG v. 05.08.1992, 10 AZR 88/90, NZA 1993, 130, 132 = SAE 1993, 246, 249 (*Krebs*); zur Rechtsprechungsentwicklung auch *Preis* ZfA 1992, 93 ff und *Weber* ZfA 1992, 548 ff.
5 Siehe nur BAG v. 25.04.1991, 6 AZR 532/89, NZA 1991, 763.
6 Vgl dazu die nachfolgenden Entscheidungen sowie die eindrucksvolle (und fast Furcht erregende) Zusammenstellung und Systematisierung durch *Hanau/Vossen* DB 1992, 213; MünchArbR-*Hanau* § 69.

Nach „liberalem" Beginn schlug sie zunächst eine recht restriktive Grundhaltung ein, zahlreiche einschränkende Leistungsbedingungen des Arbeitgebers wurden für unzulässig erklärt und die damit von ihm verfolgten Zwecke zumindest teilweise vereitelt. Dann ist der autonomen Zwecksetzung des Arbeitgebers etwas größerer Spielraum zugebilligt worden, während sich später wieder Verschärfungen andeuteten[7]. Ärgerlich und außerordentlich problematisch war dabei, dass Rechtsprechungsänderungen mehrfach auf Änderungen in der Senatszuständigkeit beruhten.

Als besonders problematisch wurde insbesondere die Absicht des Arbeitgebers empfunden, durch die genannten Anwesenheitsprämien, bei denen sich auch und gerade krankheitsbedingte Fehlzeiten anspruchsmindernd auswirken, dem „Krankfeiern" entgegenzuwirken und damit einen gewissen Ersatz für die de lege lata fehlenden Karenztage[8] zu schaffen. Dies deswegen, weil der Arbeitnehmer damit finanzielle Einbußen trotz gesetzlich angeordneter Lohnfortzahlung auch dann erleidet, wenn er (wirklich) krank war. Der Gesetzgeber hat schließlich reagiert und dem unklaren Rechtsprechungskurs mit Einführung des § 4a EFZG ein Ende gesetzt.

Die Norm selbst ist allerdings keine Berechtigungsgrundlage für die Kürzung von Sondervergütungen, sondern stellt lediglich klar, dass Vereinbarungen über solche Kürzungen nicht gegen Gesetzesrecht verstoßen. § 4a EFZG findet nicht nur dann Anwendung, wenn eine Kürzungsvereinbarung getroffen wurde, sondern auch in den Fällen, in denen der Arbeitgeber eine Sonderzahlung von der Bedingung abhängig macht, dass der Arbeitnehmer in einem bestimmten Zeitraum nicht krankheitsbedingt oder unentschuldigt gefehlt hat. Letzteres ist im Ergebnis nichts anderes als eine entsprechende Kürzung der Gratifikation[9].

242 Zulässig ist es nach neuerer Rechtsprechung, den Anspruch auf eine Gratifikation, die den ungekündigten Bestand des Arbeitsverhältnisses voraussetzt, auch dann zu versagen, wenn nicht der Arbeitnehmer, sondern der Arbeitgeber (betriebsbedingt) gekündigt hat[10].

243 Ganz ähnliche Fragen stellen sich dann, wenn (insbesondere Weihnachts-) Gratifikationen zum Zwecke der Betriebsbindung gewährt und infolgedessen mit Rückzahlungsklauseln für den Fall verbunden werden, dass das Arbeitsverhältnis in absehbarer Zeit durch Kündigung beendet wird.

2. Leistungslohn

244 Die Regelform des Arbeitsentgelts ist der **Zeitlohn**; entlohnt wird allein die Arbeitszeit (bemessen nach Stunden, Tagen, Wochen oder Monaten), ohne dass es auf den Arbeitserfolg, dh die in dieser Zeiteinheit tatsächlich erbrachte Leistung, ankommt.

---

7 Siehe hierzu im Einzelnen *Lieb*, 8. Aufl. Rn 230 ff.
8 Dazu auch Rn 148.
9 BAG v. 25.07.2001, 10 AZR 502/00, AP Nr 1 zu § 4a EFZG.
10 BAG v. 25.04.1991, 6 AZR 532/89, NZA 1991, 763; s. hierzu *Henssler* Anm. zu BAG EzA § 611 BGB Gratifikation, Prämie Nr 84, 85.

Weit verbreitet ist aber auch die (gemäß § 87 Nr 11 BetrVG mitbestimmungspflichtige – dazu Rn 826 ff) **Entlohnung nach Leistung**, dh nach Maßgabe des jeweils erzielten Arbeitserfolgs. Dafür gibt es zwei traditionelle Formen, den Akkord- und den – im Vordringen begriffenen – Prämienlohn. Beide setzen als Vergleichsmaßstab die Bestimmung einer **Normalleistung**, dh desjenigen Arbeitserfolgs voraus, den ein Arbeitnehmer bei durchschnittlicher Leistung erzielen sollte. Dementsprechend muss mithilfe arbeitswissenschaftlicher Erkenntnisverfahren[11] (etwa des bekannten REFA-Verfahrens) festgelegt werden, wie viele entgeltwürdige Arbeitsvorgänge in einer Arbeitsstunde bewältigt werden sollen bzw – nach Umrechnung – welche Zeit für einen Arbeitsvorgang veranschlagt werden soll (sog. Zeitfaktor). Die Chance des im Leistungslohn tätigen Arbeitnehmers besteht dann darin, seinen Lohn dadurch steigern zu können, dass er in der zur Verfügung stehenden Arbeitszeit überdurchschnittliche Arbeitserfolge erzielt, während andererseits der Arbeitgeber etwa den Vorteil besserer Ausnutzung des Maschinenparks hat und damit eine raschere Amortisation des im Betrieb eingesetzten Kapitals erreichen kann (höhere Produktivität). Nicht unbedenklich ist freilich, dass der Arbeitnehmer auf diese Weise veranlasst werden kann, allein aus finanziellen Gründen sich selbst zu überfordern. Nicht zuletzt aus diesem Grunde ist Akkordarbeit für Jugendliche und werdende Mütter grundsätzlich verboten (§ 23 JArbSchG; § 4 Abs. 3 MuSchG).

a) Akkordlohn

Beim Akkordlohn bedarf es zusätzlich zur Bestimmung des Zeitfaktors der Festlegung des Betrags, der für den einzelnen Arbeitsvorgang, die Leistungseinheit, also etwa für den bearbeiteten Gegenstand oder den Quadratmeter bearbeiteter Fläche, gezahlt werden soll. Dieser Geldbetrag (**Geldfaktor**) wird nun nicht etwa willkürlich festgesetzt, sondern auf Grund von Überlegungen darüber, wie viel ein Akkordarbeiter bei bestimmter durchschnittlicher Anstrengung in der Stunde verdienen soll. Hier kommt also zumindest als Berechnungsgrundlage ein Zeitlohnelement mit herein, das insbesondere die Vergleichbarkeit zwischen Zeit- und Leistungslöhnen sichert. **245**

Akkordarbeit ist im Ganzen zweifellos anstrengender und aufreibender als Arbeit, die im Zeitlohn vergütet wird. Dem Akkordarbeiter werden daher meist **Zuschläge** zum vergleichbaren Zeitlohn zugebilligt. Wenn also etwa der Zeitlohn für eine vergleichbare Arbeit € 12,– beträgt, wird ein Zuschlag von in der Regel 15 % (das ist der sog. **Akkordrichtsatz**) gewährt, so dass sich die Ausgangsbasis für die Berechnung des Akkordlohns dann auf € 13,80 beläuft. Da bei der Akkordarbeit der Lohn aber nicht nach der Arbeitszeit, sondern nach der Anzahl der erledigten Arbeitsvorgänge berechnet wird, muss der für eine Stunde in Ansatz gebrachte Lohn auf diejenige Zahl von Arbeitsvorgängen umgerechnet werden, die – wie ausgeführt – innerhalb einer Stunde als Normalleistung erbracht werden sollen. **246**

Wird etwa für den betreffenden Arbeitsvorgang eine Arbeitszeit von 20 Minuten zugrundegelegt, bedeutet dies angesichts der Tatsache, dass damit in der Stunde drei Ar- **247**

---

11 Zur Arbeitsbewertung vgl Schaub-*Schaub* §§ 62 ff; MünchArbR-*Kreßel* § 67.

beitsvorgänge erledigt werden können, die mit insgesamt € 13,80 vergütet werden sollen, dass auf die Erledigung des einzelnen Arbeitsvorgangs ein Geldbetrag von € 4,60 entfällt. Man nennt dies den sog. **Geldakkord**. Er wirkt sich etwa für einen Arbeitnehmer, der in der Stunde nicht nur drei, sondern vier Arbeitsgänge bewältigt, dahingehend aus, dass dieser auf einen Stundenlohn von vergleichweise € 18,40 kommen kann. Bei der Festlegung dieser beiden Bezugspunkte für die Berechnung des Akkordlohnes, dem Zeit- und dem Geldfaktor, wird es daher den Arbeitnehmern darauf ankommen, sowohl einen möglichst hohen Geldbetrag zugesagt zu bekommen, als auch eine möglichst lange durchschnittliche Bearbeitungsdauer, da es ihnen dann möglich sein wird, „im Akkord" diese als Berechnungsbasis eingesetzte Arbeitszeit uU nicht unerheblich zu unterschreiten[12].

248 Gegenüber diesem Geldakkord, bei dem nur die Zahl der Arbeitsvorgänge mit dem entsprechenden Geldbetrag für das einzelne Stück multipliziert zu werden braucht, gibt es noch den sog. **Zeitakkord**. Hier ist der gedankliche Vorgang an sich genau der Gleiche, nur die Berechnungsmethode ist verschieden: Ausgegangen wird nicht von dem Lohnbetrag für einen Arbeitsvorgang, sondern von der Normalzeit, dh von der Zeit, die zur Erledigung eines Arbeitsvorgangs benötigt werden soll (im Beispielsfall 20 Minuten). Diese Normalzeit wird dann mit dem Geldfaktor multipliziert. Er entspricht dem Lohnbetrag für eine Arbeitsminute, dementsprechend gewinnt man ihn, indem man den wiederum als Ausgangsbasis herangezogenen Zeitlohn, den ein durchschnittlicher Akkordarbeiter erreichen soll, also € 13,80, durch 60 dividiert. Dies ergibt dann einen Geldfaktor von 23 Cent. Der Lohnbetrag für einen Arbeitsvorgang wird beim Zeitakkord also im Gegensatz zum Geldakkord nicht in einer festen Summe, sondern dadurch ausgedrückt, dass die Normalzeit pro Arbeitsvorgang mit dem Geldfaktor multipliziert wird (im Beispiel 20 × 23 = € 4,60). Schafft ein Arbeitnehmer auf Grund der angenommenen Durchschnittszeit von 20 Minuten pro Arbeitsvorgang in der Stunde tatsächlich nur 3 Arbeitsvorgänge, werden ihm 3 × 20 Minuten gutgeschrieben, das ergibt bei einem Geldfaktor von 23 Cent wiederum € 13,80. Schafft er dagegen in der Stunde vier Arbeitsvorgänge, benötigt er für einen Arbeitsvorgang also nur 15 Minuten, wird ihm die Normalzeit insgesamt viermal, also 4 × 20 = 80 Minuten vergütet, dies ergibt dann bei einem Geldfaktor von 23 wiederum € 18,40. Das Ergebnis ist also notwendigerweise bei Geld- und Zeitakkord dasselbe.

249 Der zunächst etwas komplizierter erscheinende Zeitakkord wird in der Praxis deswegen gern verwendet, weil es hier bei Lohnänderungen genügt, bei sämtlichen Arbeitsvorgängen jeweils den Geldfaktor zu verändern, während beim Geldakkord der je Stück zu zahlende, je nach durchschnittlicher Arbeitsdauer ganz unterschiedliche Geldbetrag erst für alle infrage kommenden verschiedenen Arbeitsleistungen errechnet werden muss[13].

---

12 Zur Sonderform des *Gruppen*akkords siehe *M. Hoffmann*, Die Gruppenakkordarbeit 1981.
13 Zur Mitbestimmung des Betriebsrats vgl Rn 815 ff.

b) Prämienlohn

Neben dem Akkordlohn gibt es noch den sog. **Prämienlohn**. Hier kann neben der Ar-   **250**
beitsmenge (**Mengenprämie**) insbesondere auch die Qualität des Arbeitsprodukts
(**Güteprämie**), die termingerechte Arbeitsleistung (**Terminprämie**), die sparsame
Arbeitsweise (Ersparnisprämie), der pünktliche Arbeitsbeginn (**Pünktlichkeitsprä-
mie**) etc zum Anlass für leistungsabhängige Lohnsteigerungen genommen werden, so
dass sich diese Leistungsabhängigkeit im Gegensatz zum Akkordlohn auf deutlich
mehr Faktoren erstrecken kann, als auf die bloße Menge der geleisteten Arbeit[14].

3. Lohnansprüche bei zweckverfehlenden Arbeitsleistungen

Fall 20: Die Witwe W führt ihrem ebenfalls verwitweten Schwager S nach dem Tode seiner   **251**
Frau jahrelang gegen freie Unterkunft und Verpflegung sowie auf Grund der Zusage der Erb-
einsetzung den Haushalt. Nach dem Tode des S stellt sich heraus, dass dessen in der Tat zu
Gunsten der W errichtetes Testament wegen der Bindung an ein früheres, gemeinschaftliches
Testament der Eheleute S ungültig ist. W klagt nun gegen die Erben auf Zahlung eines monat-
lichen Lohnes von € 200,– für die letzten acht Jahre. Wird die Klage Erfolg haben? **Rn 256**

a) Das BAG hat sich in einer ganzen Reihe von Entscheidungen mit dem in den we-   **252**
sentlichen Grundzügen stets gleichen Sachverhalt zu beschäftigen gehabt, dass jemand ohne Vergütung bzw ohne ausreichende Vergütung Dienste in der Erwartung
verrichtete, dafür später vor allem durch Erbeinsetzung (eine sog. **atypische Gegenleistung**) „belohnt" zu werden, dann aber dadurch enttäuscht wurde, dass die in Aussicht gestellte Erbeinsetzung unterblieb oder – wie **im Ausgangsfall 20** – unwirksam
war[15]. In all diesen Fällen stellt sich das Grundproblem, ob und auf welche Weise dem
Dienstleistenden ein Ausgleich verschafft, seine enttäuschte Erwartung also doch
noch honoriert werden kann. Nun hätte nichts näher gelegen, als diesen Personen auf
der Grundlage des § 812 Abs. 1 S. 2 Var. 2 BGB, der condictio ob rem, einen Berei-
cherungsanspruch wegen Zweckverfehlung gegen die wirklichen Erben zu geben[16].
Die Höhe der Bereicherung hätte dabei an der üblichen Vergütung orientiert werden
können; für den Fall, dass der Nachlass die Höhe der Vergütung nicht erreicht, auch
an dessen Wert als Obergrenze[17].

Das BAG ist im Gegensatz zur älteren Rechtsprechung diesen Weg nicht gegangen, son-   **253**
dern hat als **Anspruchsgrundlage** in ständiger Rechtsprechung **§ 612 BGB** herangezo-

---

14 Zum Prämienlohn vgl *Lieb* ZfA 1988, 413 und SAE 1988, 260; zu Mitbestimmungsproblemen
    Rn 820 ff. Keinen Leistungslohn stellt die sog. Provisionsvergütung dar, da es hier an einer Relation
    zwischen Vergütung und Arbeitszeit fehlt, dazu ebenfalls noch Rn 823 f. Zur Auslegung einer Präm-
    ienlohnklausel in einem Tarifvertrag s. BAG v. 12.05.2004, 4 AZR 59/03, NZA-RR 2005, 81.
15 BAG v. 15.03.1960, 5 AZR 409/58; v. 24.09.1960, 5 AZR 3/60; BAG v. 05.03.1963, 5 AZR 79/63 und
    BAG v. 28.09.1977, 5 AZR 303/76, AP Nr 13, 15, 20, 29 zu § 612 BGB.
16 Lag eine vertragliche, aber etwa wegen § 2302 BGB nichtige Zusage der Erbeinsetzung vor, hätte we-
    gen der sich daraus ergebenden Nichtigkeit auch der Arbeitsverpflichtung § 812 Abs. 1 S. 1 BGB di-
    rekt zur Anwendung kommen können; zur Eigenart der condictio ob rem MünchKommBGB-*Lieb*
    § 812 Rn 196 ff.
17 Vgl dazu *Beuthien* Anm. zu BAG AP Nr 27 und 28 zu § 612 BGB.

gen. Begründet wurde dies vor allem damit, dass in den zu entscheidenden Fällen auf Grund von Art, Umfang und Dauer der geleisteten Arbeit praktisch wie von einer vollberuflichen Arbeitskraft fremdbestimmte Arbeit geleistet worden sei. Damit liege gerade der Lebenssachverhalt vor, den das Gesetz in § 612 BGB wegen der Bedeutung des althergebrachten Satzes, „jede Arbeit ist ihres Lohnes wert", zum Anlass genommen habe, mit der Fiktion des § 612 BGB demjenigen, der solche Dienste erbringe, auch zu einem Vergütungsanspruch zu verhelfen[18]. Dem § 612 BGB wurde auf diese Weise eine Art Auffangfunktion des Inhalts zugeschrieben, immer dann einen vertraglichen Entgeltanspruch zu begründen, wenn an sich entgeltliche Leistungen in – dann enttäuschter – Erwartung einer besonderen Vergütung zunächst unentgeltlich erbracht worden waren.

254 b) Diese Rechtsprechung ist zunächst ohne großes Problembewusstsein ziemlich vorbehaltlos gebilligt worden[19]. Untersuchungen haben indessen ergeben, dass das BAG die Grenzen der Auslegung des § 612 BGB gesprengt und den Sinn und die Funktion dieser Vorschrift allzu unbedenklich verändert hat[20]. Überzeugend ist vor allem der Hinweis von *Canaris*, dass die eigentliche Aufgabe des § 612 BGB, entgeltliche und unentgeltliche Dienstleistungen abzugrenzen und dabei im Zweifel den Ausschlag zu Gunsten der Entgeltlichkeit zu geben, im Fall der Erwartung einer atypischen Gegenleistung geradezu leer läuft, da schon angesichts der Vorstellungen der Parteien an der (nur atypischen) Entgeltlichkeit kein Zweifel bestehen kann[21].

255 Um dem eigentlichen Problem auf die Spur zu kommen, bedarf es freilich der Frage, was denn das BAG veranlasst haben könnte, diesen kühnen Weg für die Begründung eines im Ergebnis sicher notwendigen Anspruchs zu gehen. Es ist dies wieder einmal die Behauptung, das Bereicherungsrecht sei angesichts seiner typischen Schwächen, insbesondere der Möglichkeit, den Einwand des Wegfalls der Bereicherung zu erheben (§ 818 Abs. 3 BGB), als Ausgleichsgrundlage nicht geeignet. Auch diese Begründung hätte indessen kaum die Heranziehung des § 612 BGB, sondern – nach dem konsequenten Vorschlag von *Canaris* – allenfalls die Ersetzung der Rechtsfolgen der §§ 812 ff BGB durch eine angemessenere und weniger unsichere Ausgleichsgrundlage tragen können. *Canaris* hat deswegen den Vorschlag unterbreitet, hier mit der Figur des atypischen faktischen Arbeitsverhältnisses zu arbeiten[22]. Auch diese, methodisch weniger anfechtbare Rechtsfortbildung ist indessen nur dann zu rechtfertigen, wenn das Bereicherungsrecht in den vorliegenden Fällen in der Tat keinen ausreichenden Schutz zu bieten vermag. Mittlerweile hat sich jedoch zumindest im Ergebnis eine weitgehende Übereinstimmung darin herauskristallisiert, dass das Bereicherungsrecht auch den Ausgleich für geleistete Dienste sicherzustellen und insbesondere den Einwand aus § 818 Abs. 3 BGB ausreichend einzuschränken vermag[23].

---

18 So die grundlegende Entscheidung BAG v. 15.03.1960, 5 AZR 409/58, AP Nr 13 zu § 612 BGB.
19 *Diederichsen* (Anm. zu BAG AP Nr 24 zu § 612 BGB) sprach sogar von „geglückter richterlicher Rechtsfortbildung".
20 Dazu nur MünchKommBGB-*Lieb* § 812 Rn 208.
21 *Canaris* BB 1967, 165.
22 *Canaris* BB 1967, 165.
23 Vgl die Darstellung der Problematik in RGRK-*Heimann-Trosien* § 812 Rn 93 f; MünchKommBGB-*Lieb* § 812 Rn 170 f, § 818 Rn 46; *Beuthien* RdA 1969, 161, 164 ff; *Larenz/Canaris*, Lehrbuch des Schuldrechts, Bd. II/2, Besonderer Teil, 13. Aufl. 1994, § 68 II 2 c (S. 159 f).

Im **Ausgangsfall 20** hätte der Zahlungsanspruch der W auch ohne die (voreilige) Rechtsfortbildung des BAG allein auf richtig verstandener bereicherungsrechtlicher Grundlage zugesprochen werden können. Angesichts der Höhe der aufgelaufenen Zahlungsrückstände bedarf
es allerdings stets der Feststellung, ob im Hinblick auf den Umfang des Nachlasses mit einer
vollen Vergütung überhaupt gerechnet werden konnte[24].

256

4. Exkurs: Wegfall der Bereicherung bei Lohnüberzahlung

Zu einem eigenständigen Problemfeld hat sich die **Lohnüberzahlung** sowohl im Arbeitsrecht als auch im Verwaltungsrecht insofern entwickelt, als BAG und BVerwG
bestrebt sind, den Arbeitnehmern (Beamten) durch Vermutungen bei der Geltendmachung des Einwands des Wegfalls der Bereicherung (§ 818 Abs. 3 BGB) zu helfen.
Entreicherung tritt grds. dann ein, wenn der Arbeitnehmer den überzahlten Betrag
ausgegeben hat, ohne dass noch ein aktueller Gegenwert in seinem Vermögen – und
sei es nur als Ersparnis von Aufwendungen – existiert. Das wird für den Arbeitnehmer
(bzw den Beamten) regelmäßig schwierig nachzuweisen sein. Die Rechtsprechung
geht deshalb prima facie von einem Wegfall der Bereicherung aus, wenn die Überzah-
lung verhältnismäßig geringfügig war und feststeht, dass in der fraglichen Zeit keine
besonderen Rücklagen gebildet und keine aus dem Rahmen des Üblichen fallenden
Ausgaben getätigt wurden[25]. Dies hat zur Folge, dass es Aufgabe des Arbeitgebers ist,
Gegenteiliges nachzuweisen. Bei Besserverdienenden greift der Anscheinsbeweis
hingegen nicht. Bei ihnen kann nicht davon ausgegangen werden, dass sie die Über-
zahlung auch ausgeben[26].

257

Darüber hinaus ist vor allem durch öffentlichrechtliche Sonderregelungen eine **Einschränkung des Vertrauensschutzes** insofern entwickelt worden, als die Haftungs-
verschärfung gem. §§ 819 Abs. 1, 818 Abs. 4 BGB nicht nur bei Kenntnis, sondern
schon bei **grober Fahrlässigkeit** eingreifen soll (s. § 87 Abs. 2 S. 2 BBG, § 12 Abs. 2
S. 2 BBesG, § 52 Abs. 2 S. 2 BeamtVG). Ob dieser Gedanke auf den Rückzahlungs-
anspruch aus § 812 Abs. 1 S. 1 Var. 1 BGB des Arbeitgebers aufgrund zu viel gezahl-
ten Lohnes übertragbar ist, ist zweifelhaft. Im Hinblick darauf, dass § 818 Abs. 3
BGB in den Überzahlungsfällen ohnehin nur modifiziert zur Anwendung kommen
kann, dürften indessen methodisch keine Bedenken bestehen, neben Erweiterungen
des Vertrauensschutzes zugunsten des Empfängers auch eine gewisse Haftungsver-
schärfung durch die Einbeziehung der groben Fahrlässigkeit zuzulassen[27].

---

24 Vgl MünchKommBGB-*Lieb* § 812 Rn 210.
25 BAG v. 18.09.1986, 6 AZR 517/83, NZA 1987, 380, 381 f; BVerwG v. 10.10.1961, VI C 25/60, NJW
    1962, 266, 267.
26 Das BAG sah 1994 einen Arbeitnehmer, der damals rund DM 100 000,–, also etwa € 50 000,–, brutto
    im Jahr verdiente, als einen solchen Besserverdienenden an (BAG v. 12.01.1994, 5 AZR 597/92, NZA
    1994, 658, 660).
27 Näher hierzu MünchKommBGB-*Lieb* § 818 Rn 106 ff.

II.   Betriebliche Altersversorgung[28]

1.   Grundsätzliches

258   a) Viele Unternehmen haben im Rahmen freiwilliger sozialer Zusatzleistungen **kollektive Systeme der betrieblichen Altersversorgung** (Definition gem. § 1 BetrAVG: Leistungen der Alters-, Invaliditäts- oder Hinterbliebenenversorgung aus Anlass eines Arbeitsverhältnisses[29]) aufgebaut. Sie dienen der Ergänzung (Aufstockung) der Sozialversicherungsrenten und sollen insbesondere Versorgungslücken schließen[30]. Als Rechtsgrundlage diente früher vielfach das Instrument der **Gesamtzusage** (dazu bereits Rn 51 f); ergänzend kam auch die **betriebliche Übung** (auch dazu bereits Rn 53 ff) in Betracht. Nachdem das BAG die betriebliche Altersversorgung dem § 87 Nr 10 BetrVG unterstellt hat (dazu genauer Rn 809 ff), dürfte heute der Abschluss von Betriebsvereinbarungen dominieren. Bei der Entscheidung der Frage, welche Arbeitnehmer(-gruppen) Ruhegeldzusagen erhalten sollen, sind Gleichberechtigungs- und Gleichbehandlungsgrundsatz (dazu bereits Rn 80 ff) in besonderem Maße zu beachten[31].

Finanziert werden die Beiträge zur betrieblichen Altersvorsorge entweder durch den Arbeitgeber oder den Arbeitnehmer oder durch beide. Der Arbeitgeber kann zusätzlich zur Zahlung von Lohn für den Arbeitnehmer Beiträge in ein im Unternehmen praktiziertes Altersvorsorgemodell einbezahlen; der Arbeitnehmer kann vom Arbeitgeber verlangen, Teile seines künftigen Entgelts in Altersvorsorgebeiträge umzuwandeln (**Entgeltumwandlung**) und diese in das angebotene Altersvorsorgemodell einzuzahlen[32]. Bis zum Jahr 2001 waren Entgeltumwandlungen von der Zustimmung des Arbeitgebers abhängig. Mit dem Altersvermögensgesetz[33] wurde ein Rechtsanspruch auf Entgeltumwandlung im BetrAVG kodifiziert. Danach können Arbeitnehmer vom Arbeitgeber verlangen, dass von ihren künftigen Entgeltansprüchen jährlich bis zu vier Prozent der Beitragsbemessungsgrenze zur gesetzlichen Rentenversicherung in Altersvorsorgebeiträge umgewandelt werden (§ 1a Abs. 1 S. 1 BetrAVG). Finanzielle zusätzliche Leistungen des Arbeitgebers zur Altersvorsorge seiner Arbeitnehmer beruhen aber weiterhin auf seiner freiwilligen Entscheidung.

---

28   Die Entwicklung des BetrAVG, das auch Betriebsrentengesetz genannt wird, zeichnet *Reinecke* (NZA 2004, 753) lesenswert nach.

29   Hierzu BAG v. 08.05.1990, 3 AZR 121/89, NZA 1990, 931; BAG v. 26.06.1990, 3 AZR 641/88, NZA 1991, 144.

30   Sog. Ergänzungsfunktion der betrieblichen Altersversorgung. Zu den verschiedenen Versorgungsmodellen vgl MünchArbR-*Förster/Rühmann* § 105 Rn 68 ff; zur sozialversicherungs- und steuerrechtlichen Behandlung s. *Wellisch/Näth* BB 2002, 1393. „Private und betriebliche Altersvorsorge zwischen Sicherheit und Selbstverantwortung" war auch Thema der Abteilung Altersvorsorge auf dem 65. DJT im September 2004 in Bonn. Die Gutachten erstatteten *Höfer* und *Steinmeyer*, s. hierzu auch *Roth* ZRP 2004, 154.

31   Dabei scheint die Rechtsprechung an die sachliche Rechtfertigung von Differenzierungen immer schärfere Maßstäbe anzulegen; vgl etwa BAG v. 20.07.1993, 3 AZR 52/93, NZA 1994, 125. Übersichten zur Rechtsprechung bei *Ahrend/Rühmann* AuA 1992, 207; die Rechtsprechung seines Senats verteidigt *Griebeling* RdA 1992, 373 und NZA 1996, 449; dazu *Lieb* ZfA 1996, 319.

32   Mit den kollektivrechtlichen Grundlagen und Grenzen der Entgeltumwandlung beschäftigt sich *Konzen*, GS Blomeyer 2003, 173.

33   BGBl. I 2001, 1310.

b) Trotz ihrer Freiwilligkeit können auch zusätzliche betriebliche Sozialleistungen, **259** die durch den Arbeitgeber gewährt werden, nicht als im eigentlichen Sinn unentgeltlich angesehen werden; auch sie werden vielmehr im Hinblick auf die Arbeitsleistung gewährt und bilden damit letztlich einen, wenn auch eigenartigen, **Bestandteil der Gesamtvergütung**, die der Arbeitnehmer für seine Arbeitsleistung erhält[34]. Ihre Eigenart besteht in der deutlichen Lockerung des Synallagmas; insbesondere im Bereich der betrieblichen Altersversorgung werden die zu gewährenden Leistungen nicht durch das Ausmaß der Gegenleistung, dh etwa durch die Dauer der Betriebszugehörigkeit, begrenzt: Sind die Anspruchsvoraussetzungen einmal erfüllt, werden die betreffenden Leistungen vielmehr zeitlich unbegrenzt (und uU auch noch gegenüber Hinterbliebenen) gewährt; die Dauer der Betriebszugehörigkeit bestimmt lediglich die Höhe der einzelnen Teilleistungen.

Die Freiwilligkeit der betrieblichen Sozialleistungen schließt es nicht aus, dass der **260** Arbeitgeber damit handfeste eigene Ziele verfolgt[35]. So können insbesondere bei Knappheit von Arbeitskräften Art und Ausmaß der vom Arbeitgeber in Aussicht gestellten betrieblichen Sozialleistungen mit darüber entscheiden, ob er in ausreichendem Maße neue und qualifizierte Arbeitskräfte gewinnen kann. Die betrieblichen Sozialleistungen haben insofern eine gewisse Anreizfunktion. Dazu kommt die (in der sozialpolitischen Wertung freilich umstrittene) Möglichkeit der Betriebsbindung: Sowohl Gratifikationen als auch Leistungen der betrieblichen Altersversorgung dienen meist (auch) dem Zweck, der (teuren!) Arbeitnehmerfluktuation entgegenzuwirken. Im Bereich der betrieblichen Altersversorgung kommt dies heute noch in der sog. **Wartezeit** des § 1b Abs. 1 BetrAVG zum Ausdruck.

Zu erwähnen sind schließlich steuerliche Motive: Für – erst künftig zu gewährende – **261** Leistungen insbesondere der betrieblichen Altersversorgung kann/muss der Arbeitgeber in bestimmten Grenzen in der Bilanz sog. Rückstellungen bilden und damit den zu versteuernden Gewinn und die Steuerlast verringern; in ertragsschwachen Zeiten kann die betriebsbedingte Altersversorgung damit freilich auch zu (höheren) Verlusten führen. Darüber hinaus sind die Altersvorsorgebeiträge steuerlich abzugsfähig[36].

c) Trotz ihrer Freiwilligkeit hat sich die Rechtsprechung auch im Bereich der betrieblichen Al- **262** tersversorgung in methodisch und sachlich zweifelhafter Weise für befugt gehalten, vielfältig regelnd einzugreifen und insbesondere die Bedingungen der jeweiligen Zusagen einer zum Teil sehr weitgehenden Überprüfung auf ihre – an den Vorstellungen der entscheidenden Gerichte orientierte – sachliche Angemessenheit unterzogen. Als Kontrollinstrument diente auch insoweit die richterliche Inhaltskontrolle. Die materielle Rechtfertigung dafür bildete neben der Ungleichgewichtslage im Verhältnis Arbeitgeber/Arbeitnehmer wohl die Vorstellung, der Arbeitgeber handle letztlich widersprüchlich, wenn er zwar bestimmte Leistungen zusage, diese aber dann von Voraussetzungen abhängig mache, an denen der von den Arbeitnehmern erhoffte Anspruch schließ-

---

34 Damit korrespondiert, dass die früher herrschende sog. Fürsorgetheorie immer mehr zu Gunsten des Entgeltcharakters der betrieblichen Altersversorgung zurückgedrängt worden ist; vgl dazu nur *Steinmeyer*, Betriebliche Altersversorgung und Arbeitsverhältnis 1991, 36 ff, 49 ff; MünchArbR-*Förster/ Rühmann* § 104 Rn 13 ff sowie – zu Art. 119 EWG-Vertrag – EuGH v. 11.03.1981, 69/80, NJW 1981, 2637.
35 Vgl hierzu MünchArbR-*Förster/Rühmann* § 104 Rn 11.
36 §§ 4 Abs. 4, 4c, 4d, 4e, 6a EStG; hierzu *Wellisch/Näth* BB 2002, 1393, 1394 ff.

lich doch noch scheitern könne. Dementsprechend dominiert in der Rechtsprechung insbesondere der Gedanke des Vertrauensschutzes[37], wobei freilich meist nicht beachtet wurde, dass angesichts der in aller Regel klaren Formulierung der Anspruchsvoraussetzungen ein echtes Vertrauen kaum entstehen konnte.

Diese Rechtsprechung ist im Ansatz verständlich und in ihrem rechtspolitischen Elan zu respektieren. Bedenken ergeben sich jedoch gerade daraus, dass hier letztlich in großem Umfang bestimmte eigene **rechtspolitische** Vorstellungen unter erheblicher Ausweitung der bei richterlicher Rechtsfortbildung zu beachtenden Zulässigkeitsgrenzen durchgesetzt werden[38]. Dass der Gesetzgeber die richterliche Rechtsfortbildung durch das BetrAVG weithin übernommen hat, ändert an der rechtspolitischen Bedenklichkeit zu weit gehender Beschränkungen der Vertragsfreiheit des zusagenden Arbeitgebers nichts.

2. Durchführungswege

263   Für die Gewährung von Leistungen der betrieblichen Altersversorgung gibt es vor allem **fünf** sog. **Durchführungswege**[39]:

264   Beim ersten verspricht der Arbeitgeber (das Unternehmen) die Leistung – die Zahlung einer Betriebsrente – selbst (sog. **Direktzusage, § 1 Abs. 1 S. 2 Var. 1 BetrAVG**). Sie wird im Fälligkeitszeitpunkt infolgedessen auch von ihm selbst erbracht; bis dahin braucht er – darin liegt für den Arbeitgeber der Vorteil dieses Verfahrens – finanzielle Mittel nicht aufzuwenden, wohl aber kann er bereits die erwähnten, steuermindernden Rückstellungen bilden[40].

265   Eine zweite Möglichkeit besteht im Abschluss von (Einzel- oder Gruppen-) Versicherungsverträgen zu Gunsten der betreffenden Arbeitnehmer (**Direktversicherung § 1b Abs. 2 BetrAVG**). Hier muss der Arbeitgeber laufend die Prämien bezahlen, ist dafür aber im Fälligkeitszeitpunkt frei; statt seiner leistet dann die Versicherung.

266   Zwei weitere Wege bestehen in der Gründung einer sog. **Pensionskasse** oder einem **Pensionsfonds (§ 1b Abs. 3 BetrAVG; §§ 112 ff VAG)**; das ist ein vom Arbeitgeber ins Leben gerufener, rechtlich selbstständiger eigener Versorgungträger, der den Arbeitnehmern Rechtsansprüche auf Versorgungsleistungen einräumt. Errichtet wird er zumeist als Versicherungsverein auf Gegenseitigkeit (bzw Pensionsfondsverein auf Gegenseitigkeit) oder als AG. Die (laufende) Finanzierung erfolgt auf Grund versicherungsmathematischer, von der Versicherungsaufsicht kontrollierter Zahlungen des Arbeitgebers. Im Gegensatz zu Pensionskassen haben Pensionsfonds eine größere Flexibilität bei ihrer Kapitalanlage[41].

267   Schließlich gibt bzw gab es sog. **Unterstützungskassen (§ 1b Abs. 4 BetrAVG)**. Sie unterschieden sich von Pensionskassen dadurch, dass sie keinen Rechtsanspruch einräumten; dementsprechend bestand auch keine laufende Dotationspflicht des Arbeit-

---

37   Vgl hierzu *Heither* RdA 1993, 72.
38   Krit dazu schon *Lieb/Westhoff* DB 1976, 1958; siehe auch *Loritz* ZfA 1989, 1; *v. Hoyningen-Huene* BB 1992, 1640.
39   Dazu auch *Zöllner/Loritz* § 26 II 2 (323 ff); MünchArbR-*Förster/Rühmann* § 105 Rn 30 ff.
40   Hierzu *Meier/Recktenwald* BB 2006, 707.
41   Näher hierzu *Schoden*, BetrAVG, 78 f.

gebers. Die Rechtsprechung des BAG hat jedoch gerade in Bezug auf solche Unterstützungskassen erhebliche Änderungen bewirkt: So wurde zunächst der (eindeutige) Ausschluss des Rechtsanspruchs in eine bloße Widerrufsmöglichkeit „umgedeutet", wobei an die Widerruflichkeit strenge Anforderungen gestellt wurden[42]. Darüber hinaus hat das BAG die wirtschaftlichen Chancen der Arbeitnehmer auf tatsächliche Leistungsgewährung durch die Unterstützungskasse dadurch erheblich verbessert, dass es den Arbeitgeber gegen seinen ausdrücklichen Willen verpflichtete, der Unterstützungskasse die zur Erfüllung ihrer Aufgaben erforderlichen Mittel zur Verfügung zu stellen[43]. Damit ist die Unterstützungskasse der Pensionskasse sehr weitgehend angenähert worden. Zugleich ist damit die Möglichkeit **unverbindlicher** (trotzdem vom Arbeitgeber im Rahmen seiner wirtschaftlichen Möglichkeiten meist eingehaltener) **Zusagen** von der Rechtsprechung praktisch eliminiert worden. Der Arbeitgeber hat damit nur noch die Wahl zwischen der Einräumung von Rechtsansprüchen und dem völligen Verzicht auf Gewährung von Leistungen der betrieblichen Alterversorgung. Dass diese Entwicklung sozialpolitisch sinnvoll ist, muss bezweifelt werden.

3. Spezielle Rechtsprobleme

Betriebliche Alterversorgungssysteme werfen eine Fülle zweifelhafter Rechtsfragen auf, die zu einer kaum noch überschaubaren Zahl höchstrichterlicher Entscheidungen und zu gewagten Rechtsfortbildungen geführt haben, die der Gesetzgeber im BetrAVG weitgehend bestätigt hat. Schwerpunkte bilden die nachfolgend skizzierten, besonders gewichtigen Fragenkreise.   **268**

a) Unverfallbarkeit

Eine besonders wichtige Anspruchsvoraussetzung für die Gewährung von Leistungen der betrieblichen Alterversorgung bildete früher auf Grund der damals üblichen Fassung der Versorgungszusagen fast immer die **Betriebszugehörigkeit des begünstigten Arbeitnehmers noch im Zeitpunkt der Fälligkeit**. Dies bedeutete, dass Ruhegeldansprüche nicht mehr entstehen konnten, wenn der betreffende Arbeitnehmer vor dem Erreichen der Altersgrenze aus dem Betrieb ausgeschieden war; dies wurde in Bezug auf die bis dahin bestehende bloße sog. Versorgungsanwartschaft plastisch (und taktisch geschickt) als Verfallbarkeit bezeichnet. Diese **Verfallbarkeit** behinderte insbesondere (durchaus im Einklang mit den Absichten des die Versorgung versprechenden Arbeitgebers) die Mobilität und wurde (auch) deswegen mit Argumenten de lege lata und de lege ferenda angegriffen. Das BAG erklärte daher – in zweifelhaftem Vorgriff auf eine geplante, weniger einschränkende, weil nur steuer-   **269**

---

42 Siehe dazu BAG v. 17.05.1973, 3 AZR 381/72; v. 10.11.1977, 3 AZR 705/76 und BAG v. 05.07.1979, 3 AZR 197/78, AP Nr 6, 8 und 9 zu § 242 BGB Ruhegehalt-Unterstützungskassen; das BVerfG hat in seinen Urteilen v. 19.10.1983, 2 BvR 298/81, BVerfGE 65, 197, und v. 14.01.1987, 1 BvR 1052/79, BVerfGE 74, 129, die Entscheidungen des BAG zT aufgehoben, im Wesentlichen jedoch bestätigt; zum Ganzen *Blomeyer/Otto*, BetrAVG, § 1 Rn 250; *Griebeling* DB 1991, 2336.

43 BAG v. 28.04.1977, 3 AZR 300/76 und BAG v. 10.11.1977, 3 AZR 705/76, AP Nr 7 und 8 zu § 242 BGB Ruhegehalt Unterstützungskassen; krit *Blomeyer* BB 1980, 789, 791.

rechtliche, gesetzliche Lösung des Problems – mit einer viel diskutierten Entscheidung aus dem Jahre 1972 solche „Verfallklauseln" bei mehr als zwanzigjähriger Betriebszugehörigkeit für nichtig. Im Wege der Rechtsfortbildung stellte das Gericht den allgemeinen Rechtssatz auf, dass einem Arbeitnehmer, der mehr als 20 Jahre einem Betrieb angehört hat und dem vor dem 65. Lebensjahr vom Arbeitgeber ordentlich gekündigt wird, die bis zu seinem Ausscheiden erdiente Versorgungsanwartschaft erhalten bleibt[44]. Später dehnte es seine Rechtsprechung noch dahingehend aus, dass dieser Rechtssatz auch bei Eigenkündigung des Arbeitnehmers gelte[45].

270 Der Gesetzgeber hat diese Regelung zunächst in § 1 BetrAVG, nunmehr in § 1b Abs. 1 BetrAVG kodifiziert und dabei die zu wahrenden Fristen immer weiter gesenkt. Zunächst wurden sei auf zehn Jahre bzw – bei mehr als zwölfjähriger Betriebszugehörigkeit – auf drei Jahre seit Erteilung der Versorgungszusage herabgesetzt, seit der Änderung durch das Altersvermögensgesetz beträgt die Wartezeit fünf Jahre. Dementsprechend bleibt dem Arbeitnehmer die bis dahin erdiente **Versorgungsanwartschaft (§ 2 BetrAVG)** erhalten, wenn er zu einem späteren als dem im Gesetz genannten Zeitpunkt aus den Diensten des Arbeitgebers, der die Versorgungszusage erteilt hat, ausscheidet. Er kann daher bei Eintritt in den Ruhestand, (Teil-) Ansprüche auch gegenüber seinem alten Arbeitgeber geltend machen.

b) Auszehrung, Anrechnung, Überversorgung

271 Der Ergänzungsfunktion der betrieblichen Altersversorgung wird häufig durch Gesamtversorgungsgrenzen Rechnung getragen; dh, dass Sozialversicherungs- und Betriebsrente zusammen einen bestimmten Höchstsatz nicht überschreiten sollen. Dies führte bei (früher üblicher) überproportionaler Erhöhung der Sozialversicherungsrenten zu Kürzungen des betrieblichen Ruhegeldes (sog. **Auszehrung**). Auch dies wurde vom BAG in freier Rechtsfortbildung mit der Begründung korrigiert, der Arbeitnehmer, dem ein betriebliches Ruhegeld zugesagt worden sei, dürfe darauf vertrauen, eine dauerhafte zusätzliche Versorgung zu erhalten[46]. Der Gesetzgeber hat auch dies in § 5 Abs. 1 BetrAVG kodifiziert und durch das (eingeschränkte) Verbot der Anrechnung anderer Versorgungsbezüge ergänzt (§ 5 Abs. 2 BetrAVG). Rechtliche Probleme hat dieses Anrechnungsverbot insbesondere in Bezug auf Unfallrenten mit sich gebracht[47].

272 Das Auszehrungsverbot führt seinerseits dann zum Problem der **Überversorgung**, wenn die Summe von Sozialversicherungs- und Betriebsrente das letzte (Netto-) Einkommen des Arbeitnehmers überschreitet. Das BAG hat diese Überversorgung längere Zeit akzeptiert und ihre (anspruchsmindernde) Berücksichtigung selbst im Be-

---

44 BAG v. 10.03.1972, 3 AZR 278/71, AP Nr 156 zu § 242 BGB Ruhegehalt.
45 BAG v. 20.02.1975, 3 AZR 514/73, AP Nr 8 zu § 242 BGB Ruhegehalt und Unverfallbarkeit.
46 BAG v. 19.07.1968, 3 AZR 226/67, AP Nr 129 zu § 242 BGB Ruhegehalt.
47 Sie dürfen – ausgehend vom arbeitsrechtlichen Gleichbehandlungsgrundsatz – nur in dem Umfang angerechnet werden, in dem sie Verdienstminderungen der Arbeitnehmer ausgleichen sollen, vgl nur BAG v. 06.06.1989, 3 AZR 668/87, NZA 1990, 274; aus dem umfangreichen Schrifttum *Blomeyer* DB 1982, 952; *Prütting/Weth* NZA 1984, 24.

reich der Betriebsrentenanpassung gem. § 16 BetrAVG (dazu im folgenden Abschnitt) im Regelfall verneint[48]. Neuerdings werden jedoch immerhin abändernde Betriebsvereinbarungen mit dem Ziel des Abbaus von Überversorgungen zugelassen[49].

c) Anpassung

Ruhegelder wurden häufig von vornherein in festen Euro-Beträgen zugesagt oder aber **273** – auch insoweit „statisch" – einmalig nach dem Betrag des zuletzt erreichten Einkommens errechnet. Danach blieb das Ruhegeld auch dann unverändert, wenn der Geldwert auf Grund von Preissteigerungen sank. Eine solche, im Einzelnen ganz unterschiedliche Geldentwertung ist auch in Deutschland seit Jahrzehnten immer wieder zu beobachten; zwar hält sich die jährliche Inflationsrate in Grenzen, über längere Zeit hinweg kann der dadurch bewirkte Kaufkraftschwund jedoch gerade im Fall von Ruhegeldansprüchen beachtliche Ausmaße annehmen.

Obwohl ein solcher Kaufkraftschwund ein ganz allgemeines Problem darstellt und **274** obwohl der Gesetzgeber Dynamisierungsversuchen aus guten (volkswirtschaftlichen) Gründen zumindest zurückhaltend gegenübersteht (sog. **Nominalwertprinzip**), hat das BAG auch hier korrigierend eingegriffen und – gestützt auf die **Generalklausel des § 242 BGB** – den Arbeitgeber für verpflichtet erklärt, Ruhegelder unter bestimmten Umständen der Geldentwertung anzupassen, dh entsprechend zu erhöhen. Immerhin wurde dabei noch eine recht hohe „Opfergrenze" aufgestellt, dh über Anpassungen sollte erst bei einem Kaufkraftschwund von über 40 % zu verhandeln sein[50].

> **Fall 21:** K erhält seit sieben Jahren von seiner früheren Arbeitgeberin B neben der Rente aus **275** der Sozialversicherung eine monatliche Betriebsrente von zunächst € 160,–, später € 200,–. Nun lehnt B eine weitere Erhöhung ua mit dem Hinweis darauf ab, die wirtschaftliche Lage des Unternehmens lasse eine Anpassung nicht zu (BAG v. 23.04.1985, 3 AZR 156/83, NZA 1985, 496). **Rn 277**

Bei den Beratungen des BetrAVG war lange Zeit offen, ob der Gesetzgeber dieser **276** Rechtsprechungstendenz folgen würde. Schließlich wurde mit § 16 BetrAVG bewusst eine ganz vage Regelung geschaffen; danach soll der Arbeitgeber alle drei Jahre die Notwendigkeit der Anpassung der laufenden Leistungen prüfen und darüber nach billigem Ermessen entscheiden. Das BAG hat indessen auch und gerade in Bezug auf § 16 BetrAVG alsbald wieder die Initiative ergriffen und daraus im Ergebnis eine sehr weitgehende **Anpassungsverpflichtung des Arbeitgebers** abgeleitet; demnach soll dieser im Regelfall alle drei Jahre die eingetretene Geldentwertung **voll ausglei-**

---

48 BAG v. 17.01.1980, 3 AZR 1107/78, BAG v. 25.09.1980, 3 AZR 937/79 und BAG v. 11.08.1981, 3 AZR 395/80, AP Nr 8, 10, 11 zu § 16 BetrAVG; zum Ganzen *Dieterich*, FS Hilger/Stumpf 1983, 77; *Lieb* BB 1983, Beil. 10.

49 BAG v. 09.04.1991, 3 AZR 598/89, NZA 1991, 730; BAG v. 28.07.1998, 3 AZR 100/98, NZA 1999, 444; zu Tarifverträgen BAG v. 24.08.1993, 3 AZR 313/93, NZA 1994, 807.

50 BAG v. 30.03.1973, 3 AZR 26/72, BGH v. 28.05.1973, II ZR 58/71 und BGH v. 04.11.1976, II ZR 148/75, AP Nr 4, 6, 7 zu § 242 BGB Ruhegehalt Geldentwertung.

chen[51]. Damit hat die Rechtsprechung den Ermessensspielraum, den der Gesetzgeber dem Arbeitgeber ausdrücklich eingeräumt hatte (Entscheidung nach **seinem** billigen Ermessen), für den Regelfall praktisch beseitigt.

277   Dazu kommt, dass das BAG den Begriff der **wirtschaftlichen Lage des Arbeitgebers**, die gemäß § 16 BetrAVG gleichrangig mit den Belangen des Versorgungsempfängers zu berücksichtigen ist, sehr restriktiv interpretiert: Eine Anpassung der Renten an die Kaufkraftentwicklung soll nur dann ganz oder teilweise abgelehnt werden können, wenn und soweit dadurch eine übermäßige Belastung des Unternehmens verursacht würde. Als übermäßig sei – so das BAG – die Belastung nur dann anzusehen, wenn es mit einiger Wahrscheinlichkeit unmöglich sein werde, den Teuerungsausgleich aus dem Wertzuwachs des Unternehmens und dessen Erträgen in der Zeit nach dem Anpassungsstichtag aufzubringen[52].

> Auf Grund dessen wurde im **Ausgangsfall 21** die Anpassungsverpflichtung der B grundsätzlich bejaht.

278   In einer außerordentlich weitgehenden Rechtsprechung hatte das BAG aus § 16 BetrAVG eine sehr zweifelhafte Verpflichtung des Arbeitgebers zur sog. **nachholenden Betriebsrentenanpassung** für den Fall entwickelt, dass dem Arbeitgeber aus wirtschaftlichen Gründen eine Anpassung nicht möglich war[53]. Dies hat der Gesetzgeber immerhin durch Einfügung des Abs. 4 korrigiert. Die von der Rechtsprechung entwickelten Berechnungsmaßstäbe wurden in Abs. 2 kodifiziert und in Abs. 3 Möglichkeiten der Mindestanpassung geschaffen[54].

279   Außerordentlich zweifelhaft ist, ob und ggf in welchem Umfang im Konzern die Leistungsfähigkeit der Muttergesellschaft für die Bestimmung des Ausmaßes der Anpassung zu berücksichtigen ist (sog. **Berechnungsdurchgriff**)[55].

d) Insolvenzsicherung

280   Auch Ruhegeldansprüche können mit Aussicht auf Erfolg nur dann geltend gemacht werden, wenn der Verpflichtete leistungsfähig ist. Diese Leistungsfähigkeit ist insbe-

---

51 BAG v. 17.01.1980, 3 AZR 614/78 und BAG v. 25.09.1980, 3 AZR 937/79, AP Nr 7, 10 zu § 16 BetrAVG; eingeschränkt wird dies nur insofern, als die Renten nicht höher als die durchschnittlichen Steigerungsraten der Nettolöhne der aktiven Arbeitnehmer des Betriebes angepasst werden müssen (sog. reallohnbezogene Obergrenze); der PSV (dazu Rn 272) unterliegt dagegen keiner Anpassungsverpflichtung: BAG v. 05.10.1993, 3 AZR 698/92, NZA 1994, 459. Dagegen soll die Anpassungsverpflichtung Unternehmenserwerber selbst dann treffen, wenn diese das Unternehmen nicht weiterführen: BAG v. 09.11.1999, 3 AZR 420/98, EzA § 16 BetrAVG Nr 33.
52 BAG v. 23.04.1985, 3 AZR 156/83, NZA 1985, 496, 499; BAG v. 17.04.1996, 3 AZR 56/95, NZA 1997, 155.
53 Bestätigt durch BAG v. 17.04.1996, 3 AZR 56/95, NZA 1997, 155; krit hierzu *Blomeyer* ZIP 1993, 652; *Matthießen/Rössler/Rühmann* DB 1993 Beil. 5; vorbehaltlos zust dagegen *Wiedemann* Anm. zu BAG AP Nr 25 zu § 16 BetrAVG.
54 Dazu *Schoden*, BetrAVG, 369 ff.
55 Dazu BAG v. 04.10.1994, 3 AZR 910/93, NZA 1995, 368; *Konzen* ZHR 151 (1987), 566, 583 ff; *Stimpel*, FS Kellermann 1991, 423; *Junker*, FS Kissel 1994, 451.

sondere bei Direktzusagen dann gefährdet, wenn der Arbeitgeber in wirtschaftliche Schwierigkeiten gerät oder sogar zahlungsunfähig wird. Zur Vorsorge für diese Fälle wurde auf der dafür geschaffenen Rechtsgrundlage des § 14 BetrAVG in Gestalt des sog. **Pensionssicherungsvereins (PSV)**[56] eine Selbsthilfeeinrichtung geschaffen, die im Fall der Zahlungsunfähigkeit des einzelnen Ruhegeldverpflichteten gem. § 7 BetrAVG an seine Stelle tritt. Dementsprechend haben Ruhegeldempfänger die (sichere) Möglichkeit, ihre Ansprüche in diesem Fall gegen den PSV geltend machen zu können. Dessen Leistungsfähigkeit wird dadurch erreicht, dass er seine Mitglieder je nach Bedarf auf öffentlich-rechtlicher Grundlage (Zwangsmitgliedschaft gem. § 10 BetrAVG) zu entsprechenden Umlagen heranziehen kann. Die Insolvenzgefahr wird dadurch auf die Schultern aller derjenigen Unternehmer verlagert, die Betriebsrenten zugesagt haben, und damit praktisch gebannt.

e) Änderung von Versorgungsordnungen

Fall 22: Im Unternehmen U galt bislang eine Betriebsvereinbarung über die betriebliche Altersversorgung, die sich am Maßstab der Gesamtversorgung orientierte. Letztere sollte mindestens 50 % des durchschnittlichen Bruttomonatsentgelts der letzten 24 Monate betragen. Mit zunehmender Dauer der Betriebszugehörigkeit steigerte sich die maßgebende Gesamtversorgung bis zu einer Höchstgrenze von 75 %. Angerechnet wurden die Leistungen aus der Sozialversicherung. Nun tritt eine neue Betriebsvereinbarung in Kraft, die die Höhe der Betriebsrente nicht mehr an der Gesamtversorgung, sondern ua an der Dienstzeit und dem pensionsfähigen Einkommen orientiert. Arbeitnehmerin K würde nach der neuen Pensionsvereinbarung eine wesentlich geringere Betriebsrente erhalten. Sie klagt daher auf Feststellung, dass ihre Betriebsrente nach der früheren Betriebsvereinbarung zu berechnen sei (BAG v. 17.03.1987, 3 AZR 64/84, NZA 1987, 855). **Rn 284**

281

In den letzten Jahren hat sich herausgestellt, dass viele Betriebsrentensysteme auf Dauer wahrscheinlich nicht mehr finanzierbar sind, weil ua – dafür spricht jedenfalls eine gewisse Wahrscheinlichkeit – die Zusagen in guten Zeiten zu großzügig bemessen worden waren, die Ertragskraft der zusagenden Unternehmen nachgelassen hat und auch die zahlreichen Eingriffe der Rechtsprechung erhebliche zusätzliche Kosten verursacht haben[57]. Aufgrund dessen ist ein Bedürfnis nach Korrektur der bestehenden Versorgungsordnungen mit dem Ziel der Verringerung der (künftigen) Betriebsrentenansprüche und damit der dafür erforderlichen Aufwendungen entstanden. Dabei sind freilich erhebliche rechtliche Hindernisse zu überwinden:

282

aa) In den (häufigen) Fällen, in denen die ursprüngliche **Zusage individualrechtlich**, insbesondere durch **Gesamtzusage**, erfolgte, stellt sich zunächst das schwierige, konstruktiv/rechtstechnische Problem, dass der Arbeitgeber zwar (innerhalb gleich noch zu erörternder materiellrechtlicher Grenzen) frei ist, die sog. Gesamtdotation zu verringern, um das Rentenniveau absenken zu können. Für den dann erforderlichen neuen sog. **Verteilungsplan** besteht jedoch nach der Rechtsprechung des BAG ein Mitbestimmungsrecht des Betriebsrats gemäß § 87 Nr 10 BetrVG (dazu noch

283

---

56   Die Satzung ist in RdA 1975, 185 abgedruckt.
57   Vgl dazu *Loritz* ZfA 1989, 1.

Rn 809 ff), die in der Regel den Abschluss einer (abändernden) Betriebsvereinbarung erforderlich macht. Dabei soll nach der – außerordentlich zweifelhaften – Rechtsprechung des Großen Senats des BAG[58] das von ihm erfundene sog. **kollektive Günstigkeitsprinzip** zu beachten sein, das (angeblich) nur sog. umstrukturierende, nicht aber verschlechternde Betriebsvereinbarungen erlaubt (auch dazu noch Rn 795 ff). Damit können infolgedessen lediglich durch Umverteilung Zusatzkosten aufgefangen werden, wie sie etwa durch die Anforderungen der Rechtsprechung an die Einbeziehung von Teilzeitarbeitnehmern entstanden sind.

284 bb) Schwierig ist die Rechtslage auch dann, wenn – wie im **Ausgangsfall 22** – die ursprüngliche, nunmehr zu verschlechternde Regelung durch Betriebsvereinbarung erfolgte. Zwar gilt im Verhältnis aufeinander folgender kollektiver Regelungen nicht das Günstigkeits-, sondern das Ablösungsprinzip, das auch Verschlechterungen erlaubt; das BAG hat jedoch der Verschlechterung durch ein **Dreistufensystem** enge Grenzen gesetzt[59]: Eingriffe in bereits erdiente Teilbeträge (erste Stufe) sind allenfalls in seltenen Ausnahmefällen, nämlich bei existenzgefährdender wirtschaftlicher Notlage des verpflichteten Unternehmens zulässig; Eingriffe in die sog. zeitanteilig erdiente Dynamik[60] (zweite Stufe) setzen Gründe voraus, die ausreichen würden, einen Teuerungsausgleich bei der Rentenanpassung gem. § 16 BetrAVG wegen der „wirtschaftlichen Lage des Arbeitgebers" zu verweigern (sog. triftige Gründe); für Eingriffe in „dienstzeitabhängige Steigerungsbeträge" (dritte Stufe) reichen dagegen „nur" sachliche Gründe aus. Dieses rechtsfortbildend entwickelte und komplizierte System ist in vielem umstritten; in Bezug auf Einzelheiten muss auf die Spezialliteratur verwiesen werden[61]. Zu ergänzen ist, dass die durch das Dreistufensystem des BAG gezogenen Grenzen vom Arbeitgeber auch bei (vorbehaltenem) Widerruf von Versorgungszusagen zu beachten sind[62].

285 In bereits fällige Ruhegeldansprüche kann nur dann eingegriffen werden, wenn durch die damit verbundene finanzielle Entlastung ein sonst gefährdetes Unternehmen bzw vor allem dessen Arbeitsplätze gerettet werden können. Voraussetzung ist daher eine existenzgefährdende **wirtschaftliche Notlage des Unternehmens**, wobei außerdem der dann ggf an Stelle des gefährdeten Unternehmens leistungspflichtige PSV eingeschaltet werden muss[63].

---

58 BAG GS v. 16.09.1986, GS 1/82, NZA 1987, 168.
59 BAG v. 17.04.1985, 3 AZR 72/83, NZA 1986, 57; BAG v. 17.03.1987, 3 AZR 64/84, NZA 1987, 855.
60 Mit dieser Stufe sollte zunächst der Fall erfasst werden, dass dem Arbeitnehmer ein Ruhegeld in Höhe eines bestimmten Prozentsatzes seines *zuletzt* (dh bei Eintritt des Versorgungsfalles) erzielten Einkommens zugesagt wurde. Später hat das BAG den Bereich der „erdienten Steigerungen" auf den Fall erstreckt, dass einem Arbeitnehmer in einer abgelösten Versorgungsordnung im Rahmen eines sog. Gesamtversorgungssystems das Auffüllen einer sog. Versorgungslücke (zwischen Sozialversicherungsrente und einem bestimmten Prozentsatz des zuletzt erzielten Bruttoeinkommens) zugesagt wurde; hierzu *Hanau/Preis* RdA 1988, 65, 79 ff.
61 Siehe nur *Loritz* ZfA 1989, 1, 9 ff; *Hanau/Preis* RdA 1988, 65, 79 ff; *Gaul/Kühnreich* NZA 2002, 495.
62 BAG v. 17.04.1985, 3 AZR 72/83, NZA 1986, 57, 58; MünchArbR-*Förster/Rühmann* § 106 Rn 30.
63 BAG v. 26.04.1988, 3 AZR 277/87, NZA 1989, 305, 682; zur Einschaltung des PSV *Bunge* RdA 1981, 13; krit *Zöllner/Loritz* § 26 II 4 b, aa (328).

f) Begünstigter Personenkreis

Der Schutz des BetrAVG ist interessanterweise nicht auf Arbeitnehmer beschränkt, **286**
sondern gilt gem. § 17 Abs. 1 S. 2 BetrAVG auch für Ruhegeldansprüche solcher
Personen, denen „aus Anlass ihrer Tätigkeit für das Unternehmen" ein **Ruhegeld zugesagt** wurde. Dementsprechend sind etwa auch die Organmitglieder juristischer
Personen[64] in den Schutz des Gesetzes einbezogen. Dies hat dann zu überaus schwierigen Abgrenzungsproblemen geführt, wenn diese Organmitglieder Gesellschafter
waren[65].

g) Exkurs: Nachhaftung

Besondere Schwierigkeiten hat die Frage der sog. **Nachhaftung ausgeschiedener** **287**
Gesellschafter für die in diesem Zeitpunkt bereits begründeten (Lohn- und) Pensi-
onsansprüche bereitet. BAG und BGH hatten zu dieser primär gesellschaftsrechtlichen Frage (§ 159 HGB aF) verschiedene Standpunkte eingenommen[66]; sie wurden
durch eine auch vom BAG akzeptierte Rechtsfortbildung des BGH, der die Vorschrift
des § 159 HGB aF zu einer Art von Enthaftungsvorschrift weiterentwickelte, überwunden[67].

Die Rechtslage ist durch das sog. **Nachhaftungsbegrenzungsgesetz vom** **288**
18.03.1994[68] weithin geklärt worden. Dabei wurde die Verjährungsregelung des alten Rechts zu einer (freilich nicht gerade glücklich formulierten) Haftungsaus-
schlussvorschrift weiterentwickelt, die nunmehr sämtliche Verbindlichkeiten umfasst; die frühere Ausrichtung (nur) auf Dauerschuldverhältnisse, die den Kern der
Problematik gebildet hatten, wurde fallen gelassen. Damit entfällt die Haftung für
Verbindlichkeiten, die vor oder während des Fünf-Jahres-Zeitraums nach Ausscheiden entstanden waren, mit Ablauf der Frist (es sei denn, sie seien gerichtlich
geltend gemacht worden), während (Teil-) Ansprüche, die erst nach Ablauf des
Fünf-Jahres-Zeitraums entstehen, den ausgeschiedenen Gesellschaftern überhaupt
nicht mehr erfassen. Dementsprechend wird der ausgeschiedene Gesellschafter
nach Ablauf von fünf Jahren auch bezüglich der Ansprüche aus betrieblicher Altersversorgung haftungsfrei. Dies gilt entgegen der früheren, sehr streitigen Rechtsprechung auch für (selbst geschäftsleitende) Kommanditisten (§ 160 Abs. 3 S. 1
und 2 HGB).

Dieses Enthaftungsprivileg wurde – entgegen der Regierungsvorlage – schließlich **289**
auch auf ehemalige Unternehmer, die ihr Handelsgeschäft veräußert haben, ausge-

---

64 Zu deren Arbeitnehmereigenschaft Rn 26 ff.
65 BGH v. 28.04.1980, II ZR 254/78; BGH v. 09.06.1980, II ZR 255/78; BGH v. 09.06.1980, II ZR 180/
    79 und BVerfG v. 09.11.1988, 1 BvR 243/86, AP Nr 1, 2, 4, 17 zu § 17 BetrAVG; *Wiedemann/Moll*
    RdA 1977, 13, 22 ff; *Moll* ZIP 1980, 422.
66 Vgl dazu BAG v. 21.07.1977, 3 AZR 189/76, AP Nr 1 zu § 128 HGB einerseits und BGH v.
    19.12.1977, II ZR 202/76, Z 70, 132 andererseits.
67 BGH v. 19.05.1983, II ZR 50/82, Z 87, 286; BAG v. 03.05.1983, 3 AZR 1263/79, AP Nr 4 zu § 128
    HGB; zum Ganzen *Wiesner* ZIP 1983, 1032; *Lieb* ZGR 1985, 124, 127 ff.
68 BGBl. 1994 I, 560.

dehnt (§§ 25, 26 HGB) wie auf ehemalige Unternehmer, die ihr Handelsgeschäft in eine Gesellschaft eingebracht haben (§ 28 Abs. 3 HGB).

290　Geblieben sind hingegen Probleme im Rahmen der Überleitungsvorschriften, die gerade Arbeitsverhältnisse und Ruhegeldansprüche betreffen[69].

III.　Betriebsübergang

1.　Einführung

291　Gemäß § 613 S. 2 BGB ist der Anspruch des Arbeitgebers auf die Dienstleistung des Arbeitnehmers im Zweifel nicht übertragbar. Eine Änderung auf der Arbeitgeberseite kann sich aber als Folge eines Betriebsinhaberwechsels, dh dann ergeben, wenn ein ganzer Betrieb oder ein Betriebsteil rechtsgeschäftlich auf einen neuen Inhaber (im Wege der Singularsukzession) übertragen wird. Der mit Erlass des BetrVG 1972 geschaffene § 613a BGB ordnet dann (ähnlich wie § 566 BGB) als gesetzliche Folge den **Übergang der bestehenden Arbeitsverhältnisse** vom alten auf den neuen Betriebsinhaber an. Es handelt sich dabei im Gegensatz zu § 25 HGB, der bezüglich sonstiger Altverbindlichkeiten des Veräußerers nur eine **kumulative Mithaftung des Erwerbers** anordnet, um einen völligen **Arbeitgeberwechsel**; der alte Betriebsinhaber scheidet als Arbeitgeber aus (seine – beschränkte – Weiterhaftung gemäß § 613a Abs. 2 BGB musste daher vom Gesetz konstitutiv angeordnet werden); an seine Stelle tritt in vollem Umfang der Erwerber, und zwar auch bezüglich derjenigen Rechte und Pflichten aus dem Arbeitsverhältnis, die bereits vor dem Zeitpunkt des Betriebsübergangs entstanden waren.

292　§ 613a BGB lagen ursprünglich betriebsverfassungsrechtliche Zielsetzungen des nationalen Gesetzgebers zu Grunde[70]. Es sollte sichergestellt werden, dass die Mitwirkungsrechte des Betriebsrats durch den Betriebsübergang nicht beeinträchtigt werden. Nach der Regelung des Betriebsübergangs auf europäischer Ebene durch die Richtlinien 77/187/EWG vom 14.02.1977 und 98/50/EG vom 29.06.1998[71], die im März 2001 in der RL 2001/23/EG zusammengefasst wurden, ist jedoch die primäre Funktion des § 613a eher darin zu sehen, den Bestand und zum Teil auch den Inhalt der im übergegangenen Betrieb/Betriebsteil bestehenden Arbeitsverhältnisse zu sichern. Die Vorschrift soll verhindern, dass die im betreffenden Betrieb beschäftigten Arbeitnehmer ihre Arbeitsplätze wegen des Betriebsübergangs verlieren; das Weiterbestehen ihrer Arbeitsverhältnisse wird daher gegenüber dem neuen Betriebsinhaber zwingend angeordnet. Abgesichert wird dieser Bestandsschutz durch das Kündigungsverbot des § 613a Abs. 4 BGB: **Wegen** des Übergangs des Betriebs oder Betriebsteils darf weder

---

69　Vgl dazu MünchKommHGB-*Lieb* § 26 Rn 32 ff, 41 ff; *Lieb* GmbHR 1994, 657, 660 ff.

70　Zur Entstehungsgeschichte und zur Rechtslage vor In-Kraft-Treten des § 613a BGB *Borngräber*, Arbeitsverhältnis bei Betriebsübergang 1977, 28 ff; *Seiter*, Betriebsinhaberwechsel 1980, 23 ff und 152 ff.

71　Zu den europäischen Vorgaben für die Beteiligungsrechte des Betriebsrats *Oetker* NZA 1998, 1193; *Willemsen/Annuß* NJW 1999, 2073.

der bisherige, noch der neue Arbeitgeber kündigen; davon unberührt bleiben Kündigungen „aus anderen Gründen", nämlich diejenigen gemäß § 1 KSchG (dazu noch Rn 331 ff).

Fall 23: Arbeitgeber B veräußert einen Betriebsteil, in dem Arbeitnehmer A tätig ist. A **widerspricht** dem Übergang seines Arbeitsverhältnisses. Gegen die daraufhin von B ausgesprochene betriebsbedingte Kündigung klagt A unter anderem mit der Begründung, er könne in einer anderen Betriebsabteilung anstatt des dort tätigen, sozial weniger schutzbedürftigen Kollegen K arbeiten (BAG v. 07.04.1993, 2 AZR 449/91 (B), NZA 1993, 795). **Rn 296**   293

Der Übergang des Arbeitsverhältnisses vollzieht sich **kraft Gesetzes**, dh willensunabhängig und grundsätzlich zwingend. Das BAG war jedoch seit jeher der Ansicht, den Arbeitnehmern könne die Rechtswohltat des Übergangs ihrer Arbeitsverhältnisse nicht aufgedrängt werden; es billigte daher jedem einzelnen Arbeitnehmer rechtsfortbildend ein (bis zum Betriebsübergang unbefristetes, dann aber unverzüglich auszuübendes[72]) **Widerspruchsrecht** zu, das den Übergang des Arbeitsverhältnisses auf den Erwerber verhindert[73]. Das Arbeitsverhältnis zum Veräußerer bleibt dann bestehen. Dies ist auf vielfältige Kritik gestoßen; nachdem jedoch auch der EuGH das Widerspruchsrecht unbeanstandet gelassen hat[74], wurde es vom Gesetzgeber in § 613a Abs. 6 BGB kodifiziert. Außerdem hat der Gesetzgeber Veräußerer und (alternativ) Erwerber mit detaillierten **Unterrichtungspflichten** belegt (§ 613a Abs. 5 BGB)[75]. Wie fragwürdig und wenig systemimmanent diese Rechtsfortbildung ist, zeigt sich indes an zahlreichen Folgeproblemen.   294

Eine der wichtigsten Fragen ergibt sich daraus, dass der widersprechende Arbeitnehmer, dessen Arbeitsplatz auf den Erwerber übergegangen ist, der Gefahr einer betriebsbedingten Kündigung des Veräußerers ausgesetzt ist. Sofern – eventuell in anderen Betrieben des Veräußerers – keine Weiterbeschäftigungsmöglichkeit für den widersprechenden Arbeitnehmer besteht[76], stellt sich die Frage, ob er sich im Fall der Kündigung auf die Erforderlichkeit einer sozialen Auswahl gemäß § 1 Abs. 3 KSchG berufen kann. Diese bezieht sich allerdings nicht auf das gesamte Unternehmen, sondern nur auf den einzelnen Betrieb, so dass sie nur bei **Übertragung eines Betriebsteils**, nicht aber bei Übertragung des gesamten Betriebs zum Tragen kommen kann. Im erstgenannten Fall hätte die Vornahme einer sozialen Auswahl die Folge, dass dann unter Umständen Arbeitnehmern gekündigt werden müsste, die gar nicht die Chance des Übergangs ihrer Arbeitsverhältnisse auf den neuen Arbeitgeber hatten. Dies ist nicht hinnehmbar. Erforderlich ist daher eine teleologische Reduktion des § 1 Abs. 3 KSchG zu Lasten des Widersprechenden: Wenn ein Arbeitnehmer dem Übergang seines Arbeitsverhältnisses widerspricht und damit die Gefahr einer betriebsbedingten Kündigung selbst heraufbeschwört, obwohl ihn das Gesetz durch die Anord-   295

---

72   BAG v. 19.03.1998, 8 AZR 139/97, NZA 1998, 750.
73   StRspr seit BAG v. 02.10.1974, 5 AZR 504/73, NJW 1975, 1378 ff.
74   EuGH v. 16.12.1992, C-132/91, NZA 1993, 169.
75   *Bauer/v. Steinau-Steinrück* ZIP 2002, 457; *Willemsen/Lembke* NJW 2002, 1159; *Gaul/Otto* DB 2002, 634.
76   Dazu BAG v. 20.04.1989, 2 AZR 431/88, NZA 1990, 32.

nung des Übergangs seines Arbeitsverhältnisses davor gerade schützen will, darf er dieses Risiko nicht durch das Verlangen nach einer darauf teleologisch gar nicht zugeschnittenen sozialen Auswahl auf Arbeitskollegen abwälzen.

296 Das BAG hat im **Ausgangsfall 23** versucht, das Problem dadurch zu lösen, dass (nur) ein **unbegründeter** Widerspruch die Berufung auf das Erfordernis der sozialen Auswahl ausschließt, objektiv vertretbare Widerspruchsgründe sollen dagegen – je nach Gewicht – bei Prüfung der sozialen Gesichtspunkte zu berücksichtigen sein[77].

297 Dies dürfte daran scheitern, dass es Maßstäbe dafür, wann ein Widerspruch als gerechtfertigt angesehen werden kann, nicht gibt[78]. Außerdem steht diese Lösung mit der Rechtsprechung des BAG zur sog. vertikalen Vergleichbarkeit insofern in Widerspruch, als das Gericht betont, ein Arbeitnehmer könne nicht dadurch, dass er sich zu einer Änderung seines Arbeitsvertrages bereit erkläre, den Anwendungsbereich des § 1 Abs. 3 KSchG zu Lasten unbeteiligter Arbeitskollegen erweitern (dazu noch Rn 367 ff).

298 Bei unwirksamer betriebsbedingter Kündigung stellt sich außerdem die Frage, ob der Arbeitnehmer, der vom Veräußerer nach Betriebsübergang nicht mehr beschäftigt werden konnte, Annahmeverzugslohn gemäß § 615 S. 1 BGB auch dann verlangen kann, wenn er beim Erwerber (zu unveränderten Arbeitsbedingungen) hätte arbeiten können. Das BAG[79] will hier § 615 S. 2, 3. Var. BGB anwenden, wenn dem Arbeitnehmer eine (vorübergehende) Tätigkeit beim Erwerber zumutbar war. Dies ist schon deswegen zweifelhaft bzw. reichlich realitätsfern, weil dann der Arbeitnehmer, dessen Arbeitsverhältnis wegen des Widerspruchs nicht auf den Erwerber übergegangen ist, mit diesem einen (bis wann befristeten?) Arbeitsvertrag abschließen müsste. Im Übrigen ist es fraglich, ob denn überhaupt Annahmeverzug vorliegt, wenn der Arbeitnehmer die Unmöglichkeit der Weiterbeschäftigung beim Veräußerer durch die Weigerung, beim Erwerber weiterzuarbeiten, selbst hervorgerufen hat; § 615 BGB sollte insoweit teleologisch reduziert werden[80].

2. Tatbestandsmerkmale

a) Betriebsübergang

299 **Fall 24:** Das Reinigungsunternehmen Z setzte im Rahmen eines ihm erteilten Reinigungsauftrags in einer Schule zehn Putzfrauen, darunter die S, ein. Nachdem die Schule den Auftrag gekündigt und an das Reinigungsunternehmen L neu vergeben hatte, meint die von Z nunmehr betriebsbedingt gekündigte S, ihr Arbeitsverhältnis sei gemäß § 613a BGB auf L übergegangen (nach EuGH v. 11.03.1997, C-13/95 (Ayse Süzen), NZA 1997, 433). **Rn 302**

---

77 BAG v. 07.04.1993, 2 AZR 449/91 (B), NZA 1993, 795, 798; BAG v. 18.03.1999, 8 AZR 190/98, NZA 1999, 870; sehr weitgehend BAG v. 17.09.1998, 2 AZR 419/97, NZA 1999, 258 beim Widerspruch eines tariflich unkündbaren Arbeitnehmers, dazu *Nicolai* ZfA 1999, 633 ff; zum Ganzen ErfK-*Preis* § 613a BGB Rn 104 mwN; BAG v. 24.02.2000, 8 AZR 167/99, SAE 2001, 117 (*Reichold*).

78 Außerdem braucht der Widerspruch gar nicht begründet zu werden (BAG v. 19.03.1998, 8 AZR 139/97, NZA 1998, 750); siehe auch *Lipinski* NZA 2002, 75.

79 BAG v. 19.03.1998, 8 AZR 139/97, NZA 1998, 750 = AP Nr 177 zu § 613a BGB mit Anm. *Moll/Jacobi* = SAE 1998, 319 mit Anm. *R. Weber*.

80 Zur Frage, wie sich der Widerspruch auf Sozialplanansprüche auswirkt, BAG v. 05.02.1997, 10 AZR 553/96, NZA 1998, 158 einerseits und BAG v. 15.12.1998, 1 AZR 332/98, NZA 1999, 667 andererseits.

Eine in den vergangenen Jahren wohl mit am häufigsten diskutierte Frage ist die nach **300** den **Voraussetzungen eines Betriebsübergangs gemäß § 613a Abs. 1 S. 1 BGB.** Die sog. Christel Schmidt-Entscheidung des EuGH aus dem Jahre 1994[81] und die 1997 erfolgte Klarstellung in der Entscheidung Ayse Süzen[82] haben die Rechtsprechung des BAG vollständig verändert und sogar die EU-Kommission zur Neufassung der Betriebsübergangsrichtlinie veranlasst[83]. Der EuGH hat seine Rechtsprechung jüngst in den Entscheidungen Carlito Abler[84] und Güney-Görres[85] präzisiert.

Das BAG ging ursprünglich von einer eher gegenständlichen Betrachtungsweise aus; **301** Ausgangspunkt war die Überlegung, dass ein Betrieb durch seine sächlichen und immateriellen Betriebsmittel gekennzeichnet wird. Dementsprechend war die Übertragung dieser Betriebsmittel notwendige Voraussetzung für einen Betriebsübergang; auf eine Übertragung der Arbeitsverhältnisse kam es nicht an; ihr Übergang war lediglich die **Folge des Betriebsübergangs**[86]. Das BAG ließ es dabei – in bedenklicher Weise – ausreichen, wenn der Erwerber den Betrieb mit den erworbenen Betriebsmitteln im Wesentlichen unverändert fortführen **konnte**[87]. Ein deutlicher Schwachpunkt dieser Auffassung lag darin, dass sie auf Produktionsbetriebe zugeschnitten war, die typischerweise über eben diese sächlichen (Maschinen) und immateriellen (Patente) Betriebsmittel verfügen. Schwierigkeiten bereiteten dagegen Handels- und Dienstleistungsunternehmen[88], da dort sächliche Betriebsmittel in der Regel nur eine geringe Rolle spielen; viel wichtiger sind dort der Kundenstamm, aber auch die Qualifikation und Erfahrung der beschäftigten Arbeitnehmer.

Grundlegend verändert wurde diese Rechtslage durch die Entscheidungen des EuGH. **302** Er postulierte 1994 in der Christel Schmidt-Entscheidung, ein Betriebsübergang könne unter Umständen auch bei einer sog. bloßen Funktionsnachfolge, dh auch dann bejaht werden, wenn keine Betriebsmittel, sondern lediglich die Erledigung der bisherigen Aufgaben einem anderen Unternehmen übertragen werde[89]. Dies stieß in Deutschland auf nahezu einhellige, zT heftige Ablehnung. Der EuGH präzisierte folglich 1997 diese weit reichende Aussage[90]. Die schlichte Funktionsnachfolge reicht demnach für einen Betriebsübergang für sich genommen nicht aus, so dass die **im Ausgangsfall 24** genannte S keinen Erfolg mit ihrer Klage hatte. Was blieb – dies

---

81 EuGH v. 14.04.1994, C-392/92, NZA 1994, 545.
82 EuGH v. 11.03.1997, C-13/95, NZA 1997, 433.
83 Dazu *Gaul* BB 1999, 526 1. Teil, *ders.* BB 1999, 582 2. Teil.
84 EuGH v. 20.11.2003, C-340/01, NZA 2003, 1385.
85 EuGH v. 15.12.2005, C-232 und 233/04, NZA 2006, 29.
86 BAG v. 22.05.1985, 5 AZR 30/84, NZA 1985, 775; BAG v. 12.02.1987, 2 AZR 247/86, NZA 1988, 170; BAG v. 09.02.1994, 2 AZR 781/93, NZA 1994, 614.
87 BAG v. 29.10.1975, 5 AZR 444/74, NJW 1976, 535; BAG v. 22.05.1985, 5 AZR 30/84, NZA 1985, 775; BAG v. 29.09.1988, 2 AZR 107/88, NZA 1989, 799; BAG v. 27.07.1994, 7 ABR 37/93, NZA 1995, 222; dazu vor allem *Willemsen* RdA 1991, 209 ff; *Moll* AnwBl. 1991, 289 ff; *Loritz* RdA 1987, 65; *Joost*, Betrieb und Unternehmen als Grundbegriffe des Arbeitsrechts 1988, 367 ff; zur neueren Entwicklung *Krause* ZfA 2002, 67.
88 Vgl dazu etwa BAG v. 26.02.1987, 2 AZR 321/86, NZA 1987, 589 (Mönckebergstraße); BAG v. 09.02.1994, 2 AZR 781/93, NZA 1994, 612; BAG v. 04.10.1994, 7 KlAr 1/93, NZA 1995, 322.
89 EuGH v. 14.04.1994, C-392/92, NZA 1994, 545, Rn 15 ff.
90 EuGH v. 11.03.1997, C-13/95, NZA 1997, 433; dazu *Preis/Steffan* DB 1999, 309 ff; *Buchner* NZA 1997, 408 ff; *Lorenz* ZIP 1997, 531 ff; *Heinze* DB 1997, 677 f; *Annuß* NZA 1998, 70 ff.

stellt im Ansatz immer noch etwas ganz anderes dar als die frühere Rechtsprechung des BAG – ist sozusagen der „Obersatz": Ein Betriebsübergang liegt vor, wenn eine auf Dauer angelegte wirtschaftliche Einheit übergeht, deren Tätigkeit nicht auf die Ausführung eines bestimmten Vorhabens beschränkt ist. Der Begriff der Einheit soll sich dabei auf eine organisierte Gesamtheit von Personen und Sachen zur Ausübung einer wirtschaftlichen Tätigkeit mit eigener Zielsetzung beziehen[91]. Anders als früher soll dabei die Übertragung sächlicher und immaterieller Betriebsmittel nicht mehr den Ausgangspunkt der Beurteilung bilden; der EuGH fordert vielmehr eine Gesamtabwägung sämtlicher, den betreffenden Vorgang kennzeichnenden Tatsachen. Dazu gehören die Art des betreffenden Unternehmens oder Betriebs, der etwaige Übergang der materiellen Betriebsmittel wie Gebäude und bewegliche Güter, der Wert der immateriellen Aktiva zum Zeitpunkt des Übergangs, der etwaige Übergang der Kundschaft sowie der Grad der Ähnlichkeit zwischen den vor und nach dem Übergang verrichteten Tätigkeiten und die Dauer einer eventuellen Unterbrechung dieser Tätigkeit sowie die etwaige Übernahme der Hauptbelegschaft durch den neuen Inhaber. Diese Umstände sollen jedoch nur Teilaspekte einer vorzunehmenden Gesamtbewertung sein und deshalb nicht isoliert betrachtet werden dürfen.

303   Die vom EuGH geforderte umfassende Würdigung führt vor allem in betriebsmittelarmen Wirtschaftssektoren zu Rechtsunsicherheiten. Bei **Produktionsbetrieben**, die in weitem Umfang auf sächliche und immaterielle Betriebsmittel angewiesen sind, kann maßgeblich auf die Übertragung eben jener abgestellt werden. Hier wird es zudem schon praktisch kaum vorkommen, dass der Erwerber nur die Arbeitnehmer, nicht aber die wesentlichen sächlichen und immateriellen Betriebsmittel übernimmt. Schwieriger ist die Situation bei personalintensiven **Handels- und Dienstleistungsbetrieben** zu beurteilen, die vor allem von den Fähigkeiten und Fertigkeiten ihrer Mitarbeiter leben.

Entscheidend soll für einen Betriebsübergang sein, ob der Erwerber einen nach Zahl und Sachkunde wesentlichen Teil der Arbeitnehmer und die Arbeitsorganisation seines Vorgängers übernommen hat. Je geringer qualifiziert die Arbeitnehmer sind, desto höher muss die Anzahl der übernommenen Arbeitnehmer sein[92].

304   Die Abgrenzung zwischen einer bloßen Auftragsneuvergabe und einem Betriebsübergang ist vor allem dann schwierig, wenn der Auftragnehmer Betriebsmittel des Auftraggebers nutzt (und hierzu womöglich sogar verpflichtet ist). Virulent wurde dies in Bezug auf das Betreiben einer Großküche in einem Krankenhaus (Fall Carlito Abler[93]) und der Durchführung der Sicherheitskontrollen am Düsseldorfer Flughafen (Fall Güney-Görres[94]). Einigkeit besteht zwar darin, dass ein Betriebsübergang nicht

---

91   EuGH v. 11.03.1997, C-13/95, NZA 1997, 433 unter Tz. 13; vgl auch Art. 1 Nr 1a und b RL 2001/23/EG sowie zB BAG v. 16.05.2002, 8 AZR 319/01, NZA 2003, 93; BAG v. 06.04.2006, 8 AZR 222/04, NZA 2006, 723, 725 f.
92   Vgl hierzu einerseits BAG v. 11.12.1997, 8 AZR 729/96, NZA 1998, 534 und andererseits BAG v. 10. 12. 1998, 8 AZR 676/97, NZA 1999, 420; dazu *Buchner* JZ 1999, 593.
93   EuGH v. 20.11.2003, C-340/01, NZA 2003, 1385; hierzu *Bauer* NZA 2004, 14, 16 f.
94   EuGH v. 15.12.2005, C-232 und 233/04, NZA 2006, 29; ihm folgend nunmehr auch BAG v. 06.04.2006, 7 AZR 222/04, NZA 2006, 723, 726.

allein wegen fehlender Übertragung von Eigentum an materiellen Betriebsmitteln, Produktionsmitteln oder Grundstücken auf einen Nachfolger ausgeschlossen werden kann[95]. Noch nicht beantwortet ist damit allerdings die Frage, welche Rolle die Weiternutzung von Betriebsmitteln des Auftraggebers für einen Betriebsübergang nach § 613a BGB spielt. Im Fall Abler hat der EuGH sie ohne weitere Einschränkung als Indiz für die Feststellung eines Betriebsübergangs gewertet. Damit verwischt allerdings die Grenze zwischen bloßer Auftragsneuvergabe und Betriebsübergang. Das BAG hat daher versucht, die Vorgaben des EuGH konkretisieren und die Vereinbarung zwischen dem Auftraggeber und dem ersten Auftragnehmer einer wertenden Betrachtung unterzogen. Ist zwischen ihnen eine Nutzungsvereinbarung getroffen, wonach der Auftragnehmer die Betriebsmittel zur Erfüllung seines eigenen Betriebszweckes autonom einsetzen kann, er sie mithin eigenwirtschaftlich nutzt, sind sie ihm als Aktiva seines Betriebes zurechenbar. Nutzt sie auch der zweite Auftragnehmer, ist dies ein Indiz für einen Betriebsübergang, und zwar unabhängig davon, ob er vertraglich dazu verpflichtet ist. Das **Kriterium der eigenwirtschaftlichen Nutzung** hat der EuGH im Fall Güney-Görres allerdings verworfen. Zwar sei es mit dem Wortlaut der Richtlinie vereinbar; ihre Ziele, Arbeitnehmerschutz und Förderung des Binnenmarktes, könnten dieses Kriterium aber nicht rechtfertigen[96]. Der Gerichtshof eröffnete allerdings auch keine Alternative. Weder erörterte er den Vorschlag des Generalanwaltes Poiares Maduro, stattdessen auf die **Unerlässlichkeit des Einsatzes der auftraggebereigenen Betriebsmittel** abzustellen[97], noch erklärte er das Kriterium des Übergangs materieller Betriebsmittel für gänzlich unerheblich. Darauf wird es allerdings letztlich wohl hinauslaufen. In Betrieben, in denen die sächlichen Mittel von geringer Bedeutung sind, kommt es auch auf ihren Übergang nicht entscheidend an[98].

b) Betriebsteil

Noch komplizierter wird die Rechtslage dadurch, dass insbesondere wiederum bei Funktionsverlagerungen in der Regel nicht die Übertragung eines gesamten Betriebes in Rede steht, sondern nur die **Übertragung eines Betriebsteils**:   **305**

> **Fall 25:** Die EDV-Dienstleistungsgesellschaft E stellt ihren Geschäftsbetrieb ein; vorher hatte   **306**
> sie ihrer Kundin K die für die bisher von ihr erledigten Aufgaben notwendigen Softwareprogramme überlassen, so dass K nunmehr in der Lage ist, die entsprechenden Arbeiten im eigenen Unternehmen verrichten zu lassen. Der von E betriebsbedingt gekündigte Systemprogrammierer A, der bisher für die K zuständig war, meint, sein Arbeitsverhältnis sei auf K übergegangen (nach BAG v. 24.04.1997, 8 AZR 848/94, NZA 1998, 253).
>
> Die Lösung des **Ausgangsfalles 25** hängt davon ab, wie der Begriff des Betriebs**teils** zu definieren und wie er insbesondere von der Übertragung bloßer einzelner Betriebs**mittel** abzugrenzen ist. **Rn 307**

---

95 EuGH v. 19.05.1992, Slg. 1992, I-3189, Rn 12 ff (Redmond Stichting).
96 Krit *Schlachter* NZA 2006, 80, 82 f.
97 Schlussanträge v. 16.06.2005, Rn 40.
98 Ebenso *Schlachter* NZA 2006, 80, 83.

307 Nach einer früheren Definition des BAG konnte das Vorliegen eines Betriebsteils dann bejaht werden, wenn das sächliche Substrat der zu übertragenden Betriebsmittel so zu einer arbeitstechnischen Wirkungseinheit zusammengefasst war, dass damit bestimmte arbeitstechnische und unternehmerische Zwecke sowohl in der Hand des Veräußerers als auch in der Hand des Erwerbers verfolgt werden konnten[99]. Diese Zusammenfassung, dieser Bezug auf ein weiteres, vorgegebenes Ziel, diese Widmung der Betriebsmittel für einen bestimmten Zweck, sind es, die aus einer bloßen Anhäufung von Betriebsmitteln zumindest einen **Betriebsteil** werden lassen[100]. Bei dieser Sichtweise ist das BAG auch nach dem Prämissenwechsel des EuGH – zu Recht – geblieben. Ergänzt werden muss die Betriebsteildefinition jetzt jedoch noch darum, dass auch eine Gruppe von Arbeitnehmern, die innerhalb eines Betriebes zwecks Verfolgung eines Teilzwecks zusammengefasst wurden (beispielsweise einzelne Reinigungstrupps eines Reinigungsunternehmens), insbesondere bei personalintensiven Betrieben einen Betriebsteil darstellen kann. Jedenfalls aber setzt ein Betriebsteilübergang nach der Rechtsprechung des BAG voraus, dass die übernommenen Betriebsmittel bereits beim früheren Betriebsinhaber die Qualität eines Betriebsteils hatten; es reicht also nicht aus – die Klage des A wurde im **Ausgangsfall 25** daher abgewiesen –, wenn der Erwerber mit einzelnen, bislang nicht teilbetrieblich organisierten Betriebsmitteln erst einen Betrieb oder Betriebsteil gründet.

308 Die Übernahme eines bloßen Betriebsteils wirft schließlich noch die weitere Frage auf, welche Arbeitsverhältnisse auf den Erwerber übergehen. Dies ist dann unproblematisch, wenn die betroffenen Arbeitnehmer dem Betriebsteil angehörten bzw keine anderen Arbeitnehmer des Restbetriebs für den betreffenden Betriebsteil tätig waren. Die Arbeitsverhältnisse der letztgenannten gehen dann nicht über. Nach der Rechtsprechung des BAG soll es ferner für einen Übergang der Arbeitsverhältnisse nicht ausreichen, wenn der Arbeitnehmer, ohne dem betreffenden Betriebsteil anzugehören, als Beschäftigter einer nicht übertragenen Abteilung Tätigkeiten für den übertragenden Betriebsteil verrichtete[101]. Damit sind insbesondere die Arbeitnehmer der in der Regel zentralisierten Verwaltungsabteilungen bei einem Betriebsteilübergang nicht geschützt.

309 Bedenken ergeben sich vor allem daraus, dass die Anwendbarkeit des § 613a BGB damit von der Art der jeweiligen Betriebsorganisation abhängig gemacht wird. Hier bedarf es daher vorbereitender Schritte, die sich an dem orientieren, was der Arbeitgeber bei einem realen Übergang zu dezentraler Organisation selbst hätte tun können und müssen: In einem ersten Schritt ist die Zahl der Arbeitsplätze aller Bereiche und Hierarchiestufen zu ermitteln, deren Arbeitsleistungen unter Berücksichtigung der Gesamtleistung des Unternehmens auf den übergehenden Teilbereich entfiel. In einem zweiten Schritt müssen diese Arbeitsplätze sozusagen „besetzt", dh es müssen ihnen Arbeitnehmer aus der Gesamtbelegschaft zugeordnet werden. Dies ist eine (auf Direktionsrecht oder

---

99 BAG v. 22.05.1985, 5 AZR 30/84, NZA 1985, 775; BAG v. 16.10.1987, 7 AZR 519/86, AP Nr 69 zu § 613a BGB.
100 Dazu BAG v. 26.08.1999, 8 AZR 718/98, NZA 2000, 144.
101 BAG v. 13.11.1997, 8 AZR 375/96, NZA 1998, 249, 251; BAG v. 08.08.2002, 8 AZR 583/01, NZA 2003, 315, 318.

dem Ausspruch von Änderungskündigungen beruhende) versetzungsähnliche Maßnahme, bei der eine soziale Auswahl in dem Umfang und nach den Maßstäben zu erfolgen hat, wie sie auch bei Änderungskündigungen erforderlich ist[102].

c) Rechtsgeschäft

Minimiert wurden in zweifelhafter Weise auch die Anforderungen an den **Betriebs-** **übergang durch Rechtsgeschäft.** Allerdings soll die bloße Rückgabe eines verpachteten Betriebes vom Pächter an den Verpächter die Rechtsfolgen des § 613a BGB dann nicht auslösen können, wenn der Verpächter den Betrieb nicht weiterführt; die bloße Möglichkeit der Weiterführung reicht für die Anwendung der Vorschrift entgegen früherer Rechtsprechung nicht aus[103]. Auch auf die Wirksamkeit des Rechtsgeschäfts wird verzichtet[104], so dass die Übertragung eines Betriebs oder Betriebsteils durch einen Geschäftsunfähigen die Rechtsfolgen des § 613a BGB zu Lasten des Erwerbers ebenso auslösen kann wie die eventuelle spätere Rückabwicklung zu Lasten des Geschäftsunfähigen[105]. Das vielfältig zu beobachtende Bestreben der Rechtsprechung, § 613a BGB zu Gunsten der Arbeitnehmer um jeden Preis anzuwenden, zeigt sich hier besonders deutlich.

310

3. Anwendungsbereich

a) Aus der Tatsache, dass § 613a BGB seine betriebsverfassungsrechtliche Herkunft fast völlig abgestreift hat, folgt, dass sein Geltungsbereich unbeschränkt ist; insbesondere fallen darunter auch leitende Angestellte[106].

311

b) Keine Anwendung findet § 613a BGB nach seiner eindeutigen Fassung (**Arbeits-** **verhältnisse**) auf **Ruhestandsverhältnisse**. Daraus folgt, dass der neue Betriebsinhaber den Pensionären jedenfalls gemäß § 613a BGB weder für bereits bestehende, noch gar für erst zukünftig entstehende Ansprüche einzustehen hat. Seine Haftung kann sich insoweit allerdings aus anderen Rechtsgründen, insbesondere aus § 25 HGB, ergeben. Sie beschränkt sich zunächst auf etwa bestehende Rückstände (Altverbindlichkeiten). Im Ergebnis kann jedoch nicht zweifelhaft sein, dass der Erwerber unter den Voraussetzungen des § 25 HGB auch für weitere, erst nach der Betriebsübertragung entstehende (Teil-) Ansprüche insbesondere aus Dauerschuldverhältnissen einstehen muss[107]. Gemäß §§ 26, 28 Abs. 3 HGB endet die Haftung des bisherigen Einzelkaufmanns, der sein Unternehmen (Handelsgeschäft) auf einen neuen Inhaber übertragen

312

---

102 Vgl dazu eingehend *Lieb* ZfA 1994, 229; krit *Gentges* RdA 1996, 265; zu weiteren Nachw. siehe ErfK-*Preis* § 613a BGB Rn 71 f.

103 BAG v. 18.03.1999, 8 AZR 159/98, NZA 1999, 704; siehe auch BAG v. 12.11.1998, 8 AZR 282/97, NZA 1999, 310.

104 BAG v. 06.02.1985, 5 AZR 411/83, NZA 1985, 735; zu allem *Moll* AnwBl. 1991, 282, 294 ff sowie MünchArbR-*Wank* § 124 Rn 75 ff; zur Rechtsprechung des EuGH vgl *Wank/Börgmann* DB 1997, 1229.

105 BAG v. 06.02.1985, 5 AZR 411/83, NZA 1985, 735 f; aA ErfK-*Preis* § 613a BGB Rn 61.

106 BAG v. 22.02.1978, 5 AZR 800/76, AP Nr 11 zu § 613a BGB; *Seiter*, Betriebsinhaberwechsel 1980, 56; *Borngräber*, Arbeitsverhältnis bei Betriebsübergang 1977, 61.

107 Dazu genauer MünchKommHGB-*Lieb* § 25, Rn 81 ff.

(§ 25 Abs. 1 HGB) oder in eine KG eingebracht hat, an der er nur noch als Kommanditist beteiligt ist (§ 28 Abs. 1 HGB) jedoch mit dem Ablauf von fünf Jahren (dazu bereits Rn 287 ff).

313 Anders ist dagegen die Rechtslage in Bezug auf die bloßen **Pensionsanwartschaften** solcher Arbeitnehmer zu beurteilen, die im Zeitpunkt des Betriebsübergangs noch aktiv (und auch noch nicht ausgeschieden[108]) waren. Insoweit geht jetzt die Verpflichtung zur Gewährung von Versorgungsleistungen in vollem Umfang auf den neuen Betriebsinhaber über[109]. Ausnahmen davon gelten nur bei Betriebsübergang in der Insolvenz (dazu im folgenden Abschnitt).

314 c) Überaus streitig war die Anwendbarkeit des § 613a BGB **in der Insolvenz**[110], dh insbesondere bei Veräußerung des Betriebs oder von Betriebsteilen durch den Insolvenzverwalter. Während die rein haftungsrechtlich begründete Vorschrift des § 25 HGB in der Insolvenz unanwendbar ist[111], soll die weitergehende ratio des Bestandsschutzes auch in der Insolvenz zumindest teilweise Beachtung finden. Daraus folgt nach der – über die Vorgaben der Betriebsübergangsrichtlinien hinausgehenden[112] – Rechtsprechung des BAG und der wohl hL, dass zwar die Arbeitsverhältnisse auch bei Veräußerungen aus der Insolvenzmasse auf den Erwerber übergehen (Bestandsschutzaspekt), dass aber die haftungsrechtlichen Auswirkungen insoweit abzumildern sind, als eine Haftung für bereits entstandene Ansprüche entfällt[113]. Dementsprechend hat der Betriebserwerber insbesondere für bereits unverfallbare Pensionsanwartschaften nicht einzustehen[114]. Dies ist vielmehr gem. § 7 Abs. 2 BetrAVG Sache des Pensionssicherungsvereins.

315 d) § 613a BGB ist ferner auf sog. **(echte) Betriebsaufspaltungen** anwendbar, bei denen ein einzelnes Unternehmen auf rechtsgeschäftlichem Wege in zwei (eventuell auch mehr) Unternehmen, meist eine Besitz- und eine Betriebsgesellschaft, aufgeteilt wird. Hier geht im Regelfall – und dies wird von den Unternehmensträgern auch angestrebt – der gesamte Betrieb einschließlich der Arbeitnehmer auf die (wirtschaftlich meist wesentlich schwächere) Betriebsgesellschaft über. Diese bisher klare Rechtslage ist durch eine neue Entscheidung des BAG in Frage gestellt worden[115]. Die Betriebsgesellschaft existierte in dem zu entscheidenden Sachverhalt nur als „virtuelles"

---

108 Ist der Arbeitnehmer bereits ausgeschieden, erfolgt kein Übergang: vgl nur BAG v. 24.03.1987, 3 AZR 384/85, NZA 1988, 246.
109 BAG v. 14.07.1981, 3 AZR 517/80, NJW 1982, 1607; BAG v. 20.07.1982, 3 AZR 261/80, AP Nr 31 zu § 613a BGB.
110 Dazu *Schaub* ZIP 1989, 205, 212; ErfK-*Preis* § 613a BGB Rn 142 ff.
111 Vgl zu § 419 BGB BGH v. 19.02.1976, III ZR 75/74, Z 66, 217, 228 und *K. Schmidt*, Handelsrecht, 5. Aufl. 1999, § 8 II 3 b.
112 EuGH v. 07.02.1985, 186/83 (Botzen), Slg. 1985, 519.
113 BAG v. 17.01.1980, 3 AZR 160/79, AP Nr 18 zu § 613a BGB; BAG v. 26.05.1983, 2 AZR 477/81, AP Nr 34 zu § 613a BGB; zum Ganzen MünchArbR-*Wank* § 124 Rn 161 ff.
114 BAG v. 17.01.1980, 3 AZR 160/79, AP Nr 18 zu § 613a BGB; *Seiter*, Betriebsinhaberwechsel 1980, 138. Dies gilt auch für verfallbare Anwartschaften: BAG, EuGH-Vorlage v. 23.03.1999, 3 AZR 631/97 (A), AP Nr 4 zu § 1 BetrAVG Betriebsveräußerung (*Blomeyer*) = SAE 1987, 215 (*v. Maydell*).
115 BAG v. 12.11.1998, 8 AZR 301/97, NZA 1999, 715; s.a. BAG v. 12.11.1998, 8 AZR 282/97, NZA 1999, 310; dazu *Nicolai* ZfA 1999, 631 ff.

Unternehmen; der Betrieb wurde weiterhin von der früheren Unternehmensträgerin geführt. Das BAG lehnte hier einen Betriebsübergang ab und postulierte – weit über den zu entscheidenden Fall hinaus –, ein Betriebsübergang trete erst mit dem Wechsel des Inhabers ein. Der neue Inhaber müsse den Betrieb tatsächlich führen, der bisherige Inhaber müsse seine wirtschaftliche Betätigung im Betrieb einstellen.

§ 613a Abs. 1, 4 BGB gelten ferner nach der zwar sprachlich missglückten, der Sache nach aber eindeutigen Regelung des § 324 UmwG auch für die in diesem Gesetz geregelten **Umwandlungen bzw Spaltungen von Unternehmensträgern**. Da indes die Arbeitsverhältnisse der Arbeitnehmer (und über § 613a BGB hinausgehend – Rn 312 – auch Ruhestandsverhältnisse) schon wegen der (partiellen) Gesamtrechtsnachfolge des neuen Unternehmensträgers auf diese übergehen, hat die Verweisung auf § 613a Abs. 1 BGB selbstständige Bedeutung zunächst nur für Umwandlungsfälle, bei denen Arbeitsverhältnisse den jeweils übergehenden Betrieben/Betriebsteilen (§§ 126 Abs. 1 Nr 9, 184, 323 Abs. 2 UmwG) erst noch zugeordnet werden müssen. Streitig und schwierig ist dann das Verhältnis von § 613a BGB zur Zuordnung der Arbeitnehmer im sog. **Spaltungsplan**[116]. **316**

Von erheblicher praktischer Relevanz ist ferner die durch § 324 UmwG angeordnete Geltung der §§ 613a Abs. 1 S. 2 bis 4 BGB[117], die die Fortgeltung von Tarifverträgen und Betriebsvereinbarungen[118] regeln: Wenn nur der frühere Unternehmensträger qua Mitgliedschaft in einem Arbeitgeberverband an einen Verbandstarifvertrag gebunden war – ein **Firmentarifvertrag** geht wiederum im Wege der Gesamtrechtsnachfolge auf den neuen Unternehmensträger über – ordnet § 613a Abs. 1 S. 2 BGB für die Arbeitnehmer auch für Umwandlungsfälle einen einjährigen Inhaltsschutz an[119]. **317**

4. Weitergeltung von Tarifverträgen und Betriebsvereinbarungen

§ 613a BGB hatte in seiner ursprünglichen Fassung allein auf die Rechte und Pflichten aus dem Arbeitsverhältnis abgestellt. In Bezug auf die besonders wichtige Frage nach der Weitergeltung von im Betrieb geltenden Betriebsvereinbarungen und Tarifverträgen fehlte dagegen jede Regelung. Damit bestand schon deswegen eine empfindliche Gesetzeslücke, weil die in (Lohn-) Tarifverträgen und Betriebsvereinbarungen enthaltenen Regelungen gerade die wichtigsten Arbeitnehmeransprüche betreffen, Betriebsvereinbarungen und Tarifverträge aber nach hL[120] nicht Inhalt der Arbeitsverhältnisse werden, sondern lediglich gesetzesgleich auf diese einwirken. Ob und wie diese Lücke geschlossen werden kann, war sehr streitig[121]. Der Gesetzgeber **318**

---

116 Dazu *Willemsen* RdA 1993, 133; *Joost* in: Kölner Umwandlungsrechtstage 1995, 319; *Willemsen* NZA 1996, 791.
117 Vgl *Kallmeyer-Willemsen* § 324 UmwG Rn 1 ff; Schmitt/Hörtnagl/Stratz-*Hörtnagl* § 324 UmwG Rn 1 f; *Schaub*, FS Wiese 1998, 535.
118 Dazu *Müller* RdA 1996, 287.
119 Einzelheiten bei *Gaul* NZA 1995, 717; *Däubler* RdA 1995, 136, 139 f.
120 AA *Rieble*, Arbeitsmarkt und Wettbewerb 1996, Rn 1194 ff, 1241 ff; *Löwisch/Rieble* § 4 Rn 21 f.
121 Vgl den Überblick bei *Seiter* DB 1980, 877, 879 und *Borngräber*, Arbeitsverhältnis bei Betriebsübergang 1977, 94 ff.

hat dafür auf der Grundlage einer EG-Richtlinie die §§ 613a Abs. 1 S. 2–4 BGB geschaffen[122].

319 Das Ziel dieser Regelungen ist der inhaltliche Fortbestand der im Zeitpunkt des Betriebsübergangs[123] geltenden kollektivrechtlichen Regeln auch dann, wenn der neue Arbeitgeber nicht mehr tarifgebunden sein sollte, während es beim Fortbestehen der beiderseitigen Tarifgebundenheit bei der kollektiven Geltung des „alten und neuen" Tarifvertrags bleibt[124]. Erreicht werden soll dies durch die Anordnung, die sich aus den bisherigen kollektiven Regelungen ergebenden Rechte und Pflichten sollten zum **Inhalt des Arbeitsverhältnisses** werden[125]. Damit verändert sich ihre rechtliche Qualität[126]. Die Normenwirkung geht über in eine rein individualrechtlich begründete Weitergeltung[127]. Dies bedeutet vor allem, dass die betreffenden Regelungen ihre bisherige Unabdingbarkeit verlieren. Der Gesetzgeber musste diese daher für den Übergangszeitraum von einem Jahr (§ 613a Abs. 1 S. 2 letzter Halbsatz BGB) neu anordnen. Dies bedeutet zum einen, dass kollektive Regelungen nur so aufrechterhalten bleiben, wie sie zum Zeitpunkt des Betriebsübergangs bestanden (sog. statische Verweisung) Zum anderen werden nach Betriebsübergang eingestellte Arbeitnehmer von den bisherigen Tarifverträgen und Betriebsvereinbarungen nicht mehr erfasst[128].

320 Nach dem Gesetzeswortlaut ordnet § 613a Abs. 1 S. 2 BGB nur die Weitergeltung derjenigen Regelungen an, die sich aus Inhaltsnormen ergeben. Dabei muss es de lege lata bleiben[129].

321 **Fall 26:** Für den Handelsbetrieb des A galt ein mit der HBV abgeschlossener Tarifvertrag, der ua eine Abfindungsregelung für betriebsbedingte Kündigungen enthielt. Später ging der Betrieb auf einen neuen Inhaber über; dieser war Mitglied eines anderen Arbeitgeberverbandes, der ebenfalls mit der HBV einen Tarifvertrag ohne eine solche Abfindungsregelung abgeschlossen hatte. Der seit 1973 im Betrieb beschäftigten Arbeitnehmerin K wird nun aus betriebsbedingten Gründen gekündigt. Sie verlangt vom neuen Arbeitgeber die im „alten" Tarifvertrag geregelte Abfindung (vgl BAG v. 20.04.1994, 4 AZR 342/93, NZA 1994, 1140).
Rn 323

322 Die durch **§ 613a Abs. 1 S. 2 BGB begründete Weitergeltung** entfällt nach S. 3 dann, wenn die betreffenden „Rechte und Pflichten" durch Tarifverträge oder Be-

---

122 Umfassend hierzu *Wank* NZA 1987, 505; *Moll* RdA 1996, 275.
123 BAG v. 13.11.1985, 4 AZR 309/84, NZA 1986, 422 f; § 613a Abs. 1 S. 2 BGB enthält also keine dynamische Verweisung.
124 *Wank* NZA 1987, 505, 506.
125 Nach BAG v. 27.07.1994, 7 ABR 37/93, NZA 1995, 222 soll § 613a Abs. 1 S. 2 bis 4 lediglich einen Auffangtatbestand darstellen, der es nicht ausschließe, den Betriebserwerber dann bereits normativ an die vom Betriebsveräußerer abgeschlossenen Betriebsvereinbarungen zu binden, wenn der Betrieb in der Hand des Erwerbers erhalten bleibe.
126 Siehe *Seiter*, Betriebsinhaberwechsel 1980, 89 f; *ders*. DB 1980, 877, 878; *Moll* NJW 1993, 2016, 2020.
127 Krit *Zöllner* DB 1995, 1401.
128 Vgl zu diesen Fragen nur Soergel-*Raab* § 613a Rn 102 ff; zum Ganzen auch *Preis/Steffan*, FS Kraft 1998, 477.
129 Vgl dazu *Moll* RdA 1996, 275, 277 f.

triebsvereinbarungen[130] geregelt werden, die im aufnehmenden Betrieb gelten; diese erfassen die Rechtsverhältnisse der übernommenen Arbeitnehmer jedenfalls dann, wenn – wie im **Ausgangsfall 26** – beiderseitige („kongruente") Tarifgebundenheit besteht. Darüber hinaus will eine neuere Lehre S. 3 auch dann anwenden, wenn nur der Arbeitgeber tarifgebunden ist (sog. inkongruente Tarifgebundenheit); die damit den Arbeitnehmern eröffnete Möglichkeit, den neuen Tarifvertrag durch Beitritt zur betreffenden Gewerkschaft zur Anwendung zu bringen, soll für die Verdrängung des alten Tarifvertrages ausreichen[131]. Diese Ansicht wird jedoch von der wohl hL abgelehnt, die für eine Anwendbarkeit des S. 3 eine kongruente Tarifbindung fordert[132]. Das BAG ließ die Frage einer beiderseitigen Tarifbindung zunächst ausdrücklich offen[133], schloss sich später jedoch den Befürwortern einer beiderseitigen Tarifbindung an und betonte, seine allgemeinen Grundsätze zur Auflösung von Tarifpluralitäten und damit auch das Prinzip von der Tarifeinheit seien im Hinblick auf die Sonderregelung des § 613a BGB nicht anwendbar[134].

Sofern § 613a Abs. 1 S. 3 BGB eingreift, findet zwischen altem und neuem Tarifvertrag kein Günstigkeitsvergleich statt; insoweit gilt das Ablösungsprinzip, und zwar auch bei erst späterem In-Kraft-Treten kollektiver Regelungen im aufnehmenden Betrieb. Soweit die im aufnehmenden Betrieb geltenden Normen keine Regelung enthalten, bleibt es bei der individualrechtlichen Weitergeltung der im ursprünglichen Betrieb geltenden Tarifverträge und Betriebsvereinbarungen gemäß S. 2. **323**

> Aus diesem Grunde hat das BAG im **Ausgangsfall 26** trotz § 613a Abs. 1 S. 3 BGB der Klage stattgegeben[135].

§ 613a Abs. 1 S. 2 bis 3 BGB gelten – unabhängig von der Frage der inkongruenten Tarifgebundenheit – nur dann, wenn die Arbeitnehmer vor Betriebsübergang tarifgebunden (§ 3 Abs. 1 TVG) waren. Für Außenseiter, auf deren Arbeitsverhältnisse Tarifverträge in der Regel nur qua vertraglicher Bezugnahme Anwendung finden, greift daher ausschließlich § 613a Abs. 1 S. 1 BGB ein. Für sie gilt weder die einjährige Verschlechterungssperre, noch kann S. 3 zur Anwendung kommen. Letzteres führt bei **324**

---

130 Nach hM können auch Betriebsvereinbarungen Tarifverträge ablösen; zu beachten ist aber § 77 Abs. 3 BetrVG, der schon dann eingreift, wenn ein Betrieb in den Geltungsbereich eines anderen Tarifvertrages fällt (Soergel-*Raab* § 613a BGB Rn 128).
131 Grundlegend *Zöllner* DB 1995, 1401; *Moll* RdA 1996, 280; *Hromadka* DB 1996, 1875; *Buchner* GmbHR 1997, 439; *Henssler*, FS Schaub 1998, 311, 318 ff; *Wellenhofer-Klein* ZfA 1999, 239, 256 ff; aA Soergel-*Raab* § 613a Rn 125; Erman-*Hanau* § 613a Rn 89; *Kania* DB 1994, 529; einschränkend aber *Hanau/Kania*, FS Schaub 1998, 256; *Kania* DB 1996, 1923.
132 RGRK-*Ascheid* § 613a BGB Rn 220; *Kania* DB 1994, 529, 530 ff; *ders.* DB 1995, 625, 626; *Kraft*, FS Zöllner 1998, 831, 838; MünchKommBGB-*Müller-Glöge* § 613a Rn 140; ErfK-*Preis* § 613a BGB Rn 119; Soergel-*Raab* BGB, § 613a Rn125; Staudinger-*Richardi/Annuß* BGB, § 613a Rn 193; MünchArbR-*Wank* § 124 Rn 195.
133 BAG v. 26.09.1979, 4 AZR 819/77, AP Nr 17 zu § 613a BGB; BAG v. 19.03.1986, 4 AZR 640/84, NZA 1986, 687 f.
134 BAG v. 20.04.1994, 4 AZR 342/94, AP Nr 108 zu § 613a BGB; BAG v. 16.05.1995, 3 AZR 535/94, NZA 1995, 1166, 1167; BAG v. 21.02.2001, 4 AZR 18/00, NZA 2001, 1318; BAG v. 25.09.2002, 4 AZR 294/01,NZA 2003, 807, 809.
135 BAG v. 20.04.1994, 4 AZR 342/93, SAE 1995, 200 m. abl Anm. *Nicolai*.

ungünstigeren kollektiven Regelungen zu einer (unerwünschten) Besserstellung der Außenseiter; deren Gleichbehandlung versucht man, durch eine (ergänzende) Vertragsauslegung der Bezugnahmeklausel zu erreichen[136].

325 Die nicht ganz einfach zu verstehende Satzfolge von § 613a Abs. 1 S. 2–4 BGB beruht auf dem Gedanken, dass es der durch S. 2 angeordneten individualrechtlichen Weitergeltung der bisher auf das Arbeitsverhältnis einwirkenden Rechtsnormen von Tarifverträgen und Betriebsvereinbarungen dann nicht bedarf, wenn entweder im aufnehmenden Betrieb entsprechende Normen gelten (S. 3) oder wenn eine individualrechtliche Geltung dieser neuen Tarifverträge durch Bezugnahme vereinbart wird (S. 4 Var. 2). Zu ergänzen ist, dass es der individualrechtlichen Fortgeltung auch dann nicht bedarf, wenn die bisherigen Tarifverträge und Betriebsvereinbarungen ohnehin im neuen Betrieb gelten. Mittlerweile anerkannt ist, dass es sich bei § 613a BGB nicht um eine abschließende gesetzliche Regelung, sondern um einen **Auffangtatbestand** handelt, auf den nur zurückzugreifen ist, wenn der mit ihm verfolgte Arbeitnehmerschutz nicht schon auf andere Weise gewährleistet ist. Dementsprechend hat die ganz herrschende Meinung jedenfalls bislang eine kollektivrechtliche Fortgeltung einer (Einzel-) Betriebsvereinbarung angenommen, wenn die organisatorische **Identität des Betriebs** nach dem Betriebsübergang beim Erwerber erhalten bleibt, so dass der Erwerber in die zwischen Veräußerer und Betriebsrat bestehende Betriebsvereinbarung eintritt[137]. Entscheidend dafür ist der Normzweck. Die Vorschrift soll Schutzlücken schließen, nicht aber bestehende betriebsverfassungsrechtliche Bindungen lockern. Bleiben die betriebliche Identität – der Betrieb ist der Bezugspunkt der Betriebsvereinbarung – und damit auch der Betriebsrat nach einem Betriebsübergang erhalten, spricht nichts dagegen, dass der Erwerber über den zu engen Wortlaut des § 613a Abs. 1 S. 1 BGB hinaus[138], der sich nur auf die arbeitsvertragliche Stellung des Erwerbers bezieht, auch betriebsverfassungsrechtlich an die Stelle des Veräußerers tritt und bisherige Betriebsvereinbarungen normativ fortgelten. Die Transformation in den Arbeitsvertrag ist in diesem Fall überflüssig[139].

Fall 27: In einem Unternehmen mit mehreren Betrieben besteht ein Gesamtbetriebsrat, der mit dem Arbeitgeber eine Gesamtbetriebsvereinbarung über Sozialleistungen abgeschlossen hat. Der Arbeitgeber überträgt nun einige Betriebe, ohne sie organisatorisch zu verändern, auf ein anderes Unternehmen, das bis dahin als Vorratsgesellschaft keine eigenen Betriebe unterhalten hatte. Dort wird ein neuer Gesamtbetriebsrat gebildet. Der Erwerber will sich einige Zeit später vom Inhalt der Gesamtbetriebsvereinbarung lösen, und kündigt sie gegenüber dem Einzelbetriebsrat eines der übernommenen Betriebe. Der Betriebsrat beantragt vor dem Ar-

---

136 Siehe dazu *Zöllner* DB 1995, 1405; *Kania* DB 1994, 532; vgl auch MünchKommBGB-*Müller-Glöge* § 613a Rn 144.
137 Siehe etwa BAG v. 05.02.1991, 1 ABR 32/90, NZA 1991, 639, 641 f; BAG v. 27.07.1994, 7 ABR 37/ 93, NZA 1995, 222, 224 f; BAG v. 05.06.2002, 7 ABR 17/01, NZA 2003, 336 f; *Gutzeit* Anm. zu BAG EzA § 613a BGB Nr 199; ErfK-*Preis* § 613a BGB Rn 109 f; GK-*Kreutz* § 77 Rn 391, jew mwN.
138 Dazu *Kreutz*, FS Kraft 1998, 333 f.
139 Zur kollektivrechtlichen Fortgeltung von Betriebsvereinbarungen bei der Übertragung von Betriebsteilen siehe *Jacobs*, FS Konzen 2006, 345, 349 f.

beitsgericht, der Arbeitgeberin aufzugeben, die gekündigte Betriebsordnung unverändert zu berücksichtigen und anzuwenden (nach BAG v. 18.09.2002, 1 ABR 54/01, NZA 2003, 670). **Rn 325**

Schwierigkeiten treten allerdings im Falle von Gesamtbetriebsvereinbarungen auf. Sie beziehen sich – anders als Einzelbetriebsvereinbarungen – nicht auf einen **Betrieb**, sondern das **gesamte Unternehmen** (vgl die §§ 47 Abs. 1, 50 Abs. 1 BetrVG). Folgerichtig setzt die Gesamtbetriebsvereinbarung voraus, dass ihr Gegenstand das gesamte Unternehmen oder zumindest mehrere Betriebe betrifft und nicht durch die Einzelbetriebsräte innerhalb ihrer Betriebe geregelt werden kann (§ 50 Abs. 1 S. 1 BetrVG). Trotzdem hat der Erste Senat des BAG im **Ausgangsfall 27** in Parallelität zur Einzelbetriebsvereinbarung und entgegen dem Wortlaut des § 613a Abs. 1 S. 2 BGB entschieden, dass auch Gesamtbetriebsvereinbarungen nach Betriebsübergang beim Erwerber grundsätzlich normativ fortgelten, wenn die jeweilige Identität der übergegangenen Betriebe gewahrt bleibe. Sei beim Erwerber ein betriebsübergreifender Bezug als Voraussetzung der Gesamtbetriebsvereinbarung nicht mehr vorhanden, verwandele sich die Gesamtbetriebsvereinbarung in eine Einzelbetriebsvereinbarung[140].

Folgt man der Ansicht des BAG, ist die Klage des Betriebsrats im **Ausgangsfall 27** begründet. Insbesondere wurde die Gesamtbetriebsvereinbarung nicht durch die Kündigung des Arbeitgebers beendet, denn Adressat einer Kündigung ist dann folgerichtig der Gesamtbetriebsrat und nicht einer der Einzelbetriebsräte[141].

Der Beschluss ist im Schrifttum auf – zum Teil unreflektierte – Zustimmung gestoßen[142], hat aber auch deutliche Kritik erfahren[143]. Letztere ist berechtigt. Eine normative Fortgeltung der Gesamtbetriebsvereinbarung ohne den ursprünglichen Vertragspartner Gesamtbetriebsrat kann es nicht geben. Gesamtbetriebsvereinbarungen können deshalb allenfalls dann normativ wirken, wenn der Veräußerer sämtliche Betriebe seines Unternehmens auf den Erwerber überträgt; und dies auch nur in den Fällen, in denen dieser bis zum Betriebsübergang keine eigene betriebsverfassungsrecht-

---

140 BAG v. 18.09.2002, 1 ABR 54/01, NZA 2003, 670, 673 ff; zuvor hatten der Dritte und der Siebte Senat restriktiver entschieden: BAG v. 05.06.2002, 7 ABR 17/01, AP Nr 11 zu § 47 BetrVG 1972 (*v. Hoyningen-Huene*); dazu *Giesen* SAE 2003, 217 ff; BAG v. 29.10.1985, 3 AZR 485/83, AP Nr 4 zu § 1 BetrAVG Betriebsveräußerung.
141 Vgl BAG v. 18.09.2002, 1 ABR 54/01, NZA 2003, 670, 672 ff.
142 *Bachner* NJW 2003, 2861, 2862 ff; *Hanau* ZfA 2003, 735, 824; *Hunold* NZA-RR 2003, 561, 566 f; ErfK-*Kania* § 77 BetrVG Rn 117 f; *Kreft*, FS Wißmann 2005, 930 ff; GK-*Kreutz* § 50 Rn 82 ff; *Lindemann/Simon* BB 2003, 2510, 2512 ff; *Meyer* ZIP 2004, 545 ff; *Mues* DB 2003, 1273 ff; *Richardi/Kortstock* RdA 2004, 173, 174 f; *Schiefer* DB 2005, 2134, 2135 f; *Thüsing* DB 2004, 2474, 2480; DKK-*Trittin* § 50 Rn 11d ff.
143 *Grobys* BB 2003, 1391 f; *Hergenröder* Anm. zu BAG AP Nr 7 zu § 77 BetrVG 1972 Betriebsvereinbarung; *Hohenstatt/Müller-Bonanni* NZA 2003, 766, 769 ff; *Jacobs*, FS Konzen 2006, 345 ff; ErfK-*Preis* § 613a BGB Rn 111; *Preis/Richter* ZIP 2004, 930 ff; *Rieble* NZA 2003, Sonderbeilage zu Heft 16, 69 f; *Rieble/Gutzeit* NZA 2003, 233, 236 ff; *Schiefer/Pogge* NJW 2003, 3734, 3740.

liche Organisation unterhält[144]. Bestehen beim Erwerber indes bereits Betriebe und Betriebsräte, kommt es zu kaum lösbaren Kollisionsproblemen[145].

In allen anderen Fällen kommt es deshalb gemäß § 613a Abs. 1 S. 2 BGB zur **Transformation der Gesamtbetriebsvereinbarung in den Arbeitsvertrag**. Dem Veränderungsinteresse des Veräußerers ist hinreichend dadurch Rechnung getragen, dass individualrechtlich fortgeltende Einzel- oder Gesamtbetriebsvereinbarungen einer Neuregelung durch eine ablösende Einzel- oder Gesamtbetriebsvereinbarung zugänglich sind (§ 613a Abs. 1 S. 3 BGB)[146].

326 Die Anwendbarkeit von § 613a S. 2–4 BGB ist dann zumindest nicht selbstverständlich, wenn der übergehende Betrieb oder Betriebsteil einem anderen betrieblichen Geltungsbereich unterfällt als der bisherige Hauptbetrieb; denn gegen einen solchen Wegfall der Geltungsvoraussetzungen des (bisherigen) Tarifvertrags (dazu Rn 528 ff) wären die Arbeitnehmer auch ohne Betriebsinhaberwechsel nicht geschützt gewesen[147]. Allerdings müsste zwecks Vermeidung tarifloser Arbeitsverhältnisse dann wohl wenigstens § 4 Abs. 5 TVG entsprechend angewandt werden[148].

5. Kündigungsverbot

327 **Fall 28:** Unternehmen U meldet im Oktober Insolvenz an. Da der Betrieb stillgelegt werden soll, wird Arbeitnehmer K zum Ende des gleichen Monats betriebsbedingt gekündigt. Am Jahresende veräußert der Insolvenzverwalter Gegenstände des Anlagevermögens, des Vorratsvermögens und das Know-how des Unternehmens an die I-GmbH, die die Produktion unter eigenem Namen fortführt. K meint, die Kündigung sei gemäß § 613a Abs. 4 BGB unwirksam (nach BAG v. 05.12.1985, 2 AZR 3/85, NZA 1986, 522). **Rn 329**

328 **Betriebsveräußerungen** drohen insbesondere bei übersetzten, überalterten oder sonst minderleistungsfähigen Belegschaften daran zu scheitern, dass gemäß § 613a Abs. 1 BGB die Arbeitsverhältnisse zwingend auf den Erwerber übergehen. Dementsprechend wird versucht, dieses Hindernis doch noch durch vom Veräußerer ausgehende Kündigungen aus dem Weg zu räumen. Dem hat der Gesetzgeber mit § 613a Abs. 4 BGB einen Riegel vorzuschieben versucht; diese Regelung führt deswegen zu weiteren Zweifelsfragen, weil sowohl das Tatbestandsmerkmal „wegen", als auch der sachlich damit korrespondierende S. 2 (Kündigungen aus anderem Grund bleiben unberührt) zu erheblichen Abgrenzungsproblemen führen. Das BAG verwendet dafür die vage Formel, eine Kündigung sei gemäß § 613a Abs. 4 S. 1 BGB nur dann rechtsunwirksam, wenn sie wesentlich durch den Betriebsinhaberwechsel bedingt, dieser also der tragende Grund der Kündigung sei. Bei der Anwendung des § 613a BGB ist infolgedessen stets zu prüfen, ob es neben dem Betriebsübergang einen „sachlichen

---

144 *Jacobs*, FS Konzen 2006, 345, 352 ff mwN.
145 Hierzu im Einzelnen *Jacobs*, FS Konzen 2006, 345, 359 ff.
146 Näher *Preis/Richter* ZIP 2004, 930, 938 f; *Jacobs*, FS Konzen 2006, 345, 359 ff.
147 Dazu aufschlussreich *Rieble* SAE 1995, 77 ff.
148 Ablehnend *Rieble*, Arbeitsmarkt und Wettbewerb 1996, Rn 1194 ff und 1241 ff, aber mit fast identischem Ergebnis auf Grund seines vertragsrechtlichen Verständnisses der Tarifwirkungen.

Grund" gibt, der „aus sich heraus" die Kündigung zu rechtfertigen vermag[149]. Dies wird bei sozialer Rechtfertigung gem. § 1 KSchG stets der Fall sein, so dass § 613a Abs. 4 S. 1 BGB kaum eigenständige Bedeutung zukommt[150].

Das zentrale Problem bei der Anwendung des § 613a Abs. 4 BGB liegt allerdings in **329** der Abgrenzung zwischen einer (eine betriebsbedingte Kündigung rechtfertigenden) **Betriebsstillegung** und einem (eine Kündigung ausschließenden) **Betriebsübergang**; insofern ist zunächst auf die Ausführungen zum Tatbestand des § 613a Abs. 1 BGB zu verweisen (Rn 299 ff). Ein spezielles Problem ergibt sich dann, wenn der Veräußerer zunächst wegen einer ernsthaft beabsichtigten Betriebs- (Teil-) Stillegung eine zulässige betriebsbedingte Kündigung ausspricht und erst danach der Betrieb bzw Betriebsteil doch noch veräußert wird. Das BAG wollte zunächst diese nachträglichen Umstände bei der Beurteilung der Kündigungsschutzklage berücksichtigen, ist hiervon aber – auf Grund nachhaltiger und zutreffender Einwendungen im Schrifttum – abgerückt[151]. Maßgebend für die Wirksamkeit der Kündigung sind demnach wie auch sonst allein die Verhältnisse zum Zeitpunkt des Zugangs der Kündigungserklärung. Waren betriebsbedingte Kündigungen wegen ernsthafter Stillegungsabsichten in diesem Zeitpunkt begründet, kann eine wider Erwarten später doch noch mögliche Betriebsveräußerung nicht mehr zur Unwirksamkeit der früher ausgesprochenen betriebsbedingten Kündigungen führen.

Im **Ausgangsfall 28** wäre die Kündigungsschutzklage des K daher abzuweisen, ohne dass es auf die Frage des Betriebsübergangs ankäme.

Dieses zweifelhafte Ergebnis wurde in neueren Entscheidungen des BAG zum Teil korrigiert; rechtsfortbildend – die dogmatische Ableitung ist sehr umstritten – wurde ein **Wiedereinstellungs-** bzw – in unzutreffender Diktion – **Fortsetzungsanspruch des Arbeitnehmers** entwickelt, der seine Grenze indes an der – wie auch immer zu definierenden – Zumutbarkeit für den Arbeitgeber finden soll[152]. Dies ist im Ansatz zu akzeptieren, zumal kaum ein Zweifel daran bestehen dürfte, dass der EuGH bei einer Vorlage gemäß Art. 234 EG auf Grund seines sehr arbeitnehmerfreundlichen Ver-

---

149 BAG v. 05.12.1985, 2 AZR 3/85, NZA 1986, 522, 523; BAG v. 28.04.1988, 2 AZR 623/87, NZA 1989, 265, 267; BAG v. 16.05.2002, 8 AZR 319/01, NZA 2003, 93, 99; dazu *Moll* NJW 1993, 2016, 2020 f und *Lipinski* NZA 2002, 75, 77 f.

150 Vgl dazu BAG v. 18.07.1996, 8 AZR 127/94, DB 1996, 2288: Eine Kündigung, die der Rationalisierung dient, fällt nicht unter § 613a Abs. 4 BGB.

151 BAG v. 28.04.1988, 2 AZR 623/87, NZA 1989, 265 gegen BAG v. 27.09.1984, 2 AZR 309/83, AP Nr 39 zu § 613a BGB; siehe auch BAG v. 16.05.2002, 8 AZR 319/01, NZA 2003, 93, 96 ff; vgl zu dieser Thematik nur *Willemsen* ZIP 1986, 477, 482; *Wank* SAE 1986, 151; *Loritz* RdA 1987, 65, 70 f.

152 BAG v. 27.02.1997, 2 AZR 160/96, NZA 1997, 757 = EzA § 1 KSchG 1969 Wiedereinstellungsanspruch Nr 1 (*Kania*) = SAE 1998, 98 (*Walker*); BAG v. 24.04.1997, 8 AZR 848/94, NZA 1998, 254 = SAE 1998, 317 (*Bartel*); BAG v. 13.11.1997, 8 AZR 375/96, NZA 1998, 251 = SAE 1998, 143 (*Langenbucher*); BAG v. 04.12.1997, 2 AZR 140/97, NZA 1998, 701 = EzA § 1 KSchG 1969 Wiedereinstellungsanspruch Nr 2 (*Hergenröder*); BAG v. 12.11.1998, 8 AZR 265/97, NZA 1999, 311 = AP Nr 5 zu § 1 KSchG 1969 Wiedereinstellung (*Gussen*); BAG v. 10.12.1998, 8 AZR 676/97, NZA 1999, 422 = ZIP 1999, 320 (*Hanau*); aus dem Schrifttum *Ricken* NZA 1998, 460; *Langenbucher* ZfA 1999, 299.

ständnisses der Betriebsübergangsrichtlinie eine Beendigung des Arbeitsverhältnisses trotz eines erfolgten Betriebsübergangs nicht hinnehmen würde.

Zu bewältigen bleiben indes viele Folgefragen. So hat das BAG zutreffend entschieden, ein Wiedereinstellungsanspruch gegen den Erwerber komme nur dann in Betracht, wenn sich die Prognose der Betriebsstilllegung noch während des Ablaufs der Kündigungsfrist als falsch herausstelle[153]. Ferner postuliert das BAG, der Arbeitgeber müsse bei einer nur teilweisen Fortführung des Betriebes bei der Auswahl der wieder einzustellenden Arbeitnehmer soziale Gesichtspunkte berücksichtigen[154]. Der Erwerber sieht sich insofern also recht weitgehenden Einschränkungen ausgesetzt. Immerhin hat das BAG einen Wiedereinstellungsanspruch bei einer Betriebsveräußerung in der Insolvenz ausdrücklich abgelehnt[155].

330   Das **Kündigungsverbot des § 613a Abs. 4 BGB** wird vom BAG auch zur Beurteilung der Wirksamkeit von Aufhebungs- bzw Änderungsverträgen zwischen Arbeitnehmer und altem oder neuem Arbeitgeber bemüht. Zwar sollen Aufhebungsverträge, die eine endgültige Beendigung des Arbeitsverhältnisses bezwecken, zulässig sein, nicht jedoch solche Verträge, in denen die Arbeitsbedingungen zum Nachteil des Arbeitnehmers verändert werden. Solche Verträge bzw Verschlechterungen sollen vielmehr eines sachlichen Grundes bedürfen, um nicht als unzulässige Umgehung gewertet zu werden[156]. Dies führt nicht nur zu dem merkwürdigen Ergebnis, dass der Arbeitnehmer sein Arbeitsverhältnis zwar ohne weiteres beenden, nicht aber ohne weiteres verschlechtern kann, sondern trägt auch wirtschaftlichen Gegebenheiten kaum hinreichend Rechnung.

§ 4   Beendigung des Arbeitsverhältnisses*

I. Überblick

331   Im Gegensatz zu denjenigen, ganz im Vordergrund des BGB stehenden Verträgen, deren Verpflichtungen sich auf einen einmaligen Leistungsaustausch beschränken und mit der Erfüllung ihre Beendigung finden, bleibt das Arbeitsverhältnis (wenn es nicht bedingt oder – dazu Rn 411 ff – befristet ist) als Dauerschuldverhältnis bestehen, bis es zB durch Aufhebungsvertrag oder aber durch die rechtsgestaltende Erklärung der Kündigung[1] beendet wird. Ein entsprechendes Kündigungsrecht stand nach der

---

153   BAG v. 27.02.1997, 2 AZR 160/96, NZA 1997, 757, 758 ff.
154   BAG v. 04.12.1997, 2 AZR 140/97, NZA 1998, 701.
155   BAG v. 12.11.1998, 8 AZR 265/97, NZA 1999, 311 ff.
156   Vgl BAG v. 10.12.1998, 8 AZR 676/97, NZA 1999, 422, vgl jetzt auch BAG v. 18.08.2005, 8 AZR 523/04, NZA 2006, 145; zum Ganzen *Pietzko* ZIP 1990, 1105; *Naber* Anm. zu BAG EzA § 613a BGB 2002 Nr 40, 14 ff; *Hanau* ZIP 1998, 1821.

*   Bestimmungen des Kündigungsschutzgesetzes werden in diesem Paragraphen ohne Gesetzeszusatz zitiert.
1   Eine Kündigung ist ein einseitiges Rechtsgeschäft und unterliegt daher den für diese Art von Rechtsgeschäften geltenden besonderen Anforderungen. Sie ist bspw grundsätzlich bedingungsfeindlich und die Bevollmächtigung zur Kündigung muss im Ernstfall gem. § 174 BGB mittels Vollmachtsur-

Grundkonzeption des BGB jeder Vertragspartei voraussetzungslos zu; erforderlich war für die ordentliche Kündigung lediglich die Einhaltung der Kündigungsfristen, während es für die im Regelfall fristlose außerordentliche Kündigung des Vorliegens eines wichtigen Grundes bedurfte (§ 626 BGB).

Diese für den sog. **freien Dienstvertrag**, aber auch für das Kündigungsrecht des Ar- **332** beitnehmers noch heute geltende Rechtslage ist in Bezug auf die Kündigungsbefugnis des Arbeitgebers durch arbeitsrechtliche Schutzgesetze (ähnlich wie im sog. sozialen Mietrecht[2]) gründlich verändert worden: Zunächst einmal bedarf es im Geltungsbereich des BetrVG (sowie der Personalvertretungsgesetze) vor jeder Kündigung der **Anhörung des Betriebsrats** (gemäß § 102 BetrVG, §§ 47, 72, 79 BPersVG, teilweise modifiziert durch die jeweiligen Landespersonalvertretungsgesetze); diese ist **Wirksamkeitsvoraussetzung**: Gemäß § 102 Abs. 1 S. 3 BetrVG ist die Kündigung bei fehlender Anhörung – eine Zustimmung des Betriebsrats ist grundsätzlich nicht erforderlich[3] – unwirksam. Dies soll nach der Rechtsprechung des BAG grundsätzlich auch bei einer nicht ordnungsgemäßen Anhörung gelten[4]. Da das BAG recht hohe Anforderungen an die Mitteilungspflicht des Arbeitgebers stellt, scheitern viele Kündigungen bereits an dieser Hürde.

Vor allem aber ist die Kündigung des Arbeitgebers auf Grund der Vorschriften des **333** KSchG in dessen Geltungsbereich (gemäß §§ 1 Abs. 1, 23 Abs. 1 S. 2 und 3 Bestehen des Arbeitsverhältnisses länger als sechs Monate[5] in einem Betrieb mit mehr als zehn bzw fünf Arbeitnehmern – sog. **Kleinbetriebsklausel**[6]) nur dann rechtswirksam, wenn sie durch bestimmte Gründe, die der Arbeitgeber als Kündigungsvoraussetzungen dartun und ggf beweisen muss, gerechtfertigt ist. Das Gesetz bringt dies durch doppelte Negation – rechtsunwirksam, wenn sozial ungerechtfertigt – zum Ausdruck.

Auch eine sozial nicht gerechtfertigte und damit an sich rechtsunwirksame Kündigung wird freilich rechtswirksam, wenn der Arbeitnehmer die fehlende soziale Rechtfertigung nicht innerhalb der Ausschlussfrist des § 4 angreift (§ 7). Durch das Gesetz zu Reformen am Arbeitsmarkt haben sich insoweit zwei wichtige Neuerungen erge-

---

kunde nachgewiesen werden. Sie ist allerdings keine – wie man häufiger liest – *einseitige Willenserklärung*. Eine solche gibt es nicht. Willenserklärungen sind empfangsbedürftig (so auch eine Kündigung) oder nicht-empfangsbedürftig; sie sind aber stets insofern einseitig als sie zu ihrer Wirksamkeit (grds.) nicht der Mitwirkung eines anderen bedürfen (*Thüsing/Wege* JuS 2006, 97, 100 Fn 29).

2 Vgl dazu *Honsell* AcP 186 (1986), 115.

3 Ausnahmen bilden die §§ 103 und 102 Abs. 6 BetrVG. Zu letztgenannter Norm s. BAG v. 28.04.1998, 1 ABR 43/97, NZA 1998, 1348 = EzA § 77 BetrVG Nachwirkung Nr 1 mit Anm. *Krause*.

4 Vgl nur BAG v. 16.09.1993, 2 AZR 267/93, NZA 1994, 311; zu den Anforderungen der Rechtsprechung *Stahlhacke/Preis/Vossen* Rn 379 ff sowie krit *Rinke* NZA 1998, 77; einschränkend auch *Oetker*, FS Kraft 1998, 429.

5 Die bis dahin bestehende Kündigungsfreiheit kann allerdings gem. § 242 BGB oder nach diskriminierungsrechtlichen Vorschriften beschränkt sein: BAG v. 23.06.1994, 2 AZR 617/93, NZA 1994, 1080 (Kündigung wegen Homosexualität).

6 Das Arbeitsrechtliche Beschäftigungsförderungsgesetz hatte zunächst die Erhöhung der maßgeblichen Arbeitnehmerzahl von fünf auf zehn rückgängig gemacht (BGBl 1999/I, 3843), bevor sie das Gesetz zu Reformen am Arbeitsmarkt vom 24.12.2003 (BGBl I, 3002) wieder einführte; zum sog „räumlichen Geltungsbereich" des KSchG *Junker*, FS Konzen 2006, 367.

ben: Zum einen muss nun nahezu jeder Unwirksamkeitsgrund innerhalb der Drei-Wochen-Frist geltend gemacht werden; das ergibt sich aus § 4 S. 1. Eine Ausnahme gilt allein für die Formunwirksamkeit: Da der **Zugang der schriftlichen Kündigung** über den Beginn der Klagefrist entscheidet, kann die Nichtigkeit der Kündigung aufgrund dieses Formmangels unabhängig von der Ausschlussfrist des § 4 S. 1 geltend gemacht werden[7]. Zum anderen gelten Ausschlussfrist und Präklusionswirkung auch für Kündigungen von Arbeitsverhältnissen, die nicht dem besonderen Kündigungsschutz unterliegen, sei es, weil sie die Wartezeit des § 1 Abs. 1 nicht erfüllen, sei es, weil das Unternehmen weniger als zehn (bzw fünf) Arbeitnehmer beschäftigt.

334   Die sog. **Kleinbetriebsklausel des § 23** hat das BVerfG insgesamt als verfassungsgemäß angesehen. Allerdings soll sich aus der aus Art. 12 Abs. 1 GG resultierenden Schutzpflicht des Staates ergeben, dass auch Arbeitnehmer in Kleinunternehmen in gewissem Umfang Kündigungsschutz genießen müssen; über die zivilrechtlichen Generalklauseln sollen sie vor einer sitten- und treuwidrigen Ausübung des arbeitgeberseitigen Kündigungsrechts geschützt werden. Nachdrücklich betont wird allerdings, dass die im KSchG vorgegebenen Maßstäbe nicht anzulegen seien[8]. Rechtsprechung und Wissenschaft stehen damit vor der schwierigen Aufgabe, sozusagen einen Kündigungsschutz „zweiter Klasse" zu entwickeln[9].

335   In den Geltungsbereich des KSchG fallen seit der Neufassung des Gesetzes aus dem Jahr 1969 als Arbeitnehmer auch **alle leitenden Angestellten** und nicht nur, wie es die unglückliche (aus der Zeit vor 1969 stammende) Gesetzesfassung nahe legen könnte, solche, die Geschäftsführung und Betriebsleitern nahe stehen und „zur selbstständigen Einstellung oder Entlassung von Arbeitnehmern berechtigt sind" (§ 14 Abs. 2 S. 1, der insoweit § 5 Abs. 3 S. 1 Nr 1 BetrVG entspricht). Dieser vom Gesetz besonders angesprochene Personenkreis[10] unterliegt nur in Bezug auf § 3 und § 9 Abs. 1 S. 2 einschränkenden Sonderregelungen[11]. Für alle anderen leitenden Angestellten, die nicht unter die Tatbestandsmerkmale des § 14 Abs. 2 S. 1 fallen, gilt der allgemeine Kündigungsschutz ohne Einschränkung[12].

336   Arbeitsverhältnisse wurden bisher in der Regel (spätestens) mit Ablauf des 65. Lebensjahres beendet; entsprechende Regelungen enthielten vor allem Betriebsvereinbarungen und Tarifverträge. Während diese in den vergangenen Jahren immer wieder

---

7 ErfK-*Müller-Glöge* § 623 BGB Rn 24.
8 BVerfG v. 27.01.1998, 1 BvL 22/93, NZA 1998, 469, 470 im Anschluss an literarische Vorarbeiten; BAG v. 06.02.2003, 2 AZR 672/01, EzA § 242 BGB Kündigung Nr 1 (*Oetker*) = RdA 2002, 99 (*Otto*); vgl auch *Oetker* AuR 1997, 41; *Preis* NZA 1997, 1256; *Hanau*, FS Dieterich 1999, 201; *Stahlhacke*, FS Wiese 1998, 513; *Wank*, FS Hanau 1999, 295; krit *Jacobs* Anm. zu BAG EzA § 23 KSchG Nr 20; zur Kleinbetriebsklausel auch EuGH v. 30.11.1993, C-189/91, AP Nr 13 zu § 23 KSchG 1969.
9 Zum damit zugleich ausgelösten Streit um den Betriebsbegriff BAG v. 12.11.1998, 2 AZR 459/97, NZA 1999, 590 = EzA § 23 KSchG Nr 20 mit Anm. *Jacobs*; BAG v. 29.04.1999, 2 AZR 352/98, NZA 1999, 932.
10 Siehe dazu BAG v. 27.09.2001, 2 AZR 176/00, EzA § 14 KSchG Nr 6.
11 Siehe dazu BAG v. 18.11.1999, 2 AZR 903/98 und BAG v. 18.10.2000, 2 AZR 465/99, EzA § 14 KSchG Nr 4, 5.
12 KR-*Rost* § 14 Rn 23, 28 ff.

an Art. 12 GG gemessen wurden[13], stehen mittlerweile eher europarechtliche als verfassungsrechtliche Bedenken im Vordergrund. Zum einen verbietet die Richtlinie 2000/78/EG die Diskriminierung wegen des Alters; zum anderen verbietet der Rechtsprechung des EuGH zufolge auch der allgemeine europarechtliche Gleichheitssatz ungerechtfertigte Ungleichbehandlungen wegen des Alters. Der Gerichtshof hat daran in der Rechtssache Mangold/Helm jüngst § 14 Abs. 3 TzBfG gemessen und für europarechtswidrig und daher unanwendbar erklärt (hierzu Rn 85).

Kündigungen (und Auflösungsverträge) bedürfen auf Grund des § 623 BGB der **337** **Schriftform**. Diese ist **konstitutiv**; wird sie nicht eingehalten, sind die betreffenden Rechtsgeschäfte **nichtig**[14]. Dasselbe gilt gemäß § 14 Abs. 4 TzBfG für Befristungsvereinbarungen. Gemäß § 2 NachwG ist auch der wesentliche Inhalt des Arbeitsvertrages schriftlich niederzulegen; die Vorschrift enthält ein zwingendes, aber kein konstitutives Formerfordernis, so dass die Wirksamkeit des Arbeitsvertragsschlusses von Verstößen gegen § 2 NachwG nicht beeinträchtigt wird[15].

II. Soziale Rechtfertigung

1. Grundlagen

a) Die Kündigung des Arbeitgebers ist gemäß § 1 Abs. 2 S. 1, der die Kündigungs- **338** möglichkeiten auf drei Gruppen von denkbaren Gründen beschränkt, nur dann sozial gerechtfertigt, wenn Gründe **in der Person** (Rn 353 ff) oder **im Verhalten** (Rn 358 ff) des Arbeitnehmers oder **dringende betriebliche Erfordernisse** (Rn 361 ff) vorliegen, die nach gründlicher Abwägung der beiderseitigen gegenläufigen Interessen als so schwerwiegend angesehen werden, dass dem Arbeitgeber die Aufrechterhaltung des Arbeitsverhältnisses nicht mehr zugemutet werden kann. Die Rechtslage ist insofern ähnlich wie bei der außerordentlichen Kündigung des § 626 BGB (dazu noch Rn 378 ff), wo das Gesetz das Erfordernis der Zumutbarkeit selbst erwähnt, freilich

---

13 Umfassend dazu *Boecken*, Gutachten zum 62. Deutschen Juristentag 1998 sowie *Steinmeyer* NZA 1998, 908; *Heinze* ZRP 1998, 307; *Waltermann* NJW 1998, 2490. Das BAG hält Altersgrenzen nur dann für zulässig, wenn der Arbeitnehmer bei ihrem Erreichen Anspruch auf Rente aus der gesetzlichen Rentenversicherung hat (BAG v. 06.08.2003, 7 AZR 9/03, NZA 2004, 96, 98; BAG v. 19.11.2003, 7 AZR 296/03, NZA 2004, 1336, 1337 f sowie BAG v. 27.07.2005, 7 AZR 443/04, NZA 2006, 37, 39 f). Das BVerfG hat eine tarifvertragliche Altersgrenze von 60 Jahren für Piloten für verfassungskonform gehalten (BVerfG v. 27.11.2002, 7 AZR 655/01, AP Nr 22 zu § 620 BGB Altersgrenze und BVerfG v. 25.11.2004, 1 BvR 2459/04, BB 2005, 1231, 1232); das BAG hat eine Grenze von 55 Jahren für das Kabinenpersonal allerdings für verfassungswidrig erklärt (BAG v. 31.07.2002, 7 AZR 140/01, NZA 2002, 1155, 1157 f). S. auch die Regelung des § 41 SGB VI.
14 Das Schriftformerfordernis erstreckt sich nach der Rechtsprechung des BAG auch auf das Änderungsangebot einer Änderungskündigung, denn dieses ist Bestandteil der Kündigung. Es genügt jedoch, wenn es im Kündigungsschreiben hinreichend Anklang gefunden hat (Stichwort: Andeutungstheorie): BAG v. 16.09.2004, 2 AZR 628/03, NZA 2005, 635; siehe zu § 623 auch *Richardi/Annuß* NJW 2000, 1231; *Preis/Gotthardt* NZA 2000, 348; ErfK-*Müller-Glöge* § 623 BGB. Zur Frage, ob die Rechtsprechung des BAG zur Aufrechterhaltung des Arbeitsvertrages eines zum Geschäftsführer einer GmbH bestellten Arbeitnehmers beibehalten werden kann, siehe Rn 27 ff.
15 Zu Einzelheiten siehe die Kommentierung des NachwG im ErfK-*Preis* (Ordnungsnummer 510).

mit dem bedeutsamen Unterschied, dass an das Vorliegen eines bereits die außerordentliche Kündigung rechtfertigenden (wichtigen) Grundes (noch) schärfere Anforderungen zu stellen sind als an die Zumutbarkeit der Aufrechterhaltung des Arbeitsverhältnisses im Rahmen des ordentlichen Kündigungsschutzes.

339 Bei der ordentlichen Kündigung wird dies im Anschluss an den Gesetzeswortlaut („bedingt") mit der Formulierung zum Ausdruck gebracht, die Kündigung müsse erforderlich sein; es gilt das **ultima-ratio-Prinzip**: Die Auflösung des Arbeitsverhältnisses durch Kündigung muss das letzte Mittel sein, mit dem allein der Störung des Arbeitsverhältnisses (durch Gründe in der Person oder im Verhalten des Arbeitnehmers oder durch betriebliche Erfordernisse) Rechnung getragen werden kann. Man kann dies (die Terminologie ist uneinheitlich) auch durch die Formulierung zum Ausdruck bringen, der in der Kündigung liegende einseitige Eingriff des Arbeitgebers in den grundsätzlich geschützten Bestand des Arbeitsverhältnisses müsse sich am **Prinzip der Verhältnismäßigkeit** messen lassen[16]. Jede (Arbeitgeber-) Kündigung ist demnach nur dann gerechtfertigt, wenn sie in Bezug zum jeweiligen Kündigungsgrund (geeignet und) erforderlich ist.

340 Nach früher hL sollte dies im Rahmen einer allgemeinen Interessenabwägung beurteilt und entschieden werden[17]. Dieses konturenlose Instrument ist jedoch im Rahmen der betriebsbedingten Kündigung zurückgedrängt worden; bei personen- und verhaltensbedingten Kündigungen soll es darauf noch (eingeschränkt) ankommen. Im Übrigen dominiert heute bei personen- und betriebsbedingten Kündigungen[18] das konkretere, wenn auch seinerseits umstrittene[19] **Prognoseprinzip**[20]. Demnach kommt es dort zB maßgeblich darauf an, mit welch weiterem Krankheitsverlauf (personenbedingte Kündigung – dazu Rn 352 ff) gerechnet werden muss bzw wie sich die Beschäftigungslage künftig entwickeln wird (Bereich der betriebsbedingten Kündigung – dazu 361 ff).

341 Sowohl das ultima-ratio- als auch das Prognoseprinzip sind vor einiger Zeit Gegenstand heftiger Auseinandersetzungen gewesen. Namentlich *Rüthers* hat sich vehement gegen die vor allem durch die Kombination beider Prinzipien entstandene Übersteigerung des Kündigungsschutzes gewandt, ist jedoch auf entschiedenen Widerspruch gestoßen[21].

342 b) Eine besondere, bereits vom Gesetz vorgesehene Ausprägung des Verhältnismäßigkeitsprinzips ist die Notwendigkeit der Prüfung, ob der Arbeitnehmer, dessen Kündigung zur Diskussion steht, (zu denselben Arbeitsbedingungen) „an einem anderen Arbeitsplatz in demselben Betrieb oder in einem anderen Betrieb des Unternehmens

---

16 Vgl zu diesen allgemeinen Rechtsgrundsätzen des Kündigungsrechts *Preis* DB 1988, 1387 f; *Herschel*, FS G. Müller 1981, 191; *Reuter*, BAG-FS 1979, 405; krit *Wank* RdA 1987, 129, 134 ff.
17 Siehe nur BAG v. 03.05.1978, 4 AZR 698/76, BAG v. 07.03.1980, 7 AZR 1093/77 und BAG v. 17.10.1980, 7 AZR 675/77, AP Nr 5, 9, 10 zu § 1 KSchG 1969 Betriebsbedingte Kündigung.
18 Zur besonderen Problematik der Prognose bei verhaltensbedingten Kündigungen Rn 360.
19 Ablehnend *Zöllner/Loritz* § 23 V 3 (295 f); *Kraft* ZfA 1994, 463, 475.
20 Hierzu umfassend *Preis*, Prinzipien des Kündigungsrechts bei Arbeitsverhältnissen 1987, 322 ff; siehe auch *v. Hoyningen-Huene/Linck* § 1 Rn 130 ff.
21 *Rüthers* NJW 1998, 1433 mit Repliken von *Preis* NJW 1998, 1889 und *Hanau* NJW 1998, 1895; dagegen wiederum *Rüthers* NJW 1998, 1895; *Löwisch* BB 1998, 1793.

weiterbeschäftigt werden kann"[22]. Ist zu entscheiden, welcher Arbeitnehmer im Fall der Kündigung mehrerer Arbeitnehmer verschiedener Betriebe weiter zu beschäftigen ist, hat entsprechend § 315 BGB eine Art von sozialer Auswahl zu erfolgen[23].

Streitig ist, ob etwa über den Wortlaut des Gesetzes hinaus auch Weiterbeschäftigungsmöglich- **343** keiten in anderen Unternehmen eines Konzerns zu berücksichtigen sind[24]. Das BAG hat dies nur für Ausnahmefälle anerkannt, und zwar wenn sich eine Übernahmeverpflichtung aus dem Arbeitsvertrag oder aus anderen vertraglichen Abreden ergibt und der Beschäftigungsbetrieb die Übernahme auch tatsächlich durchsetzen kann, weil er einen bestimmenden Einfluss hat[25].

Dasselbe gilt gemäß § 1 Abs. 2 S. 3 für die Möglichkeit einer Weiterbeschäftigung **344** nach (insbesondere dem Arbeitnehmer) zumutbaren Umschulungs- oder Fortbildungsmaßnahmen sowie für eine Weiterbeschäftigung zu geänderten (dh in der Regel verschlechterten) Arbeitsbedingungen, wenn der Arbeitnehmer damit sein Einverständnis erklärt hat[26].

c) Die der **sozialen Rechtfertigung einer Kündigung** zusätzlich entgegenstehenden Gründe des **345** § 1 Abs. 2 S. 2 und 3 können nach dem Wortlaut des Gesetzes („und") nur dann berücksichtigt werden, wenn der Betriebsrat der Kündigung förmlich widersprochen hat. Dies würde indessen zur Benachteiligung von Arbeitnehmern in betriebsratslosen Betrieben sowie zu einer gewissen, systemwidrigen Unterordnung des individuellen Kündigungsschutzes unter kollektive Arbeitnehmerschutzregelungen führen. Rechtsprechung und hL sind daher heute trotz des entgegenstehenden Gesetzeswortlauts zu dem Ergebnis gelangt, dass § 1 Abs. 2 S. 2 und 3 auch ohne Widerspruch des Betriebsrats zu berücksichtigen sind[27]. Hat der Betriebsrat allerdings (begründet) widersprochen, führt allein dieser Widerspruch zur (absoluten) Sozialwidrigkeit der Kündigung, ohne dass es weiterer Abwägungen bedarf[28].

d) Betriebsbedingte Kündigungen sind schließlich noch in einem dritten Schritt dar- **346** aufhin zu überprüfen, ob der Arbeitgeber unter mehreren potenziell betroffenen Arbeitnehmern die richtige **soziale Auswahl** getroffen hat (§ 1 Abs. 3 – dazu Rn 367 ff).

e) **Fall 29:** Dem als bauleitenden Obermonteur tätigen Arbeitnehmer K wurde 1981 wegen **347** eines reduzierten Auftragsbestandes gekündigt. Erst während des Kündigungsschutzprozesses bot ihm der Arbeitgeber eine Weiterbeschäftigung als Monteur zu einem wesentlich geringeren Stundenlohn an; dies lehnte K zunächst ab, kam dann aber in der Berufungsinstanz darauf zurück (BAG v. 27.09.1984, 2 AZR 62/83, NZA 1985, 455). **Rn 349**

---

22 Zur Darlegungslast des Arbeitnehmers BAG v. 20.01.1994, 2 AZR 489/93, NZA 1994, 653; siehe auch BAG v. 17.02.2000, 2 AZR 913/98, EzA § 102 BetrVG Nr 103.
23 BAG v. 21.09.2000, 2 AZR 385/99, NZA 2001, 535.
24 Ablehnend BAG v. 08.06.1972, 2 AZR 285/71, AP Nr 1 zu § 1 KSchG 1969 Konzern mit Anm. *Wiedemann*; BAG v. 27.11.1991, 2 AZR 255/91, AP Nr 6 zu § 1 KSchG Konzern mit Anm. *Windbichler*; teilw. anders *Konzen* RdA 1984, 65, 85 f; zum Ganzen *Weber*, Das aufgespaltene Arbeitsverhältnis 1992, 196 ff.
25 BAG v. 23.11.2004, 2 AZR 24/04, NZA 2005, 929, 931 f.
26 Ein Schema für die Überprüfung von Kündigungen findet sich bei *Zöllner/Loritz* Anhang IV (640 ff); Übungsfälle bei *Schwerdtner* Jura 1992, 484.
27 Vgl nur BAG v. 13.09.1973, 2 AZR 601/72, AP Nr 2 zu § 1 KSchG 1969 (*G. Hueck*) = SAE 1975, 1 (*Otto*); BAG v. 17.05.1984, 2 AZR 109/83, NZA 1985, 489; *v. Hoyningen-Huene/Linck* § 1 Rn 143; *Stahlhacke/Preis/Vossen* Rn 913. Dazu aufschlussreich *Söllner* Anm. zu BAG EzA § 1 Betriebsbedingte Kündigung Nr 88.
28 Dazu KR-*Etzel* § 1 KSchG Rn 218.

348   Die aus § 1 Abs. 2 S. 3 folgende Notwendigkeit, vor Ausspruch der Kündigung Beschäftigungsmöglichkeiten auf anderen Arbeitsplätzen des Betriebes oder Unternehmens prüfen zu müssen, hat unter dem Stichwort des sog. **Vorrangs der Änderungs- vor der Beendigungskündigung** vor allem in der Rechtsprechung des BAG zu schwierigen, zum Teil überkomplizierten Überlegungen geführt, die noch dazu unmittelbar aus dem Prinzip der Verhältnismäßigkeit abgeleitet wurden, obwohl bereits die schlichte Subsumtion unter den Gesetzeswortlaut zu klaren Ergebnissen geführt hätte: Aus der gesetzlichen Anordnung in § 1 Abs. 2 S. 3 ergibt sich, dass eine Beendigungskündigung auch dann sozial ungerechtfertigt ist, wenn der Arbeitnehmer zu **veränderten Arbeitsbedingungen** weiterbeschäftigt werden kann und wenn der Arbeitnehmer sein **Einvernehmen** damit erklärt hat.

349   Das BAG hat daraus früher grundsätzlich die Pflicht des Arbeitgebers abgeleitet, mit dem Arbeitnehmer vor Ausspruch der Beendigungskündigung in eine Art von Vorverhandlungen darüber einzutreten, ob er bereit sei, zu veränderten Arbeitsbedingungen weiter zu arbeiten[29]. Dies führte zu schwierigen Überlegungen darüber, wer insoweit die Initiative zu ergreifen hat und wie **Darlegungs- und Beweislast** insbesondere dann zu verteilen sind, wenn der Arbeitgeber entsprechende Änderungsangebote unterlassen hat. Solche Vorverhandlungen sind indessen deswegen entbehrlich (und systemwidrig!), weil der Arbeitgeber bei ihm zumutbarer anderweitiger Beschäftigung gemäß § 2 die Möglichkeit des sofortigen Ausspruchs einer Änderungskündigung hat (die Zumutbarkeit für den Arbeitnehmer spielt angesichts der Notwendigkeit seines Einverständnisses erst bei der eventuellen Überprüfung der Sozialwidrigkeit der Änderungskündigung eine Rolle). Dann kann der Arbeitnehmer (eventuell unter Vorbehalt) annehmen oder mit der Folge ablehnen, dass dann allein die (in der Änderungskündigung enthaltene) Beendigungskündigung in Geltung gesetzt wird. Hat der Arbeitgeber trotz objektiv vorhandener anderweitiger Beschäftigungsmöglichkeiten sofort eine Beendigungskündigung ausgesprochen, ist diese in jedem Fall sozial ungerechtfertigt; auf hypothetische Erwägungen darüber, wie sich der Arbeitnehmer auf das unterlassene Änderungsangebot wohl eingelassen hätte, kommt es nicht an. Dies folgt bereits aus dem Gesetz, das das Verhältnismäßigkeitsprinzip insoweit bereits selbst (abschließend) konkretisiert hat. Jüngst korrigierte das BAG deshalb auch insoweit seine Rechtsprechung und nahm von einer generellen Pflicht des Arbeitgebers zu vorherigen Verhandlungen Abstand[30]. Das Gericht stellte darüber hinaus klar, dass sich der Arbeitnehmer dann nicht mehr auf eine fehlende Änderungs- vor einer Beendigungskündigung berufen könne, wenn er vorbehaltlos und unmissverständlich zu erkennen gegeben hat, dass er unter keinen Umständen bereit sei, ein ihm zuvor unterbreitetes Änderungsangebot anzunehmen. Sein Verhalten sei dann widersprüchlich. Hierfür trage der Arbeitgeber die Darlegungs- und Beweislast.

> Im **Ausgangsfall 29** war die Kündigungsschutzklage daher begründet.

---

29   BAG v. 27.09.1984, 2 AZR 62/83, NZA 1985, 455 = AP Nr 8 zu § 2 KSchG 1969 (*v. Hoyningen-Huene*).
30   BAG v. 21.04.2005, 2 AZR 132/04, NZA 2005, 1289, 1292 f.

Im Ergebnis ist § 1 Abs. 2 S. 3 daher so zu verstehen, dass es zunächst dem Arbeitge- **350** ber obliegt, dem Arbeitnehmer qua Änderungskündigung eine entsprechende Weiterbeschäftigung anzubieten. Zur Beendigung des Arbeitsverhältnisses kann es daher in diesen Fällen nur dann kommen, wenn der Arbeitnehmer das in der Änderungskündigung liegende Änderungsangebot ablehnt. Zu beachten sind freilich zusätzlich die Mitbestimmungsmöglichkeiten des Betriebsrats bei Versetzungen gem. § 99 BetrVG (dazu Rn 856 ff): Widerspricht der Betriebsrat etwa der vom Arbeitgeber beabsichtigten und individualrechtlich mit der Änderungskündigung durchzusetzenden Versetzung, entfällt damit die vom Gesetz vorausgesetzte Möglichkeit anderweitiger Beschäftigung mit der Folge, dass die Beendigungskündigung nunmehr zulässig wird[31].

f) Diejenigen Tatsachen, die geeignet und erforderlich sind, die Kündigung des Ar- **351** beitgebers im Sinne von § 1 Abs. 2 und 3 sozial zu rechtfertigen, müssen **im Zeitpunkt des Zugangs der Kündigungserklärung** vorliegen. Das Nachschieben von Gründen, die vor diesem Zeitpunkt lagen, dem Arbeitgeber aber nicht bekannt waren, ist zulässig; zu beachten sind hier jedoch betriebsverfassungsrechtliche Komplikationen wegen der Notwendigkeit der Anhörung des Betriebsrats auch in Bezug auf nachgeschobene Kündigungsgründe. Neue Kündigungsgründe, die erst nach Zugang der Kündigungserklärung auftreten, können allenfalls eine neue, zusätzliche, darauf gestützte Kündigung rechtfertigen. In Bezug auf die soziale Rechtfertigung der ersten Kündigung müssen sie außer Betracht bleiben[32].

Die Tatsache, dass für die Beurteilung der sozialen Rechtfertigung der Kündigung **352** der Zeitpunkt des Zugangs der Kündigung maßgeblich ist und dass es dabei weithin auf **Zukunftsprognosen** ankommt, hat zu der Frage geführt, ob und ggf wie lange Änderungen der prognostizierten Entwicklung relevant sein, dh einen **Wiedereinstellungsanspruch** des gekündigten Arbeitnehmers begründen können[33]. Hier gilt es zu unterscheiden: Bei **Verdachtskündigungen** ist die Pflicht zur Wiedereinstellung dann, wenn sich der Verdacht (auch erst nach Ablauf der Kündigungsfrist bzw selbst nach rechtskräftigem Abschluss des Kündigungsschutzprozesses) als unbegründet herausstellt, allgemein anerkannt; er ist die notwendige Folge der Zulassung der Kündigung wegen bloßen, noch nicht ausreichend erwiesenen Verdachts. Auch bei **betriebsbedingten Kündigungen** wird ein Wiedereinstellungsanspruch von der Rechtsprechung jedenfalls grundsätzlich bejaht, zeitlich aber auf **Prognoseänderungen vor Ablauf der Kündigungsfrist** beschränkt[34]. Der Unterfall der Kündigung wegen voraussichtlichen Betriebsübergangs (Rn 327 ff) bereitet Schwierigkeiten, weil sich der Anspruch hier gegen den Betriebserwerber richten müsste. Er wird

---

31 Vgl auch *v. Hoyningen-Huene/Linck* § 1 Rn 535a; *Stahlhacke/Preis/Vossen* Rn 1005; zur Wirksamkeit der Änderungskündigung bei Zustimmungsverweigerung durch den Betriebsrat siehe BAG v. 30.09.1993, 2 AZR 283/93, NZA 1994, 615.

32 Siehe BAG v. 04.06.1997, 2 AZR 362/96, NZA 1997, 1158: Auch die Frist des § 626 Abs. 2 BGB ist für das Nachschieben von Kündigungsgründen nicht entsprechend anwendbar; s. auch KR-*Etzel* § 1 KSchG Rn 242 ff; *Zöllner/Loritz* § 22 I 6 (278).

33 Ein solcher darf nicht mit einem *Weiterbeschäftigungsanspruch* verwechselt werden (hierzu Rn 385 ff).

34 BAG v. 27.02.1997, 2 AZR 160/96, NZA 1997, 757; BAG v. 28.06.2000, 7 AZR 904/98, EzA § 1 KSchG Wiedereinstellungsanspruch Nr 5.

rechtsfortbildend zunehmend bejaht. Der erforderlichen Rechtssicherheit wegen ist dagegen bei personen-, insbesondere krankheitsbedingten Kündigungen Zurückhaltung geboten[35].

2. Personenbedingte Kündigung

353 **Fall 30:** Der seit 1996 bei Arbeitgeber B tätige Arbeitnehmer K fehlte krankheitsbedingt 2001 24%, 2002 29,6%, 2003 21,3%, 2004 42,6% und 2005 41,8% der Arbeitstage. B entstanden dadurch Lohnfortzahlungskosten von über € 30 000,–. Gegenüber K wurde daher auch aus diesem Grund die Kündigung ausgesprochen (nach BAG v. 16.02.1989, 2 AZR 299/ 88, NZA 1989, 923). **Rn 356**

354 Eine personenbedingte Kündigung kommt in Betracht, wenn der Arbeitnehmer (in der Regel ohne Verschulden) nicht (mehr) über die Fähigkeit oder die Eignung verfügt, die geschuldete Arbeitsleistung ganz oder teilweise zu erbringen. Der in der Praxis wichtigste Anwendungsfall[36] ist die **krankheitsbedingte Kündigung**, zu der inzwischen eine kaum noch überschaubare Anzahl gerichtlicher Entscheidungen mit ausgefeilten Differenzierungen ergangen ist. Einigkeit besteht inzwischen darüber, dass die Krankheit als solche eine Kündigung nicht rechtfertigen kann, sondern erst die sich daraus uU zukünftig ergebenden Beeinträchtigungen des Betriebsablaufs bzw der Interessen des Arbeitgebers. Daher dominiert hier das **Prognoseprinzip**: Die Zulässigkeit einer krankheitsbedingten Kündigung ist – sofern eine Weiterbeschäftigung des Arbeitnehmers zu geänderten Arbeitsbedingungen, insbesondere auf einem sog. leidensgerechten Arbeitsplatz, nicht möglich ist[37] – in drei Stufen zu prüfen[38]:

355 Zunächst bedarf es (1) einer **negativen Gesundheitsprognose**, dh es kommt für die Begründetheit krankheitsbedingter Kündigungen maßgeblich auf den voraussichtlichen künftigen Gesundheitszustand des Arbeitnehmers (beurteilt auf Grund der objektiven Tatsachen zum Zeitpunkt des Zugangs der Kündigung[39]) sowie darauf an (2), ob sich daraus auch **künftig erhebliche Beeinträchtigungen** der betrieblichen oder wirtschaftlichen Interessen des Arbeitgebers ergeben werden. Im dritten Prüfungsschritt (3) ist auf Grund einer **Interessenabwägung** zu entscheiden, ob diese erheblichen Beeinträchtigungen zu einer wirklich unzumutbaren Belastung für den Arbeitgeber führen. Zu berücksichtigen sind dabei vor allem das Alter des Arbeitneh-

---

35 BAG v. 17.06.1999, 2 AZR 639/98, NZA 1999, 1328; zum Ganzen *Boewer* NZA 1999, 1121, 1177; *Langenbucher* NZA 1999, 299; *Nicolai/Noack* ZfA 2000, 87; BAG v. 21.02.2002, 2 AZR 749/00, EzA § 1 KSchG Wiedereinstellungsanspruch Nr 7; ferner *Weber* ZfA 2000, 607 ff.
36 Zu anderen personenbedingten Kündigungsgründen vgl nur KR-*Etzel* § 1 KSchG Rn 279 ff.
37 Dazu BAG v. 07.02.1991, 2 AZR 205/90, NZA 1991, 806 sowie BAG v. 29.01.1997, 2 AZR 9/96, NZA 1997, 709; der Arbeitgeber soll jedoch nicht zum Freikündigen eines solchen leidensgerechten Arbeitsplatzes verpflichtet sein.
38 Bezüglich der Prüfungsschritte zusammenfassend BAG v. 16.02.1989, 2 AZR 299/88, NZA 1989, 923; 1994, 67; 2000, 768; allgemein zur krankheitsbedingten Kündigung MünchArbR-*Berkowsky* § 136 Rn 10 ff; *Stahlhacke/Preis/Vossen* Rn 1214 ff; zu den prozessualen Problemen *Kasper* NJW 1994, 2979.
39 BAG v. 29.04.1999, 2 AZR 431/98, NZA 1999, 978; zu den Anforderungen an Prognose*änderungen*: BAG v. 17.06.1999, 2 AZR 639/98, NZA 1999, 1328.

mers, die Dauer seiner Betriebszugehörigkeit sowie der bisherige Verlauf des Arbeitsverhältnisses: Je länger das Arbeitsverhältnis störungsfrei bestanden hat, um so größere Belastungen muss der Arbeitgeber hinnehmen, ehe die krankheitsbedingte Kündigung als sozial gerechtfertigt angesehen werden kann. Außerdem ist von Bedeutung, ob die Krankheit(en) des Arbeitnehmers auf betrieblichen Ursachen beruhen. Bei Alkoholmissbrauch liegt bei **Alkoholabhängigkeit** Krankheit vor; sonst kommt eine verhaltensbedingte Kündigung in Betracht[40].

Sowohl beim ersten als auch beim zweiten Prüfungsschritt ist zwischen (häufigen) **356** Kurzzeiterkrankungen – dem für die Praxis wichtigsten Fall – und lang anhaltenden Erkrankungen zu unterscheiden. Die negative Gesundheitsprognose wird dem Arbeitgeber im ersten Fall dadurch etwas erleichtert, dass die Erkrankungen der Vergangenheit Indizwirkung dafür entfalten sollen, dass auch in Zukunft mit entsprechend häufigen Kurzzeiterkrankungen zu rechnen ist. Der Arbeitnehmer ist dann nach den Regeln der abgestuften Darlegungs- und Beweislast gehalten, diese Indizwirkung zu erschüttern[41]. Großzügiger verfährt das BAG auch auf der zweiten Stufe, da häufige Kurzzeiterkrankungen erfahrungsgemäß zu größeren organisatorischen Problemen, sog. **Betriebsablaufstörungen**, führen und außerdem die Belastung des Arbeitgebers mit den Entgeltfortzahlungskosten in der Regel wesentlich höher ist als bei Langzeiterkrankungen (vgl § 3 Abs. 1 S. 2 EFZG). Das BAG lässt es daher – trotz anhaltender Kritik im einschlägigen Schrifttum – uU genügen, wenn (in der Vergangenheit und in der Zukunft) die Entgeltfortzahlungskosten für den Arbeitgeber eine unzumutbare wirtschaftliche Belastung darstellen[42]. Insgesamt betont das BAG jedoch immer wieder, dass letztlich der jeweilige Einzelfall entscheidend sein muss; dies führt (auch) bei der krankheitsbedingten Kündigung zu erheblicher Rechtsunsicherheit.

In **Ausgangsfall 30** ist die Kündigung dementsprechend bei schlechter Gesundheitsprognose wirksam. Die langen Fehlzeiten in der Vergangenheit entfalten eine beachtliche Indizwirkung für die Zukunft, zumal sie in den letzten Jahren stets weiter gestiegen sind.

Grundsätzliche Bedeutung hat die Frage, ob Arbeitnehmer (ein Arzt und eine Apothekerin) aus **357** Gewissensgründen die ihnen im Wege des Direktionsrechts zugewiesene Arbeit ablehnen können. Das BAG hat dies zwar bejaht, zugleich aber festgestellt, dass eine solche Gewissensnot eine personenbedingte Kündigung dann rechtfertigen könne, wenn keine anderweitigen Beschäftigungsmöglichkeiten gegeben seien[43].

---

40 BAG v. 26.01.1995, 2 AZR 649/94, NZA 1995, 517; BAG v. 16.09.1999, 2 AZR 123/99, NZA 2000, 141.
41 *Stahlhacke/Preis/Vossen*, Rn 1228.
42 Eingehend BAG v. 16.02.1989, 2 AZR 299/88, NZA 1989, 923; aA insb *Preis* DB 1988, 1445 f; ErfK-*Ascheid* § 1 KSchG Rn 229.
43 BAG v. 24.05.1989, 2 AZR 285/88, NZA 1990, 144; siehe auch die Entscheidung BAG v. 20.12.1984, 2 AZR 436/83, NZA 1986, 21, die allerdings zur verhaltensbedingten Kündigung erging. Keinen Kündigungsgrund stellt das, von der Glaubensfreiheit gedeckte Tragen eines Kopftuchs dar: BAG v. 10.10.2002, 2 AZR 472/01, NZA 2003, 483.

3. Verhaltensbedingte Kündigung

358 Hauptanwendungsfälle der (im Übrigen nur kasuistisch erfassbaren) verhaltensbedingten Kündigung sind durch den Arbeitnehmer hervorgerufene Störungen des Vertragsverhältnisses, etwa durch **Verweigerung der Arbeitsleistung** („Vertragsbruch"), durch häufige Schlechterfüllung oder durch Verstoß gegen (die Vielzahl meist ungeschriebener) vertraglicher Nebenpflichten; dabei ist in der Regel **Verschulden** erforderlich[44].

359 Eine verhaltensbedingte Kündigung setzt in aller Regel eine **vorherige Abmahnung** voraus[45]. Bereits an diese formale Voraussetzung werden hohe Anforderungen gestellt[46]. Abmahnungen, aus denen der Arbeitgeber keine Konsequenzen zieht, also trotz Androhung beim nächsten Anlass nicht kündigt, werden in ihrer Warnfunktion abgeschwächt; die letzte Abmahnung muss daher besonders dringlich gestaltet werden[47]. Angesichts der Bedeutung der Abmahnung soll der Arbeitnehmer gegen ihre Berechtigung sogar selbstständig klagen können[48]. Die Rechtfertigung der Abmahnung ergibt sich insbesondere daraus, dass die jeweils erste Störung des Vertragsverhältnisses eine verhaltensbedingte Kündigung in der Regel noch nicht rechtfertigen kann, es sei denn, sie sei besonders schwerwiegend; dann wird freilich bereits eine außerordentliche Kündigung in Betracht kommen, deren Schwerpunkt ebenfalls verhaltensbedingte Kündigungsgründe bilden. Streitig ist, ob auch gravierende Vorgänge im privaten Bereich das Arbeitsverhältnis „berühren" und damit verhaltensbedingte Kündigungen rechtfertigen können[49].

360 Nach neuerer Rechtsprechung und Literatur soll es nunmehr auch bei verhaltensbedingten Kündigungen auf eine **Prognose** darüber ankommen, ob es bei Fortsetzung des Vertragsverhältnisses zukünftig zu weiteren verhaltensbedingten Störungen kommen wird (dabei sollen – im Gegensatz zur krankheitsbedingten Kündigung – Störungen des Betriebsablaufs nicht bereits zum Kündigungsgrund zu rechnen, sondern erst bei der anschließenden Interessenabwägung zu berücksichtigen sein[50]). Damit verliert die Kündigung ihre Rechtfertigung als hier unentbehrliche, vergangenheitsbezogene Sanktion für verhaltensbedingte Störungen; maßgeblich ist dann vielmehr erst die Gefährdung der künftigen Zusammenarbeit durch weitere Störungen[51]. Dies wird den zu respektierenden Interessen des Arbeitgebers (und auch dem Aspekt der Prävention!)

---

44 Dazu *Preis* DB 1990, 630, 632.
45 StRspr, vgl nur BAG v. 18.01.1980, 7 AZR 75/78 und BAG v. 21.05.1992, 2 AZR 551/91, AP Nr 3 und 28 zu § 1 KSchG 1969 Verhaltensbedingte Kündigung, zu Störungen im sog. Leistungsbereich; BAG v. 04.06.1997, 2 AZR 526/96, NZA 1997, 1281 = SAE 1998, 310 (*Wank*) dehnt diese Rechtsprechung auf Störungen im Vertrauensbereich aus; dazu *Stoffels* ZfA 1999, 104.
46 Zutreffende Bedenken bei *Walker* NZA 1995, 601.
47 BAG v. 15.11.2001, 2 AZR 609/00, EzA § 1 KSchG Verhaltensbedingte Kündigung Nr 56.
48 BAG v. 05.08.1992, 5 AZR 531/91, NZA 1993, 838.
49 Das BAG verlangt insofern eine „konkrete Berührung" des Arbeitsverhältnisses, vgl nur BAG v. 24.09.1987, 2 AZR 26/87, EzA § 1 KSchG Verhaltensbedingte Kündigung Nr 18 (*Löwisch*); krit dazu *Preis* DB 1990, 630, 632; siehe jetzt aber auch BAG v. 16.08.1991, 2 AZR 604/90, NZA 1993, 17 = EzA § 1 KSchG Verhaltensbedingte Kündigung Nr 41 (*Rüthers/Müller*).
50 Vgl dazu vor allem BAG v. 17.01.1991, 2 AZR 375/90, NZA 1991, 557.
51 Besonders weit gehend *v. Hoyningen-Huene/Linck* § 1 Rn 130 f.

nicht gerecht. Einen vertretbaren Mittelweg stellt es allenfalls dar, wenn man mit *Stahlhacke/Preis/Vossen*[52] annimmt, dass auch die Schwere der Pflichtverletzung zu berücksichtigen ist und bereits für sich allein die vertrauensvolle Fortführung des Arbeitsverhältnisses für die Zukunft als ausgeschlossen erscheinen lassen kann.

4. Betriebsbedingte Kündigung

Fall 31: In einer Spinnerei wird infolge sinkender Nachfrage die Produktion reduziert; mehrere Arbeitsplätze fallen weg. Daher wird einigen Arbeitnehmern, darunter auch dem A, gekündigt. Diese Kündigung wird von der Geschäftsleitung erstens mit betriebsbedingten Gründen und zweitens mit hohen krankheitsbedingten Fehlzeiten des A begründet. A erhebt Kündigungsschutzklage. Er bestreitet zunächst die Betriebsbedingtheit der Kündigung. Darüber hinaus sei der Grundsatz der sozialen Auswahl nicht beachtet worden. Die Arbeitnehmerin B sei sozial weniger schutzbedürftig, da ua deren Ehemann ebenfalls berufstätig sei. Auch die krankheitsbedingten Fehlzeiten hätten nicht berücksichtigt werden dürfen (BAG v. 24.03.1983, 2 AZR 21/82, NJW 1984, 78). **Rn 364**

361

a) Betrieblicher Grund[53]

Betriebsbedingte Kündigungen kommen vor allem dann in Betracht, wenn der Arbeitgeber nicht mehr über ausreichende **Beschäftigungsmöglichkeiten** verfügt, wenn also – lapidar formuliert – nicht mehr genug Arbeit für alle da ist. Die betriebsbedingte Kündigung eröffnet dem Arbeitgeber dann – neben der Einführung von Kurzarbeit – die Möglichkeit, sein Wirtschaftsrisiko zu beschränken, indem er die personelle Kapazität seines Unternehmens dem Bedarf an Arbeitskräften anpasst. Die Ursachen können sowohl außerbetrieblicher Art sein, als auch auf einer innerbetrieblichen (dann autonom und nicht heteronom veranlassten) Entschließung des Arbeitgebers beruhen.

362

Außerbetriebliche Ursachen – etwa nicht nur vorübergehender Auftragsrückgang – können Beschäftigungsmöglichkeiten sogar unmittelbar entfallen lassen; häufig ergibt sich aber ebenso wie insbesondere bei innerbetrieblichen Gründen daraus zunächst einmal die Notwendigkeit einer **unternehmerischen Entscheidung** darüber, wie bestimmten betrieblichen Bedürfnissen (etwa nach Rationalisierung) Rechnung getragen werden soll, welche betrieblich-organisatorischen Maßnahmen als Reaktion getroffen werden sollen[54].

363

Damit stellt sich das **Zentralproblem**, nämlich die Frage, ob und inwieweit diese unternehmerischen Entscheidungen mit dem Endergebnis des Ausspruchs betriebsbedingter Kündigungen gerichtlich überprüfbar sind. Als Richtschnur kann gelten, dass die unternehmerischen Entscheidungen, die der Kündigung vorangehen und diese damit bedingen, der richterlichen Nachprüfung grundsätzlich nicht unterliegen, weil sie

364

---

52 *Stahlhacke/Preis/Vossen* Rn 1180.
53 Grundfragen behandelt *Stahlhacke* DB 1994, 1361.
54 Dazu *U. Preis* NZA 1995, 241 sowie – anschaulich – *B. Preis* NZA 1997, 625.

zum einen Ausfluss der von Art. 12 Abs. 1 GG geschützten Berufsausübungsfreiheit sind und zum anderen rechtliche Maßstäbe dafür fehlen, wie auf bestimmte außer- oder innerbetriebliche Entwicklungen reagiert werden soll; der Richter ist kein Ersatz-Unternehmer. Es hat sich dafür die Formel herausgebildet, dass die organisatorischen Maßnahmen, die der Arbeitgeber trifft, um seinen Betrieb dem Umsatzrückgang oder der verschlechterten Ertragslage anzupassen, nicht auf ihre Notwendigkeit und Zweckmäßigkeit nachzuprüfen seien, wohl aber daraufhin, ob sie (ausnahmsweise[55]) offenbar unsachlich, unvernünftig oder willkürlich sind[56].

> Im **Ausgangsfall 31** hat das BAG daher das Vorliegen eines betrieblichen Grundes anerkannt. Davon unberührt bleibt die Erforderlichkeit des Nachweises der vom Arbeitgeber als Grundlage seiner unternehmerischen Entscheidung behaupteten betrieblichen oder außerbetrieblichen Gründe. Das BAG scheint aber darüber insofern auch noch hinauszugehen, als es unter dem Aspekt der Verhältnismäßigkeit zusätzlich prüft, ob es nicht alternative, mildere Möglichkeiten der Reaktion gibt als die des Ausspruchs der ins Auge gefassten Beendigungskündigungen[57].

365 Zu den unternehmerischen Entscheidungen gehört nach neuerer, zutreffender, aber umstrittener Rechtsprechung der Entschluss des Arbeitgebers, den Personalbestand auch bei unveränderter Auftragslage auf Dauer zu reduzieren; die damit uU verbundene Leistungsverdichtung ist ein zulässiges Ziel des unternehmerischen Konzepts[58]; die objektiv nachprüfbare Verringerung des Personalbedarfs ist damit keine Voraussetzung gerechtfertigter betriebsbedingter Kündigungen. Allerdings ergaben sich daraus Schwierigkeiten für die vom BAG ständig vertretene Auffassung, die unternehmerische Entscheidung könne nicht im bloßen Kündigungsentschluss selbst liegen; voranzugehen hätten vielmehr darauf abzielende organisatorische Entscheidungen[59]. Bedeutsam ist schließlich, dass als zulässige unternehmerische Entscheidung auch der Ersatz bisher beschäftigter Arbeitnehmer durch freie Mitarbeiter angesehen wurde[60], eine (unzulässige) **Austauschkündigung**[61] wurde darin nicht gesehen (zum Sonderfall **betriebsbedingter Änderungskündigungen** Rn 396 ff).

366 Die umstrittene Frage, ob und inwieweit der Arbeitgeber zwecks Vermeidung betriebsbedingter Kündigungen auf die **Einführung von Kurzarbeit** verwiesen werden kann, lässt sich dann relativ einfach beantworten, wenn man berücksichtigt, dass die Einführung von Kurzarbeit einen nur „vorübergehenden" Arbeitsausfall voraussetzt (§ 170 Abs. 1 Nr 2 SGB III), während für die Beendigungskündigung als ultima ratio erforderlich ist, dass der Wegfall von Beschäftigungsmöglichkeiten (nach einer entsprechenden Prognose) voraussichtlich dauerhaft ist. Damit ist die Idee,

55 Die Sachrichtigkeit der unternehmerischen Entscheidung wird immerhin vermutet: BAG v. 30.04.1987, 2 AZR 184/86, NZA 1987, 776.
56 StRspr, vgl nur BAG v. 30.04.1987, 2 AZR 184/86, NZA 1987, 776; BAG v. 09.05.1996, 2 AZR 438/95, EzA § 1 KSchG Betriebsbedingte Kündigung Nr 85.
57 Vgl etwa BAG v. 17.10.1980, 7 AZR 675/78, EzA § 1 KSchG Betriebsbedingte Kündigung Nr 15.
58 BAG v. 24.04.1997, 2 AZR 352/96, NZA 1997, 1047; BAG v. 07.05.1998, 2 AZR 536/97, NZA 1998, 933; BAG v. 17.06.1999, 2 AZR 522/99, NZA 1999, 1095.
59 Siehe dazu BAG v. 17.06.1999, 2 AZR 141/99, NZA 1999, 1098 mit einem System abgestufter Darlegungslast.
60 BAG v. 09.05.1996, 2 AZR 438/95, NZA 1996, 1145.
61 BAG v. 26.09.1996, 2 AZR 200/96, NZA 1997, 202.

auch den dauerhaften Wegfall von Beschäftigungsmöglichkeiten durch Einführung von Kurzarbeit sozusagen auf viele Schultern zu verteilen, unvereinbar[62]. Zulässig ist es aber, auf an sich begründete Beendigungskündigungen zu Gunsten bloßer Änderungskündigungen mit dem Ziel zu verzichten, Vollzeitarbeitsverhältnisse in Teilzeitarbeitsverhältnisse umzuwandeln[63].

b) Soziale Auswahl

Eine schwierige Aufgabe ist bei betriebsbedingten Kündigungen schließlich noch wegen des Erfordernisses der **sozialen Auswahl** zu bewältigen. Diese Vorschrift beruht darauf, dass bei betriebsbedingten (in natürlichem Gegensatz zu personen- und verhaltensbedingten) Kündigungen oft nur feststeht, dass, aber nicht welchem Arbeitnehmer gekündigt werden muss. Hier bedarf es daher nach noch zu konkretisierenden Kriterien der sozialen Auswahl innerhalb eines bestimmten Personenkreises. Diese erfolgt nur unter Arbeitnehmern desselben Betriebes und nicht – im Gegensatz zu § 1 Abs. 2 S. 1, Nr 1b – des ganzen Unternehmens[64]. **367**

Durch das Gesetz zu Reformen am Arbeitsmarkt vom Dezember 2003[65] wurden die gesetzlichen Regelungen zur Sozialauswahl auf Betreiben der damaligen rot-grünen Bundesregierung wieder in den Zustand zurückversetzt, der von 1996 bis 1998 bestanden hatte. Nach dem Regierungswechsel 1998 hatte diese zunächst die Modifizierungen der CDU/CSU/FDP-Regierung aufgehoben, um sie 2003 doch wieder einzuführen. In der Entwurfsbegründung der Fraktionen von Rot/Grün[66] wird dies freilich nicht erwähnt.

Für die Durchführung der **Sozialauswahl** hat sich wiederum ein **dreistufiges Verfahren** herausgebildet:

aa) **Zunächst** einmal ist der **Personenkreis** zu ermitteln, der für die Auswahl unter sozialen Aspekten überhaupt nur in Betracht kommt. Bereits dies hat sich als schwierig erwiesen. Probleme gibt es vor allem dann, wenn man in diese Vergleichbarkeitsprüfung die ganz anders gelagerte Frage einbezieht, ob der Arbeitnehmer nicht wenigstens zu **veränderten Arbeitsbedingungen** weiterbeschäftigt werden kann. Dies betrifft zum einen den Fall, dass sich der betroffene Arbeitnehmer bereit erklärt, künftig geringwertigere Arbeiten zu verrichten; eine solche „vertikale" Vergleichbarkeit wird jedoch vom BAG zu Recht abgelehnt, da der auswahlrelevante Personenkreis nicht durch eine subjektive Entscheidung des Arbeitnehmers zulasten der anderen – erst dann vergleichbaren – Arbeitnehmer erweitert werden könne[67]. Zum anderen stellt sich die Frage, ob bei der Kündigung teilzeitbeschäftigter Arbeitnehmer Voll- **368**

---

62   Ablehnend BAG v. 25.06.1964, 2 AZR 382/63, AP Nr 14 zu § 1 KSchG Betriebsbedingte Kündigung (*Herschel*); BAG v. 26.06.1997, 2 AZR 494/96, NZA 1997, 1286; zum Ganzen *Preis* DB 1988, 1387, 1390 f; *Löwisch*, FS Wiese 1998, 249.

63   BAG v. 19.05.1993, 2 AZR 584/92, NZA 1993, 1075, 1076 f; dazu *Reuter* JuS 1994, 358.

64   Ausdrücklich bestätigt von BAG v. 22.05.1986, 2 AZR 612/85, AP Nr 4 zu § 1 KSchG 1969 Konzern; Dies gilt selbst dann, wenn ein unternehmensweites Versetzungsrecht vereinbart wurde (BAG v. 02.06.2005, 2 AZR 158/04, BB 2005, 2244).

65   BGBl. I, 3002; hierzu *Hanau* ZIP 2004, 1169; *Küttner*, BAG-FS 2004, 409; *Thüsing/Wege* RdA 2005, 12.

66   BT-Drs 15/1204, S. 1 ff.

67   Vgl BAG v. 29.03.1990, 2 AZR 369/89, NZA 1991, 181; BAG v. 17.09.1998, 2 AZR 725/97, AP Nr 36 zu § 1 KSchG 1969 Soziale Auswahl mit Anm. *Oetker* = SAE 1999, 167 mit Anm. *Langenbucher*.

zeitbeschäftigte und – umgekehrt – bei der Kündigung vollzeitbeschäftigter Arbeitnehmer Teilzeitbeschäftigte in die soziale Auswahl nach § 1 Abs. 3 einzubeziehen sind, wenn diese Arbeitnehmer sich jeweils bereit erklären, ihre Arbeitszeit entsprechend zu verringern bzw zu erhöhen. Das BAG lehnt dies aus den gleichen Gründen wie die vertikale Vergleichbarkeit im Grundsatz ab, will jedoch dabei den Inhalt der arbeitgeberseitigen Organisationsentscheidung berücksichtigen.

Nicht in die Sozialauswahl einzubeziehen sind Arbeitnehmer, die von Gesetzes wegen unter einem **besonderen Kündigungsschutz** stehen, zB gem. § 15 KSchG. Das BAG entschied, dass diese besonderen Kündigungsbeschränkungen als Spezialregelungen dem allgemeinen Kündigungsschutz vorgehen[68]. Soweit die Arbeitnehmer vergleichbar sind, ist weiterhin umstritten, ob insbesondere tariflich (aber auch einzelvertraglich) unkündbare Arbeitnehmer in den auswahlrelevanten Personenkreis einzubeziehen sind. Dies wird überwiegend angenommen, stößt jedoch auf Bedenken, da der gesetzliche Kündigungsschutz der anderen Arbeitnehmer hierdurch erheblich verkürzt wird[69]. Im Falle einzelvertraglicher Kündigungsbeschränkungen würde dadurch der Arbeitsvertrag Wirkungen zu Lasten Dritter entfalten. Gegen die Herausnahme von tariflich unkündbaren Arbeitnehmern spricht zudem, dass § 1 Abs. 3 nur in Bezug auf die Gewichtung der einzelnen Kriterien nach § 1 Abs. 4 tarifdispositiv ist, nicht jedoch in Bezug auf die Auswahl der vergleichbaren Arbeitnehmer.

Davon zu unterscheiden ist die Frage, ob eine Vereinbarung über die anzurechende Betriebszugehörigkeit im Rahmen der Sozialauswahl Berücksichtigung finden kann. Das BAG hat sie bejaht, sofern für die Absprache ein sachlicher Grund existiert[70]. In dem vom BAG entschiedenen Fall hatten sich die Parteien in einem vorherigen Prozess, in dem es um einen streitigen Betriebsübergang ging, darauf geeinigt, dass zum einen das Arbeitsverhältnis des klagenden Arbeitnehmers übergegangen ist und dass zum anderen die früheren Beschäftigungszeiten des Arbeitnehmers in diesem Arbeitsverhältnis Berücksichtigung finden. Das BAG führte aus, dass bereits ein Prozessvergleich an sich entscheidend für das Vorliegen eines sachlichen Grundes spreche. Hinzu komme, dass die frühere Beschäftigungszugehörigkeit auch dann zu berücksichtigen gewesen sei, wenn tatsächlich ein Betriebsübergang stattgefunden hätte. In einem solchen Fall liegt der sachliche Grund tatsächlich auf der Hand, denn es ist offensichtlich, dass die Parteien die Vereinbarung nicht bloß getroffen haben, um die Sozialauswahl zu manipulieren.

369 bb) In einem **zweiten Prüfungsschritt** ist über die **Herausnahme sog. Leistungsträger iSv § 1 Abs. 3 S. 2 Var. 1** zu entscheiden[71]. Während die vorhergehende Gesetzesfassung die Auswahl nach sozialen Gesichtspunkte für die Fälle einschränkte, in denen „betriebstechnische, wirtschaftliche oder sonstige berechtigte betriebliche Bedürfnisse die Weiterbeschäftigung" bestimmter Arbeitnehmer „bedingen", ist die „neue" ein wenig konkreter. Sie erlaubt die Herausnahme von Arbeitnehmern aus der

---

68 BAG v. 17.06.1999, 2 AZR 456/98, NZA 1999, 1157, 1161 sowie BAG v. 21.04.2005, 2 AZR 241/04, NZA 2005, 1307, 1308.
69 Vgl dazu *Stahlhacke/Preis/Vossen* Rn 1074 f einerseits und *Oetker*, FS Wiese 1998, 340 f andererseits jew mwN.
70 BAG v. 02.06.2005, 2 AZR 480/04, NZA 2006, 207, 210.
71 Ob dieser Schritt tatsächlich der zweite ist oder ob er nicht vielmehr nach der eigentlich Sozialauswahl erfolgt, ist umstritten; s. hierzu *Fischermeier* NZA 1997, 1089, 1092. Zum Ganzen *Thüsing/Wege* RdA 2005, 12, 13 ff. Wie hier bspw *Junker*, Arbeitsrecht, Rn 375 ff; anders hingegen *Rolfs* StudKomm. ArbR, § 1 KSchG Rn 64 f.

Sozialauswahl „deren Weiterbeschäftigung, insbesondere wegen ihrer Kenntnisse, Fähigkeiten und Leistungen oder zur Sicherung einer ausgewogenen Personalstruktur des Betriebes, im berechtigten betrieblichen Interesse liegt"[72]. Sie enthält damit zwei Varianten: Zum einen können sog. Leistungsträger von vornherein ausgeklammert werden, zum anderen wird die Sicherung einer ausgewogenen Personalstruktur – und damit vor allem einer ausgewogenen Altersstruktur – als berechtigtes betriebliches Interesse, das bei der Sozialauswahl zu berücksichtigen ist, anerkannt. Erstgenannter Punkt muss logisch zwingend vor der eigentlichen Sozialauswahl (Prüfungsschritt drei) beachtet werden, letztgenannter bezieht sich auf die Durchführung der Sozialauswahl selbst (und wird deshalb dort erörtert).

Die (Wieder-) Einführung der Leistungsträgerklausel soll verhindern, dass betriebsbedingte Kündigungen zur Beeinträchtigung der Leistungsfähigkeit der Belegschaft führen müssen. Arbeitnehmer, die sich für den Betrieb unentbehrlich gemacht haben, soll der Arbeitgeber nicht entlassen müssen, auch wenn sie gegenüber anderen Arbeitnehmern sozial weniger schutzbedürftig sind[73]. Es geht also stets um die Ausklammerung besonderer Arbeitnehmer aus der Sozialauswahl. Die Leistungsträgerklausel darf nicht dazu missbraucht werden, die Sozialauswahl praktisch gänzlich auszuschalten[74]. Das BAG[75] nimmt hierbei eine Abwägung zwischen den betrieblichen Interessen des Arbeitgebers und den sozialen Gesichtspunkten der Arbeitnehmers vor. Der Rechtssicherheit dient dies nicht. Stattdessen sollte absolut, nicht relativ entschieden werden: Wenn ein Arbeitnehmer aufgrund besonderer Kenntnisse, Fähigkeiten oder Leistungen unentbehrlich für den Betrieb ist, darf der Arbeitgeber ihn aus der Sozialauswahl heraushalten, und zwar unabhängig von den sozialen Gesichtspunkten der übrigen Arbeitnehmer.

cc) In einem **dritten Prüfungsschritt** hat dann die **eigentliche Sozialauswahl** zu erfolgen. Auch insoweit ist der Gesetzgeber zu alter Präzision zurückgekehrt und hat diejenigen Gesichtspunkte, die er bei der Sozialauswahl gewürdigt wissen will, ausdrücklich in § 1 Abs. 3 S. 1 aufgenommen. Danach hat der Arbeitgeber (ausschließlich![76]) die Dauer der Betriebszugehörigkeit[77], das Lebensalter, die Unterhaltspflichten und eine etwaige Schwerbehinderung der Arbeitnehmer zu berücksichtigen.   **370**

Sog. **Punktetabellen**, mit denen die soziale Schutzbedürftigkeit sozusagen mittels eines mathematischen Verfahrens ermittelt werden sollte, hat das BAG schon früh abgelehnt; ein Bewertungs-   **371**

---

72 Eine ausgewogenen Personalstruktur darf nur *gesichert* und nicht erst *geschaffen* werden. Anders ist es im Insolvenzfall, vgl § 125 Abs. 1 InsO. Zur Frage, welche Gesichtspunkte – neben dem Alter – noch zur *Personal*struktur gehören siehe *Thüsing/Wege* RdA 2005, 12, 23 f mwN.

73 BT-Drs 15/1204, S. 9 und 11.

74 *Thüsing/Wege* (RdA 2005, 12, 18 f) schlagen deshalb in Anlehnung an § 42a Abs. 2 BBesG vor, eine Leistungsträgerquote von max. 15% zu akzeptieren; das BAG akzeptiert nach eigenem Bekunden indes auch eine höhere Quote, sofern sie nur begründet wird; großzügiger auch *Jacobs/Naumann* Anm. zu BAG EzA§ 1 KSchG Soziale Auswahl Nr 52.

75 BAG v. 12.04.2002, 2 AZR 706/00, AP Nr 56 zu § 1 KSchG Soziale Auswahl; hiergegen insb *Thüsing/Wege* RdA 2005, 12, 15 ff mwN.

76 Siehe hierzu ErfK-*Ascheid* § 1 KSchG Rn 490.

77 Krit zur Betriebszugehörigkeit als Korrektiv für den Bestands- und Abfindungsschutz im Arbeitsrecht *Kaiser*, FS Konzen 2006, 381.

spielraum des Arbeitgebers soll lediglich bei geringfügigen Unterschieden in der sozialen Schutz-bedürftigkeit bestehen[78]. Ein weiterer Beurteilungsspielraum soll den Betriebspartnern dagegen zustehen, wenn sie gem. § 95 BetrVG Auswahlrichtlinien vereinbaren, allerdings soll dann immer noch eine zusätzliche individuelle Abschlussprüfung stattfinden[79].

§ 1 Abs. 3 S. 2 lässt es zu, (dennoch) eine ausgewogene Personalstruktur beizubehalten. Bereits vor der Gesetzesänderung war es weitgehend anerkannt, dass die Erhaltung einer ausgewogenen Altersstruktur ein berechtigtes Bedürfnis zur Korrektur der Sozialauswahl darstellt[80]. In der Regel geschieht dies durch die Bildung von Altersgruppen. Die Sozialauswahl wird dann nicht zwischen sämtlichen in Betracht gezogenen Arbeitnehmern, sondern innerhalb der entstandenen Altersgruppen durchgeführt[81].

Inwieweit das **europäische Diskriminierungsrecht** hierauf Einfluss nimmt, ist noch weitgehend ungeklärt. Der EuGH hat in seinem Mangold/Helm-Urteil zu § 14 Abs. 3 TzBfG entschieden, dass das Gebot zur Gleichbehandlung nach dem Alter nicht bloß der Richtlinie 2000/78/EG entspringt, sondern dem allgemeinen europäischen Gleichheitssatz, und hat es damit auf Primärrechtsebene gehoben[82]. Eine Rechtfertigung der Altersdiskriminierung durch arbeitsmarktpolitische Belange lehnte der EuGH ab. Die Messlatte für Ungleichbehandlungen hat das Gericht damit recht hoch gehängt; hält es daran fest, dürften einige Bereiche, in denen das Lebensalter eine Rolle spielt, neu zu bedenken sein, unter ihnen auch die Sozialauswahl. *Annuß* schlägt beispielsweise vor, das Lebensalter in europarechtskonformer Auslegung zugunsten älterer Arbeitnehmer nur zu berücksichtigen, soweit damit ein diese belastender, besonderer Nachteil ausgeglichen oder einem anderen anerkennenswerten Interesse Rechnung getragen wird[83]. Es wäre allerdings nicht das erste Mal, dass der EuGH nach einem ungewöhnlich weiten Urteil später wieder zurück rudert und seine Rechtsprechung einschränkt (vgl zu § 613a BGB Rn 302). Angesichts der Schwächen in der Begründung der Mangold/Helm-Entscheidung wäre dies durchweg zu begrüßen.

c) Darlegungs- und Beweislast

372 In Bezug auf die Beweislast sind zunächst die ausdrücklichen Regelungen des § 1 Abs. 2 S. 4 (Beweislast für das Vorliegen der Kündigungsgründe beim Arbeitgeber) und § 1 Abs. 3 S. 3 (Beweislast des Arbeitnehmers dafür, dass der Arbeitgeber soziale

---

78 BAG v. 24.03.1983, 2 AZR 21/82, AP Nr 12 zu § 1 KSchG 1969 Betriebsbedingte Kündigung mit Anm. *Meisel* = SAE 1984, 44 mit Anm. *Löwisch*; zu Punktetabellen ausführlich *Vogt* DB 1984, 1467; vgl auch BAG v. 18.10.1984, 2 AZR 543/83, NZA 1985, 423; BAG v. 25.04.1985, 2 AZR 140/84, NZA 1986, 64; BAG v. 18.01.1990, 2 AZR 357/89, NZA 1990, 729; krit *Boewer* NZA 1988, 3 ff.
79 BAG v. 18.01.1990, 2 AZR 357/89, NZA 1990, 729; offen gelassen nunmehr von BAG v. 26.07.2005, 1 ABR 29/04, NZA 2005, 1372, 1373.
80 *Bauer/Lingemann* NZA 1993, 625, 628; *Rumpenhorst* NZA 1991, 214, 215 f; KR-*Etzel*, KSchR, 4. Aufl. 1996, § 1 KSchG Rn 598a; *Hueck/von Hoyningen-Huene*, KSchG, 12. Aufl. 1997, § 1 Rn 479b.
81 Siehe BAG v. 23.11.2000, 2 AZR 533/99, NZA 2001, 601; BAG v. 20.04.2005, 2 AZR 201/04, NZA 2005, 877; hierzu auch *Küttner*, BAG-FS 2004, 409, 419 ff; zum Gestaltungsspielraum des Arbeitgebers *Gaul/Lunk* NZA 2004, 184.
82 EuGH v. 22.11.2005, C-144/04, NZA 2005, 1345.
83 *Annuß* BB 2006, 325, 326; siehe auch *Kopke* NJW 2006, 1040.

Gesichtspunkte nicht ausreichend berücksichtigt hat) zu beachten. Die Regelung des § 1 Abs. 3 S. 3 ist jedoch vom BAG im Hinblick auf die Auskunftsverpflichtung des Arbeitgebers gemäß § 1 Abs. 3 S. 1 Hs 2 nicht unwesentlich modifiziert worden. Danach soll ein System der **„abgestuften" Darlegungs- und Beweislast** gelten: An sich hat – der Regel des § 1 Abs. 3 S. 3 entsprechend – zunächst der Arbeitnehmer die Gesetzmäßigkeit der vom Arbeitgeber getroffenen sozialen Auswahl zu bestreiten, und zwar substantiiert zu bestreiten. Dazu ist er jedoch nur in der Lage, wenn ihm der Arbeitgeber zuvor die erforderlichen Auskünfte gemäß § 1 Abs. 3 S. 1 Hs 2 gegeben hat. Daher liegt die Darlegungslast insoweit zunächst bei diesem. Auf Grund dieser Auskünfte hat der Arbeitnehmer dann im Einzelnen darzutun und ggf unter Beweis zu stellen, weshalb die soziale Auswahl fehlerhaft ist, dh dass bestimmte andere Arbeitnehmer ungünstigere Sozialdaten aufweisen[84].

5. Kündigung wegen Betriebsstilllegung

> **Fall 32:** B betrieb eine Sprachschule, die er wegen hoher Verluste Ende September 1988 schließen musste. Er hatte daher bereits im Mai 1988 gegenüber den Arbeitnehmern die Kündigung zum 30.09.1988 ausgesprochen (BAG v. 19.06.1991, 2 AZR 127/91, NZA 1991, 891).
> **Rn 374**

373

Zum Bereich betriebsbedingter Kündigungen gehören auch diejenigen, die im Zuge von **Betriebsstilllegungen** ausgesprochen werden, wobei es auch hier gleichgültig ist, ob der unternehmerische Entschluss zur Betriebsstilllegung heteronom oder autonom veranlasst ist[85]. Für die Überprüfung dieser unternehmerischen Entscheidung gilt nichts Besonderes: Allerdings ist bei autonomen Entschlüssen – etwa Stilllegung aus Altersgründen – die unternehmerische Entscheidung als vollständig kontrollfrei anzusehen, da es dafür keine Maßstäbe gibt[86]. Bei heteronom veranlassten Stilllegungen, etwa wegen nachhaltigen Auftragsmangels oder dauernder Unrentabilität, wird als Alternative zur Stilllegung häufig zunächst eine **Betriebsveräußerung** erwogen werden, auf die § 613a BGB anzuwenden ist. Insoweit treten Probleme auf, wenn der Arbeitgeber zwar stilllegen will und deswegen (zulässigerweise) betriebsbedingt kündigt, dann aber die sächlichen Betriebsmittel nach Ausspruch der Kündigungen doch noch als Ganzes veräußert.

Will der Arbeitgeber den Betrieb (endgültig) stilllegen, braucht er mit der Kündigung nicht bis zur Durchführung der Stilllegung zu warten. Nach der Rechtsprechung des

374

---

84 BAG v. 24.03.1983, 2 AZR 21/82, NJW 1984, 78; BAG v. 21.12.1983, 7 AZR 421/82, NZA 1985, 158; BAG v. 20.04.2005, 2 AZR 201/04, NZA 2005, 877; dazu *v. Altrock* DB 1987, 433; *Ascheid*, Beweislastfragen im Kündigungsschutzprozess 1989, 162 ff.

85 *Wank* SAE 1986, 151, 152; *Hillebrecht* ZIP 1985, 257 f; der Arbeitgeber kann die Kündigung aussprechen, wenn die betrieblichen Umstände greifbare Formen angenommen haben und eine vernünftige betriebswirtschaftliche Betrachtung die Prognose rechtfertigt, dass der Arbeitnehmer bis zum Auslaufen der Kündigungsfrist entbehrt werden kann: BAG v. 19.06.1991, 2 AZR 127/91, NZA 1991, 891; BAG v. 10.10.1996, 2 AZR 477/95, NZA 1997, 251.

86 *Löwisch/Spinner* § 1 Rn 256; BAG v. 07.03.2002, 2 AZR 147/01, EzA § 1 KSchG Betriebsbedingte Kündigung Nr 116.

BAG reicht es vielmehr aus, wenn die betrieblichen Umstände bereits greifbare Formen angenommen haben und eine vernünftige betriebswirtschaftliche Betrachtung die Prognose rechtfertigt, dass der Arbeitnehmer bis zum Auslaufen der Kündigungsfrist entbehrt werden kann.

> Die im **Ausgangsfall 32** erhobene Kündigungsschutzklage eines gekündigten Arbeitnehmers hatte daher keinen Erfolg.

375 Die soziale Rechtfertigung betriebsbedingter Kündigungen bereitet auch dann Probleme, wenn beim weit verbreiteten **outsourcing** Arbeitsaufgaben „nach außen", dh auf selbstständige Dritte verlagert werden sollen. Die Rechtsprechung rechnet die zugrunde liegenden Organisationsakte zu Recht zu den grundsätzlich kontrollfreien Unternehmerentscheidungen des Arbeitgebers und bejaht infolgedessen im Regelfall die soziale Rechtfertigung[87]

6. Prozessuale Fragen (insbes Fristwahrung gem. § 4 KSchG)

376 a) Die Sozialwidrigkeit einer ordentlichen Kündigung und seit dem 01.01.2004 auch andere Unwirksamkeitsgründe[88] können ausschließlich mit der **Kündigungsschutzklage** angegriffen werden; gem. § 4 S. 1 ist diese (Feststellungs-) Klage binnen drei Wochen nach Zugang der Kündigung zu erheben, sonst gilt die Kündigung gem. § 7 als sozial gerechtfertigt[89]. § 4 gilt gem. § 13 Abs. 1 auch für Klagen, die sich gegen die Wirksamkeit einer außerordentlichen Kündigung richten. Die Fiktion des § 7 bezieht sich allerdings nur auf die Wirksamkeit der Kündigung, nicht die sie tragenden Gründe. Wurde dem Arbeitnehmer bspw mit der Begründung verhaltensbedingt gekündigt, er habe dem Arbeitgeber einen schweren Schaden zugefügt, kann sich der Arbeitnehmer gegen die Schadensersatzforderung ohne jede Bindungswirkung des Kündigungsschutzverfahrens verteidigen[90]. Löst allerdings die Beendigung des Arbeitsverhältnisses bspw eine Rückzahlungsverpflichtung des Arbeitnehmers aus, kann er sich gegen diese nicht mit der Begründung wehren, die Kündigung sei unwirksam.

377 b) Gewinnt der Arbeitnehmer den Kündigungsschutzprozess, ist er jedoch in der Zwischenzeit bereits ein neues Arbeitsverhältnis eingegangen, kann er die Fortsetzung des Arbeitsverhältnisses gegenüber dem alten Arbeitgeber mit der Folge verweigern, dass dieses Arbeitsverhältnis erlischt (§ 12 S. 1 und 3). Die **Auflösung des alten Arbeitsverhältnisses** kann gemäß § 9 Abs. 1 S. 1 vom Arbeitnehmer auch dann verlangt werden, wenn ihm die Fortsetzung des alten Arbeitsverhältnisses nicht zumutbar ist. Dieselbe Möglichkeit hat der Arbeitgeber gemäß § 9 Abs. 1 S. 2, wenn Gründe vorliegen, die eine den Betriebszwecken dienliche weitere Zusammenarbeit nicht erwarten lassen[91]. Bei leitenden Angestellten iSv § 14 Abs. 2 S. 1 (siehe dazu Rn 335) bedarf der Antrag des Arbeitgebers keiner Begründung.

---

87 BAG v. 12.04.2002, 2 AZR 740/00 und v. 27.06.2002, 2 AZR 489/01, EzA § 1 KSchG Betriebsbedingte Kündigung Nr 117, 119 sowie BAG v. 21.02.2002, 2 AZR 556/00, EzA § 2 KSchG Nr 45.
88 Einzige Ausnahme bildet die Formunwirksamkeit (vgl § 4 S. 1).
89 Nach hM ist die Klage dann als unbegründet abzuweisen; vgl dazu *v. Hoyningen-Huene/Linck* § 4 Rn 82 ff.
90 ErfK-*Ascheid* § 7 KSchG Rn 4.
91 Vgl dazu BAG v. 07.03.2002, 2 AZR 158/01, EzA § 9 KSchG nF Nr 45.

III. Außerordentliche Kündigung

Die in § 626 BGB geregelte außerordentliche (fristlose) Kündigung ist die einschnei- **378** dendste Maßnahme, mit der ein Arbeitsverhältnis beendet werden kann, da sie – anders als die ordentliche Kündigung – **sofort wirksam** wird. Dementsprechend kann sie nur äußerstes Mittel sein; die Gründe, die den Arbeitgeber zur Kündigung veranlassen, müssen so schwerwiegend sein, dass sie selbst einer Weiterbeschäftigung bis zum Ablauf der Kündigungsfrist entgegenstehen[92]. Den Schwerpunkt bilden verhaltensbedingte Kündigungsgründe. Hierzu hat sich eine umfangreiche Kasuistik herausgebildet, auf die nur verwiesen werden kann[93]. In der Praxis besonders wichtig ist die die **außerordentliche Verdachtskündigung.** Das BAG lässt sie trotz erheblicher Einwände im einschlägigen Schrifttum zu, wenn sich starke Verdachtsmomente auf objektive Tatsachen gründen, wenn die Verdachtsmomente geeignet sind, das für die Fortsetzung des Arbeitsverhältnisses erforderliche Vertrauen zu zerstören und wenn der Arbeitgeber alle zumutbaren Anstrengungen zur Aufklärung des Sachverhalts unternommen, insbesondere dem Arbeitnehmer Gelegenheit zur Stellungnahme gegeben hat[94]. Wenn der Verdacht (später) ausgeräumt wird, besteht in der Regel ein Wiedereinstellungsanspruch[95] (hierzu Rn 352).

Eine besondere Form der außerordentlichen Kündigung stellt die **Kündigung eines** **379** **ordentlich unkündbaren Arbeitnehmers** dar, die auch als **Orlando-Kündigung**[96] bezeichnet wird. Dieser merkwürdige Zwitter wurde entwickelt, um (insbesondere betriebsbedingte) Kündigungen auch der Arbeitnehmer zu ermöglichen, bei denen eine ordentliche Kündigung gesetzlich oder tarifvertraglich ausgeschlossen ist[97]; die strikte Einhaltung solcher Kündigungsverbote würde dazu führen, dass ein Arbeitgeber uU über Jahre hinweg ein sinnentleertes Arbeitsverhältnis fortführen müsste. In diesem Fall wird es ihm daher gestattet, eine außerordentliche Kündigung unter Beachtung der (sonst eingreifenden) gesetzlichen oder tarifvertraglichen Kündigungsfrist auszusprechen. Eine solche (betriebsbedingte) Kündigung steht dann hinsichtlich der Sozialauswahl und der Beteiligung des Betriebsrats der ordentlichen gleich. Damit laufen insbesondere tarifliche Unkündbarkeitsklauseln notwendigerweise zumindest teilweise leer; sie können die (meist älteren) Arbeitnehmer nicht gänzlich vor

---

92 Die außerordentliche Kündigung kann gem. § 140 BGB in eine ordentliche Kündigung umgedeutet werden; vgl dazu BAG v. 15.11.2001, 2 AZR 310/00, EzA § 140 BGB Nr 24. Die Umdeutung wirft allerdings schwierige Fragen hinsichtlich der Beteiligung des Betriebsrats auf; dazu nur *Hager* BB 1989, 693 f.

93 *Stahlhacke/Preis/Vossen* Rn 625 ff; KR-*Fischermeier* § 626 BGB Rn 404 ff.

94 S. nur BAG v. 10.02.2005, 2 AZR 189/04, NZA 2005, 1056; zur Restitutionsklage nach einer rechtskräftig für wirksam erklärten Verdachtskündigung BAG v. 22.01.1998, 2 AZR 455/97, NZA 1998, 726. Zur Kritik an der Verdachtskündigung *Dörner* NZA 1992, 865; 1993, 873; *Belling* RdA 1996, 223.

95 HM, vgl nur von *Stein* RdA 1991, 91 f; *Belling*, FS Kissel 1994, 11; enger BAG v. 20.08.1997, 2 AZR 620/96, NZA 1997, 1340.

96 Der Begriff stammt von *Bröhl*, FS Schaub 1998, 55, in Anlehnung an die Figur des *Orlando* im gleichnamigen, 1928 erschienenen Roman von Virginia Woolf, der sich vom Mann zur Frau verwandelt.

97 Zum Kündigungsausschluss durch Individualvertrag s. BAG v. 08.10.1959, 2 AZR 501/56, NJW 1960, 67, 68; BAG v. 25.03.2004, 2 AZR 153/03, BB 2004, 2303, 2304 f; *Mauer/Schüßler* BB 2001, 466; KR-*Friedrich* § 13 KSchG Rn 270.

dem Verlust ihrer Arbeitsplätze schützen, zumal das BAG ausdrücklich postulierte, das Recht der Arbeitgeber zur außerordentlichen Kündigung könne auch in Tarifverträgen wegen Art. 12 Abs. 1 GG nicht ausgeschlossen werden. Beendigungsmöglichkeiten, die der Anpassung des Arbeitnehmerstandes an die Entwicklung des Unternehmens dienten, seien unverzichtbar[98].

380   **Fall 33:** Arbeitgeber B erfährt Mitte September von einem Kunden, dass sein Arbeitnehmer A vertragswidrige Konkurrenztätigkeiten ausüben soll. Auf seine Bitte hin schickt ihm sein Kunde Belege zu, die am 09.10.bei B eingehen. Am 14.10. bittet B den A zu einem Gespräch; am 15.10. spricht er gegenüber A die fristlose Kündigung aus. A ist der Ansicht, die fristlose Kündigung sei schon wegen Überschreitung der Kündigungserklärungsfrist des § 626 Abs. 2 BGB unwirksam (BAG v. 10.06.1988, 2 AZR 25/88, NZA 1989, 105). **Rn 382**

381   Zu großen Schwierigkeiten und erheblicher Rechtsunsicherheit hat die 1969 durch das Erste Arbeitsrechtsbereinigungsgesetz eingeführte Bestimmung des § 626 Abs. 2 geführt, wonach die außerordentliche Kündigung an die Einhaltung einer **Frist von zwei Wochen** gebunden, dh nur bei Einhaltung dieser Frist rechtswirksam ist[99]. Das damit verfolgte Regelungsziel ist an sich einsichtig: Bei jeder außerordentlichen Kündigung stellt sich die eminent schwierige Frage, ob der ihr zugrunde liegende wichtige Grund wirklich so schwerwiegend ist, dass die Fortsetzung des Arbeitsverhältnisses bis zum Ablauf der Kündigungsfrist im Fall ordentlicher Kündigung dem Arbeitgeber zumutbar ist. Deren Beantwortung wird erleichtert, wenn man dem eigenen Verhalten des Kündigenden – Überschreitung der Frist – entnehmen kann, dass ihm die Angelegenheit so wichtig nun auch wieder nicht ist[100]. Zugleich soll der Arbeitnehmer Gewissheit darüber erlangen, ob er denn nun fristlos gekündigt wird[101]. Wegen dieser ratio wird § 626 Abs. 2 BGB derogiert, wenn die Beschäftigungsmöglichkeit für den Arbeitnehmer dauerhaft entfällt (sog. **Dauerstörtatbestand**)[102].

382   Schwierigkeiten bereitet, dass die für den Fristbeginn entscheidende Voraussetzung der Kenntnis auf den ersten Blick als ein rein deskriptives Tatbestandsmerkmal erscheint, in Wahrheit aber vielfältigen Abstufungen zugänglich ist. Es ist daher überwiegend normativ zu verstehen, so dass mit rechtlichen Erwägungen darüber zu entscheiden ist, welcher Grad an Kenntnis vorliegen, welche Intensität erreicht sein muss (bzw welche Anforderungen an die Kenntnis gestellt werden dürfen), ehe Kenntnis im Sinne des Gesetzes und damit der Fristbeginn bejaht werden können. (In diesem Zusammenhang ist

---

98   Vgl BAG v. 05.02.1998, 2 AZR 227/97, NZA 1998, 771 = AP Nr 143 zu § 626 BGB mit ausf Anm. *Höland* sowie BAG v. 12.08.1999, 2 AZR 923/98, EzA § 626 BGB Verdacht strafbarer Handlungen Nr 8. Zu den Wertungswidersprüchen in diesem Bereich *Höland* aaO sowie *Bröhl*, FS Schaub 1998, 55 ff.

99   Auch die Überschreitung dieser Frist ist vom Arbeitnehmer gem. § 13 Abs. 1 S. 2 in der Dreiwochenfrist des § 4 zu rügen, vgl *v. Hoyningen-Huene/Linck* § 13 Rn 15.

100   § 626 Abs. 2 stellt nach hM eine Konkretisierung des Verwirkungstatbestandes dar, BAG v. 09.01.1986, 2 ABR 24/85, AP Nr 20 zu § 626 BGB Ausschlussfrist; KR-*Fischermeier* § 626 Rn 313 ff.

101   Bei außerordentlicher Kündigung wegen dauernder, krankheitsbedingter Arbeitsunfähigkeit ist § 626 Abs. 2 in der Regel nicht anwendbar: BAG v. 21.03.1996, 2 AZR 455/95, NZA 1996, 871.

102   BAG v. 05.02.1998, 2 AZR 227/97, NZA 1998, 771.

des öfteren von Fristhemmung die Rede[103]. Dies ist terminologisch unzutreffend; stets geht es lediglich um den richtigen Zeitpunkt für den Fristbeginn.) Die Rechtsprechung scheint insoweit im Hinblick auf die Feststellungsschwierigkeiten des Arbeitgebers großzügig zu sein: Kenntnis und damit Fristbeginn werden im Allgemeinen erst dann bejaht, wenn der Arbeitgeber „eine sichere und möglichst vollständige positive Kenntnis der für die Kündigung maßgeblichen Tatsachen hat"[104], so dass ihm damit die Entscheidung über die Zumutbarkeit oder Unzumutbarkeit der Fortsetzung des Arbeitsverhältnisses möglich ist. Dem entspricht es, dass der Arbeitgeber Erkundigungen einziehen und auch den betreffenden Arbeitnehmer anhören darf[105].

> Daher war im **Ausgangsfall 33** nach den vom Arbeitgeber vorgetragenen Tatsachen die Ausschlussfrist des § 626 Abs. 2 BGB gewahrt.

Dies soll allerdings „mit der gebotenen Eile" erfolgen[106]. Dafür gibt das Gesetz indessen nichts her; denn es wird nicht auf Kennenmüssen (s. § 122 Abs. 2 BGB), sondern auf **Kenntnis** abgestellt[107]. Dass deren Erlangung früher möglich gewesen wäre, kann daher keine Rolle spielen. Aus demselben Grunde sind auch gegenüber der Zurechnung des Wissens selbst nicht kündigungsberechtigter Personen Bedenken zu erheben[108]. Organisationsmängel führen nicht zur Kenntnis, sondern allenfalls wiederum zum – für den Fristbeginn nicht ausreichendem – Kennenmüssen. **383**

Nicht nachvollziehbar ist die Annahme, den Arbeitgeber treffe die Beweislast dafür, dass er von den für die Kündigung maßgeblichen Tatsachen erst innerhalb der letzten zwei Wochen vor Ausspruch der Kündigung Kenntnis erlangt habe[109]. Ein solcher Negativbeweis lässt sich schlechterdings nicht führen[110]. Verlangt werden können lediglich sorgfältige und wahrheitsgetreue Ausführungen darüber, wann und in welchem Umfang der Arbeitgeber von den Tatsachen, auf die er die Kündigung stützt, Kenntnis erhalten hat. Darauf hat sich dann die rechtliche Würdigung des Gerichts zu beziehen. Dem Arbeitgeber obliegt damit lediglich eine Darlegungslast in Bezug auf den tatsächlichen Geschehensablauf. Für ein non liquet als Voraussetzung jeder Beweislastentscheidung ist daneben kein Raum. **384**

---

103 Vgl BAG v. 10.06.1988, 2 AZR 25/88, AP Nr 27 zu § 626 BGB Ausschlussfrist; v. 31.03.1993, 2 AZR 492/92, EzA § 626 BGB Ausschlussfrist Nr 5; MünchArbR-*Wank* § 120 Rn 131; aus der jüngeren Rechtsprechung s. zB LAG Niedersachsen v. 16.09.2005, 16 Sa 225/05, NZA-RR 2006, 131, 132.

104 Vgl nur BAG v. 10.06.1988, 2 AZR 25/88, AP Nr 27 zu § 626 BGB Ausschlussfrist.

105 BAG v. 27.01.1972, 2 AZR 157/71, AP Nr 2 zu § 626 BGB Auschlussfrist; die neuere Rechtsprechung tendiert sogar dazu, dem Arbeitgeber eine Anhörungs*pflicht* aufzuerlegen, vgl BAG v. 10.06.1988, 2 AZR 25/88, AP Nr 27 zu § 626 BGB Ausschlussfrist.

106 BAG v. 29.07.1993, 2 AZR 90/93, NZA 1994, 171: „zügig"; dort auch zum Warten auf das Ergebnis staatsanwaltlicher Ermittlungen; vgl jetzt noch BAG v. 31.03.1993, 2 AZR 492/92, EzA § 626 BGB Ausschlussfrist Nr 5.

107 So auch MünchKommBGB-*Schwerdtner*, 3. Aufl. 1997, § 626 Rn 198 ff; Mauer/Schüßler, BB 2001, 466, 469 f, plädieren gegen die Anwendung des § 626 BGB insgesamt.

108 So aber BAG v. 12.04.1956, 2 AZR 247/54, AP Nr 11 zu § 626 BGB Ausschlussfrist; BAG v. 11.03.1998, 2 AZR 287/97, NZA 1998, 747, 997; auch dazu MünchKommBGB-*Henssler* § 626 Rn 300 ff; zur Wissenszurechnung bei Kollegialorganen vgl BAG v. 20.09.1984, 2 AZR 450/72, AP Nr 1 zu § 28 BGB (*Reuter*) = SAE 1985, 313 (*Windbichler*).

109 BAG v. 17.08.1972, 2 AZR 359/71 und BAG v. 10.04.1975, 2 AZR 113/74, AP Nr 4 und 7 zu § 626 BGB Ausschlussfrist.

110 *Zöllner/Loritz* § 22 III 4 a (287: „Teufelsbeweis"); MünchKommBGB-*Schwerdtner*, 3. Aufl. 1997, § 626 Rn 240 ff; anders nun iSd BAG MünchKommBGB-*Henssler* § 626 Rn 343.

IV. Anspruch auf Weiterbeschäftigung

1. Gesetz und Rechtsfortbildung

385 Das BetrVG 1972 hat nicht nur die Mitwirkungsrechte des Betriebsrats bei Kündigungen neu geregelt und erweitert, sondern es hat im § 102 Abs. 5 BetrVG dem gekündigten Arbeitnehmer auch einen **Anspruch auf vorläufige Weiterbeschäftigung** bis zum rechtskräftigen Abschluss des Kündigungsrechtsstreits eingeräumt. Dieser Anspruch ist indessen nur dann gegeben, wenn der Betriebsrat der Kündigung gem. § 102 Abs. 3 BetrVG **förmlich widersprochen** hat[111]. Dies ist zumindest rechtspolitisch nicht unbedenklich, da der Arbeitnehmer damit in eine nicht unerhebliche Abhängigkeit vom Betriebsrat gerät: Ein wichtiges Individualrecht kann nur dann ausgeübt werden, wenn das Kollektivorgan Betriebsrat die Voraussetzungen dafür geschaffen hat. Für eine solche Regelung könnte freilich sprechen, dass auf diese Weise Weiterbeschäftigungsansprüche in Fällen, in denen offensichtlich gerechtfertigte Kündigungen vorliegen, ausgeschlossen werden können. Andererseits ist kaum verständlich, weshalb dann dieser Weiterbeschäftigungsanspruch nur gegeben sein soll, wenn der Betriebsrat wegen eines in § 102 Abs. 3 BetrVG genannten Umstands widersprochen hat, nicht aber dann, wenn der Betriebsrat Bedenken gegen die soziale Rechtfertigung der Kündigung im Sinne von § 1 Abs. 2 S. 1 erhoben hat, also im eigentlichen Kernbereich des Kündigungsschutzes.

386 Im KSchG sind Regelungen der Weiterbeschäftigung überhaupt nicht enthalten. Das geltende Recht wird daher angegriffen, weil es jedenfalls nach Meinung mancher die Aufgabe des Bestandsschutzes, dh die effektive Sicherung des bestehenden Arbeitsverhältnisses gegenüber sozial nicht gerechtfertigten Kündigungen, de facto nicht ausreichend zu erfüllen vermag[112]. Begründet wird dies vor allem mit dem Hinweis darauf, dass dem Arbeitnehmer, der außerhalb des eben dargestellten Bereichs des § 102 Abs. 5 BetrVG nach Ablauf der Kündigungsfrist nicht mehr weiterbeschäftigt wird, gar nichts anderes übrig bleibe, als sich im Hinblick auf den ungewissen Ausgang des Kündigungsschutzprozesses eine neue Arbeitsstelle zu suchen und sich dann ggf mit einer **Abfindung gem. den §§ 9 Abs. 1 S. 1, 10** zu begnügen. Im Hinblick darauf sind intensive literarische Versuche angestellt worden, bereits de lege lata einen generellen Weiterbeschäftigungsanspruch des gekündigten Arbeitnehmers auch außerhalb des Bereichs des § 102 Abs. 5 BetrVG zu begründen[113].

387 Der Große Senat des BAG hat diesen Bestrebungen schließlich teilweise nachgegeben[114]. Seine Lösung, die keine Rechtsfortbildung darstellen soll[115], gewährt dem

---

111 Zu den Anforderungen an einen ordnungsgemäßen Widerspruch BAG v. 17.06.1999, 2 AZR 608/98, NZA 1999, 1154.
112 *Rühle* DB 1991, 1378; dagegen *Falkenberg* DB 1991, 2486 mit Replik *Rühle*.
113 *Dütz* DB 1978, Beilage 13, 4; *Löwisch* DB 1978 Beil. 7, 1; *Grunsky* NJW 1979, 86; *Richardi* JZ 1978, 485, 492; *Kehrmann* AuR 1979, 267; *Brox*, BAG-FS 1979, 37.
114 BAG GS v. 27.02.1985, GS 1/84, NZA 1985, 702; dazu auch *Berkowsky* BB 1986, 795; *Bengelsdorf* DB 1986, 168; *Dütz* NZA 1986, 209; *Grunsky* NZA 1987, 295; zum Ganzen umfassend MünchArbR-*Wank* § 121 Rn 58 ff.
115 Dazu *Lieb* Anm. zu BAG SAE 1986, 48.

gekündigten Arbeitnehmer einen (angeblich aus der – insoweit unstreitigen – Beschäftigungspflicht des ungekündigten Arbeitsverhältnisses folgenden) Weiterbeschäftigungsanspruch zunächst nur bei offensichtlich unbegründeten Kündigungen, im Übrigen nur nach Obsiegen in erster Instanz wegen der dadurch erhöhten Wahrscheinlichkeit des endgültigen Obsiegens[116]. Dieses Ergebnis hätte sich möglicherweise aus vorläufiger Vollstreckbarkeit rechtfertigen lassen; genau diese Begründung hat das Gericht indessen abgelehnt.

Der Große Senat hat damit nicht überzeugt; die Entscheidung ist methodisch kaum zu **388** halten. Dies wird deutlich, wenn man die (gesetzlich geregelten) Fälle in die Betrachtung einbezieht, in denen ebenfalls zu entscheiden war, wie das Rechtsverhältnis der Beteiligten bis zur gerichtlichen Entscheidung ausgestaltet werden soll: Im Verwaltungsrecht war dafür das Institut der aufschiebenden Wirkung der Anfechtungsklage erforderlich (§ 80 VwGO); im Personenhandelsgesellschaftsrecht hat der Gesetzgeber der „angreifenden" Partei sogar die eigene Gestaltungsbefugnis entzogen und dem Gericht übertragen (§§ 140, 135 HGB). Beide Bereiche zeigen, dass etwas so Einschneidendes wie die Gewährung vorläufigen Rechtsschutzes offenbar ausdrücklicher gesetzlicher Regelung bedarf[117]. Dem entspricht, dass das Hinausschieben des Wirksamwerdens der Kündigung bis zur wenigstens erstinstanzlichen Entscheidung über deren Rechtfertigung, wie das den Befürwortern eines Anspruchs auf Weiterbeschäftigung vorschwebt, ein so bedeutsamer, weitgehender Schritt wäre, dass er schwerlich allein durch die Gerichte gewagt werden kann.

Das Vorpreschen des Großen Senats verdient daher keinen Beifall, zumal das Kündi- **389** gungsschutzrecht insgesamt so durchnormiert ist, dass die Regelungsnotwendigkeit jedenfalls nicht als so dringend angesehen werden kann, wie etwa im Arbeitskampfrecht (dazu Rn 655 f). Dazu kommt, dass auch die rechtspolitische Wertung des pro und contra im Bereich des Anspruchs auf Weiterbeschäftigung keineswegs unumstritten ist. Vielmehr würde die Anerkennung eines solchen, im Ergebnis auf die richterrechtliche Einführung der Gestaltungsklage hinauslaufenden Anspruchs das bisherige Verständnis von den Möglichkeiten der Beendigung des Arbeitsverhältnisses so gründlich verändern, dass hier auf eine wirklich politisch/parlamentarische Entscheidung nicht verzichtet werden kann.

2. Folgeprobleme

> **Fall 34:** Gegen die von ihrem Arbeitgeber B ausgesprochene Kündigung erhob Arbeitnehme- **390** rin K Kündigungsschutzklage, der das Arbeitsgericht stattgab. Es verurteilte den B außerdem zur Weiterbeschäftigung. Vor dem LAG schlossen die Parteien einen Vergleich über die Beendigung des Arbeitsverhältnisses. K verlangt nun von B für die Zeit der Weiterbeschäftigung eine anteilige (tarifliche) Jahressonderzahlung, Urlaubsabgeltung und Lohnfortzahlung im Krankheitsfall (BAG v. 10.03.1987, 8 AZR 146/84, NZA 1987, 373). **Rn 391**

---

116 So im Anschluss an den GS BAG v. 27.02.1985, GS 1/84, NZA 1985, 702, 709.
117 Vgl *Kraft* ZfA 1979, 123; anders *Lüke* NJW 1980, 2170.

391 Die unzulängliche Begründung des Großen Senats hat schwer lösbare Folgeprobleme aufgeworfen. Sie ergeben sich insbesondere dann, wenn der Arbeitnehmer den Kündigungsschutzprozess schließlich doch endgültig verliert, dh rechtskräftig festgestellt wird, dass das Arbeitsverhältnis seinerzeit doch schon durch die Kündigung des Arbeitgebers aufgelöst worden war. Dementsprechend hat der Arbeitnehmer seine Leistungen während des Weiterbeschäftigungszeitraums ohne rechtlichen Grund erbracht. Daraus ergibt sich die Notwendigkeit einer lediglich bereicherungsrechtlichen Rückabwicklung, bei der nur wirklich geleistete Dienste (mit der üblichen, nicht etwa einer höheren, früher vereinbarten Vergütung) gemäß § 818 Abs. 2 BGB vergütet werden und insbesondere Sozialleistungen (etwa Lohnfortzahlung im Krankheitsfall) nicht berücksichtigt werden können[118]. Zum Teil wird versucht, diesen Konsequenzen durch Annahme einer neuen Form von faktischem Arbeitsverhältnis zu entgehen[119]. Dies ist de lege lata kaum begründbar und stünde überdies mit der auch im Arbeitsgerichtsprozess zu beachtenden Wertung des § 717 Abs. 2 ZPO in Widerspruch[120].

> Im **Ausgangsfall 34** hat das BAG die Klage der K auf Urlaubsabgeltung abgewiesen, ihr aber die anteilige tarifliche Jahressonderzahlung zugesprochen, da diese als Lohn anzusehen sei.

392 Die Parteien können selbstverständlich auch eine **ausdrückliche vertragliche Abrede über die Weiterbeschäftigung des Arbeitnehmers** bis zum rechtskräftigen Abschluss des Kündigungsschutzprozesses treffen. Dabei handelt es sich entweder um eine nach den §§ 3 Abs. 1 S. 1 Var. 2, 14 Abs. 1 TzBfG zulässige Zweckbefristung[121] oder um eine auflösende Bedingung, für die die Vorschriften des TzBfG gem. § 21 TzBfG weitgehend entsprechend anwendbar sind. In beiden Fällen bedarf die Vereinbarung gem. § 14 Abs. 4 TzBfG der Schriftform. Eine teleologische Reduktion des Schriftformerfordernisses für diese Fälle hat das BAG abgelehnt[122]. Das führt zu der für den Arbeitgeber misslichen Konsequenz, dass der Ausgang des Kündigungsschutzverfahrens praktisch unerheblich ist, wenn der Weiterbeschäftigungsvertrag nicht schriftlich geschlossen wurde. Gleiches gilt sogar dann, wenn die Vereinbarung als solche zwar schriftlich abgefasst, der Befristungszweck bzw die auflösende Bedingung aber nicht genannt wurde[123]. Entweder verliert der Arbeitgeber den Kündigungsschutzprozess und behält damit seinen Arbeitnehmer (zu Recht), oder er gewinnt zwar den Kündigungsschutzprozess, hat dann aber mangels Schriftform der Befristung (bzw der auflösenden Bedingung) ein neues, unbefristetes Arbeitsverhältnis begründet (vgl § 16 S. 1 TzBfG). Der Fünfte Senat des BAG hatte deshalb in einem

---

118 BAG v. 10.03.1987, 8 AZR 146/84, NZA 1987, 373; BAG v. 12.02.1992, 5 AZR 297/90, NZA 1993, 177.
119 ArbG Hamburg v. 16.11.1987, 21 Ca 195/87, DB 1988, 135; *Dütz* AuR 1987, 317, 321.
120 Noch problematischer (kraft Gesetzes entstehendes, nicht etwa fehlerhaftes Arbeitsverhältnis) *Zöllner/Loritz* § 23 VII 6 d (306 f) ohne nähere Begründung; wie hier: *Pallasch* BB 1993, 2225.
121 Der Katalog der in § 14 Abs. 1 S. 2 Nr 1 bis 8 TzBfG genannten Befristungsgründe ist nicht abschließend. Dies hat auch das BAG ausdrücklich festgestellt und einen Befristungsgrund bspw in der Anhängigkeit einer Konkurrentenklage gesehen, BAG v. 16.03.2005, 7 AZR 289/04, NZA 2005, 923, 926 f.
122 BAG v. 22.10.2003, 7 AZR 113/03, NZA 2004, 1275.
123 Vgl BAG v. 21.12.2005, 7 AZR 541/04, NZA 2006, 321.

vergleichbaren Fall eine vertragliche Vereinbarung über die Weiterbeschäftigung abgelehnt[124]. Für ihn stellt die Vereinbarung der Fortsetzung keinen neuen Arbeitsvertrag dar, sondern ist lediglich die faktische Akzeptanz der gegebenen Rechtslage.

In der Regel wird eine solche Auslegung dem Willen der Parteien eher gerecht. Gewinnt der Arbeitnehmer den Prozess, besteht das (ursprüngliche) Arbeitsverhältnis fort. Folgt man indes der neuen Rechtsprechung des Siebten Senats des BAG, bestünden hier zwei Arbeitsverhältnisse nebeneinander[125]. Verliert der Arbeitnehmer hingegen den Kündigungsschutzprozess, findet die Abwicklung nach den Grundsätzen des faktischen Arbeitsverhältnisses statt. **393**

3. Rechtspolitische Wertungen

In welchem Maße bereits die rechtspolitische Bewertung des bestehenden Bestandsschutzes und der Forderungen nach weiterem Ausbau umstritten sind, haben insbesondere Gutachten, Referat und Diskussion des 52. Deutschen Juristentages gezeigt[126]. Dabei ist deutlich geworden, dass jeder Bestandsschutz, so begrüßenswert er gerade in Zeiten größerer Arbeitslosigkeit auch sein mag, zugleich die lange übersehene Gefahr mit sich bringt, dass denjenigen, die über keinen Arbeitsplatz verfügen, der Zugang dazu nur noch weiter erschwert wird[127]. Ein allzu weit getriebener Schutz der „beati possidentes" schlägt hier fast zwangsläufig auf diejenigen zurück, die den so begehrten und so umfassend geschützten Arbeitsplatz noch nicht erlangen konnten[128]. **394**

Will man nun die unerwünschten Folgen – etwa einer entsprechend zurückhaltenden Einstellungspraxis der Arbeitgeber – bekämpfen, sind dafür weitere staatliche Eingriffe (etwa in Gestalt staatlicher Einschränkungen der Zulässigkeit von Überstunden oder gar – Stichwort: Recht auf Arbeit[129] – der Begründung von Einstellungsverpflichtungen etc) erforderlich, die die Grundvoraussetzungen unserer Wirtschaftsordnung in Frage stellen und plastisch zeigen, wie sehr der erste Schritt, der solch weitere nach sich zieht, bedacht werden muss. Dabei darf sich der Gesetzgeber nicht nur von dem beliebten Feindbild des „bösen Arbeitgebers" leiten lassen[130], sondern er muss in realistischer Weise bedenken, dass es in relevanter Zahl ohne Zweifel auch Arbeitnehmer gibt, die sich eben nicht so idealtypisch verhalten, wie man dies gerne annehmen möchte. Insoweit muss daher dem alten Rechts- und Gerechtigkeitsgrundsatz des „audiatur et altera pars" auch im Arbeits- (Kündigungs-) recht wieder Geltung verschafft und Regelungen gefunden werden, die nicht nur um fast jeden Preis den Bestand des Arbeitsverhältnisses schützen, sondern zugleich – letztlich auch im Interesse der Arbeitnehmer – seine rasche und saubere Beendigung dann ermöglichen, wenn die anzuerkennenden Interessen des Arbeitgebers dies verlangen. **395**

Der Gesetzgeber ist in den letzten Jahren mit kleinen Schritten vorangegangen, ua mit der Einführung des § 1a, der zwar das Kündigungsrecht nicht von einem Bestands- zu einem Abfindungs-

---

124 BAG v. 15.01.1986, 5 AZR 237/84, NZA 1986, 561 f = AP Nr 6 zu § 14 TzBfG (*Löwisch*).

125 Hierzu *Löwisch* Anm. zu BAG AP Nr 6 zu § 14 TzBfG.

126 Vgl *Zöllner*, Gutachten D zum 52. DJT 1978 und *Simitis*, Referat M zum 52. DJT 1978 sowie den Sitzungsbericht M zum 52. DJT 1978.

127 Dazu *Reuter*, BAG-FS 1979, 405, 410 ff.

128 Vgl dazu die beherzigenswerten Ausführungen des BVerfG v. 13.01.1982, 1 BvR 848/77 ua, DB 1982, 1062 sowie die rechtspolitisch ähnliche Situation im Bereich von Rechtsprechung und Gesetzgebung zur betrieblichen Altersversorgung (dazu Rn 249 ff, 254).

129 Vgl *Wank*, Das Recht auf Arbeit im Verfassungs- und Arbeitsrecht 1980; *Schwerdtner* ZfA 1977, 47 und *Reuter* RdA 1978, 344; vgl auch *Dauner-Lieb* ZfA 1994, 50 ff.

130 Vgl dazu – in etwas größerem Zusammenhang – die ironisch-kritischen Bemerkungen von *Mertens* AG 1981, 1, 3.

recht weiterentwickelt hat, aber immerhin Abfindungen zu Lasten von Kündigungsschutzprozessen fördern soll (Rn 408 ff). Die weit reichenden Befristungsmöglichkeiten für ältere Arbeitnehmer nach § 14 Abs. 3 TzBfG hat der EuGH – leider – gerade für unanwendbar erklärt (hierzu Rn 418).

V. Änderungskündigung [131]

396 In nicht seltenen Fällen betriebsbedingter Kündigungen, aber gelegentlich auch in Fällen personenbedingter Kündigung (nachlassende Arbeitskraft[132]) wird es dem Arbeitgeber genügen, wenn der Arbeitnehmer nicht aus dem Betrieb ausscheidet, sondern sich mit **veränderten (meist schlechteren) Arbeitsbedingungen** oder einem **anderen Arbeitsplatz** einverstanden erklärt. Allerdings wird das zu einer solchen Vertragsänderung zunächst einmal individualrechtlich erforderliche Einverständnis des Arbeitnehmers nicht ohne weiteres zu erreichen sein. Der Arbeitgeber wird deshalb versuchen, seinem Ansinnen dadurch Nachdruck zu verleihen, dass er für den Fall der Nichtannahme der geänderten Vertragsbedingungen die Kündigung androht[133]. Der Arbeitnehmer steht dann vor einem schwierigen Dilemma. Es wird nämlich nicht mehr und nicht weniger von ihm verlangt, als dass er die Aussichten einer Kündigungsschutzklage abwägt: Glaubt er seiner Sache sicher zu sein, dh glaubt er, die Feststellung der Sozialwidrigkeit der Kündigung erreichen zu können, wird er das Änderungsangebot des Arbeitgebers ablehnen und es auf den Prozess ankommen lassen. Hat er – und dies wird der Regelfall sein – dagegen Zweifel, wird er es vorziehen, wenigstens weiterbeschäftigt zu werden, wenn auch uU zu schlechteren Arbeitsbedingungen. Er wird daher das Angebot annehmen, wobei dies freilich an sich die Folge haben müsste, dass die Kündigung entfällt und infolgedessen deren eventuelle Sozialwidrigkeit gar nicht mehr überprüft werden kann.

397 1. In dieser schwierigen Lage hilft das Gesetz dem Arbeitnehmer, indem es ihm durch § 2 die Möglichkeit eröffnet, das Angebot des Arbeitgebers unter dem **Vorbehalt** anzunehmen, „dass die Änderung der Arbeitsbedingungen nicht sozial ungerechtfertigt ist" (§ 2 Abs. 1)[134]. Die Klage ist innerhalb der Dreiwochenfrist des § 4 zu erheben; zu beachten ist freilich, dass § 2 S. 2 dem Arbeitnehmer eine zusätzliche Frist zur Vorbehaltserklärung auferlegt, die von der Einreichung der Kündigungs-

---

131 Vgl den Überblick von *Hromadka* DB 2002, 1322.
132 Vgl dazu aber die Bestrebungen nach Verdienstsicherung für ältere Arbeitnehmer (dazu *Lieb*, 4. Aufl., § 6 I 3 c).
133 Dies lässt sich auf zwei Arten erreichen: Entweder kündigt der Arbeitgeber unter der Bedingung, dass der Arbeitnehmer nicht zur Arbeit unter geänderten Bedingungen bereit ist. Eine solche Potestativbedingung ist auch bei der Kündigung als einseitigem Rechtsgeschäft zulässig. Oder er kündigt dem Arbeitnehmer (unbedingt) und bietet ihm gleichzeitig die Arbeit zu geänderten Bedingungen an. Beide Varianten fallen unter § 2, obwohl dessen Wortlaut nur die zuletzt genannte erfasst.
134 Die wissenschaftliche Grundlegung für diese Gesetzesänderung ist das Verdienst von *Bötticher*, FS E. Molitor 1962, 123; Änderungskündigungen gewinnen in der Praxis zunehmend an Bedeutung; allgemein hierzu *Hromadka* NZA 1996, 2; *Berkowsky* NZA-RR 2003, 449 sowie die gleichnamigen Werke („Die Änderungskündigung") von *Berkowsky* (2004), *Spirolke/Regh* (2004) und *Wallner* (2005); zur sog. überflüssigen Änderungskündigung *Benecke* NZA 2005, 1092.

schutzklage unabhängig ist. Dies bedeutet, dass auf Grund der übereinstimmenden Willenserklärungen von Arbeitgeber und Arbeitnehmer zu dem Zeitpunkt, in dem die Kündigung wirksam werden sollte, eine Änderung des Arbeitsvertrags eintritt, der Arbeitnehmer also zumindest zunächst schlechtere Bedingungen hinnehmen muss[135]. Obwohl auf Grund dieser einverständlichen Vertragsänderung die Kündigung des Arbeitgebers definitionsgemäß hinfällig wird, kann der Arbeitnehmer gem. § 4 S. 2 Klage erheben, nun allerdings mit dem Antrag festzustellen, „dass die Änderung der Arbeitsbedingungen sozial ungerechtfertigt oder aus anderen Gründen rechtsunwirksam ist". Wird diese Klage abgewiesen, verbleibt es wenigstens – die fristgerechte Vorbehaltsannahmeerklärung vorausgesetzt[136] – bei der Weiterbeschäftigung zu den geänderten schlechteren Bedingungen. Dringt der Arbeitnehmer dagegen mit seiner Klage durch, „so gilt die Änderungskündigung als von Anfang an rechtsunwirksam" (§ 8), dh die inzwischen einverständlich eingetretene Änderung der Arbeitsbedingungen wird negiert. Der Arbeitnehmer kann also insbesondere Nachzahlung der Differenz zwischen dem ursprünglichen und dem verschlechterten Gehalt aus § 615 S. 1 BGB verlangen[137].

2. Nicht eindeutig ist, worauf es ankommt, wenn der Arbeitnehmer auf Grund des **398** von ihm erklärten Vorbehalts Kündigungsschutzklage gemäß § 4 S. 2 erhebt; denn gemäß §§ 2 S. 1, 4 S. 2 und 8 soll im Anschluss an die vor Einfügung des § 2 hL die **soziale Rechtfertigung der Änderung der Arbeitsbedingungen** (nicht: der Beendigung des Arbeitsverhältnisses) maßgeblich sein. Damit korrespondiert, dass es in diesem Prozess nur um **Inhalts-, nicht aber um Bestandsschutz** geht: Angesichts der Annahme des Änderungsangebots bleibt das Arbeitsverhältnis zumindest unter den geänderten Bedingungen erhalten. Andererseits verweist § 2 S. 1 bezüglich der sozialen Rechtfertigung ausweislich des Klammerzusatzes ausdrücklich auf § 1 und damit auf die dortige Regelung der sozialen Rechtfertigung. Dementsprechend kann sich auch die soziale Rechtfertigung der Änderungskündigung nur aus personen-, verhaltens- oder betriebsbedingten Gründen ergeben. Mehr kann dieser Verweisung allerdings nicht entnommen werden; insbesondere bleibt es dabei, dass es nicht um die Beendigung des Arbeitsverhältnisses, sondern nur um dessen inhaltliche Änderung geht, so dass sich der **Prüfungsgegenstand** entsprechend verändert.

Mit dieser Veränderung ist auch eine Änderung des **Prüfungsmaßstabs** verbunden, **399** da an die Rechtfertigung des Änderungsangebots weniger strenge Anforderungen gestellt werden als an die Rechtfertigung der Kündigung[138]. Begründet wird dies vor allem mit der Erwägung, dass der bloße Inhaltsschutz des Arbeitsverhältnisses, dh der Schutz der bestehenden, vertraglich vereinbarten Arbeitsbedingungen, deswegen nicht so weit zu gehen brauche wie der Bestandsschutz, dh wie der Schutz vor einer

---

135 Vgl dazu aber die interessanten Bedenken von *Enderlein* ZfA 1992, 21.
136 Vgl zu dieser – de lege ferenda wohl zu ändernden – Anforderung BAG v. 17.06.1998, 2 AZR 336/ 97, NZA 1998, 1225.
137 BAG v. 27.01.1994, 2 AZR 584/93, NZA 1994, 840, 841 f (Annahmeverzug); zur Anrechnung anderweitigen Erwerbs bzw desjenigen, was der Arbeitnehmer hätte verdienen können gem. § 11 s. BAG v. 16.06.2004, 5 AZR 508/03, NZA 2004, 1155.
138 *Stahlhacke/Preis/Vossen* Rn 1269; MünchArbR-*Berkowsky* § 145 Rn 40 ff.

ersatzlosen Beendigung des Arbeitsverhältnisses, weil auch die Maßnahme, um deren soziale Rechtfertigung es geht, die bloße Änderung, im Vergleich zum Verlust des Arbeitsplatzes weniger einschneidend ist. Verfehlt wäre es angesichts dessen insbesondere, wenn eine Änderungskündigung nur dann als sozial gerechtfertigt angesehen würde, wenn das Arbeitsverhältnis bei Ablehnung des Änderungsangebots auf keinen Fall aufrecht erhalten werden könnte; denn dann würde die richterliche Überprüfung der Änderungskündigung doch wieder von den Maßstäben der Beendigungskündigung regiert werden.

400   Daraus folgt im Ergebnis zugleich die Richtigkeit der lange zweifelhaften Rechtsprechung[139], dass es dann, wenn der Arbeitnehmer die Annahme des Änderungsangebots unter Vorbehalt abgelehnt hat, und es infolgedessen im Kündigungsschutzprozess nunmehr doch um die **soziale Rechtfertigung der Beendigung** geht, das seinerzeitige Änderungsangebot des Arbeitgebers nicht außer Betracht gelassen werden kann. Vielmehr ist auch jetzt (noch) trotz dessen Ablehnung maßgeblich auf die soziale Rechtfertigung dieses Änderungsangebots abzustellen. Dies führt im Extremfall dazu, dass eine Beendigungskündigung nur deswegen als sozial gerechtfertigt angesehen werden kann, weil der Arbeitnehmer ein (seinerseits sozial gerechtfertigtes) Änderungsangebot ausgeschlagen hat. Dies ist letztlich nur eine Konsequenz dessen, dass umgekehrt auch eine Beendigungskündigung voraussetzt, dass eine Beschäftigung zu geänderten Arbeitsbedingungen unmöglich ist oder vom Arbeitnehmer abgelehnt wurde (§ 1 Abs. 2 S. 2 Nr 1b und S. 3).

401   3. Aus diesem spannungsreichen Wechselspiel von Änderungs- und Beendigungskündigung folgen freilich relativ strenge Anforderungen an die soziale Rechtfertigung von Änderungsangeboten. Die Rechtsprechung geht hier in zwei Schritten vor, indem sie die Unzumutbarkeit der Fortsetzung des Arbeitsverhältnisses zu den bisherigen Arbeitsbedingungen nicht nur aus der Sicht des kündigenden Arbeitgebers, sondern auch aus der Sicht des betroffenen Arbeitnehmers kumulativ fordert: Auch dem Arbeitnehmer müssen die neuen Arbeitsbedingungen im Vergleich zu den bisherigen zumutbar sein, mag Letzteres auch nur schwer zu beurteilen sein[140].

402   **Fall 35:** Automobilhändler H zahlt seinen Verkäufern ein Fixum von € 1100,–, eine Provision von 17 % des Bruttoertrages für den Verkauf eines Neuwagens sowie ein monatliches Garantieeinkommen. Wegen hoher Verluste in den letzten drei Geschäftsjahren will H die Rentabilität erhöhen und die Lohnkosten senken. Er kündigt daher seinen Verkäufern und bietet ihnen gleichzeitig an, für ein Fixum von € 900,– und eine Provision von 13,5 % des Bruttoertrages weiterzuarbeiten (BAG v. 20.03.1986, 2 AZR 294/85, NZA 1986, 824). **Rn 403**

---

139   BAG v. 07.06.1973, 2 AZR 450/72, AP Nr 1 zu § 626 BGB Änderungskündigung (*Löwisch, Lieb*); vgl dazu die Darstellung in *Lieb*, 4. Aufl., § 4 V, sowie KR-*Rost* § 2 KSchG Rn 92 ff.
140   BAG v. 18.10.1984, 2 AZR 543/83 und BAG v. 13.06.1986, 7 AZR 623/84, AP Nr 6 und 13 zu § 1 KSchG Soziale Auswahl; BAG v. 18.01.1990, 2 AZR 183/89, NZA 1990, 734; eingehend BAG v. 23.06.2005, 2 AZR 642/04, NZA 2006, 92, 94 ff; dazu Schaub/*Linck*, § 137 Rn 29 ff; *Dänzer-Vanotti/Engels* DB 1986, 1390; dazu auch BAG v. 24.04.1997, 2 AZR 352/96, EzA § 2 KSchG Nr 26 m. krit Anm. *Henssler.*

Außerordentlich problematisch ist, welche Anforderungen an die **Unzumutbarkeit**   **403**
der Aufrechterhaltung der bisherigen Arbeitsbedingungen für den Arbeitgeber im
Einzelnen zu stellen sind. Diskutiert wird darüber insbesondere insoweit, als es um die
Herabsetzung über- oder außertariflicher Lohnbestandteile wegen zu hoher (Lohn-)
Kostenbelastung und daraus folgender Unrentabilität geht[141].

> Das BAG hat dazu den extremen Standpunkt eingenommen, Änderungskündigungen seien
> (nur?) dann sozial gerechtfertigt, „wenn durch die Senkung der Personalkosten die Stilllegung
> des Betriebs oder die Reduzierung der Belegschaft verhindert werden kann und soll"; die Un-
> rentabilität einzelner Betriebsteile soll dafür nicht ausreichen[142]. Wegen der damit verbunde-
> nen hohen Anforderungen an die Darlegungs- und Beweislast des Arbeitgebers hielt das BAG
> im **Ausgangsfall 35** die von H angeführten Umstände nicht für ausreichend.

Dies ist deswegen unhaltbar, weil dann Änderungskündigungen bis zu einem Zeit-   **404**
punkt aufgeschoben würden, in dem die Möglichkeit der Fortführung des Betriebs bereits zweifelhaft geworden ist. Demgegenüber soll die Änderungskündigung in diesem Bereich gerade eine rechtzeitige Umstellung auf ein wirtschaftlich tragbares
Lohnniveau ermöglichen. Dafür müssen – nach dem Vorschlag von *Löwisch* [143] –
„sachliche Interessen von einigem Gewicht" ausreichen. Das BAG hat an seiner sehr
restriktiven Linie allerdings trotz aller Kritik bisher festgehalten[144].

Der Standpunkt des BAG ist von der formelhaften Unterscheidung zwischen der   **405**
(weitgehend kontrollfreien) unternehmerischen Entscheidung und deren (auf soziale
Rechtfertigung zu überprüfenden) Umsetzung durch (Änderungs-) Kündigung beeinflusst: „Weder der Entschluss, die Lohnkosten zu senken, noch eine zu diesem Zweck
ausgesprochene Änderungskündigung selbst", soll als eine im Kündigungsschutzprozess von den Gerichten als vorgegeben hinzunehmende, grundsätzlich bindende Un-
ternehmerentscheidung anzusehen sein[145]. Dem liegt offenbar die Befürchtung zu
Grunde, es könne zu Einschränkungen der Möglichkeit der Überprüfung der sozialen
Rechtfertigung kommen, wenn der Kündigungsentschluss selbst die unternehmerische Entscheidung darstelle. Dies ist zu begrifflich. Wenn eine (strukturelle) Unrentabilität vorliegt und auf andere Weise nicht zu beheben ist, kann die unternehmerische
Entscheidung nur in dem Entschluss liegen, Änderungskündigungen vorzunehmen.
Dem BAG ist allerdings zuzugeben, dass die Zulassung betriebsbedingter Änderungs-

---

141 Weniger Schwierigkeiten bereiten dagegen Änderungskündigungen mit dem Ziel von Funktionsän-
    derungen; dazu *Buchner*, FS Kraft 1998, 29 f.
142 BAG v. 20.03.1986, 2 AZR 294/85, NZA 1986, 824; BAG v. 10.11.1994, 2 AZR 242/94, NZA 1995,
    566, 568; BAG v. 27.09.2001, 2 AZR 236/00, NZA 2002, 750, 754; knapp zusammenfassend *Grobys*
    NJW-Spezial 2004, 81; im Ansatz zustimmend: *Hromadka* in: *Hromadka*, Arbeitsrechtsfragen bei
    der Umstrukturierung und Sanierung von Unternehmen 1992, 57, 72 ff; *ders.* RdA 1992, 234, 252 ff;
    siehe auch *Stoffels* ZfA 2002, 401.
143 NZA 1988, 633, 636; ähnlich *Schwerdtner*, Brennpunkte des Arbeitsrechts 1993, 235, 249 f; noch
    weitergehender *Rieble*, Arbeitsrecht und Wettbewerb 1996, Rn 985 ff, 989.
144 BAG v. 20.08.1998, 2 AZR 84/98, NZA 1999, 255; BAG v. 27.09.2001, 2 AZR 236/00, NZA 2002,
    750, 754; dazu *Nicolai* ZfA 1999, 673 ff.
145 BAG v. 20.03.1986, 2 AZR 294/85, NZA 1986, 824; vgl auch *Hromadka*, Änderung von Arbeitsbe-
    dingungen, 73.

kündigungen mit dem Ziel der Lohnkostensenkung trotz fehlender Widerruflichkeit der entsprechenden individualrechtlichen Zusagen mit dem **Grundsatz pacta sunt servanda** nur schwer zu vereinbaren ist[146].

406   Schwierige Fragen des Verhältnisses von Änderungskündigung und Mitbestimmung gem. § 87 Nr 10 BetrVG werfen Änderungskündigungen auf, mit denen der Arbeitgeber Entgeltbestandteile, die auf einer (früheren) sog. vertraglichen Einheitsregelung beruhen, kürzen oder beseitigen will[147]. Sozial ungerechtfertigt sind Änderungskündigungen, wenn damit der Abbau tariflich gesicherter Leistungen bezweckt wird[148].

407   Änderungskündigungen können dann erforderlich sein, wenn eine irrtümliche Eingruppierung (ausnahmsweise) zu vertraglichen Ansprüchen geführt hat[149]. Zu beachten ist ferner, dass auch bei betriebsbedingten Änderungskündigungen deswegen eine Sozialauswahl erforderlich ist, weil § 2 auch auf § 1 Abs. 3 verweist. Auch insofern ändert sich freilich der Beurteilungsmaßstab: Maßgeblich ist nunmehr, welchem Arbeitnehmer die angestrebten inhaltlichen Änderungen am ehesten zumutbar sind[150].

VI.   Abfindungen

408   Der Kündigungsschutz des deutschen Arbeitsrechts ist primär auf Bestandsschutz gerichtet. Zwar wurde immer wieder vorgeschlagen, das Kündigungsrecht zu einem reinen Abfindungsrecht weiterzuentwickeln[151], der Gesetzgeber hat sich aber zuletzt bei der Einführung des § 1a bewusst dagegen entschieden. Eine Ausnahme gilt allerdings für diejenigen leitenden Angestellten, die zur selbstständigen Einstellung und Entlassung von Arbeitnehmern berechtigt sind gem. § 14 Abs. 2 KSchG: Der Arbeitgeber kann ihnen gegenüber einen Auflösungsantrag nach § 9 Abs. 1 S. 2 ohne Begründung stellen und damit eine Weiterbeschäftigung trotz unwirksamer Kündigung verhindern. Bei allen anderen Arbeitnehmern ist dies nur möglich, wenn eine den Betriebszwecken dienliche weitere Zusammenarbeit nicht erwartet werden kann[152]. Dem Arbeitnehmer steht dann ein **Abfindungsanspruch nach § 10** zu. Die Staffelung der Abfindungshöhe nach dem Alter (und der Dauer des Arbeitsverhältnisses) gem. § 10 Abs. 2 ist nach der Mangold/Helm-Entscheidung des EuGH allerdings europarechtlichen Zweifeln ausgesetzt[153].

---

146   Vgl dazu *Buchner*, FS Kraft 1998, 23 ff mwN.
147   Vgl dazu BAG v. 17.06.1998, 2 AZR 336/97, NZA 1998, 1225 = AP Nr 49 zu § 2 KSchG mit Anm. *H. Hanau.*
148   BAG v. 10.02.1999, 2 AZR 336/97, NZA 1999, 657 = SAE 1999, 305 (*Schleusener*).
149   Vgl dazu BAG v. 15.03.1991, 2 AZR 582/90 und BAG v. 15.03.1991, 2 AZR 591/90, EzA § 2 KSchG Nr 16, 17 mit ausführlicher Anmerkung *Rieble* sowie oben Rn 63 ff zur Problematik der irrtümlichen Betriebsübung.
150   BAG v. 18.10.1984, 2 AZR 450/72, AP Nr 13 zu § 1 KSchG 1969 Soziale Auswahl.
151   *Willemsen* NJW 2000, 2779 ff; *Buchner* NZA 2002, 533 ff.
152   Siehe hierzu BAG v. 23.06.2005, 2 AZR 256/04, NZA 2006, 363, 364 ff mwN.
153   Zu dieser Entscheidung und ihren Auswirkungen Rn 85.

Fall 36: U kündigt A betriebsbedingt und bietet ihm in der Kündigungserklärung gleichzeitig an, ihm eine Abfindung „in der gesetzlich vorgesehenen Höhe" zu zahlen, sollte er keine Kündigungsschutzklage erheben. A erhebt dennoch Klage, zieht diese jedoch zurück, bevor sie dem U zugestellt wurde (nach LAG Sachsen-Anhalt v. 28.09.2005 – 3 Sa 850/04, LAGE § 1a KSchG Nr 2). **Rn 409**

§ 10 Abs. 1 stellt die Höhe der Abfindung in das Ermessen des Gerichts und sieht lediglich einen Höchstbetrag von zwölf Monatsverdiensten vor. Die durchschnittliche, von den Gerichten festgesetzte Abfindung hat der Gesetzgeber zum Vorbild für **den Abfindungsanspruch des § 1a** genommen: Kündigt der Arbeitgeber betriebsbedingt und bietet er dem Arbeitnehmer in der Kündigungserklärung eine Abfindung an, steht diesem ein Abfindungsanspruch in Höhe von 0,5 Monatsverdiensten pro Beschäftigungsjahr zu, sofern er nicht innerhalb der Drei-Wochen-Frist nach § 4 S. 1 Klage auf Feststellung erhebt, dass das Arbeitsverhältnis durch die Kündigung nicht aufgelöst ist[154]. Selbstverständlich konnten die Arbeitsvertragsparteien dasselbe auch vor Einführung des § 1a vereinbaren; die Norm soll durch die typisierende Regelung einer Abfindung nach dem Willen des Gesetzgebers aber eine „einfache, effiziente und kostengünstige vorgerichtliche Klärung der Beendigung des Arbeitsverhältnisses"[155] anbieten. Um sie nicht gänzlich überflüssig erscheinen zu lassen, ist es nicht nur dogmatisch richtig[156], sondern auch rechtspolitisch sinnvoll, die Norm als gesetzlichen und nicht als rechtsgeschäftlichen Anspruch zu verstehen[157]. Lehnt bspw der Arbeitnehmer zunächst jede Abfindung vehement ab und kündigt die Erhebung einer Kündigungsschutzklage an und überlegt er es sich in der Folgezeit anders und verzichtet auf die Klage, steht ihm auch dann der Anspruch aus § 1a zu, wenn er dies dem Arbeitgeber nicht mitteilt. Ein vertraglicher Anspruch scheiterte demgegenüber an § 146 Var. 1 BGB.

Nicht zur Anwendung gelangen kann § 1a seinem Schutzzweck folgend, wenn der Arbeitnehmer zunächst Klage erhebt, diese dann aber zurücknimmt. Zwar gilt die Klage gem. § 269 Abs. 3 S. 1 ZPO als von Anfang an nicht anhängig und die Kündigung gem. § 7 damit als ex tunc rechtswirksam; die prozessuale Fiktion des § 269 Abs. 3 ZPO kann aber im Rahmen von § 1a keine Bedeutung erlangen, denn andernfalls würde das gesetzgeberische Ziel der Vermeidung von Kündigungsschutzprozessen vereitelt[158]. Eine Ausnahme gilt allerdings dann, wenn der Arbeitnehmer die Klage noch vor Eintritt der Rechtshängigkeit zurücknimmt[159]. Die Klage ist dann wie

409

---

154 Durch das am 01.01.2006 in Kraft getretene Gesetz zum Einstieg in ein steuerliches Sofortprogramm wurde die bisher in § 3 Nr 9 EStG geregelte Steuerbegünstigung von Abfindungen wegen einer vom Arbeitgeber veranlassten oder gerichtlich ausgesprochenen Auflösung des Dienstverhältnisses abgeschafft. Zu den Auswirkungen dieser Gesetzesänderung auf Abfindungen nach § 1a KSchG siehe *Tschöpe* NZA 2006, 23.

155 Begründung des Regierungsentwurfs, BT-Drs 15/1509, S. 15.

156 Hierzu *Thüsing/Wege* JuS 2006, 97, 98 f mwN.

157 Ebenso etwa *Hanau* ZIP 2004, 1169, 1176; *Giesen/Besgen* NJW 2004, 185; *Grobys* DB 2003, 2174; *Raab* RdA 2005, 1, 3 f; *Thüsing/Wege* JuS 2006, 97, 98 f; aA *Löwisch* NZA 2003, 689, 694; *Rolfs* ZIP 2004, 333, 337; *Wolff* BB 2004, 378.

158 LAG Sachsen-Anhalt v. 28.09.2005, 3 Sa 850/04, LAGE § 1a KSchG Nr 2 (*Wege*); *Preis* DB 2004, 70, 75: „Spiel mit doppelten Karten"; ErfK-*Ascheid* § 1a KSchG Rn 7 mwN.

159 *Preis* DB 2004, 70, 75.

im **Ausgangsfall 36** noch nicht **erhoben** worden (vgl § 253 Abs. 1 ZPO), so dass der Abfindungsanspruch nach § 1a bestehen bleibt[160].

> **Fall 37:** Arbeitgeber A plant eine Betriebsänderung und im Zuge dieser die betriebsbedingte Entlassung zahlreicher Mitarbeiter. Mit dem Betriebsrat einigt er sich auf einen Sozialplan. Danach soll jeder dieser Mitarbeiter eine Abfindung erhalten. Eine weitere Vereinbarung besagt, dass jedem Arbeitnehmer, dem gekündigt wird, eine zusätzliche Abfindung in Höhe eines Bruttomonatsgehaltes zusteht, sofern er innerhalb von sieben Tagen auf die Erhebung der Kündigungsschutzklage schriftlich verzichtet (BAG v. 31.05.2005, 1 AZR 254/04, NZA 2005, 997). **Rn 410**

410   Zu Schwierigkeiten führte § 1a in anderen, nicht primär kündigungsschutzrechtlichen Bereichen[161]. So kam etwa die Frage nach der **Verhängung einer Sperrzeit** auf (§ 144 Abs. 1 S. 1 Nr 1 SGB III). Das BSG hatte erst kurz vor der Einführung des § 1a seine diesbezügliche Rechtsprechung verschärft[162], der Gesetzgeber war aber wie selbstverständlich davon ausgegangen, dass keine Sperrzeit eintritt, wenn der Arbeitnehmer das Abfindungsangebot ohne Erhebung einer Kündigungsschutzklage annimmt[163].

Noch bedeutsamer sind die Auswirkungen des § 1a auf **Sozialpläne**. Werden die Sozialplanabfindungen davon abhängig gemacht, dass die Arbeitnehmer nicht gegen die Kündigungen vor Gericht ziehen, ist der auf ihnen lastende Druck enorm. Für den Arbeitnehmer, dessen Aussichten auf eine neue Stelle womöglich gering sind, kann die Abfindung die Sicherung seiner Existenz (und der seiner Familie) bis ins Renteneintrittsalter bedeuten. Er wird damit vor eine Wahl gestellt, die für ihn keine ist, denn die Abfindung wird er auch dann kaum aufs Spiel setzen, wenn seine Klage Aussichten auf Erfolg hätte[164]. Das BAG hat daher eine dem § 1a entsprechende Bedingung in einem Sozialplan wegen Verstoßes gegen den betriebsverfassungsrechtlichen Gleichbehandlungsgrundsatz des § 75 Abs. 1 S. 1 BetrVG für unzulässig erklärt. Allerdings hat das Gericht es den Betriebspartnern freigestellt, freiwillig zusätzliche Abfindungen zu regeln, wenn sie ihrer Pflicht zur Aufstellung eines Sozialplans nachgekommen sind. Solche Abfindungen seien im Interesse des Arbeitgebers an alsbaldiger Planungssicherheit gerechtfertigt, sofern das Verbot, Sozialplanabfindungen von einem entsprechenden Verzicht abhängig zu machen, dadurch nicht umgangen werde[165].

> In **Fall 37** hat das BAG die Abfindungsregelung daher für zulässig gehalten.

---

160   *Wege* Anm. zu LAG Sachsen-Anhalt LAGE § 1a KSchG Nr 2, S. 3, 6.
161   Zur Frage, ob § 1a KSchG zu einer erweiterten Inhaltskontrolle von Aufhebungsverträgen führt, siehe *Thüsing/Wege* JuS 2006, 97, 105 f.
162   BSG v. 25.04.2002, B 11 AL 89/01 R, NZA-RR 2003, 162, 163.
163   Im Rahmen der Anhörung zum Entwurf des Gesetzes zu Reformen am Arbeitsmarkt hat die Bundesregierung bezogen auf § 1a KSchG erklärt, die bloße Hinnahme einer betriebsbedingten Kündigung sei kein aktiver Beitrag zur Beendigung des Beschäftigungsverhältnisses (Beschlussempfehlung und Bericht des Ausschusses für Wirtschaft und Arbeit, BT-Drs 15/1587, S. 27).
164   *Thüsing/Wege* DB 2005, 2634, 2638.
165   BAG v. 31.05.2005, 1 AZR 254/04, NZA 2005, 997, 999.

Das läuft auf eine Gegenüberstellung der jeweiligen Abfindungssummen hinaus, ohne dass das BAG klargestellt hätte, welches Verhältnis es für angemessen erachtet[166]. Die Rechtsprechung mag zwar gerecht sein, zu Rechtssicherheit führt sie nicht.

VII. Zulässigkeit von befristeten Arbeitsverträgen und deren gerichtliche Kontrolle

1. In der Praxis taucht immer wieder das Bedürfnis auf, **Arbeitsverträge zu befris-**   **411** **ten** sowie unter Umständen mehrere befristete Arbeitsverhältnisse nacheinander abzuschließen (**Kettenarbeitsverhältnis**). Dies ist bis zur Dauer von sechs Monaten deswegen kein Problem, weil der gesetzliche Kündigungsschutz gemäß § 1 Abs. 1 ohnehin erst dann einsetzt, wenn das Arbeitsverhältnis länger als sechs Monate bestanden hat. Aber selbst darüber hinaus scheint § 620 Abs. 1 BGB, der keinerlei einschränkende Voraussetzungen enthält, Befristungen ohne weiteres zuzulassen. Dies hätte freilich zur Folge, dass das KSchG nicht zur Anwendung kommen könnte; denn wenn das Arbeitsverhältnis mit Fristablauf sozusagen automatisch endet, bedarf es keiner Kündigung, so dass Kündigungsschutz schon aus diesem Grunde nicht in Betracht kommt. Der Bestandsschutz, den dieses Gesetz dem Arbeitnehmer Gewähr leisten will, wäre also gefährdet, wenn er durch Befristungen vermieden („umgangen") werden könnte[167].

Aus diesem Grunde hatte das BAG der Zulässigkeit von Befristungen (und erst recht von Ketten-   **412** arbeitsverhältnissen) bereits früh rechtsfortbildend enge Grenzen gesetzt. Danach sollte eine Befristung nur zulässig sein, wenn sie „im Gefüge der Grundprinzipien des deutschen Arbeitsrechts einen verständigen und sachlich gerechtfertigten Grund hat"[168]. Begründet wurde dies (neben einer ganzen Reihe weiterer, zweifelhafter Aspekte) mit dem Begriff der objektiven Gesetzesumgehung: Fehle der sachliche Grund für die Befristung, sei diese wegen objektiver Funktionswidrigkeit als Umgehung des KSchG nach § 134 BGB nichtig. Dieser Ansatz wurde später noch auf die Fälle der Befristung einzelner Bedingungen des Arbeitsvertrages ausgedehnt, da sich insbesondere aus § 2 ergeben solle, dass nicht nur der Bestand, sondern auch der Inhalt des Arbeitsverhältnisses vor ungerechtfertigten Eingriffen des Arbeitgebers zu schützen sei[169].

Diese weit ausgreifende Rechtsfortbildung war sowohl hinsichtlich ihrer methodischen Zulässigkeit als auch in der Überzeugungskraft der wechselnden Begründungen durchaus umstritten[170], hat sich aber in der Zwischenzeit zumindest im Grundsatz durchgesetzt; außerdem ist sie vom Gesetzgeber zunächst im BSchFG, jetzt TzBfG, vorausgesetzt und damit indirekt bestätigt worden. Mittlerweile ist ein Schutz vor ausufernden Befristungen auch europarechtlich durch die RL 99/70/EG geboten[171].

---

166   *Thüsing/Wege* DB 2005, 2634, 2637 f.
167   Zu ergänzen ist, dass befristete Arbeitsverhältnisse im Zweifel während ihrer Dauer von beiden Seiten unkündbar sind – arg. e § 620 Abs. 2 BGB; vgl aber § 15 Abs. 3 und 4 TzBfG.
168   Grundlegend BAG GS v. 12.10.1960, 3 AZR 65/59, AP Nr 16 zu § 620 BGB Befristeter Arbeitsvertrag.
169   BAG v. 13.06.1986, 7 AZR 650/84, NZA 1987, 241; dazu *Löwisch* ZfA 1986, 1.
170   Vgl dazu *Lieb*, 4. Aufl., § 4 VI.
171   Hierzu *Röthel* NZA 2000, 65; *Wank/Börgmann* RdA 1999, 383.

413 2. Zu unterscheiden sind **drei verschiedene Instrumentarien** zur zeitlichen Begrenzung eines Arbeitsvertrages: die **Zeitbefristung**, die **Zweckbefristung** und die **auflösende Bedingung**. Eine Befristung unterscheidet sich von einer Bedingung dadurch, dass bei Ersterer der Eintritt des in Bezug genommenen Ereignisses gewiss ist, bei Letzterer hingegen ungewiss (vgl §§ 158 ff, 163 BGB). Die **Zeitbefristung** gem. § 3 S. 1 und S. 2 Var. 1 TzBfG zeichnet sich durch eine kalendermäßig bestimmte Dauer aus, dh das Arbeitsverhältnis soll etwa für zwei Jahre bestehen oder bis zum 31.12. eines bestimmten Jahres. Eine **Zweckbefristung** liegt vor, wenn der Eintritt des Ereignisses, an dem der Arbeitvertrag enden soll, zwar gewiss ist, der Zeitpunkt, an dem es eintreten wird, aber noch nicht bestimmt ist (§ 3 S. 1 und S. 2 Var. 2 TzBfG; Beispiel: Das Arbeitsverhältnis endet, wenn der vertretene Arbeitnehmer wieder gesundet ist). Bei einer **auflösenden Bedingung** gem. § 158 Abs. 2 BGB ist der Eintritt des Ereignisses selbst ungewiss, dh die Arbeitsvertragsparteien sind sich nicht sicher, ob es überhaupt eintritt (Beispiel: Es ist unsicher, ob der erkrankte Arbeitnehmer überhaupt jemals wieder arbeitsfähig wird).

414 Die verschiedenen zeitlichen Begrenzungsmöglichkeiten haben zum Teil unterschiedliche **Voraussetzungen** und **Rechtsfolgen**. Ein kalendermäßig befristeter Arbeitvertrag endet gem. § 15 Abs. 1 TzBfG bspw – wie könnte es anders sein – mit dem Ablauf der vereinbarten Zeit. Bei einem zweckbefristeten Arbeitsvertrag bedarf es einer schriftlichen Unterrichtung des Arbeitnehmers durch den Arbeitgeber gem. § 15 Abs. 2 TzBfG. Das Arbeitsverhältnis endet dann mit Zweckerreichung, frühestens jedoch zwei Wochen nach Zugang dieser Mitteilung. Für die auflösende Bedingung erklärt § 21 TzBfG die Vorschriften der §§ 14 ff TzBfG überwiegend für entsprechend anwendbar, um Abgrenzungsschwierigkeiten zu vermeiden. Für die Beendigung des Arbeitsverhältnis gilt danach das zur Zweckbefristung Gesagte. Ist die Befristung unwirksam, ist nicht der Arbeitsvertrag unwirksam; vielmehr gilt der (unwirksam) befristete Arbeitsvertrag als auf unbestimmte Zeit geschlossen (§ 16 Satz 1 TzBfG).

415 Auch hinsichtlich der **Schriftform** unterscheiden sich die Gestaltungsmodalitäten. Gem. § 14 Abs. 4 TzBfG bedarf „[d]ie Befristung eines Arbeitsvertrages" zu ihrer Wirksamkeit der Schriftform[172]. Dies gilt nach § 21 TzBfG zwar auch für eine auflösende Bedingung. Die Anforderungen an die Klauseln einer Zeit-, Zweckbefristung oder auflösenden Bedingung sind jedoch unterschiedlich. Bei einer Zeitbefristung muss allein die Befristungsabrede, dh die Dauer der Befristung, schriftlich sein, sonst gilt der befristete Arbeitsvertrag gem. § 16 S. 1 TzBfG als auf unbestimmte Zeit geschlossen. Nicht notwendig ist, dass der Befristungsgrund (vgl § 14 TzBfG) genannt wird. Dieser muss zum Zeitpunkt des Vertragsschlusses lediglich objektiv vorliegen. Bei der Zweckbefristung muss hingegen der Zweck selbst schriftlich niedergelegt werden, damit die Befristung wirksam ist, denn die Vereinbarung einer Zweckbefristung ist, so das BAG, ohne Vereinbarung des Vertragszwecks nicht denkbar[173]. Glei-

---

172 Dazu näher *Buchner*, FS Konzen 2006, 31.
173 BAG v. 21.12.2005, 7 AZR 541/04, NZA 2006, 321, 325.

ches dürfte auch für die Vereinbarung einer auflösenden Bedingung gelten. Bereits die §§ 21, 15 Abs. 2 TzBfG zeigen den weitgehenden Gleichlauf von Zweckbefristung und auflösender Bedingung.

Die Übergänge zwischen diesen arbeitsvertraglichen Gestaltungsmöglichkeiten sind **416** fließend. Zu Streitigkeiten führt dies bspw bei der Festlegung von Altersgrenzen. Während das BAG jene als auflösende Bedingung ansieht, weil das Erreichen der Altersgrenzen ungewiss ist[174], halten andere sie für eine Zeitbefristung[175].

3. § 14 Abs. 2 TzBfG gewährt dem Arbeitgeber die Möglichkeit, Arbeitnehmer **für** **417** **maximal zwei Jahre befristet** einzustellen, ohne dass dies durch einen besonderen Sachgrund gerechtfertigt werden muss. Innerhalb dieser Zeit kann ein Arbeitsverhältnis **bis zu dreimal verlängert** werden. Für Existenzgründer erhöht Abs. 2a die Befristungszeit auf vier Jahre und ermöglicht eine unbegrenzte Anzahl von Verlängerungen. Da die Probezeit nach § 622 Abs. 3 BGB und § 1 Abs. 1 nur sechs Monate beträgt, besteht die Gefahr, dass Arbeitgeber zunächst sachgrundlos befristet für (maximal) zwei Jahre einstellen, obwohl sie von vornherein ein dauerhaftes Arbeitsverhältnis einzugehen beabsichtigen und so der gesetzlich vorgesehene Kündigungsschutz zumindest für eine Zeit lang ausgehebelt wird. Deshalb beabsichtigt die seit 2005 regierende Große Koalition, die Probezeit auf zwei Jahre zu verlängern (für Existenzgründer auf vier Jahre) und die Möglichkeit der sachgrundlosen Befristung im Gegenzug ersatzlos entfallen zu lassen. Auch dieser Vorschlag überzeugt rechtspolitisch jedoch nicht, denn damit verliert der Arbeitgeber ein flexibles Instrument für vorübergehende Einstellungen[176].

Die erweiterten sachgrundlosen Befristungsmöglichkeiten für ältere Arbeitnehmer nach § 14 **418** Abs. 3 TzBfG hat der EuGH für europarechtswidrig erklärt. Europarechtliche Bedenken wurden schon zuvor gehegt[177], allerdings stützten sie sich zumeist auf die Befristungsrichtlinie (99/70/EG) oder die Richtlinie 2000/78/EG, die ua die Diskriminierung wegen des Alters im Arbeitsrecht verbietet. Mit erstgenanntem Einwand beschäftigte sich der EuGH nicht, die Diskriminierungsrichtlinie zog er nur beiläufig heran. Stattdessen griff er in methodisch höchst zweifelhafter Weise auf den allgemeinen europarechtlichen Gleichheitssatz zurück, der auch ungerechtfertigte Ungleichbehandlungen verbiete. Eine gemeinsame Verfassungstradition der Mitgliedsstaaten ist indes insoweit nicht erkennbar[178]. Für besondere Aufregung sorgte die Rechtsfolge, die das Gericht anordnete: Es erklärte, § 14 Abs. 3 TzBfG dürfe von den nationalen Gerichten nicht mehr angewandt werden. Ob der EuGH dies allerdings tatsächlich so meinte, wie er es gesagt hat, ist nicht sicher[179].

Sachgrundlose Befristungen setzen zumindest dem Wortlaut des § 14 Abs. 2 S. 2 **419** TzBfG zufolge voraus, dass niemals zuvor ein befristetes oder unbefristetes Arbeitsverhältnis zu demselben Arbeitgeber bestanden hat. Das hat zur Folge, dass etwa ein nur wenige Tage oder Wochen dauerndes Arbeitsverhältnis eines Werkstudenten die

---

174 BAG v. 20.12.1984, 2 AZR 3/84, NZA 1986, 325, 327.
175 Überzeugend *Hromadka* NJW 1994, 911; ebenso *Zöllner*, GS Blomeyer 2003, 517, 520; ErfK-*Müller-Glöge* § 14 TzBfG Rn 77.
176 Zu diesem und zahlreichen weiteren Kritikpunkten *Eckert* DStR 2005, 2188.
177 *Däubler* ZIP 2001, 217, 224; *Kerwer* NZA 2002, 1316 f.
178 Hierzu ausführlich *Preis* NZA 2006, 401, 406 ff.
179 *Thüsing* ZIP 2005, 2149; *Thüsing/Wege* NZA 2006, 136, 138.

Möglichkeit zu sachgrundlos befristeter Einstellung für alle Zeit verhindert. Das schießt über das Ziel hinaus, befristete Kettenarbeitsverhältnisse zu verhindern und bedarf der Korrektur. *Löwisch* hat deshalb zu Recht vorgeschlagen, die allgemeine Verjährungsfrist zu übertragen und die Sperre des § 14 Abs. 2 S. 2 TzBfG nur dann anzuwenden, wenn das vorherige Arbeitsverhältnis weniger als zwei bzw nunmehr drei Jahre zurück liegt[180]. Letztlich geht es dabei um die Auslegung des Tatbestandsmerkmals „zuvor". Die Gerichte haben sich dem nicht angeschlossen. Das BAG stellte klar, dass es auf den zeitlichen Abstand zwischen dem früheren Arbeitsverhältnis und dem nunmehr ohne Sachgrund befristeten Arbeitsverhältnis „grundsätzlich" nicht ankomme[181]. Wann von diesem Grundsatz abzuweichen sei, erklärte das Gericht nicht.

420 Allerdings betrifft das Anschlussverbot des § 14 Abs. 2 S. 2 TzBfG nur Arbeitsverhältnisse. Andere zuvor bestehende Vertragsverhältnisse hindern eine sachgrundlos befristete Einstellung nicht. Praktikanten oder Werkstudenten, die „zuvor" nicht in einem Arbeits- sondern etwa einem freien Dienstverhältnis zum Vertragspartner standen, können deshalb später nach § 14 Abs. 2 TzBfG befristet angestellt werden[182].

421 4. Befristungen, die nicht unter § 14 Abs. 2 oder Abs. 2a TzBfG fallen, bedürfen eines **sachlichen Grundes gem. § 14 Abs. 1 TzBfG**. Der Katalog der genannten Befristungsgründe ist nicht abschließend („insbesondere"), so kann etwa auch in der Anhängigkeit einer Konkurrentenklage ein Sachgrund für eine Befristung liegen[183]. Gleiches gilt, wenn ein Arbeitsverhältnis bis zum Ablauf der Amtszeit des Betriebsrats fortbestehen soll. Der Grund für die Befristung liegt hier in der Kontinuität der Betriebsratsarbeit[184].

422 Befristungsgrund und Befristungsdauer stehen in einem nicht einfach zu bestimmenden Verhältnis. Zwar muss sich der **Befristungsgrund** nach § 14 Abs. 1 TzBfG nicht auf die Dauer des Arbeitsverhältnisses beziehen, dh im Ernstfall muss der Arbeitgeber vor Gericht keinen Grund dafür angeben, weshalb das Arbeitsverhältnis auf drei und nicht auf vier Jahre befristet worden war. Der Sachgrund muss die Befristung tragen, nicht die Dauer[185]. Dennoch muss sich selbstverständlich die Befristungsdauer am Befristungsgrund orientieren. Die **Befristungsdauer** ist also nicht für sich genommen rechtfertigungsbedürftig, sie ist jedoch für den Befristungsgrund bedeutsam: Passen Befristungsdauer und Befristungsgrund offensichtlich nicht zueinander, lässt sich vermuten, dass es an einem Befristungsgrund fehlte[186]. Dies gilt insbesondere in den Fällen, in denen das Arbeitsverhältnis auf deutlich längere Zeit befristet worden ist, als es zur Erreichung des angestrebten Zwecks notwendig gewesen wäre. Ist die Befristungsdauer hingegen zu kurz bemessen, ist die Befristung nur unwirksam, wenn eine

---

180 *Löwisch* BB 2001, 254; ebenso *Osnabrügge* NZA 2003, 639, 641 f mit zahlreichen weiteren Nachw.
181 BAG v. 06.11.2003, 2 AZR 690/02, NZA 2005, 218, 219 f.
182 BAG v. 19.10.2005, 7 AZR 31/05, NZA 2006, 154, 155.
183 BAG v. 16.03.2005, 7 AZR 289/04, NZA 2005, 923, 924.
184 BAG v. 23.01.2002, 7 AZR 611/00, NZA 2002, 986, 987 f; zu Sachgründen außerhalb des Katalogs des § 14 TzBfG *Braun* MDR 2006, 609.
185 Annuß/Thüsing-*Maschmann*, TzBfG, 2. Aufl. 2006, § 14 Rn 9.
186 BAG v. 26.08.1988, AP Nr 124 zu § 620 BGB Befristeter Arbeitsvertrag.

am Sachgrund orientierte Mitarbeit des Arbeitnehmers in dieser Zeit kaum sinnvoll möglich ist[187].

4. Eine speziellere eingehende Befristungsregelung für (unter anderem) wissenschaftliche Mitarbeiter enthalten die im Jahr 2002 reformierten Sondervorschriften der §§ 57a ff HRG[188]. Die vorher geltende Regelung ist vom BVerfG trotz der Annahme, es liege ein erheblicher Eingriff in die Tarifautonomie vor, für verfassungsgemäß erklärt worden[189].

423

5. Nicht vom TzBfG erfasst werden **Vereinbarungen über die Befristung einzelner Arbeitsbedingungen**. Die Rechtsprechung verlangte vor In-Kraft-Treten des Schuldrechtsmodernisierungsgesetzes zumindest dann einen die Befristung rechtfertigenden Sachgrund, wenn dem Arbeitnehmer durch die Befristung der gesetzliche Änderungskündigungsschutz entzogen wurde. Das war der Fall bei Vertragsbedingungen, die bei unbefristeter Vereinbarung dem Änderungskündigungsschutz nach § 2 unterlagen, weil sie die Arbeitspflicht nach Inhalt und Umfang in einer Weise änderten, die sich unmittelbar auf die Vergütung auswirkte und damit das Verhältnis von Leistung und Gegenleistung maßgeblich beeinflusste. Diese Rechtsprechung beruhte, wie das gesamte Befristungsrecht, auf dem Grundsatz, dass eine Befristungskontrolle nur vorzunehmen war, wenn dem Arbeitnehmer durch die Befristung der ihm ansonsten zustehende gesetzliche Kündigungsschutz vorenthalten wurde[190].

424

Seit der Schuldrechtsreform kontrolliert das BAG die Befristung von Arbeitsbedingungen anhand von **§ 307 Abs. 1 S. 1 BGB**[191]. Von dem Kriterium, dass ein sachlicher Grund für die Befristung von Arbeitsbedingungen vorliegen muss, ist das BAG damit abgerückt[192]. Nunmehr ist anhand einer umfassenden Würdigung der Positionen der Parteien unter Berücksichtigung des Grundsatzes von Treu und Glauben anhand eines vom Einzelfall losgelösten generell-typisierenden Maßstabs zu überprüfen, ob der Klauselinhalt den beiderseitigen Interessen angemessen gerecht wird. Das gesetzliche Leitbild des Befristungsrechts im TzBfG wird dabei eine entscheidende Rolle spielen[193]. Ob damit auf der anderen Seite der Kontrollmaßstab für Nicht-Formulararbeitsverträge oder für im Einzelnen ausgehandelte Klauseln (§ 305b BGB) gesenkt wurde, ist bisweilen unklar (siehe auch Rn 141 ff).

425

---

187 BAG v. 26.08.1988, AP Nr 124 zu § 620 BGB Befristeter Arbeitsvertrag; zum Ganzen Annuß/Thüsing-*Maschmann*, TzBfG, 2. Aufl. 2006, § 14 Rn 9 mwN.
188 Zur Neufassung *Preis/Hausch* NJW 2002, 927.
189 BVerfG v. 24.04.1996, 1 BvR 712/86, NZA 1996, 1157.
190 BAG v. 23.01.2003, 7 AZR 563/00, NZA 2003, 104; s. auch *Preis/Bender* NZA-RR 2005, 332, 341.
191 BAG v. 27.07.2005, 7 AZR 486/04, NZA 2006, 40, 44; ähnlich *Maschmann* RdA 2005, 212, 226: Überprüfung am Maßstab des § 307 BGB bzw der §§ 138, 242 BGB.
192 BAG v. 27.07.2005, 7 AZR 486/04, NZA 2006, 40, 44.
193 *Willemsen/Grau* NZA 2005, 1137, 1141.

Zweiter Teil

Kollektives Arbeitsrecht

§ 5   Verfassung und Koalition*

I.   Art. 9 Abs. 3 GG

1.   Individuelle und kollektive Koalitionsfreiheit

426   Den Organisationen von Arbeitgebern und Arbeitnehmern, den Gewerkschaften und Arbeitgeberverbänden, stehen im Arbeitsrecht umfassende Befugnisse zu, sie sind die maßgebenden Institutionen insbesondere des kollektiven Arbeitsrechts[1]. Dies ist nicht nur eine rechtstatsächliche Beobachtung, sondern ergibt sich aus zahlreichen Gesetzen, insbesondere dem TVG und dem BetrVG. Von besonderer Bedeutung ist aber, dass die Stellung dieser Verbände, dieser Koalitionen, auch verfassungsrechtlich abgesichert ist und zwar durch die grundgesetzliche Gewährleistung des Art. 9 Abs. 3[2]. Dies mag auf den ersten Blick erstaunen, da die in dieser Vorschrift geregelte sog. Koalitionsfreiheit dem Wortlaut nach nur für „jedermann", dh für jeden Einzelnen, gewährleistet ist (sog. **individuelle Koalitionsfreiheit**). In Rechtsprechung und Rechtswissenschaft ist man sich aber seit längerem darüber einig, dass dieser Schutz der individuellen Koalitionsfreiheit jedenfalls in gewissem Umfang auf die auf Grund dieser individuellen Koalitionsfreiheit gebildeten Koalitionen erstreckt werden muss, dass die Vereinigungsfreiheit des Einzelnen weitgehend leer laufen würde, wenn der Staat zwar nicht die Koalitionsfreiheit beschränken, wohl aber der entstandenen Koalition alle möglichen Fesseln anlegen könnte. Die hL hat daraus den Schluss gezogen, dass auch die Koalitionen selbst als Grundrechtsträger anzusehen seien (sog. **kollektive Koalitionsfreiheit**). Es handle sich, so wird gesagt, bei Art. 9 Abs. 3 letztlich um eine Art **Doppelgrundrecht**, dh um ein Grundrecht sowohl der einzelnen Arbeitgeber und Arbeitnehmer als auch der von ihnen gebildeten Koalitionen (Gruppengrundrecht)[3].

427   Die Unterscheidung zwischen den Grundrechten des Einzelnen und denjenigen der Koalition ist in einigen Fällen praktisch geworden, in denen sowohl das BAG als auch das BVerfG dem einzelnen Gewerkschaftsmitglied offenbar weitergehende Rechte

---

*   Bestimmungen des Grundgesetzes werden in diesem Paragraphen ohne Gesetzeszusatz zitiert.

1   Zu Aufbau, Organisation und Aufgabenbereich der Koalitionen umfassend MünchArbR-*Löwisch/Rieble* § 248.

2   Zur historischen Entwicklung interessant *Nörr* ZfA 1992, 361.

3   Vgl nur Maunz/Dürig-*Scholz* Art. 9 Rn 170 und v. Münch/Kunig-*Löwer* Art. 9 Rn 56 ff, 68; aA *Lieb*, 8. Aufl., Rn 433, der mit *Scholz*, Koalitionsfreiheit als Verfassungsproblem 1971, 62 ff, 126 ff und *Zöllner* AöR 98 (1973), 71, 77, eine eigene Grundrechtsträgerschaft der Koalitionen ablehnt, ihnen aber eine verfassungsrechtlich relevante und geschützte Zuständigkeit zur quasi gebündelten Ausübung der Mitgliederrechte zuspricht.

gewähren wollten als seiner Gewerkschaft. So wurde zwar den betriebsangehörigen Arbeitnehmern, nicht aber externen Beauftragten ihrer Gewerkschaft, das Recht zur **Verteilung von Gewerkschaftszeitungen** im Betrieb zugestanden[4]. Es ist jedoch fraglich, ob sich diese Differenzierung mit Unterschieden im Ausmaß des Grundrechtsschutzes erklären lässt bzw damit erklärt zu werden braucht[5]. Näher liegt vielmehr die Deutung, dass organisierte Arbeitnehmer nur deshalb etwa Zeitungen im Betrieb verteilen dürfen, weil sie eben dessen Angehörige sind und infolgedessen insoweit Zutrittsprobleme – dies der Stein des Anstoßes in Bezug auf externe Gewerkschaftsbeauftragte – überhaupt nicht auftreten können. Allein ihre Betriebszugehörigkeit rechtfertigt daher ihre im Verhältnis zu Gewerkschaftsbeauftragten weitergehenden Möglichkeiten und nicht irgendein besonderer verfassungsrechtlicher Schutz (sonst müsste man – dies als argumentum ad horrendum – dem einzelnen organisierten Arbeitnehmer ein Zutrittsrecht auch zu fremden Betrieben geben).

Vom Kollektiv aus gesehen heißt dies, dass seine Betätigungsmöglichkeiten in diesem Bereich nur denjenigen seiner betriebsangehörigen Mitglieder entsprechen; Gewerkschaft und einzelne Mitglieder (Erstere durch diese) können gleichermaßen insbesondere Werbetätigkeiten im Betrieb nur mithilfe der Betriebszugehörigkeit entfalten. **428**

Unabhängig von der Frage, ob Gewerkschaften selbst Grundrechtsträger sind, steht es indessen in der Sache fest, dass sich die Koalitionen gegen Versuche (des Gesetzgebers), ihre Kompetenzen zu beschneiden, verfassungsrechtlich (dh mittels Verfassungsbeschwerde) zur Wehr setzen können[6]. Die Frage der Begründetheit der jeweiligen Klage hängt davon ab, in welcher Richtung und in welchem Umfang ein verfassungsrechtlicher Schutz der Koalitionen anzuerkennen ist. Insoweit wird im arbeitsrechtlichen Schrifttum meist vor allem unterschieden zwischen **Bestands- und Betätigungsgarantie**; dazu kommt, zum Teil ebenfalls als Betätigungsgarantie bezeichnet, die sog. **Koalitionszweckverfolgungsgarantie**[7]. Diese Terminologie bedarf der Klärung auf der Grundlage der jeweils in Bezug genommenen Sachkomplexe: Mit dem Begriff der Bestandsgarantie sollte nur der verfassungsrechtliche Schutz derjenigen Tätigkeiten bezeichnet werden, die auf die Sicherung des Mitgliederbestandes bzw seinen Ausbau abzielen (dazu Rn 430 ff), während der Begriff der Betätigungsgarantie (dazu Rn 437 ff) diejenigen Tätigkeitsfelder umfasst, auf denen die etablierte Koalition als solche handelnd auftritt, nämlich etwa den Bereichen TVG, BetrVG, MitbestG etc (Koalitionszweckgarantie). Dazu kommt auf einer dritten Stufe eine Art institutioneller Garantie etwa des Tarifvertragssystems, des Betriebsverfassungswe- **429**

---

4 BAG v. 23.02.1979, 1 AZR 540/77, AP Nr 29 zu Art. 9 GG; dazu noch Rn 440.
5 Zu diesem Fragenbereich *Hanau* ArbRGegw 17 (1979) 37, 51 ff; *Zöllner* Anm. EzA Art. 9 GG Nr 28–30, 222a ff; *Konzen* ArbRGegw 18 (1980), 19 sowie *Otto*, Die verfassungsrechtliche Gewährleistung der koalitionsspezifischen Betätigung 1982.
6 Vgl zur Zulässigkeit nur BVerfG v. 18.11.1954, 1 BvR 629/54, BVerfGE 4, 96, 101; dies gilt auch für Versuche des Arbeitgebers, die Einstellung eines Arbeitnehmers vom Austritt aus der Gewerkschaft abhängig zu machen, BAG v. 02.06.1987, 1 AZR 651/85, NZA 1988, 64.
7 Vgl *Zöllner/Loritz* § 8 IV 4 c (117 ff); Maunz/Dürig-*Scholz* Art. 9 Rn 239 ff; MünchArbR-*Löwisch/Rieble* § 246; *Säcker*, Grundprobleme der kollektiven Koalitionsfreiheit 1969, 33 ff.

sens, des Arbeitskampfrechts etc. In diesem letzten Bereich handelt es sich um die (eventuelle) verfassungsrechtliche Garantie bestimmter Koalitionsmittel bzw bestimmter Koalitionsverfahrensweisen.

2. Bestandsgarantie

430 „Sind auch die Koalitionen selbst in den Schutz des Grundrechts der Koalitionsfreiheit einbezogen, wird also durch Art. 9 Abs. 3 GG nicht nur ihr Entstehen, sondern auch ihr Bestand gewährleistet, müssen nach Sinn und Zweck der Bestimmung grundsätzlich auch diejenigen Betätigungen verfassungsrechtlich geschützt sein, die für die Erhaltung und Sicherung der Existenz der Koalition unerlässlich sind. Hierzu gehört die ständige Werbung neuer Mitglieder, auf die die Koalitionen – was keiner näheren Darlegung bedarf – zur Erhaltung ihres Bestandes angewiesen sind"[8].

431 Mit diesem Kernsatz hat das BVerfG in seiner ersten Entscheidung über die Zulässigkeit der Mitgliederwerbung in der Dienststelle und während der Arbeitszeit auch den Bestand der Koalitionen als verfassungsrechtlich geschützt angesehen. Dies ist insofern sicherlich zutreffend, als die Koalitionen auf eine schlagkräftige Mitgliederwerbung als Voraussetzung für eine wirksame Zweckverfolgung im Bereich der Arbeits- und Wirtschaftsbedingungen angewiesen sind. Die Anerkennung einer Bestandsgarantie darf jedoch nicht so verstanden werden, als könnten die Koalitionen vom Staat positive bestandsfördernde und bestandserhaltende Maßnahmen fordern. Gemeint ist mit dieser Garantie vielmehr lediglich, dass der Staat den Koalitionen Freiräume belassen muss, ihnen also insbesondere innerhalb gewisser Grenzen die Eigenwerbung und andere zusammenschlussfördernde Maßnahmen nicht verbieten darf, damit sie sich aus eigener Kraft zu entsprechend einflussreichen Verbänden entwickeln können. So hat denn auch das BVerfG ausgeführt, es sei nicht gerechtfertigt, Gewerkschaftsmitgliedern grundsätzlich jede Werbung für ihre Gewerkschaft innerhalb ihrer Dienststelle und während der Dienstzeit zu verbieten[9].

432 Unklar ist freilich der vom BVerfG angelegte Prüfungsmaßstab: An der zitierten Stelle spricht das Gericht davon, dass diejenigen Betätigungen verfassungsrechtlich geschützt seien, die für die Erhaltung und Sicherung der Existenz der Koalition **unerlässlich** seien[10]. Wollte man mit diesem Kriterium ernst machen, wäre der verfassungsrechtliche Schutz der Mitgliederwerbung gerade in der Dienststelle sehr zweifelhaft, da die Behauptung, andernfalls wäre die Gewinnung neuer Mitglieder entscheidend erschwert und die Gewerkschaften in ihrem Bestand gefährdet, kaum beweisbar ist. Das BVerfG hat jedoch im Folgenden über das Unerlässlichkeitskriterium hinaus darauf abgestellt, dass dem Betätigungsrecht der Koalitionen nur solche Schranken gezogen werden dürften, die zum Schutz anderer Rechtsgüter von der Sache her geboten seien[11]. Damit scheint in Bezug auf den verfassungsrechtlichen

---

8 BVerfG v. 26.05.1970, 2 BvR 664/65, NJW 1970, 1635 = SAE 1972, 14 mit Anm. *Lieb*; zur neueren Entwicklung Rn 450.
9 BVerfG v. 26.05.1970, 2 BvR 664/65, NJW 1970, 1635, 1636.
10 Vgl dazu *Zöllner* Anm. zu BAG SAE 1966, 165 und Anm. zu BAG SAE 1967, 111 einerseits, *Säcker* BB 1966, 784; *ders.*, Grundprobleme der kollektiven Koalitionsfreiheit 1969, 135 ff andererseits.
11 BVerfG v. 26.05.1970, 2 BvR 664/65, NJW 1970, 1635, 1636.

Schutz bestimmter bestandsfördernder Maßnahmen weniger deren Notwendigkeit als die Frage im Vordergrund zu stehen, ob und inwieweit Beschränkungen einer offenbar vorausgesetzten generellen Betätigungsfreiheit insbesondere unter dem Aspekt des Drittschutzes zulässig sind[12].

Diese, bereits in der Rechtsprechung des BVerfG angelegte, unklare **Doppelspurig-** **433** **keit** in Bezug auf den jeweils anzulegenden Prüfungsmaßstab[13] hat zu Schwierigkeiten insbesondere bei der Beurteilung gewerkschaftlicher Betätigung im Betrieb geführt. Hierbei war insbesondere das BAG zunächst recht großzügig gewesen[14]. Dann ergingen jedoch mehrere Entscheidungen, in denen das Gericht mit dem Unerlässlichkeitsmaßstab ernst machte und damit an die Zulässigkeit gewerkschaftlicher Betätigung im Betrieb wesentlich schärfere Anforderungen stellte: Dies führte im Einzelnen zur Unzulässigkeit der innerbetrieblichen Durchführung der **Wahl gewerkschaftlicher Vertrauensleute**[15], zur Unzulässigkeit der **Verteilung einer periodisch erscheinenden Gewerkschaftszeitschrift** im Betrieb an die Mitglieder der Gewerkschaft[16] und zur Unzulässigkeit der **Anbringung von Gewerkschaftsemblemen an Schutzhelmen**, die vom Arbeitgeber gestellt worden waren[17]. Das BVerfG hatte diese Linie noch einmal bekräftigt und – unter Aufhebung eines noch aus einer früheren Periode stammenden entgegengesetzten Urteils des BAG – im Rahmen der Prüfung von **Zugangsrechten externer Gewerkschaftsvertreter zu kirchlichen Einrichtungen** auf Grund des Unerlässlichkeitskriteriums ausdrücklich ausgeführt, es könne mit Sicherheit ausgeschlossen werden, dass die Erhaltung und Sicherung der Koalition ohne berufsverbandliches Zutrittsrecht für betriebsexterne Gewerkschaftsangehörige gefährdet wäre[18].

Diese Grundsatzposition dürfte insbesondere deswegen zutreffend sein, weil die von **434** den Gewerkschaften in Anspruch genommenen Betätigungsmöglichkeiten im Betrieb stets notwendigerweise mit **Eingriffen in Hausrecht und Eigentum des Arbeitgebers** verbunden sind und daher der Rechtfertigung bedürfen. Dieser wichtige Aspekt wird vernachlässigt, wenn man vordergründig allein danach fragt, ob (gesetzliche oder richterliche) Einschränkungen des als solchem vorausgesetzten Betätigungsrechts zulässig sind. Eine solche Betrachtungsweise wäre nur dann angebracht, wenn freie, uneingeschränkte, niemanden tangierende Betätigungsmöglichkeiten begrenzt

---

12 Vgl dazu *Säcker*, Grundprobleme der kollektiven Koalitionsfreiheit 1969, 55 ff; *ders.* JZ 1970, 774; *Lieb* Anm. zu BAG SAE 1972, 19 sowie BVerfG v. 24.02.1971, 1 BvR 438/68, NJW 1971, 1123.
13 Vgl dazu vor allem *Höfling* in Sachs (Hrsg), Kommentar zum Grundgesetz, 3. Aufl. 2003, Art. 9 Rn 71 ff.
14 Vgl BAG v. 14.02.1978, 1 AZR 280/87, AP Nr 26 zu Art. 9 GG mit Anm. *Frank* = EzA Art. 9 GG Nr 25 mit Anm. *Rüthers/Klosterkemper*. Dazu auch *Richardi* DB 1978, 1736 und *Reuter*, FS G. Müller 1981, 387.
15 BAG v. 08.12.1978, 1 AZR 303/77, AP Nr 28 zu Art. 9 GG mit Anm. *Konzen*.
16 BAG, v. 23.02.1979, 1 AZR 540/77, AP Nr 29 zu Art. 9 GG mit Anm. *Konzen*; BAG v. 26.01.1982, 1 AZR 61/80, AP Nr 35 zu Art. 9 GG; *Kunze*, BAG-FS 1979, 315.
17 BAG v. 23.02.1979, 1 AZR 172/78, AP Nr 30 zu Art. 9 GG mit Anm. *Mayer-Maly* = SAE 1980, 187 mit Anm. *Buchner*. Weitere Beispiele bei MünchArbR-*Löwisch/Rieble* § 246 Rn 146 ff.
18 BVerfG v. 17.02.1981, 2 BvR 384/78, NJW 1981, 1829, 1830 = SAE 1981, 257 mit Anm. *Scholz*. Dem hat sich das BAG angeschlossen: Entscheidung v. 19.01.1982, 1 AZR 279/81, AP Nr 10 zu Art. 140 GG.

werden sollten. Darum geht es jedoch nicht. Zu entscheiden ist vielmehr die ganz andere Frage, ob sozusagen natürliche Hindernisse, wie sie in der Beachtung geschützter Rechte Dritter jedermann und damit auch den Gewerkschaften gegenüber vorgegeben sind, ausnahmsweise zurücktreten, ausnahmsweise ihrerseits Beschränkungen unterworfen werden sollen. Primäres Sachthema ist also die Beschränkung der Arbeitgeberrechte im Konflikt mit Versuchen extensiver gewerkschaftlicher Betätigung und nicht die Einschränkung von Gewerkschaftsrechten. Von daher rechtfertigt sich mit dem BVerfG die Forderung, die (von Verfassung und BGB) geschützte Rechtssphäre des Arbeitgebers müsse den Betätigungsbestrebungen der Gewerkschaften nur dann weichen, wenn diese wirklich unerlässlich sind, um den Bestand der Gewerkschaft zu sichern[19]. Von daher erscheint es überzeugend, wenn das BVerfG die Gewerkschaft auf (mittelbare) Betätigung durch ihre Mitglieder im Betrieb verweist und weitere unmittelbare Betätigungen als nicht erforderlich ansieht[20].

435 Die sog. **Bestandsgarantie** umfasst auch Maßnahmen zur Aufrechterhaltung der Geschlossenheit der Gewerkschaft nach innen und außen und rechtfertigt damit entgegen der vom BVerfG beanstandeten Rechtsprechung der Zivilgerichte auch den Ausschluss von Gewerkschaftsmitgliedern, die bei Betriebsratswahlen auf einer konkurrierenden Liste kandidierten[21].

436 Der Kampf großer, etablierter, gegen kleinere, sich erst entwickelnde Konkurrenz-Gewerkschaften (dazu unter dem Aspekt der sog. **sozialen Mächtigkeit** noch Rn 560) hat zu der Frage geführt, ob sich auch Gewerkschaften untereinander auf ihre kollektive Koalitionsfreiheit berufen und daraus Unterlassungsansprüche ableiten können. Das BAG hat dies zutreffend bejaht[22]. Dementsprechend darf die Werbung um neue Mitglieder nicht mit unlauteren Mitteln erfolgen oder auf die Existenzvernichtung einer konkurrierenden Gewerkschaft gerichtet sein. Eine Werbekampagne der Deutschen Polizeigewerkschaft, die mit einem zeitlich begrenzten Mitgliedsbeitrag in Höhe eines Euros geworben hatte, hat das BAG allerdings für zulässig gehalten[23].

Im öffentlichen Dienst kommt es nicht nur zu einem Konflikt zwischen Bestands- und Betätigungsgarantie der Gewerkschaft und dem Haus- und Eigentumsrecht des Arbeitgebers, vielmehr spielt die **Lauterkeit der öffentlichen Verwaltung** eine entscheidende Rolle. Das Rechtsstaatsprinzip (Art. 20 Abs. 3 GG) verpflichtet den Staat, eine sachwidrige Beeinflussung des Verwaltungshandelns zu verhindern und bereits einen entsprechenden Anschein zu vermeiden. Deshalb sind Unterschriftenaktionen einer Polizeigewerkschaft unzulässig, mit Hilfe derer bei dem in den Polizeidienststellen verkehrenden Publikum um Unterstützung für eine politische Forderung nach zusätzlichen Planstellen für Polizeibeamten geworben wird[24]. Dadurch kann für den Bürger der Eindruck entstehen, dass er den betreffenden Beamten durch seine Unterschrift einen Gefallen tut und dieser Umstand geeignet ist, das Verhalten der Polizei-

---

19 Großzügiger *Zöllner* Anm. zu BAG EzA Art 9 GG Nr 28–30; siehe auch BAG v. 30.08.1983, 1 AZR 121/81, AP Nr 38 zu Art. 9 GG; differenzierend *Hanau* ArbRGegw 17 (1979) 37, 51 ff.
20 Anders allerdings jetzt BVerfG v. 14.11.1995, 1 BvR 601/92, NZA 1996, 381, 382 f; dazu Rn 450.
21 BVerfG v. 24.02.1999, 1 BvR 123/93, NZA 1999, 713 f.
22 BAG v. 17.02.1998, 1 AZR 364/97, NZA 1998, 754, 756 ff = SAE 1998, 237 mit lesenswerter Anm. *Rieble*.
23 BAG v. 31.05.2005, 1 AZR 141/04, NZA 2005, 1182, 1183 ff.
24 BAG v. 25.01.2005, 1 AZR 657/03, NZA 2005, 592, 594.

beamten bewusst oder unbewusst zu beeinflussen. Dadurch, dass die gewerkschaftli-che Unterschriftenaktion in einer Polizeidienststelle erfolgt, besteht darüber hinaus die Gefahr, dass sie den Anschein staatlicher Billigung erhält[25].

3. Betätigungsgarantie

a) Koalitionsbildungs- und Koalitionsbestandsgarantie würden weitgehend leer lau- **437** fen, wenn für die Koalitionen nicht auch gewisse **Betätigungsbereiche verfassungs-rechtlich gewährleistet** wären. So ist man sich denn in der Tat seit langem darüber einig, dass zumindest die Betätigung der Koalitionen in ihrem ureigensten Aufgaben-bereich, dem **Tarifvertragswesen**, verfassungsrechtlich abgesichert ist. Das BVerfG hat dazu bereits in seiner ersten Entscheidung ausgeführt, das Grundrecht des Art. 9 Abs. 3 leiste Gewähr einen verfassungsrechtlich geschützten Kernbereich der Art, dass vom Staat ein Tarifvertragssystem im Sinne des modernen Arbeitsrechts bereit-zustellen sei und dass Partner dieser Tarifverträge frei gebildete Koalitionen sein müssten. Andernfalls, dh ohne Gewährleistung dieses Kernbereichs, beraube man die in Art. 9 Abs. 3 garantierte Koalitionsfreiheit ihres historisch geprägten Sinnes[26]. Da-mit erhält Art. 9 Abs. 3 eine sog. **Einrichtungsgarantie** zu Gunsten eines Tarifvertragssystems[27], die jedoch dem Gesetzgeber Spielräume im Hinblick auf ge-nauere Ausgestaltung und Begrenzung lässt (dazu noch Rn 448 ff).

b) Zu fragen ist, ob sich der verfassungsrechtliche Schutz der Betätigungsgarantie in **438** der Gewährleistung der Tarifautonomie erschöpft, oder ob er weiter zu ziehen ist[28]. Für eine sehr viel weitergehende Ausdehnung der Betätigungsgarantie könnte spre-chen, dass der Begriff der Arbeits- und Wirtschaftsbedingungen so umfassend ist, dass damit Einschränkungen nur schwer vereinbar erscheinen[29]. Das BVerfG ist je-doch mit Recht vorsichtiger vorgegangen und hat keineswegs einen allgemeinen, ge-genständlich nicht beschränkten verfassungsrechtlichen Schutz jeglicher Koalitions-betätigung angenommen, sondern bisher neben der Betätigung im Tarifvertragswesen nur einen weiteren Teilbereich, nämlich den der Betätigung im Personalvertretungs- und Betriebsverfassungswesen anerkannt[30].

In der Literatur[31] wird des öfteren von einem Kernbereich Tarifvertragswesen, Betriebsverfas- **439** sungswesen etc gesprochen; dies ist indessen missverständlich, da die Frage der gegenständlichen

---

25 BAG v. 25.01.2005, 1 AZR 657/03, NZA 2005, 592, 594.
26 BVerfG v. 18.11.1954, 1 BvR 629/54, BVerfGE 4, 96, 106 und BVerfG v. 24.05.1977, 2 BvL 11/74, NJW 1977, 2255 f.
27 Vgl dazu den wichtigen und lesenswerten Aufsatz von *Badura* RdA 1974, 129; ferner BVerfG v. 26.05.1970, 2 BvR 664/65, NJW 1970, 1635.
28 Streitig ist, ob und inwieweit den Tarifvertragsparteien ein sog. Verhandlungsanspruch zuzubilligen ist: vgl dazu BAG v. 14.02.1989, 1 AZR 142/88, NZA 1989, 601; *Hottgenroth*, Die Verhandlungs-pflicht der Tarifvertragsparteien 1990; *Wiedemann/Thüsing* RdA 1995, 280.
29 Dazu *Zöllner/Loritz* § 8 III 1 (111 f); v. Münch/Kunig-*Löwer* Art. 9 Rn 70 („Erfordernis eines arbeits-rechtlichen Zusammenhangs"); vgl auch *Säcker/Oetker* 33 ff sowie Rn 561.
30 BVerfG v. 30.11.1965, 2 BvR 54/62, NJW 1966, 491;; BVerfG v. 01.03.1979, 1 BvR 532/77, BVerfGE 50, 290.
31 *Säcker*, Grundprobleme der kollektiven Koalitionsfreiheit 1969, 93 f; dazu auch Wiedemann-*Wiede-mann* Einl. Rn 104 ff.

("horizontalen") Begrenzung der verfassungsrechtlichen Betätigungsgarantie von der Frage, inwieweit ("vertikal") diese Betätigung jeweils geschützt ist, zu trennen ist. Nur diese zweite Frage ist mit dem Begriff des Kernbereichs herkömmlicherweise angesprochen.

440 Um den verfassungsrechtlichen Schutz der Koalitionsbetätigung geht es auch bei rechtswidrigem Verhalten einer Koalition gegenüber einer anderen etwa im Arbeitskampf. Insoweit folgt aus der Verfassung (in den Grenzen ihrer Gewährleistung) ein Unterlassungs- und ggf Schadensersatzanspruch der in ihren Rechten verletzten Koalition[32].

441 Die kollektive Koalitionsfreiheit der Gewerkschaft in ihrer Ausprägung als Recht auf koalitionsmäßige Betätigung soll auch dann, einen Unterlassungsanspruch begründend, verletzt sein, wenn Arbeitgeber im Zusammenwirken mit ihrem Betriebsrat und ihrer Belegschaft versuchen, untertarifliche Arbeitsbedingungen durchzusetzen (dazu Rn 779)[33].

4. Koalitionsmittelgarantie

442 Die Frage, ob auch bestimmte Koalitionsmittel verfassungsrechtlich geschützt sind, stellt sich insbesondere in Bezug auf den Arbeitskampf bzw – genauer – in Bezug auf **Streik und Aussperrung**. Sie war lange Zeit umstritten[34]. Sie ist inzwischen vom BVerfG entschieden worden. Das Gericht hat dazu ausgeführt[35]:

443 „Soweit die Verfolgung des Vereinigungszwecks von dem Einsatz bestimmter Mittel abhängt, werden daher auch diese vom Schutz des Grundrechts umfasst.

Zu den geschützten Mitteln zählen auch Arbeitskampfmaßnahmen, die auf den Abschluss von Tarifverträgen gerichtet sind. Sie werden jedenfalls insoweit von der Koalitionsfreiheit erfasst, als sie allgemein erforderlich sind, um eine funktionierende Tarifautonomie sicherzustellen. …

Der Schutz umfasst jedenfalls Aussperrungen der hier umstrittenen Art, die mit suspendierender Wirkung in Abwehr von Teil- oder Schwerpunktstreiks zur Herstellung der Verhandlungsparität eingesetzt werden."

444 Nicht unproblematisch ist die Entscheidung des BVerfG freilich insofern, als sie ausgerechnet einen **einzelnen** nicht organisierten Arbeitgeber betrifft, dessen Zuordnung zu Art. 9 Abs. 3, der ja gerade die Vereinigungsfreiheit und die gebildete Vereinigung schützt, sehr zweifelhaft ist[36]. Die vom BVerfG dafür verwendete „Eselsbrücke" eines „Kampfbündnisses" dürfte kaum tragfähig sein (dazu Rn 671).

5. Regelungsbefugnis des Gesetzgebers im Bereich des Art. 9 Abs. 3 GG

445 Nach dem Wortlaut des Art. 9 Abs. 3 GG ist die Koalitionsfreiheit ein **vorbehaltlos** gewährleistetes Grundrecht. Daraus müsste an sich die Unzulässigkeit gesetzlicher oder „richterrechtlicher"

---

32 BAG v. 26.04.1988, 1 AZR 399/86, NZA 1988, 775 = EzA Art. 9 GG Arbeitskampf Nr 74 mit Anm. *Rüthers/Bakker* = JZ 1989, 750 mit Anm. *Konzen*; BAG v. 31.05.2005, 1 AZR 141/04, NZA 2005, 1182, 1184; vgl auch die (differenzierende) Darstellung von MünchArbR-*Otto* § 289 Rn 14 ff, 51 ff; dazu noch Rn 626 ff.

33 BAG v. 26.04.1999, 1 ABR 72/98, NZA 1999, 887 = SAE 1999, 253 ff mit Anm. *Reuter*; dazu auch *Buchner* NZA 1999, 897.

34 *Seiter*, Streikrecht und Aussperrungsrecht 1975, 63 ff; *Löwisch/Rieble*, AK, 170.1 Rn 7 ff.

35 BVerfG v. 26.06.1991, 1 BvR 779/85, NZA 1991, 810 = SAE 1991, 335 mit Anm. *Konzen* = EzA Art. 9 GG Arbeitskampf Nr 97 (*Rieble*); dazu auch *Richardi* JZ 1992, 27 sowie *Dauner-Lieb/Krebs* ZfA 1994, 131 ff.

36 Vgl dazu auch *Rieble* Anm. zu BAG SAE 1991, 316.

Einschränkungen folgen. Dennoch ist die Koalitionsfreiheit nicht „unbegrenzt und unbegrenzbar"[37].

Nach teilweise vertretener Auffassung sollen die **speziellen Beschränkungen des Art. 9 Abs. 2** **446** **GG** auch auf die Koalitionsfreiheit übertragbar sein, da diese ein **Spezialfall der allgemeinen Vereinigungsfreiheit** darstelle[38]. Die Gegenauffassung lehnt indes eine entsprechende Anwendung dieser Grundrechtsschranken unter Hinweis auf den ausdrücklichen Wortlaut des Art. 9 Abs. 3 und der systematischen Stellung des Abs. 2, der nach der Vereinigungsfreiheit, aber vor der Koalitionsfreiheit steht, ab[39].

Folgt man letzterer Ansicht, ergibt sich hieraus dennoch nicht die Konsequenz einer fehlenden gesetzgeberischen und „richterrechtlichen" Regelungsbefugnis im Bereich der Art. 9 Abs. 3 GG. Die schrankenlose Gewährleistung gilt zunächst nur für die – im Wortlaut allein angesprochene – Koalitionsbildungsfreiheit[40] (wobei die Notwendigkeit, erst einmal den Koalitionsbegriff selbst zu definieren, gewisse, freilich eng begrenzte Spielräume eröffnet). In Bezug auf den daraus in verschiedenen Stufen abgeleiteten ergänzenden Grundrechtsschutz, wie er vorstehend insbesondere mithilfe von Bestands-, Betätigungs- und Koalitionsmittelgarantie umrissen wurde, ist dagegen zu beachten, dass es sich hier um Einzelausprägungen, um bloße Komplementärgewährleistungen handelt, die von der Verfassung nur grundsätzlich gefordert werden, nicht aber in allen Details selbst vorgegeben sind und dementsprechend ohne starre verfassungsrechtliche Vorgaben der Schranken sicher ausgeformt werden dürfen[41]. Dem entspricht die Annahme, insoweit handle es sich letztlich um **Regelungsaufträge an den Gesetzgeber** (bzw den gesetzesvertretenden Richter), die mit erheblichen Regelungsspielräumen verbunden sind. Das BVerfG hat dafür ursprünglich den Begriff des Kernbereichs verwendet: Wiederholt hat es dazu ausgeführt, die Verfassung garantiere die Tätigkeit der Koalitionen nicht schrankenlos, sondern nur in einem Kernbereich. Das Grundrecht räume den geschützten Personen und Vereinigungen nicht einen inhaltlich unbegrenzten und unbegrenzbaren Handlungsspielraum ein; es sei daher Sache des Gesetzgebers, die Tragweite der Koalitionsfreiheit dadurch zu bestimmen, dass er die Befugnisse der Koalitionen im Einzelnen ausgestalte und näher regle[42].

Diese **Kernbereichslehre** ist indessen vom BVerfG[43] aufgegeben worden[44]. Der **447** Grundrechtsschutz soll sich stattdessen auf alle Verhaltensweisen, auch außerhalb des bisherigen Kernbereichs, erstrecken, die „koalitionsspezifisch" sind. Die Aufgabe der Kernbereichslehre hat entgegen ersten Befürchtungen nicht zu einer weiteren Ausdeh-

---

37 BVerfG v. 20.10.1981, 1 BvR 404/78, NJW 1982, 815.
38 V. Münch/Kunig-*Löwer*, Art. 9 Rn 89; MünchArbR-*Löwisch/Rieble* § 244 Rn 27.
39 *Höfling* in Sachs, GG, Art. 9 Rn 127; *Jarass/Pieroth*, Grundgesetz für die Bundesrepublik Deutschland, 7. Aufl. 2004, Art. 9 Rn 37.
40 So auch *Seiter* AöR 109 (1984), 88, 99 in Fn 24.
41 *Lieb* ZfA 1982, 113, 178 ff; *ders.* NZA 1985, 265, 268; ähnlich *Henssler* ZfA 1998, 1, 12; siehe auch *Jacobs*, Tarifeinheit und Tarifkonkurrenz 1999, 427 ff.
42 BVerfG v. 17.02.1981, 2 BvR 384/78, NJW 1981, 1829, 1831; BVerfG v. 01.03.1979, 1 BvR 532/77, BVerfGE 50, 290, 368.
43 BVerfG v. 14.11.1996, 2 BvR 1906/95, NZA 1996, 381 = JZ 1996, 627 (mit lesenswerter Anm. von *Wank* = SAE 1996, 317 mit Anm. *Scholz*).
44 Dazu schon *Kühling* AuR 1994, 126.

nung der verfassungsrechtlichen Gewährleistung geführt, zumal die Gerichte entscheidend darauf abstellen, in welchem Maße eine Gewerkschaft zur Verwirklichung ihrer koalitionsspezifischen Aufgaben auf bestimmte Orte oder Modalitäten der Betätigung **angewiesen** ist[45]. Allerdings befriedigt die Schrankenkonzeption des BVerfG[46] nach wie vor deswegen nur wenig, weil dabei die Unterscheidung zwischen Ausgestaltungs- und Eingriffsgesetzgebung zu kurz kommt[47]. Insbesondere passt im weiten, besonders wichtigen Bereich bloß ausgestaltender Gesetzgebung die Vorstellung nicht, dabei handle es sich um rechtfertigungsbedürftige Eingriffe in schrankenlos vorgegebene Befugnisse der Koalitionen. Das BVerfG hat dies inzwischen zumindest im Ergebnis in der wichtigen Entscheidung zur Verfassungsmäßigkeit des § 116 AFG[48] (jetzt § 146 SGB III, dazu noch Rn 683 ff) auch berücksichtigt. Bezüglich der viel erörterten Schrankensystematik im Bereich des Art. 9 Abs. 3 ist schließlich vor allem zu beachten, dass die oben unter Nrn 2 bis 4 dargestellten, rechtsfortbildend entwickelten Komplementärgewährleistungen zu Art. 9 Abs. 3 nicht einfach von der Schrankenlosigkeit der Koalitionsbildungsfreiheit profitieren dürfen, sondern dass dafür eigene Schranken gelten[49].

6. Verhältnis staatlicher und tarifvertraglicher Normensetzung[50]

448 a) Die Betätigungsmöglichkeiten der Koalitionen könnten durch eine intensive arbeitsrechtliche Gesetzgebung oder durch eine umfangreiche gesetzesvertretende Rechtsfortbildung durch die Gerichte jedenfalls dann nach und nach eingeschränkt werden oder sogar weitgehend entfallen, wenn diese Gesetze **zwingend** ausgestaltet wären, dh **abschließende Regelungen bestimmter Interessenkonflikte** zwischen Arbeitgebern und Arbeitnehmern enthalten würden. Fraglich ist daher, ob aus Art. 9 Abs. 3 Schranken für ein allzu extensives legislatorisches Wirken abgeleitet werden können. Für eine solche Schrankenziehung hat sich vor allem *Biedenkopf* eingesetzt. Er hat die Auffassung vertreten, der sich aus allgemeinen rechtsquellentheoretischen Gesichtspunkten an sich zweifelsfrei ergebende Vorrang des Gesetzes vor dem Tarifvertrag sei nur dort berechtigt, wo eine staatliche Ordnung der materiellen Arbeitsbedingungen durch überwiegende Interessen des Gemeinwohls zwingend gefordert werde. Im Übrigen sei das Verhältnis von Gesetz und Tarifvertrag jedoch dahingehend

---

45 BAG v. 25.01.2005, 1 AZR 657/03, NZA 2005, 592, 594; siehe auch BAG v. 31.05.2005, 1 AZR 141/04, NZA 2005, 1182, 1183 ff.

46 Dazu noch einmal Sachs-*Höfling* Art. 9 GG Rn 71 ff; *Jacobs*, Tarifeinheit und Tarifkonkurrenz 1999, 420 ff.

47 Dazu *Wank* Anm. zu BVerfG NZA 1996, 38; *Konzen* Anm. zu BAG SAE 1996, 216 ff; *Jacobs*, Tarifeinheit und Tarifkonkurrenz 1999, 427 ff.

48 BVerfG v. 09.11.1994, 1 BvF 2/86, NJW 1996, 185; zum Gestaltungsspielraum des Gesetzgebers – hier sogar bei Eingriffen in die Tarifautonomie – auch BVerfG v. 24.04.1996, 1 BvR 712/86, NZA 1996, 1157; dazu noch Rn 452. Vgl jetzt auch BVerfG v. 28.04.1999, 1 BvR 2203/93, NJW 1999, 3033 (Abstandsgebot).

49 So auch *Wank* JZ 1996, 629, 631 l.Sp.; zur Reichweite der Koalitionsfreiheit vgl auch BVerfG v. 10.01.1995, 1 BvF 1/90, NJW 1995, 2339, 2340 (Entscheidung zum sog. Zweitregistergesetz).

50 Dazu eingehend *Butzer* RdA 1994, 375; *Henssler* ZfA 1998, 1, 12.

umzukehren, dass Gesetze im Allgemeinen Tarifverträgen den Vorrang lassen, also wenigstens **tarifdispositiv** sein müssten[51].

Einen ähnlichen Standpunkt nimmt *Säcker* ein, der mit der Vorstellung einer sog. **Normsetzungsprärogative** der Tarifvertragsparteien arbeitet[52], und selbst *Badura* meint etwa, das Grundrecht schütze in dem Sinn einen „Kernbereich der Tarifautonomie, dass der Gesetzgeber im Bereich der Arbeits- und Wirtschaftsbedingungen nur solche, die Tarifvertragsparteien bindende Regelungen erlassen darf, die durch einen sachlichen Grund des öffentlichen Interesses gerechtfertigt sind und dem Grundsatz der Verhältnismäßigkeit entsprechen"[53]. **449**

Diese Vorstellungen leiden darunter, dass nicht genügend klar wird, in Bezug auf welche konkreten Regelungsbereiche eine so verstandene Normsetzungsprärogative bestehen soll. Auch die gelegentlich vertretene Beschränkung auf den Kernbereich des Tarifvertragswesens ist als Formulierung immer noch zu unscharf, solange nicht feststeht, welche Materien dieser angebliche Kernbereich umfassen soll. Immerhin sagt *Badura*, der der Vorstellung konkurrierender Normsetzungszuständigkeiten im Verhältnis von Staat und Tarifvertragsparteien skeptisch gegenübersteht, die Tarifautonomie entziehe dem Gesetz nicht bestimmte Materien, sie hindere den Gesetzgeber lediglich an bestimmten Regelungen einzelner Materien[54]. Aber auch eine solche Beschränkung dürfte angesichts all der Materien, die potenziell Gegenstand tariflicher Normsetzung sein können, kaum ausreichen. Hinzu kommen müsste vielmehr noch eine gegenständliche Eingrenzung etwa auf den Lohn- und vielleicht noch den Arbeitszeitbereich[55], wobei bei Letzterem freilich zu überlegen wäre, ob die Arbeitszeit nicht einen so gewichtigen gesamtwirtschaftlichen Faktor darstellt, dass hier sogar abschließende staatliche Regelungen möglich sein müssten. Eine solche engere Begrenzung erscheint auch deswegen erforderlich, weil sonst die Befriedungsfunktion staatlicher Gesetzgebung weitgehend lahm gelegt bzw nur noch einseitig ausgebildet wäre: Es würde nur noch jeweils Erreichtes abgesichert, so dass weitere Forderungen im Grunde stets offen bleiben würden. Staatliche arbeitsrechtliche Gesetzgebung würde dann nur noch die Arbeitnehmerseite vor Verschlechterung, die Arbeitgeberseite dagegen nicht vor weiteren Forderungen schützen[56]. **450**

Festzuhalten ist daher daran, dass insbesondere die Tarifautonomie nicht als umfassende Kompetenz zur grundsätzlich ausschließlichen Regelung der Arbeits- (und gar Wirtschafts-) Bedingungen missverstanden werden darf, sondern dass die auf Art. 74 **451**

---

51 *Biedenkopf*, Grenzen der Tarifautonomie 1964, 178 ff.
52 *Säcker*, Grundprobleme der kollektiven Koalitionsfreiheit 1969, S. 74 („Regelungsprärogative"); dagegen im Zusammenhang mit den Problemen des tarifdispositiven Richterrechts *Lieb* RdA 1972, 129, 132 ff; *Canaris*, GS Dietz 1973, 199, 208 f.
53 *Badura* RdA 1974, 135.
54 *Badura* RdA 1974, 134 f.
55 Ähnlich jetzt BVerfG v. 24.04.1996, 1 BvR 712/86, NZA 1996, 1157, 1159 (kein „Schwerpunkt tarifvertraglicher Regelungsgegenstände" betroffen).
56 Vgl dazu die aufgeschlossenere Stellungnahme des BAG in seiner Entscheidung zur Unzulässigkeit tariflicher Altersgrenzen (BAG v. 20.10.1993, 7 AZR 135/93, NZA 1994, 128), in der ebenfalls der staatlichen, begrenzenden Normsetzungsbefugnis weitergehende Wirkungsmöglichkeiten eingeräumt wurden.

Nr 12 gestützte und damit verfassungsrechtlich abgesicherte Regelungsbefugnis des Gesetzgebers[57] daneben grundsätzlich bestehen geblieben ist, so dass der staatliche Gesetzgeber jedenfalls dann, wenn noch keine tarifliche Regelung getroffen wurde, in seiner Regelungsbefugnis weitgehend frei ist, mag er dabei auch bestimmten inhaltlichen Schranken unterliegen[58].

452 b) Von der vorstehend erörterten Frage, ob und inwieweit der Gesetzgeber eine etwaige Normsetzungpärogative der Tarifvertragsparteien zu respektieren hat, ist die ganz andere Frage scharf zu unterscheiden, ob und inwieweit der **staatliche Gesetzgeber in bestehende Tarifverträge eingreifen**, diese verdrängen bzw (für zukünftige Tarifverträge) durch zwingendes Recht Regelungssperren errichten darf. Sie wird insbesondere im außerjuristischen Meinungskampf gerne mit der Behauptung „erledigt", der darin liegende Eingriff in die Tarifautonomie sei in aller Regel unzulässig, weil sogar verfassungswidrig. Dies ist juristisch unhaltbar. Zwar mögen für Eingriffe in bestehende Tarifverträge enge Grenzen bestehen, höhere Anforderungen zu stellen sein. Aber dies ändert nichts daran, dass der Gesetzgeber „jedenfalls dann" in Tarifverträge eingreifen darf, wenn er sich dabei „auf Grundrechte Dritter oder andere mit Verfassungsrang ausgestattete Rechte stützen kann und den Grundsatz der Verhältnismäßigkeit wahrt". Dies hat das BVerfG jetzt in seiner Entscheidung zur Verfassungsmäßigkeit des Gesetzes über befristete Arbeitsverträge mit wissenschaftlichem Personal an Hochschulen und Forschungseinrichtungen, dem die Zitate entnommen sind[59], anerkannt. Offengelassen wurde jedoch, ob der Gesetzgeber weitergehende Regelungs-(Eingriffs-) Befugnisse auch zum Schutz anderer Rechtsgüter hat[60].

453 Die weitergehende Frage, ob der Gesetzgeber im konkreten Fall von einer entsprechenden Eingriffsbefugnis auch tatsächlich Gebrauch machen wollte, ob also entgegenstehende Tarifverträge wirklich verdrängt werden sollten, ist freilich durch eine **Gesetzesauslegung** zu klären. Sie wurde vom BAG für § 1 BeschFG verneint[61], so dass entgegenstehende Befristungsregelungen in Tarifverträgen erhalten blieben.

454 c) Im Zusammenhang mit der Senkung des im Krankheitsfall zu zahlenden Arbeitsentgelts von 100 % auf 80 % nach § 4 Abs. 1 EFZG aF in den Jahren 1996–1998 wurde die Frage aufgeworfen, unter welchen Voraussetzungen überhaupt von einem **Eingriff** in entgegenstehende Tarifverträge gesprochen werden kann. Die Problematik beruht darauf, dass Tarifverträge nicht selten gesetzliche Regeln im Sinne einer bloßen vollständigen Unterrichtung über alle für den Arbeitnehmer einschlägigen rechtlichen Vorschriften lediglich **deklaratorisch** wiederholen. Dies soll „spätestens seit der Entscheidung vom 28.1.1988" gefestigte ständige Rechtsprechung sein[62]. Das Gegenteil, nämlich eine eigenständige, **konstitutive** und damit gegenüber nicht zwin-

---

57 Darauf stellt auch das BVerfG ab, BVerfG v. 24.04.1996, 1 BvR 712/86, NZA 1996, 1157.
58 Vgl dazu etwa *Wiedemann*, FS Stahlhacke 1995, 675, 685 ff.
59 BVerfG v. 24.04.1996, 1 BvR 712/86, NZA 1996, 1157, 1159.
60 Dazu auch *Otto*, FS Zeuner 1994, 121 ff. Für eine solche weitergehende Eingriffsbefugnis *Lieb*, 8. Aufl., Rn 456.
61 BAG v. 25.09.1987, 7 AZR 315/86, NZA 1988, 358, 359; vgl dazu auch ArbG Bonn v. 27.05.1986, 1 Ca 262/86, NZA 1986, 493, 494 = EzA § 1 BeschFG Nr 1 m. eingehender Anm. *Dütz*.
62 BAG v. 05.10.1995, 2 AZR 1028/94, NZA 1996, 539.

genden Gesetzen resistente Tarifregelung, ein eigener Normsetzungswille, muss im Tarifvertrag einen deutlichen Niederschlag gefunden haben. Im Zweifel ist daher von nur deklaratorischer Wirkung auszugehen, so dass nur wiederholende tarifvertragliche Regelungen mit In-Kraft-Treten des Änderungsgesetzes hinfällig werden[63].

Im Zusammenhang mit dem im Herbst 1996 entstandenen Streit über diese Problematik kam es **455** zu zahlreichen Arbeitsniederlegungen, ohne dass den Beteiligten offenbar ausreichend bewusst war, dass sie dabei durchweg rechtswidrig handelten. Dies deswegen, weil es bei dem eventuellen „Tarifbruch" der Arbeitgeberseite um eine reine, von den Gerichten zu entscheidende Rechtsfrage ging, für die Arbeitskampfmittel nach ganz allgemeiner Auffassung nicht zur Verfügung stehen (dazu noch Rn 585 ff). Außerdem trifft die beteiligten Betriebsräte der schwerwiegende Vorwurf eines Verstoßes gegen das absolute Arbeitskampfverbot des § 74 Abs. 2 S. 1 BetrVG.

II. Negative Koalitionsfreiheit

Lange Zeit heftig umstritten war die Frage, ob Art. 9 Abs. 3 nur die positive Koaliti- **456** onsfreiheit oder – sozusagen als notwendiges Gegenstück – auch die negative Koalitionsfreiheit, dh die **Freiheit des Fernbleibens von der Koalition**, schützt, und damit Maßnahmen entgegensteht, die sich als Druckausübung mit dem Ziel, jemand zum Eintritt in eine Koalition zu bewegen, darstellen[64]. Bedeutung erlangt hatte dieses Problem zunächst im Streit um die Zulässigkeit sog. tarifvertraglicher Ausschluss- oder Differenzierungsklauseln, die entweder den Zweck verfolgen, dem Arbeitgeber die Gewährung bestimmter tariflicher Leistungen an nichtgewerkschaftsangehörige Arbeitnehmer zu verbieten oder – in Gestalt der sog. **Spannenklauseln** – den gewerkschaftlich organisierten Arbeitnehmern jeweils einen entsprechenden Mehrbetrag (etwa beim Urlaubsentgelt) gegenüber den Außenseitern zu sichern[65]. Den Hintergrund solcher Forderungen bildete die von den Gewerkschaften seit längerem ärgerlich beobachtete Praxis der Arbeitgeberseite, den Tariflohn bzw den darauf aufbauenden Effektivlohn allen Arbeitnehmern zu gewähren, ohne sich um die Gewerkschaftszugehörigkeit überhaupt zu kümmern. Auf diese Weise fehle – so meinen jedenfalls die Gewerkschaften – jeder Anreiz zum Gewerkschaftsbeitritt, da die Außenseiter ohne eigene Leistung in den Genuss derselben Vorteile kämen wie die organisierten Arbeitnehmer, die dafür nicht unerhebliche Beiträge zu entrichten hätten[66].

Aus diesem rechtstatsächlichen Hintergrund ergibt sich der Zusammenhang mit der **457** Problematik der negativen Koalitionsfreiheit ohne weiteres: Es sollte – durch Vorenthaltung anders nicht zu erreichender Leistungen – zumindest ein Anreiz zum Gewerkschaftsbeitritt geschaffen werden. Die Frage, ob die Schaffung eines solchen bloßen Anreizes zulässig oder ohne Rücksicht auf die Höhe der vorenthaltenen Leistungen

---

63 Auch dazu *Buchner* NZA 1996, 1177, 1180 ff.
64 Zum Streitstand Maunz/Dürig-*Scholz* Art. 9 GG Rn 226 ff; MünchArbR-*Löwisch/Rieble* § 244 Rn 4.
65 Vgl dazu die eingehende Darstellung bei *Zöllner*, Tarifvertragliche Differenzierungsklauseln 1967, 11 ff; Maunz/Dürig-*Scholz* Art. 9 Rn 231.
66 Bei dieser Argumentation wird freilich regelmäßig der erhebliche Beitrag übersehen, den die Außenseiter durch Teilnahme am Arbeitskampf bzw durch Bereitschaft zur Teilnahme erbringen.

generell als unzulässiger Druck anzusehen ist, bildete daher den Kernpunkt des Streits, wobei diejenigen, die die negative Koalitionsfreiheit in Art. 9 Abs. 3 verankert sehen[67], naturgemäß eher zur Unzulässigkeit solcher Forderungen kamen als die Befürworter des Art. 2 Abs. 1[68], da diese Vorschrift gesetzlichen Einschränkungen leichter zugänglich ist als Art. 9 Abs. 3. Der Große Senat des BAG hat sich für die generelle Unzulässigkeit von Differenzierungsklauseln mit der Begründung entschieden, Art. 9 Abs. 3 schütze ohne Einschränkung auch die negative Koalitionsfreiheit[69].

458 Die negative Koalitionsfreiheit wurde vom BAG im Zusammenhang mit der Beurteilung der **Vorruhestandstarifverträge** erneut bemüht[70]: Dort ging es im Hinblick darauf, dass nur eine begrenzte Zahl von Arbeitnehmern die Rechtswohltat des Vorruhestandes in Anspruch nehmen durfte (sog. **Überforderungsschutz des Arbeitgebers**) um die Frage, ob dabei nur Gewerkschaftsangehörige oder aber auch Außenseiter berücksichtigt werden dürften. Das BAG hat unter Hinweis auf die negative Koalitionsfreiheit eine Bevorzugung der organisierten Arbeitnehmer abgelehnt[71].

459 Die unzulässige Differenzierung nach der Gewerkschaftszugehörigkeit wurde schließlich – diesmal im Zusammenhang mit der positiven Koalitionsfreiheit der organisierten Arbeitnehmer – herangezogen, um eine **Aussperrung** für unzulässig zu erklären, die gezielt nur die Mitglieder der streikenden Gewerkschaft erfasste, um damit den Außenseitern ganz oder teilweise den Lohn weiterzahlen zu können. Dahinter stand die Absicht der Arbeitgeberseite, durch die Aussperrung nur den eigentlichen Kampfgegner, nämlich die kampfführende Gewerkschaft, zu treffen, die Außenseiter aber zu verschonen, zumal diese im Gegensatz zu ihren organisierten Kollegen vonseiten der Gewerkschaft keine Streikunterstützung erhalten. Trotz dieses plausiblen Ansatzes hat das BAG die Differenzierung verworfen[72]. Die Literatur ist dem überwiegend nicht gefolgt[73] (Dazu noch Rn 660 f)[74].

III. Art. 9 Abs. 3 GG und paritätische Mitbestimmung

460 Eine große Rolle hat Art. 9 Abs. 3 gerade auf Grund der dargelegten weiten Auslegung in der heftigen Diskussion über die Frage gespielt, ob das MitbestG 1976 als mit der Verfassung vereinbar angesehen werden kann. Gegen diese Vereinbarkeit wurde

---

67 Von Münch/Kunig-*Löwer* Art. 9 Rn 79; *Scholz* in: Kirchhof/Isensee (Hrsg), Handbuch des Staatsrechts VI, 2. Aufl. 2001, § 151 Rn 82 f; von Mangold/Klein/Starck-*Kemper*, 4. Aufl. 1999, Art. 9 Rn 219 f; Sachs-*Höfling*, GG, 3. Aufl. 2003, Art. 9 Rn 65; vgl dazu die eingehende Darstellung bei *Zöllner*, Tarifvertragliche Differenzierungsklauseln 1967, 25 ff.

68 So etwa *Hueck/Nipperdey III/I* 154 ff; für eine Einordnung bei Art. 9 Abs. 1 GG *Däubler/Hege*, Koalitionsfreiheit 1976, 89.

69 BAG v. 29.11.1967, GS 1/67, AP Nr 13 zu Art. 9 GG; BVerfG v. 25.07.1980, 1 BvR 24/74, NJW 1981, 215; BVerfG v. 23.04.1986, 2 BvR 487/80, NJW 1987, 827, 828.

70 BAG v. 21.01.1987, 4 AZR 547/86, NZA 1987, 233, 357 = AP Nr 46, 47 zu Art. 9 GG mit Anm. *Scholz*.

71 Zur Problematik der Vorruhestandstarifverträge siehe *Söllner* DB 1986, 2435; *Gamillscheg* BB 1988, 555.

72 BAG v. 10.06.1980, 1 AZR 331/79, AP Nr 66 zu Art. 9 GG Arbeitskampf. Zu Sonderzuwendungen des Arbeitgebers an arbeitswillige Arbeitnehmer Rn 624 f.

73 Siehe etwa *Konzen*, BAG-FS 1979, 273, 290 ff; *Mayer-Maly* Anm. zu BAG AP Nr 64–66 zu Art. 9 GG Arbeitskampf; MünchArbR-*Otto* § 279 Rn 103 f.

74 Die Nachwirkung gemäß § 4 Abs. 5 TVG (Rn 497 ff) stellt keinen Verstoß gegen die negative Koalitionsfreiheit dar: BAG v. 08.01.1970, 5 AZR 524/69, AP Nr 43 zu § 4 Abs. 5 TVG Ausschlussfristen.

vor allem vorgebracht, dieses Gesetz gefährde die sog. Gegnerreinheit und damit die Gegnerunabhängigkeit (dazu Rn 559) der Arbeitgeber und Arbeitgeberkoalitionen und beeinträchtige damit eine notwendige Existenzbedingung der verfassungsrechtlich geschützten Tarifautonomie. Dies müsse zur Verfassungswidrigkeit führen. Dem lag die Erwägung zu Grunde, dass in Unternehmen, deren Aufsichtsrat paritätisch mit Arbeitnehmervertretern besetzt ist, insbesondere die Entscheidungen über tarifpolitische und arbeitskampftaktische Fragen nicht mehr mit der Unabhängigkeit gefällt werden können, die für die **Gleichgewichtigkeit des Tarifvertragssystems** erforderlich ist[75].

Das BVerfG hat diesen Ansatz im Ergebnis verworfen, dabei aber seine Prämisse in bemerkenswerter Weise anerkannt: Auch das BVerfG geht davon aus, dass die **Beeinträchtigung der Gegnerunabhängigkeit** letztlich einen Verstoß gegen Art. 9 Abs. 3 begründen kann. Das Gericht hat jedoch – dies erklärt sein Ergebnis – die Auffassung vertreten, der Einfluss der Arbeitnehmervertreter im Aufsichtsrat mitbestimmter Unternehmen sei letztlich nicht intensiv genug, um die Gegnerunabhängigkeit ernstlich gefährden zu können (eine sog. **Prognoseentscheidung**). Begründet wurde dies mit der Verpflichtung auch der Arbeitnehmervertreter auf das Unternehmensinteresse sowie mit dem – vor allem durch das Zweitstimmrecht des Aufsichtsratsvorsitzenden gewährleisteten – leichten Übergewicht der Anteilseignerseite[76]. Dies ist deswegen unbefriedigend, weil hier unter Überschätzung formaler rechtlicher Möglichkeiten der effektive Einfluss der Arbeitnehmerseite wohl doch zu gering veranschlagt wurde. Im arbeitsrechtlichen Schrifttum wird denn auch nach wie vor gefordert, zwecks stärkerer Absicherung der Gegnerunabhängigkeit etwa mit Stimmverboten zulasten der Arbeitnehmervertreter im Aufsichtsrat zu arbeiten[77]. **461**

Schließlich hat das BVerfG auch noch darauf verwiesen, dass ein etwa verbleibender Mitbestimmungseinfluss jedenfalls im Arbeitgeberverband weitgehend neutralisiert werden könne[78]. Dabei wurde indessen die Zulässigkeit von Firmentarifverträgen und damit die nahe liegende Möglichkeit übersehen, dass gerade mitbestimmte Unternehmen von ihren Arbeitnehmervertretern im Aufsichtsrat zum Abschluss solcher Verträge gedrängt werden können, bei denen sich dann ihr Mitbestimmungseinfluss recht ungehindert auszuwirken vermag[79]. Dies alles rechtfertigt das Urteil, dass diese Passagen der Entscheidung des BVerfG am wenigsten geglückt sein dürften[80]. Festzustellen bleibt, dass bei voller Parität im Aufsichtsrat die Gegnerunabhängigkeit stärker und damit in verfassungsrechtlich relevanter Weise gefährdet sein kann. **462**

Im Übrigen wird die **Unternehmensmitbestimmung** wohl nicht als Ausfluss des Art. 9 Abs. 3, sondern als danebenstehendes, selbstständiges, die Koalitionsfreiheit **463**

---

75 Dieser Ansatz geht zurück auf die Arbeiten von *Zöllner/Seiter*, Paritätische Mitbestimmung und Art. 9 Abs. 3 GG 1970, 24 ff, 30 ff, dazu auch *Seiter* AöR 109 (1984), 88, 112 ff.
76 Vgl BVerfG v. 01.03.1979, BVerfGE 50, 290, 373ff.
77 Vgl *Hanau* ZGR 1979, 524, 532 ff; dazu auch Rn 952 ff.
78 BVerfG v. 01.03.1979, BVerfGE 50, 290, 375.
79 Vgl *Papier* ZGR 1979, 444, 467 f und *Wiedemann* Anm. zu BVerfG AP Nr 1 zu § 1 MitbestG.
80 So zutreffend *Wiedemann* Anm. zu BVerfG AP Nr 1 zu § 1 MitbestG.

und Koalitionsbetätigung eher beschränkendes System verstanden[81]. Daraus kann wohl gefolgert werden, dass Mitbestimmungssysteme, neben denen ein Tarifvertragssystem überhaupt keinen Platz mehr hätte, nicht verfassungsgemäß wären: Zwar kann das Tarifvertragssystem nicht als exklusives Mittel der Koalitionsbetätigung verstanden werden[82]; in einem Kernbereich muss es vom Gesetzgeber aber auf Grund der verfassungsrechtlichen Gewährleistung des Art. 9 Abs. 3 wohl auf jeden Fall erhalten bleiben.

§ 6 Tarifvertragsrecht[*]

I. Inhalt und Rechtswirkungen des Tarifvertrags

1. Grundlagen

464 a) Tarifverträge sind formbedürftige, privatrechtliche Vereinbarungen zwischen einzelnen Arbeitgebern oder deren Vereinigungen auf der einen und Gewerkschaften auf der anderen Seite (§§ 1, 2). Ihre Besonderheit besteht darin, dass sich ihr Inhalt keineswegs in der Begründung gegenseitiger Rechte und Pflichten erschöpft, wie es dem Normaltypus des privatrechtlichen Vertrages entsprechen würde. Zwar enthält auch der Tarifvertrag einen sog. **schuldrechtlichen Teil** (§ 1 Abs. 1, Var. 1: „Der Tarifvertrag regelt die Rechte und Pflichten der Tarifvertragsparteien" – dazu Rn 479 ff). Ganz im Vordergrund stehen jedoch Regelungen, die sich gar nicht an die Vertragspartner, sondern an deren Mitglieder, nämlich die einzelnen Arbeitgeber und Arbeitnehmer, wenden und den Inhalt der zwischen diesen geschlossenen Arbeitsverträge betreffen. Der eigentliche Zweck des Tarifvertrags besteht also – unter der einschränkenden Voraussetzung der sog. **beiderseitigen Tarifgebundenheit** (§ 4 Abs. 1) – in der generellen **normativen** Erfassung und Ordnung der einzelnen Arbeitsverhältnisse; sie sind Gegenstand der tariflichen Regelung, für die das Gesetz insgesamt **sechs Normengruppen** zur Verfügung stellt. Das TVG beschränkt damit in zulässiger Konkretisierung der Betätigungsgarantie des Art. 9 Abs. 3 GG (Rn 445 ff) die Normsetzungsbefugnis der Tarifvertragsparteien auf die von den genannten Normengruppen umfassten Gegenstände. Eine Ausdehnung der Normsetzungsbefugnis unter unmittelbarem Rückgriff auf Art. 9 Abs. 3 GG ist damit unzulässig[1].

465 Das Gesetz unterscheidet zwischen **Inhalts-, Abschluss- und Beendigungsnormen**, sowie **betrieblichen und betriebsverfassungsrechtlichen Normen** (zu Letzteren Rn 535 ff); dazu kommt die spezielle Gruppe der **Normen über Gemeinsame Einrichtungen** (§ 4 Abs. 2; dazu Rn 545 ff). Beendigungsnormen (etwa: Vorschriften über Kündigungsfristen, Unkündbarkeit etc)

---

81 Vgl *Hanau* ZGR 1979, 524, 530 f.
82 Vgl nur *Scholz*, Paritätische Mitbestimmung und Grundgesetz 1974, 119 ff.

* Bestimmungen des TVG werden in diesem Paragraphen ohne Gesetzeszusatz zitiert.
1 Dazu *Lieb* DB 1999, 2058, 2065; *Löwisch/Rieble* Grundlagen Rn 23; vgl auch *Säcker/Oetker* 100 ff.

rechnen indessen ebenfalls zum Inhalt des Arbeitsverhältnisses, so dass als (derzeit nicht allzu gewichtige) Sondergruppe nur die Abschlussnormen (etwa: Formvorschriften, sowie Abschlussverbote und -gebote) in Betracht kommen[2].

Eine solche **Drittbezogenheit**, eine solche **Drittwirkung**, ist für einen privatrechtlichen Vertrag, ja für einen Vertrag überhaupt, der sich normalerweise auf die Regelung der Rechte und Pflichten der Vertragsparteien beschränkt, etwas durchaus Ungewöhnliches, wenn auch nicht ohne weiteres Unzulässiges: Die Privatautonomie deckt vielmehr grundsätzlich auch die Möglichkeit der Vereinbarung von Regelungen, die sich zumindest tatsächlich auf Dritte beziehen[3]. Aus dem Bereich des Wettbewerbsrechts sei etwa nur an den Kartellvertrag erinnert. Man spricht hier von **Normenverträgen** bzw – im Hinblick auf den Abschluss nicht zwischen Einzelpersonen, sondern zwischen Vereinigungen bzw Verbänden – von **korporativen Normenverträgen**[4]. **466**

Mit den Mitteln der Privatautonomie nicht mehr erreichbar ist dagegen die eigentliche **Normenwirkung,** dh die unmittelbare, gesetzesgleiche und sogar zwingende (unabdingbare) Einwirkung auf die Arbeitsverhältnisse; denn ein Vertrag zulasten Dritter ist dem geltenden Recht nicht bekannt. Um diese Wirkung erreichen zu können, um vom Normenvertrag zum **rechtsverbindlichen Normenvertrag** gelangen zu können, bedurfte es daher einer ausdrücklichen gesetzlichen Regelung, wie sie der Gesetzgeber in § 1 geschaffen hat. Danach enthält der Tarifvertrag „Rechtsnormen, die den Inhalt, den Abschluss und die Beendigung von Arbeitsverhältnissen sowie betriebliche und betriebsverfassungsrechtliche Fragen" betreffen. Sie wirken ebenso wie staatlich gesetzte Rechtsnormen **unmittelbar und zwingend** von außen auf die Arbeitsverhältnisse ein, die vom Tarifvertrag erfasst werden (§ 4 Abs. 1), ohne etwa – dies ist insbesondere für die Frage der sog. Nachwirkung von Bedeutung (dazu Rn 497 ff) – in diese einzugehen[5]. **467**

b) § 1 kann daher rein staatsrechtlich als **Delegationsnorm** angesehen werden[6]. Dagegen wird freilich eingewandt, von Delegation könne deswegen nicht gesprochen werden, weil der Staat verfassungsrechtlich zur Bereitstellung eines entsprechenden Tarifvertragssystems **verpflichtet** sei; die rechtlichen Befugnisse der Tarifvertragsparteien insbesondere zur Normsetzung seien daher direkt aus der Verfassung und nicht erst aus § 1 abzuleiten. Dies erscheint indessen unzutreffend, weil trotz der verfassungsrechtlichen Gewährleistung von Funktion und Aufgabenbereich der Koalitionen eine Umsetzung, eine Konkretisierung, im Hinblick auf die Zurverfügungstellung der Mittel, erforderlich ist, die die Koalition erst in die Lage versetzt, ihre Regelungsaufgabe effektiv zu erfüllen. Dazu bedarf es gerade im Hinblick auf die Normsetzungsbefugnis eines ermächtigenden (delegierenden) Gesetzes. **468**

---

2 Zum Ganzen *Löwisch/Rieble* § 1 Rn 23 ff; *Zöllner/Loritz* § 35 (385 ff).
3 Krit *Reuter* DZWiR 1995, 353, 357 r.Sp.
4 Dazu grundlegend *A. Hueck* JherJb 73 (1923), 33; ferner Wiedemann-*Wiedemann* § 1 Rn 1 ff; zur Unterschiedlichkeit zwischen Kartell- und Tarifverträgen *Säcker*, Gruppenautonomie und Übermachtkontrolle im Arbeitsrecht 1972, 244 f; zum Verhältnis GWB/Tarifverträge *Windbichler* ZfA 1991, 35, 38 ff.
5 Ansätze für die Konstruktion einer privatautonomen Tarifvertragswirkung aber bei *Rieble*, Arbeitsmarkt und Wettbewerb 1996, Rn 1194 ff; s.a. *Waltermann* ZfA 2000, 53 ff.
6 Dazu *Säcker*, Gruppenautonomie und Übermachtkontrolle im Arbeitsrecht 1972, 265 ff; *Biedenkopf*, Grenzen der Tarifautonomie 1964, 102 ff; Wiedemann-*Wiedemann* § 1 Rn 39 ff; MünchArbR-*Löwisch/Rieble* § 253 Rn 19 ff, 25 ff; s. jetzt auch *Söllner* NZA 2000, Sonderbeilage zu Heft 24, 33 ff.

469 Außerdem wird noch eingewandt, der Begriff der Delegation vertrage sich nicht mit der Autonomie der Koalitionen. Daran ist – ungeachtet der vielfältigen Bedeutungsmöglichkeiten dieses schillernden Begriffs – so viel richtig, dass es sich bei der tarifvertraglichen Regelungsbefugnis **inhaltlich** um eine originäre, autonome, vom Staat weniger verliehene, denn ihm abgetrotzte Befugnis handelt. Dies ändert jedoch nichts an der Notwendigkeit, diese nur inhaltlich autonomen Normen für Dritte verbindlich zu machen, und dazu bedurften auch die Koalitionen angesichts des Rechtssetzungsmonopols des Staates einer rein formal verstandenen, dh allein auf die formale Drittwirkung bezogenen Ermächtigung durch entsprechende Delegationsnormen. Daher wird man vor allem der historischen Entwicklung am ehesten gerecht, wenn man zwischen der originären, autonomen (auf Regelungsauftrag und Regelungsunterwerfung **der Mitglieder** beruhenden) Regelungsbefugnis der Tarifvertragsparteien zur inhaltlichen Ausgestaltung der tarifvertraglichen Regelungen und der staatlicherseits verliehenen (delegierten) formellen Rechtssetzungsmacht als Mittel zur Effektuierung dieser Autonomie unterscheidet. Dennoch sollte man die Relevanz des **Regelungsinstrumentariums**, also der Befugnis zur normativen Regelung, nicht unterschätzen, da sich daraus vor allem wichtige **Begrenzungen** ergeben: Normative Regelungen sind nur im gegenständlichen Bereich von § 1 zulässig und nur insoweit sind sie erkämpfbar, da der Arbeitskampf als Komplementärinstrument der Tarifautonomie nur im Rahmen von tarifvertraglichen Regelungen zulässig ist.

470 c) Fraglich ist, ob die zwingende Wirkung der Normen des Tarifvertrags dahingehend zu verstehen ist, dass entgegenstehende arbeitsrechtliche Vereinbarungen entsprechend § 134 BGB nichtig sind, oder ob diese nur suspendiert werden, wie dies das BAG für die Betriebsvereinbarung zutreffend angenommen hat[7]. Da nicht ersichtlich ist, was eine unterschiedliche Behandlung der beiden Normenverträge rechtfertigen könnte, spricht viel dafür, auch den Normen des Tarifvertrags nur suspendierende Wirkung beizumessen. Bei der Frage des Wiederauflebens der individualrechtlichen Regelungen nach Ablauf des Tarifvertrags ist freilich dessen Nachwirkung zu beachten; sie führt – trotz Dispositivität – zur Weitergeltung der tarifvertraglichen Normen, so dass die früheren individualrechtlichen Abmachungen zumindest zunächst noch suspendiert bleiben[8]; insofern besteht ein gewisser Unterschied zur Betriebsvereinbarung, weil freiwilligen Betriebsvereinbarungen keine Nachwirkung zukommt (§ 77 Abs. 6 BetrVG; dazu Rn 725).

471 Die Normsetzungsbefugnis der Tarifvertragsparteien wirft die Frage auf, ob sie wie der Gesetzgeber an die **Grundrechte gebunden** sind. BAG und arbeitsrechtliches Schrifttum haben dies lange Zeit ohne größeres Problembewusstsein bejaht; im Laufe der Zeit gewann jedoch die gegenteilige Auffassung zunehmend an Boden[9]. Tarifverträge werden lediglich als „kollektiv ausgeübte Privatautonomie" verstanden; ihre Legitimation sollen sie aus dem Beitritt und damit der Unterwerfung der verbandsangehörigen Arbeitnehmer und Arbeitgeber unter bestehendes und künftiges Tarifrecht gewinnen. Dem haben sich dann auch der Vierte und der Sechste Senat des BAG angeschlossen[10].

---

7 BAG v. 21.09.1989, 1 AzR 454/88, NZA 1990, 351 = AP Nr 43 zu § 77 BetrVG 1972 mit Anm. *Löwisch*; siehe auch LAG Berlin v. 19.10.1990, 6 Sa 64/90, NZA 1991, 278.
8 BAG v. 28.05.1997, 4 AZR 546/95, NZA 1998, 40 = SAE 1999, 41, 44 re. Sp. mit Anm. *Dauner-Lieb*, 47, 48 r.Sp.
9 Grdl *Dieterich*, FS Schaub 1998, 117 ff; *ders.*, FS Wiedemann 2002, 229 ff; siehe auch *Singer* ZfA 1995, 611 ff.
10 BAG v. 30.08.2000, 4 AZR 563/99, NZA 2001, 613 mit ausführlicher Begründung; BAG v. 27.05.2004, 6 AZR 129/03, NZA 2004, 1399, 1401 ff; so bereits mit knapper Begründung der Siebte Senat: BAG v. 25.02.1998, 7 AZR 641/46, NZA 1998, 715 = SAE 1999, 143, 146 mit abl Anm. *Oetker*; zum Ganzen Wiedemann-*Wiedemann* Einleitung Rn 198 ff; gegen die neueren Tendenzen *Belling* ZfA 1999, 547 ff.

Dies ist inhaltlich gesehen an sich grundsätzlich richtig; fraglich ist aber, ob nicht die formale Normsetzungsbefugnis als solche zur (uneingeschränkten) **Grundrechtsgeltung** führen muss. Hintergrund und Ziel der neueren Vorstellungen ist es, den Gestaltungsfreiraum der Tarifvertragsparteien erheblich zu erweitern. Im Zentrum stehen dabei vor allem Regelungen, die das Grundrecht sowohl der Arbeitnehmer als auch der Arbeitgeber aus Art. 12 Abs. 1 GG und zum Teil aus Art. 14 GG berühren. Im Rahmen von Art. 12 Abs. 1 GG will man vor allem zulasten der tarifunterworfenen Arbeitgeber weitaus großzügiger sein; so sollen Tarifnormen bestimmte unternehmerische Entscheidungen binden können. Als Beispiel kann insofern – hier wird der rechtspolitische Charakter der Kontroverse besonders deutlich – eine eventuelle tarifvertragliche Regelung von Ladenöffnungszeiten dienen. Dies ist schon wegen der enumerativen Aufzählung in § 1 TVG und unter dem Aspekt der Erkämpfbarkeit solcher Regelungen ausgesprochen zweifelhaft. Außerdem versagt die Prämisse der kollektiv ausgeübten Privatautonomie bei allgemeinverbindlich erklärten Tarifverträgen und bei Betriebsnormen.

Zwischen den Senaten umstritten ist auch, ob die Tarifvertragsparteien zumindest an den allgemeinen Gleichheitssatz des Art. 3 Abs. 1 GG gebunden sind. Während der Dritte und der Zehnte Senat an einer unmittelbaren Wirkung des Art. 3 Abs. 1 GG festhalten[11], lehnen sie der Vierte und der Sechste Senat ab[12]. Der Neunte Senat hat die Frage offen gelassen[13].

d) Der Tarifvertrag kann zwar wegen der Tariffähigkeit auch des einzelnen Arbeitgebers (§ 2 Abs. 1 – dazu Rn 554 ff) auch ein sog. **Firmentarifvertrag** sein; ganz im Vordergrund stehen jedoch – zumindest bislang – meist regional begrenzte, teilweise aber auch bundeseinheitlich geltende **Verbands- (Flächen-) Tarifverträge**, die zwischen den Verbänden der Arbeitgeber- und Arbeitnehmerseite, den jeweils tarifzuständigen Arbeitgeberverbänden und Gewerkschaften, für alle Betriebe eines bestimmten räumlichen Geltungsbereichs geschlossen werden[14]. Sie enthalten damit Regelungen, die für alle tarifgebundenen Betriebe gleichermaßen gelten und auf diese Weise bezüglich der durch sie festgelegten (Mindest-) Arbeitsbedingungen eine gewisse Kartellwirkung entfalten. Dies steht der Berücksichtigung der uU ganz unterschiedlichen wirtschaftlichen Leistungsfähigkeit einzelner Unternehmen entgegen[15] und hat dem gegenwärtigen Verbandstarifvertrag insbesondere in der Öffentlichkeit den **Vorwurf mangelnder Flexibilität** eingetragen[16]. **472**

Einen vielfach diskutierten Ausweg könnte die Vereinbarung sog. **Öffnungsklauseln** darstellen, wie sie § 4 Abs. 3 Var. 1 ausdrücklich vorsieht und damit die Mög- **473**

---

11 BAG v. 04.04.2000, 3 AZR 729/98, NZA 2002, 917, 918; BAG v. 24.04.2001, 3 AZR 329/00, NZA 2002, 912, 916 und BAG v. 18.10.2000, 10 AZR 503/99, NZA 2001, 508, 509.
12 BAG v. 30.08.2000, 4 AZR 563/99, NZA 2001, 613, 616 f; BAG v. 27.05.2004, 6 AZR 129/03, NZA 2004, 1399, 1401 f.
13 BAG v. 16.08.2005, 9 AZR 378/04, NZA-RR 2006, 253, 256.
14 Der Firmentarifvertrag hat allerdings in den vergangenen 10 Jahren insb als Ergänzung zum Verbandstarifvertrag erheblich an Bedeutung gewonnen (vgl die statistischen Angaben des BMWA, Tarifvertragliche Arbeitsbedingungen im Jahr 2004, S. 6).
15 Anders nur dann, wenn der Tarifvertrag differenzierende, inhaltlich zwischen Unternehmen verschiedener Leistungsfähigkeit unterscheidende Regelungen enthalten sollte; dies scheint indessen insb im Hinblick auf die dann möglicherweise gefährdete Verbandssolidarität eine kaum durchsetzbare Alternative zu sein.
16 Vgl dazu *Zöllner* ZfA 1988, 265; *Henssler* ZfA 1994, 487; *ders.* ZfA 1998, 517; *Dütz* ZTR 2001, 405, 406; *Lesch* DB 2000, 322; *Sachverständigenrat*, Im Standortwettbewerb, Jahresgutachten 1995/96, Nr 380 ff; *Wieland*, Recht der Firmentarifverträge 1998, Rn 58.

lichkeit der Aufhebung der Regelungssperre des § 77 Abs. 3 BetrVG eröffnet[17]. Damit korrespondiert § 77 Abs. 3 S. 2 BetrVG (zur Regelungssperre des § 77 Abs. 3 BetrVG noch Rn 774 ff). Auf Grund der gegenwärtigen, sehr weiten Auslegung des Art. 9 Abs. 3 GG (dazu Rn 445 ff), die es zB ausschloss, die Frage des 61. Deutschen Juristentages „Empfiehlt es sich, die Regelungsbefugnisse der Tarifparteien im Verhältnis zu den Betriebsparteien neu zu ordnen?" positiv zu beantworten, ist es freilich zweifelhaft, ob ein breitflächig angelegtes System von Öffnungsklauseln mit der verfassungsrechtlichen Garantie der Tarifautonomie überhaupt vereinbar wäre[18]. Dazu kommt, dass eine Regelung auf betrieblicher Ebene durch Betriebsvereinbarung eine entsprechende Kompetenz der Betriebsvereinbarungspartner voraussetzt, es sei denn, man hielte eine **Delegation** von Rechtssetzungsbefugnissen zu Gunsten der Betriebsvereinbarungsparteien durch Tarifvertrag für möglich (dazu Rn 790 ff). Dem steht indessen schon das wesentliche Hindernis des ganz unterschiedlichen personellen Geltungsbereichs von Tarifverträgen und Betriebsvereinbarungen entgegen (Rn 795).

474 Als eher rechtspolitischer Gesichtspunkt zu beachten ist schließlich die Gefährdung der **Ordnungs- und Kartellfunktion des Verbandstarifvertrags**. Außerdem begegnet das Argument, die Tarifverträge müssten auf die Leistungsfähigkeit einzelner (am Rande der Unrentabilität angesiedelter) Betriebe Rücksicht nehmen, indem sie diesen durch Öffnungsklauseln die Vereinbarung abweichender (ungünstigerer) Arbeitsbedingungen ermöglichen, Bedenken[19].

475 Eine solche Zurückhaltung gegenüber Öffnungsklauseln setzt freilich voraus, dass die tarifvertragliche Entgeltregelung wieder mehr als **Mindestregelung** verstanden und daher an der Leistungsfähigkeit schwächerer Unternehmen orientiert wird.

476 Neben den verbandstarifvertraglichen Öffnungsklauseln bietet auch der **Firmentarifvertrag** dem einzelnen Arbeitgeber die Möglichkeit vom Verbandstarifvertrag abzuweichen. Der Firmentarifvertrag verdrängt idR im Wege der Tarifkonkurrenz (siehe Rn 518) die verbandstariflichen Regelungen als spezieller Tarifvertrag. Obwohl nach wie vor dem Verbandstarifvertrag die weitaus größere Bedeutung zukommt, lassen sich in der jüngsten Vergangenheit deutliche Tendenzen dahingehend erkennen, dass Firmentarifverträge zunehmend als Ergänzung oder Modifizierung von bestehenden Verbandstarifverträgen abgeschlossen werden[20]. Große Beachtung haben in diesem Zusammenhang insbesondere sog. **Sanierungs-Firmentarifverträge** erfahren. Ein Beispiel für den Abschluss eines Firmentarifvertrages zur Rettung eines in wirtschaftliche Not geratenen Unternehmens ist der spektakuläre „Holzmann-Fall". Hier hatte die drohende Insolvenz des Unternehmens und der damit verbundene Verlust der Arbeitsplätze zum Abschluss eines Sanierungsfirmentarifvertrags geführt, in dem sich die Arbeitnehmer dazu verpflichteten, zur Sicherung ihrer Arbeitsplätze 18 Monate lang 5 unbezahlte Überstunden pro Woche zu leisten, die dann später abgegolten werden sollten[21]. Bekannt geworden sind ferner Firmentarifverträge, die etwa die Rege-

---

17 Zur rückwirkenden Genehmigung unwirksamer Betriebsvereinbarungen BAG v. 20.04.1999, 1 ABR 72/98, NZA 1999, 887 = SAE 1999, 253 (*Reuter*).
18 Vgl dazu vor allem *Hanau* RdA 1993, 1.
19 Dazu *Lieb* NZA 1994, 289, 291; zu häufig vorgetragenen Bedenken der Wirtschaftswissenschaften eingehend *Konzen* NZA 1995, 913.
20 *Streeck/Rehder* in: Busch/Frey/Hüther/Rehder/Streeck, Tarifpolitik im Umbruch 2005, 49 ff.
21 Siehe hierzu *Dieterich* RdA 2002, 1, 6; *Rieble* NZA 2000, 225 ff.

lung von sog. Einsteigertarifen[22] oder Ausbildungszusagen[23] enthalten. Zunehmend sollen auch Abkommen zur Beschäftigungssicherung getroffen werden[24]. Hierbei wird eine zeitlich befristete Absenkung der materiellen Arbeitsbedingungen vereinbart, bei gleichzeitiger Verpflichtung des Arbeitgebers, für einen bestimmten Zeitraum keine betriebsbedingten Kündigungen auszusprechen[25].

Für den Firmentarifvertrag als **Dezentralisierungs- und Flexibilisierungsinstrument** spricht vor allem, dass seine Zulässigkeit von einer in der Satzung des Arbeitgeberverbandes oder im Verbandstarifvertrag vereinbarten, entsprechenden Regelungssperre unberührt bleibt[26]. Darüber hinaus gilt für das Verhältnis zwischen Verbands- und Firmentarifvertrag nicht das in § 4 Abs. 3 normierte Günstigkeitsprinzip. Durch den Abschluss eines Firmentarifvertrages kann damit auch zu Ungunsten der Arbeitnehmer vor den Regelungen des Verbandstarifvertrages abgewichen werden. **477**

e) Den Kompetenzkonflikt zwischen Tarifvertrags- und Betriebsvereinbarungspar- **478** teien und damit die Konkurrenz bzw Kollision von Tarifvertrag und Betriebsvereinbarung entscheidet § 77 Abs. 3 S. 1 BetrVG sehr grundsätzlich zu Gunsten der **Tarifvertragsparteien bzw des Tarifvertrags (Rn 774 ff).** Auch dies soll verfassungsrechtlich gewährleistet und damit zementiert sein[27], ohne dass diese Frage freilich als abschließend geklärt angesehen werden könnte.

f) Neben dem sowohl rechtlich als auch tatsächlich ganz im Vordergrund stehenden **479** normativen Teil des Tarifvertrags gibt es auch noch einen **schuldrechtlichen** Teil, in dem die Rechte und Pflichten nicht der Tarifunterworfenen, sondern der Tarifvertragsparteien selbst geregelt werden können (§ 1 Abs. 1 Var. 1). Als Beispiel sei auf die Möglichkeit der Vereinbarung von **Schlichtungsverfahren** und auf die Verpflichtung zur Errichtung von **Gemeinsamen Einrichtungen** (§ 4 Abs. 2) hingewiesen. Insoweit ist auch ein rein schuldrechtlicher Tarifvertrag ohne normativen Teil denkbar.

Wichtiger sind die dem Tarifvertrag immanenten **ungeschriebenen Pflichten**, die **480** sich ohne weiteres aus dem Wesen des Tarifvertrags ergeben. Es sind dies die vor allem im Hinblick auf die Zulässigkeit von Arbeitskampfmaßnahmen bedeutsame (relative) **Friedenspflicht** (Rn 591) und die **Durchführungspflicht** (Rn 482)[28], kraft derer die Vertragspartner gehalten sind, auf ihre Mitglieder etwa mit Mitteln des Verbandszwangs zwecks ordnungsgemäßer Einhaltung des Tarifvertrags einzuwirken. Die Annahme einer solchen speziellen Durchführungspflicht ist vor allem des-

---

22 Solche Regelungen sehen für die ersten Jahre die Zahlung eines unter dem Gehaltsniveau des Verbandstarifvertrages liegenden Einstiegsgehalts vor. Hierdurch sollen Neueinstellungen gefördert werden. Vgl zu solchen Tarifabschlüssen *Wieland*, Recht der Firmentarifverträge, Rn 329.
23 Hierbei verpflichtet sich der Arbeitgeber, eine bestimmte Anzahl von Ausbildungsplätzen bereitzustellen (vgl *Wieland*, Recht der Firmentarifverträge 1998, Rn 335).
24 Eine starke öffentliche Beachtung haben vor allem entsprechende Abkommen für die Deutsche Telekom, Daimler-Chrysler, Siemens und die Deutsche Bahn erfahren (BMWA, Tarifvertragliche Arbeitsbedingungen für das Jahr 2004, S. 5).
25 Beispiele bei *Wieland*, Recht der Firmentarifverträge 1998, Rn 219.
26 BAG v. 10.12.2000, 1 AZR 96/02, NZA 2003, 734, 737; *Rieble* NZA 2000, 225, 230 f; *Jacobs* ZTR 2001, 249, 251; *Söllner* NZA 2000, Sonderbeilage zu Heft 24, 33, 39.
27 Auch dazu *Hanau* RdA 1993, 1.
28 Dazu Wiedemann-*Wiedemann* § 1 Rn 664 ff, 705 ff; *Löwisch/Rieble* § 1 Rn 376 ff, 441 ff.

wegen erforderlich, weil die Tarifvertragsparteien nach der ganz herrschenden sog. **Verbandstheorie**[29] die Tarifverträge im eigenen Namen und nicht im Namen ihrer Mitglieder abschließen: Weder liegt insoweit ein Vertretungsverhältnis vor, noch kennt das geltende Recht einen Vertrag zulasten Dritter[30]. Noch nicht endgültig geklärt ist die vor allem im Zusammenhang mit dem Streit um die Zulässigkeit tarifvertraglicher Differenzierungsklauseln bedeutsam gewordene Frage, ob die sog. **Grenzen der Tarifmacht** (dazu noch Rn 563 ff) auch für den schuldrechtlichen Teil des Tarifvertrags gelten, oder ob die Tarifvertragsparteien insoweit lediglich die allgemeinen Grenzen der Vertragsfreiheit zu beachten haben.

481	**Fall 38:** Der tarifgebundene Arbeitgeber A schließt mit dem Betriebsrat eine Betriebsvereinbarung über die Lage der Arbeitszeit (§ 87 Abs. 1 Nr 2 BetrVG) ab, die nach Ansicht der Gewerkschaft gegen (normative) tarifliche Vorgaben verstößt. Sie klagt daher gegen den Arbeitgeberverband, dieser solle auf sein Mitglied A einwirken, dass er die Betriebsvereinbarung nicht durchführe (BAG v. 29.04.1992, 4 AZR 432/91, NZA 1992, 846). **Rn 482**

482 Inhalt und Reichweite der **Durchführungspflicht** sind insofern fraglich geworden als versucht wird, daraus auch eine **Einwirkungspflicht** der Tarifvertragsparteien auf ihre Mitglieder mit dem Ziel der Unterlassung tarifwidrigen Verhaltens abzuleiten. Gegen eine solche Einwirkungspflicht hat insbesondere *Buchner*[31] beachtliche grundsätzliche, wenn auch noch nicht ausdiskutierte Bedenken geltend gemacht, und zwar vor allem für den besonders heiklen Fall, dass es um (angeblich) **tarifwidrige Betriebsvereinbarungen** geht. Insbesondere ist der Hinweis darauf von Gewicht, dass jegliche Einwirkungspflicht versagt, wenn es um einen Einigungsstellenbeschluss (§ 76 BetrVG) geht. Das BAG[32] ist dem nur teilweise gefolgt; insbesondere hat es prozessuale Bedenken hinsichtlich der Bestimmtheit des Klageantrags auf Einwirkung zur Durchführung eines Tarifvertrages bei einer Leistungsklage zurückgewiesen. Die von ihm grundsätzlich bejahte Einwirkungspflicht hat es aber immerhin auf den Fall beschränkt, dass sich die Tarifvertragsparteien über die Auslegung des Tarifvertrags einig sind oder dazu eine verbindliche Entscheidung vorliegt.

Damit scheidet eine Einwirkungsklage gerade in den praktisch gewordenen Fällen aus, in denen – dies ist wie auch im **Ausgangsfall 38** meist der Anlass – die Gewerkschaft eine engere, zur Tarifwidrigkeit von Betriebsvereinbarungen führende Auslegung vertritt als der Arbeitge-

---

29 Dazu *Hueck/Nipperdey II/1* 448 f, II/2, 1650 ff; Wiedemann-*Wiedemann* § 1 Rn 149; *Löwisch/Rieble* § 1 Rn 468.
30 Möglich ist allerdings die Annahme eines Vertrags zu Gunsten Dritter oder zumindest eines Vertrags mit Schutzwirkung zu Gunsten Dritter, der es etwa bei Verletzungen der Friedenspflicht ermöglicht, den einzelnen geschädigten Arbeitgebern oder Arbeitnehmern unmittelbar Schadensersatzansprüche aus § 280 Abs. 1 BGB zuzusprechen. Im Übrigen kommen Schadensersatzansprüche des Arbeitgebers aus § 823 Abs. 1 BGB wegen der Verletzung des Rechts am eingerichteten und ausgeübten Gewerbebetrieb in Betracht.
31 *Buchner* DB 1992, 572; aA *Löwisch/Rieble* § 1 Rn 397; vgl auch *Walker*, FS Schaub 1998, 743.
32 BAG v. 29.04.1992, 4 AZR 432/91, NZA 1992, 846 = EzA § 1 TVG Durchführungspflicht Nr 2 (*Rieble*) = JuS 1992, 620 (*Reuter*); neuerdings hält es das BAG für möglich, die Einwirkungsklage im Wege der Stufenklage mit einer Klage gem. § 9 TVG zu verbinden, BAG v. 08.02 1998, 4 AZR, 363/ 98, NZA 1998, 1008 = SAE 1999, 103 (*Stein*).

berverband. Dann ist vielmehr nur der Weg über § 9 TVG eröffnet. Im **Ausgangsfall 38** wurde die Klage daher abgewiesen. Ergänzend stellt sich die Frage, ob die Gewerkschaft unmittelbar gegen einzelne Arbeitgeber vorgehen kann (dazu noch Rn 780 f).

Das BAG[33] hat zudem ein gewerkschaftliches **Vorgehen gegen einen Betriebsrat**, der beim Abschluss von Betriebsvereinbarungen die Sperrwirkung des § 77 Abs. 3 BetrVG nicht beachtet hatte, gemäß § 23 Abs. 1 BetrVG für möglich gehalten und nur daran scheitern lassen, dass angesichts bestehender Rechtsunsicherheit eine „grobe" Pflichtverletzung nicht feststellbar war. Die Bejahung eines solchen gewerkschaftlichen „Aufsichtsrechts" gegenüber Betriebsräten ist indessen zweifelhaft. **483**

2. Günstigkeitsprinzip

a) Gesetzliche Regelung

Die normative Wirkung tarifvertraglicher Regelungen ist gegenüber dem Regelfall zwingender Normen durch die Besonderheit gekennzeichnet, dass sie keinen uneingeschränkten, allseitigen Geltungsanspruch enthalten, sondern nur **einseitig zwingend** sind, dh nur **Verschlechterungsversuchen** unabdingbar entgegenstehen. Die Vereinbarung von Arbeitsbedingungen, durch die der Arbeitnehmer besser gestellt wird, ist daher auf Grund des in § 4 Abs. 3 Var. 2 verankerten sog. **Günstigkeitsprinzips**[34] jederzeit möglich. Dementsprechend bleiben günstigere Individualabreden, die bei In-Kraft-Treten eines Tarifvertrags bereits bestehen, ebenso unberührt wie die Möglichkeit der **späteren Vereinbarung** günstigerer Arbeitsbedingungen. Ein Tarifvertrag kann daher wesensgemäß nie Höchstarbeitsbedingungen enthalten; er sichert dem Arbeitnehmer nur ein Minimum und lässt ihm im Übrigen die Möglichkeit offen, im Hinblick auf besondere Fähigkeiten oder unter Ausnutzung besonderer Marktverhältnisse individuell bessere Bedingungen auszuhandeln. **484**

Der Geltungsgrund und der Geltungsanspruch des Günstigkeitsprinzips sind in der neueren Diskussion insbesondere um Arbeitszeitprobleme und die Geltung im Verhältnis zur Betriebsvereinbarung schärfer herausgearbeitet worden. Zutreffend werden insbesondere der Zusammenhang mit der Privatautonomie des einzelnen Arbeitnehmers und damit die verfassungsrechtliche Verankerung in den Art. 2 Abs. 1, 12 Abs. 1 GG sowie die Grenzen betont, die sich daraus auch für die auf Art. 9 Abs. 3 GG beruhende tarifvertragliche Regelungsmacht ergeben[35]. Die Grenzziehung im Einzelnen ist allerdings noch unsicher; darüber kann nicht generell, sondern nur bezüglich einzelner Regelungsmaterien (etwa der Arbeitszeit) entschieden werden. **485**

---

33 BAG v. 22.06.1993, 1 ABR 62/92, NZA 1994, 184.
34 Zu Wortlaut und Entstehungsgeschichte des § 4 Abs. 3 vgl *Säcker*, Gruppenautonomie und Übermachtkontrolle im Arbeitsrecht 1972, 48 ff und *Belling*, Das Günstigkeitsprinzip im Arbeitsrecht 1984, 26 ff.
35 So vor allem *Heinze* NZA 1991, 329; *Höfling/Burkiczak* NJW 2005, 469; *Waltermann* NZA 1991, 754; einschränkend *Käppler* NZA 1991, 745; siehe auch *Schlüter*, FS Stree/Wessels 1993, 1061, 1078 ff.

b) Günstigkeitsvergleich

486 Ob eine vertragliche Regelung im Vergleich zu den sich aus dem Tarifvertrag ergebenden Ansprüchen wirklich günstiger ist, ist nicht immer leicht zu entscheiden.

Der Gesetzgeber hat diese Frage bislang Rechtsprechung und Wissenschaft überlassen. Gesetzentwürfe der FDP-Fraktion[36] und der CDU/CSU-Fraktion[37], die jeweils eine Ergänzung des § 4 Abs. 3 TVG insbesondere im Hinblick auf die Einbeziehung einer fortdauernden Beschäftigungsmöglichkeit in den Günstigkeitsvergleich vorsahen, wurden nicht realisiert. Der Koalitionsvertrag der „Großen Koalition" vom 11.11.2005 sieht keine Modifikation des Günstigkeitsprinzips vor[38].

Für den **Günstigkeitsvergleich** gilt vor allem, dass nur ganze, sachlich einheitliche Regelungskomplexe vergleichbar sind, nicht etwa können nach Art einer Rosinentheorie die jeweils günstigeren Einzelregelungen miteinander kombiniert werden (**Sachgruppenvergleich**)[39]. Darüber hinaus – darin liegt eine nicht unerhebliche Einschränkung der durch das Günstigkeitsprinzip eröffneten privatautonomen Gestaltungsmöglichkeiten – ist der Günstigkeitsvergleich nach hL nicht nach subjektiven, auf die Einschätzung des einzelnen Arbeitnehmers abstellenden Maßstäben, sondern objektiv vorzunehmen[40]. Demgegenüber gehen (überwiegend rechtspolitisch motivierte) Tendenzen im Schrifttum dahin, unter Ausweitung des Günstigkeitsprinzips dasjenige als günstigere Regelung den Tarifvertrag verdrängen zu lassen, was die Beteiligten bzw der Arbeitnehmer im Rahmen einer überwiegend ökonomisch ausgerichteten Gesamtbetrachtung als günstiger ansehen[41]. (Beispiel: Die Aufrechterhaltung eines sonst mit betriebsbedingter Kündigung bedrohten Arbeitsplatzes mit einem niedrigeren Lohn, sog. **betriebliche Bündnisse für Arbeit**.) Dies hat mit Günstigkeit im bisherigen Verständnis nichts mehr zu tun, sondern läuft auf einen Verzicht auf die zwingende Wirkung des Tarifvertrags hinaus[42].

487 Der Günstigkeitsvergleich kann zeitlich ab dem Zeitpunkt angestellt werden, ab dem die in Frage stehenden tariflichen Regelungen erstmalig mit anderweitigen Abmachungen konkurrieren[43].

---

36 Vom 25.06.2003, BT-Drs 15/1225, 2.
37 Vom 18.06.2003, BT-Drs 15/1182, 5.
38 Siehe hierzu *Hanau* ZIP 2006, 153, 158.
39 *Wiedemann-Wank* § 4 Rn 432 ff; *Löwisch/Rieble* § 4 Rn 299 ff.
40 BAG v. 20.04.1999, 1 ABR 72/98, NZA 1999, 887 (Burda); BAG v. 27.01.2004, 1 AZR 148/03, NZA 2004, 667, 669; BAG v. 30.03.2004, 1 AZR 85/03, AP Nr 170 zu § 112 BetrVG 1972; *Wiedemann-Wank* § 4 Rn 451 ff; *Löwisch/Rieble* § 4 Rn 290 ff; *Martens*, FS Zeuner, 1994, 101 ff.
41 Vgl hierzu *Adomeit* NJW 1984, 26 f; *Reuter* RdA 1991, 13, 202; *Heinze* NZA 1991, 329, will darauf abstellen, ob die betreffende Abrede in freier Selbstbestimmung der Parteien abgeschlossen wurde, dagegen *Käppler* NZA 1991, 745; umfassend *Buchner* DB 1996, Beilage 12. Aufschlussreiche neuere Tendenzen bei *Schliemann* NZA 2003, 122.
42 BAG v. 20.04.1999, 1 ABR 72/98, NZA 1999, 887, 892 f: Hier werden „Äpfel mit Birnen" verglichen; *Lieb* NZA 1994, 289, 293 f; *Jacobs* AuR 2002, 312, 313; MünchArbR-*Löwisch/Rieble* § 272 Rn 40; siehe auch *Körner* RdA 2000, 140; *Schliemann* NZA 2003, 122.
43 BAG v. 25.11.1970, 4 AZR 534/69, AP Nr 12 zu § 4 TVG Günstigkeitsprinzip.

c) Günstigkeitsprinzip und Arbeitszeit

Während früher als günstig im Sinne von § 4 Abs. 3 Var. 2 ohne Zögern die jeweils **488** kürzere Arbeitszeit angesehen wurde, ist dies im Zuge der fortschreitenden Arbeitszeitverkürzung ohne vollen Lohnausgleich, aber auch im Zusammenhang mit den Problemen der Samstags- oder gar Sonntagsarbeit sowie der Arbeit am früheren sog. Dienstleistungsabend zunehmend zweifelhaft geworden[44]. Als günstiger wird – wegen des dadurch ermöglichten höheren Verdienstes – zunehmend die **längere Arbeitszeit** angesehen und dementsprechend die tarifvertragliche Arbeitszeitregelung als (möglicherweise unzulässige) Höchstarbeitsbedingung empfunden[45]. Im – freilich spezielleren – Fall der Regelung der Lebensarbeitszeit durch Betriebsvereinbarung (zB Ruhestand mit 65) ist dies, verbunden mit einer entsprechenden Wahlmöglichkeit des Arbeitnehmers, auch vom BAG bereits so gesehen worden[46].

Nicht zu verkennen ist freilich, dass diese neuere Betrachtungsweise sowohl den Gegenstand des Günstigkeitsvergleichs (betrachtet und gewertet werden nicht nur die **489** Dauer der Arbeitszeit für sich, sondern insbesondere ihre Auswirkungen auf den erzielbaren Verdienst[47]) als auch den Maßstab (stärkere Berücksichtigung der Interessen des Einzelnen und damit eine stärkere Berücksichtigung des Subjektiven) zumindest in gewissem Umfang verändert. Angesichts dessen könnte es näher liegen, weniger auf das Günstigkeitsprinzip, als vielmehr auf den verwandten, aber wohl doch nicht identischen Aspekt einer entsprechenden **Begrenzung der Tarifmacht** abzustellen: Nachdem insbesondere der Gesundheitsschutz als Zweck von weiteren Arbeitszeitverkürzungen zumindest weitgehend entfallen ist, rückt die Frage in den Vordergrund, ob es denn jedenfalls im Arbeitszeitbereich weiterhin gerechtfertigt sein kann, die Privatautonomie des Einzelnen durch zwingende Regelungen entsprechend zu beschränken. Sie wird zunehmend verneint, wobei sich dann freilich die ebenso schwierige, heftig umstrittene, zusätzliche Frage stellt, ob auch **beschäftigungspolitische Zielsetzungen** als Rechtfertigung weiterer Arbeitszeitverkürzungen in Betracht kommen und dem Lohninteresse des Einzelnen überzuordnen sind[48].

d) Günstigkeitsprinzip und aufeinander folgende Tarifverträge

Das Günstigkeitsprinzip gilt – unstreitig – nicht im Verhältnis aufeinander folgender **490** kollektiver Regelungen, also im Verhältnis aufeinander folgender Tarifverträge oder aufeinander folgender Betriebsvereinbarungen; dies folgt daraus, dass das Günstigkeitsprinzip gerade der privatautonomen Gestaltung durch das Individuum Rechnung tragen will und dementsprechend darauf begrenzt ist. Im kollektiven Bereich gilt statt-

---

44 Aus dem umfangreichen Schrifttum siehe nur *Joost* ZfA 1984, 173; *Löwisch* DB 1989, 1185; *Loritz* ZfA 1990, 133; *Heinze* NZA 1991, 329; *Käppler* NZA 1991, 745; *Hromadka* DB 1992, 1042; *Schlüter*, FS Stree/Wessels 1993, 1061.
45 Zu den einzelnen Aspekten des Günstigkeitsvergleichs *Zöllner* DB 1989, 2121, 2125 f; *Schliemann* NZA 2003, 122.
46 BAG GS v. 07.11.1989, GS 3/85, NZA 1990, 816.
47 Dazu krit *Schlüter*, FS Stree/Wessels 1993, 1061, 1073 ff.
48 Dazu grundlegend *Zöllner* DB 1989, 2121; *Waltermann* NZA 1991, 754; auch *Säcker/Oetker* 250 ff, insb 276 ff.

dessen (soweit nicht – wie im Regelfall – die jeweils vorhergehende kollektive Regelung durch Zeitablauf oder Kündigung ohnehin außer Kraft getreten ist) der Satz „lex posterior derogat legi priori" (**Ablösungsprinzip**)[49]. Des früher bemühten, ohnehin zweifelhaften Ordnungsprinzips[50] bedarf es dafür nicht[51]. Das Ablösungsprinzip erlaubt in gewissem Umfang und begrenzt durch **Vertrauensschutzaspekte** auch rückwirkende Änderungen von Tarifverträgen[52].

491   Die Umsetzung insbesondere tarifvertraglicher Arbeitszeitregelungen, die nur einen Rahmen vorgeben, kann zu individualvertraglichen Regelungen führen, die dann möglicherweise – etwa bei weiterer Verkürzung der tarifvertraglichen Arbeitszeit – für den Arbeitnehmer günstiger erscheinen könnten als die nachfolgende tarifvertragliche Regelung, und damit die Frage aufwerfen, ob auch darauf das Günstigkeitsprinzip des § 4 Abs. 3 anwendbar ist[53]. Dies ist deswegen zu verneinen, weil individualrechtliche Regelungen, die nur der Konkretisierung des Tarifvertrags dienen, zeitlich (konkludent) bis zum In-Kraft-Treten des neuen Tarifvertrags befristet sind und diesem daher nicht entgegengesetzt werden können.

e) Günstigkeitsprinzip und Betriebsvereinbarungen

492   Überaus problematisch ist die Anwendbarkeit des Günstigkeitsprinzips im Verhältnis zwischen Betriebsvereinbarung und Allgemeinen Arbeitsbedingungen[54]. Dabei geht es darum, ob Allgemeinen Arbeitsbedingungen wegen ihrer individualrechtlichen Herkunft auf Grund des Günstigkeitsprinzips der Vorrang gebührt oder aber den, uU auch verschlechternden, Betriebsvereinbarungen; Letzteres ließe sich dann begründen, wenn man im Gegensatz zu ihrer formalen Qualität auf den **rechtstatsächlich kollektiven Charakter** der Regelung durch Allgemeine Arbeitsbedingungen abstellen wollte (dazu noch Rn 795 ff).

f) Effektivklausel

493   Die durch das Günstigkeitsprinzip eröffnete Möglichkeit, individualrechtlich höhere Löhne zu vereinbaren als im Tarifvertrag vorgesehen, hat zu der auffälligen Erscheinung geführt, dass in weiten Bereichen unserer Wirtschaft nicht nach Tarif bezahlt wird, sondern dass auch heute noch Löhne gewährt werden, die zumindest teilweise erheblich darüber liegen[55]. Rechtstatsächlich können dabei vor allem zwei verschiedene Erscheinungsformen festgestellt werden: Entweder wird ein den Tariflohn (der beispielsweise € 9,– pro Arbeitsstunde beträgt) im Ganzen verdrängender eigenständiger übertariflicher **Gesamtlohn** in einer Summe zugesagt (€ 10 pro Arbeitsstunde),

---

49   Wiedemann-*Wank* § 4 Rn 261 f.
50   So *Nikisch II* 393 Fn 44.
51   Zur Problematik rückwirkender Tariflohnsenkung BAG v. 23.11.1994, 4 AZR 879/93, NZA 1995, 844.
52   BAG v. 17.05.2000, 4 AZR 216/99, NZA 2000, 1297; BAG v. 23.03.2005, 4 AZR 203/04, NZA 2005, 1003, 1006; zum Ganzen *Löwisch/Rieble* § 1 Rn 292.
53   So offenbar im Ansatz *Löwisch* BB 1993, 2371 in Reaktion auf den bei VW 1993 abgeschlossenen Tarifvertrag (abgedruckt in NZA 1994, 111).
54   Zum heute weniger erörterten Verhältnis von Tarifvertrag und Allgemeinen Arbeitsbedingungen vgl *Lieb*, 4. Aufl., § 6 I 2 b.
55   Begründen lässt sich diese Erscheinung ua mit der früheren Hochkonjunktur und der damit verbundenen Knappheit an Arbeitskräften. Zu berücksichtigen ist aber auch, dass Tarifverträge Mindestarbeitsbedingungen darstellen und daher tarifpolitisch eher an der Leistungsfähigkeit schwächerer Unternehmen orientiert sein werden, so dass prosperierende Unternehmen über Tarif bezahlen und somit die Motivation ihrer Arbeitnehmer steigern können.

oder es werden zum Tariflohn, der dann als Sockelbetrag dient, Zuschläge (€ 9,– pro Arbeitsstunde + € 2, übertariflicher Zuschlag) gewährt, wobei diese mit den verschiedensten, unter Umständen erhebliche Auslegungsprobleme aufwerfenden Bezeichnungen (Teuerungszulage, Leistungszulage etc) versehen sein können[56].

aa) Erfolgt nun etwa eine Tariflohnerhöhung von 10 % (€ 0,90), scheint sich diese in der ersten Variante unseres Beispiels überhaupt nicht auswirken zu können. Hier erhöht sich zunächst lediglich der Tariflohn von € 9,– auf € 9,90, während der Effektivlohn (€ 10,–) unberührt bleibt. Der höhere Effektivlohn wird im Ausmaß der Tariflohnerhöhung **aufgesogen**, absorbiert, es sei denn, dies ist eine Auslegungsfrage, die sich hier ebenso wie bei der nächsten Variante stellt, die Differenz zwischen Tarif- und Effektivlohn sei – entgegen dem äußeren Anschein – als selbstständige und damit **bestandskräftige** Zulage zu begreifen. **494**

Bei der zweiten Variante – **Trennung zwischen Tariflohn und übertariflichen Zulagen** – stellt sich die (Auslegungs-) Frage, ob die Zulage weitergewährt werden soll oder aus Anlass der Tariflohnerhöhung (in deren Ausmaß) entfällt, noch deutlicher, ohne dass damit die Antwort auf die Frage des Weiterbestehens präjudiziert würde. Sie richtet sich vielmehr sowohl bei Vereinbarung eines Gesamtlohns als auch bei selbstständigen Zulagen allein nach dem (ausdrücklichen oder konkludenten) Parteiwillen; Auslegungshilfe ist dabei der **Zweck der Zulage**. Ergibt die Auslegung insbesondere bei unspezifischen (übertariflichen) Zulagen, dass sie jedenfalls grundsätzlich auf die Laufzeit des jeweiligen Tarifvertrags befristet sind, bedarf es für die Weitergewährung einer entsprechenden (aufstockenden) Arbeitgeberentscheidung; dabei ist zu beachten, dass nach der Rechtsprechung des BAG selbst eine wiederholte Weitergewährung eine den Arbeitgeber bindende betriebliche Übung nicht begründet[57]. Ergebnis der Auslegung kann aber auch sein, dass der Arbeitgeber auch bei Zulagen ohne spezielle, auf den einzelnen Arbeitnehmer bezogene Zwecksetzung grundsätzlich zur Weitergewährung über den Ablauf des Tarifvertrags hinaus bereit ist, sich jedoch den (gänzlichen oder teilweisen) **Widerruf** vorbehält[58] Umstritten ist, ob auch Tariflohnerhöhungen, die dem Ausgleich von Arbeitszeitverkürzungen dienen, auf übertarifliche Zulagen angerechnet werden können[59]. **495**

bb) In den Fällen, in denen die Auslegung zur Absorption der Tariflohnerhöhung führt, stellt sich die weitere Frage, ob es die Tarifvertragsparteien durch entsprechende Klauseln erreichen können, dass übertarifliche Lohnbestandteile entgegen **496**

---

56 Vgl zu den verschiedenen Erscheinungsformen BAG v. 01.03.1956, 2 AZR 183/54, AP Nr 1 zu § 4 TVG Effektivklausel; BAG v. 14.02.1968, 4 AZR 275/67, AP Nr 7 zu § 4 TVG Effektivklausel; BAG v. 18.08.1971, 4 AZR 342/70, AP Nr 8 zu § 4 TVG Effektivklausel; BAG v. 16.09.1987, 4 AZR 265/87, AP Nr 15 zu § 4 TVG Effektivklausel; siehe auch BAG AP Nr 5–13 zu § 4 TVG Übertariflicher Lohn und Tariflohnerhöhung; zum Ganzen MünchArbR-*Hanau* § 62 Rn 50 ff.
57 BAG v. 08.12.1982, 4 AZR 481/80, AP Nr 15 zu § 4 TVG Übertariflicher Lohn und Tariflohnerhöhung; BAG v. 01.12.2004, 4 AZR 77/04, AP Nr 15 zu § 1 TVG Versicherungsgewerbe.
58 Vgl dazu eingehend *Joost* JuS 1989, 274, 277; *Oetker* RdA 1991, 16, 21 ff.
59 Dazu BAG v. 03.06.1987, 4 AZR 44/87, NZA 1987, 848 einerseits und BAG v. 07.06 1996, 1 AZR 657/95, NZA 1996, 832 = EzA § 87 BetrVG Betriebliche Lohngestaltung Nr 55 mit Anm. *Kraft* = SAE 1997, 309 mit Anm. *Waltermann*; nunmehr BAG v. 03.06.1998, 5 AZR 616/97, NZA 1999, 208 = SAE 1999, 196 mit Anm. *Jacobs*.

dem Ausgeführten **nicht** entfallen bzw von der Tariflohnerhöhung „aufgesaugt", sondern als vertragliche weitergewährt werden (sog. begrenzte **Effektivklausel**) oder gar als tarifliche auch für die Zukunft verfestigt werden[60], (sog. **Effektivgarantieklausel**). Letzteres ist nach allgemeiner Meinung unzulässig; die Tarifmacht, die Regelungsbefugnis der Tarifvertragsparteien, umfasst nicht die Möglichkeit, übertarifliche, auf Individualvereinbarungen beruhende Lohnbestandteile tarifvertraglich festzuschreiben[61]. Ob dies auch für begrenzte Effektivklauseln mit dem Ziel der Verhinderung von Wegfall oder Aufsaugung gilt, ist streitig. Das BAG hat auch insoweit Unzulässigkeit angenommen; in der Literatur werden Versuche unternommen, dieses Ergebnis zu Gunsten der Arbeitnehmer zu korrigieren[62].

3. Nachwirkung von Tarifverträgen (§ 4 Abs. 5 TVG)

497 a) Die sog. Nachwirkung von Tarifverträgen ist in § 4 Abs. 5 ausdrücklich geregelt. Diese (dispositive[63]) Regelung besagt, dass nach Außerkrafttreten des Tarifvertrags durch Zeitablauf oder Kündigung seine **Rechtsnormen weitergelten**, bis sie durch eine andere Abmachung ersetzt werden. Unter anderen Abmachungen werden dabei nicht nur neue Tarifverträge verstanden, sondern Vereinbarungen jeder Art. Daraus ergibt sich, dass tarifvertragliche Normen im Nachwirkungszeitraum ihre zwingende Wirkung verlieren, dh insbesondere auch durch Einzelvertrag abbedungen werden können; die normative Wirkung bleibt dagegen erhalten[64]. Daraus wird von Teilen der Literatur gefolgert, dass von der fortbestehenden Normenwirkung auch solche Arbeitsverhältnisse erfasst werden, die erst im Nachwirkungszeitraum neu begründet werden[65]. Die hM lehnt diese Ausdehnung der Nachwirkung indes zu Recht ab[66].

498 An einer solchen ausdrücklichen Anordnung der Nachwirkung fehlte es in der Weimarer Zeit während der Geltung der damaligen TVVO. Um keinen tariflosen Zustand eintreten zu lassen, behalf man sich daher mit der Vorstellung, die Regelungen des Tarifvertrags gingen in die Arbeitsverhältnisse ein[67]. Als Vertragsinhalt konnten sie daher auch das Außerkrafttreten des Tarifvertrags überdauern. Dieser schon damals heftig umstrittenen Hilfskonstruktion, die für manche tarifrechtlichen Missverständnisse

---

60 Dazu *Hueck/Nipperdey II/1* 599 f; *Löwisch/Rieble* § 1 Rn 823 ff.
61 Grundlegend BAG v. 13.06.1958, 1 AZR 591/57, AP Nr 2 zu § 4 TVG Effektivklausel; siehe auch *Zöllner/Loritz* § 36 IV 2 (402 ff).
62 BAG v. 14.02.1968, 4 AZR 275/67, AP Nr 7 zu § 4 TVG Effektivklausel (*Bötticher*); zu Effektiv- und Verdienstsicherungsklauseln jetzt nochmals BAG v. 21.07.1993, 4 AZR 468/92, NZA 1994, 181; *Wiedemann*, GS Dietz 1973, 361, 366 ff; dazu genauer *Lieb*, 4. Aufl., § 6 I 3 b; dort auch zum Sonderproblem der Verdienstsicherung für ältere Arbeitnehmer.
63 BAG v. 08.10.1997, 4 AZR 87/96, NZA 1998, 492; beachtliche Bedenken bei *Rieble* Anm. zu BAG AP Nr 3 zu § 3 TVG Verbandsaustritt.
64 Wiedemann-*Wank* § 4 Rn 325; allerdings soll die Nachwirkung rückwirkend beseitigt werden können: BAG v. 08.09.1999, 4 AZR 661/98, NZA 2000, 223. Zur Nachwirkung von Verweisungsklauseln BAG v. 24.11.1999, 4 AZR 666/98, NZA 2000, 435.
65 Wiedemann-*Wank* § 4 Rn 324, 330 ff.
66 BAG v. 22.07.1998, 4 AZR 403/97, NZA 1998, 1287; ErfK-*Schaub/Franzen* § 4 TVG Rn 75; *Löwisch/Rieble* Rn 380; *Jacobs*, Tarifeinheit und Tarifkonkurrenz 1999, 139 f.
67 Vgl dazu *Nikisch II* 386 Fn 11.

verantwortlich war, bedarf es heute nicht mehr[68]. Streitig ist, ob **frühere**, nur vom Tarifvertrag verdrängte (suspendierte) individualrechtliche Regelungen im Nachwirkungszeitraum wieder aufleben; dies ist zu verneinen[69].

b) Das BAG nimmt Nachwirkung auch im Geltungsbereich des § 3 Abs. 3 sowie für **499** allgemeinverbindliche Tarifverträge (§ 5) an. Dabei geht es von der umfassenden Vorstellung aus, § 4 Abs. 5 habe den Zweck, das Entstehen inhaltsleerer Arbeitsverhältnisse zu vermeiden[70]. Sieht man hingegen in dieser Vorschrift lediglich eine Überbrückungsfunktion, ist diese Rechtsprechung mangels jeweils nachfolgenden Tarifvertrags zweifelhaft[71]. Im Bereich des § 3 Abs. 3 ist ferner zu berücksichtigen, dass auf diese Weise die Tarifgebundenheit entgegen dem Gesetzeswortlaut noch über den Zeitpunkt der Beendigung des Tarifvertrags hinaus aufrechterhalten wird. Die im Nachwirkungszeitraum bestehende Dispositivität nützt damit allenfalls bei Neueinstellungen; im bestehenden Arbeitsverhältnis bedarf es dagegen, kommt ein Konsens nicht zu Stande, der Änderungskündigung, die angesichts der strengen Anforderungen an die soziale Rechtfertigung der Änderung materieller Arbeitsbedingungen wenig aussichtsreich ist (dazu Rn 396 ff). Allerdings werden die bestehenden Arbeitsbedingungen auf diese Weise immerhin nur perpetuiert, während die Arbeitnehmer bei Verneinung der Nachwirkung über den dann in aller Regel anwendbaren § 612 Abs. 2 BGB wohl selbst an **Lohnerhöhungen** partizipieren würden[72].

c) Es ist umstritten, ob auch für allgemeinverbindlich erklärte Tarifverträge eine **500** Nachwirkung entfalten können. Teilweise wird die Nachwirkung mit der Begründung abgelehnt, dass die Allgemeinverbindlicherklärung (AVE) die **Geltung des Tarifvertrags** voraussetze (§ 5 Abs. 4), und diese Geltung nicht durch die, nur auf dem **ergänzenden staatlichen Geltungsbefehl** des § 4 Abs. 5 beruhende Nachwirkung ersetzt werden könne, zumal diese nur dispositive Nachwirkung die Funktion der AVE – **zwingende Bindung** auch der Außenseiter an die von den Tarifvertragsparteien gesetzten Arbeitsbedingungen – gar nicht erfüllen könne[73]. Die Rechtsprechung und Teile des Schrifttums nehmen demgegenüber die Nachwirkung auch für abgelaufene allgemeinverbindliche Tarifverträge an[74], da die Nachwirkung gemäß § 4 Abs. 5 TVG an den Ablauf des Tarifvertrages (zeitlicher Geltungsbereich) anknüpfe und nicht an

---

68 Zum Meinungsstand Wiedemann-*Wank* § 4 Rn 321 ff; aA *Rieble*, Arbeitsmarkt und Wettbewerb 1996, Rn 1223 ff.
69 *Jacobs*, Tarifeinheit und Tarifkonkurrenz 1999, 136 f; zur Problematik von Tarifverträgen, die lediglich nachwirkende Tarifverträge ändern oder ergänzen sollen, *Lieb*, 8. Aufl., Rn 504 bis 506; ferner Wiedemann-*Wank* § 4 Rn 364 ff.
70 BAG v. 23.02.2005, 4 AZR 186/04, AP Nr 42 zu § 4 TVG Nachwirkung = NZA 2005, 1320; BAG v. 18.03.1992, 4 AZR 339/93, NZA 1992, 700; BAG v. 27.11.1991, 4 AZR 211/91, NZA 1991, 800 = SAE 1993, 126, 132 mit Anm. *Krebs* = EzA § 4 TVG Nachwirkung Nr 14, 15 mit Anm. *Oetker*; vom BVerfG v. 03.07.2000, 1 BvR 945/00, NZA 2000, 947 nicht beanstandet.
71 Vgl *Lieb*, 8. Aufl., Rn 507.
72 Dazu *Lieb* NZA 1994, 289.
73 So *Lieb*, 8. Aufl., Rn 504.
74 So auch BAG v. 19.01.1962, 1 AZR 147/61, AP Nr 11 zu § 5 TVG; BAG v. 18.06.1980, 4 AZR 463/78, AP Nr 68 zu § 4 TVG Ausschlussfristen; BAG v. 27.11.1991, 4 AZR 211/91, NZA 1992, 800; BAG v. 25.10.2000, 4 AZR 212/00, NZA 2001, 1146; BAG v. 12.02.2003, 10 AZR 293/02, FA 2003, 283; *Jacobs*, Tarifeinheit und Tarifkonkurrenz 1999, 142 f; ErfK-*Schaub/Franzen* § 4 TVG Rn 81.

die Art der Tarifgebundenheit. Eine Beschränkung der Nachwirkung auf Arbeitnehmer, die kraft Organisationszugehörigkeit tarifgebunden sind, sei dem Gesetz nicht zu entnehmen.

II.   Bindung an den Tarifvertrag

1.   Tarifgebundenheit

501   Der **Geltungsbereich** eines Tarifvertrags (§ 4 Abs. 1) bestimmt, welche Arbeitsverhältnisse von den Normen eines bestimmten Tarifvertrags erfasst werden. Davon zu unterscheiden ist die Frage, ob der jeweilige Tarifvertrag auch normative Wirkung in diesen Arbeitsverhältnissen entfaltet. Sie betrifft die **Tarifgebundenheit** (§ 3). Tarifgebundenheit und Geltungsbereich eines Tarifvertrags sind selbstständige, nicht miteinander zu verwechselnde Voraussetzungen für den Eintritt der Tarifwirkung.

502   Mit der Tarifgebundenheit, die im Regelfall auf der freiwilligen Mitgliedschaft in einem der vertragschließenden Verbände beruht (§ 3 Abs. 1), ist die gesetzlich festgelegte Grundvoraussetzung jeder (potenziellen) Tarifunterworfenheit angesprochen, wobei sich ergänzend aus § 4 Abs. 1 ergibt, dass im Regelfall[75] **beiderseitige Tarifgebundenheit** erforderlich ist. Dies bedeutet insbesondere, dass die Arbeitsverhältnisse organisierter Arbeitnehmer, die bei nicht organisierten Arbeitgebern beschäftigt sind, von den Normen des Tarifvertrags nur dann erfasst werden können, wenn der Tarifvertrag gemäß § 5 für allgemeinverbindlich erklärt worden ist.

503   Aufgrund dieser dem TVG zugrunde liegenden grundsätzlichen Beschränkung der Tarifgebundenheit und damit der Tarifwirkung auf die Mitglieder der Tarifvertragsparteien scheint es nicht unproblematisch zu sein, dass Tarifverträge in der Praxis meist unterschiedslos auch auf Nichtorganisierte angewandt werden bzw nach der Organisationszugehörigkeit gar nicht gefragt wird (und nach Auffassung mancher auch gar nicht gefragt werden darf[76]). Diese Gleichbehandlung aller Arbeitnehmer ist indessen eine rein tatsächliche, ohne dass darauf – abgesehen vom möglichen Bestehen einer betrieblichen Übung (dazu Rn 53 ff) – ein Rechtsanspruch besteht und ohne dass daraus etwa auch für die Rechtsverhältnisse der Außenseiter die Unabdingbarkeit der Tarifnormen gefolgert werden könnte.

504   Andererseits ist die Tatsache der zumindest unter den früheren konjunkturellen Verhältnissen weitgehend üblichen faktischen Gleichbehandlung doch nicht ohne jede, wenn auch schwer zu fassende rechtliche Relevanz. In dieser Leitfunktion der Tarifverträge kommt vielmehr ein Stück von der freilich zumindest in ihrem Umfang und ihrer rechtlichen Bedeutung heftig umstrittenen Repräsentationsfunktion oder Repräsentationsaufgabe der Gewerkschaften im Verhältnis auch zu den Außenseitern zum

---

75   Zum wichtigen Sonderfall der Normen des § 3 Abs. 2 Rn 535 ff.
76   Dazu MünchArbR-*Buchner* § 41 Rn 119 ff.

Vorschein[77], die die Gewerkschaften als Vertreter aller Arbeitnehmer in vielen Fällen gerne in Anspruch nehmen und auf die sie sich allerdings auch dann verweisen lassen müssen, wenn ihnen gewisse Auswirkungen – wie die vorbehaltlose Gewährung tariflicher Leistungen an Nichtorganisierte – organisationspolitisch unangenehm sind („Trittbrettfahrer"). Dieser Gesichtspunkt hat vor allem in der Diskussion über die Differenzierungsklauseln eine erhebliche Rolle gespielt.

Das rechtstechnische Mittel für diese Art der Geltung des Tarifvertrags auch für Außenseiter ist die heute (im Gegensatz zur TVVO) gesetzlich nicht mehr geregelte sog. **Bezugnahme** auf den (auch jeweiligen) Tarifvertrag[78]. Sie ist besonders häufig im öffentlichen Dienst. Es handelt sich nicht um eine Normenwirkung, sondern um eine individualrechtliche, einzelvertragliche Inbezugnahme tarifvertraglicher Regelungen durch Einbeziehung in den Einzelarbeitsvertrag[79]. Daraus folgt insbesondere, dass es an der Unabdingbarkeit der Tarifvertragsnormen notwendigerweise fehlt; der Vertrag ist vielmehr auch bezüglich der inkorporierten tarifvertraglichen Normen jederzeit einverständlich abänderbar[80]. Da der Arbeitgeber in aller Regel nicht weiß, welche Arbeitnehmer (in welcher Gewerkschaft) organisiert sind, findet sich eine – dann jedenfalls zunächst nur deklaratorische[81] – Verweisung häufig auch in den Arbeitsverträgen organisierter Arbeitnehmer. **505**

Die genauere Ausgestaltung der Bezugnahme liegt im Ermessen der Arbeitsvertragsparteien; allerdings ergeben sich dabei häufig weit reichende Auslegungsfragen. Zu entscheiden ist dabei insbesondere, ob eine nur **statische Verweisung** auf den **derzeit** für den Betrieb einschlägigen Tarifvertrag vorliegt oder aber eine **dynamische**, die sich auch auf künftige, für den Betrieb **jeweils maßgebliche Tarifverträge** bezieht[82]. Das BAG neigt – ggf mit ergänzender Vertragsauslegung – zur Auslegung als dynamische Verweisung; begründet wird dies vor allem mit der im Zweifel gewollten Gleichbehandlung von Organisierten und Nichtorganisierten. Fraglich kann sein, ob sich eine dynamische Verweisung nur auf die Branche (den betrieblichen Geltungsbereich) bezieht, welcher der Betrieb zur Zeit des Abschlusses des Arbeitsvertrages angehört (kleine dynamische Verweisung), oder ob sie auch Tarifverträge einer anderen Branche zu erfassen vermag (große dynamische Verweisung). Letzteres ist bedeutsam bei Veränderungen der Geltungsvoraussetzungen von Tarifverträgen (Rn 525 ff). **506**

Nach der bisherigen Rechtsprechung sollten selbst dynamische Bezugnahmeklauseln im Zweifel als sog. **Gleichstellungsabrede** zu verstehen sein, dh als Abrede, welche

---

77 Vgl zur Unterscheidung zwischen Gesamtrepräsentation und Gesamtlegitimation vor allem *Gamillscheg*, Die Differenzierung nach der Gewerkschaftszugehörigkeit 1966, 36 ff; *Zöllner*, Tarifvertragliche Differenzierungsklauseln 1967, 49 ff; *Wiedemann* RdA 1969, 321.
78 Dazu eingehend Wiedemann-*Oetker* § 3 Rn 204 ff; vgl auch *Hanau/Kania*, FS Schaub 1998, 239 ff sowie *Thüsing/Lambrich* RdA 2002, 193.
79 BAG v. 26.09.2001, 4 AZR 544/00, NZA 2002, 634.
80 *Löwisch/Rieble* § 3 Rn 241.
81 Für deklaratorische Wirkung *Jacobs*, Tarifeinheit und Tarifkonkurrenz 1999, 182 f; *Löwisch/Rieble*, FS Schaub 1998, 467 f; für konstitutive Wirkung dagegen BAG v. 15.03.1991, 2 AZR 582/90, AP Nr 28 zu § 2 KSchG 1969; BAG v. 29.01.1991, 3 AZR 44/90, AP Nr 23 zu § 18 BetrAVG.
82 Umfassende Darstellung bei *Hromadka/Maschmann/Wallner*, Der Tarifwechsel 1996, Rn 72 ff.

die Außenseiter mit tarifgebundenen Arbeitnehmern gleichstellen soll, insoweit also (nur) die fehlende Tarifgebundenheit ersetzt. Daraus wurde gefolgert, dass die Bezugnahme ins Leere gehe, wenn die Tarifgebundenheit des Arbeitgebers (etwa nach Verbandsaustritt) ende und es daraufhin an der notwendigen beiderseitigen Tarifgebundenheit fehle[83]. In einer Entscheidung vom 14.12.2005[84] hat das BAG jedoch nunmehr angekündigt, es wolle seine bisherige Auslegungsregel nicht mehr auf arbeitsvertragliche Bezugnahmeklauseln anwenden, die mit Inkrafttreten des Schuldrechtsmodernisierungsgesetzes ab dem 01.01.2002 vereinbart worden sind und damit unter den **Geltungsbereich der Unklarheitenregelung des § 305c Abs. 2 BGB** fallen. Sollte der angekündigte Rechtsprechungswechsel tatsächlich erfolgen, würden dynamische Bezugnahmeklauseln zukünftig wohl dahingehend zu verstehen sein, dass mit ihrer Vereinbarung auch die fehlende Tarifgebundenheit des Arbeitgebers ersetzt werden soll. Ein solches Verständnis hätte wohl zur Folge, dass die arbeitsvertragliche Bezugnahme auf einen bestimmten Tarifvertrag auch nach dem Verbandsaustritt des Arbeitgebers weitergelten würde[85]. Nun hat der EuGH in Sachen Werhof[86] entschieden, dass Art. 3 Abs. 1 der Betriebsübergangsrichtlinie 77/187/EWG es zulässt, dass der Erwerber eines Betriebes oder eines Betriebsteils nicht an einen Kollektivvertrag gebunden ist, dessen Geltung ein Arbeitnehmer mit dem Veräußerer arbeitsvertraglich vereinbart hatte. Sonst könnte die auch europarechtlich gewährleistete negative Vereinigungsfreiheit verletzt sein. Dreht man die Argumentation um, ließe sich schlussfolgern, dass die Auslegung einer entsprechenden Vertragsklausel als Gleichstellungsabrede nicht nur europarechtlich zulässig, sondern zwingend ist. Ob der angekündigte Rechtsprechungswechsel auch nach der Entscheidung des EuGH noch durchführbar ist, ist deshalb bisweilen unklar[87].

507 Die Vereinbarung der Tarifgeltung auch für Außenseiter liegt freilich im **Ermessen des Arbeitgebers**; dementsprechend ist auch eine Bezahlung unter Tarif zulässig. Aus teils politischer und gewerkschaftlicher Sicht wird dieses Unterschreiten des Tariflohnniveaus zT als bedenklich angesehen und daher auch von nicht organisierten Arbeitgebern „Tariftreue" eingefordert. Der BGH hat das Verlangen nach solchen Tariftreueerklärungen als wettbewerbswidrig angesehen[88]. Außerdem bestehen verfassungs- und europarechtliche Bedenken[89].

2. Geltungsbereich

508 Zu dieser, im Regelfall beiderseitigen, Tarifgebundenheit muss hinzukommen, dass das betreffende Arbeitsverhältnis in den **Geltungsbereich des Tarifvertrags** fällt (§ 4 Abs. 1). Dieser Geltungsbereich wird von den Tarifvertragsparteien im Rahmen ihrer

---

83 Siehe nur BAG v. 26.11.2001, 4 AZR 544/00, NZA 2002, 634; BAG v. 20.02.2002, 4 AZR 123/01, NZA 2003, 933; BAG v. 19.03.2003, 4 AZR 331/02, NZA 2003, 1207.
84 BAG v. 14.12.2005, 4 AZR 536/04, NZA 2006, 607.
85 Ausführlich zu den Folgen des angekündigten Rechtsprechungswechsels *Klebeck* NZA 2006, 15.
86 EuGH v. 09.03.2006, C-499/04, NZA 2006, 376.
87 Bejahend *Thüsing* NZA 2006, 473, 474 f; verneinend *Nicolai* DB 2006, 670.
88 BGH v. 18.01.2000, KVR 23/98, NZA 2000, 327.
89 Vgl dazu nur *Kämmerer/Thüsing* ZIP 2002, 596 und ErfK-*Schaub/Franzen* § 5 TVG Rn 3a.

sich aus der Satzung ergebenden **Tarifzuständigkeit**[90] selbst festgelegt, man unterscheidet dabei zwischen räumlichem, zeitlichem, betrieblichem, fachlichem und persönlichem Geltungsbereich.

a) Wenig problematisch sind dabei der **räumliche** (das Bundesgebiet ist in vielen **509** Branchen, etwa im Metallbereich, in kleinere, regional begrenzte Tarifgebiete aufgeteilt) und der **zeitliche Geltungsbereich**; mit Letzterem wird die Tatsache angesprochen, dass Tarifverträge befristet oder doch zumindest zu bestimmten Zeitpunkten kündbar sind.

Im Zusammenhang mit der zeitlichen Geltung von Tarifverträgen insbesondere in den **510** neuen Bundesländern ist die Frage aufgetaucht, ob und ggf unter welchen Voraussetzungen Tarifverträge aus wichtigem Grund (außerordentlich und fristlos) gekündigt werden können[91]. Sie wird grundsätzlich zu verneinen sein, weil mit solchen, weit in die Zukunft reichenden Tarifvertragsabschlüssen eine Risikoübernahme verbunden sein dürfte, die eine Lösung allenfalls bei Eintreten ganz besonderer, unvorhersehbarer Entwicklungen erlaubt. Das BAG sieht dies anders, bindet das entsprechende Kündigungsrecht der Tarifvertragsparteien allerdings an sehr enge Voraussetzungen[92]. Damit zusammen hängt die – arbeitskampfrechtliche – Folgefrage, ob ein Streit über die Wirksamkeit von Kündigungen als Rechtsstreitigkeit ausschließlich den Gerichten zur Entscheidung zugewiesen ist, oder ob insoweit auch Arbeitskampfmaßnahmen zulässig sind. Letzteres ist wegen des Fehlens eines eigenständigen tariflich regelbaren Ziels (dazu Rn 585 ff) zu verneinen. Die Tatsache, dass eine (zu Unrecht) kündigende Tarifvertragspartei damit möglicherweise ihre (Durchführungs-) Pflicht verletzt, reicht zur Rechtfertigung von Arbeitskampfmaßnahmen der Gegenseite nicht aus[93].

Die Befugnis der Tarifvertragsparteien, den zeitlichen Geltungsbereich des Tarifvertrages festzulegen, beinhaltet in engem Rahmen auch die Möglichkeit, **rückwirkend** in Kraft tretende Normen zu schaffen. Eine tatsächliche Grenze liegt zunächst in der Regelung von solchen Pflichten, die nicht mehr nachholbar sind, wenn also etwa bestimmte Dienstpflichten oder Verhaltensweisen angeordnet werden[94]. Eine rechtliche Grenze ergibt sich überdies aus der Normsetzungsbefugnis der Tarifvertragsparteien: Um ausreichenden Vertrauensschutz zu gewährleisten, sind die Voraussetzungen für rückwirkende Änderungen die Gleichen wie sie für den staatlichen Gesetzgeber gelten[95].

---

90 Dazu *Buchner* ZfA 1995, 95; *Löwisch/Rieble* § 2 Rn 87 ff sowie umfassend *Konzen*, FS Kraft 1998, 291 ff.
91 Dazu vor allem *Buchner* NZA 1993, 289; *Zachert* NZA 1993, 299; *Otto*, FS Kissel 1994, 787; *Oetker* RdA 1995, 82 sowie jetzt BAG v. 18.12.1996, 4 AZR 129/96, NZA 1997, 830; *Wank*, FS Schaub 1998, 761.
92 BAG v. 18.02.1998, 4 AZR 393/96, NZA 1998, 1008.
93 AA ArbG Stralsund v. 14.05.1993, 2 Ga 5/93, NZA 1993, 811; *Hueck/Nipperdey II/1* 717 f (überholt); auch dazu Wiedemann-*Oetker*, § 3 Rn 101 ff.
94 Wiedemann-*Wiedemann* § 1 Rn 146.
95 Grundlegend BAG v. 23.11.1994, 4 AZR 879/93, AP Nr 12 zu § 1 TVG Rückwirkung; so auch die ganz hM im Schrifttum, siehe nur Kempen/Zachert-*Stein* § 4 Rn 113; ErfK-*Schaub/Franzen* § 4 TVG Rn 26 ff; Einzelfälle aus dem arbeitsrechtlichen Bereich werden bei Wiedemann-*Wiedemann* § 1 Rn 146 dargestellt.

b) Besonderer Betrachtung bedarf dagegen insbesondere die in der Tarifpraxis und gelegentlich auch im Schrifttum nicht immer klar genug durchgehaltene Unterscheidung zwischen **betrieblichem und fachlichem Geltungsbereich**[96]. Für das Verständnis der hiermit angesprochenen Problematik ist es erforderlich, sich einmal klar zu machen, dass es für die Festlegung des Geltungsbereichs eines Tarifvertrags vor allem zwei ganz unterschiedliche Anknüpfungsmöglichkeiten gibt:

511   Ein Tarifvertrag kann nämlich entweder an konkreten Tätigkeiten oder Berufen orientiert sein, dh etwa für alle Metallarbeiter, Chemiearbeiter, Bauarbeiter etc gelten wollen, und zwar dann gleichgültig, in welchem Betrieb, in welchem Unternehmen, diese Tätigkeiten tatsächlich ausgeübt werden. Dies wäre dann eine primäre Ausrichtung am **fachlichen Geltungsbereich**, die zur Anwendung mehrerer Tarifverträge im Betrieb führen würde.

512   Der entgegengesetzte Ansatzpunkt wäre die Anknüpfung am Betrieb, dh am Betriebszweck; die entsprechenden Tarifverträge würden dann für alle **Betriebe** des Bergbaus, der Metallindustrie, der Textilindustrie etc gelten und zwar unabhängig davon, dass in solchen Betrieben ja nicht nur Bergarbeiter, Metallarbeiter oder Chemiearbeiter tätig sind, sondern in entsprechenden Hilfsfunktionen etwa auch Elektriker, Maler, Schreiner etc, die ebenfalls vom Geltungsbereich des Tarifvertrags erfasst werden können, der am überwiegenden Betriebszweck orientiert ist. Hier würde dann die Ausrichtung am **betrieblichen Geltungsbereich** im Vordergrund stehen.

513   Die Entscheidung zwischen diesen beiden denkbaren Grundformen des Tarifvertrags, dem **Fachtarif** und dem sog. **Industrietarif** (Industrietarif deswegen, weil er angesichts der Anknüpfung am überwiegenden Betriebszweck für einen ganzen Industriebereich – Metallindustrie, Textilindustrie etc – gilt), ist gesetzlich nicht determiniert, sie ist vielmehr abhängig vom Selbstverständnis und der organisatorischen Struktur der beteiligten Koalitionen: Nachdem heute ebenso wie die Arbeitgeberverbände auch die im DGB zusammengefassten einzelnen Industrie-Gewerkschaften jedenfalls nicht mehr primär nach der Berufszugehörigkeit (früher etwa Verband der Bergarbeiter, Metallarbeiter etc), sondern ausgerichtet an ganzen Wirtschaftszweigen (Bergbau, Metallindustrie, Chemie, Landwirtschaft etc) nach dem sog. **Industrieverbandsprinzip** organisiert sind, steht heute der Industrietarif ganz im Vordergrund, der primäre Anknüpfungspunkt ist demnach das Unternehmen. Damit ist es vor allem möglich, das seit jeher **erstrebte Ziel der Tarifeinheit**, dh das Ziel zu erreichen, dass – unabhängig von der ausgeübten Tätigkeit – grundsätzlich alle Arbeitnehmer eines Betriebs von ein- und demselben Tarifvertrag erfasst werden (dazu noch Rn 516 f). Trotz dieser sauberen Abgrenzung kann es zu Überschneidungen der Tarifzuständigkeiten verschiedener Gewerkschaften kommen, welche die im DGB organisierten Gewerkschaften mit Hilfe von Richtlinien

---

96   So erwähnen zB *Hanau/Adomeit* Rn 210 f und *Löwisch/Rieble* § 4 Rn 76 ff nur den fachlichen Geltungsbereich; vorzüglich klar *Nikisch II* 303 ff; ferner Wiedemann-*Wank* § 4 Rn 364 ff.

zur Abgrenzung und ggf Schiedsgerichtsverfahren zu lösen versuchen (§§ 15, 16 der DGB-Satzung)[97].

Diese Orientierung am Industrieverbandsprinzip hatte und hat freilich zur Folge, dass nicht selten Arbeitnehmer, die nach ihrer Tätigkeit an sich einem anderen fachlichen Geltungsbereich zuzurechnen sind, an den, uU besseren, Arbeitsbedingungen des für den Betrieb einschlägigen Industrietarifs partizipieren. Auch auf Grund dessen wurden und werden in zunehmendem Maße im Wege des sog. outsourcings[98] Betriebsabteilungen ausgegliedert und damit der Weg frei gemacht für die Anwendung desjenigen Tarifvertrags, der auf die fachlichen Tätigkeiten des ausgegliederten Betriebsteils anwendbar ist (Kostenreduzierung durch Tarifwechsel – dazu auch Rn 529 ff). **514**

Fall 39: Arbeitgeber B betreibt ein Unternehmen der Druck- und Verlagsindustrie. Er ist Mitglied sowohl im Arbeitgeberverband der Verleger als auch im Verband der Druckindustrie. Ca. 60 % der Arbeitnehmer des Unternehmens sind im Verlagsbereich tätig. Drucker A, Mitglied bei ver.di (früher IG Medien), verlangt nun von B, in eine Gehaltsgruppe des Druckertarifvertrags eingruppiert zu werden. B meint, im gesamten Unternehmen sei nur der Tarifvertrag für Verlage anzuwenden. (BAG v. 22.03.1994, 1 ABR 47/93, EzA § 4 TVG Geltungsbereich Nr 10 m. grundl. Anm. *Rieble*). **Rn 516** **515**

Dieser **Fall** wirft die Frage auf, ob bei mehrfacher Tarifgebundenheit des Arbeitgebers auf die Arbeitsverhältnisse der einzelnen Arbeitnehmer je nach deren Tarifgebundenheit unterschiedliche Tarifverträge zur Anwendung kommen können (**Tarifpluralität**) oder ob **in einem Betrieb** jeweils nur **ein Tarifvertrag** maßgeblich sein darf. Letzteres hat mit dem von ihm entwickelten Postulat der sog. **Tarifeinheit** im Betrieb die bisherige Rechtsprechung angenommen[99]. Gelten soll demnach auf Grund des vom BAG angenommenen Grundsatzes der Spezialität derjenige Tarifvertrag, der dem Betrieb räumlich, betrieblich, fachlich und persönlich am nächsten steht und deshalb den Erfordernissen und Eigenarten des Betriebs und der darin tätigen Arbeitnehmer am besten Rechnung tragen kann (verkürzt: der sog. sachnähere Tarifvertrag). Die Arbeitsverhältnisse der anderweitig tarifgebundenen Arbeitnehmer werden auf diese Weise „tariflos". Gestützt wird dies auf die Auffassung, die Anwendung mehrerer Tarifverträge, die von verschiedenen Tarifvertragsparteien abgeschlossen wurden, müsse in einem Betrieb zu praktischen, kaum lösbaren Schwierigkeiten führen. Das kann in Fällen, in denen Tarifverträge mehrerer Gewerkschaften – neben der IG Metall zB die CG Metall – miteinander kollidieren, bedeuten, dass die Tarifautonomie einer Minderheitsgewerkschaft mit Zweckmäßigkeitsargumenten beiseite geschoben wird[100]. Im **Ausgangsfall 39** wurde die Klage des A daher abgewiesen. Die Literatur **516**

---

97 Zum Ganzen BAG v. 12.11.1996, 1 ABR 33/96, NZA 1997, 613, 619; BAG v. 27.09.2005, 1 ABR 41/04, NZA 2006, 273; *Jacobs*, Tarifeinheit und Tarifkonkurrenz 1999, 207 ff; zur arbeitskampfrechtlichen Situation beim Streit um die Tarifzuständigkeit LAG Hamm v. 31.01.1991, 16 Sa 119/91, DB 1991, 1126.
98 Dazu vor allem *Henssler* NZA 1994, 294, 302 ff; vgl auch *Dauner-Lieb* NZA 1992, 817.
99 BAG v. 05.09.1991, 4 AZR 59/90, NZA 1991, 202; BAG v. 20.03.1991, 4 AZR 455/90, NZA 1991, 736.
100 Zu Recht deutlich *Rieble* BB 2003, 1227: „Skandal".

lehnt diese Rechtsprechung zu Recht fast einhellig ab[101]; auch das BAG (andere Senate!) und einzelne Richter[102] äußern sich distanziert[103].

517 Das BAG hatte seine Auffassung dadurch auf die Spitze getrieben, dass es **Tarifpluralität** und deren Auflösung mithilfe des Prinzips der Tarifeinheit auch bei nur individualrechtlicher Bezugnahme und auch bei nur nachwirkenden Tarifverträgen annahm[104]. Zumindest von Letzterem ist es inzwischen abgerückt[105]. Ob auf Grund dessen die Lehre von der Tarifeinheit im Betrieb demnächst gänzlich verschwindet, bleibt weiter abzuwarten. Für eine Verabschiedung spricht, dass es für das Prinzip der Tarifeinheit keine gesetzliche Grundlage gibt, die Voraussetzungen einer richterlichen Rechtsfortbildung nicht erfüllt sind und zudem Art. 9 Abs. 3 GG verletzt ist. Insbesondere beim gegenwärtigen Stand der (Büro-) Technik dürften auch praktische Bedenken gegen die Anwendung verschiedener Tarifverträge im selben Betrieb, auf die sich die Rechtsprechung beruft, ausgeschlossen werden können. Die Organisationszugehörigkeit der Arbeitnehmer kann – nach Arbeitsvertragsabschluss[106] – erfragt werden.

518 Von der sog. **Tarifpluralität** scharf zu unterscheiden ist der Begriff der **Tarifkonkurrenz**. Eine solche Tarifkonkurrenz liegt vor, wenn auf **ein- und dasselbe Arbeitsverhältnis** verschiedene Tarifverträge anwendbar sind. Insoweit besteht Einigkeit, dass nur **ein** Tarifvertrag zur Anwendung kommen kann. Nach der Rechtsprechung soll das der speziellere Tarifvertrag sein[107], in der Literatur werden hingegen auch mit Blick auf die Schwächen des Spezialitätsprinzips differenziertere Lösungen vorgeschlagen, die sich am jeweiligen Normzweck orientieren[108]. Dem BAG zufolge soll eine solche Tarifkonkurrenz auch dann vorliegen, wenn ein kraft vertraglicher Vereinbarung in einem Arbeitsverhältnis geltender Tarifvertrag mit einen anderen, für die Arbeitnehmer normativ geltenden Tarifvertrag konkurriert[109]. Diese Rechtsprechung ist abzulehnen. Da die einzelvertragliche Bezugnahme nur schuldrechtlich wirkt, fehlt die für eine Tarifkonkurrenz erforderliche gesetzesgleiche Wirkung des Tarifvertrages[110].

---

101 Zustimmend *Säcker/Oetker* ZfA 1993, 1; ablehnend zB *Konzen* RdA 1978, 146; *Reuter* JuS 1992, 105; *Kraft* RdA 1992, 161; *Löwisch/Rieble* § 4 Rn 129; *Rieble* Anm. zu BAG EzA § 4 TVG Geltungsbereich Nr 10; Wiedemann-*Wank* § 4 Rn 277; umfassend *Jacobs*, Tarifeinheit und Tarifkonkurrenz 1999.

102 *Bepler*, FS 25 Jahre ARGE Arbeitsrecht im DAV 2006, 791, 797 ff; *Schliemann* NZA 2000, Beilage zu Heft 24, 24, 31.

103 BAG v. 22.09.1993, 10 AZR 207/92, NZA 1994, 667; BAG v. 22.03.1994, 1 ABR 47/93, EzA § 4 TVG Geltungsbereich Nr 10; BAG v. 13.05.2004, 10 AS 06/04, IBR 2004, 462; BAG v. 14.12.2004, 1 ABR 51/03, NZA 2003, 697; ferner der Vierte Senat einschränkend für den Fall der Nachwirkung eines Tarifvertrags, BAG v. 28.05.1997, 4 AZR 546/95, NZA 1998, 40.

104 BAG v. 20.03.1991, 4 AZR 455/90, NZA 1991, 736 = AP Nr 20 zu § 4 TVG Tarifkonkurrenz (*Hanau/Kania*).

105 BAG v. 28.05.1997, 4 AZR 546/95, NZA 1998, 40 = SAE 1999, 41 mit Anm. *Dauner-Lieb*; vorsichtige Zurückhaltung auch bei *Schaub* DB 1995, 2003, 2005 und *Friedrich*, FS Schaub 1998, 193, 203.

106 *Hanau/Kania* Anm. zu BAG v. 20.03.1991, AP Nr 20 zu § 4 TVG Tarifkonkurrenz.

107 BAG v. 29.03.1957, 1 ABR 208/55, AP Nr 4 zu § 4 TVG Tarifkonkurrenz; BAG v. 20.03.1991, 4 AZR 455/90, Nr 20 zu § 4 TVG Tarifkonkurrenz.

108 Ausführlich *Jacobs*, Tarifeinheit und Tarifkonkurrenz 1999, 272 ff mwN.

109 So jüngst BAG v. 23.03.2005, 4 AZR 203/04, NZA 2005, 1003.

110 *Jacobs*, Tarifeinheit und Tarifkonkurrenz 1999, 314 f.

Die primäre Ausrichtung der heute im Vordergrund stehenden Industrietarife am **519**
betrieblichen Geltungsbereich ist nicht zwingend, es gibt vielmehr vor allem zwei,
miteinander korrespondierende, abweichende Gestaltungsmöglichkeiten[111]: Die eine
besteht darin, dass trotz grundsätzlicher Beibehaltung des betriebseinheitlichen Gel-
tungsanspruchs eines Tarifvertrags davon doch solche **fachfremden Betriebsabteilungen oder Nebenbetriebe** ausgenommen werden, die ein gewisses Maß an
Selbstständigkeit, dh insbesondere eine eigene, voll ausgebildete arbeitstechnische
Betriebsorganisation haben und damit für sich betrachtet alle Merkmale eines eigenen Betriebs aufweisen würden, wenn der von ihnen verfolgte Zweck nicht nur der
Unterstützung eines Hauptbetriebs dienen würde[112]. Hier soll dann im Zweifel der Industrietarif nicht gelten. Damit in diesem Bereich kein tarifloser Zustand eintritt, bedarf es dann freilich – und dies ist die zweite, mit der ersten korrespondierende Ausnahme vom strengen Industrieverbandsprinzip – der entsprechenden Ausdehnung
des insoweit einschlägigen (Industrie-) Tarifvertrags, dh dieser muss seinen **eigenen**
Geltungsbereich auf solche selbstständigen fachfremden Betriebsabteilungen oder
Nebenbetriebe erstrecken. Eine solche Ausdehnung des anderen Industrietarifs kann
freilich nur dann wirksam werden, wenn die primäre Voraussetzung der beiderseitigen Tarifgebundenheit gegeben ist, dh die Arbeitnehmer dieser Betriebe müssen in
der Gewerkschaft organisiert sein, die den konkurrierenden Tarifvertrag abgeschlossen hat, und auch der Arbeitgeber muss Mitglied des entsprechenden Arbeitgeberverbandes sein, sei es, dass sein Verband mit zwei verschiedenen Gewerkschaften
Tarifverträge abgeschlossen hat, sei es, dass er Mitglied in zwei verschiedenen Verbänden ist.

Es gibt auch noch Gewerkschaften, die nicht nach dem Industrieverbandsprinzip, son- **520**
dern als Berufsverband organisiert sind. Ein Beispiel dafür bildete früher die DAG,
die – unabhängig von der Betriebszugehörigkeit – alle Angehörigen einer bestimmten
Berufsgruppe, nämlich alle Angestellten, erfassen wollte. Eine Konkurrenz zwischen
den Angestelltentarifen der zuständigen Industriegewerkschaften (ÖTV, HBV) und
der DAG entstand dadurch allerdings zunächst nicht, da für die einzelnen Arbeitsverhältnisse je nach Tarifgebundenheit der eine oder der andere Tarifvertrag galt. Heute
kommen Fachtarife etwa im Bereich der Lokomotivführer[113] oder im Bereich der
Luftfahrt (Piloten, Kabinenpersonal)[114] vor. Anders ist dies allerdings dann, wenn eine
AVE vorgenommen worden sein sollte. Dann liegt **echte Tarifkonkurrenz** vor, die
nach den dafür entwickelten Grundsätzen aufzulösen ist[115].

Die primäre Ausrichtung des Industrietarifs am betrieblichen Geltungsbereich steht **521**
einer weiteren, dh innerhalb des vorgegebenen betrieblichen Geltungsbereichs erfol-
genden, sekundären Differenzierung etwa nach fachlichen Gesichtspunkten nicht ent-

---

111 Zu deren Grenzen bedenkenswert *Rieble* Anm zu BAG EzA § 4 TVG Geltungsbereich Nr 10.
112 Zu dieser Definition vgl BAG v. 05.03.1958, 4 AZR 501/55, AP Nr 8 zu § 4 TVG Geltungsbereich;
     AP Nr 11 zu § 4 TVG Geltungsbereich.
113 Dazu HessLAG v. 02.05.2003, 9 Sa Ga 636/03, NZA 2003, 679; *Rieble* BB 2003, 1227.
114 Siehe etwa BAG v. 16.08.2005, 9 AZR 378/04, NZA-RR 2006, 253.
115 Dazu nur BAG v. 03.02.1965, 4 AZR 463/61, AP Nr 16 zu § 4 TVG Tarifkonkurrenz mit
     Anm. *Wiedemann/Arnold*; *Zöllner/Loritz* § 37 IV 1 a (420 ff); *Löwisch/Rieble* § 4 Rn 140 ff.

gegen, sei es nun, dass der Tarifvertrag von vornherein nur bestimmte fachliche Tätigkeiten erfassen will, sei es, dass er je nach Tätigkeit unterschiedliche Regelungen enthält.

522 c) Schließlich kann der Tarifvertrag auch noch einen besonderen **persönlichen Geltungsbereich** haben, dh seine Geltung kann etwa auf solche Arbeitnehmer beschränkt werden, die bestimmte persönliche Merkmale aufweisen; zu denken wäre etwa an einen Tarifvertrag nur für Auszubildende[116].

523 Der Begriff des betrieblichen Geltungsbereichs bedarf insoweit noch der Präzisierung, als geklärt werden muss, ob Anknüpfungspunkt der tariflichen Regelung das Unternehmen als juristische Einheit oder aber die einzelnen Betriebe sein sollen. Relevant wird diese Unterscheidung dann, wenn einzelne Betriebe fachlich anders ausgerichtet sind als das Gesamtunternehmen, wenn also zB der Schwerpunkt des Unternehmens im Chemiebereich liegt, einzelne Betriebe dagegen zum Metallbereich gehören[117]. Zu unterscheiden ist dann, ob die aus der Sicht des Gesamtunternehmens fachfremden Betriebe eigenen (im Beispielsfalls den Metall-) Tarifverträgen unterliegen sollen oder ob der Tarifvertrag, der infolge seines fachlichen Schwerpunkts für das Gesamtunternehmen maßgeblich ist (im Beispielsfall der Chemietarifvertrag), auch die Metallbetriebe erfassen soll. Damit entsteht zugleich eine Konkurrenzsituation zwischen den beteiligten Gewerkschaften (der IG Chemie und der IG Metall), wenn zB die IG Metall ihre Tarifzuständigkeit auch auf Metallbetriebe von Chemieunternehmen ausgedehnt hat, für die – qua Gesamtunternehmen – an sich die IG Chemie zuständig wäre. Solche Kollisionen soll das bereits erwähnte (Rn 513), in der Satzung des DGB festgelegte Schiedsverfahren auflösen[118], dh entscheiden, welcher Tarifzuständigkeit im Verhältnis der beteiligten Gewerkschaften untereinander der Vorrang gebührt.

524 Unabhängig davon ist die schwierige Frage zu entscheiden, ob einzelne Betriebe überhaupt der taugliche Ansatzpunkt für tarifliche Regelungen sind oder ob insbesondere dann, wenn der betreffende Arbeitgeberverband seine Tarifzuständigkeit auf Unternehmen als ganze beschränkt hat, nur **Unternehmenstarifverträge** in Betracht kommen. Das BAG hat sich in Abkehr von früherer Rechtsprechung für die Anknüpfung am einzelnen Betrieb (und damit für die Tarifzuständigkeit der IG Metall) und damit zugleich in problematischer Weise für die Möglichkeit von Firmentarifverträgen für Einzelbetriebe entschieden[119]. Dies ist vor allem deswegen bedenklich, weil sich damit trotz der an sich bestehenden Notwendigkeit kongruenter Tarifzuständigkeit die Satzungsentscheidung der Gewerkschaft über ihre Tarifzuständigkeit auch auf den einzelnen Arbeitgeber auswirkt: Aus dessen **Tariffähigkeit** wird zugleich auf eine

---

116 Zum Verhältnis von fachlichem und persönlichem Geltungsbereich *Löwisch/Rieble* § 4 Rn 76 ff, 89 ff.
117 So zB die Konstellation in der Entscheidung BAG v. 25.09.1996, 1 ABR 4/96, NZA 1997, 613 = SAE 1998, 249 mit Anm. *Buchner.*
118 Dazu BAG v. 25.09.1996, 1 ABR 4/96, NZA 1997, 613; BAG v. 12.11.1996, 1 ABR 33/96, NZA 1997, 613, 619; BAG v. 27.09.2005, 1 ABR 41/04, NZA 2006, 273; *Jacobs*, Tarifeinheit und Tarifkonkurrenz 1999, 207 ff; siehe auch LAG Hamm v. 31.01.1991, 16 Sa 119/91, DB 1991, 1126.
119 BAG v. 25.09.1996, 1 ABR 4/96, NZA 1997, 613 = SAE 1998, 249 mit krit Anm. *Buchner.*

umfassende **Tarifzuständigkeit** geschlossen, die der Gewerkschaft vor allem die Möglichkeit des Arbeitskampfs um entsprechende Firmentarifverträge eröffnet. Allerdings stellt sich dann die äußerst umstrittene – vom BAG nunmehr entschiedene – Zusatzfrage, ob verbandsangehörige Arbeitgeber überhaupt mit dem Ziel des Abschlusses von Firmentarifverträgen bestreikt werden dürfen[120].

3. Veränderungen der Geltungsvoraussetzungen

Klärungsbedürftig ist, wie sich der Wegfall oder die Veränderung von Geltungsvoraussetzungen auswirken[121]. Insoweit ist wiederum zu unterscheiden zwischen der Tarifgebundenheit und den konstituierenden Merkmalen des Geltungsbereichs. **525**

a) Unerheblich ist (jedenfalls zunächst) der Wegfall der Geltungsvoraussetzung der beiderseitigen Tarifgebundenheit etwa durch **Austritt** von Arbeitnehmer[122] oder Arbeitgeber aus dem jeweils tarifvertragsschließenden Verband. Die Tarifgebundenheit bleibt davon vielmehr kraft ausdrücklicher gesetzlicher Anordnung unberührt (§ 3 Abs. 3). Damit wird insbesondere verhindert, dass sich der Arbeitgeber der Geltung eines Tarifvertrags, der ihm inhaltlich nicht zusagt, durch Austritt ("Flucht aus dem Arbeitgeberverband") entzieht[123]. **526**

Diese Weitergeltung ist nach dem Gesetzeswortlaut auf die Zeit bis zur Beendigung des Tarifvertrags (durch Kündigung oder Fristablauf) beschränkt. Im Schrifttum wird gerade bei unbefristeten Tarifverträgen oder solchen mit langer Laufzeit erwogen, gegen den Wortlaut des Gesetzes eine zeitliche Begrenzung vorzunehmen[124]. Nach der Rechtsprechung des BAG soll der Tarifvertrag nach Beendigung in entsprechender Anwendung des § 4 Abs. 5 jedoch auch noch nachwirken[125]. Damit verlieren die Normen des Tarifvertrags zwar ihre zwingende Wirkung. Trotzdem sind Änderungen des Tarifvertragsinhalts, die der Arbeitgeber mit seinem Austritt in den meisten Fällen ermöglichen will, enge Grenzen gesetzt: Verschlechternden Betriebsvereinbarungen wird weithin die Regelungssperre des § 77 Abs. 3 BetrVG entgegenstehen[126]. Aller- **527**

---

120 Vgl auch dazu *Buchner* ZfA 1995, 95 ff und *Konzen*, FS Kraft 1998, 291, 304 ff. Dazu BAG v. 25.09.1996, 1 ABR 4/96, SAE 1998, 249.

121 Dazu umfassend *Hromadka/Maschmann/Wallner*, Der Tarifwechsel 1996.

122 Gegen die Anwendbarkeit von § 3 Abs. 3 TVG auf den Verbandsaustritt von Arbeitnehmern *Jacobs*, Tarifeinheit und Tarifkonkurrenz 1999, 155 f; dafür indessen BAG v. 04.04.2001, 4 AZR 237/00, AP Nr 26 zu § 4 TVG Tarifkonkurrenz mit krit Anm. *Jacobs*.

123 Die Fortgeltung endet bei Änderungen des Tarifvertrags: BAG v. 07.11.2001, 4 AZR 703/00, NZA 2002, 748. In den Schutzbereich der Friedenspflicht soll der ausgetretene Arbeitgeber dagegen nicht mehr fallen: LAG Hamm v. 31.01.1991, 16 Sa 119/91, DB 1991, 1126.

124 *Hanau/Kania* DB 1995, 1229, 1233 (fünf Jahre analog § 624 BGB); Wiedemann-*Oetker* § 3 Rn 69 (zwei Jahre analog § 39 Abs. 2 BGB); MünchArbR-*Löwisch/Rieble* § 267 Rn 25 (ein Jahr analog § 613a Abs. 1 S. 2 BGB).

125 BAG v. 13.12.1995, 4 AZR 1062/94, NZA 1996, 769; BAG v. 15.10.2003, 4 AZR 573/02, NZA 2004, 387, 388 f; BAG v. 23.02.2005, 4 AZR 186/04, AP Nr 42 zu § 4 TVG Nachwirkung; aA *Löwisch/Rieble* Anm. zu BAG AP Nr 13 zu § TVG; *Oetker* Anm. zu BAG EzA § 4 TVG Nachwirkung Nr 14 und 15; *M. Schwab* BB 1994, 781, 782; siehe auch *Löwisch/Rieble* § 4 Rn 397 ff; Wiedemann-*Wank* § 4 Rn 338 f.

126 Nur noch nachwirkende Tarifverträge sollen eine Sperrwirkung dagegen nicht auslösen können (GK-*Kreutz* § 77 Rn 105), so dass es dann allein auf Tarifüblichkeit ankäme.

dings kommen die Arbeitnehmer nach Austritt des Arbeitgebers aus dem Verband nicht mehr in den Genuss von späteren, günstigeren Tarifvertragsabschlüssen; ihre Arbeitsbedingungen werden sozusagen „eingefroren". Außerdem kann der Arbeitgeber bei Neuverträgen zu niedrigeren Bedingungen kontrahieren. Zu bedenken ist in diesem Zusammenhang noch die Möglichkeit des Abschlusses von Firmentarifverträgen (und damit allerdings auch das Risiko entsprechenden Arbeitskampfdrucks – dazu Rn 472). Dem Abschluss verdrängender Betriebsvereinbarungen steht – nach hL auch beim Außenseiterarbeitgeber – § 77 Abs. 3 BetrVG entgegen. Grundsätzlich möglich wären Änderungskündigungen; dabei sind jedoch die sehr strengen Anforderungen des BAG an die soziale Rechtfertigung von Änderungskündigungen mit dem Ziel der Lohnkostensenkung zu berücksichtigen (Rn 396 ff).

528   Nur hingewiesen sei auf die im Zusammenhang mit der gegenwärtig offenbar weit verbreiteten Tarifflucht der Arbeitgeber erörterte Frage, ob es eine „Mitgliedschaft ohne Tarifbindung" (sog. **OT-Mitgliedschaft**) geben könne. Sie führt vor allem zu zwei Problemkreisen[127]: Zum einen steht die Tariffähigkeit von Arbeitgeberverbänden in Frage, die neben tarifgebundenen auch nicht-tarifgebundene Mitglieder aufnehmen (OT-Mitglieder oder außerordentliche Mitglieder). Bislang nicht vollständig geklärt ist zum anderen, ob eine solche Mitgliedschaft die Tarifbindung wirksam ausschließt oder ob außerordentliche Mitglieder dennoch tarifgebunden sind. Die Tariffähigkeit solcher Arbeitgeberverbände hat das BAG inzident bejaht[128]. Dagegen wird eingewandt, § 3 Abs. 1 schreibe die Tarifgebundenheit zwingend vor und danach seien sämtliche Mitglieder tarifgebunden[129]. Es ist allerdings Ausfluss der – auch durch Art. 9 Abs. 1 und 3 GG gewährleisten – Satzungsautonomie der Verbände, zum einen die Rechte und Pflichten ihrer Mitglieder zu bestimmen und zum anderen die Bindungswirkung der vereinbarten Tarifverträge festzulegen[130]. Zuzugeben ist indes, dass sie dabei nicht über die grundsätzliche Tarifgebundenheit der Arbeitnehmer oder Arbeitgeber, wie sie § 3 Abs. 1 bestimmt, entscheiden, auch nicht in Bezug auf einen konkreten Tarifvertrag. Der Begriff „Tarifbindung" meint in diesem Zusammenhang etwas anderes als die gesetzliche Tarifgebundenheit. Zur Klarstellung empfiehlt es sich, von einer **Tarifgeltung** zu sprechen[131].

Geht man dementsprechend von der Tariffähigkeit solcher Verbände aus, stellt sich die Frage, ob OT-Mitglieder dennoch tarifgebunden sind[132]. Sie ist jedenfalls zu ver-

---

127 Zu vereinsrechtlichen Fragen siehe indes *Däubler* NZA 1996, 225, 230.
128 BAG v. 24.02.1999, 4 AZR 62/98, NZA 1999, 995, 997; siehe auch BAG v. 22.03.2005, 1 ABR 64/03, NZA 2006, 383, 386 f; ebenso *Buchner* NZA 1994, 2, 3 mwN; *S. Otto* NZA 1996, 624, 626.
129 Insb *Glaubitz* NZA 2003, 140, 141 ff mwN.
130 BAG v. 22.03.2005, 1 ABR 64/03, NZA 2006, 383, 387.
131 *Jacobs*, Tarifeinheit und Tarifkonkurrenz 1999, 125; *Löwisch/Rieble* § 4 Rn 99 ff sprechen insoweit vom „organisatorischen Geltungsbereich".
132 Gemeint sind vollwertige Mitglieder, also solche, die ein Stimmrecht in der Mitgliederversammlung sowie das aktive und passive Wahlrecht zu den Vereinsorganen haben. Sog. Gastmitglieder, denen diese Rechte nicht zustehen, sondern die gegen Zahlung eines bestimmten Betrages nur einzelne Leistungen des Verbandes in Anspruch nehmen, sind keine Mitglieder iSd § 3 Abs. 1 TVG und damit von vornherein nicht tarifgebunden, BAG v. 16.02.1962, 1 AZR 167/61, AP Nr 12 zu § 3 TVG Verbandszugehörigkeit; BAG v. 26.01.2005, 10 AZR 299/04, NJOZ 2005, 2296 f = NZA 2005, 655 (LS).

neinen, wenn der Tarifvertrag selbst bestimmte Mitglieder von der Tarifgeltung ausnimmt, sei es durch namentliche Bezeichnung oder durch die Vereinbarung, der Tarifvertrag gelte nur für ordentliche oder tarifgebundene Mitglieder[133]; gerade dies ist Ausfluss der Tarifautonomie der sozialen Gegenspieler. Allerdings fordern der Bestimmtheitsgrundsatz und das Schriftformerfordernis des § 1 Abs. 1 und 2, dass ein Tarifvertrag klar zu erkennen gibt, welches die Tarifvertragsparteien sind, die ihn abschließen, und welche Arbeitsvertragsparteien an ihn gebunden sein sollen[134]. Daher genügt es nicht, Mitgliedern per Satzung eine OT-Mitgliedschaft zu gewähren, ohne in den abgeschlossenen Tarifverträgen selbst klarzustellen, dass sie für jene Mitglieder keine Anwendung finden. Unterbleibt Letzteres, sind auch die OT-Mitglieder nach § 3 Abs. 1 tarifgebunden[135].

b) Nach hL soll § 3 Abs. 3 auch dann zur Anwendung kommen, wenn es sich um einen **Verbandswechsel** handelt und nach diesem Verbandswechsel – wie häufig – ein anderer Tarifvertrag Geltung beansprucht. Dies kann insbesondere dann der Fall sein, wenn einer Gewerkschaft mehrere Arbeitgeberverbände gegenüberstehen: Dann bleibt die Tarifgebundenheit des Arbeitnehmers erhalten; die des Arbeitgebers wird nur ausgewechselt. Diese Auffassung hat zur Folge, dass infolge der Fortgeltung des alten Tarifvertrags gemäß § 3 Abs. 3 und der nunmehr begründeten Geltung des neuen Tarifvertrags gemäß § 3 Abs. 1 zwei Tarifverträge Geltung beanspruchen. **529**

Die Lösung ist streitig. Zum Teil wird die **Tarifbindung** nach § 3 Abs. 3 als stets vorrangig betrachtet[136], zum Teil wird eine Lösung über das **Günstigkeitsprinzip** bevorzugt[137]. Das BAG[138] will die allgemeinen Regeln über die Auflösung von Tarifkonkurrenzen zur Anwendung bringen. Dies war im entschiedenen Fall unschädlich, da der neue Tarifvertrag im Vergleich mit dem nur noch gem. § 3 Abs. 3 weitergeltenden der sachnähere war. Darüber hinaus ist anzunehmen, dass der neue Tarifvertrag den alten immer dann verdrängt, wenn und soweit er auf die Arbeitsverhältnisse im Betrieb Anwendung findet, also bei beiderseitiger Tarifgebundenheit und Allgemeinverbindlicherklärung. Nur im restlichen Bereich bedarf es noch der Schutzfunktion des § 3 Abs. 3[139], es sei denn, man ließe für die dann vollständige Verdrängung des bisher geltenden Tarifvertrags die jedem Arbeitnehmer eröffnete Möglichkeit des Beitritts zur zuständigen Gewerkschaft ausreichen (zur Parallelproblematik bei § 613a Abs. 1 S. 3 BGB siehe Rn 323). **530**

---

133 BAG v. 24.02.1999, 4 AZR 62/98, NZA 1999, 995, 997; siehe auch BAG v. 22.03.2005, 1 ABR 64/03, NZA 2006, 383, 386 f.
134 BAG v. 22.03.2005, 1 ABR 64/03, NZA 2006, 383, 387 mwN.
135 Offen gelassen von BAG v. 24.02.1999, 4 AZR 62/98, NZA 1999, 995, 997; im Ergebnis wie hier *Buchner* NZA 1994, 2, 3; *Däubler* NZA 1996, 225, 230 ff; aA *S. Otto* NZA 1996, 624, 627 ff, jew mwN.
136 So etwa Wiedemann-*Oetker* § 3 Rn 80.
137 ZB *Konzen* ZfA 1975, 401, 427 ff; zum Meinungsstand *Jacobs*, Tarifeinheit und Tarifkonkurrenz 1999, 279 ff.
138 BAG v. 26.10.1983, 4 AZR 219/81, AP Nr 3 zu § 3 TVG.
139 Ähnlich *Zöllner/Loritz* § 37 V 1 b (422); zum Ganzen – teilweise abweichend – *Hromadka/Maschmann/Wallner*, Der Tarifwechsel 1996, Rn 473 ff; BAG v. 28.05.1997, 4 AZR 546/95, NZA 1998, 40.

531 c) Ebenfalls streitig ist die Rechtslage bei **Auflösung einer Tarifvertragspartei** (meist – wiederum mit dem Ziel der „Tarifflucht" – eines Arbeitgeberverbandes). Das BAG ist der Meinung, mit der Auflösung entfalle sowohl der schuldrechtliche als auch der normative Teil eines Tarifvertrags, hilft dann aber mit § 4 Abs. 5 analog[140]. Dies ist mit dem Nachteil verbunden, dass der Tarifvertrag dann immerhin seine zwingende Wirkung verliert. Außerdem ist die Auffassung des BAG verbandsrechtlich problematisch: Mit der Auflösung der Tarifvertragspartei entfällt der Tarifvertrag keineswegs ersatzlos; vielmehr führt der Auflösungsbeschluss nur zum Übertritt des Verbandes ins Liquidationsstadium, in dem der Tarifvertrag dann bis zum Ablauf zwingend weiter gilt[141].

532 d) Eine gesetzliche Regelung fehlt für die Beantwortung der Frage nach der Rechtslage, wenn ein Betrieb aus dem betrieblichen Geltungsbereich eines Tarifvertrags herausfällt. Dies kann etwa die Folge der Ausgliederung oder der Abspaltung von Betriebsteilen sein, wenn sich dadurch – etwa bei bisherigen Mischbetrieben – der für die Bestimmung des betrieblichen Geltungsbereichs maßgebliche Betriebszweck ändert[142]. Rechtsprechung[143] und Literatur[144] lehnen die entsprechende Anwendung des § 3 Abs. 3 zu Gunsten einer entsprechenden Anwendung der Nachwirkungsvorschrift des § 4 Abs. 5 ab.

533 e) Sonderprobleme ergeben sich im Fall des Verbandswechsels für **arbeitsvertragliche Verweisungs- (Bezugnahme-) Klauseln**. Das BAG nahm bisher in „korrigierender Auslegung" an, dass sich die Verweisung auf den **jeweils** für den Betrieb geltenden Tarifvertrag beziehe, so dass eine Zementierung der bisherigen Arbeitsbedingungen für Außenseiter vermieden werden kann[145]. Einschränkend forderte das BAG später, dass für einen derartigen Willen der Arbeitsvertragsparteien deutliche Anhaltspunkte sprechen müssten; der bloße Umstand, dass es sich um eine Gleichstellungsabrede handele, reiche nicht aus[146]. Auch hier bleibt anlässlich des angekündigten Rechtsprechungswechsels hinsichtlich der arbeitsvertraglichen Bezugnahmeklauseln (siehe hierzu bereits Rn 506) abzuwarten, ob diese „korrigierende Auslegung" zukünftig aufrechterhalten werden kann.

---

140 BAG v. 15.10.1986, 4 AZR 289/85, NZA 1987, 246; BAG v. 28.05.1997, 4 AZR 546/95, NZA 1998, 40; für § 3 Abs. 3 TVG analog *Jacobs*, Tarifeinheit und Tarifkonkurrenz 1999, 161 f.
141 *Wiedemann* Anm. zu BAG AP Nr 4 zu § 3 TVG; *Dauner-Lieb* Anm. zu BAG SAE 1999, 47, 48; aA *Rieble*, Arbeitsmarkt und Wettbewerb 1996, Rn 1263 ff; zum Fall der Insolvenz: BAG v. 27.06.2000, 1 ABR 31/99, NZA 2001, 334.
142 Zu den Rechtsfragen bei einer darauf abzielenden Unternehmensumstrukturierung *Henssler*, FS Schaub 1998, 311 ff.
143 BAG v. 10.12.1997, 4 AZR 247/96, NZA 1998, 484, 486; BAG v. 10.12.1997, 4 AZR 193/97, NZA 1998, 488, 490.
144 *Hromadka/Maschmann/Wallner*, Der Tarifwechsel 1996, Rn 256 ff mwN auch zur Gegenmeinung; vgl dazu auch *Rieble* Anm. zu BAG SAE 1995, 77 ff; *ders.* Anm. zu BAG AP Nr 3 zu § 3 TVG Verbandsaustritt.
145 BAG v. 04.09.1996, 4 AZR 135/95, NZA 1997, 721 = EzA § 3 TVG Bezugnahme auf Tarifvertrag Nr 7 (*Buchner*).
146 BAG v. 30.08.2000, 4 AZR 581/99, NZA 2001, 510, 511; BAG v. 25.09.2002, 4 AZR 294/01, AP Nr 26 zu § 1 TVG Bezugnahme auf Tarifvertrag.

f) Eine Geltungsvoraussetzung entfällt auch dann, wenn ein Betrieb auf einen ande-   **534**
ren **Inhaber** übergeht, der nicht tarifgebunden ist. Diese Konstellation regelt § 613a
BGB (dazu Rn 291 ff), wobei sich zusätzliche Komplikationen ergeben, wenn mit
dem Betriebsinhaberwechsel zugleich eine Änderung des Betriebszwecks verbunden
ist.

4. Geltung betrieblicher und betriebsverfassungsrechtlicher Normen (§ 3 Abs. 2 TVG)

a) Begriff der betrieblichen Norm

Von der gem. § 4 Abs. 1 grundsätzlich erforderlichen beiderseitigen Tarifgebunden-   **535**
heit sieht das Gesetz nur ab bei den sog. **betrieblichen und betriebsverfassungsrechtlichen Normen des § 3 Abs. 2.** Diese zeichnen sich schon vom Gegenstand her
durch die Notwendigkeit **einheitlicher Geltung** im ganzen Betrieb ohne Rücksicht
auf die Organisationszugehörigkeit der Arbeitnehmer aus. Das ist für betriebsverfassungsrechtliche Normen ohne weiteres einleuchtend. Ihr Regelungsgegenstand ist ohnehin der Betrieb, hier kommt es auf die Arbeitnehmer und damit auf deren Organisationszugehörigkeit schon mangels direkter Betroffenheit nicht an.

Mit dieser Vorstellung lässt sich aber auch die Besonderheit der betrieblichen Normen   **536**
ohne weiteres erfassen. Diese zeichnen sich nämlich dadurch aus, dass die durch solche Normen begründeten Arbeitgeberverpflichtungen wesensgemäß nicht einem einzelnen Arbeitnehmer gegenüber bestehen und daher in der Regel keinen Individualan-
spruch begründen, sondern Fragen betreffen, die alle Arbeitnehmer notwendigerweise
gleichermaßen angehen, wie etwa Sicherheitsvorkehrungen, Entlüftungsanlagen,
Kantinen, Waschräume etc. Hier würde – im Gegensatz etwa zu Zahlungsverpflich-
tungen, die sämtlich im Individualverhältnis zwischen Arbeitgeber und Arbeitnehmer
angesiedelt sind – jede Differenzierung zwischen organisierten und nicht organisierten Arbeitnehmern zu einer nicht hinnehmbaren **Diskriminierung** führen[147]. Es ist
schlechterdings unvorstellbar, dass Waschräume etwa nur für Gewerkschaftsangehörige, nicht aber für Außenseiter, bereitgestellt werden.

Solche durch ihren Gegenstand gekennzeichneten Verpflichtungen bestehen daher der   **537**
Gesamtbelegschaft gegenüber, man nennt die entsprechenden Bestimmungen des Tarifvertrags daher auch **Solidarnormen**[148]. Sollten den Arbeitnehmern insoweit (ausnahmsweise) Erfüllungsansprüche oder (häufiger) wenigstens Zurückbehaltungsrechte eingeräumt worden sein, stehen sie notwendigerweise auch den Außenseitern
zu. Dieser begriffsnotwendig betriebsbezogenen Einheitlichkeit der Regelung wegen
sieht das Gesetz in § 3 Abs. 2 von der Tarifgebundenheit auf Arbeitnehmerseite ganz
ab und orientiert sich lediglich an der Tarifgebundenheit des Arbeitgebers.

---

147 Vgl *Lieb* RdA 1967, 441, 447; *Wiedemann* RdA 1969, 321, 323; zum Ganzen, teilw. abweichend,
     Dieterich, Die betrieblichen Normen nach dem Tarifvertragsgesetz 1949, 1964.
148 Vgl dazu nur Wiedemann-*Wiedemann* § 1 Rn 555 ff.

538   Die Möglichkeit, mithilfe der nur auf die Tarifgebundenheit des Arbeitgebers abstellenden Normsetzungsbefugnis gem. § 3 Abs. 2 auch die Außenseiter in gewissem Umfang in den Geltungsbereich des Tarifvertrages einbeziehen zu können, stellt geradezu einen Anreiz zur extensiven Auslegung des Begriffs der betrieblichen Normen dar. Die hL bestimmt denn auch diesen Begriff weniger auf Grund inhaltlicher Besonderheiten, sondern danach, ob die durch § 3 Abs. 2 erreichbare betriebseinheitliche Geltung in der sozialen Wirklichkeit aus tatsächlichen oder rechtlichen Gründen unumgänglich erscheint[149]. Auf Grund dieser Betrachtungsweise wird von der hL insbesondere angenommen, unter den Begriff der betrieblichen Normen fielen auch die sog. **Ordnungsnormen**, die aus betrieblichen Erfordernissen ebenfalls einheitlich ohne Rücksicht auf die Organisationszugehörigkeit gelten müssen (Rauchverbot, Torkontrolle). Demgegenüber ist jedoch darauf hinzuweisen, dass die dafür erforderliche Unterwerfung der Außenseiter unter die Rechtssetzungsmacht der Tarifvertragsparteien verfassungsrechtlich bedenklich ist[150]. § 3 Abs. 2 deckt Regelungen, die die Außenseiter belasten, nicht. Der Begriff der betrieblichen Normen ist vielmehr auf solche Regelungen zu begrenzen, die – wie die eigentlichen Solidarnormen im oben gekennzeichneten Sinn – den Außenseitern nur günstig sind. Die im Übrigen – etwa bei den Ordnungsnormen – sicherlich auch erforderliche betriebseinheitliche Geltung kann daher nur auf dem auch systematisch richtigen Boden der Betriebsverfassung durch Betriebsvereinbarung (vgl § 87 Abs. 1 Nr 1 BetrVG) erreicht werden[151].

b) „Qualitative Besetzungsregelungen"[152]

539   **Fall 40:** Der Manteltarifvertrag für die Druckindustrie enthält unter anderem folgende Regelungen: „Alle Facharbeiten in den Gruppen Druckformherstellung, Druck, Weiterverarbeitung sind von Fachkräften der Druckindustrie auszuüben. Ausnahmen von dieser Bestimmung sind in den einzelnen Anhängen gesondert geregelt. Alle Facharbeiten der Lehrberufe der Weiterverarbeitung dürfen nur von Fachkräften ausgeführt werden. Wenn die Arbeitsämter nicht in der Lage sind, solche geeigneten Fachkräfte nachzuweisen, können andere Arbeitskräfte, möglichst aus verwandten Berufen, diese Tätigkeiten ausüben. „

Arbeitgeber A will den nicht organisierten, fachfremd ausgebildeten Arbeitnehmer F auf einen Arbeitsplatz im Bereich der Weiterverarbeitung versetzen. Der Betriebsrat verweigert gemäß § 99 Abs. 2 Nr 1 BetrVG unter Hinweis auf den Manteltarifvertrag die Zustimmung (BAG v. 22.01.1991, 1 ABR 19/90, NZA 1991, 675). **Rn 541**

540   Die vorstehend dargestellte Tarifklausel stellt eine sog. „**qualitative Besetzungsregelung**" dar. Mit solchen Klauseln, die vor allem im Bereich der Druckindustrie vereinbart werden, verfolgen die Gewerkschaften das Ziel, bestimmte Arbeitsplätze Arbeitnehmern mit einer speziellen Ausbildung zu erhalten, auch wenn diese Qualifikation

---

149 Grundlegend *Nikisch II* 301ff; Wiedemann-*Oetker* § 3 Rn 127 ff; *Säcker/Oetker* 135 ff.
150 *Zöllner* RdA 1962, 456; *Loritz*, FS Zöllner 1998, 865 ff.
151 Eine sonderbare Ausdehnung des Geltungsbereichs betrieblicher Normen hat das BAG dadurch angenommen, dass darunter auch Arbeitnehmer (AT-Angestellte) fallen sollen, die überhaupt nicht vom persönlichen Geltungsbereich des Tarifvertrags erfasst werden: BAG v. 07.11.1995, 3 AZR 676/94, NZA 1996, 1214; BAG v. 17.06.1999, 2 AZR 456/98, NZA 1999, 1157, 1158 ff.
152 Dazu umfassend *H. Hanau* RdA 1996, 158 ff mit besonderer, zutr Betonung der verfassungsrechtlichen Problematik (Art. 12 GG).

auf Grund technologischer Veränderungen für die nunmehr nur noch geforderten Tätigkeiten nicht erforderlich ist. Wie effizient solche Tarifnormen wirken, hängt maßgeblich davon ab, **wer** von ihrem Geltungsbereich erfasst wird. Besetzungsregelungen können folglich nur dann den mit ihnen verfolgten Zweck erreichen, wenn sie für **alle** (auch für die nicht organisierten) Arbeitnehmer des Betriebs gelten. Letzteres wäre der Fall, wenn es sich auch dabei um betriebliche Normen handeln würde, da das Gesetz in § 3 Abs. 2 nur auf die Tarifgebundenheit des Arbeitgebers abstellt und damit möglicherweise auch die Erstreckung der Besetzungsregelungen auf die Außenseiter erlaubt.

Den massiven rechtspolitischen Bestrebungen, § 3 Abs. 2 wegen des erwünschten Ergebnisses auch auf Besetzungsregelungen anzuwenden, stand auf tarifrechtlicher Ebene[153] entgegen, dass sich diese in die bisher anerkannten Untergruppen (Solidarnormen, Ordnungsnormen, Zulassungsnormen) nicht einordnen ließen. Das BAG hat daher die von ihm als typologisch verstandene Einteilung, die nie abschließend angelegt war, verabschiedet. Stattdessen soll es nunmehr im Anschluss an *Säcker/ Oetker*[154] „für die Annahme von Betriebsnormen ausreichen, wenn eine individualrechtliche Regelung wegen evident sachlogischer Unzulässigkeit ausscheidet", wobei zusätzlich darauf abgestellt wird, ob eine solche Regelung nur einheitlich, ohne Differenzierung zwischen Organisierten und Nichtorganisierten, erfolgen kann. Das soll bei Besetzungsregelungen der Fall sein, „weil sie gerade nicht auf das einzelne Arbeitsverhältnis abstellen, sondern auf die Besetzung des Arbeitsplatzes als objektiven Faktor"[155]. **541**

> Daher hat das BAG im **Ausgangsfall 40** den Antrag des Arbeitgebers, die vom Betriebsrat verweigerte Zustimmung zu ersetzen (§ 99 Abs. 4 BetrVG), zurückgewiesen. Später hat es seine Rechtsprechung noch ausgebaut: So wurde eine tarifvertragliche Wochenarbeitszeitregelung als Betriebsnorm qualifiziert, so dass es einem nicht tarifgebundenen Arbeitnehmer verwehrt werden konnte, mit der Arbeitgeberin eine Vereinbarung über eine höhere als die regelmäßige, tariflich festgelegte Arbeitszeit zu treffen[156].

Diese neue Betrachtungsweise des BAG ist zu Recht auf durchgreifende Bedenken gestoßen, weil dabei von der (unstreitigen) sachlichen Notwendigkeit der Geltungserstreckung auf die Außeneiter ohne weiteres auf die Zulässigkeit der erwünschten Regelung geschlossen wird, obwohl es doch, wie oben schon zur Parallelproblematik der Ordnungsnormen ausgeführt, gerade zweifelhaft ist, ob die Außenseiter überhaupt einbezogen werden können. *Loritz*[157] fordert daher eine selbstständige Prüfung dieser Zulässigkeit, an die hohe Anforderungen zu stellen sein sollen. Das BAG hat zu diesen Bedenken ausgeführt, so wie die der Geltung von Besetzungsklauseln möglicherweise entgegenstehende positive Koalitionsfreiheit des Art. 9 Abs. 3 GG nur in einem **542**

---

153   Zur gravierenden verfassungsrechtlichen Problematik vgl nur *H. Hanau* RdA 1996, 158 ff.
154   *Säcker/Oetker* 135 ff, insb 142 f.
155   BAG v. 22.01.1991, 1 ABR 19/90, NZA 1991, 675, 677 = JuS 1991, 164 (*Reuter*).
156   BAG v. 17.06.1997, 1 ABR 3/97, NZA 1998, 213 = EzA § 99 BetrVG 1972 Nr 4 m. zu Recht krit Anm. *Buchner.*
157   *Loritz* Anm. zu BAG SAE 1991, 249; krit auch *Löwisch/Rieble* § 1 Rn 118 ff.

Kernbereich gewährleistet sei, könne auch die der Geltung von Besetzungsklauseln möglicherweise entgegenstehende negative Koalitionsfreiheit der Außenseiter allenfalls in einem Kernbereich verfassungsrechtlich abgesichert sein[158].

543 Problematisch ist an dieser Rechtsprechung, dass die negative Koalitionsfreiheit nicht erst auf der Ebene der bloßen Komplementärgarantie der Betätigungsgarantie angesiedelt ist, sondern dass es sich dabei um die Kehrseite der individuellen positiven Koalitionsfreiheit handelt; diese ist aber nicht nur im Kernbereich, sondern einschränkungslos gewährleistet. Aus diesem Grund kann die Sonderregelung des § 3 Abs. 2 nicht einfach immer dann in Anspruch genommen werden, wenn eine erwünschte tarifvertragliche Regelung zu ihrer Wirksamkeit die Außenseitereinbeziehung voraussetzt. Erforderlich ist vielmehr eine spezielle, hohen Anforderungen genügende Rechtfertigung des Eingriffs in die Rechtsstellung der Außenseiter. Versagt diese, wie entgegen dem BAG in Bezug auf qualifizierte Besetzungsregelungen angenommen werden muss, weil deren Erforderlichkeit nicht so stark ausgeprägt ist, als dass die Außenseitereinbeziehung gerechtfertigt wäre, liegt darin eine nicht überschreitbare Grenze der Tarifmacht.

544 Der Begriff der betrieblichen Norm ist im Zusammenhang mit den sog. **Vorruhestandstarifverträgen** schon bisher problematisiert worden[159]. Mit ihnen wurde für eine jeweils begrenzte Zahl von Arbeitnehmern (sog. **Überforderungsschutz zu Gunsten des Arbeitgebers**) die Möglichkeit geschaffen, vorzeitig in den Ruhestand zu treten. Dabei wurde fraglich, ob diese Möglichkeit nur Organisierten oder auch Nichtorganisierten zugute kommen sollte. Zum Teil wurde versucht, dieses Problem mithilfe des § 3 Abs. 2 zu lösen: Hätte es sich bei den betreffenden Bestimmungen um betriebliche Normen gehandelt, wären sie allein auf Grund der Tarifgebundenheit des Arbeitgebers allen Arbeitnehmern ohne Rücksicht auf deren Organisationszugehörigkeit zugute gekommen. Das BAG ist diesen Weg nicht gegangen: Vorruhestandsregelungen wurden als Beendigungs-, nicht als betriebliche Normen verstanden (und das Außenseiterproblem durch das Verbot der Differenzierung nach der Gewerkschaftszugehörigkeit gelöst).

III. Normen über Gemeinsame Einrichtungen der Tarifvertragsparteien (§ 4 Abs. 2 TVG)

545 Zu den insgesamt fünf Normengruppen des § 1 kommen noch die Normen über die sog. Gemeinsamen Einrichtungen der Tarifvertragsparteien (§ 4 Abs. 2) hinzu. Sie lassen sich insbesondere nach den Untersuchungen von *Bötticher*[160] dahingehend kennzeichnen, dass hiermit (meist überbetriebliche) Institutionen zur Verfügung gestellt werden, die organisatorisch zwischen Arbeitgeber und Arbeitnehmer treten und – nach entsprechender Dotierung – nach Art eines „Gesamtarbeitgebers" an Stelle der einzelnen Arbeitgeber den Arbeitnehmern vor allem Leistungen gewähren, zu deren Erbringung und Finanzierung einzelne Arbeitgeber oft nicht ohne Weiteres in der

---

158 Zur Aufgabe der Kernbereichslehre durch das BVerfG siehe näher Rn 447.
159 BAG v. 21.01.1987, 4 AZR 486/86 und 4 AZR 547/86, AP Nr 46, 47 zu Art. 9 GG mit Anm. *Scholz*; vgl dazu nur *Gamillscheg* BB 1988, 555 und *Söllner* DB 1986, 2435.
160 *Bötticher*, Die Gemeinsamen Einrichtungen der Tarifvertragsparteien 1966, 12 ff und passim.

Lage wären. Gemeinsame Einrichtungen sorgen auf diese Weise zugleich für einen gewissen Lastenausgleich innerhalb einer bestimmten Branche und ermöglichen es im Übrigen dem einzelnen Arbeitnehmer, bestimmte Anspruchsvoraussetzungen, die etwa wegen häufiger Fluktuation dem einzelnen Arbeitgeber gegenüber kaum gegeben wären, dem Gesamtarbeitgeber Gemeinsame Einrichtung gegenüber zu erfüllen. Besonders bedeutende und finanzstarke Gemeinsame Einrichtungen finden sich in der Bauindustrie (Urlaubskasse, Lohnausgleichskasse, Zusatzversorgungskasse), einer Branche also, die sich sowohl durch große Unterschiedlichkeit in der Leistungskraft der einzelnen Arbeitgeber als auch durch starke Fluktuation und durch häufige Unterbrechung der Arbeitsleistung, insbesondere in den Wintermonaten, auszeichnet[161].

Regelungsgegenstand der Normen des § 4 Abs. 2 sind die **Rechtsbeziehungen der selbstständigen Gemeinsamen Einrichtung zu den beteiligten Arbeitgebern** – hier geht es vor allem um die Regelung der Finanzierung – und zu den begünstigten Arbeitnehmern (Regelung der Anspruchsvoraussetzungen etc). Allerdings können auch den begünstigten Arbeitnehmern gewisse anteilige Beitragsverpflichtungen auferlegt werden[162]. Eine Gemeinsame Einrichtung kann dagegen nicht unmittelbar durch Tarifvertrag errichtet werden[163]. Insoweit kann der Tarifvertrag vielmehr lediglich obligatorische Verpflichtungen der Tarifvertragsparteien zur Errichtung und näheren Ausgestaltung begründen, wobei dann nach allgemeinen Regeln zu verfahren ist. Trotz des Gesetzeswortlauts ist außerdem zweifelhaft, ob die Normen über Gemeinsame Einrichtungen wirklich den Satzungsinhalt mit unmittelbarer normativer Wirkung festsetzen können oder ob auch insoweit nicht nur eine schuldrechtliche Verpflichtung zu entsprechender Satzungsgestaltung in Frage kommt. **546**

Anspruchsvoraussetzung ist auch hier die **beiderseitige Tarifgebundenheit**, dh der Arbeitnehmer, der Ansprüche gegen die Gemeinsame Einrichtung geltend machen will, muss nicht nur selbst Mitglied der tarifvertragsschließenden Partei, sondern er muss auch bei einem Arbeitgeber beschäftigt sein, der selbst tarifgebunden im Sinne von § 3 Abs. 1 ist[164]. **547**

Allerdings können Normen über Gemeinsame Einrichtungen auch **für allgemeinverbindlich erklärt** werden, so dass damit sowohl der Kreis der Verpflichteten als auch der Kreis der Begünstigten entsprechend ausgedehnt werden kann[165]. Insbesondere die Finanzierung der Gemeinsamen Einrichtungen ist dabei in der Praxis von vornherein auf die gesamte Branche bezogen, so dass die Allgemeinverbindlicherklärung in aller Regel beantragt und ausgesprochen wird[166]. **548**

---

161 Vgl dazu den rechtstatsächlichen Überblick bei *Zöllner*, Gutachten G zum 48. DJT 1970, 15 ff; *Löwisch/Rieble* § 4 Rn 159, die auf die wichtige aktuelle Erscheinung sog. Beschäftigungsgesellschaften hinweisen.

162 *Zöllner*, Gutachten G zum 48. DJT 1970, 66.

163 Hierzu und zum Folgenden umfassend *Zöllner*, Gutachten G zum 48. DJT 1970, 44 ff, 49 ff.

164 *Zöllner* Gutachten G zum 48. DJT 1970, 72 ff; *Löwisch/Rieble* § 4 Rn 176.

165 So BAG v. 03.02.1965, 4 AZR 385/63, AP Nr 12 zu § 5 TVG; BAG v. 10.10.1973, 4 AZR 68/73, AP Nr 13 zu § 5 TVG; bestätigend BVerfG v. 15.07.1980, 1 BvR 24/74, NJW 1981, 215; *Zöllner*, Gutachten G zum 48. DJT 1970, 90 ff; zum „Streben" nach AVE *Lieb*, Sitzungsbericht Q zum 48. DJT 1970, 40 ff.

166 Dazu *Otto/Schwarze* ZfA 1995, 639.

IV. Allgemeinverbindlicherklärung von Tarifverträgen (§ 5 TVG)

549 1. Die durch das Erfordernis beiderseitiger Tarifgebundenheit stark eingeschränkte normative Geltung des Tarifvertrags kann durch staatlichen Akt, die sog. **Allgemeinverbindlicherklärung (AVE) des § 5**, auf alle Arbeitsverhältnisse im Geltungsbereich des Tarifvertrags ausgedehnt werden[167]. Die AVE war in erster Linie als Schutzinstrument zu Gunsten der tarifgebundenen Arbeitnehmer gedacht: Es sollte nämlich insbesondere in wirtschaftlichen Krisenzeiten durch Unterwerfung auch der Außenseiter unter die Arbeitsbedingungen des Tarifvertrags erreicht werden, dass auch diese nur zu den tarifvertraglichen Mindestbedingungen eingestellt und damit an einer Unterbietung durch Arbeitsbereitschaft bei niedrigerer Vergütung (sog. **Schmutzkonkurrenz**) gehindert werden konnten[168].

550 Dieser Schutzidee entspricht es, dass die AVE nur auf Antrag einer Tarifvertragspartei und nur mit Zustimmung des Tarifausschusses ausgesprochen werden kann (§ 5 Abs. 1). Ein gewisses Eigeninteresse des Staates kommt lediglich in den Merkmalen des § 5 Abs. 1 S. 1 Nr 2 (öffentliches Interesse) und § 5 Abs. 1 S. 2 (sozialer Notstand) zum Ausdruck. In neuerer Zeit hat sich zumindest teilweise ein Bedeutungswandel der AVE vor allem im Hinblick auf das Institut der Gemeinsamen Einrichtungen angebahnt: Hier hat die AVE schlicht Finanzierungsfunktion, dh sie wird mit dem Ziel beantragt, deren Leistungsfähigkeit durch Einbeziehung aller Arbeitgeber ohne Rücksicht auf ihre Organisationszugehörigkeit zu stärken[169]. Bezüglich der Einzelheiten des Verfahrens der AVE sei auf die detaillierte Regelung des § 5 verwiesen[170].

551 2. Stark umstritten war lange die **Rechtsnatur der AVE**[171]. Heute ist – auch auf Grund der Rechtsprechung des BVerfG – anerkannt, dass es sich dabei weder um einen Verwaltungsakt (so die frühere Lehre) noch um eine echte Rechtsverordnung (bezüglich derer sonst Art. 80 GG zu beachten wäre) handelt, sondern um einen „**Rechtssetzungsakt eigener Art** zwischen autonomer Regelung und staatlicher Rechtssetzung". Die AVE stellt daher einen rechtlich selbstständigen Geltungsbefehl gegenüber den Außenseitern in Form eines eigenständigen Rechtssetzungsakts dar, kraft dessen die Rechtsnormen des Tarifvertrags in seinem Geltungsbereich auch die bisher nicht tarifgebundenen Arbeitgeber und Arbeitnehmer erfassen (§ 5 Abs. 4). Inhaltlich stellt sie lediglich eine Verweisung auf den in Bezug genommenen Tarifvertrag dar. Das BAG wendet auf die AVE trotz § 5 Abs. 5 („im Übrigen endet die Allge-

---

167 Die *vertragliche* Geltung der Normen des Tarifvertrags kann durch die in der Praxis weit verbreitete Bezugnahme auf den Tarifvertrag erreicht werden (Rn 505).

168 *Hueck/Nipperdey II/1* 657; *Nikisch II* 490; ausführlich *Löwisch/Rieble* § 5 Rn 1 ff; *Wonneberger*, Die Funktion der Allgemeinverbindlicherklärung von Tarifverträgen 1992, sowie jetzt *Zachert* NZA 2003, 132.

169 Dazu *Jacobs*, Tarifeinheit und Tarifkonkurrenz 1999, 172 f (294 ff zum Vorrang allgemeinverbindlicher Tarifverträge über Gemeinsame Einrichtungen im Falle von Tarifkonkurrenzen); akzeptiert von BVerfG v. 15.07.1980, 1 BvR 24/74, NJW 1981, 215; zum Streit um die AVE von Vorruhestandstarifverträgen vgl nur *Wiedemann* RdA 1987, 262.

170 Zum Umfang der AVE OVG Nordrhein-Westfalen v. 23.09.1983, 20 A 842/81, BB 1984, 723 und BAG v. 20.04.1988, 4 AZR 646/87, AP Nr 95 zu § 1 TVG Tarifverträge: Bau; die AVE kann auch rückwirkend erfolgen, BAG v. 25.09.1996, 4 AZR 209/95, NZA 1997, 495.

171 Vgl dazu *Lieb*, 4. Aufl., § 5 V 2, sowie *Zöllner/Loritz* § 37 III 5 (418 f).

meinverbindlichkeit eines Tarifvertrags mit dessen Ablauf") die Nachwirkungsvorschrift des § 4 Abs. 5 an[172].

Den Interessen der Tarifvertragsparteien, die durch die frühere Qualifizierung als Verwaltungsakt insbesondere gewahrt werden sollten, wird heute dadurch Rechnung getragen, dass das BVerwG nunmehr unter Aufgabe seiner früheren Rechtsprechung in gewissem Umfang einen Anspruch der antragsberechtigten Tarifvertragsparteien auf AVE eines Tarifvertrags anerkennt[173].   **552**

Eine umstrittene Möglichkeit einer Allgemeinverbindlicherklärung durch Rechtsverordnung ist geschaffen worden durch § 1 Abs. 3a AEntG. Hiernach kann das Bundesministerium für Wirtschaft und Arbeit (jetzt Arbeit und Soziales) auf Antrag gem. § 1 Abs. 1 S. 1 oder Abs. 3 AEntG ohne Zustimmung des Bundesrates die Normen des entsprechenden Tarifvertrages für alle unter dessen Geltungsbereich fallenden nicht organisierten Arbeitgeber und Arbeitnehmer für allgemeinverbindlich erklären. Die Regelung steht im Zusammenhang mit dem Bemühen, das Unterbieten deutscher Tariflöhne durch hier zu Lande beschäftige ausländische Arbeitnehmer zu verhindern[174].   **553**

V. Tariffähigkeit

Die generelle Fähigkeit, Tarifverträge abzuschließen, Partei eines Tarifvertrages sein zu können, spricht § 2 Abs. 1 den Gewerkschaften[175] und den Arbeitgebervereinigungen sowie einzelnen Arbeitgebern zu.   **554**

Es ist allerdings umstritten, ob die Tariffähigkeit des **Einzelarbeitgebers** mit dessen Verbandsbeitritt entfallen soll. Insbesondere nach Vorarbeiten von *Matthes* [176] wird in jüngerer Vergangenheit in der Literatur vermehrt eine entsprechende teleologische Reduktion des § 2 Abs. 1 gefordert[177]. Das BAG hat dieser Auffassung jedoch nunmehr zu Recht eine deutliche Absage erteilt[178]. Der Wortlaut des § 2 Abs. 1 ist eindeutig, systematisch spricht die Ausnahmevorschrift des § 54 Abs. 3 Nr 1 HandwerksO gegen eine Beschränkung der Tariffähigkeit. Schließlich fehlt die für eine teleologische Reduktion erforderliche Gesetzeslücke in Form einer fehlenden Ein-   **555**

---

172 BAG v. 20.03.2002, 10 AZR 501/01, AP Nr 12 zu § 1 TVG Tarifverträge: Gebäudereinigung; BAG v. 27.11.1991, 4 AZR 211, 91, NZA 1992, 800.
173 BVerwG v. 07.11.1988, 7 C 115/86, NZA 1989, 364; dazu *Backhaus/Wenner* DB 1988, 115; vgl dazu auch *Mäßen/Maurer* NZA 1996, 121.
174 Zu den damit verbundenen Streitfragen *Büdenbender* RdA 2000, 193 ff sowie generell ErfK-*Schlachter* § 1 AEntG Rn 13 ff.
175 Zum Gewerkschaftsbegriff *Dütz* DB 1996, 2385.
176 *Matthes*, FS Schaub, S. 477, 481 ff, so auch bereits zuvor, wenn auch nicht mit ausführlicher Begründung: *Heinze* DB 1997, 2122, 2126; *G. Müller* DB 1992, 269, 271.
177 *Kleinke/Kley/Walter* ZTR 2000, 499, 500 f; *Natzel* Anm. zu BAG SAE 2000 115, 117; *ders.* Anm. zu BAG SAE 2001, 43, 48 ff; so auch LAG Schleswig-Holstein v. 25.11.1999, 4 Sa 584/99, AP Nr 157 zu Art. 9 GG Arbeitskampf; sympathisierend *Lieb* DB 1999, 2058 f; ebenso *Reuter* NZA 2001, 1097, 1011.
178 BAG v. 10.12.2002, 1 AZR 96/02, NZA 2003, 734, 736 f; so auch bereits zuvor die hL: ErfK-*Dieterich* Art. 9 GG Rn 162; *Jacobs* ZTR 2001, 249, 250 f; *ders.* Anm. zu BAG AP Nr 26 zu § 4 TVG Tarifkonkurrenz; *Kissel* § 26 Rn 115; *Lieb* DB 1999, 2058 f.

schränkung. Nur die umfassende Tariffähigkeit versetzt den Arbeitgeber in die Lage, durch den Abschluss von Tarifverträgen tarifautonom tätig zu werden. Insoweit bedarf es aber keines Schutzes vor sich selbst.

556 Ergänzend zur Tariffähigkeit nach § 2 Abs. 1 ist die eigene **Tariffähigkeit von Spitzenorganisationen** (§ 2 Abs. 3)[179] sowie – gemäß dem schon erwähnten § 54 Abs. 3 Nr 1 der HandwerksO[180] – der **Innungen** zu beachten. Ganz im Vordergrund steht dabei schon auf Grund des in der Rechtswirklichkeit nach wie vor dominierenden Verbandstarifvertrags die Tariffähigkeit von Gewerkschaften und Arbeitgebervereinigungen. Diese beiden Begriffe werden vom TVG nicht näher definiert, sondern offensichtlich vorausgesetzt. Es ist daher zu fragen, welche Merkmale gegeben sein müssen, ehe von Gewerkschaften und Arbeitgebervereinigungen iSv § 2 gesprochen werden kann. Rechtsprechung und Lehre haben dafür im Lauf der Zeit ein ganzes „System von Normativbestimmungen"[181] entwickelt. Die einzelnen Voraussetzungen lassen sich im Anschluss an die verdienstvollen Überlegungen von *Löwisch* [182] vor allem in zwei Gruppen einteilen:

557 Eine erste Gruppe enthält diejenigen Merkmale, die vom Legitimationsinteresse der Tarifunterworfenen, dh der Mitglieder der Tarifvertragsparteien, verlangt und getragen werden. Es sind dies die freie Bildung der Koalitionen, ihr privatrechtlicher Charakter, die Notwendigkeit demokratischer Organisation und die sog. Tarifwilligkeit.

558 Eine zweite Gruppe beruht auf der berechtigten Sorge des Staates, nur solchen Vereinigungen Tariffähigkeit zuzugestehen, die zur Herbeiführung eines gerechten Interessenausgleichs bei genereller Betrachtungsweise in der Lage sind. Demgemäß ist zunächst eine Dauerorganisation erforderlich – sog. **ad-hoc-Vereinigungen** vermögen die Durchführung des Tarifvertrags nicht zu gewährleisten. Deren Apparat muss leistungsfähig genug sein, um gewerkschaftliche Aufgaben wahrzunehmen. Beschränkt sich der Zuständigkeitsbereich einer Gewerkschaft auf eine Berufsgruppe und auf wenige räumliche Schwerpunkte, genügt ein relativ kleiner zentralisierter Apparat[183]. Die Anerkennung des staatlichen Tarif- und ggf Schlichtungswesens sowie die – unserem Gesellschaftssystem entsprechende – Unabhängigkeit vom Staat sind weitere Voraussetzungen. Ob dagegen auch kirchliche und parteipolitische Unabhängigkeit, so wünschenswert sie gerade im Hinblick auf die Rechtswirklichkeit sein mögen, gefordert werden kann, erscheint zweifelhaft[184]. Eine weitere Voraussetzung stellt ferner das Verlangen nach Überbetrieblichkeit dar, das mit dem Dualismus bzw der Abgrenzung von Tarifvertragssystem und Betriebsverfassung zusammenhängt[185].

---

179 Dazu *Wiedemann/Thüsing* RdA 1995, 280 sowie jetzt BAG v. 22.03.2000, 4 ABR 79/98, NZA 2000, 893.
180 Zur Verfassungsmäßigkeit dieser Norm vgl BVerfG v. 09.10.1966, 1 BvL 64/65, NJW 1966, 2305.
181 Der Ausdruck stammt von *Herschel*, Tariffähigkeit und Tarifmacht 1932, 19 ff.
182 *Löwisch* ZfA 1970, 295.
183 Dazu BAG v. 14.12.2004, 1 ABR 51/03, NZA 2005, 697.
184 Zum Meinungsstand *Wiedemann* RdA 1976, 72, 77; vgl dazu auch BVerfG v. 26.01.1995, 1 BvR 2071/94, NJW 1995, 3377.
185 Dazu *Löwisch* ZfA 1970, 314; aus der Rechtsprechung BAG v. 09.07.1968, 1 ABR 2/67, AP Nr 25 zu § 2 TVG; BAG v. 14.03.1978, 1 ABR 2/76, AP Nr 30 zu § 2 TVG; ausführlich *Buchner*, BAG-FS 1979, 55, 59 ff.

Voraussetzung der Tariffähigkeit ist außerdem die **Gegnerreinheit und Gegnerunabhängigkeit**. Fehlt sie, kann die Gewerkschaft die Interessen ihrer Mitglieder nämlich nicht wirksam und nachhaltig vertreten. Die Kriterien der Gegnerreinheit und Gegnerunabhängigkeit waren bereits im Zusammenhang mit dem Erlass des Mitbestimmungsgesetzes 1976 zweifelhaft geworden. Heute besteht angesichts vielfacher Verflechtungen zwischen Kommunen und Gewerkschaften Anlass, über die Erfüllung dieser Kriterien jedenfalls in Teilbereichen des Öffentlichen Dienstes nachzudenken. Dazu kommt, dass bei Arbeitskämpfen im Öffentlichen Dienst in besonderem Maße Interessen Dritter und der Allgemeinheit betroffen sind, ohne dass dies bisher ausreichend berücksichtigt worden ist (dazu noch Rn 609 f). Im Übrigen kann man von einer Gegnerunabhängigkeit erst dann nicht mehr sprechen, wenn die Gewerkschaft strukturell etwa durch personelle Verflechtung, auf organisatorischem Weg oder durch wesentliche finanzielle Zuwendungen vom sozialen Gegenspieler abhängig ist[186]. **559**

Streitig ist, ob als zusätzliche Voraussetzung für die Anerkennung der Tariffähigkeit von Gewerkschaften eine gewisse **Durchsetzungskraft** verlangt werden kann. Das BAG[187] hatte insoweit zunächst sogar die Arbeitskampfbereitschaft verlangt und gefordert, eine tariffähige Gewerkschaft müsse in der Lage sein, wirksam Druck und Gegendruck ausüben zu können, war dabei aber auf den Widerstand des BVerfG gestoßen[188]. Das BAG ging daraufhin – inhaltlich kaum verändert – zum Begriff der **sozialen Mächtigkeit** über[189], der vom BVerfG akzeptiert wurde[190]. Entscheidende Bedeutung bei der Beurteilung der Durchsetzungskraft kommt der Mitgliederzahl zu. Das BAG hat für die UFO – einen Berufsverband der in der Kabine beschäftigten Flugbegleiter – zu Recht entschieden, dass auch bei einer nur kleinen Zahl von Mitgliedern Druck auf den sozialen Gegenspieler ausgeübt werden kann, wenn es sich bei den organisierten Arbeitnehmern um Spezialisten in Schlüsselstellungen handelt, die der Arbeitgeber in einem Arbeitskampf kurzfristig überhaupt nicht oder nur schwer ersetzen kann[191]. **560**

In diesem Zusammenhang hat das BAG jüngst ebenfalls zu Recht entschieden, dass auch die Christliche Gewerkschaft Metall (CGM) als Gewerkschaft anzuerkennen ist. Durch den Abschluss von etwa 3000 Anschlusstarifverträgen und etwa 550 eigenständigen Tarifverträgen hat sie hinreichend unter Beweis gestellt, dass sie als Tarifvertragspartei von der Arbeitgeberseite wahr- und ernstgenommen wird und somit die notwendige Durchsetzungsfähigkeit gegenüber der Arbeitgeberseite besitzt. Der Tariffähigkeit steht auch nicht entgegen, dass die CGM möglicherweise nicht überall in dem von ihr regional und fachlich beanspruchten Zuständigkeitsbereich durchsetzungsfähig ist. Vielmehr genügt die Durchsetzungsfähigkeit einer Gewerkschaft in einem **561**

---

186 Dazu ebenfalls BAG v. 14.12.2004, 1 ABR 51/03, NZA 2005, 697.
187 BAG v. 19.01.1962, 1 ABR 14/60, AP Nr 13 zu § 2 TVG.
188 BVerfG v. 06.05.1964, 1 BvR 79/62, NJW 1964, 1267.
189 Aus neuerer Zeit siehe BAG v. 16.11.1982, 1 ABR 22/78, AP Nr 32 zu § 2 TVG mit Anm. *Rüthers/Roth* = SAE 1984, 133 (*Konzen*); BAG v. 10.09.1985, 1 ABR 32/83, NZA 1986, 332; BAG v. 25.11.1986, 1 ABR 22/85, NZA 1987, 492; BAG v. 06.06.2000, 1 ABR 22/91, NZA 2001, 156; zur Entwicklung eingehend *Seiter* AöR 109 (1984), 88, 106 ff; vgl auch *Hanau* NZA 2003, 128 f.
190 BVerfG v. 20.10.1981, 1 BvR 404/78, NJW 1982, 815.
191 BAG v. 14.12.2004, 1 ABR 51/03, NZA 2005, 697.

zumindest nicht unbedeutenden Teil des von ihr in Anspruch genommenen Zuständigkeitsbereichs, um die Tariffähigkeit insgesamt zu begründen[192].

562 Im Gegensatz dazu soll das Erfordernis der sozialen Mächtigkeit für **Arbeitgeberkoalitionen** nicht gelten[193]. Dies ist nicht unproblematisch, zumal der Schluss von der Tarif- (und Arbeitskampf-) Fähigkeit des einzelnen Arbeitgebers gemäß § 2 Abs. 1 auf die Tarif- und Arbeitskampffähigkeit der Arbeitgeberkoalition nicht zwingend ist. Zwar ist es – entgegen gewichtigen Stimmen in der Literatur[194] – richtig, dass die Tarif- und Arbeitskampffähigkeit des einzelnen Arbeitgebers trotz seiner strukturellen Unterlegenheit gegenüber den Arbeitnehmerkoalitionen und damit trotz fehlender Parität bejaht werden muss, weil Firmentarifverträge sonst nur noch freiwillig abgeschlossen werden könnten. Dies ist dem einzelnen Arbeitgeber deswegen letztlich zumutbar, weil er sich dem Arbeitskampf durch die „Flucht in den Arbeitgeberverband" entziehen kann. Der Arbeitgeberkoalition ist dies aber nur um den mit Art. 9 Abs. 3 GG unvereinbaren Preis der Selbstauflösung möglich. Die Anerkennung des zusätzlichen Kriteriums der sozialen Mächtigkeit führt freilich dazu, dass dann die Begriffe der tariffähigen Vereinigung einerseits und der Koalitionsbegriff andererseits nicht mehr identisch sind; denn für Letzteren kommt das Erfordernis der sozialen Mächtigkeit nach allgemeiner Auffassung nicht in Betracht[195].

VI. Grenzen der Tarifmacht

563 Der Begriff der Grenzen der Tarifmacht (oder – nach dem Vorbild der Schrift von *Biedenkopf*[196] – der Grenzen der Tarifautonomie) wird im Schrifttum seit längerem, aber in recht unterschiedlicher Weise, verwendet, ohne dass eine Begriffsklärung gelungen, noch ausreichend deutlich geworden wäre, welche Funktion der Begriff überhaupt erfüllen soll[197]. Ursprünglich sollte er offenbar dem eng begrenzten Zweck dienen, Eingriffe in die sog. **kollektivfreie Individualsphäre** abzuwehren. Inzwischen werden unter der Überschrift dieses Abschnitts dagegen häufig nur all die (äußeren) Begrenzungen darstellend zusammengefasst, die sich vor allem aus vorrangigem Verfassungs- und Gesetzesrecht ergeben. Dies wirkt recht eindrucksvoll und ist wohl auch geeignet, allzu weit reichenden Regelungswünschen der Tarifvertragsparteien mahnend entgegengesetzt zu werden. Eigenständige Bedeutung kommt dem aber – unbeschadet der Relevanz der damit zusammengefassten selbstständigen Einzelpunkte (etwa Außenseiterschutz gegenüber tarifvertraglichen Besetzungsregeln, dazu Rn 543) – kaum zu.

---

192 BAG v. 28.03.2006, 1 ABR 58/04, n.v.
193 BAG v. 20.11.1990, 1 ABR 62/89, NZA 1991, 428 = SAE 1991, 314 mit abl Anm. *Rieble*.
194 So vor allem *Hergenröder* Anm. zu BAG EzA § 2 TVG Nr 20; ähnlich *G. Müller* RdA 1990, 322.
195 BVerfG v. 18.11.1954, 1 BvR 629/54, BVerfGE 4, 96, 107; BAG v. 14.03.1978, 1 ABR 2/76, AP Nr 30 zu § 2 TVG; *Zöllner/Loritz* § 8 III 9 (115); siehe dazu auch BAG v. 17.02.1998, 1 AZR 364/97, NZA 1998, 754 = SAE 1998, 237 mit Anm. *Rieble*.
196 Grenzen der Tarifautonomie 1964.
197 Vgl hierzu *Zöllner/Loritz* § 38 (423 ff); *Löwisch/Rieble* § 1 Rn 169 ff; *Reuter* RdA 1991, 193; *Säcker/Oetker* 11 ff; vgl dazu auch *Söllner* NZA 2000, Sonderbeilage zu Heft 24, 33.

Etwas größeres Gewicht könnte diesem Ansatz dagegen beigemessen werden, wenn **564** man unter den Grenzen der Tarifmacht deren immanente Regelungsschranken versteht, wenn man also insbesondere – entgegen einem häufig anzutreffenden Verständnis der Tarifautonomie – darauf hinweist, dass die **Regelungsbefugnis der Tarifvertragsparteien keineswegs unbeschränkt** ist, insbesondere insoweit (im Gegensatz zum schuldrechtlichen Teil, soweit sich dessen Regelungen auf die Rechtsverhältnisse der Tarifvertragsparteien beschränken) keine Vertragsfreiheit besteht, sondern dass das TVG in § 1 jedenfalls die Befugnis, arbeitsrechtliche (Dritt-) Regelungen normativ (und damit unter potenziellem Kampfdruck) zu treffen, abschließend regelt[198]. Schon daraus ergibt sich eine recht deutliche Grenze. Insbesondere sind damit alle Regelungsgegenstände der unternehmerischen Sphäre wie etwa Investitions- und Rationalisierungsentscheidungen, Entscheidungen über Betriebseinschränkungen oder - stillegungen oder – ein wichtiger Teilbereich – Regelungen der unternehmerischen Mitbestimmung der tarifvertraglichen Regelungskompetenz jedenfalls de lege lata entzogen[199].

Ob sich durch Art. 9 Abs. 3 GG mithilfe des dort verwendeten – im Vergleich zur ge- **565** genständlichen Beschränkung des § 1 vermutlich weiteren – Begriffs der Arbeits- und Wirtschaftsbedingungen eine umfassendere Regelungsbefugnis rechtfertigen ließe[200], ist deshalb eine müßige (insbesondere die streitige Auslegung des Begriffs der „Wirtschaftsbedingungen" deutlich relativierende) Frage, weil es dem Gesetzgeber freisteht, in welchem Umfang er den Tarifvertragsparteien entsprechende **normative Regelungsbefugnisse** einräumen will (siehe bereits Rn 448 ff). Forderungen nach einer Erweiterung der tarifvertraglichen Regelungskompetenz könnten daher allenfalls, gerichtet auf eine entsprechende Novellierung des § 1 de lege ferenda erhoben werden, und selbst dafür käme es auf die Auslegung des Begriffs der Arbeits- und Wirtschaftsbedingungen nicht an, weil es dem Gesetzgeber im äußersten Fall frei stünde, bei der Ermächtigung der Tarifvertragsparteien zu normativer Regelung ggf über einen eng verstandenen Begriff der Arbeits- und Wirtschaftsbedingungen des Art. 9 Abs. 3 GG hinauszugehen: Diesem Begriff kommt daher weder Sperrwirkung zu, noch kann daraus unmittelbar ein verbindlicher **umfassender Regelungsauftrag** an den Gesetzgeber abgeleitet werden.

Zum Problembereich der Grenzen der Tarifmacht gehört auch die Frage, wie weit der **566** **Schutzauftrag der Koalitionen/Tarifvertragsparteien** reicht[201]. Den Anlass dazu bildet insbesondere die Arbeitszeitdiskussion, dh die Beobachtung, dass sich die bisherigen Regelungszwecke (insbesondere: Gesundheitsschutz) weitgehend erledigt haben und durch Regelungszwecke (Stichwort: Beschäftigungspolitik) ersetzt wurden, für die eine Regelungskompetenz der Tarifvertragsparteien zweifelhaft ist. Die Frage ist immer noch nicht ausdiskutiert. Ein mittlerer Lösungsweg könnte (zunächst) darin

---

198   MünchArbR-*Löwisch/Rieble* § 246 Rn 53.
199   Eingehend hierzu *Beuthien* ZfA 1983, 141, *ders.* ZHR 148 (1984), 95; *Wiedemann* RdA 1986, 231.
200   Dazu vor allem *Säcker/Oetker* 30 ff.
201   Grundlegend hierzu *Zöllner* DB 1989, 2121; *Waltermann* NZA 1991, 754; auch *Reuter* RdA 1991, 193, 194 ff, 202 f; *Löwisch/Rieble* § 1 Rn 212 ff, 237 ff; *Schlüter*, FS Stree/Wessels 1993, 1066 ff; dazu Rn 488 f.

bestehen, zwar weiterhin den Abschluss von Tarifverträgen auch dann zuzulassen, wenn es weniger um den Schutz der einzelnen Arbeitnehmer als vielmehr um gesamtwirtschaftliche Zielsetzungen geht, solche Tarifverträge dann aber nur dispositiv auszugestalten, so dass zumindest im Einzelarbeitsvertrag davon abgewichen werden kann und sich damit auch die schwierigen Fragen der Anwendbarkeit des Günstigkeitsprinzips erledigen.

§ 7 Arbeitskampfrecht

I. Gewerkschaftlich organisierter Streik

567 Tarifverträge sind in der Regel nach einer bestimmten Mindestlaufzeit mit der Folge kündbar oder gar von vornherein befristet, dass jedenfalls die zwingende Wirkung mit Ablauf des Tarifvertrags endet[1] und sich damit die Notwendigkeit des Abschlusses eines neuen Tarifvertrags ergibt. Scheitern die Verhandlungen und bleibt auch ein eventuelles, meist in besonderen **Schlichtungsabkommen** vereinbartes Schlichtungsverfahren[2] ohne Ergebnis, steht diejenige Vertragspartei, die eine Veränderung der bestehenden Arbeitsbedingungen erreichen will – das wird in aller Regel die Gewerkschaft sein – vor der Frage, auf welche Weise sie ihre Forderungen jetzt noch durchsetzen kann. Dafür bietet es sich an, die Gegenseite so lange unter **wirtschaftlichen Druck** zu setzen, bis diese nachgibt oder zumindest ausreichendes Entgegenkommen zeigt. Als Mittel der Druckausübung wird auf der Arbeitnehmerseite seit langem vor allem die (gemeinsame, kollektive) Arbeitsniederlegung praktiziert[3]. Durch dieses Kampfmittel werden den Arbeitgebern die Arbeitskräfte vorenthalten, die sie zur Weiterführung der Produktion und zu rentablem Wirtschaften benötigen. Den Arbeitgebern droht daher als Folge eines solchen (absichtlichen) wirtschaftlichen Drucks die Gefahr von Produktions- und Ertragseinbußen, ja unter Umständen – insbesondere bei länger dauernden Arbeitskämpfen – sogar der Verlust von Marktanteilen. Diese bewusste, gemeinsame (kollektive) Druckausübung durch Arbeitsniederlegung ist rechtlich als sog. **Streik** zu bewerten und zwar – in dem hier zunächst allein zu behandelnden Normalfall – als **gewerkschaftlich organisierter Streik** mit dem Kampfziel des Abschlusses eines neuen Tarifvertrags (zu sog. „**wilden Streiks**" Rn 708 f).

---

1 Zur Nachwirkung Rn 502 ff.
2 Siehe etwa die Schlichtungs- und Schiedsvereinbarung für die Metallindustrie vom 1.1.1980, abgedruckt in RdA 1980, 165; dazu der Schiedsspruch NZA 1989, 791 = AP Nr 108 zu Art. 9 GG Arbeitskampf mit Anm. *Kirchner* und *Steinkühler/Zwickel*.
3 Bereits lange, bevor der Tarifvertrag zum anerkannten arbeitsrechtlichen Regelungsinstrument zwischen Arbeitgeber- und Arbeitnehmerseite wurde, fanden Arbeitsniederlegungen der Arbeiter zur Verbesserung der Arbeitsbedingungen statt. Die lang anhaltenden und umfangreichen Streikwellen, die das Deutsche Reich gegen Ende des 19. Jahrhunderts prägten, waren maßgeblich für die Entstehung von Arbeitgeberverbänden, als Reaktion auf den Machtzuwachs der Gewerkschaften, verantwortlich (Überblick bei *Th. Nipperdey*, Deutsche Geschichte 1866–1918, Bd I, 329 f). Der Streik kann damit als Wegbereiter des Tarifvertrags angesehen werden.

Ein solcher Streik wirft Rechtsfragen vor allem auf zwei Ebenen auf: Zum einen ist **568** auf der individualrechtlichen Ebene zu fragen, ob eine solche Arbeitsniederlegung – bezogen auf die einzelnen Arbeitsverhältnisse – als rechtswidriger und schuldhafter und damit zum Schadensersatz verpflichtender Arbeitsvertragsbruch („beharrliche Arbeitsverweigerung"[4]) anzusehen ist oder ob der (rechtmäßig gefasste) gewerkschaftliche Streikbeschluss rechtfertigend wirken kann. Auf der zweiten kollektivrechtlichen Ebene stellt sich die weitere Frage, ob eine solche absichtliche Druckausübung auf den Arbeitgeber unter deliktsrechtlichen Aspekten als unzulässiger (rechtswidriger) Eingriff in das Rechtsgut des eingerichteten und ausgeübten Gewerbebetriebs angesehen werden muss, bzw bis zu welchen Grenzen und unter welchen Voraussetzungen eine solche Druckausübung von den betroffenen Arbeitgebern hingenommen werden muss.

1. Individualrechtliche Ebene

a) Trotz aller Kollektivität des Streikgeschehens beruht dieses letztlich doch auf der **569** (summierten) Arbeitsverweigerung durch die einzelnen Arbeitnehmer. Damit ergibt sich notwendigerweise eine Kollision mit der sich aus den einzelnen Arbeitsverhältnissen ergebenden Arbeitspflicht. Der Streik könnte demnach – bezogen auf die Arbeitsverpflichtung des einzelnen Arbeitnehmers – Arbeitsvertragsbruch sein und damit den Arbeitgeber zu Schadensersatzforderungen oder gar zur fristlosen Kündigung berechtigen. Dies war in der Tat der Standpunkt der früher herrschenden, sog. **individualrechtlichen** Betrachtungsweise, die als alleinige Rechtmäßigkeitsvoraussetzung eines Streiks nur die vorherige fristgemäße Kündigung der Arbeitsverhältnisse verlangte[5]. Diese Betrachtungsweise war indessen aus mehreren Gründen unangemessen und auch wenig praktikabel[6]: Hinderlich waren etwa die individualrechtlich unterschiedlich langen Kündigungsfristen[7], außerdem konnten Arbeitskämpfe auf diese Weise selbst bei bestehender tarifvertraglicher Friedenspflicht ausbrechen, da nicht die einzelnen Arbeitnehmer selbst, sondern nur die tarifschließenden Gewerkschaften, an die Friedenspflicht gebunden waren. Vor allem aber berücksichtigte die individualrechtliche Betrachtungsweise nicht, dass Arbeitsniederlegungen, die im Zuge eines Streiks erfolgen, in aller Regel nur ein Zwischenstadium darstellen, nach dessen Beendigung die Arbeit wieder aufgenommen werden soll. Die Kündigung war daher ein zu weit gehendes, arbeitsplatzgefährdendes Instrument, mochten auch **Wiedereinstellungsklauseln**[8] weitgehend üblich sein und diese Gefahr mindern.

---

4   Die beharrliche Arbeitsverweigerung berechtigt nach allgA. den Arbeitgeber grundsätzlich zur fristlosen Kündigung. Vgl nur *Stahlhacke/Preis/Vossen* Rn 630 ff; ErfK-*Müller-Glöge* § 626 BGB Rn 103 ff; jew mwN.
5   Vgl dazu die Darstellung in BAG GS v. 28.01.1955, GS 1/54, AP Nr 1 zu Art. 9 GG Arbeitskampf sowie umfassend *Kissel* § 23.
6   Vgl zum Folgenden: *Hueck/Nipperdey* II/2 934; *Brox/Rüthers* Rn 288.
7   Von der Beachtung der Schutzvorschriften des KSchG waren die Arbeitgeber dagegen durch den früheren § 23 (jetzt § 25) KSchG befreit, da es sich hier um „Maßnahmen in wirtschaftlichen Kämpfen zwischen Arbeitgebern und Arbeitnehmern" handelte. Dazu noch Rn 665, 713.
8   Dazu *Hueck/Nipperdey* II/1 274 ff.

570 Nicht zuletzt wegen dieser Nachteile hat daher das BAG in einem berühmt geworde-nen **rechtsfortbildenden** (§ 45 Abs. 4 ArbGG) **Beschluss** seines Großen Senats vom 28.01.1955[9] die sog. **kollektivrechtliche Betrachtungsweise** entwickelt, die dadurch gekennzeichnet ist, dass die Frage nach der Rechtmäßigkeit von Arbeitsniederlegun-gen im Zuge eines Streiks nunmehr allein auf der **kollektivrechtlichen** Ebene beur-teilt und entschieden wird, ohne dass die auf einem gewerkschaftlichen Streikbe-schluss beruhende Arbeitsverweigerung zusätzlich individualrechtlich gerechtfertigt sein müsste. Anders ausgedrückt: Der rechtmäßig gefasste gewerkschaftliche Streik-beschluss rechtfertigt für sich allein die Arbeitsniederlegungen, ohne dass es einer Kündigung der Arbeitsverhältnisse überhaupt bedarf, er **suspendiert** lediglich die Arbeitspflicht[10]. Dies bedeutet freilich nicht, dass der Wegfall der Arbeitspflicht dem einzelnen Arbeitnehmer aufgedrängt werden kann[11]. Vielmehr schafft der rechtmäßig gefasste Streikbeschluss für den einzelnen Arbeitnehmer nur die **Möglichkeit** der rechtmäßigen Arbeitsniederlegung. Er bildet also einen Rechtfertigungsgrund für den Arbeitnehmer, der sich dem Streik durch eigene Arbeitsniederlegung anschließt[12].

571 Eine solche Rechtfertigung ist nach der Grundkonzeption des BAG und des darauf be-ruhenden gegenwärtigen arbeitskampfrechtlichen Systems auch deswegen erforder-lich, weil der Arbeitskampf wegen der mit ihm verbundenen volkswirtschaftlichen Schäden und der Beeinträchtigung des im Interesse der Allgemeinheit liegenden sozi-alen Friedens grundsätzlich als „unerwünscht" angesehen werden muss und infolge-dessen nur „im äußersten Fall" hingenommen werden kann[13]. Die gegenwärtige Ar-beitskampfpraxis entspricht diesem normativen Postulat freilich allenfalls bedingt (vgl dazu insbes Rn 594 ff zur Warnstreikproblematik).

572 Die bei Erfüllung der dafür aufgestellten Voraussetzungen (dazu gleich unter 2) ge-rechtfertigte Arbeitsniederlegung hat nach den allgemeinen bürgerlich-rechtlichen Grundsätzen (§ 326 BGB) auch den **Wegfall der Lohnzahlungspflicht** des Arbeitge-bers zur Folge, auch diese wird im Ergebnis „suspendiert". Im rechtmäßigen Streik bleiben daher nach dieser, ganz herrschend gewordenen Betrachtungsweise die Ar-

---

9   BAG GS v. 28.01.1955, GS 1/54, AP Nr 1 zu Art. 9 GG Arbeitskampf. Dieser Ansicht hat sich die ganz herrschend gewordene Lehre angeschlossen.
10 *Brox/Rüthers* Rn 287 ff; *Löwisch/Krauß*, AK, 170.3.1 Rn 1 ff; dazu auch *Reichold* JuS 1996, 1049; vgl auch den Überblick von *Kalb* RdA 1994, 385.
11 Soweit von einem „Streikbefehl" im Zusammenhang mit der Aufforderung der Gewerkschaften zur Arbeitsniederlegung gesprochen wird, ist damit nur die verbandsrechtliche Seite gemeint; vgl dazu *Brox/Rüthers* Rn 476.
12 Für eine solche Berücksichtigung eines individuellen, allerdings vom gewerkschaftlichen Streikbe-schluss abhängigen Streikrechts auch im Rahmen der kollektiven Betrachtungsweise spricht auch die Bestimmung des Art. 6 Nr 4 der ins innerstaatliche Recht transformierten europäischen Sozialcharta v. 18.10.1961 (dazu *Kissel* § 20 Rn 5 ff). Hiernach verpflichten sich die Vertragsparteien „das Recht der Arbeitnehmer und der Arbeitgeber auf kollektive Maßnahmen einschließlich des Streikrechts im Falle von Interessenkonflikten, vorbehaltlich etwaiger Verpflichtungen aus geltenden Gesamtarbeitsvertra-gen" anzuerkennen. Daran anknüpfend hat *Seiter* ein – verfassungsrechtlich verbürgtes – subjektiv-privates Arbeitskampfrecht entwickelt, das es dem Arbeitnehmer ermöglicht, die Arbeit im Rahmen legaler, von der Gewerkschaft organisierter und getragener Arbeitskämpfe um tariflich regelbare Ziele trotz bestehender Arbeitsverträge niederzulegen. Vgl *Seiter*, Streikrecht und Aussperrungsrecht 1975, insb 183 ff; dazu *Konzen* AcP 177 (1977), 473 ff.
13 Dazu BAG GS v. 28.01.1955, GS 1/54, AP Nr 1 zu Art. 9 GG Arbeitskampf und BAG v. 21.04.1971, GS 1/68, AP Nr 43 zu Art. 9 GG Arbeitskampf.

beitsverhältnisse als solche bestehen. Die beiderseitigen Hauptpflichten werden aber mit der Folge ausgesetzt, dass insbesondere die Arbeitsniederlegungen nicht als Vertragsverletzung angesehen und damit auch nicht mehr die Gefahr von Schadensersatzansprüchen oder fristlosen Kündigungen mit sich bringen können. Allerdings bringt die kollektivrechtliche, primär auf den gewerkschaftlichen Streikbeschluss abstellende Betrachtungsweise insoweit eine nicht unerhebliche, gleich noch genauer zu erörternde **Einengung** rechtmäßiger Streikmöglichkeiten mit sich, als damit der Schwerpunkt auf den **gewerkschaftlich organisierten** Streik gelegt wird, während die individualrechtliche Betrachtungsweise unter der Voraussetzung der Kündigung der Arbeitsverhältnisse rechtmäßige Arbeitsniederlegungen jeglicher Gruppen erlaubte.

b) Bis heute nicht ganz ausgeräumte Schwierigkeiten bereitet die ausschließlich kollektive Betrachtungsweise auch im Hinblick auf die Beurteilung der Rechtsstellung der nicht der kampfführenden Gewerkschaft angehörenden **Außenseiter**[14]. Während sich nach der individualrechtlichen Betrachtungsweise sowohl für Gewerkschaftsangehörige als auch für Außenseiter die Rechtmäßigkeit ihrer Arbeitsniederlegung allein danach beurteilte, ob dem Arbeitskampf eine ordnungsgemäße Kündigung vorangegangen war, stellt sich nun die Frage, ob sich ein gewerkschaftlicher Streikbeschluss auch auf die Befugnisse und Pflichten der Außenseiter auswirken kann. Sie zeigt besonders deutlich, dass man hier jedenfalls rechtlich nicht lediglich mit undifferenzierten Suspendierungsvorstellungen arbeiten kann. Den Gewerkschaften stehen entsprechende Suspendierungsbefugnisse in Bezug auf die Arbeitsverpflichtungen der Außenseiter sicherlich nicht zu. Man kann vielmehr allenfalls mit der Vorstellung arbeiten, dass der gewerkschaftliche Streikbeschluss **allen Arbeitnehmern** und damit auch den Außenseitern die **Möglichkeit individualrechtlich rechtmäßiger Arbeitsniederlegungen** eröffnet[15].

573

c) Machen die Arbeitnehmer – gleichgültig ob Gewerkschaftsangehörige oder Außenseiter – von der durch den Streikbeschluss eröffneten Möglichkeit der Arbeitsniederlegung **keinen** Gebrauch, bleibt es daher sowohl bei ihrer Arbeits-, als auch vor allem bei der Lohnzahlungsverpflichtung des Arbeitgebers. Diese entfällt nur dann, wenn infolge der Arbeitsniederlegung der übrigen Arbeitnehmer die Arbeitsleistung auch der Arbeitswilligen **unmöglich** wird. Dann kommen die Grundsätze der sog. **Arbeitskampfrisikolehre** zur Anwendung (dazu Rn 190 ff, 678 ff). Bleibt die Arbeitsleistung der Arbeitswilligen dagegen möglich, will der Arbeitgeber den Arbeitskampf aber auf die bisher nicht streikbeteiligten Arbeitnehmer ausdehnen, muss er **aussperren**, dh die Entgegennahme der Arbeitsleistung und die Lohnzahlung verweigern[16].

574

---

14 Vgl dazu vor allem *Seiter*, Streikrecht und Aussperrungsrecht 1975, 40 ff; *Brox/Rüthers* Rn 289; *Löwisch/Rieble*, AK, 170.2 Rn 85 ff. Zu Außenseiterproblemen noch Rn 670 ff; *Kissel* §§ 38 Rn 10 ff; 42 Rn 55.
15 Hilfreich insoweit insb die von *Seiter* entwickelte Konzeption eines subjektiv-privaten Arbeitskampfrechts aller Arbeitnehmer (Streikrecht und Aussperrungsrecht 1975, insb 183 ff).
16 Die Aussperrung, dh die planmäßige Ausschließung der Arbeitnehmer von der Arbeitsleistung, ist als Gegenstück zum Streik das klassische Arbeitskampfmittel der Arbeitgeber (vgl zur Def. ErfK-*Dieterich* Art. 9 GG Rn 230; *Kissel* § 51 Rn 1).

Unter welchen Umständen eine solche (Defensiv-) Aussperrung zulässig sein bzw wie die damit an sich verbundene Verletzung der Arbeitgeberpflichten gerechtfertigt werden kann, soll später untersucht werden (Rn 641 ff). In jüngerer Vergangenheit hat das BAG zudem eine zweifelhaft Befugnis des Arbeitgebers zur **Stilllegung** des Betriebs entwickelt (dazu Rn 662 ff).

2. Rechtmäßigkeit gewerkschaftlich organisierter Streiks (kollektivrechtliche Ebene)

a) Notwendigkeit der Rechtfertigung

575 Während der „Geltung" der individualrechtlichen Betrachtungsweise stellte sich der Streik (Arbeitskampf) als zumindest überwiegend nur rechtstatsächliches Phänomen dar, eine Ausformung als eigenes Rechtsinstitut war deswegen weitgehend entbehrlich, weil er – wie dargelegt – individualrechtliche Kündigungserklärungen voraussetzte. Nach deren Wirksamwerden konnten sich infolge des dann gegebenen vertragslosen Zustandes insbesondere Rechtfertigungsprobleme nicht ergeben. Demgegenüber musste nach der kollektivrechtlichen Betrachtungsweise geklärt werden, unter welchen Voraussetzungen der gewerkschaftliche Streikbeschluss, dem für die Rechtfertigung der Arbeitsniederlegung nunmehr zentrale Bedeutung zukommt, seinerseits rechtmäßig ist. Da der Gesetzgeber schwieg und bis heute schweigt[17], war es vor allem Aufgabe der Rechtsprechung, hier in Zusammenarbeit mit der Arbeitsrechtswissenschaft rechtsfortbildend, entsprechende Grundsätze für die Entscheidung der Frage zu entwickeln, welche Anforderungen an die Rechtmäßigkeit eines Streiks bzw Streikbeschlusses zu stellen sind[18].

576 Heute ist allgemein anerkannt, dass die Arbeitskampffreiheit als **Annex zur Tarifautonomie** grundsätzlich **durch Art. 9 Abs. 3 GG verfassungsrechtlich geschützt** wird. Tarifabschlüsse erfolgen aufgrund der Interessensgegensätze der Tarifvertragspartner zwangsläufig nicht ohne Konflikte. Eine funktionsfähige Tarifautonomie setzt hierbei voraus, dass die Vertragsparteien von ihrem Verhandlungspartner eine Einigung notfalls auch erzwingen können, wenn ein einvernehmlicher Vertragsabschluss nicht erreicht werden kann. Das erforderliche Druckmittel ist – wie bereits eingangs dargestellt – der Arbeitskampf, dessen vorrangige Rolle daher meist als Hilfsinstrument der Tarifautonomie verstanden wird[19]. Das bedeutet, dass Arbeitskämpfe grundsätzlich insoweit zulässig sein müssen, als sie allgemein erforderlich sind, um eine funktionierende Tarifautonomie herzustellen. Andererseits muss die Rechtswidrigkeit von Kampfmaßnahmen dann angenommen werden, wenn sie gerade nicht mehr Durchsetzung des Abschlusses von Tarifverträgen dienen (dazu ausführlich im Folgenden).

---

17 Im Jahre 1988 haben *Birk, Konzen, Löwisch, Raiser* und *Seiter* einen sorgfältig begründeten Entwurf eines „Gesetzes zur Regelung kollektiver Arbeitskonflikte" vorgelegt (dazu auch *Lieb/v.Stebut/Zöllner* (Hrsg), Symposion zum Arbeitskampfrecht 1990; *Wank* RdA 1989, 263). Eine gesetzliche Umsetzung ist allerdings bis heute nicht erfolgt, da der Gesetzgeber seine Regelungspflicht nach wie vor ignoriert.

18 Vgl dazu insb BAG GS v. 28.01.1955, GS 1/54, AP Nr 1 zu Art. 9 GG Arbeitskampf; *Reuter* ZfA 1990, 535. Guter Überblick über die Entwicklung der Rechtsprechung bei *Konzen*, FS 50 Jahre BAG, 2004, S. 515; zum „Kampf um den Arbeitskampf" *Kissel* RdA 1988, 321 mit Erwiderung *Lieb* RdA 1988, 327.

19 *Brox/Rüthers* Rn 13.

212

Die Rechtsprechung hat sich bei der Ausgestaltung der einzelnen Rechtmäßigkeitsan-   **577**
forderungen im Laufe der Zeit wechselnder rechtlicher Ansatzpunkte bedient: Im Vordergrund der Diskussion stand zunächst der aus dem Strafrecht übernommene Begriff
der **Sozialadäquanz**[20]. Dazu kam vor allem das sog. **ultima-ratio-Prinzip** mit der
Aussage, ein Arbeitskampf dürfe nur als letztes Mittel eingesetzt, folglich erst dann
ausgerufen werden, wenn alle Verhandlungsmöglichkeiten erschöpft seien (dazu noch
Rn 592 ff)[21].

Dieses ultima-ratio-Prinzip wird heute überwiegend als spezielle Ausprägung des all-   **578**
gemeineren **Verhältnismäßigkeitsgrundsatzes** angesehen: Ein Arbeitskampf kann
demnach nur dann als verhältnismäßig (= geeignet und erforderlich) angesehen werden, wenn der Abschluss eines Tarifvertrags nur noch durch Ausübung von Druck mit
Hilfe von Arbeitsniederlegungen erreicht werden kann[22]. Im Übrigen sind die Voraussetzungen für die Rechtmäßigkeit von Arbeitskämpfen (vor allem Streiks) in erster Linie an der Komplementärfunktion des Arbeitskampfrechts für die Schaffung eines
funktionierenden Tarifvertragssystems orientiert: Das Arbeitskampfrecht muss also
so ausgestaltet werden, dass einerseits Arbeitskämpfe schon ihrer negativen Auswirkungen wegen nach Möglichkeit durch entsprechende rechtliche Regelungen begrenzt werden, andererseits aber doch in dem Umfang und mit der Intensität geführt
werden können, wie es erforderlich ist, um den Abschluss gleichgewichtiger, dh die
Interessen beider Tarifvertragsparteien in ausreichendem Maße ausbalancierender Tarifverträge erreichen zu können.

„Vorbehaltlich der konkreten, insbesondere auch der wechselnden wirtschaftlichen Situation, die   **579**
vorgegeben ist, muss im Prinzip sichergestellt sein, dass nicht eine Tarifpartei der anderen von
vornherein ihren Willen aufzwingen kann, sondern dass möglichst gleiche Verhandlungschancen
bestehen. Auf andere Weise kann die Tarifautonomie unter Ausschluss der staatlichen Zwangsschlichtung nicht funktionieren".

Mit diesem Kernsatz hat der Große Senat des BAG in seiner zweiten arbeitskampf-   **580**
rechtlichen Grundentscheidung aus dem Jahre 1971 das **Paritätsprinzip** in das (Tarif-
vertrags- und) Arbeitskampfrecht eingeführt[23]. Gemeint ist in Anlehnung an die bekannte privatrechtliche Grundvorstellung von der Richtigkeitsgewähr frei und
gleichgewichtig ausgehandelter Verträge, dass sowohl das Tarifvertragsrecht als auch
– vor allem – das darauf ausgerichtete Arbeitskampfrecht abstrakt/generell gesehen
Parität voraussetzen. Davon ist auch das BVerfG in seiner Aussperrungsentscheidung

---

20 Vgl zu diesem, heute zurückgedrängten Aspekt *Hueck/Nipperdey II/2* 998.
21 StRspr BAG v. 28.01.1955, GS 1/54, AP Nr 1, BAG v. 20.12.1963, 1 AZR 157/63, AP Nr 34, BAG v.
    21.04.1971, GS 1/68, AP Nr 43, BAG v. 10.06.1980, 1 AZR 822/79, AP Nr 64, jew zu Art. 9 GG Ar-
    beitskampf. Dazu und zum Folgenden *Buchner* in: Lieb/v. Stebut/Zöllner (Hrsg), Symposion zum Ar-
    beitskampfrecht 1990, 21; *Wank*, FS Kissel 1994, 1225; Überblick bei *Wissmann* ArbRGegw Bd. 35
    (1998), 115 ff.
22 Siehe dazu die Bemühungen des BAG um eine terminologische Klarstellung: BAG v. 10.06.1980, 1
    AZR 822/79, AP Nr 64 zu Art. 9 GG Arbeitskampf; zum Verhältnismäßigkeitsprinzip umfassend *Kis-
    sel* § 29.
23 BAG GS v. 21.04.1971, GS 1/68, AP Nr 43 zu Art. 9 GG Arbeitskampf; allg. zum Paritätsprinzip:
    Brox/Rüthers Rn 166 ff; *Löwisch/Rieble*, AK, 170.1 Rn 64 f; MünchArbR-*Otto* § 282 Rn 58 ff; dazu
    auch *Enderlein* RdA 1995, 264 und *Hensche* RdA 1996, 293; zum Paritätsprinzip ebenfalls *Kissel*
    § 32.

ausgegangen[24]. Trotzdem sind Stellenwert und Wirkungsweise des Paritätsprinzips sowie seine Abstimmung mit dem Verhältnismäßigkeitsprinzip noch nicht völlig geklärt[25]. Verwendet wurde das Paritätsprinzip bisher an vor allem drei Stellen, nämlich zur Begrenzung des Aussperrungsumfangs (dazu Rn 641 ff), zur Rechtfertigung der Arbeitskampfrisikolehre (dazu Rn 190 ff, 678 ff) und zur Begründung der grundsätzlichen Unzulässigkeit von Sympathiearbeitskämpfen (dazu Rn 688 ff). Auf die diesbezüglichen Einzelausführungen sei verwiesen.

581   Die neuere rechtstatsächliche Entwicklung – just-in-time-Anlieferung und die damit verbundene deutliche Verringerung der Lagerhaltung sowie insbesondere der internationale Wettbewerbsdruck, der bei Gefährdung von Lieferterminen durch Arbeitskämpfe das Risiko des Abbruchs wichtiger Lieferbeziehungen mit sich bringt – lassen zunehmend Zweifel darüber entstehen, ob die Arbeitgeberseite jedenfalls in gewissen Branchen überhaupt noch ausreichend kampffähig und damit die Parität noch gewahrt ist. Solche (unausweichlichen) ökonomischen Entwicklungen darf die Rechtsordnung bei der Ausformung des (Arbeitskampf-) Rechts nicht auf Dauer negieren, wenn sie nicht riskieren will, dass die Tarifvertragsabschlüsse ökonomisch nicht mehr vertretbar sind.

b) Kriterien der Rechtfertigung

582   Vor diesem Hintergrund sind vor allem vier Rechtmäßigkeitskriterien entwickelt worden[26]:

583   aa) Der Streik muss von einer **Gewerkschaft** organisiert und getragen werden, der Tariffähigkeit zukommt; „wilde", dh nicht von einer Gewerkschaft getragene Streiks sind daher nach hL rechtswidrig[27]. Der Grund dafür liegt darin, dass bloße ad-hoc-Koalitionen keine ausreichende Gewähr für die Einhaltung und Durchführung von Tarifverträgen sowie insbesondere für die Respektierung der Friedenspflicht bieten.

584   Die Rechtmäßigkeitsvoraussetzung gewerkschaftlicher Organisation wird von der Rechtsprechung jedoch nicht konsequent durchgehalten. Vielmehr soll der **späteren Übernahme zunächst „wilder" Streiks** durch eine Gewerkschaft Rückwirkung zukommen[28]. Dies wird in der Literatur teils kritisiert. Die Übernahme eines bis dahin rechtswidrigen Streiks soll diesen allenfalls für die Zukunft rechtfertigen[29].

585   bb) Der Streik muss um **tariflich regelbare Ziele**, dh um solche Ziele geführt werden, die rechtmäßiger Inhalt eines Tarifvertrags sein können[30]. Ein Streik um rechtlich unzulässige Ziele, etwa um die Einführung von Differenzierungsklauseln, ist rechts-

---

24   BVerfG v. 26.06.1991, 1 BvR 779/89, NZA 1991, 809 = SAE 1991, 329, 334 mit Anm. *Konzen*.
25   Vgl dazu *Lieb* DB 1980, 2188, 2190 ff; *Konzen* DB 1990, Beil. 6, 8 f; *Seiter* RdA 1981, 65, 75; *Zöllner/Loritz* § 40 X (471 f).
26   Dazu umfassend *Löwisch/Rieble*, AK, 170.2 Rn 3 ff; MünchArbR-*Otto* § 285.
27   Vgl BAG v. 20.12.1963, 1 AZR 429/62, AP Nr 33 zu Art. 9 GG Arbeitskampf; BAG v. 14.02.1978, 1 AZR 76/76, AP Nr 58 zu Art. 9 GG Arbeitskampf; BAG v. 07.06.1988, 1 AZR 372/86, NZA 1988, 883; *Brox/Rüthers* Rn 132 f; dazu noch Rn 707 f; *Kissel* §§ 25 Rn 2 ff, 47 Rn 133 ff.
28   So BAG v. 05.09.1955,1 AZR 480/54, AP Nr 3, BAG v. 20.12.1963, 1 AZR 428/62, AP Nr 32, jew zu Art. 9 GG Arbeitskampf; zust *Löwisch/Rieble*, AK, 170.2 Rn 71 ff.
29   *Konzen* ZfA 1970, 159, 18 f; MünchArbR-*Otto* § 285 Rn 75 ff; *Lieb*, 8. Aufl., Rn 582.
30   Ganz hL, siehe nur BAG v. 26.10. 1971, 1 AZR 113/68, AP Nr 44 zu Art. 9 GG Arbeitskampf; *Brox/Rüthers* Rn 138; MünchArbR-*Otto* § 285 Rn 1 ff (insb 17), 25 ff. Zur Rechtslage bei unklarem Kampfziel *Lieb* ZfA 1982, 113, 115 ff.

widrig. Allerdings können Arbeitskämpfe auch um den Abschluss nur schuldrechtlicher Tarifverträge geführt werden. Deren Rechtmäßigkeit hängt dann davon ab, in welchem Ausmaß auch den Tarifvertragsparteien Vertragsfreiheit eingeräumt ist[31].

Aus dieser Zulässigkeitsvoraussetzung des tariflich regelbaren Ziels ergibt sich die Unzulässig- **586** keit des **politischen Streiks** einschließlich des bloßen **Demonstrationsstreiks**. Der politische Streik ist vor allem rechtswidrig, weil das angestrebte Regelungsziel nur durch staatlichen Hoheitsakt und damit durch Institutionen verwirklicht werden kann, die nach hM nicht unter entsprechenden Druck gesetzt werden dürfen[32].

Für den **Demonstrationsstreik** als bloße Meinungsäußerung, insbesondere zu politischen Fra- **587** gen, soll nach gelegentlich vertretener Auffassung etwas anderes gelten, weil es sich angesichts seiner regelmäßig gegebenen (kurzzeitigen) Befristung dabei nicht um einen auf Willensbeugung abzielenden **Erzwingungsstreik** handeln soll[33]. Dem kann nicht gefolgt werden, weil es sich kein Arbeitgeber gefallen lassen muss, qua Arbeitsniederlegung zum Objekt von Unmutsäußerungen seiner Arbeitnehmer und deren Gewerkschaft gemacht zu werden. Das Mittel der Arbeitsverweigerung trotz an sich bestehender Arbeitspflicht darf vielmehr nur mit dem Ziel des Abschlusses von Tarifverträgen eingesetzt werden. Nur insoweit müssen sich die Arbeitgeber als Mit-Träger der Tarifautonomie eine entsprechende Nachteilszufügung gefallen lassen, zumal solche Nachteile offensichtlich mit jeder, auch kurzzeitig befristeten Arbeitsniederlegung verbunden sind[34].

Immer wieder haben sich Abgrenzungsprobleme zwischen zulässigen Tarifarbeitskämpfen und **588** unzulässigen politischen Streiks dadurch ergeben, dass die Gewerkschaften missliebige gesetzgeberische Vorhaben (Ladenschluss, Karenztage) schon im Vorbereitungsstadium durch tarifliche, den bisherigen Rechtszustand festschreibende Regelungen zu unterlaufen versuchten und zu diesem Zweck auch mit Arbeitskämpfen drohten. Das BAG hat solche Arbeitskampfmaßnahmen als zulässig angesehen, soweit die Gewerkschaften dadurch nur nachteilige Folgen der geplanten Neuregelung beseitigen oder mildern wollten. Im Übrigen hat es aber den bemerkenswerten, der Tarifautonomie Grenzen ziehenden Satz aufgestellt, dem Gesetzgeber stehe es frei, der geplanten Neuregelung dadurch Wirksamkeit zu verschaffen, dass er entsprechende tarifliche Regelungen verbiete[35].

Im Zusammenhang mit der Zulässigkeitsvoraussetzung des tariflich regelbaren Ziels **589** ist auch die Problematik der sog. **Sympathiearbeitskämpfe** zu erwähnen. Diese zeichnen sich dadurch aus, dass Arbeitskampfmaßnahmen nicht nur gegen den möglichen potentiellen Tarifvertragspartner gerichtet werden, sondern auch gegen unbeteiligte Dritte, die die Tarifforderungen selbst gerade nicht erfüllen und damit auch nicht durch Nachgeben ein Ende des Arbeitskampfs herbeiführen können. Daher sind Sympathiearbeitskämpfe grundsätzlich als unzulässig anzusehen (im Einzelnen siehe Rn 688 ff).

---

31 Dazu *Seiter*, Streikrecht und Aussperrungsrecht 1975, S. 485 ff; MünchArbR-*Otto* § 285 Rn 18 ff; zum schuldrechtlichen Teil des Tarifvertrags Rn 472 f.

32 Siehe nur MünchArbR-*Otto* § 274 Rn 36, § 281 Rn 37; aA: *Hueck/Nipperdey II*/2 887 u. 897 f; weitergehend *Däubler-Schumann*, Arbeitskampfrecht, 2. Aufl. 1987 Anm. 187 ff. Zum sog. rundfunkpolitischen Streik vgl MünchArbR-*Otto* § 285 Rn 222 ff; LAG München v. 19.12.1979, 9 Sa 1015/79, EzA Art. 9 GG Arbeitskampf Nr 35 (*Seiter*); *Kissel* § 24 Rn 51 ff.

33 *Reuß* AuR 1966, 264, AuR 1969, 353; *Däubler-Schumann*, Arbeitskampfrecht, 2. Aufl. 1987 Anm. 196 ff.

34 Vgl *Lieb* ZfA 1982, 113, 130 ff; *Löwisch/Rieble*, AK, 170.1 Rn 37 ff; MünchArbR-*Otto* § 285 Rn 41 ff; *Kissel* § 24 Rn 66 ff.

35 Vgl dazu BAG v. 27.06.1989, 1 AZR 404/83, NZA 1989, 969, 974 = EzA Art. 9 GG Arbeitskampf Nr 94 m. krit Anm. *Reuter* insb zur kartellrechtlichen Problematik.

590 Aus dem Rechtmäßigkeitskriterium der Erforderlichkeit eines tarifvertraglich regelbaren Ziels ergibt sich weiter die Unterscheidung zwischen Regelungs- und Rechtsstreitigkeiten und daraus die Folgerung, dass Arbeitskampfdruck mit dem Ziel der Durchsetzung eines bestimmten **Rechtsstandpunkts** unzulässig ist. Den Anlass zur Hervorhebung dieses im Ergebnis weitgehend unstreitigen Punkts bilden die Arbeitsniederlegungen im Streit um die Herabsetzung der Lohnfortzahlung im Krankheitsfall von 100 auf nur noch 80% im Herbst 1996 (dazu bereits Rn 454 f), die selbst unter Zugrundelegung des Rechtsstandpunkts der Gewerkschaften (sog. konstitutive Regelung der Lohnfortzahlung in Tarifverträgen) rechtswidrig waren, weil es dabei um eine reine Rechtsfrage ging[36].

591 cc) Zum Streik darf erst dann aufgerufen werden, wenn die **Friedenspflicht** des vorhergehenden Tarifvertrags mit dessen Ablauf erloschen ist. Dasselbe gilt für die Friedenspflicht aus etwaigen Schlichtungsvereinbarungen[37]. Diese Friedenspflicht ist freilich nur **relativ**, weil sie nur die Regelung im jeweiligen einzelnen Tarifvertrag betrifft, Arbeitskämpfen um **andere** Regelungsziele dagegen nicht entgegensteht[38].

592 dd) Schließlich darf der Streikaufruf nicht gegen das ebenfalls eine Art gesetzlicher Friedenspflicht begründende **ultima-ratio-Prinzip** verstoßen, dh auch nach Ablauf der vertraglichen Friedenspflicht kann die Ausrufung von Arbeitskämpfen doch noch unzulässig und damit rechtswidrig sein, wenn noch nicht alle Verhandlungsmöglichkeiten ausgeschöpft sind, der Arbeitskampf infolgedessen noch nicht erforderlich ist[39]. Zeitliche Begrenzungen der Friedenspflicht, wie sie zum Teil in neueren Schlichtungsabkommen versucht worden sind[40], können daher die Zulässigkeit insbesondere von Warnstreiks für sich allein nicht begründen, da das im Interesse der Allgemeinheit begründete ultima-ratio-Prinzip zwingend sein dürfte.

593 **Fall 41:** Im April 1985 verhandelten die Tarifvertragsparteien des Einzelhandels über den Neuabschluss eines Manteltarifvertrags. Noch während der Verhandlungen wurde das Kaufhaus des verbandsangehörigen Arbeitgebers K samstags von 6.30 h bis 11.50 h bestreikt (sog. Warnstreik). K ist der Ansicht, der Warnstreik sei rechtswidrig (BAG v. 21.06.1988, 1 AZR 651/86, NZA 1988, 846). **Rn 596**

594 Eine Ausnahme von der strikten Geltung des ultima-ratio-Prinzips hatte das BAG zunächst bezüglich des sog. **Warnstreiks** gemacht. Wohl im Hinblick darauf, dass die Arbeitgeberseite jahrelang sog. „spontane Arbeitsniederlegungen" bereits während der Tarifvertragsverhandlungen im Wesentlichen sanktionslos hingenommen hatte, hatte das BAG grundsätzlich einen kurzen befristeten Warnstreik zum Zwecke der Demonstration (künftiger) Kampfbereitschaft schon vor dem Scheitern der Tarifver-

---

36 Zur verwandten Problematik eines (Rechts-) Streits um die Zulässigkeit der außerordentlichen Kündigung von Tarifverträgen vgl *Oetker* RdA 1995, 82, 101 ff mwN.
37 Vgl dazu *Löwisch/Rumler*, AK, 170.11 Rn 16 ff.
38 Dazu nur MünchArbR-*Otto* § 285 Rn 27 ff; MünchArbR-*Löwisch/Rieble* § 277 Rn 1 ff; zur Friedenspflicht umfassend *Kissel* § 26.
39 Dazu umfassend *Seiter* Anm. zu BAG EzA Art. 9 GG Arbeitskampf Nr 54; *Kissel* § 30.
40 Vgl dazu *Kirchner* RdA 1980, 129.

trags- sowie ggf von Schlichtungsverhandlungen zugelassen[41]. Das BAG meinte dazu, dies entspreche noch dem Grundsatz der Verhältnismäßigkeit, weil es wegen der notwendigen kurzzeitigen Befristung nur um „milden" Druck gehe und weil dieser – vor allem – das Ausbrechen eines unbefristeten (Erzwingungs-) Streiks verhindern könne.

Die damit eingeleitete Privilegierung des Warnstreiks hat das BAG zunächst auch **595** dann noch durchgehalten, als die Gewerkschaften (insbesondere die IG Metall) sie zur Entwicklung einer neuen Streiktaktik, der Taktik der sog. **„neuen Beweglichkeit"**, nutzten, die durch Kumulierung vieler kurzzeitiger Arbeitsniederlegungen beträchtlichen, vom Erzwingungsstreik kaum zu unterscheidenden Kampfdruck erzeugte[42]. Dies wurde in der arbeitskampfrechtlichen Literatur ganz überwiegend abgelehnt[43].

Daraufhin gab das BAG die Privilegierung des Warnstreiks zu Gunsten der Auffas- **596** sung auf, zwischen Warn- und Erzwingungsstreik bestehe gar kein rechtlich relevanter Unterschied; für beide gelte vielmehr das ultima-ratio-Prinzip gleichermaßen[44]. – Gleichzeitig verzichtet das Gericht aber entgegen der bisherigen praktischen Übung und der daran orientierten hL auf eine **förmliche, zum Abbruch führende Erklärung** der kampfwilligen Partei, die Verhandlungen seien nunmehr gescheitert und deswegen müsse zum Arbeitskampf übergegangen werden, als Voraussetzung für die Wahrung des ultima-ratio-Prinzips. Stattdessen postulicrtc cs, dic Erklärung des Scheiterns der Verhandlungen liege in der erstmaligen Arbeitsniederlegung selbst, also auch in einem – damit rechtmäßig werdenden – Warnstreik des bisherigen Verständnisses. Damit gelangte es im **Ausgangsfall 41** doch noch zur Zulässigkeit des Streiks.

Nicht unproblematisch ist an diesen Grundsätzen, dass das BAG offenbar von der Vor- **597** stellung ausgeht, trotz einer solch **fingierten Scheiternserklärung** könnten die Verhandlungen weitergehen. Dementsprechend wird der Vorwurf erhoben, die Rechtsprechung entwerte nunmehr das ultima-ratio-Prinzip noch weitergehend, als dies bereits durch die bisherige Warnstreikrechtsprechung geschehen war. Demgegenüber sei nachdrücklich daran festzuhalten, dass sich aus dem ultima-ratio-Prinzip eine deutliche Trennung von Verhandlungs- und Arbeitskampfphase nahezu selbstverständlich ergebe, mögen später auch erneute Verhandlungen wieder aufgenommen werden[45]. Die Auffassung des BAG, die Verhandlungen zwischen den Tarifvertragsparteien könnten weitergeführt werden, obwohl in „verhandlungsbegleitenden"

---

41 BAG v. 17.12.1976, 1 AZR 605/75, AP Nr 51 zu Art. 9 GG Arbeitskampf (erste Warnstreikentscheidung).
42 BAG v. 12.09.1984, 1 AZR 342/81, AP Nr 81 zu Art. 9 GG Arbeitskampf (zweite Warnstreikentscheidung).
43 Vgl nur *Lieb* ZfA 1990, 257; *Löwisch* NZA 1988, Beil. 2, S. 3 ff; *Rüthers* DB 1990, 113; umfassende Darstellung bei *Kissel* § 41.
44 BAG 21.06.1988, 1 AZR 651/86 NZA 1988, 846 (dritte Warnstreikentscheidung) = EzA Art. 9 GG Arbeitskampf Nr 75 (*Konzen*); dazu auch *Hanau*, Aktuelle Probleme des Arbeitskampfrechts 1988, 10; *Buchner* BB 1989, 1334; *Löwisch/Rieble*, AK, 170.2 Rn 115 ff; *Rüthers/Bakker* ZfA 1992, 199.
45 *Lieb* ZfA 1990, 357 ff; aA *Hanau*, Aktuelle Probleme des Arbeitskampfrechts 1988, 10.

Streiks die Erklärung des Scheiterns der Verhandlungen zu sehen sein soll, sei daher in sich widersprüchlich[46].

598 Wenn man – entgegen der zitierten Rechtsprechung – spezielle Warnstreiks anerkennen wollte, ergeben sich aus seiner bloßen Demonstrationsfunktion sowie aus der Tatsache, dass der damit verbundene Druck nur „milde" sein darf, Schädigungen der betroffenen Arbeitgeber also soweit irgend möglich vermieden werden müssen, **spezielle Kampfgrenzen**, die wiederholt deutlich überschritten wurden: Zulässige Warnstreiks müssen **zeitlich eng befristet** sein. Der in der Literatur überwiegend genannte Zeitraum von zwei bis drei Stunden ist eher zu lang, da Kampfbereitschaft auch in kürzerer Zeit ausreichend demonstriert werden kann[47]. Davon sollte auch für die Teilnahme an Demonstrationen – sie sind zur Bekundung der Kampfbereitschaft nicht erforderlich – keine Ausnahme gemacht werden[48]. Besonders „sensible" Zeiträume, dh insbesondere Zeiträume mit starkem Arbeitsanfall (etwa kurz vor Ladenschluss, bei drohender Überschreitung von Ablieferungs- oder Fertigstellungsfristen, insbesondere im Zeitungsbereich[49] etc) sind zu meiden, damit ein weitergehender Schaden als der mit dem Arbeitsausfall unmittelbar verbundene vermieden werden kann. Die **Wiederholung** von Warnstreiks im selben Betrieb sollte unzulässig sein. Dasselbe sollte für auf einen längeren Zeitraum verteilte Warnstreiks („ständige Begleitmusik") gelten; die Warnstreik-„Runde" sollte auf einen überschaubaren, eng begrenzten Zeitraum beschränkt werden. Warnstreiks sollten schließlich – zwecks Ermöglichung der Schadensminderung – den betroffenen Arbeitgebern vorher rechtzeitig **angekündigt** werden[50]. Für die bloße **Demonstration** von Kampfbereitschaft reicht dies aus. Alles andere sind (unzulässige, wenn auch aufschlussreiche) Anleihen aus dem Bereich des Erzwingungsstreiks[51].

599 Im Zusammenhang mit der Prüfung eines Verstoßes gegen die Friedenspflicht oder das ultima-ratio-Prinzip kann die Frage bedeutsam werden, worin denn bereits eine **Kampfmaßnahme** zu erblicken ist. Der Große Senat hatte dazu in dem erwähnten Grundsatzbeschluss ausgeführt, die entscheidende rechtliche Kampfhandlung sei der gewerkschaftliche Streikbeschluss mit der Aufforderung zur Arbeitsniederlegung[52]. Daraus wäre zu folgern gewesen, dass der Beschluss der Gewerkschaft zur Durchführung der Urabstimmung sowie die Urabstimmung selbst nur als arbeitskampfrechtlich nicht relevante Vorbereitungshandlungen anzusehen seien. In einer zweifelhaften und umstrittenen Entscheidung hat das BAG im Urteil zum sog. schleswig-holsteinischen Metallarbeiterstreik allerdings im Wege der Auslegung einer bestimmten, heute nicht mehr geltenden Schlichtungsvereinbarung bereits den Beschluss über die Durchführung einer **Urabstimmung** als friedenspflichtverletzende Kampfmaßnahme angesehen[53]. Zugleich wurde die nicht weniger umstrittene schuldrechtliche Frage verneint, ob gegenüber der Schadensersatzverpflichtung wegen einer solchen angeblichen Friedenspflichtverletzung der Einwand des sog. **rechtmä-**

---

46 *Lieb*, 8. Aufl., Rn 594.
47 Wie hier: *Birk/Konzen/Löwisch/Raiser/Seiter*, Entwurf und Begründung eines „Gesetzes zur Regelung kollektiver Arbeitskonflikte" 1988, 69 f; für einen längeren Zeitraum: *Nickel* AuR 1977, 311, 315; gegen zeitliche Grenzen überhaupt: *Kittner* AuR 1981, 289, 298; Däubler-*Bieback*, Arbeitskampfrecht, 2. Aufl. 1987, Anm. 364; vermittelnd MünchArbR-*Otto* § 286 Rn 33 ff.
48 So aber *Seiter*, BAG-FS 1979, 583, 599.
49 Vgl das Beispiel von *Rüthers* Anm. zu BAG AP Nr 51 zu Art. 9 GG Arbeitskampf.
50 Zu diesen Einschränkungen *Hanau* DB 1982, 377 und *Mayer-Maly* BB 1981, 1774.
51 Nach dem Scheitern der Tarifvertrags- und ggf Schlichtungsverhandlungen sind kurzzeitig befristete Streiks als taktische Elemente ein nunmehr zulässiges Erzwingungsstreiks nach Art einer Nadelstichtaktik an sich bedenkenfrei; auch unterliegen sie jetzt nicht mehr den im Text geforderten Einschränkungen. Zu beachten ist allerdings, dass sich aus einer solchen Kampftaktik Paritätsstörungen ergeben können, weil es dagegen kaum Abwehrmöglichkeiten der Arbeitgeberseite gibt. Vgl zu dieser Problematik insb *Hanau* DB 1982, 377, 382; sowie den aufschlussreichen Sachverhalt der Entscheidung BAG v. 12.11.1996, 1 AZR 364/96, NZA 1997, 393.
52 BAG GS v. 28.01.1955, GS 1/54, AP Nr 1 zu Art. 9 GG Arbeitskampf.
53 BAG v. 08.02.1957, 1 AZR 169/55, AP Nr 2 zu § 1 TVG Friedenspflicht; zust. *Hueck/Nipperdey* II/2 874; abl *Brox/Rüthers* Rn 233 f.

ßigen Alternativverhaltens, dh der Einwand erhoben werden kann, dass der dann rechtmäßige Streik auch bei Zuwarten bis zum Ablauf der Friedenspflicht ausgerufen worden wäre[54].

ee) Umstritten ist, ob wegen Verstoßes gegen die positive individuelle Koalitionsfreiheit ein Streik gegen einen einzelnen, verbandsangehörigen Arbeitgeber mit dem Ziel des Abschlusses eines Firmentarifvertrags als unzulässig angesehen werden muss (unten Rn 613 ff).   **600**

ff) Streitig ist, ob aus dem Verhältnismäßigkeitsprinzip (= Übermaßverbot) **weitere Rechtmäßigkeitsvoraussetzungen** abgeleitet werden können. Diskutiert wird vor allem, ob die Zulässigkeit (= Rechtmäßigkeit) des Streikaufrufs von der vorherigen Durchführung einer **Urabstimmung** sowie eines **Schlichtungsverfahrens** abhängt.   **601**

(1) In Bezug auf die eventuelle Erforderlichkeit einer **Urabstimmung** ist zu unterscheiden zwischen der Frage, ob das Arbeitskampfrecht selbst ein solches Rechtmäßigkeitskriterium enthält, und – falls dies nicht der Fall sein sollte – ob eine Urabstimmung wenigstens dann durchgeführt werden muss, wenn die Satzung der streikführenden Gewerkschaft dies vorsieht. Beides ist zu verneinen. Es handelt sich um bloße Fragen der innerverbandlichen Willensbildung, denen keine Außenwirkung zukommt[55].   **602**

(2) Etwas anders liegen die Dinge in Bezug auf die **Erforderlichkeit** der **Durchführung von Schlichtungsverfahren**[56]. Insoweit liegt die Auffassung nahe, dass vor Durchführung eines solchen Verfahrens, das erfahrungsgemäß häufig doch noch zu einer Einigung führt, noch nicht alle Verhandlungsmöglichkeiten ausgeschöpft sind. Dementsprechend hat der Große Senat des BAG in seinem Beschluss aus dem Jahre 1971 zumindest nachdrücklich dazu aufgefordert, Schlichtungsverfahren zu vereinbaren[57]. Ob ein Arbeitskampf ohne ein solches Schlichtungsverfahren rechtswidrig sein würde, lässt sich den Ausführungen des BAG allerdings nicht mit ausreichender Sicherheit entnehmen. Die Entscheidung wird davon abhängen, ob die Durchführung eines solchen Verfahrens nur den Interessen der beteiligten Verbände dient oder auch im Interesse der Allgemeinheit an der Vermeidung überflüssiger Arbeitskämpfe liegt. Nach teilweise vertretener Auffassung ist Letzteres anzunehmen. Dementsprechend wird gefordert, die Durchführung eines Schlichtungsverfahrens als unabdingbare Rechtmäßigkeitsvoraussetzung anzuerkennen[58].   **603**

---

54 BAG v. 08.02.1957, 1 AZR 169/55, AP Nr 2 zu § 1 TVG Friedenspflicht; allg. zum Einwand rechtmäßigen Alternativverhaltens Rn 209.

55 So auch *Löwisch/Rieble*, AK, 170.2 Rn 68; aA *Hanau/Adomeit* Rn 294; differenzierend: MünchArbR-*Otto* § 285 Rn 106 ff mit Hinweis auf die Möglichkeit einer Beschränkung der Vertretungsmacht mit Außenwirkung im Einzelfall (insb Rn 111). Zur Urabstimmung umfassend *Kissel* § 40.

56 Bei solchen Schlichtungsverfahren kann es sich stets nur um weitere Versuche *gütlicher* Einigung handeln; eine Zwangsschlichtung ist nach heutigem Verständnis unzulässig, vgl dazu MünchArbR-*Löwisch/Rieble* § 246 Rn 103; MünchArbR-*Otto* § 296 Rn 14, mit Einschränkungen in Rn 16. Zur Schlichtungsproblematik *Löwisch/Rumler*, AK, 170.11 Rn 1 ff; *Kissel* § 69 Rn 17 ff.

57 BAG v. 21.04.1971, GS 1/68, AP Nr 43 zu Art. 9 GG Arbeitskampf.

58 Dazu *Lieb*, FS Hanau 1999, 561 ff; *ders.*, 8. Aufl., Rn 600; vgl auch *Löwisch/Rieble*, AK, 170.1 Rn 74; *Rüfner* RdA 1985, 193, 197; aA MünchArbR-*Otto* § 285 Rn 104; vgl auch *Hanau* DB 1982, 377, der im Bereich der Privatwirtschaft primär auf das Interesse der Arbeitskampfparteien abstellen und daher einen Einlassungszwang bei der Schlichtung zur Disposition der Tarifparteien stellen will.

604 (3) Klarzustellen ist in diesem Zusammenhang, dass sich das **Verhältnismäßigkeits-prinzip** grundsätzlich nur auf die Aufstellung und Einhaltung formaler Verfahrensregeln bezieht. Kein zulässiger Gegenstand der Verhältnismäßigkeitsprüfung ist dagegen das Ausmaß der jeweiligen Tarifforderung[59]. Insoweit gibt es keinen ausreichend konkreten Maßstab, an dem sich eine richterliche Inhaltskontrolle orientieren könnte. Diese ist in Bezug auf Tarifforderungen dem Richter daher ebenso verwehrt, wie im allgemeinen Zivilrecht die Überprüfung der Angemessenheit des Verhältnisses von Leistung und Gegenleistung (Ausnahme: § 138 BGB). Wie auch sonst muss dagegen eine **Exzesskontrolle** anerkannt werden: Wird etwa – wie vor einigen Jahren im Bereich der Druckindustrie – ein Arbeitskampf nur noch aus Prestigegründen weitergeführt, obwohl bis auf eine minimale Spanne eine Annäherung bereits erreicht ist, kann die Fortführung des Arbeitskampfs ausnahmsweise unverhältnismäßig und daher rechtswidrig sein[60].

605 Zu erwägen ist aber, ob der Grundsatz der Verhältnismäßigkeit verletzt sein kann, wenn zu Streiks ausgerechnet in Zeiten aufgerufen wird, in denen sich der Arbeitgeber Produktionsunterbrechungen praktisch nicht leisten kann, wie etwa bei den Streiks im November 1996 in der Süßwarenindustrie (kurz vor dem Weihnachtsgeschäft!); auch die erforderliche Parität dürfte hier nicht mehr gegeben sein.

606 (4) Fragwürdig ist auch die Bindung an sog. **Lohnleitlinien** unter dem vagen Aspekt einer **Gemeinwohlbindung** der Tarifvertragsparteien[61]. Im Gegensatz zu solchen, aus dem Bereich der Exekutive stammenden „Orientierungsdaten" müssten dagegen etwaige **gesetzliche Höchstgrenzen** von den Tarifvertragsparteien beachtet werden; denn zumindest in Zeiten allgemeiner wirtschaftlicher Schwäche muss es dem Staat (Gesetzgeber) erlaubt sein, im Interesse des allein ihm anvertrauten Gemeinwohls volkswirtschaftlich schädliche überhöhte Lohnsteigerungen zu verhindern. Insoweit findet auch die Tarifautonomie ihre Grenze am zwingenden staatlichen Gesetzesrecht, zumal Situationen denkbar sind, in denen die Abwehrkraft der Arbeitgeberseite zur Vermeidung überhöhter Lohnsteigerungen nicht ausreicht. Freilich wird es sich dabei um Ausnahmesituationen handeln, deren Voraussetzungen mithilfe einer Abwägung zwischen Tarifautonomie und staatlicher Rechtsetzungsgewalt gewonnen werden müssen. Dabei wird zu beachten sein, dass die Tarifautonomie als bloße, das Koalitionsgrundrecht des Art. 9 Abs. 3 GG erst ergänzende Komplementärgewährleistung an dessen schrankenloser Verbürgung nicht ohne Weiteres teilnimmt.

---

59 BAG v. 10.06.1980, 1 AZR 822/79, AP Nr 64 zu Art. 9 GG Arbeitskampf; MünchArbR-*Löwisch/ Rieble* § 246 Rn 120; *Brox/Rüthers* Rn 195. Dies steht jedoch – entgegen der Auffassung des BAG – der Herausbildung einschränkender Verfahrensregeln nicht entgegen.

60 Dies hält auch das BAG v. 10.06.1980, 1 AZR 822/79, AP Nr 64 zu Art. 9 GG Arbeitskampf für möglich. So auch *Zöllner/Loritz* § 40 VI 4 b (462 f); krit dagegen *Seiter,* Streikrecht und Aussperrungsrecht 1975, 53 f; vgl ferner *Birk/Konzen/Löwisch/Raiser/Seiter,* Entwurf und Begründung eines „Gesetzes zur Regelung kollektiver Arbeitskonflikte" 1988, 34 f; MünchArbR-*Otto* § 285 Rn 124 f.

61 Vgl dazu und zum Folgenden Maunz/Dürig/Herzog/*Scholz* Art. 9 Rn 274; *Seiter* Streikrecht und Aussperrungsrecht 1975, S. 556 560; *Rüfner* RdA 1985, 193; *Birk/Konzen/Löwisch/Raiser/Seiter,* Entwurf und Begründung eines „Gesetzes zur Regelung kollektiver Arbeitskonflikte" 1988; MünchArbR-*Otto* § 285 Rn 92 ff, 188; *Zöllner/Loritz* § 38 V (433 f); dazu *Kissel* § 27.

gg) Ebenfalls unklar sind die Auswirkungen von Verstößen gegen das als solches an **607** sich anerkannte **Prinzip fairer Kampfführung**. Es besagt, dass auch im Arbeitskampf auf den Gegner Rücksicht zu nehmen ist und dass insbesondere die Druckausübung über das unbedingt Erforderliche nicht hinausgehen darf[62]. Daraus ergibt sich die Forderung nach der Zulassung und Durchführung von **Erhaltungsarbeiten** im Arbeitskampf[63] sowie die Beschränkung der Befugnisse von **Streikposten**: Diese haben sich gegenüber Arbeitswilligen auf Überredungsversuche zu beschränken; eine Absperrung bestreikter Betriebe ist rechtswidrig[64]. Das gilt etwa auch für Versuche, während des Arbeitskampfs Fremdarbeiten, zB durch Reparaturkolonnen etc, auf dem Gelände bestreikter Betriebe zu verhindern. Das BAG hat diese Kampfgrenzen mehrfach bestätigt und insbesondere ausgesprochen, dass sog. **Betriebsblockaden** wegen Verletzung des Rechts am eingerichteten und ausgeübten Gewerbebetrieb rechtswidrig sind[65]. Die kampfführende Gewerkschaft haftet dabei für ihre Organe (auch für deren Unterlassen bei gebotenem Einschreiten gegen rechtswidrige Einzelaktionen) gemäß § 31 BGB und für rechtswidriges Handeln von Streikposten gemäß § 831 BGB. Der Streik als solcher soll dagegen erst dann rechtswidrig sein, wenn rechtswidrige Handlungen zum Kampfplan gehört haben sollten, nicht dagegen bei unterlassenem Eingreifen gegenüber einzelnen Exzessen.

Vor einiger Zeit war der – an sich erwünschte – Abschluss sog. **Notdienstvereinba-** **608** **rungen**, in denen der Umfang der Erhaltungsarbeiten sowie die dafür einzusetzenden, von Streik und Aussperrung auszunehmenden Arbeitnehmer festgelegt wurden, streitig geworden, weil die Gewerkschaft versuchte, den Abschluss solcher Notdienstvereinbarungen von der Zusage der Arbeitgeber abhängig zu machen, keine Arbeitnehmer außer den in der Notdienstvereinbarung genannten zu beschäftigen. Dies hatte das BAG zunächst als unzulässig verworfen, ehe der neu besetzte Erste Senat mithilfe der Erfindung einer sog. Stilllegungsbefugnis des Arbeitgebers (dazu Rn 662 f) solchen Notdienstvereinbarungen den Weg ebnete[66].

hh) Wenig geklärt – und von der allgemeineren Problematik der Gemeinwohlbindung **609** zu trennen – ist die Frage nach der Existenz besonderer Kampfgrenzen bei **Arbeitskämpfen im öffentlichen Dienst**[67]. Dort ist im Wesentlichen unstreitig nur, dass Be-

---

62 Vgl dazu *Hueck/Nipperdey II/2* 1028 ff; *Brox/Rüthers* Rn 165; *Birk/Konzen/Löwisch/Raiser/Seiter*, Entwurf und Begründung eines „Gesetzes zur Regelung kollektiver Arbeitskonflikte" 1988, 55; MünchArbR-*Otto* § 282 Rn 95.

63 Dazu BAG v. 30.03.1982, 1 AZR 265/80, AP Nr 74 zu Art. 9 GG Arbeitskampf mit Anm. *v. Stebut* = SAE 1983, 55 mit Anm. *Hromadka; Löwisch/Mikosch* ZfA 1978, 153; *Birk/Konzen/Löwisch/Raiser/ Seiter*, Entwurf und Begründung eines „Gesetzes zur Regelung kollektiver Arbeitskonflikte" 1988, 54 ff; MünchArbR-*Otto* § 285 Rn 138 ff, 206; dazu *Kissel* § 43.

64 Vgl *Seiter*, Streikrecht und Aussperrungsrecht 1975, 520 f; *Birk/Konzen/Löwisch/Raiser/Seiter* (Fn 16), 51 f; MünchArbR-*Otto* § 287 Rn 3 ff; *Kissel* § 42 Rn 76 ff.

65 BAG v. 21.06.1988, 1 AZR 653/86, NZA 1988, 884 = EzA Art. 9 GG Arbeitskampf Nr 75, 76 (*Konzen*); einschränkend aber BAG v. 08.11.1988, 1 AZR 417/86, NZA 1989, 475, 478. Vgl auch *Löwisch* DB 1995, 1330; MünchArbR-*Otto* § 286 Rn 58 ff; *Zöllner/Loritz* § 40 IV 4 (457); *Kissel* § 61 Rn 101.

66 BAG v. 14.12.1993, 1 AZR 550/93, NZA 1994, 331, 333 = SAE 1995, 250 ff und 254 ff m. krit Anm. *Lieb*; generell zum Notdienst *Bauer/Haußmann*, DB 1996, 881.

67 Dazu generell *Löwisch/Krauß*, AK, 170.9 Rn 1 ff; zur Problematik der Tariffähigkeit der Arbeitgeber des öffentlichen Dienstes siehe bereits Rn 559.

amte im Hinblick auf die Eigenart ihrer Rechtsstellung sowie insbesondere im Hinblick darauf, dass ihre Bezüge durch Gesetz und nicht durch Tarifvertrag festgelegt werden, kein Streikrecht haben[68]. Nach hL dürfen auch Angestellte und Arbeiter des öffentlichen Dienstes nicht streiken, wenn sie hoheitliche Funktionen ausüben oder in lebenswichtigen Versorgungsbetrieben tätig sind[69]. So verdienstvoll ein solcher Grundsatz ist, so zweifelhaft ist bisher, was insbesondere unter lebensnotwendigen Versorgungsbetrieben zu verstehen ist.

610 Entgegen der von Gewerkschaftsseite mehrfach verlautbarten Auffassung dürfte dazu jedenfalls der Bereich der Versorgung mit Energie, Gas, Wasser etc uneingeschränkt gehören. Darüber hinaus sollte jedoch grundsätzlich mehr als bisher bedacht werden, dass Arbeitsniederlegungen im öffentlichen Dienst deshalb aus dem sonstigen Arbeitskampfgeschehen (in der Privatwirtschaft) in qualitativ relevanter Weise herausfallen, weil sie hier ihr Ziel der Druckausübung durch Nachteilszufügung gegenüber dem Arbeitgeber kaum erreichen können. Im Gegensatz zur Privatwirtschaft entstehen für öffentliche Arbeitgeber kaum wirtschaftlich relevante Nachteile. Diese treffen vielmehr fast ausschließlich **Unbeteiligte**, nämlich auf die Dienstleistungen der öffentlichen Hand angewiesene **Dritte**, wie etwa die Benutzer öffentlicher Verkehrsmittel, die auf die Bewilligung der Kampfforderungen überhaupt keinen Einfluss haben. Dies zwingt zumindest zu einer sehr restriktiven Handhabung der Streikbefugnisse im öffentlichen Dienst; dem Verhältnismäßigkeitsgrundsatz muss hier im Hinblick auf die unvermeidliche und unmittelbare Schädigung Dritter erheblich mehr Aufmerksamkeit geschenkt werden[70].

611 Innerhalb der dargelegten Kampfgrenzen ist der Streik rechtmäßig, dementsprechend können weder aus der Lahmlegung des Unternehmens (Aspekt des Eingriffs in den eingerichteten und ausgeübten Gewerbebetrieb) noch aus dem tatbestandsmäßig gegebenen Arbeitsvertragsbruch rechtliche Konsequenzen gezogen werden. Beides steht im Einklang mit der Rechtsordnung.

c) Umfang

612 In welchem Umfang Streiks durchgeführt werden sollen, ob also insbesondere nur Teile der Belegschaft bestreikter Betriebe die Arbeit niederlegen (Teilstreik) oder ob der Streik auf einzelne ausgewählte Betriebe beschränkt werden soll (Schwerpunktstreik), ist rechtlich nicht determiniert, mithin Angelegenheit freier Kampftaktik. Allerdings ist es nicht ausgeschlossen, dass künftig – als Auswirkung der Rechtsprechung zur Aussperrungsbefugnis der Arbeitgeber (dazu unter II) – auch hier Zahlengrenzen zu beachten sein werden[71]. Frei sind die Gewerkschaften – innerhalb

---

68 Vgl *Löwisch/Rieble*, AK, 170.1 Rn 28 f; *Löwisch/Krauß*, AK, 170.9 Rn 1 ff; MünchArbR-*Otto* § 285 Rn 190 ff.

69 Vgl dazu *Brox/Rüthers* Rn 537 ff; *Seiter*, Streikrecht und Aussperrungsrecht 1975, 546 ff; MünchArbR-*Otto* § 285 Rn 204 ff; *Birk/Konzen/Löwisch/Raiser/Seiter*, Entwurf und Begründung eines „Gesetzes zur Regelung kollektiver Arbeitskonflikte" 1988, 54 f, 56 f; sehr vorsichtig *Kissel* § 28 Rn 6 ff.

70 Dazu eingehend *Seiter*, Streikrecht und Aussperrungsrecht 1975, 552 f; *Birk/Konzen/Löwisch/Raiser/ Seiter*, Entwurf und Begründung eines „Gesetzes zur Regelung kollektiver Arbeitskonflikte" 1988, 35; MünchArbR-*Otto* § 285 Rn 187 f, 206. Zu Sonderproblemen der Rechtmäßigkeit von Arbeitskämpfen im Luftverkehr *Löwisch* ZfA 1988, 137; zu Sonderproblemen im Bereich der Seeschifffahrt Rn 699.

71 Überlegungen in diese Richtung finden sich zB bei *Seiter* RdA 1981, 65, 89 f; *Lieb* DB 1980, 2188, 2190; *Rüthers* Anm. zu BAG EzA Art. 9 GG Arbeitskampf Nr 37; ausdrücklich abl BAG v. 11.08.1992, 1 AZR 103/93, NZA 1993, 39, 40. Die Frage nach einer Beschränkung des Streikrechts

der durch Friedenspflicht und Verhältnismäßigkeit gezogenen Grenzen – auch in der Wahl des Zeitpunkts des Streikbeginns und in der Auswahl des Streikgebiets; Letzterem kommt deswegen besondere Bedeutung zu, weil sich die Tendenz immer stärker durchsetzt, nur in einem bestimmten Tarifgebiet einen Arbeitskampf durchzuführen und dessen Ergebnisse dann ohne große Veränderungen auf die übrigen Tarifgebiete einer Branche, möglicherweise sogar auf andere Branchen, zu übertragen. Aus rein kampftaktischen Überlegungen heraus ist schließlich auch die Frage zu entscheiden, ob Verbands- oder aber (Stichwort: **betriebsnahe Tarifpolitik**) Firmentarifverträge angestrebt werden sollen (dazu aber auch Rn 471 ff, 671 f sowie 681 zur besonderen Taktik des sog. Wellenstreiks).

3. Unzulässigkeit der Erzwingung von Firmentarifverträgen mit verbandsangehörigen Arbeitgebern?

Ein Sonderproblem der an einen Streik zu stellenden Rechtmäßigkeitsanforderungen stellt die Frage nach der Zulässigkeit der Erzwingung von Firmentarifverträgen mit verbandsangehörigen Arbeitgebern dar. Mit der hL ist davon auszugehen, dass das Grundrecht des Art. 9 Abs. 3 GG mit all seinen Komplementärgewährleistungen im dargelegten Umfang auch den einzelnen **Arbeitgebern** und deren Vereinigungen zusteht[72]. Das bedeutet zunächst, dass der Einzelarbeitgeber ebenso wie die Arbeitgeberverbände eigenständig Tarifverträge abschließen kann. Wie bereits dargelegt, ist dieses Recht mit § 2 Abs. 1 TVG auch einfachgesetzlich verankert. Daneben hat ein Arbeitgeber aber auch die Möglichkeit, in einen Arbeitgeberverband einzutreten und sich damit der verbandlichen Tarifpolitik in Form eines Verbandstarifvertrags zu unterwerfen. In diesem Zusammenhang ist insbesondere zu fragen, ob ein einzelner verbandsangehöriger Arbeitgeber mit Blick auf seine Tariffähigkeit mit dem Ziel des Abschlusses eines Firmentarifvertrags bestreikt werden darf. Insoweit ist zu differenzieren: **613**

Während des **Bestehens eines Verbandstarifvertrags** kommt dessen Friedenspflicht (unstreitig) auch dem einzelnen Arbeitgeber mit der Folge zugute, dass Arbeitskampfmaßnahmen nach den allgemeinen Regeln wegen eines Verstoßes gegen die Friedenspflicht unzulässig sind. Dies gilt auch für solche (bisherigen Außenseiter-) Arbeitgeber, die dem Verband erst nach Abschluss des Verbandstarifvertrags beitreten (zulässige „Flucht in den Arbeitgeberverband")[73].   **614**

Schwieriger ist die **Rechtslage nach Ablauf eines Tarifvertrags**, also etwa während des Verhandlungs- oder gar Arbeitskampfstadiums um einen neuen Tarifvertrag, wenn die Gewerkschaft versucht, einzelne verbandsangehörige Arbeitgeber zwecks   **615**

---

stellt sich auch im Hinblick auf neue Streiktaktiken der Gewerkschaften, so zB die Unterbrechung eines Streiks, um dem Arbeitgeber die Feiertagslohnzahlung aufzuerlegen; dazu BAG v. 11.05.1993, 1 AZR 649/792, NZA 1993, 809 und BAG v. 01.03.1995, NZA 1995, 954 = SAE 1996, 90 mit Anm. *Walker*.

72 Vgl dazu nur *Scholz* ZfA 1980, 357.
73 Ganz hM, vgl nur *Konzen* ZfA 1975, 401, 424; *v. Hoyningen-Huene* ZfA 1980, 453, 469 f; *Lieb*, FS Kissel 1994, 653; *Reuter* NZA 2001, 1097.

späterem Abschluss von Firmentarifverträgen aus dem Geltungsbereich des neuen Verbandstarifvertrags herauszuhalten; denn dann versagt der Aspekt der möglichen Verletzung der Friedenspflicht. Das Gleiche gilt, wenn nicht die den Verbandstarifvertrag abschließende, sondern eine andere (Zweit-) Gewerkschaft den Arbeitgeber auf Abschluss eines Firmentarifvertrages in Anspruch nimmt. Auch hier steht die verbandstarifvertragliche Friedenspflicht der Rechtmäßigkeit von Arbeitskampfmaßnahmen nicht entgegen.

616   In diesem Fall richtet sich die Beurteilung der Rechtmäßigkeit des Streiks nach der Beurteilung der widerstreitenden Interessen. Bei einem sog. Firmenarbeitskampf mit einem verbandsangehörigen Arbeitgeber stehen sich kollidierend die **positive individuelle Koalitionsfreiheit** des einzelnen Arbeitgebers, gerichtet auf Einbeziehung (nur) in den Verbandstarifvertrag, und die kollektive Koalitionsfreiheit des Arbeitgeberverbandes, gerichtet auf das Interesse für ihre Mitglieder ausschließlich die tarifvertraglichen Arbeitsbedingungen zu regeln, einerseits, sowie das möglicherweise auf der Ebene der **kollektiven Koalitionsfreiheit** gewährleistete Interesse der Gewerkschaft am Abschluss von Firmentarifverträgen andererseits gegenüber[74].

617   Die Frage, ob die Interessen der Gewerkschaft oder diejenigen der Arbeitgeberseite als vorzugswürdig anzusehen sind, ist seit Jahrzehnten heftig umstritten. Für eine Bevorzugung der Arbeitgeberinteressen werden mehrere Gründe vorgebracht[75]: An der Spitze steht die Überlegung, dass der durch die individuelle positive Koalitionsfreiheit verfassungsrechtlich gewährleistete Verbandsbeitritt gerade mit der Überlegung erfolgt, dem sozialen Gegenspieler nicht mehr als Einzelner gegenübertreten zu müssen, sondern künftig den Schutz des Kollektivs in Anspruch nehmen zu dürfen. Hiernach schließt die individuelle positive Koalitionsfreiheit die Erzwingbarkeit von Firmentarifverträgen gegenüber verbandsangehörigen Arbeitgebern generell aus. Darüber hinaus wird geltend gemacht, die Einbeziehung des Einzelarbeitgebers in einen Firmenarbeitskampf sei auch im Hinblick auf den Grundsatz der Arbeitskampfparität bedenklich. Im Verhältnis von Einzelarbeitgeber und Gewerkschaft könne von Parität in aller Regel nicht die Rede sein. Zu befürchten und zu berücksichtigen sei vielmehr insoweit eine deutliche strukturelle, der Parität entgegenstehende Unterlegenheit des Einzelarbeitgebers, die gerade für eine Unzulässigkeit der streikweisen Durchsetzung eines Firmentarifvertrags spreche[76].

618   Unter dem Aspekt der fehlenden sozialen Mächtigkeit des Einzelarbeitgebers wird teilweise dessen Arbeitskampffähigkeit sogar generell bezweifelt[77]. Dies geht letztlich zu weit, weil Firmentarifverträge dann von **Außenseiterarbeitgebern** nur noch freiwillig abgeschlossen werden könnten; zumindest ihnen gegenüber muss die Möglichkeit der kampfweisen Durchsetzung aber erhalten bleiben, weil sonst eine tarifvertragliche Regelung überhaupt nicht erzwingbar wäre.

619   Ein anderer Argumentationsansatz, mit dem die Unzulässigkeit des Streiks gegen den verbandsangehörigen Arbeitgeber begründet wird, ist schließlich die Verletzung der kollektiven Koalitionsfreiheit des Arbeitgeberverbandes in Form der **Bestands- und Betätigungsgarantie**. Teilweise wird vorgebracht, dass jede Streikmaßnahme der Gewerkschaft auf Abschluss eines Firmentarifvertrags gegen einen verbandsangehörigen Arbeitgeber auf das Herauslösen des Arbeitgebers aus der Solidargemeinschaft des Verbandes gerichtet sei und daher dessen Mitglieder-

---

74   Dazu *Löwisch/Rieble*, AK, 170.2 Rn 355 ff.
75   Ausführlich *Lieb* DB 1999, 2058 ff.
76   *Lieb*, 8. Aufl., Rn 463.
77   So *Hergenröder* Anm. zu BAG EzA § 2 TVG Nr 20; ähnlich *G. Müller* RdA 1990, 322; vgl auch *Rieble* Anm. zu BAG SAE 1991, 317 sowie jetzt vor allem *Matthes*, FS Schaub 1998, 477.

bestand beeinträchtige[78]. Daneben wird auch mit einer Verletzung der Betätigungsfreiheit des Arbeitgeberverbandes durch den Streik argumentiert: Der im Wege des Arbeitskampfes erzwungene Abschluss eines Firmentarifvertrags nehme dem Verband die Möglichkeit, Verbandstarifverträge für das betreffende Mitglied abzuschließen und hindere ihn damit daran, für seine Mitglieder eine einheitliche Tarifordnung zu schaffen[79].

Die hL[80] und die Instanzrechtsprechung[81] und nun mehr auch das BAG[82] bejahen indes **620** die Zulässigkeit des Streiks gegen den verbandsangehörigen Arbeitgeber. Argumentativ untermauert wird diese Auffassung vor allem mit der durch § 2 Abs. 1 TVG normierten uneingeschränkten Tariffähigkeit des einzelnen Arbeitgebers, aus der sich auch seine uneingeschränkte Arbeitskampffähigkeit ableiten lasse[83]. Demgemäß soll die Rechtmäßigkeit des Streiks lediglich an den allgemeinen arbeitskampfrechtlichen Rechtmäßigkeitsvoraussetzungen – insbesondere komme es auf die Friedenspflicht an – zu messen sein (hierzu bereits Rn 591).

Eine spezielle Variante der Problematik der Zulässigkeit des Arbeitskampfs gegen den ver- **621** bandsangehörigen Arbeitgeber ist die in heftig umstrittene Frage, ob ein sog. „**Firmentarifsozialplan**" streikweise von den Gewerkschaften gegen einzelne Unternehmen durchgesetzt werden kann. Der Abschluss eines Sozialplans ist in §§ 111 ff BetrVG gesetzlich normiert. Hiernach ist der Arbeitgeber gesetzlich verpflichtet, vor einer Betriebsänderung, zu der insbesondere die teilweise oder vollständige Stilllegung des Betriebes gehört (§ 111 S. 3 Nr 1 BetrVG), mit dem Betriebsrat über das „Ob" und die Art und Weise der Durchführung der geplanten Maßnahme zu verhandeln (siehe hierzu auch Rn 879 ff). Im Zuge der bei deutschen Unternehmen in den vergangenen Jahren immer beliebter werdenden Maßnahme der Betriebsverlagerung in sog. Billiglohnländer[84] ist insbesondere die IG Metall dazu übergegangen, eine dem betriebsverfassungsrechtlichen Sozialplan entsprechende Tarifforderung kampfweise geltend zu machen, um hierdurch Standortverlagerungen durch Zusatztarifverträge „sozialverträglicher" zu gestalten. Die Rechtmäßigkeit entsprechender Firmenarbeitskämpfe ist heftig umstritten. In jüngerer Zeit haben verschiedene Landesarbeitsgerichte[85] die streikweise Durchsetzung der Firmentarifsozialpläne gebilligt. Diese Entscheidungen sind im arbeitsrechtlichen Schrifttum überwiegend auf Kritik gestoßen[86]. Neben generellen Zweifeln an der Rechtmäßigkeit von Firmenarbeitskämpfen gegen verbandsangehörige Arbeitgeber wird die ablehnende Haltung im Wesentlichen auf zwei Argumente gestützt. Zum Einen wird vorgebracht, das BetrVG enthalte eine vorrangige Rege-

---

78 *Beuthien* BB 1975, 477, 479; *Boldt* RdA 1971, 257, 260 ff; *Krichel* NZA 1986, 731, 735; in diese Richtung auch *Hanau/Thüsing* ZTR 2002, 506, 509.

79 *Kleinke/Kley/Walter* ZTR 2000, 499, 502; *Schleusener* NZA 1998, 239, 242.

80 Statt vieler siehe nur: *Jacobs* ZTR 2001, 249, 252; *Gamillscheg*, KollArbR Bd. I, § 21 S. 1006 f; *Kissel* § 25 Rn 121 ff; *Löwisch/Rieble*, AK 170.2 Rn 7; *Konzen*, FS Kraft 1998, 315.

81 LAG Düsseldorf v. 31.07.1985, LAGE Art. 9 GG Arbeitskampf Nr 21; LAG Hamm v. 08.08.1985, 8 Sa 1498/85, NZA 1985, 743 f; LAG Köln v. 14.06.1996, LAGE Art. 9 GG Arbeitskampf Nr 63; LAG Köln v. 21.11.2001, 5 Sa 818/01, AP Nr 160 zu Art. 9 GG Arbeitskampf.

82 BAG v. 10.12.2002, 1 AZR 96/02, NZA 2003, 734; bestätigt durch BVerfG v. 10.09.2004, 1 BvR 1191/03, NZA 2004, 1338

83 LAG Düsseldorf v. 31.07.1985, LAGE Art. 9 GG Arbeitskampf Nr 21; LAG Köln v. 14.06.1996, LAGE Art. 9 GG Arbeitskampf Nr 63; *Jacobs* ZTR 2001, 249, 252.

84 Überblick zu dieser Entwicklung bei *Adomeit*, Regelung von Arbeitsbedingungen und Ökonomische Notwendigkeiten 1996, 16 f; *Hüther* in: Busch/Frey/Hüther/Rehder/Streeck, Tarifpolitik im Umbruch 2005, 8 ff; *Konzen* NZA 1995, 913, 916.

85 LAG Schleswig-Holstein v. 27.03.2003, 5 Sa 137/03, NZA-RR 2003, 592; LAG Niedersachsen v. 02.06.2004, 7 Sa 819/04, n.v.; jüngst HessLAG v. 02.02.2006, 9 Sa 915/05, AuR 2006, 120.

86 *Bauer/Krieger* NZA 2004, 1019; *Nicolai* NZA 2006, 33; *Reichold* BB 2004, 2814; *Rolfs/Clemens* DB 2003, 1576; *dies.* NZA 2004, 410; früher bereits ablehnend *Lieb* DB 1999, 2058.

lungsbefugnis des Betriebsrates, die nicht durch einen von den Gewerkschaften getragenen Arbeitskampf unterlaufen werden dürfe. Zum anderen wird die Kritik darauf gestützt, dass durch die streikweise Durchsetzung von Firmentarifsozialplänen in die Unternehmensautonomie der Arbeitgeber eingegriffen werde, da diese bei einer entsprechenden Höhe der Forderungen nicht mehr frei über das „Ob" der Betriebsverlagerung entscheiden könnten, auch wenn die Forderung formal betrachtet lediglich die Art und Weise der Durchführung betreffe. Nach dem gesetzgeberischen Willen sei jedoch gerade nur das „Wie" einer betrieblichen Maßnahme einschränkbar, da die §§ 111 ff BetrVG hierzu abschließende Verpflichtungen des Arbeitgebers enthielten[87].

4. Deliktsrechtliche Einordnung

622 Noch immer nicht ganz geklärt ist hingegen die deliktsrechtliche Würdigung des Streiks. Dafür sind vor allem zwei Fragen bedeutsam: Einmal die Frage nach dem **verletzten Rechtsgut (Tatbestandsmäßigkeit)** und zum zweiten diejenige nach der **Rechtswidrigkeit bzw Rechtfertigung**.

623 a) Bezüglich der ersten Frage ging man früher davon aus, dass das durch den Streik betroffene Unternehmen als solches kein spezielles Rechtsgut im Sinne des § 823 Abs. 1 BGB darstelle; infolgedessen konnte sich eine deliktsrechtliche Haftung allenfalls aus § 826 BGB ergeben, wobei die **Verletzung der Prinzipien fairer Kampfführung** im Vordergrund stand[88]. Diese deliktsrechtlich restriktive Behandlung des Arbeitskampfgeschehens entsprach der grundsätzlichen Arbeitskampffreiheit, wie sie mit der Anerkennung der individualrechtlichen Betrachtungsweise verbunden war; besondere Rechtmäßigkeitsvoraussetzungen, deren Verletzung zu einer erweiterten deliktsrechtlichen Verantwortlichkeit hätten führen können, gab es außer der Kündigung für den damaligen Arbeitskampf noch nicht. In erkennbarem Sinnzusammenhang mit der nur wenig später zum Durchbruch gelangten kollektivrechtlichen Betrachtungsweise des Arbeitskampfs, die – wie dargestellt – die Herausarbeitung einer ganzen Reihe spezieller Zulässigkeitsvoraussetzungen notwendigerweise mit sich brachte, wurde dann jedoch die Auffassung herrschend, das von der Rechtsprechung seit längerem bereits für den Bereich des Wettbewerbsrechts als sonstiges Recht im Sinne von § 823 Abs. 1 BGB anerkannte Recht am eingerichteten und ausgeübten Gewerbebetrieb könne auch durch (rechtswidrige) Arbeitskämpfe verletzt werden[89]. Mitentscheidend war dafür wohl die Tatsache, dass die Rechtsprechung die Beschränkungen des Schutzbereichs auf unmittelbar den Bestand des Unternehmens gefährdende Eingriffe aufgegeben und auch den Schutz der bloßen unternehmerischen Betätigung einbezogen hatte[90].

---

87 So insbesondere *Bauer/Krieger* NZA 2004, 1019, 1021 ff; *Nicolai* NZA 2006, 33, 34 ff; *Reichold* BB 2004, 2814, 2815 ff, jew im Einzelnen mit differenzierenden Begründungen; aA ausdrücklich Hess-LAG v. 02.02.2006, 9 Sa 915/05, AuR 2006, 120.

88 Zur dogmengeschichtlichen Entwicklung vgl die ausführliche Darstellung bei *Seiter*, Streikrecht und Aussperrungsrecht 1975, 443 ff; umfassend *Kissel* § 47.

89 StRspr und hL, vgl nur BAG v. 07.06.1988, 1 AZR 372/86, NZA 1988, 883; *Brox/Rüthers* Rn 334 ff, 369; MünchArbR-*Otto* § 289 Rn 6 f; *Löwisch/Meier-Rudolph* JuS 1982, 237; krit *Zöllner/Loritz* § 40 IV 1 c (455 f).

90 Grundlegend BGH v. 26.10.1951, I ZR 8/51, BGHZ 3, 270, 279 f.

Diese Auffassung ist vor allem unter ideologischen Aspekten immer wieder angegrif- **624**
fen worden; gegen sie hat sich aber auch *Seiter*[91] gewandt, der im Recht am eingerichteten und ausgeübten Gewerbebetrieb keinen zureichenden Ansatzpunkt für die deliktsrechtliche Erfassung des Arbeitskampfs sieht und daher einerseits zu § 826 BGB
zurückkehren, andererseits aber ergänzend auf § 823 Abs. 2 BGB abstellen möchte,
dh insbesondere die (oben dargelegten) **Kriterien für die Rechtmäßigkeit eines
Streiks** als (richterrechtlich entwickelte) **Schutzgesetze** ansehen und daher bei deren
Verletzung Schadensersatzansprüche gemäß § 823 Abs. 2 BGB gewähren will. Letzteres entspricht einer allgemeineren deliktsrechtlichen Entwicklungstendenz, die etwa
auch Verkehrspflichtverletzungen aus § 823 Abs. 1 BGB herausnehmen und als
Schutzgesetzverletzungen in Abs. 2 ansiedeln will[92]. Sie ist jedoch noch nicht zum
Durchbruch gelangt und außerdem selbst mit Unklarheiten behaftet. Unter diesen
Umständen ist es vorzugswürdig, an der bisher hL festzuhalten und das Recht am eingerichteten und ausgeübten Gewerbetrieb als ein Rechtsgut anzusehen, das durch
Streiks verletzt werden kann[93]. Dies harmoniert im Übrigen mit der ganz unbestreit-
baren Beobachtung, dass ja gerade die Lahmlegung des ganzen Betriebs und damit
der Eingriff in den Gewerbebetrieb das bewusste und gewollte Ziel kollektiver Arbeitsniederlegung ist.

b) Ebenfalls problematisch ist die Beantwortung der zweiten Frage nach der Beurtei- **625**
lung der Rechtswidrigkeit. In der Literatur dominiert mit Nuancen die Auffassung,
beim Recht am eingerichteten und ausgeübten Gewerbebetrieb handele es sich deliktsrechtlich nur um ein sog. **Rahmenrecht**. Dessen Besonderheit besteht darin, dass
zumindest hier der Eingriff, die tatbestandsmäßige Verletzung, die Rechtswidrigkeit
nicht indizieren kann; diese muss vielmehr **positiv** festgestellt werden[94]. Dies entspricht der hL im Deliktsrecht zur Reichweite des Rechtsguts „Recht am eingerichteten und ausgeübten Gewerbebetrieb". Sie beruht darauf, dass dieses Rechtsgut im
Wettbewerbsrecht, für das es ursprünglich entwickelt worden ist, in zahlreichen Fällen
durch (faire) Wettbewerbshandlungen tatbestandsmäßig verletzt wird, ohne dass man
der herrschenden Wettbewerbsfreiheit wegen daraus ein Indiz für die Rechtswidrigkeit ableiten könnte.

Diese Vorstellung lässt sich indessen bei genauerem Zusehen auf das Arbeitskampf- **626**
recht bzw auf die Prüfung der Rechtswidrigkeit von Streiks nicht ohne Weiteres übertragen, weil es eine der Wettbewerbsfreiheit gleichkommende Arbeitskampffreiheit
nicht gibt: Während das Wettbewerbsrecht von der Vorstellung beherrscht wird, der
freie Wettbewerb sei trotz der damit verbundenen (gewollten, erwünschten und infolgedessen erlaubten) Beeinträchtigung konkurrierender Unternehmen die Regel und

---

91 *Seiter*, Streikrecht und Aussperrungsrecht 1975, 455 ff gegen *Wiethölter* KritJ 1970, 121; AltKomm-
Däubler § 823 Rn 45; *ders.*, Streik und Aussperrung, 545 f.
92 So insb *v. Bar*, Verkehrspflichten 1980, 157 ff und MünchKommBGB-*Mertens* § 823 Rn 3 ff, 177 ff.
93 Grundsätzlich gegen die Anerkennung eines Rechts am eingerichteten und ausgeübten Gewerbebetrieb jedoch nachdrücklich *Larenz/Canaris*, II/2, 13. Aufl. 1994, § 81 (insb S. 544 ff).
94 Vgl dazu nur MünchKommBGB-*Mertens* § 823 Rn 484. Manche bestreiten schon die Tatbestandsmäßigkeit (rechtmäßiger) Eingriffe; dem steht entgegen, dass sich die Rechtmäßigkeitsfrage überhaupt nur dann stellt, wenn eine aus diesem Grunde selbstständig festzustellende Rechtsgutsverlet-
zung (= Tatbestandmäßigkeit) vorliegt.

die Rechtswidrigkeit (infolge von Verletzungen konkurrentenschützender Normen) die – zu beweisende – Ausnahme, liegen die Verhältnisse beim Arbeitskampfrecht gerade umgekehrt: Dort ist der Betrieb des Arbeitgebers für gewerkschaftliche Eingriffe im Regelfall tabu, nur in ganz bestimmten, eng begrenzten Ausnahmefällen und daher unter Beachtung strenger Rechtmäßigkeitskriterien darf ausnahmsweise zur Erreichung bestimmter Ziele als ultima ratio in den Betrieb des Arbeitgebers und damit in dessen Recht am eingerichteten und ausgeübten Gewerbebetrieb durch Arbeitsniederlegungen eingegriffen werden.

627 Diesem völlig unterschiedlichen Verhältnis von Regel und Ausnahme muss das Recht Rechnung tragen, indem es zur klassischen, gerade auf dieser Gefährdungssituation beruhenden Vorstellung zurückkehrt, der vorsätzliche und gezielte Eingriff in ein insoweit umfassend geschütztes Rechtsgut indiziere die Rechtswidrigkeit. Dafür spricht im Übrigen – gerade wiederum im Vergleich mit dem Wettbewerbsrecht – auch die wesentlich größere Intensität des mit Arbeitsniederlegungen verbundenen, damit bezweckten Eingriffs: Die bewusste Lahmlegung ganzer Betriebe ist ein so weitgehender, so singulärer Eingriff, wie er im Wettbewerbsrecht überhaupt keine Parallele hat. Auch dem muss das Recht Rechnung tragen[95].

628 Entgegen der wohl hL, die sich mit dieser Frage bisher kaum beschäftigt hat, ist daher davon auszugehen, dass der mit kollektiven Arbeitsniederlegungen verbundene Eingriff in das Recht am eingerichteten und ausgeübten Gewerbebetrieb die **Rechtswidrigkeit** indiziert. Der Eingriff muss daher gerechtfertigt werden, und er ist ohne Weiteres gerechtfertigt, wenn die bereits dargestellten Zulässigkeitsvoraussetzungen vorliegen. Zu beweisen hat dies der Eingreifer, also etwa die streikführende Gewerkschaft, bzw umgekehrt, nämlich im Fall von Aussperrungen, der damit in die Rechtsverhältnisse seiner Arbeitnehmer eingreifende Arbeitgeber.

629 Diese **Beweislastfrage** hat sich bisher vor allem im Zusammenhang mit der Zulässigkeitsvoraussetzung der Verfolgung tariflich regelbarer Ziele gestellt. Das BAG hat versucht, hier unter bestimmten Umständen mit der Vermutung der Rechtmäßigkeit eines Streiks zu helfen[96]. Dafür bestand weder methodisch noch sachlich ein Anlass. Es ist vielmehr dem Angreifer ohne Weiteres zumutbar und damit seine Sache, die Ziele, die er mit dem von ihm begonnenen Arbeitskampf verfolgt, klar und deutlich zu formulieren und damit eine eindeutige Beurteilung der Frage der Rechtswidrigkeit zu ermöglichen. In anderen Fällen des Zweifels über Arbeitskampfziele hat das BAG selbst entsprechende Verlautbarungsobliegenheiten anerkannt[97]. Werden diese Anforderungen nicht erfüllt, fehlt es am Nachweis einer Zulässigkeits- (Rechtfertigungs-) Voraussetzung; ein Arbeitskampf mit unklar gebliebenem Kampfziel bleibt daher ungerechtfertigt und damit rechtswidrig (zu weiteren Verlautbarungsproblemen noch Rn 629, 661).

---

95 Vgl *Lieb* ZfA 1982, 113, 121 f; *ders.*, FS Herschel 1982, 223, 231 ff.
96 BAG v. 19.06.1973, 1 AZR 521/72, AP Nr 47 zu Art. 9 GG Arbeitskampf = SAE 1975, 177 mit Anm. *Richardi.*
97 Vgl BAG v. 20.12.1963, 1 AZR 428/62, AP Nr 32 zu Art. 9 GG Arbeitskampf; BAG v. 26.10.1971, 1 ZR 113/68, AP Nr 44 zu Art. 9 GG Arbeitskampf; dazu *Lieb* ZfA 1982, 113, 117 ff.

c) Problematisch ist, ob die dargelegte deliktsrechtliche Erfassung des gewerkschaftlich organi- **630** sierten Streiks auch auf sog. **„wilde" Streiks**, also auf **nicht organisierte (rechtswidrige) kollektive Arbeitsniederlegungen**, übertragen werden kann. Insoweit ist vor allem *Seiter* auf der Grundlage seiner oben skizzierten Auffassung der Meinung, dort komme nur eine Haftung wegen Vertragsbruchs, nicht dagegen auch eine deliktische Haftung wegen Eingriffs in den eingerichteten und ausgeübten Gewerbebetrieb in Betracht[98]. Solche Differenzierungen lässt die hier vertretene Konzeption vom Schutzbereich des Rechts am eingerichteten und ausgeübten Gewerbebetrieb nicht zu. Auch bei nicht gewerkschaftlich organisierten (rechtswidrigen) kollektiven Arbeitsniederlegungen ist daher von einer deliktischen und – dementsprechend – gesamtschuldnerischen Haftung aller Arbeitnehmer auszugehen.

5. Ausgewählte Haftungsfragen

a) Streitig ist, ob im Fall eines rechtswidrigen gewerkschaftlichen Streiks, der gegen **631** § 823 Abs. 1 BGB verstößt, nur die **Gewerkschaft** sowie **etwaige Verantwortliche** (§§ 31, 831 BGB) oder ob auch die Arbeitnehmer selbst **haften**. Ausgehend von ihrer kollektivrechtlichen Betrachtungsweise kommen insoweit *Hueck/Nipperdey* zu dem Ergebnis, Täter gem. § 823 Abs. 1 BGB könne überhaupt nur die Gewerkschaft sein, da der Tatbeitrag des einzelnen streikenden Arbeitnehmers im Gesamtgeschehen aufgehe[99]. Diese Begründung trägt nicht, weil es – wie oben dargelegt – entscheidend auf die Arbeitsniederlegung des einzelnen Arbeitnehmers ankommt, die lediglich durch den gewerkschaftlichen Streikbeschluss gerechtfertigt werden muss. Ist dieser rechtswidrig, fehlt es an der erforderlichen Rechtfertigung, ein Arbeitsvertragsbruch bleibt bestehen. Im Ergebnis ist *Hueck/Nipperdey* allerdings insoweit Recht zu geben, als die Haftung der einzelnen Arbeitnehmer im Regelfall dennoch ausgeschlossen sein kann, allerdings nur unter dem zusätzlichen Gesichtspunkt des fehlenden **Verschuldens**: Haben die Gewerkschaften einen Arbeitskampfbeschluss gefasst und ist dieser nicht offensichtlich rechtswidrig, können die einzelnen Arbeitnehmer von seiner Rechtmäßigkeit ausgehen. Im Übrigen war das BAG bei der Beurteilung der Verschuldensfrage auch gegenüber der Gewerkschaft als Träger eines Streiks bisher stets sehr großzügig[100].

b) Bei sog. **Streikexzessen**, dh einzelnen rechtswidrigen Arbeitskampfmaßnahmen, haften zu- **632** nächst die Verantwortlichen selbst, dann haftet aber auch – gemäß § 31 BGB – die Gewerkschaft[101]. Die Rechtmäßigkeit des Streiks wird dagegen nach heute hL von der Rechtswidrigkeit einzelner Arbeitskampfmaßnahmen nicht berührt[102].

---

98 *Seiter*, Streikrecht und Aussperrungsrecht 1975, 460 f, 469 ff; dagegen *Konzen* AcP 177 (1977), 473, 490 f; vgl dazu aber auch *Birk/Konzen/Löwisch/Raiser/Seiter*, Entwurf und Begründung eines „Gesetzes zur Regelung kollektiver Arbeitskonflikte" 1988, § 24 S. 70 f; einschränkend MünchArbR-*Otto* § 289 Rn 40 f.

99 Vgl *Hueck/Nipperdey II/2*, 1036 f; *Richardi* RdA 1971, 334, 342 f; *Käppler* JuS 1990, 618, 620.

100 BAG v. 21.03.1978, 1 AZR 11/76, AP Nr 62 zu Art. 9 GG Arbeitskampf mit Anm. *Seiter*; zust *Brox/Rüthers* Rn 370; abl *Löwisch/Krauß*, AK, 170.3.3 Rn 40. Vgl auch BAG v. 29.11.1983, 1 AZR 469/82, NZA 1984, 34 = AP Nr 78 zu § 626 BGB mit Anm. *Herschel* zur Verschuldensfrage bei der Beurteilung fristloser Kündigungen beim gewerkschaftlichen Streik; zum Verschulden bei Betriebsblockaden instruktiv *Henssler* Anm. zu BAG SAE 1989, 130, 132 f.

101 MünchArbR-*Otto* § 289 Rn 28; *Kissel* § 47 Rn 114 ff.

102 Zum Ganzen *Konzen* Anm. zu BAG EzA Art. 9 GG Arbeitskampf Nr 75, 76, 91.

633 c) Rechtliche Probleme wirft bei rechtswidrigen Streiks auch die **Schadensberechnung** auf, da das BAG nicht bereits den Produktionsausfall als solchen, sondern erst den dadurch entgangenen Gewinn als Schaden ansieht[103].

6. Maßregelungsverbote

634 Im Hinblick darauf, dass über die Rechtmäßigkeit oder Rechtswidrigkeit einzelner Arbeitskampfmaßnahmen (zu denken ist etwa an verfrühte oder zu ausgedehnte Warnstreiks, an rechtswidriges Verhalten einzelner Arbeitnehmer, etwa von Streikposten etc) Streit bestehen kann, dieser aber nach dem glücklichen Ende eines Arbeitskampfs durch Abschluss eines neuen Tarifvertrags möglichst ebenfalls aus der Welt geschafft werden soll, werden in Tarifverträgen häufig sog. **Maßregelungsverbote** vereinbart. Trotz allen Verständnisses für solche Bestrebungen bestehen gegen die Rechtmäßigkeit solcher Klauseln erhebliche Bedenken. Zumindest ist ihre Erstreikbarkeit zweifelhaft[104]. Dies könnte dann von Bedeutung werden, wenn ein Arbeitskampf (Streik) etwa nur noch mit dem Ziel fortgesetzt wird, solche Maßregelungsverbote in den Tarifvertrag aufzunehmen. Zu beachten ist, dass in Verbandstarifverträgen jedenfalls Schadensersatzansprüche einzelner Arbeitgeber gegen die **Gewerkschaft** nicht mit normativer Wirkung ausgeschlossen werden können[105]. Dasselbe muss für das Individualrechtsverhältnis Arbeitgeber/Arbeitnehmer gelten, weil mit einem Verzicht auf bereits entstandene Schadensersatzansprüche die Grenzen der Tarifmacht überschritten wären[106].

635 **Fall 42:** Der Inhaber des bestreikten Kaufhauses K hält während eines Arbeitskampfs den Betrieb mit einigen Arbeitnehmern aufrecht. Dafür spendiert er ihnen während des Streiks ein Mittagessen und schenkt ihnen je eine Flasche Champagner und einen Blumenstrauß. Die streikende Arbeitnehmerin A hält dies für unzulässig und verlangt von ihrem Arbeitgeber nach Streikbeendigung ebenfalls ein Mittagessen, eine Flasche Champagner und einen Blumenstrauß (LAG Köln v. 04.10.1990, 10 Sa 629/90, LAGE Art. 9 GG Arbeitskampf Nr 39; aA LAG Rheinland-Pfalz, v. 30.05.1996, 5 Sa 179/96, LAG Art. 9 GG Arbeitskampf Nr 62). **Rn 636**

636 Das BAG hat Maßregelungsverbote in einer ganzen Reihe von Entscheidungen dahingehend „ausgelegt", dass davon auch das Verbot von Ungleichbehandlungen in Bezug auf die Gewährung von Prämien an Nicht-Streikende umfasst werde, so dass der Arbeitgeber auf Grund eines solchen Maßregelungsverbots nach Beendigung des Streiks zu entsprechenden Zahlungen

---

103 BAG v. 05.03.1985, 1 AZR 468/83, NZA 1985, 504 = SAE 1989, 126 mit Anm. *Henssler*; BAG v. 21.06.1988, 1 AZR 653/86, NZA 1988, 884; dazu *Löwisch/Krauß*, AK, 170.3.3 Rn 42 ff und MünchArbR-*Otto* § 289 Rn 32; problematisch *Wendeling-Schröder* NZA 1993, 49.

104 Zu diesem Problemkreis MünchArbR-*Otto* § 284 Rn 2 ff, 24 ff; *Löwisch/Rieble*, AK, 170.3.1 Rn 84 ff; *Zöllner*, Maßregelungsverbote und sonstige tarifliche Nebenfolgenklauseln nach Arbeitskämpfen 1977. Allgemein zu sog. tarifvertraglichen Kampfklauseln *Konzen* ZfA 1980, 77.

105 BAG v. 08.11.1988, 1 AZR 417/88, NZA 1989, 475, 477; zust MünchArbR-*Otto* § 291 Rn 29; aA wohl *Löwisch/Krauß*, AK, 170.3.1, Rn 91.

106 *Zöllner*, Maßregelungsverbote und sonstige tarifliche Nebenfolgenklauseln nach Arbeitskämpfen 1997, 35 ff; *Brox/Rüthers* Rn 272 ff; vgl ferner MünchArbR-*Otto* § 291 Rn 35 ff.

auch an Streikende verurteilt wurde[107]. Das LAG Köln hat im **Ausgangsfall 42** – dem folgend – dem Antrag auf Übereignung einer Flasche Champagner stattgegeben; das kostenlose Mittagessen und den Blumenstrauß erhielt A nicht. Das BAG hat diese Rechtsprechung auch auf Prämien angewandt, die bereits während des Arbeitskampfs zugesagt worden waren[108]. Dies ist äußerst problematisch und hat insbesondere mit Auslegung nichts zu tun. Immerhin hat das BAG anerkannt, dass die Zusage von „Streikbruchprämien" ein zusätzliches Kampfmittel der Arbeitgeberseite darstellt[109]. Umso weniger hätte es freilich ein solches zulässiges Kampfmittel in das Maßregelverbot einbeziehen dürfen. Zutreffend ist auch die Minderung sog. Monatspauschalen durch Streikzeiten zugelassen worden[110].

7. Verfahrensfragen

> **Fall 43:** Der hessische Arbeitgeberverband Metall rief 1984 nach dem Scheitern der Tarif-
> vertragsverhandlungen mehrere Verbandsmitglieder zur (Abwehr-) Aussperrung auf. Der
> Aufruf wurde zum Teil befolgt. Die kampfführende Gewerkschaft klagte auf Unterlassung,
> weil sie die Aussperrung auch im Hinblick auf das Aussperrungsverbot der hessischen Lan-
> desverfassung für rechtswidrig hält (BAG v. 26.04.1988, 1 AZR 399/88, NZA 1988, 775).
> **Rn 639**

637

a) Gegen rechtswidrige Arbeitskampfmaßnahmen können die hiervon unmittelbar betroffenen Arbeitnehmer und Arbeitgeber im Klagewege vorgehen, da sie hierdurch in der Regel in eigenen geschützten Rechtspositionen (Recht am eingerichteten und ausgeübten Gewerbebetrieb, dazu oben Rn 623 f) beeinträchtigt werden (können). Umstritten ist, ob und inwieweit auch die **Koalitionen** gegen rechtswidrige Arbeitskampfmaßnahmen **Unterlassungsansprüche** geltend machen können[111].

638

Das BAG lehnte zunächst sowohl solche Ansprüche als auch eine gewillkürte Prozessstandschaft (der Arbeitgeberseite) ab[112], revidierte seine Haltung dann aber, als es erstmals über entsprechende Ansprüche der Gewerkschaften zu entscheiden hatte[113]. Ein eigener Unterlassungsanspruch wird den Koalitionen nunmehr in entsprechender Anwendung des § 1004 BGB zugebilligt, wenn sie durch rechtswidrige Arbeitskampfmaßnahmen in ihrem durch Art. 9 Abs. 3 GG geschützten Recht auf koalitionsspezifische Betätigung beeinträchtigt werden.

639

---

107 BAG v. 04.08.1987, 1 AZR 486/85, NZA 1988, 61; BAG v. 17.09.1991, 1 AZR 26/91, NZA 1992, 164; Überblick bei *Kissel* § 46 Rn 74 ff.
108 BAG v. 13.07.1993, 1 AZR 676/92, NZA 1993, 1135.
109 BAG v. 13.07.1993, 1 AZR 676/92, NZA 1993, 1135, 1137; vgl dazu nur *Schwarze* RdA 1993, 264.
110 BAG v. 17.06.1997, 1 AZR 674/96, NZA 1998, 47 = EzA Art. 9 GG Arbeitskampf Nr 128 (*Nicolai*).
111 Praktisch relevant wird dies auch für den vorläufigen Rechtsschutz in Form einstweiliger Verfügungen gegen (drohende) rechtswidrige Arbeitskampfmaßnahmen, da dieser zwingend einen materiellrechtlichen (Unterlassungs-)Anspruch der gegnerischen Koalition voraussetzt (sog. Verfügungsanspruch, §§ 935, 940 ZPO).
112 BAG v. 12.09.1984, 1 AZR 342/83, NZA 1984, 393, 396.
113 BAG v. 26.04.1988, 1 AZR 399/86, NZA 1988, 775 = JZ 1989, 750 (*Konzen*); dazu auch *Kissel* § 47 Rn 59 ff.

> Im **Ausgangsfall 43** war die Klage daher zwar zulässig, aber nicht begründet. Im arbeitsrechtlichen Schrifttum wird auch die Herleitung eines Unterlassungsanspruchs der Koalitionen aus einem (gesetzlichen) Schuldverhältnis zwischen den Tarifvertragsparteien diskutiert[114].

640   b) Bei Anträgen auf **Erlass einstweiliger Verfügungen** ist streitig, wann der dafür notwendige Verfügungsgrund gegeben ist. Eine Mindermeinung will einstweilige Verfügungen nur bei **offensichtlicher Rechtswidrigkeit** erlassen, da ansonsten die Gefahr bestünde, dass zu Unrecht in die verfassungsrechtlich geschützte Betätigungsfreiheit der Koalition eingegriffen werde. Eine solche Einschränkung des Rechtsschutzes des von der rechtswidrigen Arbeitskampfmaßnahme Betroffenen dürfte indes mit rechtsstaatlichen Grundsätzen nicht zu vereinbaren sein[115].

II. Aussperrung

641   Die Aussperrung ist das klassische Arbeitskampfmittel der Arbeitgeberseite. Sie besteht in der **Weigerung, die Arbeitnehmer zur Arbeitsleistung zuzulassen**; dementsprechend wird auch die **Lohnzahlung eingestellt**. Der Bestand des Arbeitsverhältnisses wird dadurch im Normalfall ebenso wenig berührt wie durch einen Streik; es entfallen für die Dauer des Arbeitskampfs wiederum lediglich die beiderseitigen Hauptpflichten.

642   Die **Aussperrungserklärung** kann naturgemäß immer nur vom einzelnen Arbeitgeber ausgehen. Zwischen den Fällen der sog. **Verbandsaussperrung** und denjenigen, in denen nur ein einzelner Arbeitgeber aussperrt, besteht daher nur insoweit ein Unterschied, als die Aussperrung im ersten Fall auf einem entsprechenden Verbandsbeschluss beruht. Dieser kann aber nicht etwa selbst auf die Arbeitsverhältnisse der einzelnen Arbeitnehmer einwirken, er bedarf vielmehr der Umsetzung durch entsprechende ausdrückliche Aussperrungserklärungen der einzelnen Arbeitgeber; im Verbandsarbeitskampf soll allerdings die Aussperrung einzelner Arbeitgeber nur dann rechtmäßig sein, wenn sie auf einem Verbandsbeschluss beruht. Dieser soll gegenüber dem Kampfgegner, der Gewerkschaft, verlautbart werden müssen[116].

1. Zulässigkeit

a) Entwicklung der Rechtsprechung

643   **Fall 44:** Im Frühjahr 1978 rief die IG Druck und Papier (später IG Medien, jetzt ver.di) die Arbeitnehmer zum Streik um ein Rationalisierungsschutzabkommen auf. Als Reaktion hierauf forderten die tarifschließenden Arbeitgeberverbände ihre Mitglieder auf, die im technischen

---

114   So *Seiter* ZfA 1989, 283, 287; umfassend *Konzen*, FS Kissel 1994, 571.
115   Dazu *Walker* ZfA 1995, 185; *Isenhardt*, FS Stahlhacke 1995, 195; LAG Köln v. 14.06.1996, 4 Sa 177/96, NZA 1997, 327 (auch zur Friedenspflicht); dazu umfassend *Kissel* § 65.
116   BAG v. 31.10.1995, 1 AZR 217/95, NZA 1996, 389 = SAE 1996, 198; dazu krit *Lieb* Anm. zu BAG SAE 1996, 182, 188 f; zu weiteren Verlautbarungsproblemen Rn 629, 661.

Bereich beschäftigten Arbeitnehmer bundesweit und unbefristet auszusperren. Die Arbeitnehmer eines aussperrenden Unternehmens halten die Aussperrung für rechtswidrig und verlangen Lohnzahlung (BAG NZA 1985, 537; BVerfG NZA 1991, 809). **Rn 651**

Die Zulässigkeit der Aussperrung ist im Lauf der Rechtsentwicklung sehr unterschiedlich beurteilt worden: Als der Große Senat im Jahr 1955 die kollektivrechtliche Betrachtungsweise des Arbeitskampfs entwickelte, stand für ihn die uneingeschränkte Zulässigkeit der Aussperrung in jeglicher Gestalt, dh auch als Angriffsaussperrung sowie als lösende Aussperrung (dazu Rn 664 f), noch außer Zweifel[117]. Schon bald wurden jedoch im Zusammenhang mit der Entwicklung des Verhältnismäßigkeitsgrundsatzes zunehmend Bedenken geäußert, ob die **lösende Aussperrung** (auch sie war bis dahin meist durch tarifvertragliche Wiedereinstellungsklauseln „entschärft" worden) wirklich erforderlich sei, oder ob die damit intendierte Gefahr des Arbeitsplatzverlustes nicht als unverhältnismäßig angesehen werden müsse[118]. Diesen Bedenken trug der Große Senat in seiner zweiten grundsätzlichen Entscheidung zum Arbeitskampfrecht aus dem Jahre 1971 dadurch weitgehend Rechnung, dass er die Zulässigkeit der lösenden Aussperrung auf Sonderfälle beschränkte[119]. **644**

Daraufhin gerieten sowohl die Angriffsaussperrung als auch die uneingeschränkte Zulässigkeit der Defensivaussperrung ins Kreuzfeuer der insbesondere von Gewerkschaftsseite gesteuerten Kritik (so wurde etwa nach den Aussperrungen im Metall- und Druckbereich in den Arbeitskämpfen des Jahres 1978 eine sog. Massenklageaktion organisiert, in der tausende betroffener Arbeitnehmer auf Anraten und mit Unterstützung ihrer Gewerkschaft Lohnfortzahlungsklagen erhoben, um auf diese Weise zu einer inzident vorzunehmenden Prüfung der Rechtmäßigkeit der Aussperrung zu gelangen). **645**

Diese Kritik lässt sich im Wesentlichen in der Behauptung zusammenfassen, die als Voraussetzung eines funktionierenden Tarifvertrags- und Arbeitskampfsystems nicht geleugnete kräftemäßige **Parität zwischen Arbeitgeber- und Arbeitnehmervereinigungen** sei auch ohne das Kampfmittel der Aussperrung gewährleistet, weil die Arbeitgeber als Unternehmer insbesondere über zahlreiche zusätzliche wirtschaftliche Machtmittel verfügten, die bei der Abwägung des Kräfteverhältnisses mit berücksichtigt werden müssten[120]. **646**

Diese Argumentation ist zwar in den als weiteren Grundsatzentscheidungen zu verstehenden Aussperrungsurteilen des Ersten Senats des BAG vom 10.06.1980 zurückgewiesen worden[121]; insbesondere hat es der Senat abgelehnt, bei der (abstrakt/generell **647**

---

117 BAG GS v. 28.01.1955, GS 1/54, AP Nr 1 zu Art. 9 GG Arbeitskampf; Darstellung der Rechtsprechungsentwicklung bei *Kissel* § 52.
118 Vgl dazu nur den Überblick über den Meinungsstand bei *Hueck/Nipperdey II*/2, 935 ff.
119 BAG GS v. 21.04.1971, GS 1/68, AP Nr 43 zu Art. 9 GG Arbeitskampf.
120 *Däubler-Wolter*, Arbeitskampfrecht, 2. Aufl. 1987 Anm. 883 ff; *Däubler* AuR 1982, 362; *Däubler* JuS 1972, 642 ff.
121 Vgl BAG v. 10.06.1980, 1 AZR 822/79, 1 AZR 168/79, 1 AZR 331/79, AP Nr 64–66 zu Art. 9 GG Arbeitskampf mit Anm. *Mayer-Maly*; ebenso BVerfG v. 26.06.1991, 1 BvR 779/85, NZA 1991, 809, 811 = SAE 1991, 329 mit Anm. *Konzen*. Aus dem umfangreichen Schrifttum vgl insb *Scholz/Konzen*, Die Aussperrung im System von Arbeitsverfassung und kollektivem Arbeitsrecht 1980; *Zöllner*, Aussperrung und arbeitskampfrechtliche Parität 1974; *Lieb* DB 1980, 2188.

bzw typisierend vorzunehmenden) Beurteilung des beiderseitigen Kräfteverhältnisses auf die sog. **Gesamtparität**, dh darauf abzustellen, ob bei sozioökonomischer Betrachtungsweise, dh unter Einbeziehung aller möglichen, vor allem gesamtwirtschaftlichen Daten, Parität feststellbar ist. Damit würde, so führt das Gericht aus, von Gesetzgebung und Rechtsprechung schlechterdings Unmögliches verlangt. Vor allem aber sei eine kollektive Kampf- und Ausgleichsordnung ihrer Natur nach nicht geeignet, etwaige gesamtpolitische Ungleichheiten zu kompensieren und marktwirtschaftliche Gegensätze aufzuheben[122].

648   Dennoch hat der Senat selbst die Zulässigkeit der **Defensiv**aussperrung stark eingeschränkt. Den Ansatzpunkt dafür bildet seine Auffassung, den Gewerkschaften sei grundsätzlich die sog. **Angreiferrolle** zu reservieren, dh die Möglichkeit einzuräumen, den Arbeitskampf zu der Zeit, an dem Ort und in dem Umfang, in dem sie es nach ihren kampftaktischen Vorstellungen für richtig hielten, zu eröffnen. Diese Bevorzugung wird damit begründet, dass ohne einen solchen potenziellen Streikdruck Tarifvertragsverhandlungen nur als fruchtloses „kollektives Betteln" angesehen werden könnten[123].

649   Einen derartigen Streikdruck sollen die Arbeitgeber dann offenbar grundsätzlich ohne die Möglichkeit der Gegenwehr hinzunehmen haben; ihre Verteidigung soll im Ansatz auf das bloße Durchstehen des Arbeitskampfs beschränkt werden; das Kampfende würde dann im Wesentlichen vom Umfang der Kampfkassen der Gewerkschaften bestimmt, da diese ihren Mitgliedern relativ hohe Streikunterstützungen gewähren. Etwas anderes soll lediglich dann gelten, wenn durch bestimmte Streikpraktiken der Gewerkschaft Paritäts**störungen** hervorgerufen werden könnten. Eine solche Paritätsstörung sieht das BAG insbesondere dann als gegeben an, wenn durch die (ausdrücklich unter dem Aspekt der Schonung der Kampfkassen für zulässig erklärte) **Taktik des Schwerpunktstreiks** nur eine so geringe Zahl von Arbeitgebern kampfbetroffen ist, dass auf ihrer Seite mit **Solidaritätsstörungen** gerechnet werden muss. Zusätzlich, aber nicht recht deutlich und ohne klare Konsequenz, hat das BAG auch noch die Wettbewerbssituation der streikbetroffenen Arbeitgeber erwähnt[124]. Im Hinblick darauf sollte es den Arbeitgebern erlaubt sein, die Kampffront nur in bestimmten (Zahlen-) Grenzen durch Defensivaussperrungen zu erweitern, dh die Arbeitnehmer weiterer, bisher nicht bestreikter Betriebe auszusperren; bei Überschreitung dieser Grenzen soll die Aussperrung rechtswidrig sein, wobei das BAG (mit Zustimmung des BVerfG[125]) nicht auf die Zahl der wirklich Ausgesperrten, sondern auf die vom Aussperrungsbeschluss potenziell Betroffenen abstellen will[126].

650   Für die von ihm vorgenommene Begrenzung des Umfangs (und damit der Zulässigkeit) von Defensivaussperrungen hat der Erste Senat den Grundsatz aufgestellt, der zulässige Umfang von Ab-

---

122   Dazu umfassend MünchArbR-*Otto* § 282 Rn 58 ff.
123   BAG v. 10.06.1980, 1 AZR 822/79, AP Nr 64 zu Art. 9 GG Arbeitskampf.
124   Dazu klarstellend BAG v. 31.05.1988, 1 AZR 192/87, NZA 1988, 889.
125   BVerfG v. 26.06.1991, 1 BvR 779/85, NZA 1991, 809, 812.
126   Vgl dazu MünchArbR-*Otto* § 285 Rn 177 sowie insb *Konzen* Anm. zu BAG SAE 1986, 57, 58 und Anm. zu BAG SAE 1991, 335, 337, 340 f.

wehraussperrungen habe sich nach dem Grundsatz der Verhältnismäßigkeit zu richten, maßgebend dafür soll der Umfang des Streiks sein. Je enger der Streik innerhalb des Tarifgebiets begrenzt sei, desto stärker sei das Bedürfnis der Arbeitgeberseite, den Arbeitskampf auf weitere Betriebe des Tarifgebiets auszudehnen. Diese Grundsätze hat der Senat dahingehend präzisiert, dass die Abwehraussperrung gegen einen Streik, der weniger als 25 % der Arbeitnehmer des Tarifgebiets erfasst, auf weitere 25 % ausgedehnt werden dürfe. Streiken bereits mehr als 25 % der Arbeitnehmer eines Tarifgebiets, sollen die Arbeitgeber die Kampfbetroffenheit nur bis zur Höchstgrenze von 50 % der Arbeitnehmer des betreffenden Tarifgebiets erweitern dürfen („insgesamt scheint nach dem Eindruck des Senats manches dafür zu sprechen, dass eine Störung der Kampfparität nicht mehr zu befürchten ist, wenn etwa die Hälfte der Arbeitnehmer eines Tarifgebiets entweder zum Streik aufgerufen worden oder von einem Aussperrungsbeschluss betroffen sind"[127]).

Konsequenterweise müsste die Befugnis der Arbeitgeberseite zur Defensivaussperrung im Regelfall ganz entfallen, wenn sich bereits 50 % der Arbeitnehmer im Streik befinden. Damit ist jedoch die Gefahr einer weiteren Paritätsstörung zulasten der Arbeitgeberseite verbunden, weil damit die wichtige kampftaktische Möglichkeit der Auswahl der zu bestreikenden Betriebe allein in der Hand der Gewerkschaft liegt. Wenn man schon Zahlengrenzen einführt, sollte die doch zulasten des Angreifers mit der Folge gehen, dass diesem nur die Befugnis zugestanden wird, 25 % der Arbeitnehmer zum Streik aufzurufen. Damit hätten bezüglich der restlichen 25 % auch die angegriffenen Arbeitgeber noch Dispositionsmöglichkeiten und damit Raum für eigene kampftaktische Vorstellungen[128]. Im Übrigen hat die im Ansatz so einfach erscheinende Berechnungsweise des BAG zahlreiche Folgeprobleme hervorgerufen[129]. Das BAG hat sich von dieser strengen Arithmetik zunehmend gelöst; an einer am Grundsatz der Verhältnismäßigkeit orientierten Umfangsbegrenzung aber festgehalten[130]. **651**

b) Würdigung

Diese Konzeption des BAG ist erheblichen Einwendungen ausgesetzt[131]; als gesichert kann sie noch nicht angesehen werden. Zunächst einmal ist zweifelhaft, ob die Beschränkung der Aussperrung auf die bloße Abwehr von zudem nur in sehr begrenztem Umfang anerkannten Paritätsstörungen mit der noch „geltenden" Arbeitskampfkonzeption des Großen Senats aus dem Jahre 1971 vereinbar ist; denn dort ist die **Angriffsaussperrung** seinerzeit ausdrücklich noch als zulässig bezeichnet worden[132]. Außerdem kann sich die Angriffsaussperrung auch der Sache nach künf- **652**

---

127 BAG v. 10.06.1980, 1 AZR 168/79, AP Nr 65 zu Art. 9 GG Arbeitskampf; im Ansatz zust *Löwisch/Rieble*, AK, 170.2 Rn 183 ff.
128 So auch *Seiter* RdA 1981, 65, 89 f; *Lieb* DB 1980, 2188.
129 Dazu MünchArbR-*Otto* § 285 Rn 164 ff, Rn 177; *Konzen* Anm. zu BAG SAE 1986, 57, 58; ferner *Hanau* AfP 1980, 126; *Brox/Rüthers* Rn 208 ff; *Däubler/Wolter* AuR 1982, 144.
130 BAG v. 12.03.1985, 1 AZR 636/82, NZA 1985, 537 = SAE 1986, 51 mit Anm. *Konzen*; BAG v. 07.06.1988, 1 AZR 597/86, NZA 1988, 890; BAG v. 11.08.1992, 1 AZR 103/92, NZA 1993, 39 f = JuS 1993, 429 (*Reuter*); vgl dazu auch MünchArbR-*Otto* § 285 Rn 182 f; krit *Kissel* § 53 Rn 12 ff.
131 Siehe dazu MünchArbR-*Otto* § 285 Rn 179 ff; *Zöllner* DB 1985, 2450, 2458 f; aber auch *Dieterich*, FS Herschel, 1982, 37; siehe ferner *Gester/Wohlgemuth*, FS Herschel 1982, 117; *Kittner* AuR 1981, 289; *Wohlgemuth/Bobke* BB 1981, 2141, denen die Einschränkung der Aussperrung durch das BAG nicht weit genug geht.
132 BAG GS v. 21.04.1971, GS 1/68, AP Nr 43 zu Art. 9 GG Arbeitskampf; der Erste Senat hat allerdings in seiner Entscheidung vom 10.06.1980 die Zulässigkeit der Angriffsaussperrung ausdrücklich dahingestellt sein lassen; mit den Begründungsansätzen, die er für die Beschränkung selbst der Zulässigkeit der Defensivaussperrung gewählt hat, ist die Zulassung von Angriffsaussperrungen jedoch nur schwer zu vereinbaren; dazu auch *Rüthers/Bakker* ZfA 1992, 199.

tig dann als erforderlich erweisen, wenn die alleinige Befugnis der Gewerkschaften zur Bestimmung von Zeitpunkt und Ort (Tarifgebiet) des Arbeitskampfs zu Paritätsstörungen führen sollte[133]. Schließlich lässt die erhebliche Verschlechterung der wirtschaftlichen Lage vieler Unternehmen eine Absenkung des bisherigen Tariflohnniveaus als möglich erscheinen, für die uU Angriffsaussperrungen erforderlich sein können.

653 Die Angriffsaussperrung könnte zukünftig vor allem im Zusammenhang mit der Diskussion um die Flexibilisierung des bestehenden Tarifvertragssystems einen erheblichen Bedeutungszuwachs erfahren[134]. Vorausgesetzt, man bejaht ihre grundsätzliche Zulässigkeit[135], könnte sie insbesondere für den verbandsangehörigen Arbeitgeber, dessen Unternehmen sich in einer akuten wirtschaftlichen Krise befindet, eine gangbare Möglichkeit bieten, den Abschluss eines sog. Sanierungstarifvertrags zur Absenkung der verbandstarifvertraglich festgelegten Arbeitsbedingungen kampfweise zu erzwingen[136]. Die verbandstarifvertragliche Friedenspflicht würde grundsätzlich der Eröffnung des Arbeitskampfs durch den verbandsangehörigen Arbeitgeber nicht entgegenstehen, da hieran nur der Arbeitgeberverband als Tarifvertragspartei, nicht aber der einzelne Arbeitgeber als Verbandsmitglied gebunden ist. Nicht unproblematisch erscheint an dieser Konstellation allerdings der Umstand, dass der verbandsangehörige Arbeitgeber damit im Arbeitskampf gegenüber der Gewerkschaft privilegiert wäre, die auf die Friedenspflicht eines von ihr geschlossenen und damit für sie maßgeblichen Verbandstarifvertrags stets Rücksicht nehmen muss. Ob die verbandstarifvertragliche Friedenspflicht aus diesem Grund und mit dem Hinweis auf die uneingeschränkte Tariffähigkeit des Arbeitgebers im Wege richterlicher Rechtsfortbildung auch auf diesem erstreckt werden kann[137], ist allerdings zweifelhaft. Neben der rechtlichen Problematik stellt sich auch die rechtstatsächliche Frage, ob finanziell angeschlagene Unternehmen wirklich bereit sein werden, das mit einer Angriffsaussperrung verbundene Risiko weiterer wirtschaftlicher Schäden, etwa durch Produktionsausfall, in Kauf zu nehmen.

654 In vielen Fällen wird der Arbeitgeber aus wirtschaftlichen Überlegungen auch als Reaktion auf Teilstreiks nicht aussperren, sondern im eigenen Interesse versuchen, die Produktion so lange wie möglich aufrechtzuerhalten. Ist dies nicht mehr möglich, weil etwa durch Arbeitsniederlegungen in zentralen Betriebsabteilungen oder durch Ausbleiben von Vormaterialien oder durch streikbedingte Absatzschwierigkeiten die Produktion nicht mehr weitergeführt werden kann, braucht der

---

133 Dazu *Lieb* DB 1984, Beil. 12 (auch zur Problematik der Einordnung eines solchen Vorgehens als Angriffs- oder Defensivkampfmaßnahme) sowie MünchArbR-*Otto* § 285 Rn 83 ff. Zur Zulässigkeit der Angriffsaussperrung *Kissel* § 53 Rn 52 ff.

134 Siehe hierzu auch *Jacobs* ZTR 2001, 259, 255; zur Frage, ob es sich bei der Drohung mit Betriebsschließung und Standortverlagerung um ein neues Kampfmittel der Arbeitgeberseite handelt, das mit Blick auf die tatsächlichen und rechtlichen Risiken der Angriffsaussperrung neben dieser oder an deren Stelle getreten ist, näher *Jacobs*, in: Zukunft des Arbeitskampfs 2005, 91 ff.

135 Mit guten Gründen grundsätzlich dafür etwa *Brox/Rüthers* Rn 186; *Gamillscheg*, KollArbR Bd. I, § 21 III 5, S. 1037 ff; *Löwisch/Rieble*, AK, 170.1.Rn 49, 52 f, 170.2 Rn 265 ff jew mwN zur Gegenmeinung; ebenso unter bestimmten Voraussetzungen *Birk/Konzen/Löwisch/Raiser/Seiter*, Entwurf und Begründung eines „Gesetzes zur Regelung kollektiver Arbeitskonflikte" 1988, § 26.

136 Dafür *Henssler* ZfA 1998, 536 f; vgl auch *Stein* RdA 2000, 140.

137 Dafür *Gamillscheg*, KollArbR Bd. I § 22 II 3 S. 1081.

Arbeitgeber nicht auszusperren. Er kann sich vielmehr von der Pflicht zur Weiterzahlung des Lohnes dadurch befreien, dass er von seinem Recht zur Lohnverweigerung nach den Grundsätzen der sog. Arbeitskampfrisikolehre Gebrauch macht (dazu Rn 190 ff, 678 ff). Diese ist als Rechtsinstitut von der Aussperrung streng zu trennen, weil der Arbeitgeber bei der bloßen Lohnverweigerung nicht arbeitskampfrechtlich agiert, also nicht von sich aus arbeitskampftaktische Ziele verfolgt, wie dies bei der Aussperrung der Fall ist, sondern lediglich – mit anderen Mitteln – auf objektive Störungen reagiert. Zwar sind diese Störungen als Arbeitskampffolgen arbeitskampfbedingt; außerdem wird die Zulässigkeit der Lohnverweigerung nach den Grundsätzen der Arbeitskampfrisikolehre (auch) damit gerechtfertigt, dass es sonst auf Arbeitgeberseite zu Paritätsstörungen kommen könnte; all dies vermag der Lohnverweigerung indessen nicht die Qualität einer Arbeitskampfmaßnahme und damit einer Aussperrung zu verleihen. Ihr fehlt vielmehr sozusagen der „Gegnerbezug"; die Lohnverweigerung ist kein gegen die kampfführende Gewerkschaft gerichteter Akt, sondern bloße Reaktion auf der individualrechtlichen Ebene des einzelnen Arbeitsvertrags[138].

2. Methodenprobleme

a) Zulässigkeit der Rechtsfortbildung

Die hier in Umrissen dargestellte, umfangreiche und vielfach modifizierte rechtsfortbildende Rechtsprechung des BAG (Stichwort: **gesetzesvertretendes Richterrecht**) hat vielfach Unbehagen hervorgerufen, da das BAG hier ohne ausreichende (parlamentarische) Legitimation in großem Umfang zumindest de facto Rechtsregeln für einen besonders sensiblen Bereich geschaffen hat. Angesichts des Schweigens des Gesetzgebers blieb dem BAG allerdings jedenfalls in diesem Bereich kaum etwas anderes übrig, als die notwendigen Regelungen selbst zu entwickeln. Fraglich ist allerdings, ob es sich dabei auf das Notwendigste beschränkt oder ob es nicht den jeweiligen rechts- und auch tagespolitischen Tendenzen zu große Aufmerksamkeit geschenkt hat. Im Zusammenhang damit ist vor allem nicht unproblematisch, dass das BAG seine arbeitskampfrechtliche Grundkonzeption in bestimmten Abständen (1955/ 1971/1980) immer wieder deutlich geändert hat. Eine solche Befugnis zur Änderung früher vertretener Rechtspositionen könnte man zwar dem Gesetzgeber schwerlich versagen; es fragt sich aber, ob eine solche Änderungsbefugnis auch dem gesetzesvertretend tätig werdenden Richter wirklich in so großem Umfang zuerkannt werden kann. Insoweit steht die Diskussion immer noch am Anfang. Dabei könnte zu berücksichtigen sein, dass die Befugnis des Richters zur Schaffung gesetzesvertretenden Richterrechts vom Bestehen einer Gesetzeslücke abhängt und dass diese auch für den Richter selbst, damit weiteren Rechtsfortbildungsakten entgegenstehend, geschlossen sein könnte, wenn er eine bestimmte Frage entschieden und damit den Anlass zur Rechtsfortbildung selbst beseitigt hat[139].

655

---

138 *Lieb* NZA 1990, 289, 292; ebenso *Zöllner/Loritz* § 18 V 3 (244); aA *Eisemann* AuR 1981, 357; dazu auch MünchArbR-*Otto* § 290 Rn 25 ff. Deutlich auch BAG v. 14.12.1993, 1 AZR 550/93, NZA 1994, 331.
139 Vgl *Lieb* ZfA 1982, 113, 135 f; ferner *Schaub* § 31 III 5; *Wenzel* DB 1981, 1135; *Löwisch/Rieble*, AK, 170.1 Rn 118 ff, Rn 132 ff; *Rüthers/Bakker* ZfA 1992, 199.

656 Im Gegensatz zu literarischen Tendenzen[140] hat das BVerfG allerdings die Anwendbarkeit der sog. **Wesentlichkeitstheorie** auf das Arbeitskampfrecht verneint, die rechtliche Regelung des Arbeitskampfs also nicht dem Gesetzgeber vorbehalten, sondern auch die (umfangreiche) rechtsfortbildende Rechtsprechung des BAG für verfassungsgemäß erachtet[141].

b) Rückwirkung

657 Erheblich verschärft wird die Problematik des „Richterrechts" dadurch, dass das BAG seinen Erkenntnissen stets **rückwirkende Kraft** beigemessen, dh das eben erst entwickelte oder modifizierte Recht auf zum Teil weit zurückliegende Sachverhalte angewandt hat. So wurde am 10.06.1980 über Sachverhalte aus dem Jahre 1978 entschieden, obwohl sich die Arbeitskampfparteien damals nur nach dem Beschluss des Großen Senats aus dem Jahre 1971 und den nachfolgenden Entscheidungen richten konnten. Vor allem aber bedeutet Rückwirkung, dass zukünftige arbeitskampftaktische Überlegungen der Arbeitskampfparteien keineswegs allein an den Urteilen vom 10.06.1980 orientiert werden können, sondern dass sie damit rechnen müssen, dass ihre Arbeitskampfaktivitäten zu einem späteren Zeitpunkt nach neueren oder doch jedenfalls erneut modifizierten rechtlichen Regelungen beurteilt werden. Aufgrund dieser Rechtsunsicherheit wird die Rückwirkungsrechtsprechung des BAG zum Teil scharf kritisiert[142].

c) Richterrecht und Rechtsquellenlehre

658 Ebenfalls problematisch ist die Einordnung von gesetzesvertretendem Richterrecht in die **Rechtsquellenlehre**. Diese Frage bereitete insbesondere bei der Entscheidung darüber Schwierigkeiten, wie die im Ergebnis unzweifelhafte Nichtigkeit des Aussperrungsverbots des Art. 29 Abs. 5 der Hessischen Verfassung begründet werden kann[143].

3. Adressaten der Aussperrung

659 a) Die (suspendierende) Aussperrung kann im Rahmen der Zahlengrenzen des BAG sowohl gegen die Arbeitnehmer bisher noch nicht bestreikter Betriebe als auch – bei Teilstreiks – gegen diejenigen Arbeitnehmer eines bereits bestreikten Betriebes gerichtet werden, die die Arbeit noch nicht niedergelegt haben. Dabei kommt es auf den – ohnehin nur schwer feststellbaren – Umstand nicht an, ob die noch nicht streikenden Arbeitnehmer wirklich arbeitswillig sind, dem Streik also ablehnend gegenüberstehen, oder ob die Gewerkschaft den Streik zunächst bewusst auf Teile der Belegschaft, etwa auf einige für den Betriebsablauf besonders wichtige Abteilungen beschränkt hat. Arbeitskampfrechtlich bildet die Belegschaft insofern eine Einheit[144]. Dementsprechend können unstreitig auch Außenseiter ausgesperrt wer-

---

140 Vgl dazu *Seiter* RdA 1986, 165; *Friauf* RdA 1986, 188; zur Wesentlichkeitstheorie *Klöpfer* NJW 1995, 2497; *Löwisch* DB 1988, 1013; *Isensee*, DZWiR 1994, 309.

141 BVerfG v. 26.06.1991, 1 BvR 779/85, NZA 1991, 809 = SAE 1991, 329 mit Anm. *Konzen*; dazu auch *Richardi* JZ 1992, 27, 31; vgl auch *Kissel* § 16 Rn 11ff.

142 So *Lieb*, 8. Aufl., Rn 645. Zur Frage der Rückwirkung von Richterrecht allgemein *Larenz*, Methodenlehre, 6. Aufl. 1991, 433 ff; *Hilger*, 1. FS Larenz 1973, 109, 117; *Robbers* JZ 1988, 481 sowie *Lieb* ZfA 1996, 319, 338 ff und die vorzügliche Arbeit von *Louven*, Problematik und Grenzen rückwirkender Rechtsprechung des Bundesarbeitsgerichts 1996 (zum Arbeitskampfrecht S. 27 ff).

143 BAG v. 26.04.1988, 1 AZR 399/88, NZA 1988, 775; *Konzen* JZ 1989, 754; vgl auch *Richardi*, FS Zöllner 1998, 935 ff.

144 Zu diesem Begriff siehe aber noch Rn 670, 673.

den; die dem Arbeitgeber oft gar nicht bekannte Gewerkschaftszugehörigkeit stellt keine Voraussetzung für die Zulässigkeit von Arbeitskampfmaßnahmen gegen einzelne Arbeitnehmer dar[145]. Dies ist nicht unbedenklich, weil die Außenseiter im Gegensatz zu ihren organisierten Arbeitskollegen keine gewerkschaftliche Streikunterstützung erhalten, daher ggf auf Arbeitslosengeld II[146] angewiesen sind und sich infolgedessen wirtschaftlich wesentlich schlechter stehen. Andererseits ist auch zu berücksichtigen, dass die Außenseiter in der Regel von dem durch den Streik erzielten Tarifabschluss ebenso profitieren, wie die gewerkschaftsangehörigen Arbeitgeber[147].

660 Außerordentlich umstritten ist, ob der Arbeitgeber diese Außenseiter auch **aussperren muss** oder ob er bei der Aussperrung zwischen Gewerkschaftsmitgliedern und Nichtorganisierten differenzieren darf[148]. Letzteres liegt an sich deshalb nahe, weil der Arbeitgeber mit seiner Aussperrung weniger die einzelnen Arbeitnehmer als vielmehr seinen eigentlichen Gegner, die kampfführende Gewerkschaft, treffen will; ihre (finanzielle) Kampflast soll durch die Verbreiterung der Kampffront und die sich daraus ergebende Notwendigkeit, in größerem Umfang als bisher Streikunterstützungen gewähren zu müssen, erhöht werden. Dieses Ziel kann nur durch die Aussperrung der Gewerkschaftsmitglieder erreicht werden[149]; die Aussperrung von Außenseitern geht insoweit ins Leere. Das BAG hat die Differenzierung nach der Gewerkschaftszugehörigkeit im Arbeitskampf dennoch als unzulässig angesehen[150].

661 b) Das BAG hat an die Eindeutigkeit der Aussperrungserklärung, die offenbar sowohl gegenüber der Gewerkschaft als auch gegenüber den einzelnen Arbeitnehmern erfolgen soll, hohe Anforderungen gestellt[151]. So begrüßenswert die Tendenz zu größerer Rechtsklarheit im Grunde ist, so ist doch auch zu bedenken, dass feinsinnige juristische Differenzierungen, gar unter Heranziehung der Rechtsgeschäftslehre des BGB, mit der ruppigen Realität des Arbeitskampfgeschehens nicht ohne Weiteres vereinbar sind. Dazu kommt, dass sich die Rechtsprechung primär auf die Aussperrung konzentriert hat, ohne dass jedenfalls bisher für die Arbeitnehmerseite Entsprechendes postuliert worden wäre. Insbesondere müsste dann erörtert werden, ob die Ar-

---

145 Vgl BAG GS v. 21.04.1971, GS 1/68, AP Nr 43 zu Art. 9 GG Arbeitskampf unter Bestätigung der bisher. stRspr; differenzierend *Birk/Konzen/Löwisch/Raiser/Seiter*, Entwurf und Begründung eines „Gesetzes zur Regelung kollektiver Arbeitskonflikte" 1988, 44; *Löwisch/Rieble*, AK, 170.2 Rn 90 ff.

146 Durch das Vierte Gesetz für moderne Dienstleistungen am Arbeitsmarkt v. 24.12.2003 (Hartz IV) wurden die frühere Arbeitslosen- und Sozialhilfe zum sog. Arbeitslosengeld II zusammengeführt (BGBl. I, S. 2954 ff).

147 In der Praxis enthalten die Arbeitsverträge oftmals Bezugnahmeklauseln auf den für den Betrieb einschlägigen Tarifvertrag oder es erfolgt eine faktische Gleichstellung der organisierten und nichtorganisierten Arbeitnehmer.

148 Vgl dazu die Übersicht über den Meinungsstand bei *MünchArbR-Otto* § 286 Rn 93 ff. Zu einem anderen Fall der Differenzierung nach der Gewerkschaftszugehörigkeit Rn 456, 458.

149 Zur Zulässigkeit dieses Kampfziels *Seiter* RdA 1981, 65, 77 f.

150 BAG v. 10.06.1980, 1 AZR 331/79, AP Nr 66 zu Art. 9 GG Arbeitskampf = SAE 1980, 293 mit Anm. *Kraft*; so auch *Birk/Konzen/Löwisch/Raiser/Seiter*, Entwurf und Begründung eines „Gesetzes zur Regelung kollektiver Arbeitskonflikte" 1988, 86; abl: *Seiter* JZ 1980, 749; *MünchArbR-Otto* § 286 Rn 97; sowie jetzt nachdrücklich *Rieble*, Arbeitsmarkt und Wettbewerb 1996, Rn 1386 f; schwankend *Kissel* § 55 Rn 5 ff.

151 BAG v. 27.06.1995, 1 AZR 1016/94, SAE 1996, 224 mit krit Anm. *Rieble*; dazu auch *Lieb* Anm. zu BAG SAE 1996, 182, 186 ff und *Löwisch* Anm. zu BAG AR-Blattei, SD Arbeitskampf I, 170.1 Entscheidungen Nr 39 bis 41.

beitnehmer ihren Streikwillen wirklich nur konkludent durch Nichterscheinen zur Arbeit erklären brauchen und ob die Gewerkschaft nicht gehalten ist, ihren Streikplan vorab der Arbeitgeberseite zu verlautbaren[152].

4. Stilllegungsbefugnis

662 Die Reaktionsmöglichkeiten des (Einzel-) Arbeitgebers sind vom Ersten Senat des BAG um eine eigenartige Befugnis „bereichert" worden. Nach der Rechtsprechung soll es dem Arbeitgeber erlaubt sein, seinen Betrieb als Reaktion auf einen nur teilweise befolgten Streikaufruf der Gewerkschaft **ergänzend stillzulegen**, dh auch denjenigen Arbeitnehmern die Beschäftigung und Lohnfortzahlung zu verweigern, die sich (meist als Außenseiter) dem Streik gerade nicht angeschlossen haben, und zwar auch und gerade dann, wenn deren Beschäftigung noch möglich ist, die Voraussetzungen der Lohnverweigerung nach der sog. Arbeitskampfrisikolehre (dazu noch Rn 678 ff) also nicht vorliegen; dabei soll der Arbeitgeber streng an den Umfang des Streikbeschlusses der Gewerkschaft gebunden sein; dh, dass er den Betrieb nur so weit stilllegen darf wie die Gewerkschaft zum Streik aufgerufen hat[153].

663 Diese neuartige Befugnis, die dem Arbeitgeber das Recht gibt, ausgerechnet Arbeitswilligen die noch mögliche Beschäftigung und Lohnzahlung zu verweigern, und damit „nur das zu vollziehen, was die kampfführende Arbeitnehmerseite anstrebt", entbehrt jeder Rechtfertigung und lässt sich weder individualrechtlich noch kollektivrechtlich einordnen; insbesondere kann darin keine Aussperrung liegen, weil dem Arbeitgeber eigene kampftaktische Vorstellungen vollständig verwehrt sind[154]. Nicht nachvollziehbar ist auch der Versuch, diese Befugnis zur Betriebsstillegung damit zu rechtfertigen, dass auf diese Weise eine zulasten der Arbeitgeber bestehende Paritätsgefährdung behoben werden solle[155], hatte doch die Arbeitgeberseite ein entsprechendes Bedürfnis bisher selbst noch gar nicht verspürt, sondern im Regelfall alles daran gesetzt, den Betrieb aufrechtzuerhalten.

5. Lösende Aussperrung

664 Fraglich ist, ob es über die Zulässigkeit der suspendierenden Aussperrung hinaus der **Zulässigkeit lösender Aussperrungen** bedarf. Sie hat zu einem lang andauernden, erbitterten Theorienstreit geführt. Die früher hL gewährte dem Arbeitgeber als Reaktionsmittel gegenüber dem regelmäßig nur suspendierenden Streik die sog. **lösende**

---

152 Dazu erfrischend deutlich *Rieble* Anm. zu BAG SAE 1996, 224; *ders.* Anm. zu BAG SAE 1997, 281, 286 f; siehe jetzt auch BAG v. 23.10.1996, 1 AZR 269/96, NZA 1997, 397 = EzA Art. 9 GG Arbeitskampf Nr 126 mit Anm. *Otto* (Information über die Beendigung eines Streiks).
153 BAG v. 22.03.1994, 1 AZR 622/93, NZA 1994, 1097; BAG v. 11.07.1995, 1 AZR 63/95, NZA 1996, 214.
154 Ablehnend ua *Lieb*, 8. Aufl., Rn 651; *ders.* Anm. zu BAG SAE 1995, 257; 1996, 182 ff; *Konzen* Anm. zu BAG AP Nr 137 bis 139 zu Art. 9 GG Arbeitskampf; *Rieble* Anm. zu BAG SAE 1996, 224; krit auch *Kissel* § 33 Rn 113 ff.
155 So aber *Hanau* NZA 1996, 841, 846.

Aussperrung, dh der Arbeitgeber sollte die Möglichkeit haben, durch Abwehraussperrungen die Arbeitsverhältnisse der Streikenden aufzulösen. Dies wurde als dem Wesen des Arbeitskampfs, der auf Fortsetzung der Arbeitsverhältnisse nach seiner Beendigung angelegt sei, widersprechend von der sog. Suspendierungstheorie bekämpft[156]. Der Streit läuft letztlich auf die allein entscheidende Frage hinaus, ob der Arbeitsplatzverlust als Mittel des Arbeitskampfs eingesetzt werden darf[157]. Sie wurde auch durch die Entscheidung des Großen Senats noch nicht endgültig beantwortet, weil dieser die lösende Aussperrung zwar – unter dem weiter greifenden Aspekt der Verhältnismäßigkeit der Mittel – stark eingeschränkt und überdies noch eine der gerichtlichen Billigkeitskontrolle unterliegende grundsätzliche Verpflichtung zur Wiedereinstellung lösend Ausgesperrter statuiert, aber in gewissen Fällen – vor allem bei längeren und besonders intensiven Arbeitskämpfen – eben doch beibehalten hat[158].

Darüber hinaus hat der Große Senat in Gestalt der **Einzellösung** die Beendigung von Arbeitsverhältnissen im Rahmen von Rationalisierungsmaßnahmen sowie bei anderweitiger Besetzung der Arbeitsplätze Streikender durch neu eingestellte Arbeitnehmer für zulässig gehalten[159]. Dies erscheint wenig systemkonform. Soweit solche Einzellösungen als erforderlich und damit zulässig angesehen werden können, sollten sie dem ggf von der Beachtung der Kündigungsschutzvorschriften gem. § 25 KSchG freigestellten Kündigungsrecht überlassen werden.   **665**

6. Kampftaktik der Weiterproduktion

a) Insbesondere bei Teilstreiks werden die betroffenen Arbeitgeber versuchen, die Produktion so weit und so lange als möglich aufrecht zu erhalten[160]. Als Mittel dafür kommen die Neueinstellung Arbeitswilliger sowie (dies freilich wohl nur bei längeren Arbeitskämpfen) die Durchführung von Rationalisierungsmaßnahmen in Betracht, mit deren Hilfe auf die Arbeitsplätze von Streikenden verzichtet werden kann[161]. Beides führt zu Folgeproblemen, insbesondere werden Neueinstellungen in der Regel nur dann möglich sein, wenn die betreffenden Arbeitnehmer nicht befürchten müssen, ihren eben gewonnenen Arbeitsplatz nach Kampfende wieder zu verlieren. Daraus ergibt sich die Frage, ob und vor allem unter welchen Voraussetzungen denjenigen streikenden Arbeitnehmern, deren Arbeitsplatz während des Arbeitskampfs anderweitig besetzt werden konnte oder durch Rationalisierung weggefallen ist, gekündigt wer-   **666**

---

156 Vgl zu diesem Theorienstreit den Überblick bei *Hueck/Nipperdey II/2* 93 ff und *Kissel* § 23 Rn 24 ff.
157 Siehe dazu nur etwa *Birk/Konzen/Löwisch/Raiser/Seiter*, Entwurf und Begründung eines „Gesetzes zur Regelung kollektiver Arbeitskonflikte" 1988, 82 ff; MünchArbR-*Otto* § 285 Rn 131 ff.
158 BAG GS v. 21.04.1971, GS 1/68, AP Nr 43 zu Art. 9 GG Arbeitskampf.
159 Vgl BAG GS v. 21.04.1971, GS 1/68, AP Nr 43 zu Art. 9 GG Arbeitskampf; *Seiter*, Streikrecht und Aussperrungsrecht 1975, 357 ff.
160 Schon aus diesem Grunde verfehlt die in Rn 662 f erörterte Stilllegungsbefugnis des Arbeitgebers die betriebliche Realität.
161 Vgl dazu BAG v. 13.07.1993, 1 AZR 676/92, NZA 1993, 1135 insb zur Problematik der sog. Streikbruchprämie.

den kann. Während im letztgenannten Fall immerhin eine betriebsbedingte Kündigung in Betracht käme[162], fehlt im Fall von Neueinstellungen bereits jeder anerkannte Kündigungsgrund. Dies führt zu der Frage, ob solche Kündigungen als Kampfkündigungen im Sinne von § 25 KSchG angesehen werden können und damit von der Beachtung der Kündigungsschutzvorschriften freigestellt sind. Sie ist immer noch weitgehend ungeklärt[163].

667 Die Antwort wird davon abhängen, welche ratio dem § 25 KSchG, der ursprünglich nur im Rahmen der individualrechtlichen Arbeitskampfkonzeption die darin erforderlichen Kündigungen vom Kündigungsschutz unabhängig machen sollte, heute noch entnommen werden kann. Zusätzlich wird unter Erforderlichkeitsaspekten zu entscheiden sein, ob das Arbeitskampfrecht den Arbeitgebern diejenigen rechtlichen Möglichkeiten, nämlich vor allem die Kampfkündigung, zur Verfügung stellen muss, die für eine Kampftaktik der Weiterproduktion notwendig sind, oder ob ihre Kampflast darin besteht, den Arbeitskampf ohne die Möglichkeit der Beendigung der Arbeitsverhältnisse Streikender durchstehen zu müssen und allenfalls befristete bzw (auf das Kampfende) auflösend bedingte Arbeitsverhältnisse neu begründen zu können.

668 b) Die Kampftaktik der Weiterproduktion bringt zusätzliche Rechtsprobleme mit sich: Zunächst einmal stellt sich die Frage, ob der Arbeitgeber Arbeitswillige **kraft seines Direktionsrechts** anweisen kann, die Tätigkeiten streikender Kollegen zu übernehmen. Sie ist grundsätzlich zu verneinen[164]: Im unmittelbar kampfbetroffenen Betrieb kann es dem einzelnen Arbeitnehmer in der Regel nicht zugemutet werden, vom Arbeitgeber sozusagen als „Abwehrmittel" gegen seine streikenden Kollegen eingesetzt zu werden; das Recht muss hier vielmehr auf die in der Betriebsgemeinschaft herrschenden Solidaritätsvorstellungen Rücksicht nehmen. Zweifelhaft ist, ob dies auch für leitende Angestellte gilt[165]. In Bezug auf **Beamte** haben sowohl das BAG als auch das BVerwG die Zulässigkeit ihres Einsatzes mit dem Ziel, die Arbeit von streikenden Arbeitnehmern zu verrichten, gebilligt und darin insbesondere keinen Verstoß gegen den Paritätsgrundsatz gesehen[166]. Zwar ist die Entscheidung des BAG vom BVerfG aufgehoben worden[167]; allerdings – ohne Sachentscheidung – nur auf Grund der sog. Wesentlichkeitstheorie (dazu bereits Rn 656).

669 Die Frage nach der Zulässigkeit der „**Verweigerung von Streikarbeit**" stellt sich aber auch noch auf einer anderen Ebene, nämlich dann, wenn der Arbeitgeber versucht, die bestreikte Produktion in andere (in einem anderen Tarifgebiet liegende) Betriebe seines Unternehmens zu verlagern. Hier liegt es nahe, die Produktionsverlagerung als zulässige Abwehrreaktion des Arbeitgebers im Rahmen seiner Durchhalte-

---

162 Sollten die Kündigungsschutzvorschriften anwendbar sein bestünde allerdings die Notwendigkeit einer sozialen Auswahl und damit die Gefahr, dass an Stelle der Streikenden, deren Arbeitsplatz weggefallen ist, ein Arbeitswilliger gekündigt werden müsste.
163 Siehe dazu insb *Randerath*, Die Kampfkündigung des Arbeitgebers im kollektiven Arbeitskampfsystem 1983, 48 ff; MünchArbR-*Otto* § 288 Rn 23; umfassend *Kissel* §§ 46 Rn 86 ff, 62 Rn 10 ff.
164 Vgl nur *Nicolai*, Verweigerung von Streikarbeit 1993, 70 ff.
165 Dazu *Nicolai*, Verweigerung von Streikarbeit 1993, S. 75 ff.
166 BAG v. 10.09.1985, 1 AZR 262/84, NZA 1985, 814; BVerwG v. 10.05.1984, 2 C 18/82, NZA 1984, 401.
167 BVerfG v. 02.03.1992, 1 BvR 1213/85, NJW 1993, 1379.

taktik anzusehen[168]. Dies gilt erst recht dann, wenn ein bestreiktes Unternehmen – man denke an einen Druckerstreik, mit deren Hilfe das Erscheinen einer bestimmten Zeitung verhindert werden soll – ein anderes, unabhängiges Unternehmen sucht und findet, das bereit ist, den (Druck-) Auftrag auszuführen. Für eine Art von „Verfolgungsrecht" der Gewerkschaft in Gestalt organisierter Arbeitsverweigerungen wegen angeblicher Unzumutbarkeit der Arbeitsleistung gibt es im deutschen Arbeitskampfrecht keine Rechtsgrundlage. Ganz sicher ist schließlich, dass eine Verweigerung von Streikarbeit dann unzulässig ist, wenn Produktionsaufträge, die von bestreikten Unternehmen wegen des Arbeitskampfs nicht durchgeführt werden können, vom Auftraggeber an Konkurrenzbetriebe ohne Absprache mit dem bestreikten Unternehmen vergeben werden. Hier wäre jede Arbeitsverweigerung auch aus der Sicht der Gewerkschaften sinnlos, weil es für das bestreikte Unternehmen nichts Gefährlicheres geben kann, als die Abwanderung seiner Kunden zu anderen Unternehmen[169].

III. Stellung der Außenseiter im Arbeitskampf[170]

1. Außenseiterarbeitnehmer

Der Arbeitskampf ist – sieht man vom Sonderfall des Firmentarifvertrags ab – ein **670** Kampf der Verbände und wird infolgedessen von deren Mitgliedern getragen: Das Streikrecht steht demnach primär den organisierten Arbeitnehmern zu. Entsprechendes gilt für die Aussperrungsbefugnis auf Arbeitgeberseite. Damit korrespondiert, dass die tarifliche Regelung, die erkämpft werden soll, normativ ohnehin nur die beiderseits Tarifgebundenen erfasst. Ein Arbeitskampf ist jedoch jedenfalls auf Arbeitnehmerseite ohne Außenseiterbeteiligung in aller Regel kaum zu führen. Infolgedessen steht – wie bereits erwähnt – zumindest das Streikrecht auch den (bei tarifgebundenen Arbeitgebern beschäftigten) Außenseitern zu; auch sie dürfen im Rahmen gewerkschaftlich organisierter Streiks die Arbeit niederlegen (Rn 573). Nach ganz hL dürfen sie auch ausgesperrt werden (Rn 659 f). Insofern soll der (zumindest im Grenzverlauf streitige) Grundsatz der arbeitskampfrechtlichen Einheit der Belegschaft gelten. Nach der zum Teil heftig kritisierten[171] Auffassung des BAG muss der Arbeitgeber die Außenseiter sogar aussperren, wenn er sich nicht dem Vorwurf unzulässiger Differenzierung aussetzen will[172].

---

168 Das BAG hat im Rahmen seiner Sympathiestreikentscheidung vom 05.03.1985 angedeutet, dass mit solchen Produktionsverlagerungen „Neutralitätspflichtverletzungen" verbunden sein können, die uU die Ausdehnung des Arbeitskampfs im Wege des Sympathiestreiks rechtfertigen können (BAG v. 05.03.1985, 1 AZR 468/85, NZA 1985, 504, 507 f = SAE 1986, 60 mit gerade insoweit krit Anm. *Lieb*).
169 Zum Ganzen auch MünchArbR-*Otto* § 287 Rn 30 ff, 33 ff, 45.
170 Dazu umfassend *Thüsing*, Der Außenseiter im Arbeitskampf 1996.
171 Siehe hierzu *Lieb*, 8. Aufl., Rn 660.
172 So auch nachdrücklich *Rieble*, Arbeitsmarkt und Wettbewerb 1996, Rn 1386.

2. Außenseiterarbeitgeber

671 Immer noch wenig geklärt ist die Stellung des Außenseiterarbeitgebers. Das BVerfG hat – in den Gründen, nicht im Ergebnis – unter Vernachlässigung von zahlreichen schwieriger arbeitskampfrechtlichen Vorfragen die Aussperrungsbefugnis eines Außenseiterarbeitgebers bejaht, und zwar unter dem Aspekt eines offenbar für zulässig erachteten „**Kampfbündnisses**"[173]. Dies ist schon bedenklich, weil ein solches „Kampfbündnis" einen unzulässigen Sympathiearbeitskampf darstellen könnte[174]. Vor allem aber kann die Aussperrungsbefugnis eines Außenseiterarbeitgebers nicht ohne vorherige Klärung der streikrechtlichen Lage beurteilt werden. Dabei ist nach dem jeweils verfolgten Kampfziel zu differenzieren: Macht die Gewerkschaft gegen einen Außenseiterarbeitgeber eigene tarifliche Forderungen geltend, gilt nichts Besonderes: Darüber muss dann unter Beachtung des ultima-ratio-Prinzips verhandelt werden, ehe die Gewerkschaft – nach Scheitern der Verhandlungen – (auch) den Außenseiterarbeitgeber in einem dann isolierten Arbeitskampf um den Abschluss eines solchen Firmentarifvertrags bestreiken darf. Will die Gewerkschaft dagegen nur den Abschluss eines sog. Anschlusstarifvertrags erreichen, ist ein Arbeitskampf darüber deswegen erst **nach Abschluss** des Verbandstarifvertrags, auf den Bezug genommen werden soll, zulässig, weil die Forderungen, auf die sich der Außenseiterarbeitgeber einlassen soll, erst dann ausreichend konkretisiert sind. Die Forderung nach Vorabunterwerfung unter die noch gar nicht feststehenden Verbandsarbeitsbedingungen darf daher nicht kampfweise verfolgt werden[175].

672 Ist aber demnach das Streikrecht gegenüber Außenseiterarbeitgebern insoweit (zeitlich) beschränkt, darf dieser auch noch nicht aussperren. Insbesondere ist ein eventuelles Interesse des Außenseiterarbeitgebers, die Verbandsarbeitsbedingungen sozusagen vorbeugend durch eine eigene zusätzliche Aussperrung zu beeinflussen, arbeitskampfrechtlich illegitim. Außerdem würde sie die Berechnung zahlenmäßiger Aussperrungsgrenzen, wie sie das BAG jedenfalls in der Vergangenheit praktiziert hat (dazu bereits Rn 641 ff), zusätzlich erschweren.

3. Andersorganisierte

673 Arbeitskampfrechtliche Probleme wirft auch die **Stellung andersorganisierter Arbeitnehmer** auf (als Beispiel sei die Beteiligung von Druckern an einem Streik um einen neuen Tarifvertrag nur für Redakteure in einem einheitlichen Verlags- und Druckbetrieb genannt). Sofern sie sich an einem Streik um einen sie nicht betreffenden Tarifvertrag beteiligen wollen, wird in der arbeitskampfrechtlichen Literatur zum Teil ein (Rechts-) Grundsatz der „arbeitskampfrechtlichen Ein-

---

173 BVerfG v. 26.06.1991, 1 BvR779/85, NZA 1991, 809; dazu *Lieb*, FS Kissel 1994, 653; *Konzen* Anm. zu BAG SAE 1991, 335, 343 f; *Däubler* AuR 1992, 1, 2 f; siehe auch *Häuser*, FS Konzen 2006, 217.

174 Bedenken auch bei MünchArbR-*Otto* § 285 Rn 67; *Kissel* §§ 38 Rn 29 ff, 54 Rn 7.

175 Zur Rechtsstellung des Außenseiterarbeitgebers auch BAG v. 09.04.1991, 1 AZR 332/90, NZA 1991, 815 = SAE 1993, 265 mit Anm. *Lieb*; BAG v. 11.08.1992, 1 AZR 103/92, NZA 1993, 39.

heit der Belegschaft" propagiert[176]. Nach aA ist die Streikbeteiligung andersorganisierter Arbeitnehmer als in der Regel **unzulässiger Unterstützungs- bzw Sympathiestreik** zu werten (dazu Rn 689 ff)[177].

IV. Drittwirkungen des Streiks

1. Auswirkungen auf zivilrechtliche Abnahme- und Lieferverpflichtungen

Betriebe und Unternehmen sind heutzutage vielfach arbeitsteilig derart wirtschaftlich miteinander verflochten, dass Störungen der Produktion eines Betriebs alsbald Folgen haben entweder für andere Betriebe desselben Unternehmens oder für andere Unternehmen, sei es, dass diesen etwa notwendige Vormaterialien nicht mehr geliefert werden können, sei es, dass deren Produktion **wirtschaftlich sinnlos** wird, weil sie vom bestreikten Unternehmen wegen des dortigen Arbeitskampfs trotz bestehender Lieferbeziehungen nicht mehr abgenommen werden (können) und auch anderweitige Absatzmöglichkeiten nicht bestehen.   **674**

Solche alsbald eintretenden Fernwirkungen wurden wohl im Rahmen ihrer kampftaktischen Überlegungen über die Auswahl der zu bestreikenden Betriebe von der Gewerkschaft zum Teil bewusst hervorgerufen; ob eine solche Kampftaktik zulässig oder – wegen der gezielten und massierten Auswirkungen auf unbeteiligte Dritte – als unverhältnismäßig angesehen werden muss, ist bisher noch nicht ausreichend geklärt. Zur Zeit dürfte die Problematik durch die gezielte Neufassung des § 116 Abs. 3 AFG (jetzt § 146 Abs. 3 SGB III) erledigt sein (dazu Rn 683 ff).   **675**

Für die Bewältigung dieser Folgen bietet sich – unter dem Aspekt des Vorliegens einer **Leistungsstörung** – zunächst das Zivilrecht an: Wenn und soweit ein (Vorsorge- oder Übernahme-) Verschulden des bestreikten Unternehmens festgestellt werden kann[178], lassen sich Schadensersatzansprüche konstruieren, mit deren Hilfe der Gläubiger, der von derartigen Fernwirkungen betroffene Arbeitgeber, insbesondere den an seine Arbeitnehmer trotz Unmöglichkeit oder wirtschaftlicher Sinnlosigkeit der Arbeitsleistung weiterzuzahlenden Lohn als Schaden geltend machen könnte.   **676**

Ein solches Verschulden kann jedoch nur in eng begrenzten, eindeutigen Fällen bejaht werden. Im Übrigen ist davon auszugehen, dass die Teilnahme am rechtmäßigen Arbeitskampf zumindest nicht vorwerfbar ist; das kollektive Arbeitskampfrecht überlagert hier sozusagen das Schuldrecht und schließt damit vertragsrechtliche Sanktionen grundsätzlich aus[179]. Dies lässt sich wertend damit rechtfertigen, dass andernfalls die Kampflast der bestreikten oder aussperrenden Betriebe alsbald ins Unermessliche steigen würde und sie dann außer Stande wären, einen Arbeitskampf auch durchzuste-   **677**

---

176 *Löwisch/Rieble*, AK, 170.2 Rn 86 ff; anders *Rieble*, Arbeitsmarkt und Wettbewerb 1996, Rn 1387: „kein normativer Anhaltspunkt". Vgl *Kissel* § 38 Rn 15 ff.
177 *Lieb*, 8. Aufl., Rn 664; *ders*. RdA 1991, 145; *Rüthers* BB 1990, Beil. 25; *Konzen* DB 1990, Beil. 6; S. 13; einschränkend: *Löwisch/Rieble*, AK, 170.1 Rn 15 ff, 170.2 Rn 85 ff; aA: *Birk*, Die Rechtmäßigkeit gewerkschaftlicher Unterstützungskampfmaßnahmen 1978, 22 ff, 51 ff.
178 Dazu *Brox/Rüthers* Rn 387 ff; MünchArbR-*Otto* § 290 Rn 95 f; *Löwisch/Rieble*, AK, 170.7 Rn 20 ff; BAG v. 22.12.1980, 1 ABR 2/79, AP Nr 70 zu Art. 9 GG Arbeitskampf.
179 Ähnlich MünchArbR-*Otto* § 290 Rn 93; ausführl *Kissel* § 73.

hen. Dies geht über die vom Gegner bewusst herbeigeführte Kampflast[180] hinaus. Von Kampf**parität** könnte dann vielmehr keine Rede mehr sein. Dementsprechend rechtfertigt sich die Entlastung der im Arbeitskampf stehenden Betriebe durch Verneinung von Schadensersatzverpflichtungen gegenüber Abnehmern oder Zulieferern aus der Erwägung heraus, dass sie zur Herstellung von Kampfparität erforderlich ist.

2. Wegfall des Lohnanspruchs bei Drittbetroffenheit

a) Arbeitskampfrisikolehre

678 **Fall 45:** Unternehmer U stellt Spritzgussteile für den Automobilbau her. Als seine Hauptabnehmer, drei Automobilwerke, im Frühjahr 1978 bestreikt und die Spritzgussteile daher nicht mehr abgenommen werden, wird der Betrieb für einige Wochen stillgelegt. Arbeitnehmer A verlangt von U Lohnzahlung (BAG v. 22.12.1980, 1 ABR 2/79, AP Nr 70 zu Art. 9 GG Arbeitskampf). **Rn 680**

679 Auf Grund der eben skizzierten arbeitskampfrechtlichen und bürgerlich-rechtlichen Ausgangslage muss davon ausgegangen werden, dass diejenigen Arbeitgeber, die von Fernwirkungen von Arbeitskämpfen betroffen werden, den dadurch bei ihnen entstehenden Schaden jedenfalls nicht nach Leistungsstörungsgrundsätzen auf die (unmittelbaren) Verursacher, nämlich ihre bestreikten Abnehmer oder Lieferanten, abwälzen können. Damit stellt sich die Frage, ob sie ihn selbst zu tragen haben oder ob es Mittel und Wege gibt, sie davon zumindest teilweise zu entlasten. Den Ausgangspunkt der Lösung muss die Feststellung bilden, dass **Betriebs- und Wirtschaftsrisiko**[181], die sich hier verwirklichen, an sich vom Arbeitgeber zu tragen sind. Dies wird nach einer langen und wechselvollen Geschichte, die viele auch bürgerlich-rechtliche Grundfragen aufgeworfen hat (Rn 182 ff), heute allgemein anerkannt und lässt sich dahingehend zusammenfassen, dass die Folgen von niemandem verschuldeter Leistungsstörungen im Verhältnis zwischen Arbeitnehmer und Arbeitgeber in der Regel von Letzterem zu tragen sind, zumal diesem noch Notbehelfe wie die Einführung von Kurzarbeit (Rn 196 f) sowie der Ausspruch betriebsbedingter Kündigungen zur Verfügung stehen (Rn 361 ff).

680 Diese zulasten des Arbeitgebers gehende **Risikoverteilung** wird jedoch seit langem dann durchbrochen, wenn Produktionsstörungen auf Arbeitskämpfen beruhen, wenn es sich dabei also um die erwähnten Fernwirkungen handelt. In diesem Fall ist im Ergebnis nach hL und Rechtsprechung[182] der Arbeitgeber zur Lohnzahlung nicht mehr verpflichtet; er kann die Kampffolgen wenigstens insoweit von sich ab- und auf die Arbeitnehmerseite weiterwälzen, und zwar – dies war früher streitig – unabhängig da-

---

180 Nur darauf beziehen sich die grundsätzlichen Überlegungen von *Löwisch* AcP 174 (1974), 203, 237.
181 Das Betriebsrisiko betrifft das Risiko der technischen Durchführbarkeit der Arbeitsleistung; das Wirtschaftsrisiko besteht in der Gefahr der (Nicht-) Absetzbarkeit der Produktion am Markt.
182 BAG v. 22.12.1980, 1 ABR 2/79, 1 ABR 76/79, AP Nr 70, 71 zu Art. 9 GG Arbeitskampf mit Anm. *Richardi.* Dazu *Seiter* DB 1981, 578; *Konzen* Anm. zu BAG SAE 1981, 209; *Lieb* NZA 1990, 289; MünchArbR-*Otto* § 290 Rn 2 ff. Vgl ferner zur Problementwicklung die vorzügliche Kurzdarstellung bei *Seiter,* Staatsneutralität im Arbeitskampf 1987, 137 ff; *Kissel* § 33 Rn 8 ff.

von, ob es sich um die Rechtsfolgen von Streiks oder von Aussperrungen handelt und auch unabhängig davon, ob dadurch (bei den Abnehmern) technische oder (bei den Lieferanten) wirtschaftliche Unmöglichkeit der Arbeitsleistung eintritt[183].

> Im **Ausgangsfall 45** entfielen daher die Lohnansprüche der Arbeitnehmer. Da der Arbeitgeber aber mit den fortlaufenden Gemeinkosten, dem Gewinnverlust und der Gefahr der Beeinträchtigung der Kundenbeziehungen belastet bleibt (sich insoweit also in derselben Situation befindet wie sein im Arbeitskampf stehender Kollege), läuft dies im Ergebnis auf eine Art von **Schadensteilung** zwischen Arbeitgebern und Arbeitnehmern hinaus (dazu bereits Rn 219).

Begründet wurde diese Risikoverteilung früher mit dem zwar im Arbeitsrecht vielfach auftretenden, dennoch in seiner (zumindest ganz unterschiedlichen) rechtlichen Tragweite zweifelhaften Prinzip der Solidarität (hier der Arbeitnehmer untereinander): Von Arbeitnehmern ausgehende Störungen, müssten sich davon betroffene andere Arbeitnehmer zurechnen lassen[184]. Das BAG hat diese Begründung verabschiedet und durch den Gedanken ersetzt, im Hinblick auf die insbesondere auf gemeinsamer Verbandszugehörigkeit (auch in einem Dachverband) beruhenden Einflussmöglichkeiten derjenigen Arbeitgeber, die von Fernwirkungen im Arbeitskampf betroffen werden, auf ihre im Arbeitskampf stehenden Kollegen müsste das Vorliegen einer Paritätsstörung angenommen werden, wenn diese drittbetroffenen Arbeitgeber nicht wenigstens von der Last der Lohnfortzahlung befreit würden (sog. **Binnendrucktheorie**). Im Hinblick auf die zu wahrende Parität im Kampfgebiet müssten auch die Arbeitgeber außerhalb dessen entsprechend entlastet werden. Dieser Ansatz ist freilich zu eng, weil er insbesondere die – notwendige, durch die Möglichkeit der Gewährung von Arbeitslosengeld (§ 146 Abs. 1 S. 2 SGB III) entschärfte und gerechtfertigte – Lohnverweigerung außerhalb derselben Branche sowie in Außenseiterunternehmen nicht zu rechtfertigen vermag.

Ein spezielles Problem der Anwendbarkeit der Arbeitskampfrisikolehre im **unmittelbar** kampfbetroffenen Betrieb ist durch die neuartige Kampftaktik der früheren IG Medien (jetzt: ver.di) des sog. **Wellenstreiks** (vor allem im Zeitungsgewerbe) entstanden. Die Gewerkschaft ruft hier bei Schichtbetrieb zu Beginn einer Schicht zum unbefristeten Streik auf, so dass der Arbeitgeber im Unklaren bleibt, ob die nächste Schicht ebenfalls streiken oder aber die Arbeit wieder aufnehmen wird; dementsprechend weiß der Arbeitgeber zB nicht, ob der in der nächsten Schicht anstehende Druck von Tageszeitungen erfolgen kann. Ihm wird damit durch kurzfristige, wiederkehrende und überraschende Arbeitsniederlegungen im Ergebnis jegliche arbeitsorganisatorische Planung unmöglich gemacht, zumal die Wirkungen des oder der Kurzstreiks häufig über deren Beendigung hinausreichen. Die Arbeitgeber reagierten auf diese Unsicherheit durch ein Ausweichen auf Notzeitungen, die durch Notmannschaften hergestellt wurden, so dass die „etatmäßigen" Arbeitnehmer der betreffenden Schicht nicht benötigt wurden, obwohl diese zu Beginn der jeweils nächsten Schicht ihre Arbeit anboten und – nachdem der Arbeitgeber wegen der vorbereiteten Notmaßnahmen die Annahme ablehnte – Annahmeverzugslohn forderten. Das BAG hat diese Ansprü-

681

---

183 Dies gilt auch für Störungen innerhalb desselben Betriebs, etwa durch sog. Teilstreiks (BAG v. 27.06.1995, 1 AZR 1016/94, NZA 1996, 212); zu den Auswirkungen sog. „Wellenstreiks" BAG v. 12.11.1996, 1 AZR 364/96, NZA 1997, 393.
184 So etwa *Hueck/Nipperdey I* 353 f; wN bei *Seiter*, Streikrecht und Aussperrungsrecht 1975, 310 Fn 77. Allgemein zum sog. Prinzip der Solidarität *Kalb*, Rechtsgrundlage und Reichweite der Betriebsrisikolehre 1977, 64 ff.

che in Fortentwicklung der Arbeitskampfrisikolehre verneint; die Entscheidung des Arbeitgebers für Notausgaben wurde als zulässige Abwehrmaßnahme gewertet und den Arbeitnehmern zutreffend insoweit das Beschäftigungs- und Lohnrisiko zugewiesen[185].

b) Folgeprobleme

682   aa) „Kalte Aussperrung"?   Die Gewerkschaften haben oft den Verdacht geäußert, Arbeitgeber außerhalb des Tarifgebiets hätten ihre Drittbetroffenheit, dh Arbeitsunmöglichkeit oder wirtschaftliche Sinnlosigkeit der Produktion, den Tatsachen zuwider nur vorgespiegelt, um den Lohn nach den eben dargestellten Grundsätzen verweigern und dadurch weitere Arbeitnehmer unter Druck setzen zu können (sog. „**kalte Aussperrung**"). Daraus wurde vor allem die Forderung nach Kontrolle der Voraussetzungen der Lohnverweigerung nach der Arbeitskampfrisikolehre abgeleitet. Dafür könnte § 87 Abs. 1 Nr 3 BetrVG in Betracht kommen, wenn es sich bei der Verweigerung von Beschäftigung und Lohnfortzahlung wegen arbeitskampfbedingter Störungen um einen Fall der „vorübergehenden Verkürzung der betrieblichen Arbeitszeit" handeln würde. Dies ist streitig. Teilweise wird die Anwendung dieser Vorschrift aus dem Grund verneint, dass die Pflicht zur Beschäftigung und Lohnfortzahlung unmittelbar kraft Gesetzes im jeweils betroffenen Einzelarbeitsverhältnis entfalle und damit im Gegensatz zur förmlichen Einführung von Kurzarbeit keine (mitbestimmungspflichtige) gestaltende Erklärung des Arbeitgebers voraussetze. Es könne zwar insoweit in gewissem Umfang im Einzelfall noch einen Regelungsspielraum geben, dieser betreffe indessen nur **Regelungsvarianten**, die der Betriebsrat kraft seines Initiativrechts ins Spiel bringen möge; dabei handele es sich dann aber nur um nachträgliche Modifizierungen des ursprünglichen, kraft Gesetzes, ohne Notwendigkeit normativer Gestaltung des Einzelarbeitsverhältnisses entstandenen Rechtszustandes[186]. Das BAG differenziert demgegenüber zwischen dem (mitbestimmungsfreien) „Ob" und dem (mitbestimmungspflichtigen) „wie" der Lohnverweigerung[187], während die wohl hL das Mitbestimmungsrecht des Betriebsrats (analog) § 87 Abs. 1 Nr 3 BetrVG bejaht, wobei sie mit dem Folgeproblem der arbeitskampfbedingten teleologischen Reduktion dieser Vorschrift konfrontiert ist[188].

683   **bb) Die Gewährung von Arbeitslosen- (Kurzarbeiter-) Geld gem. § 146 SGB III.**   Können demnach die Arbeitgeber bei Fernwirkungen eines Arbeitskampfs die Weiterzah-

---

185   BAG v. 12.11.1996, 1 AZR 364/96, NZA 1997, 393 = SAE 1997, 281 mit Anm. *Rieble*; BAG v. 17.02.1998, 1 AZR 386/97, NZA 1998, 896 = EzA Art. 9 GG Arbeitskampf Nr 129 (*Nicolai*) = SAE 1999, 51 mit Anm. *Hergenröder*; vgl zum Ganzen *Nicolai* ZfA 1999, 617, 685 f; dazu auch *Kissel* § 33 Rn 77 ff.

186   *Lieb*, 8. Aufl., Rn 674; *ders.* NZA 1990, 289, 293 f; zustimmend *Löwisch/Bittner*, AK, 170.3.2 Rn 90; ähnlich *Kissel* § 33 Rn 181 ff.

187   BAG v. 22.12.1980, 1 ABR 2/79, 1 ABR 76/79, AP Nr 70, 71 zu Art. 9 GG Arbeitskampf; dazu *Kalb*, FS Stahlhacke 1995, 213, 229 ff.

188   MünchArbR-*Otto* § 290 Rn 59 ff; zur generellen Problematik der teleologischen Reduktion von Mitbestimmungsbefugnissen im Arbeitskampf vgl *Schulin*, in: Lieb/v. Stebut/Zöllner (Hrsg), Symposion zum Arbeitskampfrecht 1990, 191; *Löwisch/Rumler*, AK, 170.4 Rn 30 ff; GK-*Kreutz* § 74 Rn 69 ff; *Kissel* § 36 Rn 40 ff.

lung des Lohns verweigern, stellt sich die Folgefrage, ob die betroffenen Arbeitneh-mer Leistungen der Bundesagentur für Arbeit beanspruchen können. Diese Frage regelt der – nach heftigen politischen Meinungskämpfen im Jahr 2003 neu gefasste – § 146 SGB III (früher: § 116 AFG[189]), der im Gegensatz zur Auffassung mancher Kri-tiker zumindest in einigen Punkten deutliche Verbesserungen zu Gunsten der Arbeit-nehmerseite mit sich gebracht hat[190]. § 146 SGB III geht davon aus, dass den Arbeit-nehmern solche Ansprüche grundsätzlich zustehen, lässt sie aber unter bestimmten Voraussetzungen entfallen, wenn durch die Gewährung von Arbeitslosengeld in Ar-beitskämpfe eingegriffen würde. Dies folgt aus der sog. **Neutralitätspflicht des Staa-tes**, der nicht durch sein Eingreifen – hier durch Gewährung von Lohnersatz – die Ge-wichte im Arbeitskampf verschieben darf (§ 146 Abs. 1 S. 1 SGB III), denn auch das Entfallen der Lohnansprüche und die dadurch hervorgerufenen finanziellen Folgen für die betroffenen Arbeitnehmer bzw – bei Gewährung von Streikunterstützung – für deren Gewerkschaft sind Elemente des Kräftegleichgewichts im Arbeitskampf[191].

Der Schwerpunkt der Problematik liegt daher in der Frage, wann durch die **Gewäh- rung von Arbeitslosengeld** in Arbeitskämpfe eingegriffen würde. Dies soll nach der klarstellenden Bestimmung des § 146 Abs. 1 S. 2 SGB III generell nicht der Fall sein, wenn es um Leistungen an branchenfremde Personen geht, während umgekehrt an Beteiligte – Streikende oder Ausgesperrte – gemäß § 146 Abs. 2 SGB III Arbeitslo-sengeld nie gezahlt werden darf. Letzteres gilt für die im Kampfgebiet beschäftigten Arbeitnehmer auch dann, wenn sie nicht selbst streiken oder ausgesperrt sind, also nur wegen Unmöglichkeit oder wirtschaftlicher Sinnlosigkeit der Arbeitsleistung nicht mehr beschäftigt werden können (§ 146 Abs. 3 Nr 1 SGB III). Der Schwerpunkt der Problematik liegt daher bei den mittelbar, auf Grund der vorstehend dargelegten Grundsätze der Arbeitskampfrisikolehre betroffenen Arbeitnehmern außerhalb des Kampfgebiets, aber (arg. § 146 Abs. 1 S. 2 SGB III) innerhalb derselben Branche (desselben fachlichen Geltungsbereichs). **684**

Insoweit hatte § 116 AFG aF noch zwei einschränkende Regelungen enthalten, näm-lich den sog. **Abziel- (Partizipations-) Tatbestand des § 116 Abs. 3 Nr 1 AFG aF** sowie den sog. **Einflusstatbestand (§ 116 Abs. 3 Nr 2 AFG aF)**[192]. Letzterer ist ent-fallen, Ersterer durch § 146 Abs. 3 Nr 2 SGB III im Sinne der Erforderlichkeit einer weitgehenden Partizipation am Kampfergebnis neu gefasst worden. Dementspre-chend soll die Leistungspflicht der Bundesagentur für Arbeit nur noch dann entfallen, **685**

---

189 Vom BVerfG wurde 1995 die Verfassungsmäßigkeit von § 116 AFG mit der deutlichen Feststellung bestätigt, dass für die Beeinträchtigung der Funktionsfähigkeit der Tarifautonomie durch die gesetz-liche Neuregelung „keine hinreichenden Anhaltspunkte" vorliegen würden. Dabei wurde insb das vom Gesetzgeber verwendete Partizipationsprinzip im Rahmen seines „weiten Handlungsspiel-raums" und seiner grundsätzlichen Einschätzungsprärogative als „einleuchtendes Kriterium" ebenso anerkannt wie die der Neuregelung zugrunde liegenden Erwägungen über den durch Fernwirkungen entstehenden beiderseitigen Binnendruck (BVerfG v. 04.07.1995, 1 BvF 2/86, NZA 1995, 754, 755 ff; dazu *Lieb* JZ 1995, 1174, 1176; *Konzen* Anm. zu BAG SAE 1996, 216, 222 ff).
190 Dazu eindringlich *Seiter*, Staatsneutralität im Arbeitskampf 1987, 306 ff.
191 Zur Unterscheidung der hier zugrunde gelegten sog. passiven Neutralität vom Aspekt der fördernden (paritätsgestaltenden) Neutralität siehe *Seiter*, Staatsneutralität im Arbeitskampf 1987, 7 f, 110 f.
192 Auch dazu *Seiter*, Staatsneutralität im Arbeitskampf 1987, 67, 70 ff.

wenn außerhalb des Kampfgebiets Forderungen erhoben worden sind, die einer Hauptforderung des Arbeitskampfs nach Art und Umfang gleichstehen, ohne mit ihr übereinstimmen zu müssen (lit. a) **und** wenn das Arbeitskampfergebnis aller Voraussicht nach im räumlichen Geltungsbereich des nicht umkämpften Tarifvertrags im Wesentlichen übernommen wird (lit. b). Letzteres verlangt eine nicht ganz einfache Prognose; immerhin lehrt die Tarifgeschichte der vergangenen Jahre, dass seit längerem fast nur noch **Modellarbeitskämpfe mit Pilotfunktion (Signalwirkung)** für die anderen Tarifgebiete geführt werden, das Kampfergebnis also in aller Regel „im Wesentlichen" übernommen wird. Die in § 146 Abs. 3 Nr 2a SGB III enthaltene Formulierung „gleich ist, ohne mit ihr übereinstimmen zu müssen", ist das Ergebnis eines heftigen politischen Kampfes und Reaktion des Gesetzgebers darauf, dass die Gewerkschaften während der Geltung des § 116 AFG aF versuchten, durch minimale Differenzierungen in den Kampfforderungen die Erfüllung des damaligen Partizipationstatbestandes zu verhindern[193].

V. Sonderformen des Arbeitskampfs

1. Systematische Vorbemerkungen

686   Die bisherigen Überlegungen waren im Wesentlichen dem im Zentrum von Arbeitskampfgeschehen und Arbeitskampfrecht stehenden gewerkschaftlich organisierten Streik, den Reaktionsmöglichkeiten der Arbeitgeber sowie sich daraus ergebenden Folgeproblemen gewidmet. Daneben gibt es jedoch noch eine Reihe von Sonderfällen kollektiven Vorgehens (entweder der Arbeitnehmer oder des Arbeitgebers; bei Letzterem ergibt sich Kollektivität daraus, dass sich seine, möglicherweise arbeitskampfrechtlich zu würdigenden Maßnahmen nicht nur gegen einzelne Arbeitnehmer, sondern – kollektiv – gegen die ganze Belegschaft oder doch jedenfalls Teile von ihr richten), deren Rechtmäßigkeit schwierige Fragen aufwirft. Im Einzelnen handelt es sich um die Zulässigkeit von **Sympathiearbeitskämpfen**, um die Zulässigkeit von **Arbeitgeber- und Arbeitnehmermassenänderungskündigungen** und um deren Abgrenzung vom Problembereich kollektiv ausgeübter **Zurückbehaltungsrechte** sowie um den nicht von einer Gewerkschaft organisierten sog. **wilden Streik**.

687   Ob all diese Fälle kollektiven Geschehens als Arbeitskämpfe anzusehen sind (weiter, rechtstatsächlich orientierter Arbeitskampfbegriff), oder ob sie bei der Verwendung eines engeren, im Wesentlichen auf den gewerkschaftlich organisierten Streik und die darauf bezogenen Reaktionsmöglichkeiten des Arbeitgebers beschränkten Arbeitskampfbegriffs aus diesem herausfallen, ist streitig[194]. Letztlich ist die Frage aber belanglos, weil die Antwort auf die sich stets stellende Frage der Rechtmäßigkeit nicht durch begriffliche Ableitung aus einem vorgegebenen Arbeitskampfbegriff gewonnen werden kann, sondern nur durch wertende Betrachtung und Einordnung in ein in sich stimmiges Gesamtsystem. Dieses wiederum ist zentral an der Frage zu orientieren,

---

193   Zum Ganzen auch *Löwisch/Bittner*, AK, 170.5 Rn 48 ff, Rn 112 ff; MünchArbR-*Otto* § 290 Rn 16 ff; *Kissel* § 34 Rn 83 ff.
194   Vgl nur *Brox/Rüthers* Rn 16 ff; *Zöllner/Loritz* § 39 V (445 f); MünchArbR-*Otto* § 281 Rn 1 ff, 8 ff.

ob die bewusste und gewollte Herbeiführung von Störungen der Leistungsbeziehungen zwischen Arbeitgeber und Arbeitnehmern, die bewusste und gezielte (an sich vertragswidrige) Nichterfüllung, sei es der Arbeits-, sei es der Lohnzahlungsverpflichtung, als **erforderlich** für die Erreichung des jeweils verfolgten Ziels anerkannt werden kann. In diesem Sinn ist die Rechtmäßigkeitsfrage in den genannten Sonderfällen kollektiven Geschehens jeweils zu stellen und zu beantworten.

2. Zulässigkeit von Sympathiearbeitskämpfen

a) Zulässigkeit von Sympathiestreiks

Fall 46: Die Gewerkschaft IG Medien (heute ver.di) rief (zT mit Erfolg) im Dezember 1981 die Arbeitnehmer des (Druck-) Unternehmers U zu einem „Solidaritätsstreik" für einen Arbeitskampf auf, den die Gewerkschaft HBV (heute ver.di) gegen ein anderes Unternehmen einer anderen Branche zwecks Abschlusses eines Firmentarifvertrags führte. U verlangt von der IG Medien Ersatz des ihm durch den Solidaritätsstreik entstandenen Schadens (BAG v. 05.0301985, 1 AZR 648/83, NZA 1985, 504 ff). **Rn 694**

688

aa) Der klassische Fall eines **Sympathiestreiks** liegt vor, wenn Arbeitnehmer außerhalb des Kampfgebiets (meist wird es sich um Arbeitnehmer derselben Branche und damit um Mitglieder der den Hauptkampf führenden Gewerkschaft handeln; begriffsnotwendig ist dies jedoch nicht) von ihrer Gewerkschaft mit dem Ziel zu Arbeitsniederlegungen aufgerufen werden, den Druck auf die Arbeitgeber des Hauptkampfgebiets **zu verstärken**, um auf diese Weise die Erfolgsaussichten der Arbeitnehmerseite dort zu erhöhen. Ein solch unterstützendes Vorgehen ist früher überwiegend als rechtmäßig angesehen worden[195]. Dabei war wohl die Vorstellung maßgebend, es stehe den Arbeitskampfparteien frei, nach ihren kampftaktischen Vorstellungen darüber zu entscheiden, welche (ggf zusätzlichen, unterstützenden) Arbeitskampfmaßnahmen sie wählen und einsetzen wollen. Einen **Grundsatz der freien Wahl der Kampfmittel** gibt es jedoch jedenfalls mit diesem Inhalt nicht[196]; dh insbesondere, dass – die Aussperrungsrechtsprechung des BAG, die sich in ihren Grundlagen schwerlich auf diesen Bereich beschränken lässt, hat dies ganz deutlich gemacht – die Eskalation des Arbeitskampfgeschehens durch Ausweitung der Kampffront, hier sogar noch über das Hauptkampfgebiet hinaus, nicht im Belieben der Arbeitskampfparteien steht. Sie haben vielmehr nur die freie Wahl zwischen solchen Kampfmaßnahmen, die von der primär zur Entscheidung berufenen Rechtsordnung innerhalb bestimmter rechtlicher Grenzen als erforderlich zugelassen und damit den Arbeitskampfparteien zur Verfügung gestellt werden.

689

Dies schließt zwar Versuche, **neue Formen des Arbeitskampfs** zu entwickeln, nicht grundsätzlich aus, stets bedarf es aber der Überprüfung, ob solche neue Arten und

690

---

195 Vgl die Darstellung des Streitstandes bei *Lieb* ZfA 1982, 113, 133 Fn 76; *Kissel* § 24 Rn 16 ff.
196 Ein „Grundsatz der freien Wahl der Kampfmittel" taucht zwar in Rspr und Lit. vielfach auf; Inhalt und Reichweite werden jedoch nur selten und vor allem nicht unter den relevanten, im Text dargelegten Aspekten reflektiert, dazu *Konzen*, FS Molitor 1988, 181, 199 f; *Lieb* ZfA 1982, 113, 138 ff; *Zöllner*, FS Bötticher 1969, 427; MünchArbR-*Otto* § 284 Rn 17 ff, 25 f, § 286 Rn 42.

Maßnahmen des Arbeitskampfs als zulässig angesehen werden können. Diese Frage hat ohne Bindung an die Vorstellungen der Arbeitskampfparteien ggf der Richter zu entscheiden, während sich die Arbeitskampfparteien in solchen Fällen stets darüber im klaren sein müssen, dass sie durch solche Arbeitskampfmaßnahmen in fremde geschützte Rechtsgüter eingreifen und damit der Rechtfertigung bedürfen (Rn 575 ff). Dies dürfte auch verfassungsrechtlich deswegen unbedenklich sein, weil es sich bei der verfassungsrechtlichen Absicherung des Arbeitskampfs lediglich um eine Komplementärgewährleistung handelt: Arbeitskampfmittel sind von der Rechtsordnung auf der einfachgesetzlichen (richterrechtlichen) Ebene nur insoweit zur Verfügung zu stellen, dass ein effektives Funktionieren der Tarifautonomie gesichert ist. Aus dieser „Hilfsfunktion" sowie aus der Tatsache, dass der Arbeitskampf ebenso wie die Tarifautonomie ausgestaltungsbedürftig ist, folgt, dass die Unbeschränkbarkeit des Koalitionsgrundrechts nur für dieses, nicht aber auch für den Arbeitskampf in Anspruch genommen werden kann[197] (zur ebenfalls zulässigen Einschränkung der Tarifautonomie siehe bereits Rn 426 ff).

691   bb) Die Zulässigkeit auch eines gewerkschaftlich organisierten Sympathiestreiks wird von der Rechtsprechung[198] und der hL[199] von vornherein mit der Begründung abgelehnt, dieser werde den Anforderungen eines rechtmäßigen Arbeitskampfs nicht gerecht, da sich hier die Arbeitskampfmaßnahmen nicht mit dem Ziel des Abschlusses eines Tarifvertrags gegen den „üblichen", erwünschten oder möglichen Tarifpartner des Arbeitskampfführenden richteten, sondern gegen einen Dritten, der die umkämpfte Tarifforderung nicht selbst durch den Abschluss eines Tarifvertrags erfüllen und den Arbeitskampf beenden könne[200]. Der Unbeteiligte werde damit in eine wirtschaftliche Geiselhaft genommen[201]. Der Sympathiestreik diene daher nicht unmittelbar dem Abschluss des umkämpften Tarifvertrags, da er nicht darauf gerichtet sei, selbst den Widerstand des Tarifpartners zu brechen, mit dem der umkämpfte Tarifvertrag abgeschlossen werden solle[202]. Diese Art des Arbeitskampfs widerspreche aber grundlegend der **Mittel-Zweck-Relation der Tarifautonomie und des Arbeitskampfs** und könne daher nicht zu einer Legitimation des Arbeitskampfs führen. Teilweise wird gegen diese Argumentation eingewandt, sie greife nicht durch, weil zumindest gewisse Einwirkungsmöglichkeiten auch des bestreikten Außenseiter-Arbeitgebers insbesondere auf Grund gemeinsamer Verbandszugehörigkeit (sei es auch nur in einem Dachverband) nicht geleugnet werden könnten[203]. Der Kritik ist zuzugeben, dass in der Tarif- und Arbeitskampfpraxis die Einfluss- und Reaktionsmöglichkeiten der einzelnen Arbeitgeber und ihrer Verbände auf Grund komplexer wirt-

---

197   Grundlegend BVerfG v. 26.06.1991, 1 BvR 779/85, NZA 1991, 809.
198   BAG v. 05.03.1985, 1 AZR 468/83Nr, NZA 1985, 504
199   *Gamillscheg*, KollArbR Bd. I, § 24 S. 1139; *Konzen*, FS Molitor, S. 181, 201; *Löwisch/Rieble*, AK, 170.1 Rn 145; MünchArbR-*Otto* § 279, Rn 42, 49; *Brox/Rüthers*, Rn 143 ff; *Seiter*, Streikrecht, S. 502.
200   Vgl *Brox/Rüthers* Rn 143; MünchArbR-*Otto* § 285 Rn 3; dazu ferner *Seiter*, Arbeitskampfparität und Übermaßverbot 1979, 51 f; *Birk*, Die Rechtmäßigkeit gewerkschaftlicher Unterstützungskampfmaßnahmen 1978, 52 ff.
201   MünchArbR-*Otto* § 286 Rn 44.
202   BAG v. 12.01.1988, 1 AZR 219/86, NZA 1988, 474.
203   *Lieb*, 8. Aufl., Rn 685.

schaftlichen Beziehungen häufig nicht so klar begrenzbar sein werden, wie von der herrschenden Auffassung dargestellt[204]. Dennoch kann nicht bestritten werden, dass insbesondere nicht verbandsangehörige Arbeitgeber, gegen die sich in der Vergangenheit die Sympathiekampfmaßnahmen regelmäßig richteten[205], naturgemäß auf einen Tarifabschluss des Verbandes keinen Einfluss haben, da sie – anders als die Verbandsmitglieder – bereits nicht an den Tarifverhandlungen beteiligt werden[206].

Für die Unzulässigkeit des Sympathiestreiks kann ferner eine mögliche **Friedens-** **692** **pflichtverletzung** angeführt werden. Da der Friedenspflicht nach ganz hL jedoch nur relative Wirkung (dazu bereits Rn 591) zukommt[207], greift dieser Einwand nur, soweit die zu den Sympathiearbeitskampfmaßnahmen aufrufende Gewerkschaft auch im Sympathiekampfgebiet noch an laufende Tarifverträge gebunden ist.

cc) Ein weiterer Argumentationsansatz ist dahingehend möglich, die Zulässigkeit **693** von Sympathiestreiks ausschließlich am Maßstab der **Erforderlichkeit** für die Herstellung von Parität im räumlich und fachlich abgegrenzten Kampfgebiet selbst[208] zu messen und zu fragen, ob die Gewerkschaft im Hauptkampfgebiet der Unterstützung bedarf, um erst dadurch einen gleichgewichtigen Arbeitskampf führen, um dort Kampfparität erreichen zu können. Die Frage ist für den Regelfall zu verneinen: Nach der den Entscheidungen vom 10.06.1980 zugrunde liegenden Arbeitskampfkonzeption des dafür zuständigen Erste Senats des BAG ist von der Vermutung auszugehen, dass in den einzelnen Tarifgebieten Kampfparität besteht[209]. Dementsprechend müssten Sympathiestreiks – bereits daraus ergibt sich deren Unzulässigkeit – zu **Paritätsstörungen** führen, die dann ihrerseits erst wieder durch den Arbeitskampf eskalierende Gegenmaßnahmen der Arbeitgeber ausgeglichen werden müssten.

Sollte die Paritätsvermutung aus besonderen Umständen heraus einmal widerlegt wer- **694** den können, müsste auch dies nicht sogleich zur Zulässigkeit, weil Erforderlichkeit, von Sympathiestreiks führen. Näher würde es vielmehr im System des BAG liegen, zunächst die Befugnis der Arbeitgeberseite zur Defensivaussperrung (noch weiter) einzuschränken. Im Übrigen hat es die angreifende Gewerkschaft ohnehin in der Hand, sich dasjenige Tarifgebiet als Arbeitskampfgebiet herauszusuchen, in dem sie sich stark genug fühlt. Von daher besteht kein Anlass, sie mit der Behauptung zu hören, im selbstgewählten Kampfgebiet bestehe keine Kampfparität. Sympathiestreiks sind daher im Regelfall auch nicht erforderlich[210].

---

204 ErfK-*Dieterich* Art. 9 GG Rn 116.
205 BGH v. 19.01.1978, II ZR 192/76, NJW 1978, 990; BAG v. 09.04.1991, 1 AZR 332/90, NZA 1991, 815; BAG v. 18.02.2002, 1 AZR 142/02, NZA 2003, 866.
206 AA BAG v. 18.02.2002, 1 AZR 142/02, NZA 2003, 866, 868; Erfk-*Dieterich* Art. 9 GG Rn 116.
207 Statt vieler *Brox/Rüthers* Rn 218; vgl zum Ganzen *Lieb* ZfA 1982, 113, 146 ff.
208 Vgl *Lieb* ZfA 1982, 113, 155 ff.
209 BAG v. 10.06.1980, 1 AZR 168/79, AP Nr 65 zu Art. 9 GG Arbeitskampf.
210 So jetzt im Wesentlichen auch BAG v. 05.03.1985, 1 AZR 468/83, NZA 1985, 504; BAG v. 12.01.1988, 1 AZR 219/86, NZA 1988, 474 = AP Nr 90 zu Art. 9 GG Arbeitskampf mit Anm. *Rüthers/Berghaus*; zum Ganzen MünchArbR-*Otto* § 286 Rn 38 ff.

> Im **Ausgangsfall 46** lag damit ein rechtswidriger Eingriff in den eingerichteten und ausgeübten Gewerbebetrieb vor, der Schadensersatzpflichten der Gewerkschaft nach § 823 Abs. 1 BGB begründen konnte.

695 Dieses heute ganz überwiegend anerkannte Ergebnis ist vom BAG in einem obiter dictum für bestimmte Fallkonstellationen angezweifelt worden: Es hat in seiner ersten Sympathiestreikentscheidung ausdrücklich offen gelassen, ob ein Sympathiestreik gerechtfertigt sei, wenn ein Arbeitgeber zuvor – zB durch Produktionsübernahme – seine „Neutralität" im Arbeitskampf verletzt habe oder wenn das vom Sympathiestreik betroffene Unternehmen wirtschaftlich eng mit dem im Hauptarbeitskampf stehenden Unternehmen verflochten sei[211]. Solche Ausnahmen können nicht anerkannt werden: Der vom BAG verwendete Begriff der „Neutralitätsverletzung" ist verfehlt, weil eine Neutralitätspflicht gegenüber Arbeitskämpfen ausschließlich den Staat trifft. Im Übrigen stellt es eine legitime Verhaltensweise dar, wenn Arbeitgeber (auch) durch Produktionsverlagerungen die wirtschaftlichen Folgen eines Streiks aufzufangen versuchen. Bedenklich ist auch der Aspekt einer „engen wirtschaftlichen Verflechtung", da dies den Gedanken nahe legt, konzernmäßige Unternehmensverbindungen könnten die Kampfparität der Tarifvertragsparteien bereits für sich allein stören. „Gesellschaftsrechtliche Verflechtungen" sind jedoch als solche paritätsneutral. Sie können allenfalls die Möglichkeiten der Streikabwehr, zB Produktionsverlagerungen, erleichtern und daher nur unter diesem Aspekt relevant werden[212].

696 In seiner heftig kritisierten Entscheidung vom 18.02.2003 hat das BAG jüngst abermals den Grundsatz der Unzulässigkeit von Sympathiearbeitskämpfen durchbrochen und die **Einbeziehung** eines **nicht verbandsangehörigen Arbeitgebers** in einen **Verbandsarbeitskampf** für zulässig erachtet[213]. Allein aufgrund der Tatsache, dass für das Unternehmen des Arbeitgebers ein Firmentarifvertrag galt, der eine dynamische Verweisung auf den umkämpfenden Verbandstarifvertrag enthielt, hat die Rechtsprechung angenommen, es liege kein Fall eines unzulässigen Sympathiearbeitskampf vor. Der Arbeitgeber sei insoweit kein unbeteiligter Dritter, als er an dem Verbandsergebnis letztlich teilhabe. Auch diese Entscheidung vermag nicht zu überzeugen. Allein durch die Teilhabe an dem durch den Arbeitskampf erzielten Verbandstarifabschluss kann der Arbeitgeber nicht als einem Verbandsmitglied gleichgestellt angesehen werden. Zwar übernimmt er in vielen Fällen durch den Firmentarifvertrag die verbandstarifvertraglich festgelegten Arbeitsbedingungen. Anders als die verbandsangehörigen Arbeitgeber kann er jedoch den Ausgang der den Arbeitskampf begleitenden Tarifverhandlungen und damit auch den Tarifabschluss nicht beeinflussen. Darüber hinaus kann er uU aufgrund der firmentarifvertraglichen Friedenspflicht seinerseits nicht durch Aussperrung auf den Streik reagieren. Da der nicht verbandsangehörige Arbeitgeber also weder Einfluss auf den Ausgang des Arbeitskampfs noch auf das Ergebnis der Tarifverhandlungen hat, ist er trotz des verweisenden Firmentarifvertrags in der Position eines an sich unbeteiligten Dritten, dessen Einbeziehung in den Arbeitskampf mit dem Partizipationsgedanken nicht begründet werden kann. Zudem ist die Entscheidung des BAG auch im Hinblick auf die negative Koalitionsfreiheit des Außenseiter-Arbeitgebers bedenklich.

---

211 BAG v. 05.03.1985, 1 AZR 468/83, NZA 1985, 504, 507 f.

212 Zum Ganzen *Lieb* Anm. zu BAG SAE 1986, 65 f; *Löwisch/Rieble*, AK, 170.2 Rn 165 ff; *Nicolai*, Verweigerung von Streikarbeit 1993, 148 ff.

213 BAG v. 18.02.2003, 1 AZR 142/02, NZA 2003, 866; bestätigt durch BVerfG v. 10.09.2004, 1 BvR 1191/03, NZA 2004, 1338; abl *Hohenstatt/Schramm* DB 2005, 774 ff; *Konzen*, GS Heinze 2005, 515; *Thüsing* Anm. zu BAG AP Nr 163 zu Art. 9 GG Arbeitskampf; umfassend auch *Häuser*, FS Konzen 2006, 217.

b) Zulässigkeit von Sympathieaussperrungen

Im Gegensatz zur grundsätzlichen Annahme der Unzulässigkeit von Sympathie- **697** streiks könnte die Zulässigkeit von Sympathieaussperrungen etwas anders zu beurteilen sein, wenn es Tarifgebiete geben sollte, in denen aus besonderen strukturellen oder auch konjunkturellen Gründen zulasten der Arbeitgeber keine Kampfparität besteht und die Gewerkschaft (möglicherweise gerade deshalb) dort zum Streik aufruft. Hier könnten dann ausnahmsweise Sympathieaussperrungen in anderen Tarifgebieten zur Herstellung der Parität erforderlich sein. Dies würde jedoch zu erheblichen Schwierigkeiten und Unzuträglichkeiten führen, weil dann das (Nicht-) Bestehen von Kampfparität für ein bestimmtes Tarifgebiet gerichtlich überprüft und festgestellt werden müsste. Daher liegt es näher, diese Gefahr von Paritätsstörungen durch Streiks in Tarifgebieten, in denen keine Kampfparität besteht, durch die Zulassung eines weiteren, von der Arbeitgeberseite zu eröffnenden Arbeitskampfs in einem Tarifgebiet zu kompensieren, in dem sich die Arbeitgeber ihrerseits ausreichend stark fühlen[214].

c) Zulässigkeit sog. Boykotts[215]

Boykott ist der Ausschluss vom geschäftlichen Verkehr. Arbeitsrechtlich kann er in der Form **698** durchgeführt werden, dass Arbeitgeber aufgefordert werden, bestimmte Arbeitnehmer nicht einzustellen („schwarze Listen") oder dass Arbeitnehmer aufgefordert werden, mit bestimmten Arbeitgebern keine Arbeitsverträge abzuschließen. Letzteres ist etwa denkbar, wenn eine kampfführende Gewerkschaft alle Arbeitnehmer auffordert, sich von bestimmten Arbeitgebern nicht zwecks Aufrechterhaltung der Produktion an Stelle ihrer streikenden Kollegen einstellen zu lassen.

Eine besondere Art des Boykotts ist aus dem Bereich der Seeschifffahrt bekannt geworden[216]: **699** Hier lässt sich ein Streik der Seeleute aus tatsächlichen Gründen außerordentlich schwer durchführen. Die zuständige Gewerkschaft ÖTV (jetzt: ver.di), die die Reeder zu einem Tarifvertragsabschluss zwingen wollte, rief deshalb im Hafen tätige Arbeitnehmer dazu auf, die betreffenden Schiffe nicht abzufertigen. Dies war rechtlich als Aufruf zur Durchführung eines (teilweisen) Sympathiestreiks zu Gunsten der Seeleute zu würdigen. Dieser Sympathiestreik hätte unter Umständen ausnahmsweise erforderlich und damit zulässig sein können, weil sich ein Streik im Bereich der Seeschifffahrt möglicherweise nicht durchführen lässt, insoweit also eine Paritätsstörung zulasten der Arbeitnehmerseite vorliegen könnte. Unabhängig davon ist aber die Rechtmäßigkeit eines solchen Sympathiestreiks sehr zweifelhaft, weil die Boykottierung von Schiffen schnell zu außerordentlich hohen Verlusten auf Seiten der Arbeitgeber (Reeder) führen kann, insoweit also unverhältnismäßig sein könnte[217].

d) Zulässigkeit von Betriebsblockaden

Als weitere Kampfmittel kommen auch sog. **Betriebsblockaden** in Betracht. Hierbei riegeln die **700** Arbeitnehmer alle Betriebszugänge ab, um die Zulieferung neuen Materials und die Auslieferung

---

214   Vgl *Lieb* DB 1984, Beil. 12, S. 3 ff; MünchArbR-*Otto* § 286 Rn 86 ff.
215   Dazu *Kissel* § 61 Rn 122 ff; *Konzen*, FS Molitor 1988, 181; MünchArbR-*Otto* § 286 Rn 1114 ff.
216   Vgl zu diesem Sonderfall BAG v. 19.10.1976, 1 AZR 611/75, AP Nr 6 zu § 1 TVG Form mit Anm. *Wiedemann*; *Binkert*, Gewerkschaftliche Boykottmaßnahmen im System des Arbeitskampfrechts 1981, 176 ff; *Seiter*, Staatsneutralität im Arbeitskampf, 1987, 59 ff.
217   Dazu *Seiter*, Arbeitskampfparität und Übermaßverbot 1979, 93 ff.

fertig gestellter Produkte zu verhindern und gleichzeitig die Streikarbeit zu unterbinden. Da es sich bei diesen Kampfhandlungen deliktsrechtlich um einen massiven Eingriff in den eingerichteten und ausgeübten Gewerbebetrieb und das Eigentum des Arbeitgebers handelt und im Regelfall auch Straftatbestände erfüllt sind, wird dieses Kampfmittel von der wohl hL zu Recht als unzulässig angesehen[218]. Auch die Rechtsprechung hat bisher die Unzulässigkeit von Betriebsblockaden bejaht, wobei allerdings bei den den Entscheidungen zugrunde liegenden Sachverhalten die Streikmaßnahmen allesamt außer Kontrolle geraten waren[219].

3. Kollektive Arbeitsniederlegungen ohne gewerkschaftliche Trägerschaft

701 In der Praxis kommen immer wieder kollektive Arbeitsniederlegungen vor, die nicht von der Gewerkschaft geführt, nicht von dieser getragen werden[220]. Damit entfällt die Möglichkeit der Rechtfertigung durch gewerkschaftlichen Streikbeschluss. Als rechtmäßig können solche Arbeitsniederlegungen daher nur noch dann angesehen werden, wenn sich für sie trotz ihrer (äußerlichen) Kollektivität, die hier nur als tatsächliche Massenhaftigkeit des Geschehens in Erscheinung tritt, eine individualrechtliche Rechtfertigung finden lässt (a); im Übrigen müssen sie als rechtswidrig (sog. wilder Streik) eingeordnet und behandelt werden (b).

a) Individualrechtliche Rechtfertigung

702 Individualrechtlich, dh auf der Ebene der jeweiligen Arbeitsverträge, ergibt sich die Möglichkeit einer Rechtfertigung (auch kollektiver) Arbeitsverweigerungen, wenn den betreffenden Arbeitnehmern in Bezug auf die an sich geschuldete Erbringung der Arbeitsleistung entsprechende bürgerlich-rechtliche Zurückbehaltungsrechte zustehen (dazu auch schon Rn 213 ff). Dies ist dann der Fall, wenn es um die Durchsetzung bereits bestehender fälliger Ansprüche der Arbeitnehmer gegen ihren Arbeitgeber geht (und nicht – dieser Bereich ist den gewerkschaftlich organisierten Arbeitsniederlegungen vorbehalten – um die Vereinbarung künftiger Regelungen: Rechts- im Gegensatz zur Regelungsstreitigkeit). Hier können also Zurückbehaltungsrechte, sei es gem. § 273 BGB, sei es gem. § 320 BGB, bestehen und damit zur Rechtfertigung der Arbeitsniederlegungen führen, obwohl die Arbeitsleistung im Gegensatz zum Normalfall nicht nachholbar ist, die bloße Zurückbehaltung hier also zum Verlust des Anspruchs des Arbeitgebers auf die Arbeitsleistung für die Zeit der Arbeitsverweigerung trotz weiterbestehender Lohnfortzahlungspflicht führt[221]. Letzteres gibt freilich Veranlassung, die Zulässigkeit der Geltendmachung von Zurückbehaltungsrechten unter Verhältnismäßigkeitsaspekten besonderes sorgfältig zu prüfen. Ob und inwieweit Ver-

---

218 MünchArbR-*Otto* § 286 Rn 58 ff; *Gamillscheg*, KollArbR, Bd. I, § 26 V i S. 1057 ff; *Kissel* § 61 Rn 78 ff, 102 ff; für eine eingeschränkte Zulässigkeit ErfK-*Dieterich* Art. 9 GG Rn 273.

219 BAG v. 21.06.1988, 1 AZR 651/86, NZA 1988, 846; LAG Schleswig-Holstein, 7 (2) Sa 480/85, NZA 1987, 65; LAG Köln v. 02.07.1984, 9 Sa 602/84, NZA 1984, 802.

220 Dazu und zum Folgenden vgl MünchArbR-*Otto* § 286 Rn 121 ff; *Joost*, Symposion zum Arbeitskampfrecht 1990, 239 (s a Fn 16).

221 Vgl *Seiter*, Streikrecht und Aussperrungsrecht 1975, 429 ff; *Moll* RdA 1976, 100; dazu auch Rn 215; zum Ganzen MünchArbR-*Otto* § 286 Rn 129 ff.

stöße des Arbeitgebers gegen betriebsverfassungsrechtliche Pflichten individualrechtliche Zurückbehaltungsrechte der einzelnen Arbeitnehmer zu begründen vermögen, ist streitig[222].

Können demnach Arbeitsniederlegungen grundsätzlich durch das Bestehen von Zurückbehaltungsrechten gerechtfertigt sein, stellt sich die weitere Frage, ob sich daran durch die kollektive (gebündelte) Ausübung durch mehrere Arbeitnehmer, die die Arbeitsniederlegungen als arbeitskampfähnlichen Tatbestand erscheinen lassen, etwas ändert. Dies ist zu verneinen. Auch das BAG hat im Ausgangspunkt einer vieldiskutierten Entscheidung[223] die grundsätzliche Möglichkeit der kollektiven Ausübung von Zurückbehaltungsrechten nicht bestritten, wohl aber verlangt, die Arbeitnehmer, die die Arbeit verweigerten, müssten klarstellen, ob sie streiken oder ihre Arbeitsleistung nur zurückbehalten wollten. Eine solche genauere rechtliche Qualifizierung würde indessen sicherlich eine Überforderung darstellen. Allerdings ist es gerechtfertigt, eine genauere tatsächliche Kennzeichnung des mit der Arbeitsniederlegung verfolgten Ziels zu verlangen[224].

703

Im Zusammenhang damit stellen sich noch zwei weitere Fragen, nämlich die nach den **Auswirkungen einer Beteiligung von Arbeitnehmern** an der Arbeitsniederlegung, denen selbst kein Zurückbehaltungsrecht zusteht, sowie die Frage nach der **Beurteilung gewerkschaftlicher Unterstützungsmaßnahmen**. Zur ersten Frage ist entgegen dem BAG auszuführen, dass nicht ersichtlich ist, was die von ihm für erforderlich gehaltene einheitliche Beurteilung rechtfertigen könnte[225]. Auszugehen ist vielmehr davon, dass weder bestehende Zurückbehaltungsrechte durch Beteiligung von Arbeitnehmern, denen kein solches Recht zusteht, verloren gehen, noch solche Zurückbehaltungsrechte etwa auf andere Arbeitnehmer erstreckt werden können. Soweit Zurückbehaltungsrechte bestehen, bleibt die individualrechtliche Rechtfertigung gegeben, im Übrigen liegt Arbeitsvertragsbruch vor.

704

Schwieriger ist die Problematik gewerkschaftlicher Beteiligung an individualrechtlich gerechtfertigten Arbeitsniederlegungen zu beurteilen. Insoweit ist wiederum nicht ersichtlich, weshalb die individualrechtliche Rechtfertigung des Verhaltens der einzelnen Arbeitnehmer durch gewerkschaftliche Unterstützungsmaßnahmen, denen angesichts des Bestehenbleibens des Lohnanspruchs bei der Ausübung von Zurückbehaltungsrechten ohnehin nur Überbrückungscharakter zukommen kann, entfallen sollte[226].

705

Bestehen die geltend gemachten Zurückbehaltungsrechte nicht, entfällt die individualrechtliche Rechtfertigung mit der Folge, dass den betreffenden Arbeitnehmern zumindest **objektiv Vertragsverletzungen** angelastet werden könnten. Ob sie dafür verantwortlich gemacht werden können, ist allein eine Verschuldensfrage[227]. Als Reaktionsmöglichkeiten des Arbeitgebers kommen folgerichtig wiederum nur die Erhe-

706

---

222 Siehe dazu *Söllner* ZfA 1973, 1, 19 ff; *Rüthers* JZ 1970, 625, 630 ff; *Brox/Rüthers* Rn 602.
223 BAG v. 20.12.1963, 1 AZR 428/62, AP Nr 32 zu Art. 9 GG Arbeitskampf mit Anm. *Mayer-Maly*; vgl dazu insb MünchArbR-*Otto* § 281 Rn 14, § 286 Rn 129 ff.
224 Zu Verlautbarungsobliegenheiten *Lieb*, FS Herschel 1982, 223; dazu auch MünchArbR-*Otto* § 286 Rn 140 ff.
225 Ebenso *Söllner* ZfA 1973, 1, 23; *Brox/Rüthers* Rn 611; *Moll* RdA 1976, 100, 104.
226 Siehe dazu *Seiter*, Streikrecht und Aussperrungsrecht 1975, 433 ff; *Brox/Rüthers* Rn 608; *Söllner* ZfA 1973, 1, 9 f.
227 Vgl *Söllner* ZfA 1973, 1, 25 ff; *Mayer-Maly* Anm. zu BAG AP Nr 32 zu Art. 9 GG Arbeitskampf; *Moll* RdA 1976, 100, 104.

bung von Schadensersatzansprüchen und der Ausspruch von Kündigungen in Frage, die Aussperrung stellt dagegen gegenüber solchen individualrechtlichen Tatbeständen kein geeignetes Reaktionsmittel dar[228].

b) „Wilde Streiks"

707   Fehlt es sowohl an der Rechtfertigung durch gewerkschaftliche Trägerschaft als auch am Bestehen von Zurückbehaltungsrechten, sind (auch) kollektive Arbeitsniederlegungen als (rechtswidriger und schuldhafter) Arbeitsvertragsbruch anzusehen; es handelt sich um sog. **wilde Streiks**, ohne dass es auf die damit verfolgten Ziele weiter ankäme. Insbesondere kann das Ziel der Verbesserung bestehender Arbeitsbedingungen die Arbeitsniederlegungen nicht rechtfertigen. Dies kommt nur bei gewerkschaftlicher Trägerschaft in Betracht. Die Verbesserung materieller Arbeitsbedingungen ist kollektivrechtlich dem von den Gewerkschaften auszuhandelnden Tarifvertrag vorbehalten.

708   Steht demnach die vertragliche und auch deliktische (Eingriff in den eingerichteten und ausgeübten Gewerbebetrieb) Rechtswidrigkeit der hier zunächst behandelten Spielart des wilden Streiks fest, kommt der Frage, ob ein rechtswidriger Arbeitskampf vorliegt, kaum noch Bedeutung zu. Allenfalls könnte davon abhängen, ob dem Arbeitgeber gegen einen solchen wilden Streik kollektivrechtliche Reaktionsmittel, insbesondere die Möglichkeit der lösenden Aussperrung zur Verfügung stehen. Die Zulässigkeit einer lösenden Aussperrung ist indessen zu verneinen[229]. Die Aussperrung ist grundsätzlich ein Instrument des rechtmäßigen Arbeitskampfs. Ihr Einsatz mag gegenüber dem rechtswidrigen **gewerkschaftlichen (Teil-) Streik** ausnahmsweise notwendig und damit zulässig sein, weil die Entscheidung, ob der betreffende gewerkschaftliche Streik rechtmäßig ist, im Einzelfall sehr schwierig sein kann[230]. Beim nicht gewerkschaftlich organisierten Streik, um den es hier allein geht, ist das Fehlen des entscheidenden kollektiven Elements, nämlich das Fehlen der gewerkschaftlichen Organisation, ohne Weiteres feststellbar. Es bedarf daher auch keiner pauschalen kollektivrechtlichen Reaktionsmöglichkeit[231]. Zulässig ist daher allein die Erhebung von Schadensersatzansprüchen sowie der Ausspruch von (ggf fristlosen) Kündigungen[232].

---

228   *Moll* RdA 1976, 100, 107.
229   Dafür BAG v. 27.09.1957, 1 AZR 81/56, AP Nr 6 zu Art. 9 GG Arbeitskampf; BAG GS v. 21.04.1971, GS 1/68, AP Nr 43 zu Art. 9 GG Arbeitskampf; *Hueck/Nipperdey II/2* 953 f.
230   Vgl dazu MünchArbR-*Otto* § 286 Rn 99 ff.
231   Ebenso MünchArbR-*Otto* § 286 Rn 101.
232   *Brox/Rüthers* Rn 217; *Seiter*, Streikrecht und Aussperrungsrecht 1975, 372 ff; *Birk/Konzen/Löwisch/ Raiser/Seiter*, Entwurf und Begründung eines „Gesetzes zur Regelung kollektiver Arbeitskonflikte" 1988, 95 ff, dazu *Loritz* in Lieb/v. Stebut/Zöllner (Hrsg) Symposion zum Arbeitskampfrecht 1990, 129 f. Das BAG hat die Kündigungsmöglichkeiten des Arbeitgebers bei wilden Streiks durch strenge Anforderungen an das Vorliegen eines wichtigen Grundes iSd § 626 BGB eingeschränkt, vgl BAG v. 14.02.1978, 1 AZR 54/76, AP Nr 57 zu Art. 9 GG Arbeitskampf; BAG v. 14.02.1978, 1 AZR 76/76, AP Nr 58 zu Art. 9 GG Arbeitskampf; BAG v. 14.02.1978, 1 AZR 103/76, AP Nr 59 zu Art. 9 GG Arbeitskampf = SAE 1980, 154 mit Anm. *Seiter*.

4. Massenänderungskündigungen der Arbeitnehmer

Nach alledem können erwünschte Veränderungen von Arbeitsbedingungen durch   **709**
neue, weitergehende Regelungen während eines bestehenden Arbeitsvertrags mit
Ausnahme des gewerkschaftlich organisierten Streiks nicht durch Arbeitsverweigerung erzwungen werden. Allerdings könnte dies jedenfalls der **einzelne** Arbeitnehmer
durch Änderungskündigung, dh durch Kündigung, verbunden mit dem gleichzeitigen
Angebot, zu verbesserten Arbeitsbedingungen weiterarbeiten zu wollen, erreichen.
Da ein entsprechendes Vorgehen Einzelner jedoch im Regelfall wenig aussichtsreich
sein wird, bietet sich die Erhöhung des auch von (Änderungs-) Kündigungen aus-
gehenden Drucks durch gebündeltes (rechtstatsächlich kollektives) Vorgehen an,
nämlich durch sog. **Massenänderungskündigungen der Arbeitnehmer.** Solche
Arbeitsniederlegungen scheinen auch ohne Legitimation durch gewerkschaftlichen
Streikbeschluss deswegen rechtmäßig zu sein, weil die Arbeitsverhältnisse zuvor
durch (Änderungs-) Kündigungen aufgelöst wurden, und demgemäß die Verletzung
arbeitsrechtlicher Pflichten als Anknüpfungspunkt für das Verdikt der Rechtswidrigkeit ausscheidet. Dennoch werden Massenänderungskündigungen auf der Arbeitnehmerseite von der Rechtsprechung und von der hL als rechtswidrig behandelt[233].

Dafür spricht, dass das von Art. 9 Abs. 3 GG gewährleistete und – wie ausgeführt –   **710**
vom Gesetzgeber in Erfüllung eines entsprechenden verfassungsrechtlichen Regelungsauftrags bereitgestellte Tarifvertragssystem nur funktionieren kann, wenn die
Gegenseite, die Arbeitgeber, während der Laufzeit von Tarifverträgen davor bewahrt
werden kann, dass Forderungen nach weiterer Verbesserung der tariflich geregelten
Arbeitsbedingungen durch auch nur tatsächlich kollektive Maßnahmen erzwungen
werden. Damit ist es also die weitgehende Wirkungsgleichheit von Streik und kollektiven Massenänderungskündigungen auf Arbeitnehmerseite, die dazu führt, dass die
Verdrängung der an sich gegebenen individualrechtlichen Befugnis zur (Änderungs-)
Kündigung durch das Regelungsinstrument des Tarifvertrags angenommen werden
muss. Zwar bindet die Friedenspflicht, die sich aus dem noch laufenden Tarifvertrag
ergibt, nach der herrschenden Verbandstheorie nur die Gewerkschaft[234], nicht aber die
einzelnen Arbeitnehmer. Insoweit bedarf es aber der rechtsfortbildenden Entwicklung
und Anerkennung eines entsprechenden, aus dem Gesamtsystem des Arbeitskampfrechts abzuleitenden (zwingenden) Rechtsgrundsatzes[235].

Zweifelhaft ist, ob die mit der Notwendigkeit der Sicherung von Funktion und Effektivität des Ta-   **711**
rifvertragssystems begründete Unzulässigkeit von Arbeitnehmermassenänderungskündigungen
auch für die Zeit nach Ablauf des Tarifvertrags, dh nach Erlöschen der tarifvertraglichen Frie-

---

233   Vgl BAG v. 28.04.1966, 2 AZR 176/65, AP Nr 37 zu Art. 9 GG Arbeitskampf; *Hanau/Adomeit*
      Rn 284 f; *Hueck/Nipperdey II/2* 888 ff, 1020 ff; *Zöllner/Loritz* § 40 V 2 a (458 f); differenzierend:
      MünchArbR-*Otto* § 286 Rn 125 ff; aA *Brox/Dudenbostel* DB 1979, 1841; *Seiter,* Streikrecht und
      Aussperrungsrecht 1975, 387 ff; *Löwisch/Rieble,* AK, 170.2 Rn 303. Vgl dazu auch *Birk/Konzen/Lö-
      wisch/Raiser/Seiter,* Entwurf und Begründung eines „Gesetzes zur Regelung kollektiver Arbeitskon-
      flikte“ 1988, 96 ff und dazu *Joost* in Lieb/v. Stebut/Zöllner (Hrsg) Symposion zum Arbeitskampf-
      recht, 239; vorsichtiger *Kissel* § 61 Rn 44 ff.
234   Vgl dazu nur *Brox/Rüthers* Rn 219; *Löwisch/Rieble* § 1 Rn 339.
235   AA *Seiter,* Streikrecht und Aussperrungsrecht 1975, 413 ff; *Brox/Rüthers* Rn 562 ff.

denspflicht, angenommen werden kann[236]. Vor allem aber können Massenänderungskündigungen nur dann unzulässig sein, wenn der Tarifvertrag im Betrieb „gilt", dh wegen Tarifgebundenheit sowohl des Arbeitgebers als auch wenigstens einiger Arbeitnehmer anzuwenden ist. Gegenüber den Außenseiterarbeitgebern müssen Massenänderungskündigungen der Arbeitnehmer daher als zulässig angesehen werden.

5. Zulässigkeit von Massenänderungskündigungen der Arbeitgeber

a) Herabsetzung übertariflicher Arbeitsbedingungen

712   Aus der eben dargelegten grundsätzlichen Unzulässigkeit der **Arbeitnehmermassenänderungskündigung** scheint ohne Weiteres auch die Unzulässigkeit von **Arbeitgebermassenänderungskündigungen** zu folgen. Eine solche „Gleichbehandlung"[237] wäre indessen vordergründig, weil es um ganz unterschiedliche Sachverhalte geht. Die Massenänderungskündigungen der Arbeitgeber richten sich nicht gegen den Tarifvertrag, dies wäre wegen dessen Unabdingbarkeit (§ 4 Abs. 1 TVG) ohnehin sinnlos, sondern gegen bestehende **günstigere Arbeitsbedingungen**; die Herabsetzung der **Effektivverdienste** ist das Ziel einer Massenänderungskündigung auf Arbeitgeberseite. Da dieses Ziel tarifvertraglich nicht erreicht werden kann (individualrechtliche [günstigere] Vereinbarungen unterfallen nach herrschender und zutreffender Lehre selbst dann nicht der Regelungsgewalt der Tarifvertragsparteien, wenn sie rechtstatsächlich kollektiv, nämlich durch sog. Allgemeine Arbeitsbedingungen begründet wurden[238]), kann hier ein Konkurrenzverhältnis zum Tarifvertrag nicht auftreten und dieser kann daher auch nicht die Unzulässigkeit von Massenänderungskündigungen der Arbeitgeber begründen[239].

713   Mit dieser grundsätzlichen Bejahung der Zulässigkeit ist die Problematik der Massenänderungskündigung auf Arbeitgeberseite allerdings noch nicht erschöpft. Zu beachten ist vielmehr, dass auch solche Massenänderungskündigungen dem Kündigungsschutz unterfallen (§§ 1, 2 KSchG) und daher – sollen sie durchgreifen – sozial gerechtfertigt sein müssen[240]. Eine solche soziale Rechtfertigung, die schon im Einzelarbeitsverhältnis große Schwierigkeiten bereitet (Rn 396 ff), wird sich in diesem Bereich der reinen Lohnpolitik schwerlich begründen und finden lassen. Dies führt zu der Frage, ob es sich bei Massenänderungskündigungen mit dem Ziel der Herabsetzung übertariflicher Löhne nicht um „Maßnahmen in wirtschaftlichen Kämpfen zwischen Arbeitgebern und Arbeitnehmern" handelt, bei denen gem. § 25 KSchG dieses Gesetz nicht beachtet zu werden braucht[241]. Eine Antwort darauf setzt – hier überla-

---

236   Dazu *Zöllner/Loritz* § 40 V 2 (458); MünchArbR-*Otto* § 286 Rn 126.
237   *Hueck/Nipperdey II/2* 1021 ff; *Säcker*, Gruppenautonomie und Übermachtkontrolle im Arbeitsrecht 1972, 392 ff; *ders.* BB 1971, 962, 966.
238   *Zöllner* RdA 1969, 250; MünchArbR-*Otto* § 286 Rn 122.
239   HM: vgl *Brox/Rüthers* Rn 566 f; *Seiter*, Streikrecht und Aussperrungsrecht 1975, 411; MünchArbR-*Otto* § 286 Rn 122 ff; *Kissel* § 62 Rn 18 ff.
240   Dazu etwa *Zöllner/Loritz* § 40 III 3 (454); *Seiter*, Streikrecht und Aussperrungsrecht 1975, 423 ff; MünchArbR-*Otto* § 286 Rn 124.
241   Diese Frage wird von der hM verneint: vgl nur *v. Hoyningen-Huene/Linck* § 25 Rn 15; *Löwisch/Rieble*, AK, 170.2 Rn 309; dagegen aber etwa *Brox/Rüthers* Rn 575; dazu auch *Randerath*, Die Kampfkündigung des Arbeitgebers im kollektiven Arbeitskampfsystem 1983, 87 ff.

gern sich individualrechtliche und kollektive Betrachtungsweise des Arbeitskampfs – die Beantwortung der weiteren Frage voraus, ob solche Kündigungen im arbeitskampfrechtlichen Gesamtsystem erforderlich sind, um Effektivlöhne absenken zu können. Diese wenig untersuchte Frage ist zu bejahen; insbesondere wird man den Arbeitgeber schwerlich auf die Vereinbarung einseitiger Widerrufsrechte verweisen können, zumal diese eigene schwierige Rechtsprobleme aufwerfen. Außerdem scheidet nach hL auch die sog. **verschlechternde Betriebsvereinbarung als Instrument** aus (Rn 795 ff). Bejaht man die Zulässigkeit solcher kündigungsschutzfreien Massenänderungskündigungen, sollten die betroffenen Arbeitnehmer im Interesse der Kampfparität aber die Möglichkeit der Verteidigung durch (sofortige, entfristete) Arbeitsniederlegung haben.

b) Verschlechterung bisheriger Tariflöhne

Verwandte, ebenso ungeklärte Probleme ergeben sich, wenn der Arbeitgeber – diese Frage wird **714** sich nur in Notzeiten stellen – eine Verschlechterung der bisherigen Tariflöhne erreichen will; denn ein entsprechender Tarifvertrag könnte dies nur bezüglich der organisierten Arbeitnehmer bewirken, nicht aber für Außenseiter, es sei denn – dies wird nicht immer der Fall sein – die Arbeitsverträge mit den Außenseitern enthielten Bezugnahmen auf den jeweils geltenden Tarifvertrag, und zwar unabhängig davon, ob er Verbesserungen oder Verschlechterungen mit sich bringt. Für diesen Fall könnten daher ebenfalls ergänzende (Kampf-) Kündigungen gegenüber den Außenseitern zulässig, weil erforderlich sein.

§ 8 Betriebsverfassungsrecht*

I. Einleitung

1. BetrVG und MitbestG

Mitbestimmung tritt im Arbeitsrecht in doppelter Gestalt auf: Als Mitbestimmung **im** **715** **Unternehmen** und als Mitbestimmung **im Betrieb**. Die Beteiligung an unternehmerischen Entscheidungen, dh die wirtschaftliche Mitbestimmung, wird – insoweit im Wesentlichen beschränkt auf größere Kapitalgesellschaften – verwirklicht durch die möglichst paritätische Besetzung des Unternehmensorgans **Aufsichtsrat**. Ihre Grundzüge werden im § 9 dargestellt. Von ihr streng zu unterscheiden ist der hier allein interessierende Bereich der betrieblichen Mitbestimmung. Ihr Anknüpfungspunkt ist – abgesehen von gewissen Ausnahmen im Bereich der Zuständigkeit des Gesamt- bzw Konzernbetriebsrats[1] – nicht das Unternehmen, sondern der einzelne Betrieb[2]. Durch

---

* Bestimmungen des BetrVG werden in diesem Paragraphen ohne Gesetzeszusatz zitiert.
1 Vgl §§ 47 ff, 54 ff BetrVG. Dazu den Überblick bei *Fitting/Engels/Schmidt/Trebinger/Linsenmaier* § 47 Rn 1 ff (Gesamtbetriebsrat) und § 54 Rn 1 ff (Konzernbetriebsrat).
2 Zur Definition und Abgrenzung *v. Hoyningen-Huene* § 3 II (24 ff).

sie sollen vor allem die Entscheidungen des Arbeitgebers, die dieser auf Grund seines Direktionsrechts und seiner personellen Dispositionsbefugnis ursprünglich allein treffen konnte, an die Mitwirkung des Betriebsrats gebunden werden[3]. Deren Einseitigkeit wird dadurch gegenüber den betroffenen Arbeitnehmern gemildert bzw aufgehoben.

716 Aus diesem Nebeneinander verschiedener Mitbestimmungssysteme ergibt sich die Notwendigkeit ihrer Abgrenzung[4]. Sie kann an der Tatsache orientiert werden, dass sie sich auf ganz unterschiedliche **Regelungsgegenstände** beziehen: die betriebsverfassungsrechtliche Mitbestimmung auf den Betrieb, die wirtschaftliche auf das gesamte Unternehmen als juristische Einheit[5]. Dementsprechend sind grundsätzlich zwei Arten von Mitbestimmungsgegenständen zu unterscheiden, nämlich die **betrieblichen** (Anwendungsbereich des BetrVG) und die unternehmerischen (Anwendungsbereich der eigentlichen Mitbestimmungsgesetze, insbesondere des MitbestG). Davon ist nur die **unternehmerische** Mitbestimmung gegenständlich umfassend ausgeprägt, während sich die betriebsverfassungsrechtliche Mitbestimmung im Wesentlichen auf die Regelung derjenigen Angelegenheiten beschränkt, die sich im betrieblichen (Innen-) Bereich aus der Gegensätzlichkeit von Arbeitgeber- und Arbeitnehmerinteressen ergeben, ohne den unternehmerischen Bereich zu berühren[6].

717 Die Beibehaltung betriebsverfassungsrechtlicher Mitbestimmung auch in denjenigen Betrieben, die der unternehmerischen Mitbestimmung unterliegen, erklärt sich daraus, dass die Unternehmensmitbestimmung den Gegensatz Arbeitgeber/Arbeitnehmer auf der betrieblichen Ebene, dh insbesondere bei den Einzelheiten der betrieblichen Organisation von Produktion und Dienstleistung, nicht aufhebt; insoweit bleibt die soziale Schutzbedürftigkeit der Arbeitnehmer erhalten[7]. Ihr kann nur durch eine „ortsnähere", nämlich primär am einzelnen Betrieb als kleinster Einheit ansetzende Mitbestimmung, Rechnung getragen werden.

718 Die Notwendigkeit der Abgrenzung zwischen unternehmerischer und betrieblicher Mitbestimmung rechtfertigt darüber hinaus das Postulat, dass unternehmerische Mitbestimmung auf den Bereich derjenigen Unternehmen begrenzt werden muss, die der Gesetzgeber allein dieser weitreichenderen Form der Mitbestimmung unterworfen hat. Die Tatsache, dass keineswegs alle unternehmerischen Entscheidungsgegenstände der Zuständigkeit des (mitbestimmten) Aufsichtsrats unterfallen (vgl § 111 Abs. 4 AktG), ändert daran nichts, weil sich unternehmerische Mitbestimmung nicht in der formalen Aufsichtsratszuständigkeit erschöpft, sondern das gesamte Unternehmen erfassen soll[8]. Dementsprechend ist ein aus systematischer Betrachtungsweise

---

3 *Weitnauer*, FS Duden 1977, 705, 708; *Konzen* ZfA 1985, 469, 481 f; *Waltermann* NZA 1993, 679, 681; zum Verhältnis von Betriebsverfassung und Arbeitsverfassung eingehend *Picker* RdA 2001, 259.
4 Ebenso *Loritz* ZfA 1991, 1, 19 ff; *Kraft*, FS Rittner 1991, 285; Überblick über die Mitbestimmungssysteme bei *Richardi* RdA 1984, 88.
5 Zur Abgrenzung von Betrieb und Unternehmen vgl nur *Zöllner/Loritz* § 44 II (490 ff).
6 Dazu *Lieb* ZfA 1978, 179, 185 ff; *Martens* RdA 1989, 164, 169; *Zöllner/Loritz* § 44 II 4 (492).
7 *Zöllner* RdA 1969, 65, 68.
8 Anders *Auffahrth* RdA 1976, 2 ff.

gewonnener **Auslegungsgrundsatz** des Inhalts anzuerkennen, dass im Bereich betrieblicher Mitbestimmung wirklich unternehmerische Entscheidungen soweit als möglich als feststehendes Datum zu respektieren sind[9]. Dies ist vor allem bei der genaueren Abgrenzung der Mitbestimmungszuständigkeiten in sozialen und in wirtschaftlichen Angelegenheiten zu beachten.

2. Schwerpunkte (Übersicht)

Dem Gesetz lassen sich drei Schwerpunkte betrieblicher Mitbestimmung entnehmen: **719** die **Mitbestimmung in sozialen Angelegenheiten (§ 87)**, die **Mitbestimmung in personellen Angelegenheiten (§§ 92 ff, insbesondere §§ 99 ff)** und die **Mitbestimmung in wirtschaftlichen Angelegenheiten (§§ 106 ff, insbesondere §§ 111 ff)**. Dabei ist die Intensität der verschiedenen Mitwirkungs- und Mitbestimmungsrechte je nach Eigenart und Bedeutung des betreffenden Mitbestimmungsgegenstandes unterschiedlich ausgeprägt: Sie reicht von bloßen **Informationsrechten** (vgl etwa § 106 Abs. 2, § 108 Abs. 5 sowie § 99 Abs. 1[10],) über **Anhörungs-** (vgl etwa § 102 Abs. 1 u. 2), **Zustimmungsverweigerungs-** (vgl § 99 Abs. 2) **und Widerspruchsrechten** (vgl § 102 Abs. 3) bis hin zu echten, sogar ein **Initiativrecht** des Betriebsrats einschließenden Mitbestimmungsrechten wie im Bereich des § 87, wo im Streitfall eine außerbetriebliche neutrale Stelle, die sog. **Einigungsstelle** des § 76, verbindlich entscheiden kann (vgl § 87 Abs. 2)[11]. Außerdem ist bei der Anwendung des BetrVG stets zu beachten, dass das Gesetz die Einräumung von Beteiligungsrechten von ganz unterschiedlichen Schwellenwerten – bezogen auf den Betrieb oder das Unternehmen – abhängig macht (so zB § 99: 20 Arbeitnehmer; § 106: 100 Arbeitnehmer; § 38: 200 Arbeitnehmer; § 95 Abs. 2: mehr als 500 Arbeitnehmer)[12].

3. Instrumente der Mitbestimmung[13]

a) Betriebsvereinbarung

aa) Verwirklicht wird die Mitbestimmung des Betriebsrats vor allem im Kernbereich **720** der sozialen Angelegenheiten des § 87 durch den Abschluss von Betriebsvereinbarungen; das sind förmliche und formbedürftige (§ 77 Abs. 2)[14] Einigungen zwischen Ar-

---

9 Ein gesetzlicher Anhaltspunkt für eine entsprechende Beschränkung des Entscheidungsermessens der Einigungsstelle findet sich in § 76 Abs. 5 S. 3 (*Reuter*, Vergütung von AT-Angestellten und betriebsverfassungsrechtliche Mitbestimmung 1979, 14 ff und 50 ff sowie *ders*. ZfA 1981, 165, 182 ff).

10 Im Rahmen des § 99 Abs. 1 bildet die Unterrichtung allerdings bereits die Basis für weitergehende Befugnisse (siehe § 99 Abs. 2).

11 Zur differenzierten Ausgestaltung der betrieblichen Mitbestimmung *Hanau* NZA 1996, 841, 843.

12 Die Bildung des Betriebsrats selbst ist gem. § 1 BetrVG von der Existenz von mindestens fünf ständigen wahlberechtigten Arbeitnehmern abhängig; in Kleinstbetrieben ist daher die Bildung von Betriebsräten nicht möglich.

13 Dazu *Heinze* NZA 1994, 580; zur Schriftform in der Betriebsverfassung siehe umfassend *Raab*, FS Konzen 2006, 719.

14 Dazu BAG v. 03.06.1997, 3 AZR 25/96, NZA 1998, 382.

beitgeber und Betriebsrat über die Regelung mitbestimmungspflichtiger Angelegen-heiten. Soweit Betriebsvereinbarungen abstrakt-generelle Regelungen enthalten, worauf sie im Rahmen des § 87 in der Regel beschränkt sind (zur sog. Einzelfallpro-blematik Rn 770 f), wirken sie – wie Tarifverträge (§ 4 Abs. 1 TVG) – **normativ und zwingend** auf die Einzelarbeitsverhältnisse ein (§ 77 Abs. 4 S. 1)[15]. Obwohl das **Günstigkeitsprinzip** im § 77 in auffälligem Gegensatz zu § 4 Abs. 3 TVG nicht aus-drücklich genannt wird, ist es nach zutreffender hL auch im Betriebsverfassungsrecht zu beachten, soweit es um sog. materielle Arbeitsbedingungen geht, bei denen im Ge-gensatz zu den günstigkeitsneutralen formellen Arbeitsbedingungen ein Günstigkeits-vergleich möglich ist (dazu noch Rn 795 ff).

721 Bislang nicht vollständig geklärt ist die vor allem im Zusammenhang mit der be-trieblichen Alterversorgung praktisch bedeutsame und dogmatisch interessante Fra-ge, ob die betriebsverfassungsrechtliche Normsetzungsbefugnis auch noch solche Arbeitnehmer erfassen kann, die sich bereits im Ruhestand befinden. Sie wird von den Arbeitsgerichten auf der Grundlage einer Entscheidung des Großen Senats des BAG[16] im Ausgangspunkt zu Recht verneint[17]. Begründet wird dies vor allem mit der fehlenden Legitimation des Betriebsrats. Um Ansprüche, die auf Betriebsvereinba-rungen beruhen, durch den Eintritt in den Ruhestand nicht zu gefährden, geht das BAG aber davon aus, dass sich die bis dahin geltenden betriebsverfassungsrechtli-chen Normen in einen schuldrechtlichen Anspruch verwandeln. Um notwendige An-passungen zu ermöglichen, soll diese schuldrechtliche Regelung allerdings mit dem Vorbehalt einer entsprechenden kollektiven Regelung für die aktive Belegschaft be-lastet sein. Das Ergebnis trifft zu, die Konstruktion ist jedoch kaum nachvollziehbar. Vorzugswürdig ist deswegen die rechtsfortbildende Entwicklung einer nachwirken-den (normativen) betriebsverfassungsrechtlichen Rechtssetzungsbefugnis der Be-triebspartner[18].

722 Unter bestimmten Umständen soll einer Betriebsvereinbarung (und einem Einigungsstellen-spruch) Rückwirkung beigemessen werden können, wenn diese Möglichkeit den Arbeitnehmern zuvor ausreichend deutlich angekündigt und damit die Entstehung von Vertrauensschutztatbestän-den vermieden worden ist[19].

723 bb) Zu unterscheiden ist zwischen **freiwilligen und erzwingbaren Betriebsverein-barungen**: In einer Reihe von meist besonders gewichtigen Fällen, in denen das Ge-setz ausdrücklich anordnet, dass der Spruch der Einigungsstelle die Einigung zwi-schen Arbeitgeber und Betriebsrat ersetzt (so zB § 87 Abs. 2 S. 2), kann diese Einigung durch einseitige Anrufung der Einigungsstelle **erzwungen** werden (§ 76

---

15 BAG v. 17.02.1992, 10 AZR 448/91, NZA 1992, 999, 1001; BAG v. 03.06.1997, 3 AZR 25/96, NZA 1998, 382; *v. Hoyningen-Huene* § 11 III 1 (218 f); vgl aber auch *Hanau* RdA 1989, 207 ff sowie *Leine-mann* DB 1990, 732, 734 ff und *Kreutz*, FS Konzen 2006, 461.
16 BAG v. 13.06.1956, GS 1/55, AP Nr 1 zu § 57 BetrVG 1952.
17 BAG v. 28.07.1987, 3 AZR 694/85, NZA 1988, 160; dazu *Stoffels* ZfA 1999, 179 f; BAG v. 13.05.1997, 1 AZR 75/97, NZA 1998, 160; ausführl dazu *Kreutz* ZfA 2003, 361 ff
18 Dazu im Anschluss an *Säcker* vor allem *Konzen/Jacobs*, FS Dieterich 1999, 297 ff, insb 318 ff; vgl auch *Waltermann* NZA 1998, 507.
19 BAG v. 19.09.1995, 1 AZR 208/95, NZA 1996, 386.

Abs. 5 S. 1). In allen anderen Fällen kann die Einigungsstelle nur tätig werden, wenn es beide Seiten beantragen (§ 76 Abs. 6 S. 1), ohne dass ihrem Spruch im Regelfall verbindliche Wirkung zukommt (§ 76 Abs. 6 S. 2 mit den Ausnahmen der Unterwerfung oder nachträglicher Annahme des Einigungsstellenspruchs)[20].

cc) Probleme bereiten bei der Betriebsvereinbarung deren **Kündbarkeit und Nach-**   **724**
wirkung: Gemäß § 77 Abs. 5 können Betriebsvereinbarungen in der Regel (mit einer Frist von drei Monaten) gekündigt werden; eine Nachwirkung findet gemäß § 77 Abs. 6 nur bei erzwingbaren, nicht dagegen bei freiwilligen Betriebsvereinbarungen statt[21]. Nach hL soll die Nachwirkung bei freiwilligen Betriebsvereinbarungen aber vereinbart werden können[22]. Dagegen spricht eine drohende Endlos-Bindung der nachwirkenden Betriebsvereinbarung, die weder durch eine Analogie zu §§ 87 Abs. 2, 76 Abs. 5 noch über § 76 Abs. 6 S. 2 Var. 1 oder eine durch Auslegung gewonnene „Konfliktlösungsmöglichkeit" (so das BAG) vermieden werden kann[23]. Letzteres ist vor allem bedeutsam, weil es der kündigende Arbeitgeber damit insbesondere in der Hand hat, Verpflichtungen zur Gewährung freiwilliger Zuwendungen mit einer Frist von drei Monaten zu beenden. Diese an sich klare Ausgangslage ist freilich dadurch kompliziert worden, dass die Rechtsprechung den Bereich der erzwingbaren Mitbestimmung des § 87, in dem Nachwirkung stattfindet, immer weiter und insbesondere auf freiwillige Zusatzleistungen des Arbeitgebers ausgedehnt hat (Rn 815 ff). Ein besonders gewichtiges Beispiel dafür bildet der Bereich der betrieblichen Altersversorgung (Rn 810 ff). Erhebliche Probleme ergeben sich hier daraus, dass es auf Grund der Rechtsprechung des BAG sog. **teilmitbestimmte Betriebsvereinbarungen** gibt, die sowohl mitbestimmungsfreie Vorgaben des Arbeitgebers als auch mitbestimmte Angelegenheiten enthalten. Auf Grund dessen bereiten Kündbarkeit und Nachwirkung erhebliche Schwierigkeiten.

> **Fall 47:** Im Unternehmen des B bestand eine Betriebsvereinbarung über betriebliche Alters-   **725**
> versorgung, die B wegen wirtschaftlicher Schwierigkeiten 1980 kündigte. Arbeitnehmer K, der 1985 in den Ruhestand trat, erhält seitdem eine Betriebsrente, deren Höhe sich nach seiner Betriebszugehörigkeit bis 1980 richtet. K meint, die Zeit bis 1985 müsse bei der Berechnung seiner Betriebsrente noch hinzugezählt werden (BAG v. 18.04.1985, 3 AZR 688/87, NZA 1990, 67). **Rn 727**

Die erste Schwierigkeit betrifft die Frage, wie sich die **Kündigung der Betriebsver-**   **726**
einbarung als Anspruchsgrundlage auf Anwartschaften und Ansprüche der bisher begünstigten Arbeitnehmer auswirkt. Hier ist vom Ergebnis her klar, dass nicht nur die in der Vergangenheit auf Grund einer solchen Betriebsvereinbarung erworbenen, bereits fälligen Ansprüche von der Kündigung unberührt bleiben. Dasselbe muss vielmehr auch für Anwartschaften einschließlich ihrer weiteren Entwicklung in der Zu-

---

20 Zur Problematik unwirksamer Betriebsvereinbarungen noch Rn 768.
21 BAG v. 09.02.1989, 8 AZR 310/87, NZA 1989, 765; BAG v. 21.08.1990, 1 ABR 73/89, NZA 1991, 190.
22 BAG v. 28.04.1998, 1 ABR 43/97, NZA 1998, 1348 = EzA § 77 BetrVG Nachwirkung Nr 1 mit Anm. *Krause*.
23 Näher dazu *Jacobs* NZA 2000, 69 ff.

kunft gelten, soweit verschlechternde Betriebsvereinbarungen unzulässig wären. Problematisch ist die Begründung. Dafür wird in der Lehre insbesondere eine individualrechtliche Weitergeltung angeboten[24]. Ein anderer dogmatischer Ansatz geht dahin, die Wirkung der Kündigung von Betriebsvereinbarungen auf die **Zukunft** zu beschränken, so dass sie bereits in der Vergangenheit begründete Ansprüche und Anwartschaften nicht mehr beeinträchtigen kann[25]. Nach beiden Ansichten kann die Kündigung nur das Hineinwachsen solcher Arbeitnehmer verhindern, die erst danach vom Geltungsbereich der Betriebsvereinbarung erfasst werden. Für alle anderen Arbeitnehmer bleibt sie in Kraft, und zwar auch bezüglich der zukünftigen Weiterentwicklung ihrer Anwartschaften, soweit nicht mit der Kündigung eine zusätzliche verschlechternde Regelung (zulässigerweise) verbunden wird[26].

> Das BAG hat zwar im **Ausgangsfall 47** eine Nachwirkung abgelehnt, jedoch die erworbenen Besitzstände (Anwartschaftsrechte) der Arbeitnehmer nach den Grundsätzen der Verhältnismäßigkeit und des Vertrauensschutzes zum Teil aufrechterhalten.

727   **Fall 48:** Arbeitgeber B kündigt eine Betriebsvereinbarung über die Zahlung eines freiwilligen Weihnachtsgeldes, weil er dessen Höhe künftig reduzieren will. Die diesbezüglichen Verhandlungen mit dem Betriebsrat scheitern jedoch. B zahlt trotzdem ein – geringeres – Weihnachtsgeld an die Arbeitnehmer. Arbeitnehmer K verlangt das Weihnachtsgeld in der bisherigen Höhe (BAG v. 26.10.1993, 1 AZR 46/93, NZA 1994, 572). **Rn 729**

728   Besonders problematisch ist die Rechtslage, wenn der Arbeitgeber eine Betriebsvereinbarung über die Gewährung freiwilliger Leistungen – etwa eines Weihnachtsgeldes – mit dem Ziel kündigt, Raum für eine Neuregelung mit geringeren Zuwendungen zu schaffen. Der Mitbestimmungsfreiheit der Entscheidung des Arbeitgebers über die Höhe der freiwillig zu gewährenden Leistungen würde es entsprechen, hier jegliche **Nachwirkung** der gekündigten Betriebsvereinbarung zu verneinen. Bezüglich der künftigen Zuwendungen müssten dann entsprechende Verhandlungen mit dem Betriebsrat über den Abschluss einer neuen Betriebsvereinbarung geführt werden.

729   Das BAG[27] hat dagegen im **Ausgangsfall 48** im Anschluss an ebenso umstrittene Vorentscheidungen[28] die Auffassung vertreten, die gekündigte Betriebsvereinbarung wirke bis zur Neuregelung nach, wenn der Arbeitgeber mit der Kündigung nur beabsichtige, das zur Verfügung gestellte Volumen zu reduzieren und den Verteilungsschlüssel zu ändern. Dies ist deswegen kaum vertretbar, weil dann der Arbeitgeber bis zur – uU von Betriebsrat und Einigungsstelle

---

24   Hierzu *Hanau* NZA 1985, Beil. 2 S. 10; *Blomeyer* DB 1990, 173; *Loritz* RdA 1991, 65; *Hanau/Preis* NZA 1991, 81; *Reuter* JuS 1991, 521, JuS 1993, 701; *Henssler* ZfA 1993, 93 ff.
25   *Lieb*, 8. Aufl., Rn 717.
26   *Lieb* SAE 1983, 130, 133 f; dazu jetzt BAG v. 11.05.1999, 3 AZR 21/98, NZA 2000, 322, 498.
27   BAG v. 26.10.1993, 1 AZR 46/93, NZA 1994, 572; so auch BAG v. 18.11.2003, 1 AZR 604/02, NZA 2004, 803, 806.
28   BAG NZA 1990, 67 = SAE 1990, 181 mit Anm. *Kraft*; dagegen schon *Lieb* Anm. zu BAG SAE 1983, 130; *ders.* Anm. zu BAG SAE 1990, 226, 230 ff; *Schulin* Anm. zu BAG AP Nr 53 zu § 77 BetrVG 1972; für den Fall der Freiwilligkeit vorsichtiger BAG v. 17.01.1995, 1 ABR 29/94, NZA 1995, 1010.

lange verzögerten – Neuregelung zur Erfüllung der bisherigen Zusagen verpflichtet bleibt[29]. Mit der Mitbestimmungsfreiheit über die Höhe der Zuwendung ist dies nur schwer vereinbar (dazu noch Rn 812 ff, 815 ff). Selbstverständlich ist dagegen die Verneinung der Nachwirkung, wenn die freiwillige Lohnzusatzleistung des Arbeitgebers vollständig entfallen soll.

b) Einigungsstelle

Im Tarifvertragsrecht kann es beim Scheitern der Verhandlungen wegen fehlenden Konsenses der Tarifvertragsparteien über anstehende Regelungsfragen zum Arbeitskampf kommen. Dies ist im Betriebsverfassungsrecht ausgeschlossen: Gemäß § 74 Abs. 2 gilt ein **striktes Arbeitskampfverbot**. Angesichts dessen bedurfte es eines anderen Konfliktlösungsmechanismus[30]. Er besteht in der **Möglichkeit** und im Bereich der **erzwingbaren Mitbestimmung** (dazu bereits Rn 723), in welcher der Arbeitgeber nach hL ohne Zustimmung des Betriebsrats nicht rechtswirksam handeln kann (Rn 768), in der **Notwendigkeit** der Anrufung der sog. Einigungsstelle (§ 76 Abs. 1)[31].   **730**

Sie besteht gemäß § 76 Abs. 3 aus einer gleichen Anzahl von Beisitzern, die von Arbeitgeber und Betriebsrat bestellt werden, und einem unparteiischen Vorsitzenden, auf dessen Person sich beide Seiten einigen müssen (§ 76 Abs. 2 S. 1); sonst bestimmt ihn das Arbeitsgericht (§ 76 Abs. 2 S. 2). Die Einigungsstelle entscheidet in ausdrücklich bestimmten Fällen (§ 76 Abs. 5 S. 1; vgl etwa § 87 Abs. 2) für beide Seiten verbindlich. Der – nach billigem Ermessen unter angemessener Berücksichtigung sowohl der Belange des Betriebs als auch der betroffenen Arbeitnehmer zu fassende (§ 76 Abs. 5 S. 3) – Spruch der Einigungsstelle hat die Wirkung einer Betriebsvereinbarung und ersetzt diese. In den Fällen nicht erzwingbarer Mitbestimmung gilt dies nur, wenn Arbeitgeber und Betriebsrat damit einverstanden sind (§ 76 Abs. 6 S. 2). Eine gerichtliche Überprüfung des Einigungsstellenspruchs findet nur als **Exzesskontrolle** statt (§ 76 Abs. 5 S. 4).   **731**

Davon zu unterscheiden ist die gerichtliche Prüfung des Inhalts von Betriebsvereinbarungen, die das BAG[32] – im Gegensatz zu Tarifverträgen – für zulässig hält, weil es annimmt, im Gegensatz zur Stellung der Tarifvertragsparteien könne von einem ausreichenden Verhandlungsgleichgewicht im Verhältnis von Arbeitgeber und Betriebsrat nicht ausgegangen werden.   **732**

---

29 Vgl dazu auch BAG v. 17.06.1998, 2 AZR 336/97, NZA 1998, 1225 = AP Nr 49 zu § 2 KSchG mit grunds. Anm. *H. Hanau.*
30 Zur entsprechenden Problematik im Bereich unternehmerischer Mitbestimmung Rn 913 f.
31 Zum Einigungsstellenverfahren vgl *Zöllner/Loritz* § 46 IV (546 ff); *v. Hoyningen-Huene* § 6 VII (131 ff). Zur tariflichen Schlichtungsstelle des § 76 Abs. 8 vgl *Schlüter*, FS Lukes 1989, 559; *Rieble* RdA 1993, 140.
32 BAG v. 17.02.1981, 1 AZR 290/78, AP Nr 11, zu § 112 BetrVG 1972; BAG v. 24.03.1981, 1 AZR 805/78, AP Nr 12 zu § 112 BetrVG 1972; BAG v. 08.12.1981, 3 ABR 53/80, AP Nr 1 zu § 1 BetrAVG Ablösung; BAG v. 17.03.1987, 3 AZR 64/84, AP Nr 9 zu § 1 BetrVG 1972 Ablösung; BAG v. 01.12.1992, 1 AZR 234/92, AP Nr 3 zu § 77 BetrVG 1972 Tarifvorbehalt. Dagegen vor allem *v. Hoyningen-Huene*, Die Billigkeit im Arbeitsrecht 1975, 163 ff; *Kreutz* ZfA 1975, 65, 71 ff.

c) Regelungsabrede

733 Neben der förmlichen Betriebsvereinbarung ist in der Praxis das im Gesetz nicht geregelte, ergänzende Instrument der **formlosen Regelungsabrede** in Gebrauch[33]. Sie enthält schlicht die Zustimmung des Betriebsrats zu geplanten Arbeitgeberregelungen und beseitigt damit die mit der Theorie der Wirksamkeitsvoraussetzung verbundene Regelungssperre (Rn 766 f). Da der Regelungsabrede im Gegensatz zur Betriebsvereinbarung keine normative Wirkung zukommt und es damit insbesondere an der unmittelbaren Ausgestaltung der Einzelarbeitsverhältnisse fehlt, bedarf die durch Regelungsabrede getroffene Vereinbarung der Umsetzung durch den Arbeitgeber, soweit dessen Gestaltungsmöglichkeiten (etwa Ausübung des Direktionsrechts, Änderungskündigung) reichen; sonst ist die unmittelbare Einwirkung auf das Arbeitsverhältnis durch förmliche normative Betriebsvereinbarung erforderlich.

d) Unterlassungsansprüche

734   **Fall 49:** Arbeitgeber B gewährt den Arbeitnehmern seit Jahren freiwillige übertarifliche Zulagen in jeweils unterschiedlicher Höhe. Nunmehr rechnet er diese Zulagen auf eine Tariflohnerhöhung an, zahlt aber einigen Arbeitnehmern eine neue Zulage. Der Betriebsrat verlangt ua von B, die Änderungen der Zulagen bis zum Abschluss einer neuen Betriebsvereinbarung zu unterlassen (BAG v. 03.05.1994, 1 ABR 24/93, NZA 1995, 40). **Rn 735**

735 Seit längerem wird heftig und kontrovers diskutiert, ob der Betriebsrat gegenüber dem Arbeitgeber, der die Mitbestimmungsrechte des Betriebsrats missachtet, einen **Anspruch auf Unterlassung** und damit **auf Respektierung seiner Mitbestimmungsrechte** geltend machen kann. Das Gesetz enthält einen solchen Unterlassungsanspruch nur in der sehr allgemeinen Vorschrift des § 23 Abs. 3 S. 1 und das auch nur unter der engen Voraussetzung des Vorliegens eines „groben Verstoßes". Aus diesem Grunde hatte es das BAG zunächst abgelehnt, zusätzliche Unterlassungsansprüche im Bereich der einzelnen Mitbestimmungstatbestände anzuerkennen[34]. Inzwischen hat der Erste Senat einen solchen Unterlassungsanspruch für den Bereich der sozialen Angelegenheiten des § 87 bejaht und ihn aus dem zwischen Arbeitgeber und Betriebsrat bestehenden „Betriebsverhältnis" abgeleitet. Vor allem aber hat der Senat ausgeführt, das Mitbestimmungsrecht des Betriebsrats in sozialen Angelegenheiten sei durch die sog. Theorie der Wirksamkeitsvoraussetzung (Rn 766 f) nicht ausreichend gewährleistet. Der Betriebsrat müsse zum Schutz der von ihm vertretenen Interessen eine wirksame Möglichkeit haben, für die Einhaltung seines Mitbestimmungsrechts Sorge zu tragen. § 87 sei zu entnehmen, dass nach dieser Vorschrift mitbestimmungs-

---

33   Dazu Richardi-*Richardi* § 77 Rn 224 ff; MünchArbR-*Matthes* § 328 Rn 97 ff; *Peterek*, FS Gaul 1992, 471; *Krebs* ZfA 1994, 166 f; vgl auch BAG v. 10.03.1992, 1 ABR 31/91, NZA 1992, 952 zur Kündigung einer Regelungsabrede.
34   BAG v. 22.02.1983, 1 ABR 27/81, AP Nr 2 zu § 23 BetrVG 1972; ebenso – mit etwas anderer Begründung – BAG v. 17.05.1983, 1 ABR 21/80, AP Nr 19 zu § 80 BetrVG 1972; aA BAG v. 18.04.1985, 6 ABR 19/84, NZA 1985, 783.

pflichtige Maßnahmen grundsätzlich nicht ohne Beteiligung des Betriebsrats durchgeführt werden sollten[35].

Diese Rechtsfortbildung ist nach wie vor umstritten[36]. Auffällig ist, dass der Senat gerade dem Bereich, in dem der Unterlassungsanspruch größte Relevanz haben könnte, nämlich dem **Erlass einstweiliger Verfügungen**, distanziert gegenübersteht, indem er auf die Notwendigkeit der Berücksichtigung der Arbeitgeberinteressen bei der Prüfung des Verfügungsgrundes besonders hinweist[37]. In der Tat stellt die Gewährung vorläufigen Rechtsschutzes die eigentliche Problematik dar. Insbesondere ist es problematisch, die häufig sehr streitigen Rechtsfragen über die Reichweite von Mitbestimmungsrechten bereits in diesem Verfahren auszutragen.

736

Zu Recht wird die Ausweitung der Zubilligung von Unterlassungsansprüchen auf den Bereich der **personellen Angelegenheiten** (Sonderregelung durch §§ 100, 101 – dazu Rn 864 ff) und den wegen der unternehmerischen Entscheidungsfreiheit des Arbeitgebers besonders heiklen Bereich der **wirtschaftlichen Angelegenheiten** überwiegend abgelehnt[38].

737

4. Leitprinzipien[39]

Das BetrVG enthält an verschiedenen Stellen grundsätzliche Aussagen über die Art und Weise der Ausübung betrieblicher Mitbestimmungsrechte. Sie lassen sich wie folgt skizzieren:

738

a) An der Spitze steht als normatives Postulat das an Arbeitgeber und Betriebsrat gleichermaßen adressierte **Gebot der vertrauensvollen Zusammenarbeit** (§ 2 Abs. 1), ergänzt um die Pflicht, über streitige Fragen mit dem ernsten Willen zur Einigung zu verhandeln (§ 74 Abs. 1 S. 2). Trotz bzw gerade wegen unverändert bestehender nachhaltiger Interessengegensätze zwischen Arbeitgeber und Betriebsrat soll Konfrontation vermieden werden, Kooperation, insbesondere bei der Ausübung der Beteiligungsrechte des Betriebsrats, geboten sein[40]. Diese Pflicht zur vertrauensvollen Zusammenarbeit entspringt einem „Betriebsverhältnis" zwischen Arbeitgeber und Betriebsrat[41].

739

---

35 BAG v. 03.05.1994, 1 ABR 24/93, NZA 1995, 40; als „Nebenleistungsanspruch" bestätigt in BAG v. 23.07.1996, 1 ABR 13/96, NZA 1997, 274.
36 Grundsätzlich und mit gewichtigen Gründen ablehnend *Konzen*, NZA 1995, 865; positiv dagegen *Hanau*, Mitbestimmung im Montankonzern und Grundgesetz 1992, 843 ff sowie – mit überwiegend außerarbeitsrechtlichen Argumenten – *Prütting* RdA 1995, 257; umfassende Nachw. bei GK-*Oetker* § 23 Rn 132 ff; *Raab* ZfA 1997, 183.
37 Dazu auch *Hanau*, Mitbestimmung im Montankonzern und Grundgesetz 1992, 845.
38 Umfassende Nachw. dazu bei GK-*Oetker* § 23 Rn 147 ff; anders jetzt für § 95 Abs. 1 S. 1 BAG v. 26.07.2005, 1 ABR 29/04, NZA 2005, 1372; interessanter Fall eines Unterlassungsbegehrens des Betriebsrats gegen den Arbeitgeber (wegen Veröffentlichung der Kosten der Betriebsratsarbeit) BAG v. 19.07.1995, 7 ABR 60/94, NZA 1996, 332.
39 Vgl dazu umfassend MünchArbR-*v. Hoyningen-Huene* § 301; zu den Zwecken der Betriebsverfassung *Wiese* ZfA 2000, 117 ff.
40 Vgl dazu *Zöllner/Loritz* § 44 VII 1 (503 f); *v. Hoyningen-Huene* § 4 IV 2 (72 ff).
41 Dazu MünchArbR-*v. Hoyningen-Huene* § 300.

740 Praktische Relevanz erlangt § 2 Abs. 1 vor allem bei der Behandlung sog. **Koppelungsgeschäfte**, dh in den Fällen, in denen – meist – der Betriebsrat seine Zustimmung zu bestimmten Arbeitgebermaßnahmen von Zugeständnissen des Arbeitgebers in zum Teil ganz anderen Bereichen abhängig macht. So wird zB die nach § 87 Abs. 1 Nr 3 notwendige Zustimmung für die Anordnung von Überstunden von der Gewährung zusätzlicher Freizeit oder sogar von einem (zeitlich begrenzten) Verzicht auf Kündigungen abhängig gemacht. Die Problematik ist äußerst diffizil und schwer zu lösen; dies betrifft nicht nur die Frage, wann man von einem Missbrauch der Beteiligungsrechte und damit von einem unzulässigen Koppelungsgeschäft ausgehen muss, sondern auch die Rechtsfolgen eines solch unzulässigen Verhaltens des Betriebsrats[42].

741 b) § 74 Abs. 2 S. 1 begründet eine **absolute Friedenspflicht** und damit ein absolutes Arbeitskampfverbot in Bezug auf die Austragung betriebsverfassungsrechtlicher Streitigkeiten: Nicht der Arbeitskampf, sondern die Institution der Einigungsstelle (Rn 730 ff) ist das gesetzlich vorgeschriebene Instrument der Streitschlichtung. Nach der ausdrücklichen gesetzlichen Anordnung (§ 74 Abs. 2 S. 1, Var. 2) unberührt bleiben Arbeitskämpfe um den Abschluss von Tarifverträgen. Für die Abgrenzung ist demnach entscheidend, ob es um tarifliche Fragen mit dem Ziel des Abschlusses von Tarifverträgen oder aber um betriebsverfassungsrechtliche Regelungsprobleme mit dem Ziel des Abschlusses von Betriebsvereinbarungen geht. An zulässigen Arbeitskämpfen dürfen sich auch Betriebsräte beteiligen (arg. § 74 Abs. 3), allerdings nicht in ihrer betriebsverfassungsrechtlichen Funktion[43].

742 § 74 Abs. 2 S. 2 ergänzt dieses Arbeitskampfverbot durch ein die Verpflichtung zur vertrauensvollen Zusammenarbeit (§ 2 Abs. 1) konkretisierendes Verbot von Betätigungen, durch die der Arbeitsablauf oder der Frieden des Betriebs beeinträchtigt werden könnte. Eine noch speziellere Ausprägung stellt das ausdrückliche Verbot parteipolitischer Betätigung dar (§ 74 Abs. 2 S. 3), das eine Ausnahme für Angelegenheiten tarifpolitischer, sozialpolitischer und wirtschaftlicher Art, die den Betrieb oder seine Arbeitnehmer unmittelbar betreffen, enthält.

743 c) Allgemeine Grundsätze für die Behandlung der Betriebsangehörigen, insbesondere eine Konkretisierung des Gleichbehandlungsgrundsatzes (dazu bereits Rn 80 ff), enthält § 75 Abs. 1, dem das BAG außerdem die Ermächtigung zur Inhaltskontrolle von Betriebsvereinbarungen (dazu bereits Rn 157) entnimmt.

744 d) Zu den Grundprinzipien der Betriebsverfassung kann man auch noch den wichtigen Grundsatz rechnen, dass das BetrVG von einer grundsätzlichen **Trennung des Betriebsratsamts bzw der Betätigung als Betriebsrat** im Rahmen der betriebsverfassungsrechtlichen Betätigungsrechte einerseits, von **gewerkschaftlicher Betätigung im Betrieb** andererseits ausgeht. Insbesondere ist der Betriebsrat selbst dann, wenn seine Mitglieder vollständig der Gewerkschaft angehören sollten, zu gewerkschaftlicher Neutralität verpflichtet, weil er die gesamte Belegschaft, also Organisierte und Nichtorganisierte gleichermaßen, repräsentiert. Die Wahrnehmung eigener

---

42 Umfassend und grundlegend hierzu *Konzen*, FS Zöllner 1998, 799.
43 Zum Ganzen MünchArbR-v. *Hoyningen-Huene* § 301.

Gewerkschaftsrechte durch deren Beauftragte (vgl § 2 Abs. 2 und 3) wird davon nicht berührt. Im Übrigen enthält das Gesetz eine ganze Reihe konkreter Gewerkschaftsbefugnisse[44].

II. Anwendungsbereich

1. Überblick

Im Gegensatz zum Tarifvertragsrecht, das grundsätzlich nur die Mitglieder der tarif **745** vertragsschließenden Verbände betrifft, unterfallen dem Betriebsverfassungsrecht und damit insbesondere der Geltung von Betriebsvereinbarungen alle Betriebsangehörigen **ohne Rücksicht auf Organisationszugehörigkeit**. Gewerkschaftsmitglieder und Außenseiter sind gleichermaßen Adressaten und Träger betriebsverfassungsrechtlicher Mitbestimmung. Das auf freiwilliger Mitgliedschaft beruhende Tarifvertragssystem und der Zwangszusammenschluss der Betriebsangehörigen im Rahmen der Betriebsverfassung unterscheiden sich insoweit also ganz grundsätzlich (vgl aber § 3 Abs. 2 TVG, dazu Rn 535 ff).

Zu berücksichtigen ist dabei freilich die wichtige Tatsache, dass die Bildung von Betriebsräten **746** nicht etwa zwingend vorgeschrieben ist, sondern auf entsprechenden freiwilligen Initiativen beruht (vgl dazu §§ 17, 17a). Dementsprechend haben insbesondere viele Klein- und Mittelbetriebe keinen Betriebsrat.

Der Anwendungsbereich des BetrVG wird durch zwei bedeutsame Einschränkungen **747** begrenzt, nämlich durch eine personelle Einschränkung – Herausnahme der sog. **leitenden Angestellten des § 5 Abs. 3** aus dem Geltungsbereich des Gesetzes – und eine sachliche Einschränkung – keine bzw nur eingeschränkte Geltung für die sog. **Tendenzbetriebe des § 118 Abs. 1 und 2**. Beide Einschränkungen haben viel diskutierte Auslegungsprobleme mit sich gebracht.

2. Begriff des leitenden Angestellten

Fall 50: Der Betriebsrat der Bank B klagt auf Feststellung, dass der Abteilungsleiter und Pro **748** kurist P kein leitender Angestellter iSv § 5 Abs. 3 sei und begründet dies ua damit, dass die dem P erteilte (Gesamt-) Prokura im Innenverhältnis beschränkt ist (BAG v. 27.0.1988, 7 ABR 5/87, NZA 1988, 809; BAG v. 11.01.1995, 7 ABR 33/94, NZA 1995, 747). **Rn 750**

Gemäß § 5 Abs. 3 findet das BetrVG grds. keine Anwendung auf sog. **leitende Ange** **749** **stellte**. Ihre Angelegenheiten sind damit der Bestimmung durch den Betriebsrat im Wesentlichen entzogen (Ausnahme: § 105). Umfang und Grenzen des Kreises der leitenden Angestellten waren in der Vergangenheit höchst umstritten, so dass sich die Arbeitsgerichte zeitweise mit einer großen Zahl organisierter Feststellungsverfahren konfrontiert sahen. Dies hat zu einer umfangreichen höchstrichterlichen Rechtspre

---

44   Vgl dazu *v. Hoyningen-Huene* § 5 V (101 ff).

chung geführt[45], die auch mehrfach deutlich korrigiert werden musste. Zusätzlich kompliziert wurde die Rechtslage dadurch, dass auch das MitbestG 1976 den leitenden Angestellten einen – freilich ganz anders gearteten – Sonderstatus einräumte, trotzdem aber durch förmliche Verweisung (§ 3 Abs. 3 Nr 2 iVm § 15 Abs. 2 S. 2 MitbestG[46]) den Begriff des BetrVG in den Bereich der unternehmerischen Mitbestimmung übernahm[47].

750 Insgesamt verfolgte das BAG mit wechselnden Begründungen einen restriktiven, den Kreis der leitenden Angestellten deutlich einengenden Kurs[48]. Seine Rechtsauffassung zur Auslegung des § 5 Abs. 3 aF kann dahingehend zusammengefasst werden, dass es bei Nr 3 in erster Linie auf die Bedeutung der Aufgaben für den Betrieb und damit das **Unternehmen** und die Gestaltungsfreiheit des Angestellten ankam. Bei Anwendung der Nr 1 und Nr 2 sollte wegen der dortigen rein formalen Abgrenzungsmerkmale nach dem Zweck des Gesetzes eine einschränkende Interpretation des Inhalts vorgenommen werden, dass formale Befugnisse nur dann den Status des leitenden Angestellten begründen konnten, wenn ihnen auch ein entsprechend bedeutsames Aufgabengebiet entsprach[49]. Im Übrigen sollte der Umfang der Personalverantwortung besonders aufschlussreich sein, während ein besonderes Vertrauensverhältnis zum Arbeitgeber nicht für erforderlich gehalten wurde. Der Selbsteinschätzung der Angestellten sollte keine besondere Bedeutung zukommen[50].

> Auf Grund dieser Anforderungen sollte im **Ausgangsfall 50** der Prokurist nicht ohne weiteres als leitender Angestellter anzusehen sein.

751 Daraufhin griff der Gesetzgeber durch Präzisierung des § 5 Abs. 3 ein und suchte durch einen neuen Abs. 4 zusätzliche Auslegungshilfen zu geben. Die Prokuristenentscheidung des BAG[51] wurde dadurch korrigiert, dass Beschränkungen im Innenverhältnis zum Arbeitgeber (wie sie notwendigerweise weithin üblich sind) tendenziell für unbeachtlich erklärt wurden. Bei der Neufassung der zentralen und bisher stets umstrittenen Vorschrift des § 5 Abs. 3 Nr 3 aF wurden diejenigen Tatbestandsmerkmale, auf die das BAG seine restriktive Tendenz gestützt hatte, „entschärft". So wurde etwa der alte Begriff der Eigenverantwortlichkeit dadurch ersetzt, dass es nunmehr darauf ankommt, ob der leitende Angestellte entweder die Entscheidungen im Wesentlichen frei von Weisungen trifft oder sie maßgeblich beeinflusst. Die Formulie-

---

45 Siehe BAG AP Nr 1–19, 22–24, 28 zu § 5 BetrVG 1972.
46 Fassung vom 01.07.1976 bis zum 27.07.2001. In der aktuellen Fassung ist die Verweisung in § 3 Abs. 1 S. 1 Nr 1 MitbestG enthalten.
47 § 18 Abs. 1 Nr 1 ArbZG verweist ebenfalls auf § 5 Abs. 3 BetrVG. Andere Gesetze verwenden dagegen zum Teil je nach ihrer Zielsetzung andere Begriffe leitender Angestellter, vgl etwa § 14 Abs. 2 KSchG.
48 Negative „Höhepunkte": BAG v. 23.01.1986, 6 ABR 51/81, NZA 1986, 484 (leitende Angestellte im Ruhrbergbau) = SAE 1987, 85 mit Anm. *Martens* und insb BAG v. 27.04.1988, 7 ABR 5/87, NZA 1988, 809.
49 BAG v. 29.01.1980, 1 ABR 45/79, AP Nr 22 zu § 5 BetrVG 1972.
50 BAG v. 29.01.1980, 1 ABR 45/79, AP Nr 22 zu § 5 BetrVG 1972.
51 BAG v. 27.04.1988, 7 ABR 5/87, NZA 1988, 809. Zur Einordnung von Prokuristen nach neuem Recht BAG v. 11.01.1995, 7 ABR 33/94, NZA 1995, 747.

rung „des Unternehmens oder eines Betriebs" stellt im Gegensatz zur Tendenz des BAG klar, dass auch Personen, deren Aufgaben auf den Bereich nur eines Betriebs beschränkt sind, leitende Angestellte sein können[52]. Die Unterschiede verdeutlicht die folgende Gegenüberstellung:

§ 5 Abs. 3 Nr 3 (aF)	§ 5 Abs. 3 Nr 3 (nF)
„im Wesentlichen eigenverantwortliche Aufgaben wahrnehmen, die ihnen regelmäßig wegen deren Bedeutung für den Bestand und die Entwicklung des Betriebs im Hinblick auf besondere Erfahrungen und Kenntnisse übertragen werden".	„regelmäßige sonstige Aufgaben wahrnimmt, die für den Bestand und die Entwicklung des Unternehmens oder eines Betriebs von Bedeutung sind und deren Erfüllung besondere Erfahrungen und Kenntnisse voraussetzt, wenn er dabei entweder die Entscheidungen im Wesentlichen frei von Weisungen trifft oder sie maßgeblich beeinflusst; dies kann auch bei Vorgaben insbesondere auf Grund von Rechtsvorschriften, Plänen oder Richtlinien sowie bei Zusammenarbeit mit anderen leitenden Angestellten gegeben sein".

752

Streitig ist die Funktion des neuen § 5 Abs. 4. Insbesondere ist fraglich, ob Abs. 4 einen eigenständigen Regelungsbereich mit Regelbeispielen enthält, bei deren Vorliegen sich die Subsumtion unter Abs. 3 in der Regel erübrigt, oder ob Abs. 4, allerdings seinem Wortlaut entsprechend, wirklich nur „im Zweifel", also dann herangezogen werden kann, wenn die insofern vorrangige Auslegung von Abs. 3 kein eindeutiges Ergebnis erbracht hat[53].

753

3. Begriff des Tendenzbetriebs

Die betriebsverfassungsrechtliche[54] Rechtsstellung sog. **Tendenzbetriebe** regelt § 118 in zwei Absätzen auf unterschiedliche Weise: § 118 Abs. 2 befreit Religionsgemeinschaften und deren karitative und erzieherische Einrichtungen, gleichgültig in welcher Rechtsform sie betrieben werden, gänzlich von der Anwendung des BetrVG[55], während § 118 Abs. 1 für die dort genannten Unternehmen und Betriebe nur Geltungsbeschränkungen anordnet: Die Vorschriften über den Wirtschaftsaus-

754

---

52 Erforderlich ist ein rechtlich und tatsächlich eigener, erheblicher Entscheidungsspielraum (BAG v. 18.11.1999, 2 AZR 903/98, NZA 2000, 427). Wenn ein Angestellter mehreren Betrieben eines Unternehmens angehört, soll seine Eigenschaft als leitender Angestellter für alle Betriebe einheitlich zu beantworten sein (BAG v. 25.02.1997, 1 ABR 69/96, NZA 1997, 955).
53 Vgl dazu *Martens* RdA 1989, 73, 83 f einerseits und *Wlotzke* DB 1989, 111, 121 ff andererseits.
54 Vgl auch die Beschränkung der Mitbestimmung bei Tendenzunternehmen gem. § 1 Abs. 4 MitbestG und § 1 Abs. 2 DrittelbG.
55 Gegen die Verwendung des Begriffs „Tendenzschutz" auch für den Bereich des § 118 Abs. 2 *Mayer-Maly* Anm. zu BAG AR-Blattei D, Tendenzbetrieb, Entscheidung 15.

schuss (§§ 106 ff) sollen überhaupt nicht, die Vorschriften über Betriebsänderungen (§§ 111 ff) nur insoweit zur Anwendung kommen, als es um den Ausgleich oder die Minderung wirtschaftlicher Nachteile durch den Sozialplan geht. Auf den Versuch eines Interessenausgleichs wird in diesem Bereich verzichtet. Alle anderen Vorschriften sollen nur insoweit gelten, als die Eigenart der betreffenden Betriebe oder Unternehmen dem nicht entgegensteht[56].

a) Reichweite des § 118 Abs. 2 BetrVG

755 Die Herausnahme der in § 118 Abs. 2 genannten Institutionen aus dem Geltungsbereich des BetrVG beruht auf der durch Art. 140 GG iVm Art. 137 WRV verfassungsrechtlich garantierten Sonderstellung der Kirchen[57]. Sie ist daher selbstverständlich. Umstritten ist jedoch, unter welchen Voraussetzungen karitative und erzieherische Einrichtungen § 118 Abs. 2 unterfallen, dh den Religionsgemeinschaften als eigene zuzurechnen sind. Das BAG hat dazu zunächst einen restriktiven Standpunkt vertreten und infolgedessen bei einer rechtsfähigen Stiftung des privaten Rechts die Anwendung von § 118 Abs. 2 nur bejaht, wenn die Religionsgemeinschaft auf Grund einer entsprechenden Ausgestaltung der Satzung den entscheidenden Einfluss auf die Verwaltung der Einrichtung ausüben konnte[58]. Dem ist das BVerfG entgegengetreten[59]. Auf Grund dessen wendet nunmehr auch das BAG § 118 Abs. 2 bereits dann an, wenn sich die Wahrnehmung karitativer oder erzieherischer Aufgaben „als Wesens- oder Lebensäußerung der Kirche" darstellt[60].

b) Problematik des § 118 Abs. 1 BetrVG

756 Bei der Anwendung des § 118 Abs. 1 stellen sich **drei** voneinander zu unterscheidende **Fragen**: Die erste geht dahin, wann überhaupt ein Tendenzbetrieb vorliegt (1), die zweite, insbesondere im Bereich personeller Mitbestimmung relevante Frage, wer Tendenzträger ist (2), und schließlich ist eine Antwort darauf zu geben, wie weit die gesetzliche Einschränkung („soweit die Eigenart dem entgegensteht") in Bezug auf die einzelnen Mitwirkungs- und Mitbestimmungsrechte des Betriebsrats reicht (3).

757 (1) Das Vorliegen eines **Tendenzbetriebs** setzt voraus, dass in diesem Betrieb die (durch Nr 1 und 2 des § 118 Abs. 1 geschützten) Tendenzen[61] **unmittelbar** verfolgt werden. Der Betriebs- oder Unternehmenszweck selbst muss darauf ausgerichtet sein, die Arbeitnehmer müssen direkt die Tendenz erarbeiten und damit auch beeinflussen

---

56 Auf die Geltung des Tendenzschutzes kann verzichtet werden: BAG NZA 2001, 1325.
57 *Rüthers* NJW 1978, 2066, 2067; *G. Müller* RdA 1979, 71, 74; *Richardi* Anm. II zu BAG AP Nr 6 zu § 118 BetrVG 1972.
58 BAG v. 21.11.1975, 1 ABR 12/75, AP Nr 6 zu § 118 BetrVG 1972.
59 BVerfG v. 11.10.1977, 2 BvR 209/76, NJW 1978, 581.
60 BAG v. 06.12.1977, 1 ABR 28/77, AP Nr 10 zu § 118 BetrVG 1972 = AR-Blattei D, Kirchenbedienstete, Entsch. 14 (*Richardi*); BAG v. 31.07.2002, 7 ABR 12/01, NZA 2002, 1409; BAG v. 23.10.2002, 7 ABR 59/01, NZA 2004, 334; aus der Literatur siehe nur *Rüthers* NJW 1978, 2066; vgl auch § 1 Abs. 3 DrittelbG aE.
61 Zu Unternehmen, die politischen Bestimmungen dienen, BAG v. 21.07.1998, 1 ABR 2/98, NZA 1999, 277 = EzA § 118 BetrVG 1972 Nr 68 (*Oetker*).

können. Nur dann steht das Spannungsverhältnis zwischen den Freiheitsrechten des Unternehmens und dem mit dem BetrVG bezweckten sozialen Schutz in Rede, um dessen Lösung es in § 118 geht[62]. An dieser Voraussetzung hat das BAG die Anwendung des § 118 Abs. 1 auf bloße Lohndruckereien scheitern lassen, obwohl die Möglichkeit der Beeinflussung von Presseerzeugnissen durch Verweigerung des Drucks auch insoweit besteht[63]. Dass nur eine der Tendenzen des § 118 Abs. 1 verfolgt wird, ist nicht erforderlich. Tendenzvielfalt schadet also nicht[64]. Unschädlich ist es auch, wenn das Tendenzunternehmen Gewinnabsichten verfolgt. Soweit im Schrifttum die Auffassung vertreten wird, eine geistig-ideelle Zielrichtung sei nicht mehr gegeben, wenn kommerzielle Gesichtspunkte im Vordergrund stünden[65], ist dies schon deswegen unzutreffend, weil sich viele Tendenzunternehmen auf die Ausübung spezieller Freiheitsgrundrechte (insbesondere Art. 5 Abs. 1 und Abs. 3 GG) berufen können, ohne damit auf Gewinnerzielung verzichten zu müssen[66].

Bei sog. **Mischbetrieben** ist nach dem Gesetzeswortlaut darauf abzustellen, ob der **758** Tendenzcharakter überwiegt. Im Gegensatz zur quantitativen Betrachtungsweise der Rechtsprechung[67] wird in der Literatur überwiegend die – zutreffende – Auffassung vertreten, es komme auf das sog. **Gesamtgepräge** und damit auf eine qualitative Betrachtungsweise an[68].

(2) Insbesondere im Bereich der personellen Angelegenheiten (§§ 99 ff) kommt Ten- **759** denzschutz durch Einschränkung entsprechender Mitbestimmungsrechte nur in Betracht, wenn es sich um Personen handelt, die die geschützte Tendenz durch ihre Tätigkeit selbst verwirklichen, dh wenn sie sog. **Tendenzträger** sind[69]. Welche Anforderungen an diesen Begriff zu stellen sind, ist insbesondere für den Zeitungsbereich bzw für die verschiedenen Arten von Redakteuren streitig geworden. Das BAG hat die Redaktion einer Zeitschrift insoweit zutreffend als Einheit gewertet und damit auch solchen Redakteuren die Tendenzträgerschaft zuerkannt, die auf den ersten Blick eher tendenzneutral erscheinen könnten[70].

---

62 Dazu BVerfG v. 06.11.1979, 1 BvR 81/76, AP Nr 14 zu § 118 BetrVG 1972; *Rüthers* AfP 1980, 2; *Löwisch* § 118 Rn 1 ff; GK-*Weber* § 118 Rn 56 ff.

63 BAG v. 31.10.1975, 1 ABR 64/74, AP Nr 3 zu § 118 BetrVG 1972 mit Anm. *Mayer-Maly*; Tendenzunternehmen sind etwa Theater – BAG v. 28.10.1986, 1 ABR 16/85, NZA 1987, 530 – und Privatschulen – BAG v. 03.12.1987, 6 ABR 38/86, NZA 1988, 507; vgl dazu auch *Reuter* JuS 1991, 867.

64 BAG v. 14.11.1975, 1 ABR 107/74, AP Nr 5 zu § 118 BetrVG 1972; dazu *Löwisch/Kaiser* § 118 Rn 4 ff.

65 *Fitting/Engels/Schmidt/Trebinger/Linsenmaier* § 118 Rn 11.

66 Vgl dazu auch die Rspr des BVerwG v. 27.03.1992, 7 C 21/90, NJW 1992, 2496 = JZ 1993, 33 (*Badura*), nach der der Grundrechtsschutz einer Religionsgemeinschaft gemäß Art. 4 Abs. 1 GG nur dann völlig entfällt, wenn ihre religiösen oder weltanschaulichen Lehren lediglich als Vorwand für die Verfolgung wirtschaftlicher Ziele dienen.

67 BAG v. 21.06.1989, 7 ABR 58/87, NZA 1990, 402, 405 f.

68 Richardi-*Richardi/Thüsing* § 118 Rn 30 ff; *Löwisch/Kaiser* § 118 Rn 19; GK-*Weber* § 118 Rn 64 f.

69 Dazu BAG v. 28.10.1986, 1 ABR 16/85, NZA 1987, 530; BAG v. 22.04.1997, 1 ABR 74/96, NZA 1997, 1297; *Löwisch/Kaiser* § 118 Rn 32; *Rüthers/Franke* DB 1992, 374.

70 Siehe etwa BAG v. 31.10.1975, 1 ABR 64/74, AP Nr 3 zu § 118 BetrVG 1972 (Lokalredakteur) und BAG v. 09.12.1975, 1 ABR 37/74, AP Nr 7 (Sportredakteur) zu § 118 BetrVG 1972; BAG v. 01.09.1987, 1 ABR 23/86, NZA 1988, 97, 99.

760 (3) Am schwierigsten ist die Frage zu beantworten, wie weit die Restriktion der einzelnen Mitbestimmungsrechte des Betriebsrats im Hinblick auf die Eigenart von Betrieben oder Unternehmen reicht[71]. Im besonders problematischen Bereich der sozialen Angelegenheiten sollen die Mitbestimmungsrechte des Betriebsrats grundsätzlich uneingeschränkt fortbestehen. Die zur Tendenzverwirklichung gehörenden Entscheidungen und Maßnahmen des Arbeitgebers sind jedoch auch hier generell als mitbestimmungsfreie Vorgaben zu respektieren. Dies gilt zB im Zeitungswesen auch für die Lage der Arbeitszeit von **Nichttendenzträgern**, die maßgeblich vom Erscheinungstermin der Zeitung (tendenzbezogene und damit mitbestimmungsfreie Entscheidung) bestimmt wird[72].

761 **Fall 51:** Nach längeren Auseinandersetzungen zwischen Zeitungsverleger Z und dem Betriebsrat über die Arbeitszeit der Redakteure beschließt die Einigungsstelle einen Spruch, der im Wesentlichen die Verteilung der wöchentlichen Arbeitszeit der Redakteure auf die einzelnen Wochentage und die Lage der Arbeitszeit regelt. Z hält diesen Spruch für unwirksam (BAG v. 14.01.1992, 1 ABR 35/91, NZA 1992, 512). **Rn 762**

762 Schwieriger ist die Rechtslage bei der Mitbestimmung nach § 87 über die Arbeitsbedingungen von **Tendenzträgern** zu beurteilen. Das BAG will auch hier das Beteiligungsrecht des Betriebsrats grundsätzlich bestehen lassen und dies nur einschränken, wenn durch seine Ausübung die geistig-ideelle Zielsetzung des Tendenzbetriebs ernstlich beeinträchtigt werden kann[73]. Neuere Entscheidungen lassen freilich erkennen, dass die Rechtsprechung den mitbestimmungsfreien Raum enger begrenzen will[74]. So soll die Tendenzbestimmung und Tendenzverwirklichung bei Betriebsvereinbarungen über die Lage der Arbeitszeit von Redakteuren nicht generell ernsthaft beeinträchtigt sein, so dass das BAG im **Ausgangsfall 51** den Spruch der Einigungsstelle für wirksam gehalten hat. Dies stößt jedoch auf verfassungsrechtliche Bedenken. So hat das BVerfG ausgeführt, dass schon die bloße Stellungnahme des Betriebsrats zu tendenzbezogenen Kündigungsgründen mit § 118 Abs. 1 S. 1 unvereinbar sei[75]. Im Schrifttum wird hieraus zu Recht gefolgert, dass dann ein echtes Mitbestimmungsrecht (hinsichtlich der Arbeitszeit von Zeitungsredakteuren) erst recht entfallen müsse[76].

763 Die Mitbestimmung in wirtschaftlichen Angelegenheiten wird vom Gesetz selbst dahingehend eingeschränkt, dass die §§ 111 bis 113 nur insoweit angewendet werden sollen, als sie den Ausgleich oder die Milderung wirtschaftlicher Nachteile für die Arbeitnehmer infolge von Betriebs-

---

71 Vgl dazu den Rechtsprechungsüberblick bei *Mayer-Maly/Löwisch* BB 1983, 913 und *Richter* DB 1991, 2661. Sog. Redaktionsstatute sind auch im tendenzgeschützten Raum zulässig: BAG v. 19.06.2001, 1 AZR 463/00, NZA 2002, 397.
72 Vgl dazu *Dütz* AfP 1992, 329, 331.
73 BAG v. 30.01.1990, 1 ABR 101/88, AP Nr 44 zur § 118 BetrVG 1972.
74 BAG v. 14.01.1992, 1 ABR 35/91, NZA 1992, 512, 705.
75 BVerfG v. 06.11.1979, 1 BvR 81/76, AP Nr 14 zu § 118 BetrVG 1972; dazu nunmehr BVerfG v. 15.12.1999, 1 BvR 729/92, NZA 2000, 217, 264.
76 *Dütz* AfP 1992, 329; *Hanau/Kania* Anm. zu BAG EzA § 118 BetrVG 1972 Nr 59; aA *Reuter* JuS 1992, 890. Vgl aber nunmehr die Differenzierungen in BAG v. 28.05.2003, 1 ABR 32/01, NZA 2003, 166 (Ethikregeln).

änderungen regeln. Damit scheint sich die Mitbestimmung insoweit auf den Sozialplan zu be-schränken. Die (ohnehin eingeschränkte) Mitbestimmung bezüglich des Interessenausgleichs (Rn 879 ff) scheint zu entfallen. Teile der Literatur und nunmehr auch das BAG wollen jedoch je-denfalls § 113 Abs. 3 auch im Tendenzbetrieb anwenden, wenn der Arbeitgeber den Betriebsrat nicht als Grundlage für den Abschluss eines Sozialplans rechtzeitig und umfassend über die ge-plante Betriebsänderung unterrichtet und darüber mit ihm berät[77].

III. Mitbestimmung in sozialen Angelegenheiten (§ 87 BetrVG)

1. Grundlagen

a) Überblick

Den Schwerpunkt der betriebsverfassungsrechtlichen Mitbestimmungskompetenzen des Betriebsrats bildet die Mitbestimmung in sozialen Angelegenheiten. Hier haben sie sowohl in quantitativer als auch in qualitativer Hinsicht ihre weitestgehende Aus-gestaltung erfahren. Dabei ist zwischen der erzwingbaren Mitbestimmung (dazu bereits Rn 723) im Bereich der (abschließenden) Aufzählung des § 87 und der freiwil-ligen Mitbestimmung im Bereich der nur beispielhaft genannten Regelungsgegen-stände des § 88 zu unterscheiden. Trotz des mit § 87 verfolgten Enumerationsprinzips geht die Rechtsprechung im Hinblick auf die ergänzenden Regelungsmöglichkeiten gemäß § 88 von einer umfassenden funktionalen Mitbestimmungszuständigkeit des Betriebsrats in sozialen Angelegenheiten aus[78]. Dies ist schon deswegen zweifelhaft, weil damit der schmale Bereich des § 88 im Vergleich mit den sorgsam ausdifferen-zierten Einzeltatbeständen des § 87 überbewertet wird. Hinzu kommt, dass der Sam-melbegriff der sozialen Angelegenheiten viel zu wenig konturiert ist, als dass ihm kompetenzzuweisende Funktion zukommen könnte. Dies ist insbesondere für die De-legationsproblematik von Bedeutung (dazu Rn 790 ff). **764**

b) Mitbestimmung und Direktionsrecht

Das Ziel der Mitbestimmung in den sog. sozialen Angelegenheiten bestand früher vor allem in der Beteiligung des Betriebsrats an der Entscheidung derjenigen Fragen, die bis dahin dem Arbeitge-ber auf Grund seines **Direktionsrechts** allein zustanden[79]. Darüber sind freilich schon der Gesetz-geber bei der Schaffung des Katalogs des heutigen § 87 und erst recht die Rechtsprechung deut-lich hinausgegangen. Dies gilt vor allem für den in der Praxis außerordentlich wichtigen Bereich freiwilliger Zusatzleistungen des Arbeitgebers, die das BAG in einer umfangreichen Rechtspre-chung grundsätzlich, wenn auch mit Einschränkungen, ebenfalls der Mitbestimmung des Be-triebsrats unterworfen hat (dazu noch Rn 815 ff). **765**

---

77 BAG v. 27.10.1998, 1 AZR 766/97, NZA 1999, 328 = EzA § 113 BetrVG 1972 Nr 27 m. zu Recht krit Anm. *Kraft.*
78 BAG GS v. 07.11.1989, GS 3/85, NZA 1990, 816 = AP Nr 2 zu § 620 BGB Altersgrenze m. insoweit abl Anm. *Joost*; differenzierend *Otto* NZA 1992, 97, 101; zum Ganzen auch *Waltermann* NZA 1996, 357, 359 ff; *Käppler*, FS Kissel 1994, 475.
79 Vgl dazu insb *Waltermann* NZA 1993, 679, 681.

c) Theorie der Wirksamkeitsvoraussetzung

766 Die erzwingbare Mitbestimmung des Betriebsrats bezüglich der in § 87 genannten Gegenstände ist dahingehend zu verstehen, dass dem Betriebsrat insoweit ein wirkliches Mitentscheidungsrecht eingeräumt worden ist. Der Arbeitgeber kann daher in diesem Bereich nicht mehr allein, sondern nur zusammen mit dem Betriebsrat entscheiden. Kommt ein Konsens nicht zustande, entscheidet auf Antrag auch nur einer Seite die Einigungsstelle, und zwar für beide Seiten verbindlich (§ 87 Abs. 2 iVm § 76 Abs. 5).

767 Diese erzwingbare Mitbestimmung ist nach heute ganz herrschender Auffassung dadurch gekennzeichnet, dass die vorherige Zustimmung des Betriebsrats Voraussetzung für die Wirksamkeit der Arbeitgebermaßnahme, diese also ohne Zustimmung des Betriebsrats rechtlich unbeachtlich ist (sog. **Theorie der Wirksamkeitsvoraussetzung**)[80]. Freilich kann diese Auffassung nicht konsequent durchgehalten werden. Sie bedarf vielmehr der Einschränkung, wenn der Arbeitgeber Arbeitnehmern ohne Beteiligung des Betriebsrats günstige Rechtspositionen, zB Ansprüche auf zusätzliche freiwillige Leistungen, eingeräumt hat, da sich die arbeitnehmerschützende Funktion des BetrVG sonst ins Gegenteil verkehren würde. Daher wird die Theorie der Wirksamkeitsvoraussetzung praktisch nur bei belastenden Maßnahmen des Arbeitgebers relevant. Die Rechtslage ist freilich immer noch recht unklar[81].

d) Initiativrecht

768 Wie stark die Mitbestimmungskompetenz des Betriebsrats im Bereich des § 87 ausgeprägt ist, zeigt sich auch daran, dass ihm hier das sog. **Initiativrecht** zusteht[82]. Dies bedeutet, dass der Betriebsrat nicht warten muss, ob bzw bis der Arbeitgeber die Regelung einer mitbestimmungspflichtigen Angelegenheit selbst ins Auge fasst. Der Betriebsrat kann in solchen Angelegenheiten vielmehr von sich aus tätig werden, um eine Regelung zu erreichen. Kommt sie mit dem widerstrebenden Arbeitgeber nicht zustande, kann der Betriebsrat sie vor der Einigungsstelle erzwingen (§§ 87 Abs. 2, 76 Abs. 5). Das Initiativrecht entfällt in umstrittenen Ausnahmefällen, wenn seine Ausübung den grundsätzlichen Vorrang der unternehmerischen Entscheidungsfreiheit tangieren würde[83]. Außerdem entfällt das Initiativrecht des Betriebsrats, wenn es um die freiwillige Einführung zusätzlicher Leistungen zum Tariflohn (übertarifliche Zulagen) oder um zusätzlichen Prämienlohn oder um den Übergang vom Zeit- zum Prämienlohn geht. Insofern gilt nichts anderes als bei freiwilligen sozialen Zusatzleistungen des Arbeitgebers: Die Entscheidung über das „Ob" und die sog. Dotationshöhe sowie die Festlegung des Kreises der begünstigten Personen stehen allein dem Arbeitgeber zu (siehe Rn 815 ff).

---

80 BAG v. 11.06.2002, 1 AZR 390/01, NZA 2003, 570. Vgl dazu auch *Zöllner/Loritz* § 47 V 3 (572 f).

81 Dazu MünchArbR-*Matthes* § 330 Rn 7; GK-*Wiese* § 87 Rn 103 ff. Zur Rechtslage in dem Fall, dass ein Arbeitgeber einzelne Arbeitnehmer ohne Zustimmung des Betriebsrats von kollektiven begünstigenden Maßnahmen ausnimmt vgl BAG v. 20.08.1991, 1 AZR 326/90, NZA 1992, 225.

82 Vgl dazu nur GK-*Wiese* § 87 Rn 135 ff; *Zöllner/Loritz* § 46 I 6 (533).

83 Dazu GK-*Wiese* § 87 Rn 141 ff; *Beuthien* ZfA 1988, 1, 11f.

e) Kollektivbezug/Abgrenzung zu Einzelfällen

Fall 52: Die im Unternehmen des U geltende Gleitzeitregelung hat zur Folge, dass einzelne   **769**
Arbeitnehmer häufig Überstunden auf ihrem Zeitkonto haben. Der Betriebsrat macht insofern
ein Mitbestimmungsrecht geltend. U bestreitet dies ua mit dem Hinweis, dass es bei den betreffenden Arbeitnehmern jeweils wichtige Gründe für die Überstunden gegeben habe (BAG
v. 27.11.1990, 1 ABR 77/89, NZA 1991, 382). **Rn 770**

Mitbestimmungspflichtig sind grundsätzlich nur **Regelungen**, dh die abstrakt-gene-   **770**
relle Ordnung mitbestimmungspflichtiger Angelegenheiten. Damit korrespondiert,
dass dem Regelungsinstrument der Betriebsvereinbarung (§ 77 Abs. 2) ebenso normative Wirkung zukommt (§ 77 Abs. 4 S. 1) wie dem Tarifvertrag (§ 4 Abs. 1
TVG)[84]. Dementsprechend sind nur solche Angelegenheiten mitbestimmungspflichtig, die einen Kollektivbezug aufweisen. Daraus folgt die Mitbestimmungsfreiheit von
einzelnen Angelegenheiten, denen dieser Kollektivbezug fehlt. Allerdings hat das
BAG an das Vorliegen dieser mitbestimmungsfreien **Einzelfälle** immer strengere Anforderungen gestellt: Eine mitbestimmungsfreie Einzelregelung soll nur dann vorliegen, wenn es um die Gestaltung eines oder mehrerer bestimmter Arbeitsverhältnisse
und wenn es um besondere, nur die einzelnen Arbeitnehmer betreffenden Umstände
geht, während ein ausreichender Kollektivbezug selbst bei Betroffenheit nur einzelner
oder weniger Arbeitnehmer zu bejahen sein soll, wenn es um Fragen geht, die sich
wiederholt stellen können[85].

Das BAG hat daher im **Ausgangsfall 52** einen kollektiven Tatbestand angenommen.

Dies hat Folgen für den Bereich **freiwilliger Zusagen**, da auch dort auf diese Weise   **771**
selbst dann ein Kollektivbezug konstruiert und damit eine Mitbestimmungszuständigkeit begründet werden kann, wenn der Arbeitgeber etwa einzelnen Arbeitnehmern
Zulagen nach unterschiedlichen Kriterien gewähren will. Auch insoweit soll daher ein
kollektiv ausgerichteter, mitbestimmungspflichtiger sog. **Leistungsplan** erforderlich
sein (dazu Rn 815). All dies geht über das Gesetz weit hinaus.

f) Vorrang unternehmerischer (Vor-) Entscheidungen?

Bislang nicht abschließend geklärt ist, ob es im Betriebsverfassungsrecht einen Aus-   **772**
legungsgrundsatz der Mitbestimmungsfreiheit unternehmerischer (Vor-) Entscheidungen gibt und wie ggf mitbestimmungsfreie Vorgaben gegenüber Betriebsrat und
Einigungsstelle durchgesetzt werden können. Das BAG hat es in seiner berühmten

---

84 BAG v. 17.02.1992, 10 AZR 448/91, NZA 1992, 999, 1001; BAG v. 03.06.1997, 3 AZR 25/96, NZA
    1998, 382; *v. Hoyningen-Huene* § 11 III 1 (218 f); vgl aber auch *Hanau* RdA 1989, 207 ff sowie *Leine-*
    mann DB 1990, 732, 734 ff.
85 StRspr, vgl nur BAG v. 27.11.1990, 1 ABR 77/89, NZA 1991, 382; BAG v. 27.10.1992, 1 ABR 17/92,
    NZA 1993, 561; dazu GK-*Wiese* § 87 Rn 15 ff; *Wank*, FS Wiese 1998, 617 ff. Exzess: BAG v.
    29.02.2000, 1 ABR 4/99, NZA 2000, 1066; zum Ganzen *Raab* ZfA 2001, 31.

Kaufhof-Entscheidung[86] (dazu noch Rn 807 f) entgegen der Entstehungsgeschichte des Gesetzes abgelehnt, die Mitbestimmungsfreiheit von bestimmten unternehmerischen Vorentscheidungen anzuerkennen und – bestärkt durch die Nichtannahme einer dagegen gerichteten Verfassungsbeschwerde[87] – später für den Bereich der Kurzarbeit bekräftigt[88]. In der Literatur sind die Gegenstimmen indessen eher stärker geworden, zumal dem BAG eine auch nur halbwegs akzeptable Begründung bisher nicht gelungen ist. Insbesondere hat es sich mit dem zentralen Systemargument der notwendigen Unterscheidung zwischen unternehmerischer und betrieblicher Mitbestimmung bisher nicht ausreichend auseinandergesetzt[89].

2. Betriebsvereinbarung und Tarifvertrag

a) Tarifvorbehalt (§ 77 Abs. 3 BetrVG)[90]

773 Die sehr weitgehenden Regelungsbefugnisse, die dem Betriebsrat insbesondere gemäß § 87 Abs. 1 im Bereich der sozialen Angelegenheiten zustehen, werfen zwangsläufig die Frage der Abgrenzung zur Regelungszuständigkeit der Tarifvertragsparteien auf. Der Gesetzgeber hat sich in § 77 Abs. 3 im Ansatz zu Gunsten der Tarifvertragsparteien entschieden. Ihnen ist in ihrem Regelungsbereich die Normsetzung allein vorbehalten; jegliche Konkurrenz zur derart geschützten Tarifautonomie durch Vereinbarungen auf Betriebsebene wird dadurch ausgeschlossen, dass Arbeitsentgelte und sonstige (nach hL materielle[91]) Arbeitsbedingungen gar nicht Gegenstand von Betriebsvereinbarungen sein können. Selbst Betriebsvereinbarungen, die den Inhalt von Tarifverträgen lediglich übernehmen, sind damit rechtsunwirksam. Dasselbe gilt für freiwillige Betriebsvereinbarungen.

774 Nach wohl hL soll dieser Tarifvorbehalt nur für Betriebsvereinbarungen, wegen deren fehlender normativer Wirkung aber nicht für sog. **Regelungsabreden** (dazu Rn 733) gelten[92]. Dies ist zweifelhaft, da es kaum auf die formale Natur des betreffenden Regelungsinstruments, sondern allein auf die Möglichkeit konkurrierender Regelungen ankommt. Dementsprechend hätte der Gesetzgeber, hätte er die Regelungsabrede mit bedacht, diese mit einiger Sicherheit ebenfalls in § 77 Abs. 3 ausgeschlossen. Zu beachten ist in diesem Zusammenhang, dass das BAG angenommen

---

86 BAG v. 31.08.1982, 1 ABR 27/80, AP Nr 8 zu § 87 BetrVG 1972 Arbeitszeit.
87 BVerfG v. 18.12.1985, 1 BvR 143/83, NJW 1986, 1601.
88 BAG v. 04.03.1986, 1 ABR 15/84, NZA 1986, 432 = AP Nr 3 zu § 87 BetrVG 1972 Kurzarbeit mit Anm. *Wiese* = SAE 1987, 34 mit Anm. *Reuter* = AR-Blattei Betriebsverfassung Entsch. 93 mit Anm. *Löwisch/Rieble*.
89 Vgl dazu *Schwerdtner* Anm. zu BAG EzA § 87 BetrVG 1972 Initiativrecht Nr 4; *Lieb* DB 1981, Beil. 17, 1 ff; *ders.* ZfA 1988, 413, 434 ff; *Reuter* ZfA 1981, 165; *Beuthien* ZfA 1988, 1, 12 ff; *Kraft*, FS Molitor 1988, 207; *Martens* RdA 1989, 164, 169 ff; zum Ganzen auch *Joost*, Betrieb und Unternehmen als Grundbegriffe im Arbeitsrecht 1988, 193 ff, aber auch 203f.
90 Die Vorschrift bezieht sich ausweislich ihrer systematischen Stellung nicht nur auf die Mitbestimmung in sozialen Angelegenheiten, wird aber an dieser Stelle behandelt, weil sie hier insb im Hinblick auf das Konkurrenzverhältnis zu § 87 einen Schwerpunkt hat.
91 So Richardi-*Richardi* § 77 Rn 252 ff, 256; *Löwisch* § 77 Rn 45; aA BAG v. 09.04.1991, 1 AZR 406/90, NZA 1991, 734 = SAE 1992, 193 mit Anm. *Hönn*; *v. Hoyningen-Huene* NZA 1987, 793, 794; GK-*Kreutz* § 77 Rn 87 ff; zum Ganzen auch *Jahnke*, Tarifautonomie und Mitbestimmung 1984, 141 ff.
92 Vgl nur GK-*Kreutz* § 77 Rn 135; aA *Moll*, Der Tarifvorrang im Betriebsverfassungsgesetz 1980, 55 f; MünchArbR-*Matthes* § 327 Rn 73.

hat, wenn § 77 Abs. 3 Betriebsvereinbarungen in mitbestimmungspflichtigen Angelegenheiten ausschließe, müsse er auch dem Mitbestimmungsrecht selbst entgegenstehen[93].

Dieser Vorbehalt gilt selbst bei bloßer **Tarifüblichkeit**. Dies ist insbesondere für den   775
Zeitraum der Nachwirkung gemäß § 4 Abs. 5 TVG von Bedeutung. Gefordert wird lediglich, dass die Tarifregelungen in ihrem Geltungsbereich „repräsentativ sind", dh dass die Zahl der in den Betrieben tarifgebundener Arbeitgeber tätigen Arbeitnehmer größer sein soll als die Zahl derjenigen, die von nichttarifgebundenen Arbeitgebern beschäftigt werden[94]. Die hL folgert aus dem zusätzlichen Merkmal der Tarifüblichkeit, dass die Sperrwirkung auch für Betriebe gilt, deren Arbeitgeber nicht tarifgebunden sind, so dass es zur Anwendung des betreffenden Tarifvertrags selbst bei Tarifgebundenheit aller **Arbeitnehmer** wegen der fehlenden beiderseitigen Tarifgebundenheit nicht kommen kann[95].

Der Tarifvorbehalt des § 77 Abs. 3 zu Gunsten der Tarifvertragsparteien ist **rechtspo-**   776
litisch zweifelhaft geworden: Eine betriebsnähere Lohnpolitik durch Abschluss entsprechender Betriebsvereinbarungen, die insbesondere der unterschiedlichen Leistungsfähigkeit der einzelnen Betriebe und Unternehmen besser Rechnung tragen könnten als Flächentarifverträge, erscheint manchen vorzugswürdig[96]. Vereinzelt wird deswegen sogar de lege lata eine Derogation des § 77 Abs. 3 behauptet[97].

Zuzugeben ist, dass sich die Praxis offenbar von § 77 Abs. 3 zu entfernen beginnt.   777
Entsprechende unzulässige und damit unwirksame Betriebsvereinbarungen haben zugenommen[98]. De lege lata ist indessen an § 77 Abs. 3 nicht vorbeizukommen, und auch rechtspolitisch begegnet eine betriebliche Lohnpolitik selbst dann erheblichen Bedenken, wenn die von manchen angenommene verfassungsrechtliche Gewährleistung des § 77 Abs. 3[99] so nicht bestehen sollte. Zumindest ist das betriebsverfassungsrechtliche Einigungsverfahren der Anrufung einer Einigungsstelle (Rn 730 ff) für Entscheidungen über die Lohnhöhe schlechterdings ungeeignet. Dazu kommt die schwierige Frage der Gewährleistung von **Parität** bei betrieblichen Auseinandersetzungen um den Abschluss von Firmentarifverträgen. Eine Verlagerung von Kompetenzen von den Tarifvertragsparteien auf Arbeitgeber und Betriebsrat würde daher einen ganz grundsätzlichen Umbau des kollektiven Arbeitsrechts bedingen. Erwogen

---

93 BAG v. 18.04.1989, 1 ABR 100/87, NZA 1989, 887 = SAE 1989, 1 mit Anm *Wiese*.
94 So BAG v. 06.12.1963, 1 ABR 7/63, AP Nr 23 zu § 59 BetrVG mit Anm. *G. Hueck*; vgl auch BAG v. 20.11.2001, 1 AZR 12/01, NZA 2002, 872; Richardi-*Richardi* § 77 Rn 271; *Löwisch/Kaiser* § 77 Rn 64; aA GK-*Kreutz* § 77 Rn 102; MünchArbR-*Matthes* § 327 Rn 67.
95 BAG v. 24.01.1996, 1 AZR 597/95, NZA 1996, 948 mwN.
96 Vgl dazu das Thema der Beratungen der arbeitsrechtlichen Abteilung des 61. Deutschen Juristentages 1996: „Empfiehlt es sich, die Regelungsbefugnisse der Tarifparteien im Verhältnis zu den Betriebsparteien neu zu ordnen?"; aus der umfangreichen Diskussion: *Ehmann*, FS Zöllner 1998, 715 ff; *Löwisch* JZ 1996, 812; *Wank* NJW 1996, 2273; *Richardi* NZA 2000, 617 ff.
97 So vor allem *Reuter* RdA 1991, 193, 199 ff; vgl dazu *Hanau* RdA 1993, 1 mit Schwerpunkt auf verfassungsrechtlichen (Art. 9 Abs. 3 GG) Überlegungen; dazu auch *Dieterich* RdA 2002, 1.
98 Vgl dazu den Fall Viessmann und die dazu ergangene Entscheidung des Arbeitsgerichts Marburg v. 07.08.1996, 1 BV 6/96, NZA 1996, 1331 ff sowie die bedenkenswerten Überlegungen von *Buchner* NZA 1996, 1304.
99 Dazu vor allem *Hanau* RdA 1993, 1.

werden könnte allenfalls, Betriebe, deren Arbeitgeber nicht tarifgebunden sind, entgegen der hL von der Geltung des § 77 Abs. 3 auszunehmen.

778 Betriebsvereinbarungen, die gegen § 77 Abs. 3 verstoßen, sind nichtig. Das BAG ist jedoch der Auffassung, dass solche nichtigen Betriebsvereinbarungen in eine arbeitsvertragliche Einheitsregelung oder eine Gesamtzusage **umgedeutet** werden können. Dem soll die Tatsache, dass es sich um verschiedene Regelungsebenen handelt, ebenso wenig entgegenstehen, wie, dass eine Lösung von einzelvertraglichen Vereinbarungen in der Regel schwieriger sein wird als die Lösung von einer kündbaren Betriebsvereinbarung. Das BAG will allerdings „strenge Anforderungen" stellen und die Umdeutung davon abhängig machen, ob der Erklärung des Arbeitgebers der hypothetische, weiter gehende Wille entnommen werden könne, sich für den Fall des Scheiterns der betriebsverfassungsrechtlichen Regelung vertraglich zu binden[100]. Befürchtungen, dass diese Umdeutungsmöglichkeit entgegen den Beteuerungen des BAG zur Aushöhlung des § 77 Abs. 3 führen wird, haben sich allerdings nicht bewahrheitet.

779 Im Zusammenhang mit der Sperrwirkung des § 77 Abs. 3 stellt sich die Frage, ob und ggf wie gegen **tarifwidrige Betriebsvereinbarungen**, dh gegen solche Betriebsvereinbarungen vorgegangen werden kann, die gegen vorrangiges zwingendes Tarifvertragsrecht bzw die Regelungssperre des § 77 Abs. 3 verstoßen. Insbesondere geht es um die Zulässigkeit gewerkschaftlicher Klagen gegen einzelne Arbeitgeber, die mit „ihrem" Betriebsrat entsprechende Betriebsvereinbarungen abgeschlossen haben[101]. Das BAG hat solche Klagen zunächst (wegen fehlender Antragsbefugnis) als unzulässig[102], später als unbegründet angesehen, weil ein Verstoß gegen die „betriebsverfassungsrechtliche Ordnung" stets dann ausscheide, wenn die Betriebspartner im Rahmen ihrer trotz des Tarifvorrangs eröffneten Regelungsbefugnis nur gegen einzelne tarifliche Vorschriften verstoßen. Durch den Abschluss einer tarifwidrigen Betriebsvereinbarung verstößt der Arbeitgeber also ausschließlich gegen den Tarifvertrag, nicht aber gegen die Schrankenregelungen des § 77 Abs. 3 bzw § 87 Abs. 1 ES. In neueren Entscheidungen hat das BAG allerdings zum Schutze der Tarifautonomie die Antragsbefugnis der Gewerkschaft aus der Vorschrift des § 23 Abs. 3 abgeleitet[103].

780 Seit 1999 nimmt das BAG an, die Gewerkschaft könne wegen eines sonst drohenden Eingriffs in die kollektive Koalitionsfreiheit selbst gegen betriebseinheitliche Regelungen sowie Regelungsabreden zwischen Arbeitgeber und Betriebsrat im Wege des Unterlassungsanspruchs vorgehen, wenn ein Arbeitgeber im Zusammenwirken mit dem Betriebsrat und seiner Belegschaft versucht, tarifwidrige Arbeitsbedingungen zu schaffen[104]. Die Entscheidung begegnet unbeschadet vieler weiterer Einwendungen Bedenken, weil der Unterlassungsanspruch einem der beiden Normsetzer allein zugebilligt wurde, obwohl die Normsetzungsbefugnis gemäß § 1 TVG nur beiden gemeinsam zusteht und weil über die Tarifwidrigkeit zwischen beiden durchaus Divergenzen bestehen können, so dass erst einmal eine Einigung zwischen ihnen (§ 9 TVG) herbeigeführt werden müsste.

---

100   BAG v. 24.01.1996, 1 AZR 597/95, NZA 1996, 948; BAG v. 05.03.1992, 4 AZR 532/95, NZA 1997, 951; krit LAG Hamm v. 22.10.1998, 8 Sa 1353/93, LAGE § 140 BGB Nr 13.
101   Vgl dazu *Lieb*, FS Kraft 1998, 343; *Walker* ZfA 2000, 29 ff; *Hromadka* ZDR 2000, 253 ff; *Annuß* RdA 2000, 287 ff; *Bauer/Haußmann* NZA 2000, Sonderbeilage zu Heft 24, 42 ff.
102   BAG v. 18.08.1987, 1 ABR 65/86, AP Nr 6 zu § 81 ArbGG 1979; BAG v. 23.02.1988, 1 ABR 75/86, AP Nr 9 zu § 81 ArbGG 1979.
103   BAG v. 20.08.1991, 1 ABR 85/90, NZA 1992, 317 = SAE 1992, 158 mit Anm. *Oetker*; BAG v. 13.03.2001, 1 AZB 19/00, NZA 2001, 1037; vgl auch *Grunsky* DB 1990, 528; *Schwarze*, Der Betriebsrat im Dienst der Tarifvertragsparteien 1990, 234 ff, inbes 243 f.
104   BAG v. 20.04.1999, 1 ABR 72/98, NZA 1999, 887 = SAE 1999, 253 ff mit Anm. *Reuter*; dazu auch *Buchner* NZA 1999, 897; *Richardi* DB 2000, 42, 44 ff.

b) Tarifvorrang (Zwei-Schranken-Theorie)

Die Ausgangslage – **Tarifvorbehalt** gemäß § 77 Abs. 3 – wird für die Mitbestim-   **781**
mung in sozialen Angelegenheiten dadurch verdunkelt, dass sich im Eingangssatz des
§ 87 Abs. 1 eine weitere Regelungssperre findet, nämlich der **Vorrang** bestehender
Tarifverträge, der die Mitbestimmungsbefugnisse des Betriebsrats (nicht dagegen den
Abschluss freiwilliger Betriebsvereinbarungen[105]) ausschließt: Die erzwingbare Mitbestimmung gemäß § 87 Abs. 1 ist nur gegeben, „soweit eine gesetzliche oder tarifvertragliche Regelung nicht besteht". Dies hat seit jeher zu der Frage geführt, wie sich
der Tarifvorrang des § 87 Abs. 1. ES zum Tarifvorbehalt des § 77 Abs. 3 verhält. Dazu
hatten sich im Wesentlichen zwei Theorien herausgebildet, nämlich die sog. **Vorrangtheorie**, die § 87 Abs. 1 ES als spezielle Regelung begriff, und die sog. **Zweischrankentheorie**, die auch den Tarifvorbehalt des § 77 Abs. 3 neben § 87 Abs. 1 ES
zur Anwendung bringen will[106].

Dieser unterschiedliche Ansatz wirkt sich nur in einem relativ schmalen Bereich aus,   **782**
nämlich soweit es auch im Katalog des § 87 ausnahmsweise um die Regelung materieller Arbeitsbedingungen geht und soweit ein Tarifvertrag nur üblich ist, ohne zu „bestehen", wie im Nachwirkungszeitraum (§ 4 Abs. 5 TVG). Dazu kommen allerdings
die unterschiedlichen Auswirkungen auf Außenseiterarbeitgeber, da dort die Mitbestimmung gemäß § 87 bei Anwendung der Vorrangtheorie erhalten bleibt, während
sie gemäß § 77 Abs. 3 auf der Grundlage der Zwei-Schranken-Theorie jedenfalls
dann entfällt, wenn man diese Vorschrift auch bei fehlender Tarifgebundenheit des
Arbeitgebers anwendet[107].

Während früher die Zweischrankentheorie dominierte, hat sich das BAG 1987 der   **783**
Vorrangtheorie angeschlossen[108], lässt also die Mitbestimmungsrechte gemäß § 87
nur dann entfallen, wenn ein Tarifvertrag im Sinne des Eingangssatzes dieser Vorschrift „besteht". Dies wird allerdings schon dann bejaht, wenn nur der Arbeitgeber
tarifgebunden ist, obwohl der Schutz des Tarifvertrags wegen des Erfordernisses **beiderseitiger Tarifgebundenheit** dann den Nichtorganisierten nicht zugute kommen
kann, da für sie der Tarifvertrag jedenfalls nicht normativ gilt und eine ergänzende betriebsverfassungsrechtliche Regelung unzulässig ist.

Dem BAG könnte allenfalls dann zugestimmt werden, wenn § 87 im Vergleich mit   **784**
§ 77 Abs. 3 wirklich als speziellere, die allgemeinere verdrängende Regelung angesehen werden könnte. Dies hat das BAG trotz der Unterschiedlichkeit der beiden Vorschriften (§ 77 Abs. 3 sperrt nur den Abschluss von Betriebsvereinbarungen, während
§ 87 die – erzwingbare – Mitbestimmung als solche betrifft, freiwilligen Betriebsvereinbarungen aber nicht entgegensteht) mit der Begründung behauptet, wenn § 77

---

105 HM, vgl nur GK-*Wiese* § 87 Rn 54 ff; *Kraft*, FS Molitor 1988, 207, 209; aber auch *Hromadka* DB
     1986, 1921, 1922.
106 Vgl dazu die Darstellung *Lieb*, Arbeitsrecht, 4. Aufl., S. 181 ff sowie *v. Hoyningen-Huene* NZA
     1987, 793; *Hromadka* DB 1987, 1991; *Heinze* NZA 1989, 41; *Wank* RdA 1991, 129.
107 So die hM, BAG v. 24.01.1996, 1 AZR 597/95, NZA 1996, 948 mwN; zu neueren Entscheidungen
     aus dem Bereich des § 77 Abs. 3 *Stoffels* ZfA 1999, 49, 181.
108 BAG v. 24.02.1987, 1 ABR 18/85, NZA 1987, 639; bestätigend BAG GS v. 03.12.1991, GS 2/90,
     NZA 1992, 749, 752 f; dazu *Richardi* NZA 1992, 961, 964.

Abs. 3 Betriebsvereinbarungen ausschließe, müsse er folgerichtig auch dem Mitbe-stimmungsrecht als solchem entgegenstehen. Genau dies ist jedoch nicht der Fall. Die Literatur hat dem BAG daher zu Recht deutlich widersprochen[109].

785   Im Übrigen verkannte das BAG zwar nicht, dass entsprechende betriebliche Regelun-gen der betreffenden Angelegenheiten die künftige Regelung der Tarifvertragspar-teien beeinflussen und auch behindern (präjudizieren) können, glaubte dies aber im Interesse eines effektiven Arbeitnehmerschutzes durch Ausübung der Mitbestim-mungsrechte des Betriebsrats gemäß § 87 Abs. 1 hinnehmen zu müssen. Die Ent-scheidung gibt damit Bestrebungen Raum, entgegen den Intentionen des Gesetzge-bers und der Tarifvertragsparteien die Betriebsautonomie stärker zu betonen.

786   **Fall 53:** Ausweislich des für den Betrieb des Arbeitgebers A geltenden Tarifvertrags ist dieser in bestimmtem Umfang zur (alleinigen) Anordnung von Überstunden berechtigt. Der Be-triebsrat meint, er habe diesbezüglich dennoch ein Mitbestimmungsrecht (BAG v. 18.04.1989, 1 ABR 100/87, NZA 1989, 887). **Rn 787**

787   Die Regelung des § 87 Abs. 1 ES („soweit eine tarifliche Regelung nicht besteht") bringt die Zusatzfrage mit sich, welchen Anforderungen die tarifvertragliche Rege-lung genügen muss, um die Sperrwirkung entfalten zu können. Insoweit ist insbeson-dere fraglich, ob Tarifnormen das ursprüngliche einseitige Bestimmungsrecht des Ar-beitgebers ganz beseitigen müssen oder ob sie ihm noch eigene Regelungsspielräume belassen dürfen. Das BAG[110] hat sich **im Ausgangsfall 53** für Ersteres entschieden, obwohl es an Betriebsvereinbarungen geringere Anforderungen stellt, dh dort auch Regelungen für zulässig hält, die dem Arbeitgeber Spielräume belassen[111]. Dies stellt letztlich eine unzulässige Tarifzensur dar: Welche Freiräume die Tarifvertragsparteien dem Arbeitgeber belassen wollen, können sie autonom entscheiden. Eine Korrektur durch ergänzende Betriebsvereinbarungen ist mit der ratio des § 87 Abs. 1 ES unver-einbar[112].

788   **Fall 54:** Buchhändler B zahlt seinen Angestellten neben dem tariflichen Entgelt übertarifliche freiwillige Zulagen, deren Höhe er jeweils nach einer individuellen Entscheidung festlegt. Der Betriebsrat macht nun diesbezüglich ein Mitbestimmungsrecht geltend (BAG v. 17.12.1985, 1 ABR 6/84, NZA 1986, 364). **Rn 789**

789   Die Vorschrift des § 87 Abs. 1 ES hat schließlich zu weiteren erheblichen, auch praktisch bedeutsa-men Auslegungsfragen geführt, etwa ob die Sperrwirkung insbesondere von Entgelttarifverträgen auch dann zu beachten ist, wenn der Arbeitgeber von sich aus (sog. übertarifliche) Zulagen zu den im Tarifvertrag geregelten Entgelten gewähren will, oder ob dann dem Betriebsrat auf Grund der weiten Auslegung durch das BAG im Rahmen des § 87 Nr 10 ein Mitbestimmungsrecht zusteht.

---

109   Vgl dazu die eingehende Darstellung *GK-Kreutz* § 77 Rn 139 ff; *GK-Wiese* § 87 Rn 47 ff; *Walter-mann* RdA 1996, 129, 138 f mwN.
110   BAG v. 18.04.1989, 1 ABR 100/87, NZA 1989, 887; BAG v. 17.11.1998, 1 ABR 12/98, NZA 1999, 662; dazu *Veit* RdA 1999, 346 ff.
111   Vgl BAG 26.07.1988, 1 AZR 54/87, NZA 1989, 109.
112   Zum Ganzen *Lieb* ZfA 1978, 179, 205 ff; *Moll* Der Tarifvorrang im Betriebsverfassungsgesetz 1980, 31 f; *Wiese,* BAG-FS 1979, 661, 672 ff; *Säcker/Oetker* RdA 1992, 16.

Das BAG hat die Sperrwirkung zunächst bejaht[113], dann aber verneint[114] und infolgedessen im **Ausgangsfall 54** dem Antrag des Betriebsrats stattgegeben. Dies ist problematisch, weil damit der von § 4 Abs. 3 TVG bewusst dem Individuum überantwortete übertarifliche Günstigkeitsbereich kollektiviert und der Mitbestimmung des Betriebsrats unterstellt wird[115].

c) Delegationsproblematik

Fall 55: Der MTV der Metallindustrie von 1984 enthielt hinsichtlich der Arbeitszeit nur die Regelung, dass die durchschnittliche **betriebliche** Wochenarbeitszeit 38,5 Stunden beträgt. Die Umsetzung dieser Regelung in den einzelnen Betrieben sollte den Betriebsparteien obliegen. Da Arbeitgeber A und der Betriebsrat sich insoweit nicht einigen konnten, fällte die Einigungsstelle einen Spruch, nach dem ua in der einen Betriebsabteilung 40 Stunden und in der anderen Betriebsabteilung 37 Stunden in der Woche gearbeitet werden sollte. Der Betriebsrat hielt diesen Spruch für unwirksam (BAG v. 18.08.1987, 1 ABR 30/86, NZA 1987, 779).
Rn 792

790

Durch den Abschluss von Tarifverträgen über differenzierte Arbeitszeiten in der Metallindustrie im Zuge des sog. **Leber-Rüthers-Kompromisses**[116] wurde ein bis dahin stiefmütterlich behandeltes Grundsatzproblem aufgedeckt: Um auf Betriebsebene die von den Arbeitgebern angestrebte sog. **Flexibilisierung der Arbeitszeit**, dh die Festsetzung unterschiedlicher Arbeitszeiten für verschiedene Arbeitnehmergruppen, erreichen zu können, verzichteten die Tarifvertragsparteien auf eine abschließende einheitliche Regelung, setzten nur einen bestimmten **Zeitrahmen** fest und überließen Arbeitgeber und Betriebsrat bzw der Einigungsstelle oder einer vereinbarten tariflichen Schlichtungsstelle[117] die jeweilige endgültige Entscheidung auf Betriebsebene.

791

Dies war und ist rechtlich problematisch, weil die damit zum Mitbestimmungsgegenstand erhobene **Dauer** der Arbeitszeit vom Katalog des § 87 Abs. 1 Nr 2 nicht umfasst wird. Auf Grund dessen wäre eigentlich eine **Delegation** der Normsetzungsbefugnis der Tarifvertragsparteien auf Arbeitgeber und Betriebsrat erforderlich gewesen, wobei sich dann wegen der jeweils unterschiedlichen personellen Geltungsbereiche erhebliche Außenseiterprobleme gestellt hätten[118]. Das BAG hat sich dem dadurch teilweise entzogen, dass es § 88 offenbar eine umfassende Befugnis zur nicht erzwingbaren Normsetzung und der damit behaupteten generellen funktionalen Normsetzungszu-

792

---

113 BAG v. 31.01.1984, 1 ABR 46/81, NZA 1984, 47 = SAE 1985, 291 mit Anm. *v. Hoyningen-Huene*.
114 BAG v. 17.12.1985, 1 ABR 6/84, NZA 1986, 364 = AP Nr 5 zu § 87 BetrVG 1972 Tarifvorrang mit zu recht krit Anm. *Kraft*; bestätigend BAG GS v. 03.12.1991, GS 2/90, NZA 1992, 749, 754 ff.
115 Vgl aus der umfangreichen literarischen Diskussion nur *Goos* NZA 1986, 701; *Hromadka* DB 1986, 1921; *Kraft*, FS Molitor 1988, 207; *Otto* NZA 1992, 97, 103; *Joost* ZfA 1993, 257, 266 ff.
116 Dazu *Zöllner* ZfA 1988, 265, 272 ff; *Richardi* ZfA 1990, 211; *Buchner* RdA 1990, 1; *Schwarze*, Der Betriebsrat im Dienst der Tarifvertragsparteien 1990, 234 ff, inbes. 243; *Loritz* ZfA 1991, 1, 25 ff.
117 Vgl dazu BAG v. 27.10.1998, 1 AZR 766/97, NZA 1999, 328 = EzA § 113 BetrVG 1972 Nr 27 m. zu Recht krit Anm. *Kraft*.
118 Zur Außenseiterproblematik insb *Löwisch* Anm. zu BAG SAE 1988, 103; *ders.* NZA 1985, 170; *ders*. DB 1984, 2457; *Schwarze*, Der Betriebsrat im Dienst der Tarifvertragsparteien 1990, 133 ff; *Loritz* ZfA 1991, 1, 27 ff.

ständigkeit von Arbeitgeber und Betriebsrat im Bereich der sozialen Angelegenheiten entnahm und die damit „nur noch" erforderliche tarifvertragliche Anordnung der Erzwingbarkeit für zulässig hielt[119].

> Es hat daher im **Ausgangsfall 55** die grundlegende Frage, ob dem Betriebsrat überhaupt ein Mitbestimmungsrecht zusteht, bejaht.

793 Dies ist und bleibt zweifelhaft. Zwar scheint sich eine entsprechende Regelungsbefugnis unmittelbar aus der Nennung betriebsverfassungsrechtlicher Normen in § 1 TVG zu ergeben. Außerdem lässt § 4 Abs. 3 Var. 1 TVG sog. Öffnungsklauseln ausdrücklich zu, und § 77 Abs. 3 S. 2 lockert die Sperrwirkung des Tarifvertrages entsprechend auf[120]. Trotzdem ist es – entgegen dem BAG – fraglich, ob § 1 TVG gegenüber der späteren, ersichtlich als Kompromissgesetz abschließend konzipierten Regelung des BetrVG 1972 noch Bedeutung zukommt, zumal – wiederum entgegen dem BAG – die Annahme eines beiderseits zwingenden Organisations- und Verfahrensgesetzes für die innerbetrieblichen Arbeitgeber-/Arbeitnehmerbeziehungen näher liegt als die Behauptung, auch beim BetrVG handle es sich um ein nur einseitig zwingendes und daher tarifvertraglich ergänzbares Arbeitnehmerschutzgesetz[121].

794 Vor allem aber hat das BAG zu wenig berücksichtigt, dass sich Tarifverträge und Betriebsvereinbarungen in der Legitimationsbasis – hier Rechtssetzung nur für Mitglieder, dort ohne Rücksicht auf Organisationszugehörigkeit für alle Arbeitnehmer – ganz grundsätzlich unterscheiden. Daraus ergeben sich signifikante Außenseiterprobleme, da eine Rechtssetzung qua Betriebsvereinbarung, die auf tarifvertraglicher Ermächtigung beruht, Außenseiter nicht zu erfassen vermag, es sei denn, man begreift die tarifvertragliche Regelung als betriebsverfassungsrechtliche Norm (§ 3 Abs. 2 TVG). Die Flexibilisierung qua Ermächtigung der Betriebsparteien stößt daher nach wie vor auf kaum überwindbare rechtliche Hürden[122].

3. Betriebsvereinbarung und Arbeitsvertrag (zur Problematik des Günstigkeitsprinzips)

795 **Fall 56:** Arbeitgeber B gewährte seinen Angestellten seit vielen Jahren auf Grund von ihm festgesetzter „Richtlinien" Sonderzuwendungen bei 10-, 20-, 40- und 50-jährigen Dienstjubiläen. 1979 schloss B mit dem Betriebsrat eine (als Ablösung gedachte) Betriebsvereinbarung ab, nach der die Sonderzuwendung für das 10-jährige Dienstjubiläum künftig entfallen sollte. Arbeitnehmer K erreicht 1980 sein 10-jähriges Dienstjubiläum und verlangt die Sonderzuwendung (BAG GS v. 16.09.1986, GS 1/82, NZA 1987, 168). **Rn 797**

---

119 BAG v. 18.08.1987, 1 ABR 30/86, NZA 1987, 779; vgl auch BAG v. 10.02.1988, 1 ABR 70/86, NZA 1988, 699 zur tarifvertraglichen Erweiterung personeller Beteiligungsrechte.
120 Vgl dazu auch *v. Hoyningen-Huene/Meier-Krenz* ZfA 1988, 293, 301 ff.
121 Zutreffend *Richardi* NZA 1988, 673, 675; vgl dazu auch *Beuthien* ZfA 1986, 131, 136 ff; *Heither*, FS Schaub 1998, 295 f. Auf die mit der Auffassung des BAG verbundene arbeitskampfrechtliche Problematik sei nur hingewiesen: Soll es wirklich rechtlich zulässig sein, um die Ausweitung gesetzlicher Regelungen qua Tarifvertrag Arbeitskämpfe zu führen?
122 Dem BAG stimmen allerdings zu *Buchner* DB 1985, 913; *Hanau* NZA 1985, 73.

a) Zu den schwierigen Problemen des Betriebsverfassungsrechts gehört die Frage, ob **796** auch dort das **Günstigkeitsprinzip** gilt, ob also günstigere individualrechtliche Vereinbarungen den Normen der Betriebsvereinbarung ebenso vorgehen wie im Tarifvertragsrecht (§ 4 Abs. 3 Var. 2 TVG). Da das BetrVG in der dem § 4 Abs. 1 TVG nachgebildeten Vorschrift des § 77 Abs. 4 schweigt, das Günstigkeitsprinzip also keine Erwähnung gefunden hat, liegt die Annahme nahe, im Betriebsverfassungsrecht bleibe es bei der unmittelbaren und zwingenden Wirkung der Normen der Betriebsvereinbarung auch gegenüber individualrechtlichen Regelungen mit der Folge ihrer Verdrängung bzw Suspendierung. Rechtsprechung und hL nehmen indessen heute – mit Unterschieden im Einzelnen – an, dass das Günstigkeitsprinzip grundsätzlich auch im Betriebsverfassungsrecht zu respektieren sei[123]. Dem ist mit dem Hinweis zuzustimmen, dass sich die Streitfrage nur im Bereich materieller Arbeitsbedingungen stellt. Bei formellen Arbeitsbedingungen scheidet ein Günstigkeitsvergleich idR aus[124].

b) Fraglich ist, ob das Günstigkeitsprinzip auch für solche Regelungen gilt, die nicht **797** in Individualverträgen vereinbart wurden, sondern **in Allgemeinen Arbeitsbedingungen**, die zwar dem Individualarbeitsrecht zuzuordnen sind, inhaltlich aber häufig kollektiv ausgerichtete Regelungen enthalten (dazu bereits Rn 50). Der Große Senat des BAG hat auch insoweit im Grundsatz an der Geltung des Günstigkeitsprinzips festgehalten, Verschlechterungen (in gewissem Umfang) allerdings zugelassen, soweit es sich um „Sozialleistungen" handelt, die auf eine vom Arbeitgeber gesetzte Einheitsregelung oder eine Gesamtzusage zurückgehen[125]. Gemeint waren damit solche Leistungen, die auf einem gruppenbezogenen Gesamtsystem beruhen. Dort sollte der einzelne Arbeitnehmer Verschlechterungen durch anderweitige Verteilung im Rahmen des Gesamtsystems hinzunehmen haben, soweit dabei die sog. **Gesamtdotation**, dh der Gesamtaufwand des Arbeitgebers für die Finanzierung des Systems, nicht unterschritten wird. Mit diesem sog. **kollektiven Günstigkeitsprinzip**[126] sollte (im Gegensatz zur früheren Rechtsprechung des Dritten Senats zur betrieblichen Altersversorgung[127]) verhindert werden, dass der Arbeitgeber das Instrument der Betriebsvereinbarung dazu benutzt, den bisherigen Leistungsumfang herabzusetzen[128].

Es kam somit nach der Rechtsprechung im **Ausgangsfall 56** darauf an, ob die Neuregelung bei einer kollektiven Betrachtung insgesamt für die Arbeitnehmer des Betriebes günstiger war.

---

123 Vgl nur BAG GS v. 07.11.1989, GS 3/85, NZA 1990, 816, 818; *Zöllner/Loritz* § 46 II 3 (535 f); *Otto* NZA 1992, 97, 105 f; *Blomeyer* NZA 1996, 337.
124 Vgl in diesem Zusammenhang BAG v. 23.06.1992, 1 AZR 57/92, NZA 1993, 89.
125 BAG GS v. 16.09.1986, GS 1/82, NZA 1987, 168; vgl auch BAG v. 21.09.1989, 1 AZR 454/88, NZA 1990, 351, 816.
126 Der Begriff geht zurück auf *Pfarr* BB 1983, 2001, 2004.
127 BAG v. 30.01.1970, 3 AZR 44/68, AP Nr 142 zu § 242 BGB Ruhegehalt; BAG v. 08.12.1981, 3 ABR 53/80, AP Nr 1 zu § 1 BetrAVG Ablösung; BAG v. 28.07.1998, 3 AZR 100/98, AP Nr 4 zu § 1 BetrAVG Ablösung.
128 BAG GS v. 16.09.1986, GS 1/82, NZA 1987, 168, 174.

798   Diese Eigenschöpfung der Rechtsprechung, die wohl als Begrenzung des eigentlichen Günstigkeitsprinzips verstanden werden soll, das jeglicher Verschlechterung entgegenstehen würde, ist ganz überwiegend abgelehnt worden[129]. Der Große Senat hat es später selbst auf den in seiner Vorentscheidung allein angesprochenen Bereich freiwilliger Sozialleistungen beschränkt und im Übrigen die Geltung des „reinen" Günstigkeitsprinzips (dort für den seinerseits zweifelhaften Bereich der Regelung von Altersgrenzen durch Betriebsvereinbarung[130]) bejaht. Eine gewisse Verschlechterungsmöglichkeit hat der Große Senat trotz der grundsätzlichen Geltung des Günstigkeitsprinzips dadurch offen gehalten, dass er es für möglich hielt, dass Allgemeine Arbeitsbedingungen, um deren eventuelle Herabsetzung es geht, entsprechende Verschlechterungsvorbehalte enthalten, mithin „betriebsvereinbarungsoffen"[131] sind. Damit sind die Möglichkeiten der Herabsetzung der Gesamtdotation davon abhängig, welche Anforderungen man an entsprechende (auch stillschweigende) Vorbehalte stellt. Die Fachsenate neigen zutreffend zur Großzügigkeit[132].

799   c) Diese Problematik gehört in den Gesamtzusammenhang der Anpassungs- und damit Herabsetzungsmöglichkeiten im Bereich freiwilliger Arbeitgeberleistungen. Hier ist gegenüber der zementierenden Wirkung des Günstigkeitsprinzips Vorsicht geboten. Im Übrigen bleibt nach wie vor die Merkwürdigkeit zu bedenken, dass Änderungsmöglichkeiten allzu sehr von der formalen Art des Regelungsinstrumentariums abhängen, so dass die früheren, auf Gesamtzusage bzw Einheitsregelung beruhenden Zusagen bestandsfester sein sollen als Zusagen auf Grund von Betriebsvereinbarungen, wie sie heute auf Grund der weiten Auslegung des § 87 Nr 10 (dazu noch Rn 809 ff) erforderlich sind und für die jedenfalls grundsätzlich das Ablösungsprinzip gilt.

800   Immer noch ungeklärt ist freilich, ob eine sog. verschlechternde Betriebsvereinbarung im Bereich freiwilliger Arbeitgeberleistungen überhaupt zulässig ist. Zweifelhaft ist dies, weil sich die Mitbestimmungskompetenz des Betriebsrats gemäß § 87 Nr 10 im Bereich freiwilliger Arbeitgeberleistungen nicht auf deren **Höhe** (die Höhe der sog. Gesamtdotation) bezieht. Hat der Betriebsrat aber dementsprechend bei der **Gewährung** entsprechender Leistungen kein Mitbestimmungsrecht bezüglich des Umfangs der einzusetzenden Mittel, ist es ungereimt, ihm bei der **Herabsetzung** (Verschlechterung), dh also bezüglich der Verringerung der Mittel, ein solches Recht einzuräumen.

---

129   Vgl aus dem umfangreichen Schrifttum nur *Buchner* DB 1983, 877; *Belling* DB 1987, 1888; *Blomeyer* DB 1987, 634; *Richardi* NZA 1990, 331; *Joost* RdA 1989, 7; *Loritz* ZfA 1991, 1, 29 f.

130   BAG GS v. 07.11.1989, GS 3/85, NZA 1990, 816, 819 f; ebenso bereits BAG v. 21.09.1981, 1 AZR 454/81, NZA 1990, 351, 353 zur Inbezugnahme eines Tarifvertrages.

131   BAG GS v. 16.09.1986, GS 1/82, NZA 1987, 168, 172 im Anschluss an BAG v. 12.08.1982, 6 AZR 1117/79, AP Nr 4 zu § 77 BetrVG 1972.

132   Vgl nur BAG v. 03.11.1987, 8 AZR 316/81, NZA 1988, 509; ferner *Hanau/Preis*, FS Ahrend 1992, 235.

4. Einzelfälle

a) Fragen der Ordnung des Betriebs und des Verhaltens der Arbeitnehmer im Betrieb (§ 87 Abs. 1 Nr 1 BetrVG)

Die Mitbestimmungsbefugnisse des Betriebsrats gem. Nr 1 sind insofern von zentra- **801** ler Bedeutung, als darin die Bändigung des Direktionsrechts des Arbeitgebers (Rn 67 ff) durch Mitbestimmung (vgl Rn 765) am besten zum Ausdruck kommt. All die Fragen, die sich notwendigerweise aus dem Neben- und Miteinander einer Mehrheit von Personen bei der Zusammenarbeit im Betrieb ergeben, können auf diese Weise einer mitbestimmten Regelung (häufig durch sog. Arbeitsordnungen) zugeführt werden. Dabei ist allerdings zu beachten, dass nur das sog. Ordnungs-, nicht aber auch das Leistungsverhalten der Arbeitnehmer der Mitbestimmung unterliegt: „Das Arbeitsverhalten ist berührt, wenn der Arbeitgeber kraft seiner Organisations- und Leitungsmacht näher bestimmt, welche Arbeiten auszuführen sind und in welcher Weise das geschehen soll. Mitbestimmungsfrei sind danach nur Anordnungen, mit denen die Arbeitspflicht unmittelbar konkretisiert wird. Hingegen betreffen Anordnungen, die dazu dienen, das sonstige Verhalten der Arbeitnehmer zu koordinieren, der Ordnung des Betriebs iSv § 87 Abs. 1 Nr 1"[133]. Der Mitbestimmung des Betriebsrats unterliegen damit vor allem Regelungen über Torkontrollen, Werksausweise, Telefonkontrollen, Parkordnungen, Kleiderordnungen[134], Alkohol- und Rauchverbote[135], Anweisungen an das Fahrpersonal eines Linienbusunternehmens, künftig auf der Dienstkleidung ein Namensschild zu tragen[136], die Einführung von sog. „Ethikrichtlinien"[137] oder die Anweisung an Außendienstmonteure, sich bestimmten Zugangskontrollen in Kundenunternehmen zu unterziehen[138]. Nicht mitbestimmungspflichtig sind dagegen zB Führungsrichtlinien, Dienstreiseordnungen, Tätigkeitsberichte etc[139].

b) Mitbestimmung in Bezug auf die Arbeitszeit (§ 87 Abs. 1 Nr 2 und 3 BetrVG)

aa) Allgemeines. Die Arbeitszeit[140] taucht als Gegenstand der Mitbestimmung in **802** sozialen Angelegenheiten im Katalog des § 87 Abs. 1 an zwei Stellen auf, nämlich in Nr 2 und Nr 3: Nr 2 begründet die Mitbestimmungspflichtigkeit der Entscheidung

---

133   BAG v. 21.01.1997, 1 ABR 53/96, NZA 1997, 785. Zur Abgrenzung von Arbeits- und Ordungsverhalten BAG v. 11.06.2002, 1 ABR 46/01, NZA 2002, 1299.
134   Siehe auch BAG v. 11.06.2002, 1 ABR 46/01, NZA 2002, 1299 zum Tragen von Namensschildern.
135   Zu Rauchverboten BAG v. 19.01.1999, 1 AZR 499/98, NZA 1999, 546.
136   BAG v. 11.06.2002, 1 ABR 46/01, NZA 2002, 1299.
137   LAG Düsseldorf v. 14.11.2005, 10 TaBV 46/05, NZA-RR 2006, 81; dazu *Junker* DB 2005, 602, 604; *Schuster/Darsow* NZA 2005, 273; vgl auch BAG v. 28.05.2002, 1 ABR 32/01, NZA 2003, 166.
138   BAG v. 27.01.2004, 1 ABR 7/03, NZA 2004, 556 = AP Nr 40 zu § 87 BetrVG 1972 Überwachung mit Anm. *Wiese.*
139   Vgl dazu etwa die Nachw. bei *v. Hoyningen-Huene* § 12 II 1 (269 ff); s. aber BAG v. 28.05.2002, 1 ABR 32/01, NZA 2003, 166.
140   Umfassend dazu *Otto* NZA 1992, 97 ff. Als gem. § 87 Abs. 1 ES der Mitbestimmung vorgegebener Rahmen sind hier insb die Vorschriften des ArbZG zu beachten. Instruktiv zu Nr 2 und 3 und deren Verhältnis zu Nr 10 BAG v. 27.01.1998, 1 ABR 35/97, NZA 1998, 835.

über die **Lage** der (regelmäßig tarifvertraglich vorgegebenen) Wochenarbeitszeit sowohl im Hinblick auf ihre Verteilung auf die einzelnen Wochentage[141] als auch – anschließend – in Bezug auf den Beginn und das Ende der Arbeitszeit an den einzelnen Arbeitstagen. Dagegen umfasst die Mitbestimmungszuständigkeit des Betriebsrats gem. § 87 Abs. 1 Nr 2 **nicht** die **Dauer** der Arbeitszeit[142]. Hier werden die formelle Seite einer sozialen Angelegenheit (die Lage der Arbeitszeit) und ihre materielle Komponente (die Dauer) mitbestimmungsrechtlich unterschiedlich behandelt, so dass eine Mitbestimmung selbst dann ausscheidet, wenn Gesetz oder Tarifvertrag als die insoweit ohnehin vorrangigen Rechtsquellen (§ 87 Abs. 1 ES, § 77 Abs. 3) die Dauer der Arbeitszeit nicht bestimmen sollten.

803   Ein Teilelement der Dauer der Arbeitszeit wird dagegen – den Ausschluss der Mitbestimmung im Übrigen im Wege des Umkehrschlusses bestätigend – in § 87 Abs. 1 Nr 3 angesprochen: Außergewöhnliche vorübergehende Veränderungen der betriebsüblichen[143] Arbeitszeit wie die Einführung von Kurzarbeit und die Anordnung von Überstunden bedürfen insgesamt wegen ihrer jeweils einschneidenden Auswirkungen auf die davon betroffenen Arbeitsverhältnisse der Mitbestimmung des Betriebsrats[144]. Sowohl Nr 2 als auch Nr 3 des § 87 Abs. 1 haben interessante Zusatzfragen aufgeworfen:

804   **bb) Eigene Regelungskompetenz?**   Insbesondere bei § 87 Nr 3 stellt sich die noch nicht ausdiskutierte Grundsatzfrage, ob den Betriebsparteien im Rahmen des § 87 eine eigenständige Normsetzungsbefugnis zusteht oder ob sie dafür einer besonderen Ermächtigung bedürfen. Die hL steht auf dem erstgenannten Standpunkt, wobei sie sich auf die bereits erwähnte Vorstellung stützt, die §§ 87, 88 enthielten eine umfassende Regelungskompetenz in sozialen Angelegenheiten. Dies ist durchaus zweifelhaft. Insbesondere liegt die Vorstellung näher, eine **Mitbestimmung** gemäß § 87 setze ein (einseitiges) Bestimmungsrecht des Arbeitgebers voraus, das durch die Mitbestimmungsbefugnis des Betriebsrats nur beschränkt werden solle. Wo dagegen – wie bei der Einführung von Kurzarbeit – in der Regel ein solch einseitiges Bestimmungsrecht des Arbeitgebers fehlt, kann eine Regelungsbefugnis dem § 87 nicht selbstständig entnommen werden. Notwendig ist vielmehr eine entsprechende Ermächtigung[145], wobei sich freilich das noch umstrittenere Zusatzproblem stellt, ob tarifvertragliche Kurzarbeitsklauseln als betriebliche Normen iSv § 3 Abs. 2 TVG angesehen werden

---

141   Damit entscheidet der Betriebsrat mit über die Frage, ob zB der Samstag arbeitsfrei sein soll.

142   BAG v. 18.08.1987, 1 ABR 30/86, NZA 1987, 779; der Mitbestimmung des Betriebsrats unterfallen auch die Einführung und der Abbau sog. Schichtarbeit BAG v. 28.10.1986, 1 ABR 11/85, NZA 1987, 248; BAG v. 28.05.2002, 1 ABR 40/01, NZA 2003, 1352; BAG v. 01.07.2003, 1 ABR 22/02, NZA 2003, 1209; MünchArbR-*Matthes* § 334 Rn 55 f; zur Reichweite einer entsprechenden Betriebsvereinbarung BAG v. 21.01.1997, 1 AZR 572/96, NZA 1997, 1009; zur Mitbestimmung des Betriebsrats über die Arbeitszeit Teilzeitbeschäftigter BAG v. 13.10.1987, 1 ABR 10/86, NZA 1988, 251; BAG v. 28.09.1988, 1 ABR 41/87, NZA 1989, 184; BAG v. 16.07.1991, 1 ABR 69/70, NZA 1992, 70.

143   Dazu BAG v. 03.06.2003, 1 AZR 349/02, NZA 2003, 1155, 1157.

144   Vgl dazu *Brosette* ZfA 1992, 379; ferner BAG v. 11.12.2001, 1 ABR 3/01, AP Nr 93 zu § 87 BetrVG Arbeitszeit; BAG v. 19.06.2001, 1 ABR 43/00, NZA 2001, 1263.

145   Vgl dazu insb *Waltermann* NZA 1993, 679 ff.

können und auf diese Weise die erwünschte, freilich sehr problematische betriebseinheitliche Geltung erreicht werden kann.

cc) Initiativrecht? In Bezug auf die Einführung von Kurzarbeit und die Anordnung **805**
von Überstunden (§ 87 Abs. 1 Nr 3) ist fraglich, ob auch insoweit ein **Initiativrecht**
des Betriebsrats besteht oder ob die damit verbundenen unternehmerischen Zielsetzungen bzw der Einfluss der jeweiligen Entscheidungen auf den Umfang der Produktion zumindest insoweit die Mitbestimmungsfreiheit bedingen. Das BAG hat dies in
Bezug auf die Einführung von **Kurzarbeit** abgelehnt[146]. In Bezug auf die Anordnung
von **Überstunden** steht eine Entscheidung noch aus[147].

Zweifelhaft ist die Rechtslage beim **Abbau von Überstunden** sowie beim **Verzicht auf Kurzar-** **806**
beit. Das BAG hat das Mitbestimmungsrecht des Betriebsrats in beiden Fällen mit der Begründung verneint, es handele sich nur um die Rückkehr zur Normalarbeitszeit und diese werde vom
Gesetz als Mitbestimmungsgegenstand nicht genannt[148]. Dem liegt wohl die zutreffende Vorstellung zu Grunde, dass das Tatbestandsmerkmal „vorübergehend" nicht erfüllt ist. Ob und wann
eine (vorübergehend verkürzte oder verlängerte) Arbeitszeit überhaupt betriebsüblich werden
kann, kann unter diesen Umständen dahingestellt bleiben[149].

dd) Mitbestimmung in Bezug auf Öffnungszeiten? Ein besonders aufschlussrei- **807**
ches Problem hat sich bei der Anwendung des § 87 Abs. 1 Nr 2 auf publikumsorien-
tierte Handelsbetriebe ergeben. Der Betriebsrat eines solchen Betriebs verlangte während der Geltung des Ladenschlussgesetzes aF unter anderem eine Vorverlegung der
Arbeitszeit derart, dass morgens früher begonnen und dementsprechend die Arbeit
abends auch früher beendet werden sollte. Der Arbeitgeber verweigerte dies mit der
Begründung, dass der Umsatz in den Abendstunden besonders hoch sei und die Mor-
genstunden dies nicht ausgleichen könnten. Die Einigungsstelle entsprach dem Be-
gehren des Betriebsrats im Wesentlichen. Die gemäß § 76 Abs. 5 S. 4 angerufenen
Arbeitsgerichte bejahten ein Mitbestimmungsrecht in vollem Umfang[150].

Dies ist problematisch, weil die Mitbestimmung über die Lage der Arbeitszeit in pu- **808**
blikumsorientierten Betrieben zugleich die Entscheidung über die Lage der **Öff-**
nungszeiten und damit über eine evident unternehmerische Entscheidung umfasst.
Beides hängt so untrennbar zusammen, dass die Auskunft von Teilen der Literatur[151],

146 BAG v. 04.03.1986, 1 ABR 15/84, NZA 1986, 432 = SAE 1987, 34 mit Anm. *Reuter*; krit *Brosette*
 ZfA 1992, 379, 450 ff; das BVerwG hat ein Initiativrecht hinsichtlich der Anordnung von Überstunden im Bereich der Personalvertretung abgelehnt, BVerwG v. 06.10.1992, 6 P 25/90, NVwZ-RR
 1993, 309; zum Verhältnis zwischen der Einführung von Kurzarbeit und betriebsbedingten Kündigungen bereits Rn 366.
147 Vgl dazu nur *Otto* NZA 1992, 97, 100; *Brosette* ZfA 1992, 379, 430 ff.
148 BAG v. 25.10.1977, 1 AZR 452/74, AP Nr 1 zu § 87 BetrVG 1972 Arbeitszeit; BAG v. 21.11.1978,
 1 ABR 67/76, AP Nr 2 zu § 87 BetrVG 1972 Arbeitszeit mit Anm. *Wiedemann/Moll*; krit *Otto* NZA
 1992, 97, 100.
149 Vgl aber *Wiedemann/Moll* Anm. zu BAG AP Nr 2 zu § 87 BetrVG 1972 Arbeitszeit.
150 BAG v. 31.08.1982, 1 ABR 27/80, AP Nr 8 zu § 87 BetrVG 1972 Arbeitszeit; LAG Stuttgart v.
 28.02.1980, 11 Ta BV 15/79, EzA § 87 BetrVG 1972 Initiativrecht Nr 4 (*Schwerdtner*); dazu *Lieb*
 DB 1981, Beil. 17, 1 ff; *Reuter* ZfA 1981, 165; zur Mitbestimmung bei der Umsetzung der Fünf-
 Tage-Woche im Kaufhaus vgl BAG v. 31.01.1989, 1 ABR 67/87, NZA 1989, 604, 646.
151 *Fitting/Engels/Schmidt/Trebinger/Linsenmaier* § 87 Rn 116.

die Entscheidung über die Öffnungszeiten stehe dem Unternehmer allein zu, offensichtlich ins Leere geht: Entweder kann der Unternehmer die Öffnungszeiten allein bestimmen, dann ergibt sich daraus zugleich die Lage der Arbeitszeit, ohne dass hier für ein Mitbestimmungsrecht des Betriebsrats Raum bliebe, oder aber seine Mitbestimmungszuständigkeit über die Lage der Arbeitszeit bleibt unangetastet, dann liegen damit auch die Öffnungszeiten fest, so dass der Arbeitgeber auch insoweit im Wesentlichen gebunden ist. Hier kommt es daher entscheidend darauf an, ob ein Grundsatz der Mitbestimmungsfreiheit von originär unternehmerischen Entscheidungen wirklich besteht (dazu bereits Rn 772). Ist dies der Fall, muss der Entscheidung des Unternehmers über die Öffnungszeiten mit der Folge der Vorrang eingeräumt werden, dass sich die Einigungsstelle darüber nur noch in besonders begründeten Ausnahmefällen hinwegsetzen darf[152].

c) Entgeltbegriff des § 87 Abs. 1 Nr 10 BetrVG

809 **aa) Allgemeines.** Zu einem besonderen Schwergewicht rechtlicher Problematik hat sich auf Grund der Rechtsprechung des BAG § 87 Abs. 1 Nr 10 entwickelt[153]. Die Vorschrift soll die Arbeitnehmer vor einer einseitig an den Interessen des Arbeitgebers orientierten oder willkürlichen Lohngestaltung schützen und für innerbetriebliche Lohngleichheit sorgen[154]. Der Wortlaut dieser Vorschrift lässt dies nicht ohne weiteres erkennen. Dies jedenfalls dann nicht, wenn man die Begriffe **Lohn** und **Entlohnung** im herkömmlichen Sinn versteht, nämlich als die vom Arbeitgeber für die Arbeitsleistung des Arbeitnehmers (synallagmatisch) geschuldete Gegenleistung[155]. Gerade von einer solchen natürlichen Betrachtungsweise hat sich das BAG gelöst, indem es einen weiten Begriff des **Arbeitsentgelts** entwickelte, der – weit über den eigentlichen **Arbeitslohn** hinaus – zumindest einen großen Teil, wenn nicht alle sog. betrieblichen Sozialleistungen und damit auch solche Aufwendungen des Arbeitgebers erfasst, die dieser – in aller Regel ohne bereits bestehende rechtliche Verpflichtung, also freiwillig – aus den verschiedensten Motiven heraus der gesamten Belegschaft oder doch Teilen von ihr über das normale Entgelt hinaus zugutekommen lässt[156].

810 **bb) Betriebliche Altersversorgung.** Den Ansatzpunkt für diese ganz erhebliche Ausweitung bildete der Bereich der betrieblichen Altersversorgung. Er unterfiel nach früherer Auffassung nur der Mitbestimmung nach § 87 Abs. 1 Nr 8, dh nur insoweit, als Leistungen der betrieblichen Altersversorgung durch sog. **Sozialeinrichtungen** (etwa durch sog. Pensions- oder Unterstützungskassen) erbracht wurden. Dagegen

---

152 *Lieb* DB 1981, Beil. 17, 3 ff und *Reuter* ZfA 1981, 165, 180 ff; aA BAG v. 31.08.1982, 1 ABR 27/80, AP Nr 8 zu § 87 BetrVG 1972 Arbeitszeit; dazu *Joost* DB 1983, 1818. Zu einem Fall des Sonntagsverkaufs mit betriebsfremden Arbeitskräften BAG v. 25.02.1997, 1 ABR 69/96, NZA 1997, 955.

153 Vgl dazu *Matthes* NZA 1987, 289; *Joost* ZfA 1993, 25 f sowie (für den Bereich der betrieblichen Altersversorgung) *Dieterich* NZA 1984, 273.

154 Vgl BAG v. 29.07.2003, 3 ABR 34/02, NZA 2003, 1344, 1345

155 Vgl *Hanau/Thüsing* ZTR 2002, 506; *Zöllner/Loritz* § 15 I (185 f).

156 So etwa BAG v. 12.06.1975, 3 ABR 13/74, AP Nr 1 zu § 87 BetrVG 1972 Altersversorgung; BAG v. 29.03.1977, 1 ABR 123/74, AP Nr 1 zu § 87 BetrVG 1972 Provision sowie BAG v. 09.12.1980, 1 ABR 80/77, AP Nr 5 zu § 87 BetrVG 1972 Lohngestaltung; BAG v. 10.06.1986, 1 ABR 65/84, NZA 1987, 30; GK-*Wiese* § 87 Rn 860; zum Ganzen *Jahnke* ZfA 1980, 863, 870 ff.

war für die häufigen Fälle sog. Direktzusagen oder bei Gewährung von Leistungen durch Abschluss eines Versicherungsvertrages eine Mitbestimmungszuständigkeit nicht begründet, weil der Begriff der Sozialeinrichtung[157] dort nicht erfüllt war[158]. Dies empfand der Dritte Senat des BAG als (planwidrige) Lücke, ohne zu prüfen, ob sich Mitbestimmungsprobleme nicht überhaupt nur dann stellen, wenn ein entsprechendes, zusätzliche Organisations- und Verwaltungsprobleme aufwerfendes Sondervermögen gebildet wurde[159]. Es leuchte – so führte das BAG aus – schon vom Ergebnis her nicht ein, warum Altersversorgung, die über Sondervermögen gewährt werde, mitbestimmungspflichtig, Direktzusagen und Versorgungszusagen durch Versicherungen aber mitbestimmungsfrei sein sollten. Ein einsichtiger Grund für diese Differenzierung nach formalen Kriterien sei nicht zu erkennen[160].

Diese Lücke schloss der Senat, indem er § 87 Abs. 1 Nr 10 zu einer Art Generalklausel erhob und damit Leistungen der betrieblichen Altersversorgung dem Lohnbegriff des Gesetzes unterstellte[161]. Dabei stützte er sich maßgeblich auf die schon vorher in der Literatur entwickelte These, Leistungen der betrieblichen Altersversorgung hätten neben dem Versorgungs- zumindest auch Entgeltcharakter; sie würden nicht unentgeltlich erbracht, sondern dienten insbesondere der Vergütung für geleistete Betriebstreue[162]. **811**

Die auf diese Weise begründete Zuständigkeit des Betriebsrats grenzte der Senat dann freilich insbesondere im Hinblick auf die **Freiwilligkeit** der betreffenden Arbeitgeberleistungen alsbald dahingehend wieder ein, dass er die **Mitbestimmungsfreiheit von insgesamt vier Vorentscheidungen** des Arbeitgebers anerkannte: Mitbestimmungsfrei ist die Entscheidung darüber, ob überhaupt ein System betrieblicher Altersversorgung installiert werden soll. Dasselbe gilt für die Entscheidung über den Umfang der für diesen Zweck zur Verfügung zu stellenden Mittel (sog. **Gesamtdotation**) sowie für die Form der Gewährung betrieblicher Altersversorgung, was bedeutet, dass der Arbeitgeber auch die Entscheidung zwischen den fünf Durchführungswegen (Pensionskasse, Pensionsfonds, Unterstützungskasse, Direktzusage und Versicherungsabschluss) allein treffen kann. Schließlich unterliegt auch die sog. „abstrakte" Abgrenzung des Arbeitnehmerkreises, der Leistungen der betrieblichen Altersversorgung erhalten soll, (unter Beachtung des Gleichbehandlungsgrundsatzes – dazu Rn 80 ff) der Entscheidungsautonomie des Arbeitgebers. Dazu gehören auch die Leistungsvoraussetzungen, insbesondere die Festsetzung einer eventuellen Wartefrist[163]. **812**

---

157 Hierunter ist der abgesonderte Teil konkreter Mittel mit einer gewissen eigenen Organisation zu verstehen.

158 BAG v. 06.12.1963, 1 ABR 9/63, AP Nr 6 zu § 56 BetrVG 1952 Wohlfahrtseinrichtungen; BAG v. 26.10. 1965, 1 ABR 7/65 AP Nr 8 zu § 56 BetrVG 1952 Wohlfahrtseinrichtungen; vgl auch *Jahnke* ZfA 1980, 863, 867 f.

159 BAG v. 12.06.1975, 3 ABR 13/74, AP Nr 1 zu § 87 BetrVG 1972 Altersversorgung mit Anm. *Richardi*.

160 BAG v. 12.06.1975, 3 ABR 13/74, AP Nr 1 zu § 87 BetrVG 1972 Altersversorgung mit Anm. *Richardi*.

161 BAG v. 12.06.1975, 3 ABR 13/74, AP Nr 1 zu 87 BetrVG 1972 Altersversorgung.

162 Vgl nur *Steinmeyer*, Betriebliche Altersversorgung und Arbeitsverhältnis 1991, 49 ff.

163 BAG v. 12.06.1975, 3 ABR 13/74, AP Nr 1 zu 87 BetrVG 1972 Altersversorgung.

813 Der Senat rechtfertigte diese Einschränkungen wohl aus einer Heranziehung des in § 88 Nr 2 enthaltenen Rechtsgedankens[164]. Mit einiger Sicherheit hätten sie sich auch aus § 87 Abs. 1 Nr 10 selbst ableiten lassen, da auch diese Vorschrift dem Betriebsrat nicht die Befugnis gibt, den Arbeitgeber zu (Zusatz-) Leistungen zu verpflichten[165]. Lohnpolitik ist dem Betriebsrat auch insoweit verwehrt.

814 Als Gegenstand der Mitbestimmung durch den Betriebsrat verbleibt im Rahmen der aufgezeigten Begrenzungen[166] die nähere Ausgestaltung des sog. **Leistungsplans**, dh die Entscheidung darüber, wie die zur Verfügung gestellten Mittel auf den begünstigten Personenkreis im Ergebnis verteilt werden sollen: ob etwa jeder Arbeitnehmer gleich hohe Zahlungen erhalten soll, ob diese in Prozentsätzen des jeweiligen Einkommens bestehen sollen oder ob und inwieweit die Zahl der Dienstjahre berücksichtigt werden soll[167]. Dies soll gerechtfertigt sein, weil es dabei nur um Lohngerechtigkeit gehe, obwohl auch die Entscheidung solcher Verteilungsfragen rein lohnpolitischer Natur und infolgedessen der Zuständigkeit des Betriebsrats entzogen ist[168]. Allerdings steht die Auffassung des BAG – hier zeigt sich eine den ganzen § 87 durchziehende Auslegungstendenz – im Einklang mit der Auslegung des § 87 Abs. 1 Nr 8 und 9 und hier insbesondere mit der Auslegung des Begriffs der Nutzungsbedingungen[169].

815 **cc) Übertarifliche Zulagen.** (1) Weitgehend dasselbe soll auch für die Gewährung freiwilliger Zulagen zum Tariflohn gelten[170], § 87 Abs. 1 ES soll dem nicht entgegenstehen. Über den Umfang der Zulagen, die sog. **Dotationshöhe**, entscheidet zwar der Arbeitgeber allein, nicht aber über die Verteilung auf die einzelnen Arbeitnehmergruppen (Stichwort: **Leistungsplan**): Da die Gewährung von Zulagen ohne Regelung mitbestimmungspflichtiger Details nicht denkbar ist, bedeutet dies im Ergebnis, dass die Gesamtregelung in Gestalt einer Betriebsvereinbarung, notfalls durch Beschluss der Einigungsstelle, erfolgen wird. Trifft die Einigungsstelle in ihrem Spruch Detailregelungen, die der Arbeitgeber nicht akzeptieren will, ist er (ausnahmsweise) an ihren Beschluss nicht gebunden: Wegen der Freiwilligkeit beim „Ob" kann er von der Einführung der Zulage noch Abstand nehmen[171].

816 (2) Mitbestimmungsrechtlich besonders problematisch ist die Rechtslage dann, wenn der Arbeitgeber bisherige Zulagen im Umfang von Tariflohnerhöhungen ganz oder

---

164 BAG v. 12.06.1975, 3 ABR 13/74, AP Nr 1 zu 87 BetrVG 1972 Altersversorgung; dazu ausführlich *Jahnke* ZfA 1980, 863, 888 ff.
165 Deutlich *Jahnke* ZfA 1980, 863, 889; dazu auch *Kraft*, FS Molitor 1988, 207, 216 ff.
166 Allgemein zu den vier mitbestimmungsfreien Grundentscheidungen jüngst BAG v. 21.01.2003, 1 ABR 5/02, NZA 2003, 810, 811; BAG v. 29.07.2003, 3 ABR 34/02, NZA 2004, 1344, 1345 f.
167 BAG v. 12.06.1975, 3 ABR 13/74, AP Nr 1 zu 87 BetrVG 1972 Altersversorgung; siehe ferner BAG v. 12.06.1975 3 ABR 137/73, AP Nr 2 § 87 BetrVG 1972 Altersversorgung; BAG v. 12.06.1975, 3 ABR 66/74, AP Nr 3 § 87 BetrVG 1972 Altersversorgung; BAG v. 18.03.1976, 3 ABR 32/7, AP Nr 4 § 87 BetrVG 1972 Altersversorgung.
168 Dazu *Lieb* Anm. zu BAG SAE 1993, 114; *Joost* ZfA 1993, 257, 261 ff, 269 ff.
169 Dazu GK-*Wiese* § 87 Rn 685 ff.
170 BAG v. 17.12.1985, 1 ABR 6/84, NZA 1986, 364, 365; umfassend hierzu *Hromadka* DB 1991, 2133; vgl neuerdings BAG v. 02.03.2004, 1 AZR 271/03, NZA 2004, 852, 854 ff.
171 Sog. Verwerfungskompetenz, BAG v. 12.06.1975, 3 ABR 66/74, AP Nr 3 zu § 87 BetrVG 1972 Prämie; dazu *Lieb* ZfA 1988, 413, 443 ff.

teilweise nicht mehr gewähren will. Dazu ist zunächst zu sagen, dass für eine Mitbestimmung notwendigerweise kein Raum ist, wenn die Zulage auf Grund ihrer ausdrücklichen oder konkludenten Ausgestaltung durch den insoweit mitbestimmungsfrei zusagenden Arbeitgeber mit der Tariflohnerhöhung entfällt, wie dies das BAG in ständiger Rechtsprechung angenommen hat[172]. Zweifelhaft ist daher die Rechtslage allenfalls dann, wenn der Arbeitgeber die Weitergewährung der Zulage auch nach Tariflohnerhöhung zugesagt und sich lediglich die (vollständige oder teilweise) **Anrechnung** vorbehalten hat. Dann, aber auch nur dann, stellt sich die Frage nach der Mitbestimmungspflichtigkeit einer solchen Anrechnungsentscheidung[173].

Der Große Senat des BAG[174] hat diesen Unterschied freilich negiert und entschieden, **817** eine „Anrechnung" von Tariflohnerhöhungen auf übertarifliche Zulagen sei grundsätzlich mitbestimmungspflichtig, wenn sich der sog. Verteilungsschlüssel, das Verhältnis der einzelnen **Zulagen** zueinander (nicht also das Verhältnis der Gesamtentgelte[175]) ändere[176]. Damit ist vor allem die **Teilanrechnung**, bei der nicht die gesamte Tariflohnerhöhung auf die übertariflichen Zulagen angerechnet werden soll, selbst dann mitbestimmungspflichtig, wenn sie gleichmäßig erfolgt und sich das Verhältnis der einzelnen Gesamtentgelte zueinander nicht ändert. Trotz der Änderung des Verteilungsschlüssels ist aber die **Vollanrechnung**, bei der die Tariflohnerhöhung vollständig auf die übertariflichen Zulagen angerechnet werden soll, mitbestimmungsfrei. Die Mitbestimmung scheitert hier daran, dass der Arbeitgeber bei einer anderen Anrechnungsmethode die Zulagen einzelner Arbeitnehmer (vertragswidrig) über den Betrag der Tariflohnerhöhung hinaus kürzen müsste. Wegen der Mitbestimmungsfreiheit des Dotationsrahmens ist für eine Mitbestimmung ferner kein Raum, wenn das Volumen **aller** Zulagen auf Null reduziert wird bzw der Arbeitgeber alle Zulagen widerruft. Ansonsten wird der Arbeitgeber vom BAG darauf verwiesen, statt einer (Teil-) Anrechnung die übertariflichen Zulagen selbst um den jeweils gleichen Prozentsatz zu kürzen, so dass der Verteilungsschlüssel unverändert bleibt. Dies ist nicht nur unpraktikabel[177], sondern führt auch dazu, dass hohe Zulagen absolut mehr gekürzt werden als niedrige und damit das Lohnniveau – meist zu Lasten der leistungsstärkeren Arbeitnehmer – im jeweiligen Betrieb nivelliert wird.

In Zahlen: Wenn Arbeitnehmer A ein Grundgehalt von € 1500,– und eine Zulage von € 50,–, Ar- **818** beitnehmer B ein Grundgehalt von € 2000,– und eine Zulage von € 100,– erhält, würde die hälftige Anrechnung einer zweiprozentigen Tariflohnerhöhung dazu führen, dass A nunmehr nur noch € 35,– und B € 80,– Zulage erhält. Würden die Zulagen hälftig gekürzt, erhielte A € 25,– und B € 50,–. Insgesamt führt die Rechtsprechung des BAG dazu, dass der Arbeitgeber – will er die Lohnstruktur im Betrieb beibehalten – jedenfalls bei Teilanrechnungen von Tariflohnerhöhungen

---

172 BAG v. 08.12.1982, 4 AZR 481/80, AP Nr 15 zu § 4 TVG Übertariflicher Lohn und Tariflohnerhöhung; BAG v. 06.02.1985, 4 AZR 370/82, NZA 1985, 663.
173 *Lieb* Anm. zu BAG SAE 1990, 226.
174 BAG GS v. 03.12.1991, GS 2/90, NZA 1992, 749, 755 ff = JuS 1993, 168 (*Reuter*); dazu *Richardi* NZA 1992, 961; *Hromadka* DB 1992, 1573; *Oetker* DZWiR 1992, 518; *Weyand* AuR 1993, 1.
175 *Lieb* Anm. zu BAG SAE 1993, 114.
176 Zu einem Sonderfall BAG v. 28.04.1998, 1 ABR 53/97, NZA 1998, 1188.
177 Dazu Richardi-*Richardi* § 87 Rn 734; *ders.* NZA 1992, 961, 963.

immer den Betriebsrat beteiligen muss[178], zumal das BAG bei der Annahme des hierfür notwendigen Kollektivbezugs der Maßnahme sehr großzügig ist, also nur in Ausnahmefällen von einer mitbestimmungsfreien Einzelfallregelung ausgeht[179] (dazu schon Rn 769 ff). Außerdem setzt sich der Arbeitgeber, beteiligt er den Betriebsrat nicht, der Gefahr einer erheblichen finanziellen Belastung aus, da er bei einer mitbestimmungswidrigen Anrechnung verpflichtet sein soll, den betroffenen Arbeitnehmern die Zulage in der vorherigen Höhe weiter zu gewähren[180].

819 Dennoch fehlt es nicht an Versuchen, bei der Anrechnung von Tariflohnerhöhungen auf übertarifliche Zulagen die Mitbestimmung des Betriebsrats zu vermeiden. So wurde zunächst eine – mitbestimmungsfreie – Vollanrechnung vorgenommen, an die sich dann eine Neuverteilung der Zulagen anschloss. Das BAG hat dies – konsequent – verworfen: Es soll sowohl die eigentlich mitbestimmungsfreie Vollanrechnung als auch der vollständige Widerruf aller Zulagen verbunden mit der anschließenden Neugewährung mitbestimmungspflichtig sein, wenn zwischen diesen beiden Vorgängen ein „unmittelbarer Zusammenhang" besteht bzw wenn die Vorgänge auf einer einheitlichen Konzeption des Arbeitgebers beruhen[181]. In jüngerer Vergangenheit hat das BAG ferner über einen Fall entschieden, in dem die Arbeitgeberin vom Betriebsrat verlangte, ihren Vorstellungen über die Anrechnung zu folgen. Andernfalls werde sie eine mitbestimmungsfreie Vollanrechnung durchführen. Nach dem BAG war es der Arbeitgeberin auf Grund des Gebots zur vertrauensvollen Zusammenarbeit (§ 2 Abs. 1) verwehrt, dem Betriebsrat Verhandlungen über eine andere Verteilung des Anrechnungsvolumens zu verweigern, also jeder Abweichung von den eigenen Verteilungsvorstellungen schon von vornherein mit einer vollständigen Anrechnung zu begegnen. Allerdings soll der Widerspruch des Betriebsrats unbeachtlich sein, wenn er sich – dies betrifft den Bereich der sog. Koppelungsgeschäfte – den von der Arbeitgeberin vorgeschlagenen Anrechnungen nicht mit dem Ziel einer **anderen Verteilung** widersetzt, sondern eine **geringere Anrechnung** fordert. Da dies die mitbestimmungsfreie Festlegung des Zulagenvolumens betrifft, soll es der Arbeitgeberin freistehen, die unzulässige Blockade dadurch zu vermeiden, dass sie in eine mitbestimmungsfreie Anrechnungsform ausweicht[182].

820 (3) Obwohl es bei Herabsetzung der Zulagenhöhe um die mitbestimmungsfreie Frage der Höhe der Dotation geht, soll wegen der Notwendigkeit eines neuen Leistungsplans auch der **Widerruf** nur mit Zustimmung des Betriebsrats erfolgen können[183]. Dies ist unhaltbar, weil auf diese Weise die Dauer des Mitbestimmungsverfahrens über den neuen Leistungsplan zu Lasten des Arbeitgebers geht, da dieser nach der Auffassung des BAG die alten (höheren) Leistungen bis zur Neuregelung weitergewähren muss. Dies ist mit der Mitbestimmungsfreiheit der Höhe der Gesamtdotation unvereinbar[184].

---

178 Zu Folgeproblemen und entsprechenden Entscheidungen des BAG *Hoss* NZA 1993, 632; *ders.* NZA 1997, 1129.

179 BAG v. 27.10.1992, 1 ABR 17/92, NZA 1993, 561, 566 = SAE 1993, 346 ff mit Anm. *Oetker*; krit schon *Hromadka* DB 1992, 1577; *Lieb* Anm. zu SAE 1993, 116 f; dazu *Enderlein* ZfA 1997, 313.

180 StRspr; umfassend und zu Recht krit dazu *H. Hanau* RdA 1998, 345; ihm zustimmend *Reichold* Anm. zu BAG SAE 1999, 124 f.

181 BAG v. 11.08.1992, 1 AZR 279/90, NZA 1993, 418, 419; BAG v. 17.01.1995, 1 ABR 19/94, NZA 1995, 792, 795; BAG v 23.07.1996, 1 ABR 13/96, NZA 1997, 277, 279; dazu *Hoss* NZA 1997, 1133.

182 BAG v. 26.05.1998, 1 AZR 704/97, NZA 1998, 1292, 1294 f = SAE 1999, 117 mit Anm. *Reichold*; auch dazu *Hanau* RdA 1999, 264.

183 BAG v. 17.12.1985, 1 ABR 6/84, NZA 1986, 364, 365; BAG v. 13.01.1987, 1 ABR 51/85; NZA 1987, 386, 387; BAG v. 10.02.1988, 1 ABR 56/86, NZA 1988, 479, 480; vgl dazu auch BAG v. 14.02.1995, 1 ABR 41/94, NZA 1995, 795, 796.

184 *Lieb* Anm. zu BAG SAE 1993, 114, 116 ff; zu einem ähnlichen (Nachwirkungs-) Problem bereits Rn 724; zum ähnlichen Problem des Verhältnisses von Änderungskündigungen zur Mitbestimmung des Betriebsrats BAG v. 17.06.1998, 2 AZR 336/97, NZA 1998, 1225 = AP Nr 49 zu § 2 KSchG 1969 mit Anm. *H. Hanau*.

Das BAG verweist den Arbeitgeber insoweit auf die Möglichkeit, übertarifliche Zulagen zunächst gleichmäßig und damit mitbestimmungsfrei zu kürzen und damit zugleich die Ankündigung einer späteren Änderung der Verteilungsgrundsätze zu verbinden, die dann durch Betriebsvereinbarung oder Einigungsstellenspruch auch rückwirkend verwirklicht werden können soll[185].

d) Reichweite der Mitbestimmung gem. § 87 Abs. 1 Nr 10 BetrVG für sog. AT-Angestellte

aa) Die sog. AT-Angestellten – das sind diejenigen (höheren, aber noch nicht leitenden) Angestellten, deren Tätigkeitsmerkmale und deren Vergütung von den Lohngruppen der einschlägigen Tarifverträge nicht mehr erfasst werden[186] – werden im BetrVG im Gegensatz zu den leitenden (§ 5 Abs. 3) nicht ausdrücklich erwähnt und unterfallen daher unstreitig dem Gesetz. Dementsprechend sind Versuche unternommen worden, die Mitbestimmungszuständigkeit des Betriebsrats auch und gerade in Bezug auf AT-Angestellte voll auszuschöpfen[187]. Den Ansatzpunkt dafür bildete die Tatsache, dass die Tätigkeit dieser Angestellten definitionsgemäß vom Tarifvertrag nicht erfasst wird und damit diejenige, an Tätigkeitsmerkmalen orientierte (Vergütungs-) Gruppenbildung fehlt, wie sie im tarifvertraglichen Bereich für die dort geregelten Tätigkeiten kennzeichnend ist. Unter diesen Umständen lag es nahe, die fehlende Vergütungsgruppenbildung auf betriebsverfassungsrechtlicher Ebene nachzuholen. Unstreitig ist insoweit angesichts des herrschenden, sehr weiten Verständnisses dieses Begriffs, dass es sich bei einer solchen Bildung von Vergütungsgruppen um „Fragen der betrieblichen Lohngestaltung" und damit um eine Materie handelt, die grundsätzlich der Mitbestimmung des Betriebsrats unterfällt. Insbesondere kann der Arbeitgeber infolgedessen bei der Regelung der Vergütungsverhältnisse im AT-Bereich nicht allein rechtswirksam handeln (Theorie der Wirksamkeitsvoraussetzung – Rn 766 f). Vielmehr bedarf ein etwa von ihm entworfenes und angewandtes Vergütungssystem der Zustimmung des Betriebsrats. **821**

Zweifelhaft ist die Rechtslage, wenn im Bereich der AT-Angestellten ein festes Vergütungs- (gruppen-) system, dem die verschiedenen Angestellten je nach Tätigkeit zugeordnet werden und nach dem sich dann ihre Vergütung richtet, nicht existiert, die Vergütung des einzelnen AT-Angestellten vielmehr insbesondere unter Berücksichtigung der (Arbeits-) Marktlage im Wesentlichen frei ausgehandelt wird. Hier stellt sich die Frage, ob ein solches kollektives System vom Betriebsrat **qua Initiativrecht** (ggf auf dem Wege über die Einigungsstelle) erzwungen werden kann oder ob dem Bedenken entgegenstehen, die sich aus schützenswerten Freiräumen unternehmerischer Vorentscheidungen oder den Individualinteressen der betroffenen Personen ergeben können[188]. Beides ist höchstrichterlich immer noch nicht abschließend geklärt. Die hL **822**

---

185 BAG v. 19.09.1995, 1 AZR 208/95, NZA 1996, 386, 387 f.
186 Siehe *Gaul* BB 1978, 764.
187 Siehe dazu *Lieb* ZfA 1978, 179; *Wiedemann*, GS Kahn-Freund 1980, 343.
188 *Reuter*, Vergütung von AT-Angestellten und betriebsverfassungsrechtliche Mitbestimmung 1979, 33 ff, 47 ff.

hällt solche Bedenken allerdings für unbegründet und infolgedessen allein die formal unbegrenzte Zuständigkeit für „Fragen der betrieblichen Lohngestaltung" für maßgebend[189].

823   bb) Ein weiteres grundsätzliches Problem ergibt sich aus dem Konkurrenzverhältnis von tarifvertraglicher und betriebsverfassungsrechtlicher Rechtssetzung, wenn man berücksichtigt, dass das Schweigen des Tarifvertrags in Bezug auf die Rechtsverhältnisse der AT-Angestellten beredt sein kann, dass es darauf beruhen kann, dass etwa die Arbeitgeber entsprechende Kollektivierungsversuche der Gewerkschaften auf tarifvertraglicher Ebene erfolgreich abgewehrt haben. Dass dieser Abwehrerfolg durch betriebliche Zwangsschlichtung ohne weiteres zunichte gemacht werden können soll, leuchtet nicht ein, wenn man das Verhältnis von Tarifvertrags- und Betriebsverfassungsrecht grundsätzlicher betrachtet[190]. Das BAG hat die Existenz einer solchen Regelungsschranke mit der Behauptung geleugnet, nur eine vollständige, aus sich selbst heraus handhabbare Tarifregelung vermöge eine entsprechende Sperrwirkung auszulösen[191]. Dabei wurde jedoch nicht ausreichend gewürdigt, dass auch der Verzicht auf eine entsprechende Kollektivierung zu Gunsten eines privatautonomen Vergütungssystems eine (durchaus sinnvolle) Regelung darstellen kann.

824   cc) Weitere Fragen stellen sich, wenn ein kollektives Vergütungssystem im AT-Bereich besteht, denn dann ist zu entscheiden, welche **Vergütungssätze** den einzelnen Vergütungsgruppen zugeordnet werden sollen. Auch insoweit wurde ein Mitbestimmungsrecht des Betriebsrats gem. § 87 Abs. 1 Nr 10 beansprucht, und zwar sowohl bezüglich des **Vergütungsabstands** zwischen der obersten Tarifgruppe und der untersten Vergütungsgruppe des Vergütungssystems im AT-Bereich als auch bezüglich des **jeweiligen** Abstandes zwischen den einzelnen Vergütungsgruppen[192]. Die erste Forderung hat das BAG für unzulässig erklärt. Der Vergütungsabstand zwischen den verschiedenen Vergütungsgruppen ohne Anbindung an das Tarifvertragssystem sei, so das BAG, indes ebenso mitbestimmungspflichtig wie die Frage, ob AT-Gehälter linear oder nach abstrakten Kriterien erhöht werden sollen[193].

825   Nach richtigem Verständnis ist die Mitbestimmungszuständigkeit des Betriebsrats auch für eine isolierte (nicht am Tarifvertrag „angebundene") Festsetzung von Vergütungsabständen zwischen den einzelnen Vergütungsgruppen **nicht** gegeben. Dabei handelt es sich um eine Frage reiner Lohnpolitik, die nicht in den Zuständigkeitsbereich des Betriebsrats gehört[194]. Die Auffassung, gerade wegen der Unmöglichkeit, objektiv eindeutig Gehaltsabstände festlegen zu können, müsse der Betriebsrat beteiligt werden[195], verkennt dessen Funktion und hier insbesondere den qualitativen Unterschied zwischen tarifvertraglicher und betriebsverfassungsrechtlicher Rechtssetzung.

---

189   Vgl *v. Friesen* DB 1980, Beil. 1, 7 ff; *Bitter* DB 1979, 695, 696 ff; *Wiedemann*, GS Kahn-Freund 1980, 343, 352 ff.

190   Siehe *Lieb* ZfA 1978, 179, 204 ff; dem zustimmend *Schulin* ZfA 1981, 577, 627 ff; aA *Moll*, Der Tarifvorrang im Betriebsverfassungsgesetz 1980, 17 ff; *Wiedemann*, GS Kahn-Freund 1980, 348 ff.

191   BAG v. 22.01.1980, 1 ABR 48/77, AP Nr 3 zu § 87 BetrVG 1972 Lohngestaltung.

192   So *v. Friesen* DB 1980, Beil. 1, 7 ff; *Wiedemann*, GS Kahn-Freund 1980, 352 ff; *Bitter* DB 1979, 695, 697.

193   BAG v. 21.08.1990, 1 ABR 72/89, NZA 1991, 434, 435 f; vgl auch schon BAG v. 22.12.1981, 1 ABR 38/79, AP Nr 7 zu § 87 BetrVG 1972 Lohngestaltung.

194   *Lieb* ZfA 1978, 179, 201 ff; *Reuter* Vergütung von AT-Angestellten und betriebsverfassungsrechtliche Mitbestimmung 1979, 34 ff; Richardi-*Richardi* § 87 Rn 781 ff.

195   *Wiedemann*, GS Kahn-Freund 1980, 354.

e) Sonderproblematik leistungsbezogener Entgelte (§ 87 Abs. 1 Nr 11 BetrVG)

aa) Akkordlohn. Von grundsätzlicher Bedeutung ist die Streitfrage, wie die aus- **826** drückliche Erstreckung der Mitbestimmung des Betriebsrats auf den sog. **Geldfaktor** (bei Akkord- und Prämienlohn) gem. § 87 Abs. 1 Nr 11 zu verstehen ist. Manche sehen darin die Begründung einer Mitbestimmungszuständigkeit auch für die Lohnhöhe und damit eine ganz grundsätzliche Durchbrechung sowohl der Beschränkung der Betriebsratszuständigkeit auf formelle Arbeitsbedingungen als auch der These von der Mitbestimmungsfreiheit unternehmerischer/wirtschaftlicher Entscheidungen[196]. Dementsprechend wollen sie diese, aus § 87 Abs. 1 Nr 11 herausgelesene Mitbestimmungszuständigkeit auf die vorhergehende, umfassendere Kompetenzregelung des § 87 Abs. 1 Nr 10 übertragen und dem Betriebsrat infolgedessen im Rahmen der betrieblichen Lohngestaltung auch die Befugnis einräumen, lohnpolitische Entscheidungen über die Angemessenheit des Lohns über die Einigungsstelle durchzusetzen, soweit insbesondere § 77 Abs. 3 dafür Raum lässt[197].

Die hL ist dem zu Recht nicht gefolgt. Sie versteht zunächst einmal § 87 Abs. 1 Nr 11 **827** im Verhältnis zu § 87 Abs. 1 Nr 10 als **Ausnahmevorschrift**, als eine ausnahmsweise Ausdehnung der Mitbestimmung auf einen ihr sonst verschlossenen Regelungsgegenstand[198]. Darüber hinaus wird aber auch diese Ausnahme noch einschränkend interpretiert, nämlich – im Gegensatz zur eingangs erwähnten Auffassung – nicht als Begründung einer Zuständigkeit zur Mitentscheidung **lohnpolitischer** Fragen, sondern als Gewährleistung der **Lohngerechtigkeit** im Bereich des Akkord- (und Prämien-) Lohns[199]. Dafür muss zum besseren Verständnis an das erinnert werden, was zu diesen Lohnformen und insbesondere zum Zeitakkord bereits ausgeführt wurde. Danach ergibt sich der („richtige") **Geldfaktor** an sich problemlos aus dem meist tariflich vorgegebenen Akkordrichtsatz. Er beträgt im Regelfall 1/60 und stellt insoweit nur das Ergebnis einer Rechenoperation dar[200]. Für Mitbestimmung ist insoweit angesichts des Fehlens jeglichen Entscheidungsspielraums kein Platz, zumal die Richtigkeit der Rechenoperation schon gem. § 80 vom Betriebsrat überprüft werden kann.

Ein erheblicher Regelungsspielraum besteht dagegen beim **Zeitfaktor**, dh bei der Ent- **828** scheidung der Frage, wie die Normalzeit bemessen werden soll[201]. Insoweit bestand daher schon nach dem BetrVG 1952 ein erzwingbares Mitbestimmungsrecht des Betriebsrats (§ 56 Abs. 1 lit. g). Dadurch sollte vor allem verhindert werden, dass die Arbeitnehmer durch zu knapp bemessene Zeitvorgaben unter zu großen Leistungsdruck gerieten. Diesem Mitbestimmungsrecht des Betriebsrats beim Zeitfaktor und damit

---

196 *Moll*, Die Mitbestimmung des Betriebsrats beim Entgelt 1979, 44 ff; *Klinkhammer* AuR 1977, 363; *Gester/Isenhardt* RdA 1974, 80; *Strieder* BB 1980, 420.
197 Vgl nur *Moll*, Die Mitbestimmung des Betriebsrats beim Entgelt, 1979, 50 ff, 157 ff.
198 *Richardi* ZfA 1976, 1, 18 ff; *Löwisch* ZHR 139 (1975), 362, 378 f; *Reuter* Vergütung von AT-Angestellten und betriebsverfassungsrechtliche Mitbestimmung 1979, 12; *ders.* JuS 1982, 148 f; dazu auch *Joost* ZfA 1993, 257, 271 ff.
199 *Richardi* ZfA 1976, 1, 25 ff; *Löwisch* ZHR 139 (1975), 362, 378 f; *Reuter*, Vergütung von AT-Angestellten und betriebsverfassungsrechtliche Mitbestimmung 1979, 33 ff, 47 ff.
200 *Hilger* in: *Dietz/Gaul/Hilger*, Akkord und Prämie, 2. Aufl. 1967, 187 f.
201 Richardi-*Richardi* § 87 Rn 878 ff.

eventuellen Auseinandersetzungen über seine Vorstellung von der Dauer der Normalzeit konnte der Arbeitgeber während der Geltung des BetrVG 1952 dadurch ausweichen, dass er zwar den Zeitfaktor unverändert ließ, dafür aber entsprechende Manipulationen beim Geldfaktor vornahm, dh diesen herabsetzte und damit Erhöhungen der Effektivverdienste vermied, die sich etwa auf Grund von Rationalisierungsmaßnahmen aus der Möglichkeit schnellerer Durchführung des einzelnen Arbeitsvorgangs ergaben.

829 Dies war möglich, weil der Geldfaktor nicht zwingend 1/60 des Akkordrichtsatzes betragen muss, sondern auch abweichend (und damit auch niedriger) angesetzt werden kann[202]. Im Lichte dieser Ausweich- oder Manipulationsmöglichkeiten des Arbeitgebers ist die Erstreckung der Mitbestimmungszuständigkeit des Betriebsrats auf den Geldfaktor zu sehen: Sie hat nur den Sinn, Veränderungen des Geldfaktors, die zu hohe Zeitvorgaben ausgleichen sollen, ihrerseits der Kontrolle des Betriebsrats zu unterwerfen. Dieser kann damit verhindern, dass der Arbeitgeber auf dem Umweg über die Veränderung des Geldfaktors seine Vorstellungen über die angemessene Akkordvergütung doch noch allein durchsetzt. Das ändert aber – dies ist die für das richtige Verständnis des § 87 Abs. 1 Nr 11 maßgebliche Erkenntnis – nichts daran, dass damit lohnpolitische Entscheidungen nicht verbunden sind. Vielmehr bleibt der Geldfaktor auch hier das Ergebnis einer Rechenoperation, die sich allein am Akkordrichtsatz und der für richtig gehaltenen Normalzeit orientiert, mag diese auch formal unverändert bleiben und stattdessen der Geldfaktor anders als auf 1/60 des Akkordrichtsatzes festgesetzt werden.

830 bb) Prämienlohn

> **Fall 57:** Unternehmer U will für die an den Produktionsmaschinen tätigen Arbeitnehmer eine Leistungsprämie einführen, die von der erreichbaren (Produktions-) Menge und der Maschinenlaufzeit abhängen soll. Der Betriebsrat verlangt, dass der Prämienausgangslohn 30% über dem Tariflohn liegt und dass die Prämien an die Entwicklung des Tariflohns gekoppelt sind (sog. Dynamisierung). U meint, dem Betriebsrat stehe insofern kein zwingendes Mitbestimmungsrecht zu (BAG v. 13.09.1983, 1 ABR 32/81, AP Nr 3 zu § 87 BetrVG 1972 Prämie).
> **Rn 832**

831 Im Bereich der Leistungslöhne sich in der Rechtswirklichkeit das Gewicht vom Akkord- auf den Prämienlohn verschoben, der die Rechtsprechung infolgedessen zunehmend beschäftigt hat. Das BAG hat dazu die Unterscheidung zwischen dem Geldfaktor im engeren und im weiteren Sinn entwickelt[203]: Mit dem Geldfaktor im weiteren Sinn ist – dem Akkordrichtsatz vergleichbar – der Prämiengrund- oder Ausgangslohn gemeint. Als Geldfaktor im engeren Sinn bezeichnet das BAG die einzelnen Prämiensätze, aus denen sich dann die Prämienlohnkurve ergibt[204].

---

202 *Hilger* in: Dietz/Gaul/Hilger, Akkord und Prämie, 2. Aufl. 1967, 188; *Gaul*, Das Arbeitsrecht im Betrieb I, 8. Aufl. 1986, E V Rn 6 (329 f).
203 BAG v. 25.05.1982, 1 ABR 19/80, AP Nr 2 zu § 87 BetrVG 1972 Prämie.
204 Dazu *Lieb* ZfA 1988, 413, 416 ff.

Problematisch ist der Umfang der darauf bezogenen Mitbestimmung: Während das **832** BAG zunächst nur den Geldfaktor im engeren Sinn (und zwar gemäß § 87 Abs. 1 Nr 11) für mitbestimmungspflichtig erachtete, ordnete es den Geldfaktor im engeren Sinn später bereits § 87 Nr 10 zu und schuf damit Raum für die Mitbestimmungspflichtigkeit auch des Geldfaktors im weiteren Sinn gemäß § 87 Abs. 1 Nr 11[205], obwohl dies letztlich nichts anderes darstellt als betriebsverfassungsrechtliche Mitbestimmung über die reine Lohnhöhe.

Dementsprechend wurde im **Ausgangsfall 57** grundsätzlich ein umfassendes Mitbestimmungsrecht des Betriebsrats bejaht. Entschärft wurde dies dadurch, dass das BAG dem Arbeitgeber das Recht einräumte, von der Einführung des Prämienlohns Abstand zu nehmen, wenn ihm der Einigungsstellenspruch als zu weitgehend erschien[206]. Später wurde dies für den Fall eingeschränkt, dass bereits der einschlägige Tarifvertrag neben Zeit- (alternativ) auch Prämienlohn vorsah[207]. Der Freiwilligkeit der Einführung von Prämienlohn trägt das BAG dadurch Rechnung, dass es ausnahmsweise ein entsprechendes Initiativrecht des Betriebsrats verneint: Ob der Arbeitgeber vom Zeit- zum (aufwendigeren) Prämienlohn übergehen will, liegt daher allein in seinem Ermessen[208].

cc) Provision. Die Interpretation des § 87 Abs. 1 Nr 11 hat auch Auswirkungen auf die Ent- **833** scheidung einer ganz konkreten Streitfrage, die das BAG mehrfach beschäftigt hat: Kann als „vergleichbares leistungsbezogenes Entgelt" im Sinne von § 87 Abs. 1 Nr 11 auch die Provisionsentlohnung angesehen werden[209]? Das BAG hat sie einmal bejaht und infolgedessen die Festsetzung von Abschlussprovisionen „einschließlich der konkreten Staffelung der einzelnen Sätze und ihrer Bezugsgrößen" für mitbestimmungspflichtig gehalten[210]. Dabei hat es § 87 Abs. 1 Nr 11 ausdrücklich ein Mitbestimmungsrecht bezüglich der Lohnhöhe entnommen und die Auffassung, der Betriebsrat dürfe keine Lohnpolitik betreiben, zurückgewiesen. Dem ist ganz überwiegend nachdrücklich widersprochen worden[211]. In einer weiteren Entscheidung hat das BAG seine Auffassung daraufhin zunächst erheblich modifiziert und später seine frühere Rechtsprechung ausdrücklich aufgegeben[212]. Bemerkenswert ist darüber hinaus, dass das BAG in diesem Zusammenhang die Mitbestimmungsfreiheit der „unmittelbaren Bestimmung der Lohnhöhe" ausdrücklich betont hat[213]. Die (frühere) Auffassung, im Rahmen des § 87 Abs. 1 Nr 11 könne der Betriebsrat Lohnpolitik betreiben, dürfte damit unvereinbar sein[214].

205 BAG v. 13.09.1983, 1 ABR 32/81, AP Nr 3 zu § 87 BetrVG 1972 Prämie = EzA § 87 BetrVG Leistungslohn Nr 8 mit Anm. *Löwisch*; abl *Lieb* ZfA 1988, 413, 419 ff und Anm. zu BAG SAE 1988, 260; aA MünchArbR-*Matthes* § 341 Rn 62.
206 BAG v. 13.09.1983, 1 ABR 32/81, AP Nr 3 zu § 87 BetrVG 1972 Prämie, sog. Verwerfungskompetenz.
207 BAG v. 16.12.1987, 1 ABR 26/85, NZA 1987, 568, 570 f.
208 BAG v. 13.09.1983, 1 ABR 32/81, AP Nr 3 zu § 87 BetrVG 1972 Prämie; zum Ganzen *Lieb* ZfA 1988, 440 ff.
209 Dazu *Lieb* DB 1975, 1748; *Löwisch* ZHR 139 (1975), 362; *Heinze* NZA 1986, 1.
210 BAG v. 29.03.1977, 1 ABR 123/74, AP Nr 1 zu § 87 BetrVG 1972 Provision mit Anm. *Schulze-Osterloh* = SAE 1978, 91 mit Anm. *Lieb* = EzA § 87 BetrVG 1972 Nr 2 mit Anm. *Löwisch*.
211 Siehe die abl Stellungnahmen von *Lieb* DB 1975, 1748; *Löwisch* ZHR 139 (1975), 362.
212 BAG v. 28.07.1981, 1 ABR 56/78, AP Nr 2 zu § 87 BetrVG 1972 Provision = SAE 1982, 113 mit Anm. *Löwisch*; BAG v. 13.03.1984, 1 ABR 57/82, NZA 1984, 296; bestätigend BAG v. 22.10.1985, 1 ABR 67/83, NZA 1986, 296.
213 BAG v. 28.07.1981, 1 ABR 56/78, AP Nr 2 zu § 87 BetrVG 1972 Provision = SAE 1982, 113, 115; siehe aber auch BAG v. 22.10.1985, 1 ABR 67/83, NZA 1986, 296, 298.
214 So auch *Reuter* JuS 1982, 148.

834 Festgehalten hat das BAG an seiner Rechtsprechung über die Mitbestimmungspflichtigkeit wesentlicher Einzelfragen von Provisionsentlohnungssystemen gemäß § 87 Abs. 1 Nr 10; es hat insoweit mithin keinen unternehmerischen Entscheidungsfreiraum anerkannt. Letzteres erscheint jedoch erforderlich, weil die Provisionsentlohnung in der Praxis vor allem ein Absatzsteuerungssystem darstellt und daher die einzelnen Provisionssätze weniger an den Bedürfnissen der Arbeitnehmer als vielmehr an der Frage orientiert sind, welche Produkte bevorzugt am Markt untergebracht werden sollen[215].

f) Mitbestimmung gemäß § 87 Abs. 1 Nr 6 BetrVG

835 In der betrieblichen Praxis hat – wegen des zunehmenden Einsatzes EDV-gestützter Systeme – die Vorschrift des § 87 Abs. 1 Nr 6 erheblich an Bedeutung gewonnen. Das BAG hatte in diesem Zusammenhang vor allem über die Mitbestimmung (auch gemäß §§ 80, 90, 91, 94, 106, 111, 112) bei der Einführung von **Bildschirmarbeitsplätzen**[216], sog. **Personalinformationssystemen**[217], die einer erleichterten Personalverwaltung dienen, über Telefon- (Überwachungs-) Anlagen[218] und Überwachung durch Film- oder Fernsehkameras am Arbeitsplatz[219] zu entscheiden.

836 Die Rechtsprechung ist dadurch gekennzeichnet, dass § 87 Abs. 1 Nr 6 sehr extensiv interpretiert wurde, da das BAG den Terminus „bestimmt … zu überwachen" so auslegt, dass bereits die **objektive** Eignung zur Überwachung die notwendige Beteiligung des Betriebsrats auslösen soll. Ob der Arbeitgeber (subjektiv) mit der Installierung der technischen Einrichtungen auch wirklich Überwachungsabsichten verfolgt, soll unerheblich sein[220]. Diese Rechtsprechung dürfte vor allem auf einer Furcht vor möglichen Eingriffen in das Persönlichkeitsrecht der einzelnen Arbeitnehmer beruhen, nachdem das BVerfG mit der Anerkennung eines Rechts auf informationelle Selbstbestimmung seinerseits den Grundrechtsschutz außerordentlich weit ausgedehnt hat[221]. Im arbeitsrechtlichen Schrifttum wird dem BAG zutreffend entgegnet, es erschwere mit dieser Rechtsprechung notwendige betriebliche Entscheidungen und verkenne, dass das Persönlichkeitsrecht nur im Kernbereich geschützt sei[222].

---

215 Vgl *Lieb* SAE 1978, 95 f; *Seifert* DB 1979, 2034; aA MünchArbR-*Matthes* § 341 Rn 76.
216 BAG v. 06.12.1983, 1 ABR 43/81, AP Nr 7 zu § 87 BetrVG Überwachung; dazu auch BAG v. 02.04.1996, 1 ABR 47/95, NZA 1996, 998.
217 BAG v. 11.03.1986, 1 ABR 12/84, NZA 1986, 526.
218 BAG v. 27.05.1986, 1 ABR 40/04, NZA 1986, 643.
219 BAG v. 29.06.2004, 1 ABR 21/03, NZA 2004, 1278; BAG v. 14.12.2004, 1 ABR 34/03, AP Nr 42 zu § 87 BetrVG 1972 Überwachung.
220 StRspr, vgl nur BAG v. 11.03.1986, 1 ABR 12/84, NZA 1986, 526 – PAISY; BAG v. 27.05.1986, 1 ABR 48/84, NZA 1986, 643 – Telefondatenerfassung; Überblick bei MünchArbR-*Matthes* § 338.
221 BVerfG v. 15.12.1983, 1 BvR 209/83 ua, NJW 1984, 419.
222 Zum Ganzen *Ehmann* Anm. zu BAG SAE 1989, 277; *Buchner* ZfA 1988, 449; *Zöllner/Loritz* § 47 II 6 (556 f).

IV. Mitbestimmung in personellen Angelegenheiten (§§ 99 ff BetrVG)

Die Mitbestimmung in personellen Angelegenheiten hat zwei Schwerpunkte, nämlich   **837**
die Mitbestimmung bei der Kündigung (§ 102) und die Mitbestimmung bei den personellen Einzelmaßnahmen der Einstellung, Versetzung, Ein- und Umgruppierung (§ 99 Abs. 1).

1. Überblick

§ 99 Abs. 1 verpflichtet den Arbeitgeber zunächst zur umfassenden **Information** des   **838**
Betriebsrats vor jeder personellen Einzelmaßnahme. Darin erschöpft sich die Mitbestimmung jedoch nicht, vielmehr ist nach dem Wortlaut der Norm sogar die **Zustimmung** des Betriebsrats erforderlich. Die Unterrichtung bildet insofern nur die Basis für die Entscheidung darüber, ob die Zustimmung erteilt oder verweigert werden soll. Dafür steht dem Betriebsrat die Wochenfrist des § 99 Abs. 3 zur Verfügung. Äußert er sich innerhalb dieses Zeitraums nicht, gilt die Zustimmung als erteilt (§ 99 Abs. 3 S. 2).

Die dem Gesetzeswortlaut zu entnehmende Erforderlichkeit der Zustimmung des Be-   **839**
triebsrats ist freilich geeignet, irrige Vorstellungen über die Reichweite des Mitbestimmungsrechts in Bezug auf personelle Einzelmaßnahmen hervorzurufen: Im Gegensatz zur Mitbestimmung in sozialen Angelegenheiten steht dem Betriebsrat kein eigenes Entscheidungsermessen zu[223]. Er kann die Zustimmung vielmehr gem. § 99 Abs. 2 nur dann verweigern, wenn einer der dort abschließend genannten Gründe vorliegt. Dementsprechend muss der Betriebsrat seine **Zustimmungsverweigerung** begründen. Sonst gilt die Zustimmung auch hier als erteilt (§ 99 Abs. 3 S. 2[224]).

Bei den Zustimmungsverweigerungsgründen des § 99 Abs. 2 handelt es sich über-   **840**
wiegend um mögliche Rechtsverstöße, und auch da, wo gewisse Entscheidungsspielräume bestehen könnten wie etwa bei den Prognosetatbeständen der Nr 3 und 6, ist die Entscheidung des Betriebsrats durch die Fassung des Gesetzes so eng an das Vorliegen bestimmter Tatbestandsmerkmale gebunden, dass seine Entscheidung, nämlich die eventuelle Zustimmungsverweigerung, rechtlich kontrolliert werden kann[225]. Es handelt sich um Rechts- und nicht um Regelungsfragen. Dementsprechend ist im Fall der Zustimmungsverweigerung im Gegensatz zur Mitbestimmung in sozialen Angelegenheiten nicht die Einigungsstelle, sondern das Arbeitsgericht zur Entscheidung berufen.

---

223 Vgl Richardi-*Thüsing* § 99 Rn 178 ff; *Löwisch/Kaiser* § 99 Rn 40.
224 Vgl dazu sowie insb zum Zusammenhang mit Problemen der Sozialauswahl BAG v. 30.08.1995, 1 ABR 11/95, NZA 1996, 496 = EzA § 99 BetrVG 1972 Nr 130 m. krit Anm. *Löwisch*.
225 Zutr LAG Düsseldorf v. 23.12.1974, 11 Ta BV 125/74, DB 1975, 1371, 1372; *Löwisch/Kaiser* § 99 Rn 77 ff; zum Nachschieben von Zustimmungsverweigerungsgründen siehe BAG v. 03.07.1984, 1 ABR 74/82, NZA 1985, 67.

841

Fall 58: Ein MTV Einzelhandel enthält ua die Klausel, dass die wöchentliche Arbeitszeit mindestens 20 Stunden betragen soll. Einzelhändler B beantragt beim Betriebsrat die Zustimmung zur Einstellung mehrerer Teilzeitkräfte, die unter 20 Stunden in der Woche arbeiten sollen. Der Betriebsrat verweigert die Zustimmung (BAG v. 28.01.1992, 1 ABR 45/91, NZA 1992, 606). **Rn 843**

842 Schwierige Fragen wirft § 99 Abs. 2 Nr 1 auf, der dem Betriebsrat unter anderem dann ein Zustimmungsverweigerungsrecht gibt, wenn die vom Arbeitgeber beabsichtigte personelle Maßnahme gegen eine Bestimmung in einem Tarifvertrag verstößt. Verstöße gegen Tarifverträge kommen insbesondere im Zusammenhang mit Ein- und Umgruppierungen in Betracht[226]. Besondere praktische Relevanz kommt § 99 Abs. 2 Nr 1 aber auch etwa hinsichtlich der Bestimmung der Arbeitszeit zu.

843

Das BAG hat insoweit im **Ausgangsfall 58** unter Hinweis auf den Gesetzeswortlaut angenommen, der Betriebsrat könne die Zustimmung zur Einstellung eines Arbeitnehmers mit einer Wochenarbeitszeit von weniger als 20 Stunden verweigern, wenn ein Tarifvertrag eine solche Beschäftigung untersage[227]. Die Einstellung darf im Übrigen auch nicht davon abhängig gemacht werden, dass der Arbeitsplatzbewerber nicht Gewerkschaftsmitglied ist[228].

844 Verweigert der Betriebsrat die nach § 99 erforderliche Zustimmung, ist der Arbeitgeber gehindert, die personelle Einzelmaßnahme durchzusetzen, da nach hL auch im Bereich der personellen Mitbestimmung die sog. Theorie der Wirksamkeitsvoraussetzung jedenfalls grundsätzlich Anwendung findet[229]. Das Gesetz zwingt den Arbeitgeber daher durch § 99 Abs. 4 zur Anrufung des Arbeitsgerichts mit dem Ziel, die Zustimmung des Betriebsrats durch richterliche Entscheidung zu ersetzen, wenn sie zu Unrecht verweigert wurde. Ergänzend stellt es ihm gemäß § 100 eine Art von vorläufigem Rechtsschutz zur Verfügung (dazu noch Rn 864 ff). Im Übrigen ist zu beachten, dass der Arbeitgeber eine personelle Einzelmaßnahme selbst bei Zustimmung des Betriebsrats nur durchführen kann, wenn sie – wichtig ist dies vor allem für Versetzungen – auch individualrechtlich zulässig ist. Dies bedeutet, dass der Arbeitgeber, wenn er personelle Maßnahmen plant, die vom Arbeitsvertrag nicht gedeckt sind, Änderungskündigungen aussprechen muss[230].

---

226 So etwa BAG v. 24.04.2001, 1 ABR 37/00, EzBAT Nr 78 zu BAT A; BAG v. 22.04.2004, 8 ABR 10/03, ZTR 2004, 582; BAG v. 22.03.2005, 1 ABR 64/03, AP Nr 26 zu § 4 TVG Geltungsbereich.
227 BAG v. 28.01.1992, 1 ABR 45/91, NZA 1992, 606 = JuS 1992, 972 (*Reuter*); dazu *Dauner-Lieb* Anm. zu BAG EzA § 99 BetrVG 1972 Nr 103, großzügiger in Bezug auf tarifvertragliche Befristungsregelungen BAG v. 28.06.1994, 1 ABR 59/93, NZA 1995, 387.
228 BAG v. 28.03.2000, 1 ABR 16/99, NZA 2000, 1294; BAG v. 02.06.1987, 1 AZR 651/85, NZA 1988, 64.
229 Dazu *Hanau* RdA 1973, 281, 289 f; *Löwisch/Kaiser* § 99 Rn 23, 79; *Fitting/Engels/Schmidt/Trebinger/Linsenmaier* § 99 Rn 4; vorsichtiger *Zöllner/Loritz* § 48 II 4 a, cc (582): „betriebsverfassungsrechtlich rechtswidrig"; dazu weiterführend *Waltermann* Anm. zu BAG SAE 1995, 367 ff.
230 Deutlich BAG v. 30.09.1993, 2 AZR 283/93, NZA 1994, 615.

2. Einzelne personelle Maßnahmen

a) Einstellung

aa) Begriff der Einstellung. Unter „Einstellung" ist bei natürlicher Betrachtungs- **845** weise der Abschluss des Arbeitsvertrags sowie die damit zusammenhängende Arbeitsaufnahme und tatsächliche Beschäftigung des Arbeitnehmers im Betrieb zu verstehen. Demgegenüber stellt das BAG ausschließlich auf die tatsächliche Beschäftigung ab[231]. Auf das Rechtsverhältnis, in dem die betreffende Person zum Betriebsinhaber steht, komme es nicht an. Eine Einstellung im Sinne des § 99 liege vielmehr bereits vor, wenn ein Arbeitnehmer in den Betrieb eingegliedert werde, um zusammen mit den schon im Betrieb beschäftigten Arbeitnehmern den arbeitstechnischen Zweck des Betriebs durch ihrer Art nach weisungsgebundene Tätigkeit zu verwirklichen[232].

Aussagekraft und Tragfähigkeit dieser Formel sind zweifelhaft, weil Eingliederung **846** und Weisungsabhängigkeit von der hL und gerade auch vom BAG zumindest als wichtige Indizien für das Bestehen eines Arbeitsverhältnisses angesehen werden[233]. Es leuchtet daher nicht ohne Weiteres ein, wenn das BAG im Hinblick auf § 99 den Arbeitnehmerstatus der beschäftigten Person für unerheblich erklärt oder sogar ausdrücklich ablehnt[234], um dann eine Einstellung wiederum unter dem Gesichtspunkt ihrer Eingliederung und Weisungsabhängigkeit zu erörtern.

Für die praktisch wichtigen Fälle der Rationalisierung durch Einsatz von Fremdfir- **847** men auf Dienst- oder Werkvertragsbasis[235] löst das BAG diesen Widerspruch im Ergebnis zwar dadurch auf, dass es zwischen Eingliederung und arbeitsrechtlichen Weisungen einerseits, äußerer Integration und koordinierenden fachlichen Weisungen andererseits unterscheidet; eine Einstellung soll erst vorliegen, wenn der einzelne Fremdarbeitnehmer **selbst** in die Arbeitsorganisation des Auftraggebers eingegliedert werde, so dass dieser die für ein Arbeitsverhältnis typischen Entscheidungen über dessen Arbeitseinsatz auch nach Ort und Zeit zu treffen und damit die Personalhoheit habe[236].

Diese Differenzierung ist allerdings ihrerseits irreführend, weil das BAG insoweit auf **848** dieselben Gesichtspunkte zurückgreift wie bei der Konkretisierung des Begriffs der Arbeitnehmerüberlassung. Damit schließt das Vorliegen eines echten Dienst- oder Werkvertrags nach der Rechtsprechung des BAG den Tatbestand einer Einstellung logisch notwendig aus. Kann der Auftraggeber dagegen über den einzelnen Fremdarbeitnehmer in der Weise verfügen, dass er die für ein Arbeitsverhältnis typischen Entscheidungen über seinen Einsatz als Person selbst zu treffen hat, ist der Tatbestand der

---

231 BAG v. 28.04.1992, 1 ABR 73/92, NZA 1992, 1141.
232 St Rspr, vgl insb BAG v. 28.04.1992, 1 ABR 73/91, NZA 1992, 1141, 1142 f sowie BAG v. 18.10.1994, 1 ABR 9/94, NZA 1995, 281, 282.
233 Vgl dazu schon Rn 1 ff.
234 BAG v. 15.04.1986, 1 ABR 44/84, NZA 1986, 688, 689; vgl aber auch BAG v. 30.08.1994, 1 ABR 3/94 NZA 1995, 649, 650 f (Handelsvertreter).
235 Dazu *Dauner-Lieb* NZA 1992, 817.
236 StRspr, siehe nur BAG v. 13.03.2001, 1 ABR 34/00, NZA 2001, 1262.

Arbeitnehmerüberlassung mit der Folge erfüllt, dass ohnehin Art. 1 § 14 Abs. 3 AÜG greift. Fehlt es dagegen an einer entsprechenden Verlagerung der Personalhoheit auf den Auftraggeber, liegt auch keine die Mitbestimmungspflichtigkeit auslösende Einstellung vor.

849   Unter systematischen und teleologischen Aspekten erweist sich die begrifflich wenig überzeugende Rechtsprechung allerdings im Ergebnis als zutreffend. Die Auslegung des Tatbestandsmerkmals Einstellung muss sich notwendigerweise am Katalog der Zustimmungsverweigerungsgründe orientieren. Eine Beteiligung des Betriebsrats kommt also überhaupt nur für Fallgestaltungen in Betracht, in denen zumindest die Möglichkeit besteht, dass einer der Tatbestände des § 99 Abs. 2 erfüllt sein könnte. Für die Fälle des Fremdfirmeneinsatzes steht insoweit ernsthaft nur § 99 Abs. 2 Nr 3 zur Diskussion, und zwar im Hinblick darauf, dass eine Fremdvergabe von innerbetrieblichen Daueraufgaben zu einem Wegfall bestehender Arbeitsplätze führen oder die Schaffung neuer Arbeitsplätze entbehrlich machen könnte. Entsprechenden Argumentationsansätzen[237] hat das BAG jedoch überzeugend entgegengehalten, dass § 99 ebenso wenig wie das AÜG dazu diene, den Auftraggeber zur Schaffung von Arbeitsplätzen zu veranlassen oder ihn davon abzuhalten, Arbeitsplätze abzubauen oder frei gewordene Arbeitsplätze nicht mehr zu besetzen. Die Entscheidung, Arbeiten auf der Grundlage von Dienst- oder Werkvertrag durch Fremdpersonal verrichten zu lassen, falle daher als solche nicht unter § 99, sondern sei, wenn sie eine Betriebsänderung zum Inhalt habe, gem. § 111 mit dem Betriebsrat zu beraten, der seinerseits zwecks Ausgleich und Abmilderung der Folgen gem. § 112 einen Sozialplan erzwingen könne[238]. Im Ergebnis ordnet das BAG somit in Übereinstimmung mit der hL den **Fremdfirmeneinsatz** auf Dienst- oder Werkvertragsbasis der mitbestimmungsfreien unternehmerischen Sphäre zu.

850   Damit stellt sich die weitere Frage, ob und unter welchen Voraussetzungen § 99 auf den Einsatz von **Einzelpersonen** anzuwenden ist, die weder Arbeitnehmer des Betriebs sind, in dem sie tätig werden, noch in einem Arbeitsverhältnis zu einem Dritten stehen, der sie entweder im Wege der Arbeitnehmerüberlassung zur Verfügung stellt oder im Drittbetrieb auf Grund eines Dienst- oder Werkvertrags einsetzt[239]. An sich läge es in der Konsequenz der geschilderten Rechtsprechung, auch insoweit danach zu differenzieren, ob die Einzelperson als Unternehmer, insbesondere als echter freier Mitarbeiter, eine selbstständige Dienst- oder Werkleistung erbringt oder ob sie unter der Personalhoheit des Auftraggebers unselbstständige Dienste leistet, also letztlich nur scheinselbstständig ist. Im ersten Fall müsste eine Mitbestimmung im Hinblick auf systematische Stellung und Zweck des § 99 ausscheiden. Im zweiten Fall würde ein Arbeitsverhältnis begründet, so dass schon im ursprünglichen Wortsinn eine mitbestimmungspflichtige Einstellung gem. § 99 vorläge. Das BAG kommt jedoch – wie-

---

237   Vgl *Leisten* BB 1992, 266; *Wagner* AuR 1992, 40; *Kreuder* AuR 1993, 316.
238   So noch einmal sehr deutlich in Abgrenzung zu anderen Auffassungen in der Literatur BAG v. 01.12.1992, 1 ABR 30/92, EzA § 99 BetrVG 1972 Nr 110; zu diesem Problemkreis ausführlich *Dauner-Lieb* NZA 1992, 817, 822.
239   Auch dazu *Dauner-Lieb* NZA 1992, 817, 825.

derum ausgehend von den Kriterien Eingliederung und Weisungsabhängigkeit – zum entgegengesetzten Ergebnis und sieht etwa in der Beschäftigung von Lehrkräften als freie Mitarbeiter eine Einstellung im Sinne von § 99[240]. Das ist wenig einleuchtend. Weder unter teleologischen Aspekten, noch vom begrifflichen Ausgangspunkt des BAG vermag es schließlich ohne Weiteres zu überzeugen, wenn das BAG bereits in der Beschäftigung zum Zweck der Berufsausbildung eine zustimmungsbedürftige Einstellung im Sinne von § 99 sieht[241]. Eine weitere Ausweitung der Mitbestimmungszuständigkeiten des Betriebsrats in Bezug auf freie Mitarbeiter ergibt sich aus der vom BAG propagierten Anwendbarkeit des § 80 Abs. 2 bei der vermuteten Beschäftigung freier Mitarbeiter[242].

bb) Einstellungen ohne Zustimmung des Betriebsrats. Verweigert der Betriebsrat **851** die Zustimmung mit der Behauptung, es läge wenigstens eine der Voraussetzungen des § 99 Abs. 2 vor[243], verweist das Gesetz den Arbeitgeber, wie bereits erwähnt, auf den Rechtsweg (§ 99 Abs. 4). Ergänzend stellt es ihm gem. § 100 eine Art von vorläufigem Rechtsschutz zur Verfügung (Rn 864 ff).

Umstritten ist die vom Gesetz nicht geregelte Rechtslage, wenn der Arbeitgeber we- **852** der den Weg vorläufiger Maßnahmen gem. § 100 einschlägt, noch die Ersetzung der Zustimmung des Betriebsrats durch das Arbeitsgericht abwartet, sondern den betreffenden Arbeitnehmer sogleich vorbehaltlos einstellt, dh einen entsprechenden Arbeitsvertrag mit ihm abschließt. Sowohl der Rechtslage bei der Mitbestimmung in sozialen Angelegenheiten (Theorie der Wirksamkeitsvoraussetzung – Rn 766 f) als auch der Rechtslage bei Missachtung des Anhörungsrechts des Betriebsrats vor dem Ausspruch von Kündigungen (§ 102 Abs. 1 S. 3) würde die Unwirksamkeit des ohne Zustimmung des Betriebsrats vorgenommenen Vertragsschlusses entsprechen[244].

Das BAG hat indessen in einer Grundsatzentscheidung mit ausführlicher Begründung **853** anders entschieden und die bürgerlichrechtliche Wirksamkeit des Vertragsschlusses mit dem betreffenden Arbeitnehmer bejaht[245]. Dem ist zuzustimmen, weil sonst die

---

240 BAG v. 27.07.1993, 1 ABR 7/93, NZA 1994, 92, 93; BAG v. 03.07.1990, 1 ABR 36/89, NZA 1990, 903, 904; in beiden Fällen weckt der Sachverhalt allerdings durchaus Zweifel, ob es sich tatsächlich um echte freie Mitarbeiter handelte (dazu schon Rn 16 ff); vorsichtige Korrektur durch BAG v. 30.08.1994, 1 ABR 3/94, NZA 1995, 649.
241 BAG v. 20.04.1993, 1 ABR 59/82, NZA 1993, 1096; BAG v. 03.10.1989, 1 ABR 68/88, NZA 1990, 366.
242 BAG v. 19.09.1995, 1 AZR 208/95, NZA 1996, 386.
243 Eine solch substantiierte, wenn auch nicht notwendig schlüssige Bezugnahme auf § 99 Abs. 2 ist erforderlich, sonst liegt keine ausreichend begründete Zustimmungsverweigerung und damit ein Verschweigen gemäß § 99 Abs. 3 S. 2 vor; dazu BAG v. 16.07.1985, 1 ABR 35/83, NZA 1986, 163, 164; *GK-Kraft/Raab* § 99 Rn 118; *Fitting/Engels/Schmidt/Trebinger/Linsenmaier* § 99 Rn 214.
244 So *Fitting/Engels/Schmidt/Trebinger/Linsenmaier* § 99 Rn 227 f, die dem Arbeitgeber dann aber uU die Berufung auf die Unwirksamkeit wegen rechtsmissbräuchlichen Verhaltens versagen wollen.
245 BAG v. 02.07.1980, 5 AZR 1241/79, AP Nr 9 zu Art. 33 Abs. 2 GG; BAG v. 02.07.1980, 5 AZR 56/79, AP Nr 5 zu § 101 BetrVG 1972; ebenso *GK-Kraft/Raab* § 99 Rn 125; *Zöllner/Loritz* § 48 II 6 (584). Dabei handelt es sich – ebenso wie bei der nachfolgend behandelten Mitbestimmung bei Ein- und Umgruppierungen – um Teilstücke des Grundsatzproblems, ob betriebsverfassungsrechtliche Zustimmungsverweigerungen zu Lasten Dritter gehen können; dazu *Zöllner/Loritz* § 47 V (572 ff); § 48 II 6 (584 f); *v. Hoyningen-Huene* RdA 1992, 355, 358 ff.

durch das BetrVG begründeten Mitbestimmungsrechte des Betriebsrats Außenwirkung auf unbeteiligte Dritte bekämen. Dies wäre außerordentlich bedenklich und könnte zumindest nicht ohne ausdrückliche gesetzliche Anordnung anerkannt werden[246]. Um die Mitbestimmungsrechte des Betriebsrats bei Einstellung trotz der Wirksamkeit des Arbeitsvertrags zur Geltung bringen zu können, hat das BAG aber angenommen, dass der ohne Zustimmung des Betriebsrats eingestellte Arbeitnehmer jedenfalls nicht beschäftigt, dh nicht in den Betrieb eingegliedert werden dürfe[247]. Dies ist akzeptabel.

854 Bleibt es im Folgenden bei der Zustimmungsverweigerung, dh wird diese auch nicht gerichtlich ersetzt (§ 99 Abs. 4), muss der Arbeitgeber ordnungsgemäß kündigen. Außerdem wird man dem betreffenden Arbeitnehmer Schadensersatzansprüche aus §§ 280 Abs. 1, 311 Abs. 2, 241 Abs. 2 BGB gegen den Arbeitgeber zubilligen müssen, der eine solche Einstellung vorgenommen hat, ohne den Weg über § 100 zu wählen und den Arbeitnehmer gem. § 100 Abs. 1 S. 2 aufzuklären. Ob dem Betriebsrat in diesem Falle in analoger Anwendung des § 101 auch das Recht zur Erzwingung der Auflösung des bürgerlichrechtlich wirksam eingegangenen Arbeitsverhältnisses zugebilligt werden soll, ist zweifelhaft. Die Tatsache, dass der Arbeitgeber dem ohne Zustimmung des Betriebsrats eingestellten Arbeitnehmer auf Grund der bürgerlichrechtlichen Wirksamkeit des Vertrages Lohn zahlen muss, ohne ihn im Betrieb einsetzen zu dürfen, wird als Sanktion ausreichen. Eine Lücke, die zur analogen Anwendung des § 101 führen könnte, ist daher zu verneinen.

855 Ähnliche, noch schwierigere Probleme ergeben sich bei den anderen personellen Einzelmaßnahmen des § 99, insbesondere bei der Versetzung. Das BAG vertritt die Auffassung, dass eine vom Arbeitgeber ausgesprochene Versetzung individualrechtlich unwirksam sei, wenn die Mitbestimmungsrechte des Betriebsrats missachtet worden sind[248]. Zusätzliche Probleme ergeben sich, wenn es zur Versetzung einer Änderungskündigung bedarf[249].

b) Versetzung

856 aa) Für die nach § 99 Abs. 1 ebenfalls mitbestimmungspflichtige Versetzung findet sich in § 95 Abs. 3 eine Legaldefinition, die trotz ihres offensichtlich klaren Wortlauts Rechtsprechung und Schrifttum immer wieder Schwierigkeiten bereitet. Einigkeit besteht darüber, dass eine Versetzung vorliegt, wenn der Arbeitnehmer in einen anderen Betrieb oder Betriebsteil wechselt (sog. räumliche Komponente) oder wenn sein Aufgabengebiet qualitativ so verändert wird, dass sich das **Gesamtbild** seiner Tätigkeit ändert (sog. inhaltlich/funktionale Komponente).

857 Das BAG hat den Versetzungsbegriff zunächst dahingehend ausgeweitet, dass eine Versetzung auch ohne Änderung von Ort und Art der Tätigkeit vorliegen soll, wenn

246 Vgl GK-*Kraft/Raab* § 99 Rn 124 f.
247 BAG v. 02.07.1980, 5 AZR 1241/79, AP Nr 9 zu Art. 33 Abs. 2 GG; BAG v. 02.07.1980, 5 AZR 56/79, AP Nr 5 zu § 101 BetrVG 1972.
248 BAG v. 26.01.1988, 1 AZR 531/86, NZA 1988, 476, 478 = EzA § 99 BetrVG 1972 Nr 58 mit Anm. *Weber*; dazu GK-*Kraft/Raab* § 99 Rn 126.
249 Dazu BAG v. 30.09.1993, 2 AZR 283/93, NZA 1994, 615 = SAE 1995, 360 mit weiterf. Anm. *Waltermann*.

sich nur die **Umstände**, unter denen die Arbeitsleistung zu erbringen ist, erheblich ändern, ist dann aber doch wieder darauf zurückgekommen, dass der Versetzungsbegriff räumlich/funktional zu verstehen sei[250]. Zutreffend ist allein letzteres, weil die „erhebliche Änderung der Umstände" nach dem eindeutigen Gesetzeswortlaut nur einen zusätzlichen Aspekt für die primäre Voraussetzung der „Zuweisung eines anderen Arbeitsplatzes" darstellt[251]. Eine mitbestimmungspflichtige Versetzung durch Zuweisung eines anderen Arbeitsbereichs soll auch vorliegen können, wenn dem Arbeitnehmer lediglich ein wesentlicher Teil seiner bisherigen Aufgaben entzogen wird[252]. Nicht unter den Begriff der Versetzung fällt die bloße Veränderung von Dauer und Lage der Arbeitszeit. Entsprechende Regelungen sind damit nicht mitbestimmungspflichtig[253].

bb) Insbesondere im Rahmen von Versetzungen können Auswahlrichtlinien (§§ 95 Abs. 1, 2, 99 Abs. 2 Nr 2) eine erhebliche Rolle spielen.　**858**

> **Fall 59:** Für das Werk S mit ca. 3000 Arbeitnehmern hat die vom Betriebsrat angerufene Einigungsstelle einen Spruch gefällt, in dem unter anderem geregelt wurde, dass die Auswahl bei Versetzungen auf einen besser bezahlten Arbeitsplatz nach einem Punktesystem erfolgen soll. Für Betriebszugehörigkeit und Grundqualifikation wurden hohe Punktwerte vorgesehen; bei besonderen sachlichen Gründen sollte der Arbeitgeber einem Bewerber weitere (geringere) Punktwerte zuordnen dürfen. Dies konnte dazu führen, dass der Arbeitgeber bei einzelnen Versetzungen keinen Entscheidungsspielraum mehr hatte (BAG v. 27.10.1992, 1 ABR 4/92, NZA 1993, 607). **Rn 860**　**859**

Der **Fall 59** zeigt, in welchem Umfang die Beteiligungsrechte des Betriebsrats (hier durch die Aufstellung von Auswahlrichtlinien) die Einstellungsmöglichkeiten des Arbeitgebers beschränken können. Das BAG hat zwar den Spruch der Einigungsstelle auf Antrag des Arbeitgebers wegen Ermessensüberschreitung für rechtsunwirksam erklärt, es tendiert jedoch in den Entscheidungsgründen zu einer weiten Auslegung des Begriffs der Auswahlrichtlinie[254]. Im Hinblick auf ein zwischen den Betriebsparteien vereinbartes Punkteschema, das Grundlage für eine einmalige Sozialauswahl nach § 1 Abs. 3 KSchG sein soll, lässt es das BAG offen, ob Auswahlrichtlinien den Entscheidungsspielraum des Arbeitgebers nicht ganz beseitigen dürften[255].　**860**

Schon der Terminus „Richtlinie" gibt aber zu erkennen, dass damit nicht die endgültige Entscheidung des Arbeitgebers determiniert werden kann, sondern dass sie nur

---

250　BAG v. 26.05.1988, 1 ABR 18/87, NZA 1989, 438, 439; BAG NZA 1991, 565, 601; BAG v. 16.07.1991, 1 ABR 71/90, NZA 1992, 180 = SAE 1992, 309 mit Anm. *Hromadka*; BAG v. 23.11.1993, 1 ABR 38/93, NZA 1994, 718, 719.
251　Vgl dazu *Belling* DB 1985, 335; *v. Hoyningen-Huene/Boemke*, Die Versetzung 1991, 119 ff.
252　BAG v. 02.04.1996, 1 AZR 743/95, NZA 1997, 112; zur Sozialauswahl bei Versetzungen BAG v. 02.04.1995, 1 ABR 39/95, NZA 1997, 219
253　ErfK-*Kania* § 99 BetrVG Rn 13 mwN.
254　BAG v. 27.10.1992, 1 ABR 4/92, NZA 1993, 607, 610 = SAE 1994, 7 mit Anm. *Henssler/Holletschek*.
255　BAG v. 26.07.2005, 1 ABR 29/04, NZA 2005, 1372, 1373 = AP Nr 43 zu § 95 BetrVG 1972 (*Bauer/Krieger*).

grundsätzliche Vorgaben mit dem Vorbehalt enthalten darf, dass die Endentscheidung vom Arbeitgeber zu treffen ist. Eine weiter gehende Festlegung des Arbeitgebers ist daher problematisch[256].

c) Eingruppierung, Umgruppierung

861 Die personellen Einzelmaßnahmen der Ein- und Umgruppierung sind nur aus dem Zusammenhang mit dem Tarifvertragsrecht zu verstehen: (Entgelt-) Tarifverträge enthalten sog. Lohn- oder Gehaltsgruppen, die die von ihnen erfassten Tätigkeiten durch konkrete Merkmale im Einzelnen beschreiben und damit die Zuordnung (Eingruppierung) durch einfache Subsumtion ermöglichen. Infolgedessen kann dem Betriebsrat insofern nur ein Mitbeurteilungsrecht bei der Frage zustehen, in welche Entgeltgruppe ein bestimmter Arbeitnehmer einzugruppieren ist. Ein solches Mitbeurteilungsrecht besteht auch, wenn streitig ist, ob die Tätigkeit eines Arbeitnehmers überhaupt noch vom Tarifvertrag erfasst wird oder ob es sich um einen sog. AT-Angestellten handeln[257].

862 **Fall 60:** Im MTV für das Versicherungswesen wird eine neue Gehaltsgruppe zwischen zwei schon bestehende Gehaltsgruppen eingefügt. Da der tarifgebundene Arbeitgeber nichts unternimmt, verlangt der Betriebsrat die Umgruppierung der in den bisherigen beiden alten Gehaltsgruppen befindlichen Arbeitnehmer (BAG v. 09.03.1993, 1 ABR 48/92, NZA 1993, 1045). **Rn 863**

863 Das BAG hat sich immer wieder mit der Frage beschäftigen müssen, welche Rechte dem Betriebsrat zustehen, wenn der Arbeitgeber dessen Beteiligungsrechte verletzt oder notwendige Ein- bzw Umgruppierungen unterlässt. Es hat zunächst entschieden, dass der übergangene Betriebsrat nicht gemäß § 101 die Aufhebung der personellen Maßnahme, sondern nur die Nachholung des Beteiligungsverfahrens verlangen kann. Unterlässt der Arbeitgeber wie im obigen **Ausgangsfall 60** Neueingruppierungen vollständig, soll der Betriebsrat vom Arbeitgeber in Analogie zu § 101 die Vornahme der personellen Maßnahme verlangen können. Ob die für eine solche Rechtsfortbildung notwendige Lücke vorliegt, ist allerdings zweifelhaft, da es grundsätzlich dem einzelnen Arbeitnehmer obliegt, sich im Wege einer Lohnzahlungsklage gegen eine falsche Eingruppierung zu wehren.

3. Problematik vorläufiger Einstellungen

864 Die vom Gesetz vorgesehene, wenn auch eher formale Zustimmungspflichtigkeit von Einstellungen führt zu praktischen Schwierigkeiten, wenn ein Arbeitgeber glaubt, vor Durchführung des Mitbestimmungsverfahrens handeln zu müssen, um etwa einen für ihn besonders interessanten Arbeitnehmer auf jeden Fall für sein Unternehmen gewin-

---

256 Dazu *Zöllner*, FS G. Müller 1981, 665, 668 ff; *Löwisch* Anm. zu BAG AP Nr 2 zu § 95 BetrVG 1972; zu Richtlinien im Zusammenhang mit Betriebsänderungen *Richardi*, FS Stahlhacke 1995, 447.

257 BAG v. 31.10.1995, 1 ABR 5/95, NZA 1996, 890, 891; zur Zustimmungsverweigerung wegen zu hoher Eingruppierung BAG v. 28.04.1998, 1 ABR 50/97, NZA 1999, 52.

nen zu können. Dasselbe gilt für die Zustimmungsverweigerung, wenn der Arbeitgeber die gerichtliche Entscheidung gem. § 99 Abs. 4 nicht glaubt abwarten zu können. Für beide Fälle stellt ihm das Gesetz daher ein besonderes Verfahren zur vorläufigen Einstellung zur Verfügung. Dieses Verfahren ist freilich sehr umständlich und letztlich eine Zumutung für alle Beteiligten, zumal sich ein qualifizierter Bewerber darauf kaum einlassen wird[258].

Die gesetzliche Regelung beruht auf der Idee, dem Arbeitgeber bei noch nicht vorliegender oder verweigerter Zustimmung des Betriebsrats wenigstens eine **vorläufige Einstellung** zu ermöglichen, wenn dies aus sachlichen Gründen dringend erforderlich ist (§ 100 Abs. 1 S. 1), also vor allem bei besonderer Eilbedürftigkeit der Einstellung. Dann hat er den Betriebsrat gem. § 100 Abs. 2 S. 1 unverzüglich zu unterrichten. Dieser hat sich ebenso unverzüglich darüber zu erklären, ob auch er die Eilbedürftigkeit anerkennt oder diese bestreitet (§ 100 Abs. 2 S. 2). Ist Letzteres der Fall, muss der Arbeitgeber gem. § 100 Abs. 2 S. 3 innerhalb von drei Tagen beim Arbeitsgericht sowohl die Ersetzung der Zustimmung des Betriebsrats (§ 99 Abs. 4) als auch die Feststellung beantragen, dass die Maßnahme aus sachlichen Gründen dringend erforderlich war[259]. **865**

Der Antrag auf Ersetzung der Zustimmung gem. §§ 99 Abs. 4, 100 Abs. 2 S. 3 ist voreilig, wenn der Betriebsrat die Zustimmung noch nicht verweigert hat, später aber erteilt oder die Frist gem. § 99 Abs. 3 verstreichen lässt. In diesen Fällen erledigt sich das beim Arbeitsgericht anhängige Verfahren[260], insbesondere müsste eine isolierte Entscheidung über die Eilbedürftigkeit als bloße folgenlose Förmelei angesehen werden. **866**

Damit hat das Arbeitsgericht nach der Konzeption des Gesetzes über **zwei Fragen**, nämlich sowohl über die **Berechtigung der Zustimmungsverweigerung** als auch über die **Eilbedürftigkeit**, zu entscheiden. Dies führt zu viel diskutierten Schwierigkeiten: **867**

a) Eindeutig ist die Rechtslage, wenn das Gericht dem Arbeitgeber in beiden Punkten Recht gibt, also sowohl die Zustimmung ersetzt als auch die Eilbedürftigkeit bejaht. Dann wird die Einstellung voll wirksam. **868**

b) Zweifelhafter ist die Rechtslage, wenn das Gericht in beiden Fällen zu Gunsten des Betriebsrats entscheidet. Zwar steht dann fest, dass die personelle Maßnahme nicht mehr aufrechterhalten werden darf (§ 100 Abs. 3 S. 2). Unklar ist aber, in welchem Verhältnis diese Aussage zu der im Gesetz unmittelbar vorhergehenden steht, wonach die vorläufige personelle Maßnahme mit Ablauf von zwei Wochen nach Rechtskraft der Entscheidung enden soll (§ 100 Abs. 3 S. 1). Nach dem Gesetzeswortlaut „endet" die vorläufige personelle Maßnahme mit Ablauf von zwei Wochen nach Rechtskraft der Entscheidung. Eine auf das Arbeitsverhältnis einwirkende prozessuale Gestaltung wird man der Entscheidung des Arbeitsgerichts jedoch nicht beimessen können. Maß- **869**

---

258 Zu den verfahrensrechtlichen Komplikationen vgl BAG v. 18.10.1988, 1 ABR 36/87, NZA 1989, 183 und BAG v. 18.10.1998, 1 ABR 33/87, NZA 1989, 355 (derselbe Fall); zu prozessualen Fragen *Boemke* ZfA 1992, 473.
259 Vgl dazu BAG v. 15.09.1987, 1 ABR 44/86, NZA 1988, 101, 103.
260 Vgl GK-*Kraft/Raab* § 100 Rn 16, 30; *Fitting/Engels/Schmidt/Trebinger/Linsenmaier* § 100 Rn 12.

geblich sollte vielmehr § 100 Abs. 3 S. 2 sein, aus dem sich die Notwendigkeit der Kündigung ergibt[261].

870   Eine solche unmittelbare Drittwirkung eines gerichtlichen Urteils auf die Rechtsverhältnisse eines am Verfahren nicht Beteiligten ist indessen rechtsdogmatisch kaum zu begründen. Näher liegt es vielmehr, die Rechtswirksamkeit des Arbeitsvertrags auch in diesem Fall ebenso wie bei Einstellungen ohne Zustimmung des Betriebsrats von der betriebsverfassungsrechtlichen Rechtslage unberührt zu lassen und nur die Zulässigkeit der Beschäftigung zu verneinen[262]. Der Arbeitgeber wäre dann lediglich als gesetzlich (§ 100 Abs. 3 S. 2) verpflichtet anzusehen, das Arbeitsverhältnis durch Kündigung zu beenden. Kündigungsschutz (das vorläufige begründete Arbeitsverhältnis kann je nach Verfahrensdauer unter Umständen länger als sechs Monate bestanden haben) dürfte dem nur vorläufig eingestellten Arbeitnehmer nicht zustehen. Insoweit fehlt es an der Schutzbedürftigkeit. Rein zivilrechtlich ließe sich das Problem dadurch lösen, dass man in der gem. § 100 Abs. 1 S. 2 erforderlichen Aufklärung über die bloße Vorläufigkeit und die sich aus § 100 Abs. 3 ergebende Bestandsgefährdung ggf im Wege ergänzender Vertragsauslegung die Vereinbarung einer auflösenden Bedingung sieht.

871   c) Fragwürdig ist auch der Fall, dass das Gericht, das über beide gem. § 100 Abs. 2 S. 3 vorgelegten Anträge zu entscheiden hat, zwar bereit ist, die vom Betriebsrat verweigerte Zustimmung zu ersetzen, die Dringlichkeit der Angelegenheit und damit die Zulässigkeit der vorläufigen Einstellung aber verneint. Dieser Fall wird allerdings nicht allzu häufig sein, weil das Fehlen der Dringlichkeit „offensichtlich" gewesen sein muss. Nach dem Wortlaut des § 100 Abs. 3 S. 1, der beide Voraussetzungen als gleichwertig ansieht („oder"), scheint das Gesetz auch insoweit die – ggf gem. § 101 durch Zwangsgeld erzwingbare – Aufhebung der Einstellung zu fordern. Dies wird seit langem ganz überwiegend als sowohl für den Arbeitgeber als auch für den Arbeitnehmer unzumutbar angesehen. Dementsprechend wird – gegen den Gesetzeswortlaut – die Aufrechterhaltung der Maßnahme gefordert[263].

872   Dem ist nachdrücklich zuzustimmen, weil es der Arbeitgeber im Hinblick auf die vom Gericht bescheinigte materiellrechtliche Unbedenklichkeit der von ihm beabsichtigten Maßnahme in der Hand hätte, den betreffenden Arbeitnehmer alsbald erneut einzustellen und eine erneute Zustimmungsverweigerung durch den Betriebsrat offensichtlich rechtsmissbräuchlich und damit unbeachtlich wäre. Hier zeigt sich, dass der zusätzlichen Voraussetzung der Dringlichkeit keine eigenständige Bedeutung zukommen kann. Die gesetzliche Konzeption ist in sich nicht stimmig und daher außer Acht zu lassen.

873   Damit bestätigt sich im Übrigen auch die Richtigkeit der Auffassung, dass die nachträgliche Zustimmung des Betriebsrats die Notwendigkeit einer Entscheidung über die Frage der Eilbedürftigkeit entfallen lässt[264].

---

261   Vgl dazu GK-*Kraft/Raab* § 100 Rn 45.
262   So im Ergebnis auch *Löwisch/Kaiser* § 100 Rn 8 f; MünchArbR-*Matthes* § 354 Rn 35.
263   Vgl nur *Zöllner/Loritz* § 48 II 5 c (583 f).
264   Dazu Vgl GK-*Kraft/Raab* § 100 Rn 16, 30; *Fitting/Engels/Schmidt/Trebinger/Linsenmaier* § 100 Rn 12.

Die Idee des Gesetzgebers, der Arbeitgeber solle zu vorläufigen Maßnahmen selbst   **874**
dann nur unter besonderen Voraussetzungen, nämlich derjenigen der Dringlichkeit,
berechtigt sein, wenn die Zustimmungsverweigerung rechtswidrig ist, hat sich im
Hinblick auf die Dominanz des materiellen Rechts als nicht durchführbar erwiesen.

d) Die hier vertretene Auffassung zur Unbeachtlichkeit eines Verstoßes gegen die for-   **875**
melle Voraussetzung der Dringlichkeit vorläufiger Maßnahmen wird im Ergebnis bestätigt durch die bereits dargestellte Auffassung des BAG, ein trotz Zustimmungsverweigerung abgeschlossener Arbeitsvertrag sei zivilrechtlich wirksam, denn dort hat
das Gericht nicht etwa die Aufhebung des Arbeitsvertrages verlangt, wie es § 100
Abs. 3 S. 2 entsprochen hätte, sondern es hat lediglich ausgeführt, dass die Beschäftigung zu unterbleiben habe. Da die Rechtsfolgen von unberechtigten, weil nicht dringend erforderlichen vorläufigen Maßnahmen aber kaum weitergehen können als die
Rechtsfolgen von endgültigen, das Verfahren nach § 100 ignorierenden Maßnahmen,
ist auch im Fall des § 100 die bloß formale Rechtswidrigkeit bei Vorliegen der materiellrechtlichen Einstellungsvoraussetzungen (kein Zustimmungsverweigerungsrecht
des Betriebsrats) außer Acht zu lassen. Das BAG hat dies offenbar zutreffend erkannt.

e) Vom Gesetz nicht erfasst wird der Fall, dass der Betriebsrat zwar die Eilbedürftig-   **876**
keit und damit das Vorliegen von dringenden sachlichen Gründe im Sinne von § 100
Abs. 1 S. 1 nicht bestreitet, seine Zustimmung aber nach Maßgabe des § 99 Abs. 2
verweigert. Hier scheint der Arbeitgeber die Maßnahme (Einstellung) vorläufig
durchführen und vor allem aufrechterhalten zu dürfen, ohne das Arbeitsgericht gem.
§ 100 Abs. 2 S. 3 anrufen zu müssen, denn die gesetzliche Voraussetzung „in diesem
Fall" liegt hier offensichtlich nicht vor. Auf diese Weise könnte eine nur vorläufige
Maßnahme sanktionslos auf unbestimmte Zeit aufrechterhalten werden. Hier wird
man indessen § 100 Abs. 2 S. 3 analog anwenden, dh den Arbeitgeber für verpflichtet
halten müssen, (nur) den Antrag auf Ersetzung der Zustimmung innerhalb der Frist
von drei Tagen zu stellen. Versäumt er dies, ist auch § 101 (analog) anwendbar[265].

V. Die Mitbestimmung in wirtschaftlichen Angelegenheiten (§§ 106 ff BetrVG)

1. Wirtschaftsausschuss

Die Beteiligungsrechte des Betriebsrats sind in wirtschaftlichen Angelegenheiten we-   **877**
nig ausgeprägt. Dies entspricht der bereits hervorgehobenen Notwendigkeit der Abgrenzung von unternehmerischer und betrieblicher Sphäre. Immerhin verpflichtet das
Gesetz den Unternehmer in § 106 Abs. 2, den auf der Unternehmensebene (vgl § 107
Abs. 2 S. 2) zu bildenden Wirtschaftsausschuss rechtzeitig und umfassend über die
wirtschaftlichen Angelegenheiten des Unternehmens zu informieren. Die Schwerpunkte dieses Informationsanspruchs nennt das Gesetz in § 106 Abs. 3 selbst. Dieser
Katalog lässt die Tendenz erkennen, die Information auf Grundsatzfragen zu be-

---

265   GK-*Kraft/Raab* § 100 Rn 31; *Zöllner/Loritz* § 48 II 5 c (584).

schränken. Angelegenheiten der laufenden Geschäftsführung scheiden damit als regelmäßiger Beratungsgegenstand aus[266]. Das Verhältnis von Wirtschaftsausschuss und Unternehmer lässt sich insoweit mit aller Vorsicht ähnlich verstehen wie das Verhältnis von Aufsichtsrat und Vorstand bei der AG, wo der Aufsichtsrat von der laufenden Geschäftsführung ebenfalls im Wesentlichen ausgeschlossen ist (vgl § 111 Abs. 4 AktG).

878   Die vom Gesetz geforderte Rechtzeitigkeit soll es der Arbeitnehmerseite ermöglichen, ihre Vorstellungen noch in die unternehmerischen Planungen einzubringen, ehe diese abgeschlossen sind[267]. Über die Möglichkeit, dem Unternehmer anlässlich der von diesem gegebenen Informationen eigene Vorstellungen vorzutragen, geht das Mitbestimmungsrecht jedoch nicht hinaus. Die Entscheidung bleibt allein ihm vorbehalten, wobei er aber die überaus wichtigen weiter gehenden Beteiligungsrechte im Fall geplanter Betriebsänderungen (Rn 879 ff) zu beachten hat. Da das Gesetz hier das **Unternehmen** zum Gegenstand der Unterrichtung macht, können umfassende Informationen über einzelne **Betriebe** allenfalls dann verlangt werden, wenn sie für das ganze Unternehmen bedeutsam sind. Die für das Zusammenwirken von Unternehmen und Wirtschaftsausschuss besonders bedeutsame Maxime vertrauensvoller Zusammenarbeit (§ 2 Abs. 1) könnte im Übrigen dadurch gefährdet sein, dass das BAG in nicht ausreichend reflektierter Parallele zu § 31 die Teilnahme externer Gewerkschaftsbeauftragter an den Sitzungen des Wirtschaftsausschusses zugelassen hat[268].

2. Interessenausgleich und Sozialplan

879   a) Den zweiten Schwerpunkt der Mitbestimmung in wirtschaftlichen Angelegenheiten bilden die **Betriebsänderungen** des § 111. Auch hier tritt der Unterschied zwischen der mitbestimmungsfreien unternehmerischen Sphäre und der betrieblichen Mitbestimmung vor allem über soziale Folgeprobleme deutlich hervor. Er zeigt sich insbesondere an der Unterscheidung des Gesetzes zwischen **Interessenausgleich** und **Sozialplan**: Falls der Unternehmer Betriebsänderungen plant, die wesentliche Nachteile für die Belegschaft oder erhebliche Teile der Belegschaft zur Folge haben können, hat er – dies ergibt sich spätestens aus der Sanktion des § 113 Abs. 3[269] – zu versuchen, seine unternehmerischen Interessen an der Durchführung dieser Änderung mit den auf Grund der zu erwartenden Nachteile entgegenstehenden Interessen der Belegschaft in Beratungen mit dem Betriebsrat auszugleichen (sog. **Interessenausgleich**). Gegenstand dieses Versuchs ist nur die geplante Betriebsänderung selbst, dh deren „Ob" und „Wie", nicht dagegen der – dem anschließenden **Sozialplan** vorbehaltene – Ausgleich der zu erwartenden wirtschaftlichen Nachteile[270]. Trotz dieser Ver-

---

266   Zum Umfang der Unterrichtungspflicht vgl BAG v. 22.0.1991, 1 ABR 38/89, NZA 1991, 649; umfassend MünchArbR-*Joost* § 319 Rn 26 ff, Rn 47 ff (dort auch zur Frage, welche Unterlagen dem Wirtschaftsausschuss vorzulegen sind).
267   Dazu *Heinze* NZA 1985, 555; *Zöllner/Loritz* § 49 I 2 (591).
268   BAG v. 18.11.1980, 1 ABR 31/78, AP Nr 2 zu § 108 BetrVG 1972.
269   Zu den Anforderungen an den Versuch eines Interessenausgleichs BAG v. 20.04.1994, 10 AZR 186/93, NZA 1995, 89.
270   Rechtsvergleichend zum Sozialplan *Birk*, FS Konzen 2006, 11.

pflichtung des Unternehmers, sich über einen Interessenausgleich mit dem Betriebsrat zu beraten, bleibt er in der Entscheidung über die Durchführung der Betriebsänderung frei. Auch die Einigungsstelle, die gemäß § 112 Abs. 2 S. 2 angerufen werden kann, bleibt auf Vorschläge beschränkt. Ein erzwingbares Mitbestimmungsrecht gibt es im Bereich des Interessenausgleichs nicht.

Fall 61: Insolvenzverwalter I will den von ihm verwalteten Betrieb stilllegen. Nach erfolglosen Verhandlungen führt er seinen Entschluss aus und kündigt allen Arbeitnehmern. Arbeitnehmer A verlangt nun eine Abfindung gemäß § 113 (BAG v. 18.12.1984, 1 AZR 176/82, NZA 1985, 400). **Rn 881**

880

Allerdings soll für den Unternehmer ein sog. **Einlassungszwang** bestehen, dh er soll verpflichtet sein, sich nach Scheitern der Verhandlungen mit dem Betriebsrat dann doch noch auf weitere Verhandlungen vor der Einigungsstelle einzulassen, wenn der Betriebsrat zu diesem Zweck von seiner auf § 112 Abs. 2 S. 2 beruhenden Möglichkeit („können") Gebrauch macht, die Einigungsstelle anzurufen[271]. Dementsprechend soll der Unternehmer verpflichtet sein, bis zum Scheitern dieser Verhandlungen mit der Durchführung der Unternehmensänderung zu warten[272].

881

Im **Ausgangsfall 61** hat das BAG daher dem Arbeitnehmer einen Anspruch aus § 113 Abs. 3 iVm Abs. 1 auf Zahlung einer Abfindung zugestanden (zur Insolvenzproblematik noch Rn 901)[273].

Darin liegt eine wichtige, mit den Intentionen des Gesetzes kaum zu vereinbarende, weitere Einschränkung der unternehmerischen Entscheidungsfreiheit, weil sich diese Verhandlungen vor der Einigungsstelle (insbesondere, wenn versucht wird, sie noch mit der Aufstellung des Sozialplans zu koppeln)[274] sehr lange hinziehen können (oft dauert schon die Bestellung des Vorsitzenden der Einigungsstelle durch das Arbeitsgericht, § 76 Abs. 2 S. 2, Monate), der Zeitfaktor aber bei notwendigen Betriebsänderungen eine erhebliche Rolle spielt.

b) Sowohl ein Interessenausgleich als auch nur die Beratung darüber sind kaum denkbar ohne Berücksichtigung der sich daraus ergebenden **wirtschaftlichen Nachteile**. Dennoch gehört deren Regelung, sollte sie zustande kommen, nach der Definition des Gesetzes („Einigung über den Ausgleich oder die Milderung der wirtschaftlichen Nachteile, die den Arbeitnehmern infolge der geplanten Betriebsänderung entstehen") nicht mehr zum Interessenausgleich, sondern zum davon zu unterschei-

882

---

271 BAG v. 26.10.2004, 1 AZR 493/03, NZA 2005, 237; *Löwisch/Kaiser* § 113 Rn 9; *Zöllner/Loritz* § 49 II 3 b (598).

272 So in der Tat BAG v. 18.12.1984, 1 AZR 176/82, NZA 1985, 400, 402; BAG v. 09.07.1985, 1 AZR 323/83, NZA 1986, 100, 101.

273 Dazu *Richardi-Annuß* § 112 Rn 24 ff.

274 Die Nachteilsausgleichsabfindungen nach § 113 Abs. 3 sind auf die Sozialplanabfindungen anzurechnen, soweit mit ihnen die mit der Entlassung verbundenen wirtschaftlichen Nachteile abgegolten werden sollen (BAG GS v. 13.12.1978, GS 1/77, AP Nr 6 zu § 112 BetrVG; BAG v. 20.11.2001, 1 AZR 97/01, NZA 2002, 992).

denden, rechtlich selbstständigen Institut des **Sozialplans**. Diese rechtliche Trennung tatsächlich zusammengehörender Entscheidungskomplexe erklärt sich daraus, dass die Aufstellung eines Sozialplans im Gegensatz zur Herbeiführung des Interessenausgleichs erzwingbar ist (§ 112 Abs. 5 S. 2), dh notfalls von der Einigungsstelle auch gegen den Willen des Arbeitgebers beschlossen und dementsprechend auch dann verlangt werden kann, wenn ein Interessenausgleich nicht zustande gekommen ist. Damit reicht das Beteiligungsrecht bei der Entscheidung über die sozialen Folgen deutlich weiter als bei der auf bloße Unterrichtung und Beratung beschränkten Beteiligung an der Durchführung der vom Unternehmer geplanten Betriebsänderung.

883 Kommt ein Interessenausgleich zustande (der Unternehmer erklärt sich etwa bereit, die geplante Betriebsänderung nur teilweise oder zeitlich gestreckt durchzuführen), hindert ihn dies nicht, davon abzuweichen, dh etwa weiter gehende Änderungen durchzuführen. Sein „rechtliches Können" bleibt also unberührt. Wohl aber setzt er sich damit den Sanktionen des § 113 Abs. 1 und 2 aus. In der Literatur wird diskutiert, ob dem Interessenausgleich, wenn er zustande gekommen ist, bindende Wirkung zukommt[275]. Zu Recht wird dies überwiegend abgelehnt[276]. Daraus ergibt sich zugleich die Unzulässigkeit der Entwicklung eines entsprechenden allgemeinen Unterlassungsanspruchs des Betriebsrats[277]. Der Sozialplan bindet dagegen als Betriebsvereinbarung (§ 112 Abs. 1 S. 3) alle Beteiligten.

3. Einzelheiten

a) Begriff der Betriebseinschränkung (§ 111 S. 3 Nr 1 BetrVG)

884 Grundsätzliche, mit der ratio des Sozialplans zusammenhängende Probleme haben sich bei der Erörterung der Frage ergeben, ob das Vorliegen der in § 111 Nr 1 genannten Betriebseinschränkung schon dann angenommen werden kann, wenn nur eine größere Zahl von Arbeitnehmern betroffen wird, ohne dass die Produktionskapazität des Betriebs auf Dauer herabgesetzt wird, da die sächlichen Betriebsmittel erhalten bleiben und daher später wieder genutzt werden können. Ausgehend vom Betriebsbegriff des Gesetzes[278] hatte die hL früher angenommen, eine Betriebsänderung im Sinne des § 111 S. 3 Nr 1 liege nur vor, wenn Betriebsanlagen abgebaut und damit die (mögliche) Betriebsleistung dauerhaft vermindert werde. Die damit zwangsläufig verbundene Personalverringerung stellte sich „lediglich" als Folge der vorausgehenden Be-

---

275 *Matthes*, FS Wlotzke 1996, 393 ff; dagegen: *Willemsen/Hohenstatt* NZA 1997, 345 ff.
276 ErfK-*Kania* § 112 BetrVG Rn 9; MünchArbR-*Matthes* § 361 Rn 28; Richardi-*Annuß* § 112 Rn 46.
277 Dazu *Raab* ZfA 1997, 183, 243 ff; die Frage ist unter den oberinstanzlichen Gerichten umstritten: für einen Unterlassungsanspruch etwa LAG Hamm v. 28.08.2003, 13 TaBV 127/03, NZA-RR 2004, 80, 81; LAG Thüringen v. 18.08.2003, 1 Ta 104/03, ZIP 2004, 1118, 1119 f; dagegen etwa LAG München v. 24.09.2003, 5 TaBV 48/03, NZA-RR 2004, 536 f; LAG Düsseldorf v. 19.11.1996, 8 TaBV 80/96, NZA-RR 1997, 297 f.
278 Betrieb ist eine organisatorische Einheit, innerhalb derer ein Arbeitgeber allein oder mit seinen Arbeitnehmern mithilfe von sächlichen und immateriellen Mitteln bestimmte arbeitstechnische Zwecke fortgesetzt verfolgt, die sich nicht in der Befriedigung des Eigenbedarfs erschöpfen; grundlegend *Hueck/Nipperdey* I 93; vgl zu diesem Betriebsbegriff auch BAG v. 13.07.1955, 1 ABR 20/54, AP Nr 1 zu § 81 BetrVG 1952 und BAG v. 03.12.1954, 1 ABR 7/54, AP Nr 1 zu § 88 BetrVG 1952; Richardi-*Richardi* § 1 Rn 15 ff; GK-*Kraft* § 1 Rn 28.

triebseinschränkung im oben dargelegten Sinn dar, setzte diese also voraus und bildete damit kein eigenes Tatbestandsmerkmal[279].

Dieses Verständnis des Begriffs der Betriebsänderung wurde in den Fällen zweifelhaft, in denen Arbeitgeber ohne dauernden Abbau von Betriebsanlagen meist aus konjunkturellen Gründen die Belegschaft nachhaltig verringerten. (Als Beispiel seien die früheren starken Konjunkturschwankungen und die damit verbundenen deutlichen Personalverringerungen in der Automobilbranche genannt, wo die sächlichen Betriebsmittel meist unverändert blieben und dementsprechend bei nachfolgendem Konjunkturaufschwung ein erneutes „Hochfahren" der Produktion durch Neueinstellungen ermöglichten.) In dem Bestreben, auch hier Sozialplanansprüche oder – ein Interessenausgleich war angesichts der hL von den betreffenden Arbeitgebern nicht versucht worden – Ansprüche aus § 113 Abs. 3 gewähren zu können, hatte das BAG anlässlich dieser Fälle im Anschluss an *Hanau*[280] die Betriebsänderungen dahingehend neu definiert, dass jede erhebliche, ungewöhnliche und nicht nur vorübergehende Herabsetzung der Leistungsfähigkeit eines Betriebs als Betriebsänderung anzusehen sei[281]. Da mit jedem größeren Personalabbau eine solche Herabsetzung der Leistungsfähigkeit zwangsläufig verbunden sein wird, erfüllt er damit für sich allein den Begriff der Betriebsänderung, ohne dass es auf die frühere Voraussetzung des Abbaus vor allem der sächlichen Betriebsmittel ankommt[282]. Damit stellte sich freilich die vom BetrVG, das kaum auf diese „Auslegung" angelegt war, nicht beantwortete Frage, welches Ausmaß ein Personalabbau erreichen muss, um als Betriebsänderung angesehen werden zu können. Das BAG orientierte sich insoweit lückenfüllend an § 17 Abs. 1 KSchG[283]. **885**

Die Anknüpfung des BAG an § 17 KSchG ist vom Gesetzgeber jedenfalls mittelbar bestätigt worden: Die Korrektur erfolgte dadurch, dass ein **Sozialplan** gemäß §§ 112 Abs. 4, 5 bei bloßem Personalabbau (Ausspruch betriebsbedingter Kündigungen plus Aufhebungsverträge gemäß § 112a Abs. 1 S. 2[284]) nur noch dann (vor der Einigungsstelle) erzwingbar ist, wenn die **höheren Zahlenwerte** des § 112a Abs. 1 S. 1 erreicht sind. **886**

Darüber hinaus entfällt die Sozialplanpflichtigkeit gemäß § 112a Abs. 2 mit dem Ziel der Ermunterung von **Neugründungen** (Eingrenzung in § 112a Abs. 2 S. 2[285]) innerhalb der ersten vier Geschäftsjahre seit der Gründung (maßgeblicher Zeitpunkt: **887**

279 Dazu insb *Bulla* RdA 1976, 233; *Hunold* RdA 1976, 297.
280 *Hanau* ZfA 1974, 89, 98; vgl auch Richardi-*Annuß* § 111 Rn 44 ff.
281 BAG v. 22.05.1979, 1 AZR 848/76, AP Nr 3 zu § 111 BetrVG 1972; BAG v. 22.05.1979, 1 ABR 17/77, AP Nr 4 zu § 111 BetrVG 1972; hierzu *Birk* Anm. zu BAG AP Nr 5 zu § 111 BetrVG 1972; *Reuter* Anm. zu BAG SAE 1980, 90; dazu auch *Ehmann* ZfA 1980, 683, 747 ff.
282 Umfassend zu Fragen des Personalabbaus *Bauer* DB 1994, 217, 274. Oft wird streitig sein, ob geplante Maßnahmen eine Betriebsänderung darstellen; dies kann vorab im Beschlussverfahren mit Rechtskraft für Anschlussprozesse geklärt werden (BAG v. 10.11.1987, 1 AZR 360/86, NZA 1988, 287, 288).
283 BAG v. 06.12.1988, 1 ABR 47/87, NZA 1989, 399, 557.
284 Dazu MünchArbR-*Matthes* § 360 Rn 28 ff; zu Berechnungsproblemen bei mehrstufigem Personalabbau BAG v. 09.05.1995, 1 ABR 51/94, NZA 1996, 166.
285 Dazu etwa BAG v. 22.02.1995, 10 ABR 23/94, NZA 1995, 697, 699.

§ 112a Abs. 2 S. 3)[286] Im Übrigen aber bleibt es sowohl beim Begriff der Betriebsänderung des § 111 S. 3 Nr 1 als auch bei der Notwendigkeit eines Interessenausgleichs gemäß § 112 Abs. 2 (mit der Gefahr der Sanktion des § 113 Abs. 3)[287] bei den vom BAG herangezogenen Zahlengrenzen des § 17 KSchG.

b) Betriebsaufspaltung

888 Im Zuge weit verbreiteter Haftungsvermeidungsstrategien greift die sog. **Betriebsaufspaltung** immer weiter um sich: Sie besteht im einfachsten Fall darin, dass aus einer bestehenden (Personen-) Gesellschaft die **Produktion ausgegliedert** und auf eine neue (Kapital-) Gesellschaft, meist eine GmbH, an der die Gesellschafter der KG beteiligt sind, übertragen wird. Die Produktionsanlagen bleiben im Eigentum der alten „Besitz"-Gesellschaft. Diese verpachtet sie an die Produktionsgesellschaft, die im Übrigen außer dem Mindestkapital kaum über Vermögenswerte verfügt[288]. Darin liegt unstreitig ein Betriebsübergang gemäß § 613a BGB, so dass die Arbeitsplätze der Arbeitnehmer gesichert sind.

889 Zugleich können die Arbeitnehmer durch einen solchen Betriebsübergang im Wege einer Betriebsaufspaltung aber erhebliche Nachteile erleiden, weil die Produktionsgesellschaft als Kapitalgesellschaft und ohne Eigentum an den Produktionsanlagen in der Regel wesentlich weniger solvent sein wird als die (alte) „Besitz"-Gesellschaft. Dies kann zu einer Gefährdung der Entgelt- und vor allem Ruhegeldansprüche der Arbeitnehmer führen, da wegen der sich hier auswirkenden misslichen Enthaftungsfunktion des § 613a BGB (arg. § 613a Abs. 2 S. 1 BGB) die „Besitz"-Gesellschaft als alter Arbeitgeber insbesondere für Ruhegeldansprüche, die erst nach dem Betriebsübergang entstanden sind, nicht mehr haftet[289].

890 Seit längerem wird daher versucht, die Betriebsaufspaltung bei Vorliegen der sonstigen Voraussetzungen als **Betriebsänderung** zu begreifen. Dies trifft jedoch so nicht zu. Eine Betriebsänderung kann vielmehr lediglich dann bejaht werden, wenn sich der Betriebsübergang nicht in dem bloßen Betriebsinhaberwechsel erschöpft, sondern mit Maßnahmen verbunden ist, die als solche einen der Tatbestände des § 111 erfüllen[290].

891 Die Problematik ist inzwischen vom Gesetzgeber im UmwG wenigstens teilweise aufgegriffen worden: So ist der Wirtschaftsausschuss gem. § 106 Abs. 3 Nr 8 von jeder Spaltung iSd UmwG (§§ 123 ff) zu unterrichten. Gem. § 111 S. 3 Nr 3 stellt eine Spaltung eine (mitwirkungspflichtige) Betriebsänderung dar. Dadurch wird insoweit die Aufstellung eines Sozialplans ermöglicht. Daneben besteht bezüglich der über-

---

286 Dazu *Loritz* NZA 1993, 1105 ff.
287 Vgl BAG v. 08.11.1988, 1 AZR 687/87, NZA 1989, 278.
288 Handelsrechtlich ist fraglich, ob die „Besitz"-Gesellschaft noch die Kaufmannseigenschaft besitzt; dazu *K. Schmidt* DB 1988, 897.
289 Plastisch BAG v. 19.01.1988, 3 AZR 263/86, NZA 1988, 501.
290 BAG v. 16.06.1987, 1 ABR 41/85, NZA 1987, 671: Betriebsänderung gem. § 111 S. 2 Nr 4 bei Übertragung eines Betriebsteils; BAG v. 25.01.2000, 1 ABR 1/99, NZA 2000, 1069; weiter gehend ua *Schaub* NZA 1989, 5; *Löwisch/Kaiser* § 111 Rn 19, 34 f.

nehmenden Gesellschaft gem. § 321 UmwG ein (beschränktes) Übergangsmandat des Betriebsrats.

Zu berücksichtigen ist freilich, dass sich die Begriffe der Spaltung nach dem UmwG und der sozusagen „klassischen" Betriebsaufspaltung nicht decken, weil Letztere durch den Übergang des **gesamten Betriebes** gekennzeichnet wird. Sofern sich dieser Vorgang nach dem UmwG vollzieht, greift ergänzend § 134 Abs. 1 UmwG ein, der eine gesamtschuldnerische Haftung von Betriebs- und Anlagegesellschaft für Sozialplanansprüche anordnet, die innerhalb eines Zeitraums von fünf Jahren nach dem Wirksamwerden der Spaltung **begründet** werden. Noch nicht ausreichend geklärt ist die in diesem Zusammenhang besonders interessante, an die Konzernproblematik bei der betrieblichen Altersversorgung erinnernde Frage, ob bei der Bemessung der Sozialplanleistungen auch die wirtschaftlichen Verhältnisse der Anlagegesellschaft zu berücksichtigen sind[291].

892

c) Auszugleichende Nachteile

Fall 62: Im Zuge einer Betriebsteilstilllegung wurde in einem zwischen Arbeitgeber und Betriebsrat vereinbarten Sozialplan geregelt, dass die Arbeitnehmer, die sich zum 8.10.1990 (sog. Stichtagsregelung) in einem ungekündigten Arbeitsverhältnis befinden, eine Abfindung erhalten. Ausgenommen wurden die Arbeitnehmer, die nach diesem Zeitpunkt durch eine Eigenkündigung ausschieden. Der Kläger, der 1991 aus freiem Entschluss sein Arbeitsverhältnis selbst gekündigt hatte, beansprucht nun dennoch eine Abfindung (nach BAG v. 19.07.1995, 10 AZR 885/94, NZA 1996, 271). **Rn 897**

893

Der gem. § 112 Abs. 4 (in den Grenzen des § 112a) erzwingbare Sozialplan soll den „Ausgleich oder die Milderung der wirtschaftlichen Nachteile" (§ 112 Abs. 1 S. 2) bewirken, die den – vom personellen Geltungsbereich des BetrVG erfassten[292] – Arbeitnehmern infolge der geplanten Betriebsänderung entstehen. Diese wirtschaftlichen (also nicht: immateriellen) Nachteile können ganz unterschiedlicher Art sein. Beispiele finden sich in § 112 Abs. 5 S. 2 Nr 1. Der wichtigste Nachteil stellt für die betroffenen Arbeitnehmer insbesondere bei Betriebsstilllegungen und Betriebseinschränkungen der Verlust ihrer Arbeitsplätze dar. Lange Zeit war streitig, ob bereits dieser Arbeitsplatzverlust als solcher als wirtschaftlicher Nachteil im Sinne des Gesetzes angesehen werden oder ob es nur um den Ausgleich derjenigen Nachteile gehen kann, die die betreffenden Arbeitnehmer dadurch erleiden, dass sie an Stelle ihrer bisherigen, durch die Betriebsänderung verloren gegangenen Arbeitsplätze nicht alsbald gleichwertige neue finden. Die Antwort hierauf ist abhängig davon, welche Funktion man dem Sozialplan zumisst. Das BAG hatte sich lange Zeit auf den Standpunkt gestellt, dem Sozialplan käme **primär Entschädigungsfunktion** zu. Da der Wert des Arbeitsplatzes mit zunehmender Betriebszugehörigkeit steigt, wurde daher auch und

894

---

291 Zum Ganzen *Willemsen* NZA 1996, 791, 795; *Däubler* RdA 1995, 136, 144 f.
292 Leitende Angestellte gehören nicht dazu, ebenso wenig Arbeitnehmer, deren Arbeitsverhältnisse bereits beendet sind, es sei denn, sie sind infolge einer Betriebsänderung ausgeschieden, auf die sich der Sozialplan bezieht, dazu BAG v. 10.08.1994, 10 ABR 61/93, NZA 1995, 314; insgesamt dazu Richardi-*Annuß* § 112 Rn 73 ff.

gerade solchen Arbeitnehmern ein hoher Abfindungsanspruch zugestanden, die entweder alsbald einen gleichwertigen Arbeitsplatz fanden oder gar in den Ruhestand treten konnten. Diese zweifelhafte Praxis brachte das Institut des Sozialplans zunehmend in Misskredit. Der Gesetzgeber griff daher 1986 durch die Neufassung des § 112 Abs. 4, 5 ein. Seitdem wird auch vom BAG anerkannt, dass dem Sozialplan eine **Ausgleichs- und Überbrückungsfunktion** zukommt, insbesondere Abfindungen also **primär zukunftsorientiert** festzusetzen sind[293].

895   Gleichzeitig stellte der Gesetzgeber in § 112 Abs. 5 S. 2 sog. Ermessensrichtlinien für die Entscheidung der Einigungsstelle auf, um den aus der vagen Fassung des § 112 Abs. 5 S. 1 entstandenen, teilweise überzogenen Sozialplandotierungen[294] Grenzen zu ziehen. In den Nr 1–3 finden sich detaillierte Vorgaben für die Entscheidung der Einigungsstelle, deren Überschreitung oder Nichtbeachtung gem. § 76 Abs. 5 S. 4 vor den Arbeitsgerichten (vom Arbeitgeber) angegriffen werden kann. Insbesondere ist die Einigungsstelle verpflichtet, – auch wenn gewisse Pauschalierungen unvermeidbar sind – die konkreten Besonderheiten und Bedürfnisse sowohl der Arbeitnehmer als auch des Unternehmens zu berücksichtigen. Das BAG hat es daher als ermessensfehlerhaft angesehen, wenn die Einigungsstelle für alle infolge einer Betriebsänderung entlassenen Arbeitnehmer ohne Unterschied Abfindungen festsetzt, deren Höhe sich allein nach dem Monatseinkommen und der Dauer der Betriebszugehörigkeit bemisst[295].

896   Den Schwerpunkt der derzeitigen Rechtsprechung bilden Sozialpläne, die von den Betriebsparteien vereinbart wurden. Letztere sind nicht an die Vorgaben des § 112 Abs. 5 gebunden, damit also grundsätzlich frei in der Entscheidung darüber, ob und welche Nachteile ausgeglichen werden sollen. In der Sache wird jedoch auch der Gestaltungsspielraum der Betriebsparteien erheblich eingeschränkt, da das BAG in ständiger Rechtsprechung Sozialpläne anhand des § 75 Abs. 1 kontrolliert. Dabei hat sich im Laufe der Zeit – nachdem das BAG zunächst missverständlich von einer „Billigkeitskontrolle" sprach[296] – herauskristallisiert, dass damit lediglich eine Rechtskontrolle gemeint ist (zu § 310 Abs. 4 S. 3 BGB siehe Rn 157). Gerichtlich überprüft wird insbesondere die Einhaltung des **arbeitsrechtlichen Gleichbehandlungsgrundsatzes**[297].

Unter diesem Aspekt ist insbesondere zweifelhaft, ob Arbeitnehmer, die auf Grund von Aufhebungsverträgen oder Eigenkündigungen ausscheiden, von Sozialplanabfindungen ausgenommen werden können.

---

293   Ursprünglich BAG GS v. 13.12.1978, GS 1/77, AP Nr 6 zu § 112 BetrVG 1972; jetzt aber BAG v. 09.11.1994, 10 AZR 281/94, NZA 1995, 644; dazu eingehend Richardi-*Annuß* § 112 Rn 52 ff sowie *Lieb*, 6. Aufl., Rn 886 ff. Beispiele für Sozialpläne bei *Röder/Baeck*, Interessenausgleich und Sozialplan, 3. Aufl. 2001, 135 f.

294   Anders als bei § 87 Abs. 1 Nr 10 erstreckt sich das Mitbestimmungsrecht auch auf das finanzielle Volumen, den Dotierungsrahmen des Sozialplans.

295   BAG v. 14.09.1994, 10 ABR 7/94, NZA 1995, 440. Zu Einzelfragen s. nur *Behrens* NZA 1993, 538 ff; *Fitting/Engels/Schmidt/Trebinger/Linsenmaier* § 112 Rn 169 ff; Richardi-*Annuß* § 112 Rn 139 ff.

296   Dazu grundsätzlich GK-*Kreutz* § 77 Rn 299 ff.

297   Überblick über die einschlägige Rechtsprechung bei *Schrader* DB 1997, 1714; *Weber/Ehrich* BB 1997, 1530 ff; *Hauck* AuA 1998, 69 ff; zur Auslegung von Sozialplänen BAG v. 15.12.1998, 1 AZR 332/98, NZA 1999, 667, 668.

Das BAG akzeptiert dies zwar grundsätzlich – so dass im **Ausgangsfall 62** die Klage abgewiesen wurde –, macht aber eine Ausnahme, wenn der Aufhebungsvertrag oder die Eigenkündigung vom Arbeitgeber veranlasst wurde[298]. Ausgenommen werden können auch (Überbrückungsfunktion des Sozialplans) solche Arbeitnehmer, die zum Zeitpunkt der Auflösung des Arbeitsverhältnisses Rente beanspruchen können[299]. Unbeanstandet blieben sog. Höchstbegrenzungsklauseln[300] sowie Stichtagsregelungen, wenn die Wahl des Stichtags sachlich gerechtfertigt war[301]. Differenziert ist die Rechtslage bei sog. Nachbesserungsklauseln[302].   **897**

Die Rechtsfolge einer nicht gerechtfertigten Differenzierung soll nach ständiger   **898** Rechtsprechung darin bestehen, dass die benachteiligten Arbeitnehmer- (Gruppen) die gleiche Abfindung wie die anderen Arbeitnehmer beanspruchen können. Dies stößt auf ähnliche Bedenken wie die allgemein bei Verletzung des arbeitsrechtlichen Gleichbehandlungsgrundsatzes angenommene „anspruchserzeugende Wirkung". Immerhin schränkt das BAG die Rechtsfolgen dahingehend ein, dass die finanzielle Mehrbelastung des Arbeitgebers in einem angemessenen Verhältnis zum Gesamtvolumen des Sozialplans stehen muss[303].

Auch bei Sozialplänen stellt sich das Problem, dass sich nach ihrem Abschluss die   **899** (wirtschaftlichen) Verhältnisse grundlegend ändern können, so dass insbesondere der Arbeitgeber, evtl. aber auch der Betriebsrat, Anlass für eine Neuregelung sehen kann. Das BAG gesteht den Betriebsparteien das Recht auf eine einvernehmliche Änderung des Sozialplans (nur) mit Wirkung für die Zukunft zu, schließt aber regelmäßig – wenn dies nicht ausdrücklich vereinbart wurde – die Möglichkeit einer ordentlichen Kündigung aus. In gravierenden Fällen soll jedoch eine außerordentliche Kündigung oder eine Anpassung des Sozialplans nach den Regeln über den Wegfall der Geschäftsgrundlage in Betracht kommen. Im Fall einer wirksamen Kündigung wirkt der Sozialplan nach § 77 Abs. 6 nach[304].

Vom erzwingbaren Sozialplan zu trennen sind sog. vorsorgliche Sozialpläne, die von   **900** den Betriebsparteien im Hinblick auf eine künftige, möglicherweise noch nicht feststehende Betriebsänderung abgeschlossen werden. Sie stellen eine **freiwillige Be-**

---

298   BAG v. 06.05.2003, 1 ABR 11/02, NZA 2004, 108, 110 f; zusammenfassend BAG v. 19.07.1995, 10 AZR 885/94, NZA 1996, 271 = SAE 1996, 236 mit Anm. *Kraft*; zum Ausschluss von Arbeitnehmern, die bei einem Betriebsübergang dem Übergang ihrer Arbeitsverhältnisse widersprochen haben, BAG v. 05.02.1997, 10 AZR 553/96, NZA 1998, 158.
299   BAG v. 31.07.1996, 10 AZR 45/96, NZA 1997, 165.
300   BAG v. 23.08.1988, 1 AZR 284/87, NZA 1989, 28; BAG v. 19.10.1999, 1 AZR 838/98, NZA 2000, 732.
301   BAG v. 30.11.1994, 10 AZR 578/93, NZA 1995, 492, 644; BAG v. 24.01.1996, 10 AZR 155/95, NZA 1996, 834.
302   Dazu BAG v. 06.08.1997, 10 AZR 66/97, NZA 1998, 155 ff; BAG v. 11.02.1998, 10 AZR 22/97, NZA 1998, 895 f; vgl dazu auch *Stoffels* ZfA 1999, 194 f sowie *Nicolai* ZfA 1999, 617, 715 ff; zu Sozialplanabfindungen bei Widerspruch nach Betriebsübergang BAG v. 05.02.1997, 10 AZR 553/96, NZA 1998, 158 ff.
303   BAG v. 26.06.1990, 1 AZR 263/88, NZA 1991, 111, 113 = SAE 1991, 172 mit Anm. *Rieble*; BAG v. 15.01.1991, 1 AZR 80/90, NZA 1991, 692, 693; BAG v. 24.08.2004, 1 ABR 23/03, NZA 2005, 302, 305.
304   Grundlegend BAG v. 10.08.1994, 10 ABR 61/93, NZA 1995, 314; dazu *Meyer* NZA 1995, 974, 977 und NZA 1997, 289 ff.

triebsvereinbarung dar, die nach der Rechtsprechung des BAG auf § 88 gestützt werden kann und daher auch zulässig ist. Allerdings soll ein solcher vorsorglicher Sozialplan uU das Mitbestimmungsrecht des Betriebsrats „verbrauchen" können. Diese Rechtsprechung ist ua deshalb auf Kritik gestoßen, weil vorsorgliche Sozialpläne zu einem unzulässigen Verzicht des Betriebsrats auf künftige Beteiligungsrechte führen können[305].

d) Sozialplan in der Insolvenz

901 Die früher umstrittene Rechtslage[306] bei der Behandlung von Sozialplananprüchen im Konkurs ist nunmehr seit dem 01.01.1999 durch die §§ 123, 124 InsO geklärt worden. Sozialplanforderungen sind jetzt Masseverbindlichkeiten[307]. Außerdem werden gemäß § 123 InsO – dies entspricht den bisherigen Regelungen im Sozialplangesetz – das Sozialplanvolumen und uU auch Sozialplanforderungen selbst begrenzt[308].

§ 9   Mitbestimmung im Unternehmen*

I. Überblick

1. Montanmitbestimmung

902 a) Neben der Mitbestimmung in innerbetrieblichen Angelegenheiten durch den Betriebsrat als eigenes Mitbestimmungsgremium der Arbeitnehmer (dazu bereits im § 8) steht die Mitbestimmung im Unternehmen durch die Aufnahme von Arbeitnehmervertretern in bestehende Unternehmensorgane, nämlich insbesondere den Aufsichtsrat der Aktiengesellschaft. Sie wurde zunächst durch Gesetz vom 21.05.1951[1] in der sog. Montanindustrie, dh in den Unternehmen des Bergbaus und der Eisen und Stahl erzeugenden Industrie verwirklicht, und zwar vor allem durch paritätische Besetzung des Aufsichtsrats der in diesen Betrieben überwiegend tätigen Aktiengesellschaften und Gesellschaften mit beschränkter Haftung[2], soweit sie mehr als 1000 Arbeitnehmer beschäftigen (§ 1 Montan-MitbestG). Für Gesellschaften mit be-

---

305 Grundlegend BAG v. 26.08.1997, 1 ABR 12/97, NZA 1998, 216; krit dazu *Löwisch*, FS Dieterich 1999, 345; zu sog. Dauer- oder Rahmensozialplänen Richardi-*Annuß* § 112 Rn 63 ff; ErfK-*Kania* §§ 112, 112a BetrVG Rn 15.

306 Vgl dazu *Lieb*, 6. Aufl., Rn 891 ff.

307 BAG v. 30.03.2004, 1 AZR 85/03, AP Nr 170 zu § 112 BetrVG 1972. Dies gilt nicht für Sozialpläne, die vor der Insolvenzeröffnung aufgestellt worden sind (BAG v. 31.07.2002, 10 AZR 275/01, NZA 2002, 1332).

308 Dazu nur ErfK-*Kania* §§ 112, 112a BetrVG Rn 43 f.

* Rechtsprechungsüberblick bei *Oetker* ZGR 2000, 19 ff; *Henssler*, Festgabe 50 Jahre BGB Band II, 2000, 387 ff.

1 Das Montan-MitbestG wurde zuletzt geändert durch Art. 4 des Zweiten Gesetzes zur Vereinfachung der Wahl der Arbeitnehmervertreter in den Aufsichtsrat v. 18.05.2004 (BGBl. I S. 974).

2 Die im Gesetz ebenfalls aufgeführte Rechtsform der bergrechtlichen Gewerkschaft wurde zum 01.01.1994 aufgehoben (§ 163 BBergG).

schränkter Haftung ordnete das Gesetz für diesen Zweck die sonst nicht erforderliche Bildung eines Aufsichtsrats ausdrücklich an (im Gegensatz zu § 52 GmbHG sog. obligatorischer Aufsichtsrat – § 3 Montan-MitbestG)[3].

Dieses Gesetz erfasste nur Unternehmen, die selbst im Bereich der Montanindustrie **903** tätig waren, nicht dagegen juristisch selbstständige, bloß konzernleitende Ober- (Holding-) Gesellschaften, die nicht selbst Eisen und Stahl produzierten, wohl aber die unternehmerischen Entscheidungen für die von ihnen abhängigen Unternehmen ihres Montanbereichs fällten und mithilfe ihrer Kapitalmehrheit durchsetzten. Die sich daraus ergebende Mitbestimmungslücke wurde durch das **Mitbestimmungsergänzungsgesetz des Jahres 1956 (sog. Holdingnovelle)** geschlossen und damit sichergestellt, dass die Montanmitbestimmung auch in den herrschenden Unternehmen stattfinden konnte, in denen die eigentlichen Entscheidungen fielen, wenn „der Unternehmenszweck des Konzerns durch Konzernunternehmen und abhängige Unternehmen gekennzeichnet wird, die unter das (Montan-)MitbestG fallen" (§ 3 MitbestErgG).

b) Die weitere Entwicklung war dadurch gekennzeichnet, dass im Bereich der Eisen- **904** und Stahlindustrie durch Rückgang der Produktion und Diversifikation immer mehr Unternehmen aus dem Geltungsbereich der genannten Gesetze herausfielen, weil der Anteil der Produktion von Eisen und Stahl unter die 50%-Grenze sank. Der Gesetzgeber reagierte darauf zunächst durch die sog. **lex Rheinstahl I**[4] und dann durch die **lex Rheinstahl II**[5], indem er die Auslauffristen veränderte. Ende der 1970er-Jahre drohte dann im spektakulären Fall der Düsseldorfer Mannesmann AG (die schon Anlass für den Erlass des MitbestErgG 1956 gewesen war) der Wegfall der gesamten Montanmitbestimmung, weil das Unternehmen diejenigen Geschäftsbereiche, die dem Montanbereich zuzuordnen waren, aus der Muttergesellschaft in eine Tochtergesellschaft verlagern und damit den Geltungsbereich der Montanmitbestimmungsgesetze verlassen wollte.

Daraufhin änderte der Gesetzgeber beide **Montanmitbestimmungsgesetze** in der **905** Weise, dass trotz Wegfalls der die Mitbestimmungspflichtigkeit konstituierenden Voraussetzungen die Montanmitbestimmung für jeweils sechs Jahre festgeschrieben wurde (§ 1 Abs. 3 Montan-MitbestG, § 2 S. 2 MitbestErgG aF[6]) und obendrein – dies war bis dahin streitig gewesen – Walzwerkerzeugnisse ausdrücklich in die Erzeugung von Eisen und Stahl einbezogen wurden (§ 1 Abs. 1 S. 2 Montan-MitbestG nF)[7].

c) Die Montanmitbestimmung wurde weiterhin zum 01.01.1989 im Zusammenhang **906** mit der Änderung des Betriebsverfassungsgesetzes und der Einführung der Sprecher-

---

3   Näher zur Montanmitbestimmung etwa *Boldt*, Mitbestimmungsgesetz Eisen und Kohle 1952; zum persönlichen Geltungsbereich: BGH v. 28.02.1983, II ZB 10/82, AG 1983, 311; OLG Düsseldorf v. 27.07.1988, 19 W 10/87, AG 1989, 63; *Konzen* AG 1983, 289.
4   Gesetz v. 21.04.1967 (BGBl. I, 505) hierzu BVerfG v. 07.05.1969, 2 BvL 15/67, NJW 1969, 1203.
5   Gesetz v. 29.11.1971 (BGBl. I, 1857).
6   Zur Vorgeschichte des Gesetzes *Wlotzke/Wissmann* DB 1981, 623.
7   Eine Grundlage für die Einführung der Montanmitbestimmung für die Vergangenheit wurde dadurch nicht geschaffen (OLG Düsseldorf v. 27.07.1988, 19 W 10/87, AG 1989, 63 „Böhler").

ausschüsse geändert[8]. Gegenstand der Änderung war eine Neufassung des MitbestErgG 1956. Nach §§ 3 Abs. 2 und 4 MitbestErgG nF sollte die Montanmitbestimmung auch für Konzernobergesellschaften, die aus dem Geltungsbereich des
MontanMitbestG ausgeschieden sind, so lange weiterbestehen, wie entweder der
Montanumsatz (genauer ein modifizierter Umsatz, der der Wertschöpfung entspricht)
im Konzern mindestens 20 % beträgt oder mindestens 2000 Arbeitnehmer im Montanbereich beschäftigt werden (§ 3 Abs. 2 Nr 2). Außerdem wurde das Verhältnis der in-
ternen zu den externen Arbeitnehmervertretern verändert (vgl nunmehr § 6 Mitbest-
ErgG).

907 Bei der Neufassung wurde in § 1 MitbestErgG auf die bisherige Voraussetzung eines
Organschaftsverhältnisses verzichtet. Dies bedeutet, dass auch sog. faktische Konzer-
ne[9] vom MitbestErgG erfasst werden. Die Sonderregelung des MitbestG für leitende
Angestellte wurde in das MitbestErgG nicht übernommen[10].

908 Zu beachten ist zudem, dass die Herabsetzung der Anforderungen gem. § 3 Mitbest-
ErgG nur für solche Unternehmen gilt, die schon früher der Montanmitbestimmung
unterlagen und daraus herauszufallen drohen. Für „Neuzugänge" bleibt es dagegen
dabei, dass der Montanumsatz mehr als die Hälfte betragen muss (§ 16 Abs. 1 MitbestErgG). Das Gesetz gilt daher nur bei wenigen Konzernobergesellschaften. Problematisch ist, ob die Ungleichbehandlung von Obergesellschaften, die bereits der Montanmitbestimmung unterfallen, und „Neuzugängen", bei denen es um die erstmalige
Einführung der Montanmitbestimmung geht, allein durch den Wunsch nach Erhaltung
des sozialen Friedens gerechtfertigt werden kann[11] und ob hier ein Verstoß gegen
Art. 3 Abs. 1 GG vorliegt[12]. Das BVerfG hat die Änderung des MitbestErgG im Wesentlichen für verfassungsgemäß gehalten; verworfen wurde allerdings § 3 Abs. 2 S. 1
Nr 2 wegen mangelnden Montanbezugs[13].

909 Anlässlich dieses Urteils des BVerfG wurde § 3 Abs. 2 S. 1 Nr 2 MitbestErgG zum
01.07.2004 durch Art. 2 des Zweiten Gesetzes zur Vereinfachung der Wahl der Arbeitnehmervertreter in den Aufsichtsrat vom 14.05.2004 nunmehr dahingehend geändert, dass die Montanmitbestimmung in Konzernunternehmen und abhängigen Unternehmen weitergilt, wenn diese „in der Regel mehr als ein Fünftel der Arbeitnehmer
sämtlicher Konzernunternehmen und abhängigen Unternehmen beschäftigen"[14].
Praktische Bedeutung kommt dieser Gesetzesänderung jedoch insoweit nicht mehr

---

8   BT-Drs 11/3618, 14; dazu *Wissmann* DB 1989, 426; *Buchner* NZA 1989 Beil. 1, 1, 19 ff.
9   § 18 AktG.
10 Vgl dazu aber *Buchner* NZA 1989, Beil. zu Heft 1, 1, 20.
11 So bei fünfjähriger Auslauffrist BVerfG v. 07.05.1969, 2 BvL 15/67, NJW 1969, 1203 „Lex Rhein-
    stahl I".
12 So OLG Düsseldorf v. 13.08.1993, 19 W 3/90, AG 1994, 281 (Mannesmann) in einem Vorlagebe-
    schluss an das BVerfG; vgl *Theisen* AG 1993, 49, 53 und *Nagel*, Mitbestimmung im Montankonzern
    und Grundgesetz 1992.
13 BVerfG v. 02.03.1999, 1 BvL 2/91, NJW 1999, 1535 = RdA 1999, 389 mit eingehender Darstellung
    der Entwicklung und Anm. *Raiser*.
14 BGBl. I, S. 974, 976.

zu, als die Mannesmann-AG, auf die als letztes Unternehmen das MitbestErgG noch Anwendung gefunden hatte, im Jahre 1999 aus dem Geltungsbereich des Gesetzes ausgeschieden ist[15].

2. Mitbestimmungsgesetz

Nach langen politischen Auseinandersetzungen[16] wurde das aus dem Montan-Mit-bestG, dem MitbestErgG und dem BetrVG 1952 bestehende Mitbestimmungssystem im Jahre 1976 durch ein neues Mitbestimmungsgesetz modifiziert (MitbestG)[17], das die im Wesentlichen paritätische Mitbestimmung auch für Aktiengesellschaften, Kommanditgesellschaften auf Aktien, Gesellschaften mit beschränkter Haftung und Erwerbs- und Wirtschaftsgenossenschaften außerhalb des Montanbereichs verbindlich macht, wenn diese in der Regel mehr als 2000 Arbeitnehmer beschäftigen und es sich nicht um ein Tendenzunternehmen[18] handelt (§ 1 Abs. 1 und 4 MitbestG). **910**

3. Unterschiede zwischen Montanmitbestimmung und MitbestG

Obwohl die Aufsichtsräte mitbestimmter Gesellschaften sowohl im Montanbereich als auch im Geltungsbereich des MitbestG jeweils mit der gleichen Zahl von Arbeit-nehmer- und Anteilseignervertretern, also insoweit gleichermaßen paritätisch, besetzt sind, bestehen bei genauerem Hinsehen doch nicht unerhebliche Unterschiede: **911**

a) Der erste Unterschied besteht darin, dass im Bereich des MitbestG zumindest ein Arbeitnehmervertreter ein leitender Angestellter im Sinne des BetrVG sein muss (§ 15 Abs. 1 S. 2 MitbestG; zum Begriff § 3 Abs. 1 S. 1 Nr 2 MitbestG 1976 i.V.m § 5 Abs. 3 BetrVG). Die Gewerkschaften sehen bereits darin eine Verwässerung der Pari-tät, weil sie dem leitenden Angestellten[19] ein zumindest etwas größeres Verständnis für die Belange der Anteilseigner und damit die Tendenz unterstellen, in Zweifelsfäl-len eher mit den Anteilseignervertretern zu stimmen[20]. **912**

---

15 *Henssler* in: Baums/Ulmer (Hrsg), Unternehmensmitbestimmung der Arbeitnehmer in den EU-Mit-gliedstaaten 2004, S. 133, 134.
16 Überblick über die Entstehungsgeschichte bei Ulmer/Habersack/Henssler-*Henssler* Einl. Rn 15 ff.
17 Gesetz v. 04.05.1976 (BGBl. I S. 1153). Das MitbestG wurde zuletzt geringfügig geändert durch den Art. 3 des Zweiten Gesetzes zur Vereinfachung der Wahl der Arbeitnehmervertreter in den Aufsichts-rat v. 14.05.2004 (BGBl I S. 974) und Art. 4 des Zweiten ÄndG zum SeemansG v. 08.06.2005 (BGBl. I S. 1530).
18 Zur Konkretisierung vgl BayOblG v. 10.08.1995, 3Z BR 149/93, ZIP 1995, 1671; KölnKomm-*Mer-tens*, AktG, 2. Aufl. 1996, Anh. § 117 B § 1 MitbestG Rn 7 ff; zum Tendenz*konzern* BAG v. 30.06.1981, 1 ABR 30/79, AP Nr 20 zu § 118 BetrVG 1972; OLG Hamburg 22.01.1980, 11 W 38/79, BB 1980, 332; KölnKomm-*Mertens* Anh. § 117 B § 11 MitbestG Rn 16 ff.
19 Dazu sowie insgesamt zur Problematik der leitenden Angestellten im MitbestG *Hromadka*, Das Recht der leitenden Angestellten 1979, 289 ff; *Martens*, Die Gruppenabgrenzung der leitenden Angestellten nach dem MitbestG, 1979.
20 Auch daraus erklären sich die Auslegungsstreitigkeiten um den Begriff des leitenden Angestellten; dazu bereits oben Rn 748 ff.

913 b) Der zweite, gewichtigere Unterschied besteht in der Technik der sog. **Patt-Auflö-sung**: Die paritätische Besetzung des Aufsichtsrats mit Vertretern von verschiedenen entgegensetzten Interessen bringt die Gefahr mit sich, dass sich bei Abstimmungen gerade über besonders wichtige oder heikle Fragen Stimmengleichheit, also ein Patt, ergibt. Im Interesse der Funktionsfähigkeit der Unternehmensorgane muss es aufge-löst werden können. Im Bereich der Montanmitbestimmung gehört dem Aufsichtsrat zu diesem Zweck ein nach einem komplizierten Verfahren zu wählendes weiteres, möglichst neutrales Aufsichtsratsmitglied an (der sog. elfte Mann, §§ 4 Abs. 1 S. 2 lit. c, 8 Montan-MitbestG; dieser braucht nicht zugleich Aufsichtsratsvorsitzender zu sein). Damit ist die Stimmenzahl bei vollständiger Präsenz bei Abstimmungen unge-rade und damit ein Mehrheitsbeschluss auch dann möglich, wenn sich Arbeitnehmer- und Anteilseignervertreter gegenseitig blockieren sollten[21].

914 Diese Möglichkeit fehlt im MitbestG, weil es hier ein weiteres neutrales Mitglied nicht gibt. Das Gesetz hat hier eine andere Konfliktlösung vorgesehen. Diese besteht in der sog. **Zweitstimme des Aufsichtsratsvorsitzenden**, die dieser gemäß § 29 Abs. 2 MitbestG bei einer erneuten zweiten Abstimmung **einsetzen kann**[22], wenn sich bei der vorhergehenden ersten Abstimmung Stimmengleichheit ergeben hat. Da der Aufsichtsratsvorsitzende auf Grund der Wahlregelung des § 27 Abs. 2 S. 2 Mit-bestG im Regelfall ein Anteilseignervertreter sein wird (zwingend vorgeschrieben ist dies jedoch nicht; vielmehr kann im ersten Wahlgang gemäß § 27 Abs. 1 MitbestG mit Zweidrittel-Mehrheit auch ein Arbeitnehmervertreter zum Aufsichtsratsvorsitzen-den gewählt werden), hat die Anteilseignerseite auf diese Weise meist ein leichtes Übergewicht. Darauf hat das BVerfG bei der Prüfung der Verfassungsmäßigkeit des MitbestG maßgeblich abgestellt[23].

4. Drittelbeteiligungsgesetz

915 Eine weitere Säule der Unternehmensmitbestimmung stellt das zum 01.07.2004 in Kraft getretene Gesetz über die Drittelbeteiligung der Arbeitnehmer im Aufsichtsrat (Drittelbeteiligungsgesetz, DrittelbG) v. 18.05.2004[24] dar, das an die Stelle des Be-trVG 1952 getreten ist[25]. Durch die Schaffung des DrittelbG ist den bisher in §§ 76 ff BetrVG 1952 enthaltenen Mitbestimmungsregelungen zwar eine neue Rechtsgrund-lage gegeben worden, die bisherige Rechtslage ist jedoch im Wesentlichen unverän-dert übernommen worden.

916 Gem. § 1 Abs. 1 Nr 1–5 DrittelbG wird für alle Aktiengesellschaften, Kommanditge-sellschaften auf Aktien, Gesellschaften mit beschränkter Haftung, Versicherungsver-eine auf Gegenseitigkeit und Erwerbs- und Wirtschaftsgenossenschaften mit in der

---

21 Zum Abstimmungsverhalten des sog. elften Manns vgl Mitbestimmungskommission, BT-Drs VI/334, 40.
22 Dazu Ulmer/Habersack/Henssler-*Habersack* § 29 Rn 16.
23 BVerfG v. 01.03.1979, 1 BvR 532/77, BVerfGE 50, 290 (dazu oben Rn 460 ff).
24 BGBl. I S. 974; ausführl hierzu: *Seibt* NZA 2004, 767.
25 Dazu *Lieb*, 8. Aufl., Rn 906 ff.

Regel jeweils mehr als 500 Arbeitnehmern die Besetzung des Aufsichtsrates mit einem Drittel Arbeitnehmervertreter angeordnet (sog. **Drittelparität**)[26].

Eine Ausnahme von der erforderlichen Arbeitnehmerzahl gilt gem. § 1 Abs. 1 Nr 1 S. 2 und Nr 2 S. 2 DrittelbG für Aktiengesellschaften und Kommanditgesellschaften auf Aktien, die vor dem 10. August 1994 in das Handelsregister eingetragen worden sind und keine Privilegierung als Familiengesellschaft erfahren. Sie fallen bereits dann unter den Anwendungsbereich des DrittelbG, wenn sie weniger als 500 Mitarbeiter beschäftigen[27]. Die Differenzierung nach dem Zeitpunkt der Eintragung ist verfassungsrechtlich nicht unbedenklich. Insbesondere die Tatsache, dass schon eingetragene Aktiengesellschaften, die ihren bisherigen Status als Familiengesellschaft verlieren, dadurch mitbestimmungspflichtig werden, während neu eingetragene Gesellschaften von der Neuregelung profitieren, ist kaum mit Art. 3 Abs. 1 GG zu vereinbaren[28]. **917**

Gemäß § 2 Abs. 1 DrittelbG nehmen bei der Wahl der Vertreter des Aufsichtsrates des herrschenden Unternehmens eines Konzerns auch die Arbeitnehmer der übrigen abhängigen Unternehmen teil. Somit ist eine Aufsichtsratswahl auch dann möglich, wenn das herrschende Unternehmen selbst keine Arbeitnehmer hat, aber in den Tochtergesellschaften wahlberechtigte Arbeitnehmer vorhanden sind[29]. Die Arbeitnehmer abhängiger Unternehmen werden jedoch nur bei einem Vertrags- oder Eingliederungskonzern, also nicht beim faktischen Konzern berücksichtigt[30]. **918**

Im Verhältnis zu den übrigen Mitbestimmungsgesetzen sieht das DrittelbG eine wesentlich schwächere Form der Mitbestimmung vor. Daher ist es auch nur nachrangig anwendbar. Ein mitbestimmter Aufsichtsrat ist demnach nach den Vorschriften des DrittelbG nur zu bilden, wenn nicht bereits die Mitbestimmung nach dem MitbestG, dem Montan-MitbestG oder dem MitbestErgG eingreift (§ 1 Abs. 2 S. 1 Nr 1 und Abs. 3 DrittelbG). Vom Anwendungsbereich des DrittelbG sind ferner ausgenommen sind gem. § 1 Abs. 2 S. 1 Nr 2 DrittelbG, Tendenzunternehmen ausgenommen. **919**

5. SE-Beteiligungsgesetz

Weitere mitbestimmungsrechtliche Regelungen sind mit der Schaffung der **Europäischen Gesellschaft (SE)** in Form des **SE-Beteiligungsgesetzes (SEBG)** v. 22.12.2004[31] eingeführt worden. §§ 5–10 ff SEBG sehen bei der Gründung einer SE **920**

---

26 Dazu *Hueck/Nipperdey* II/2 1485 ff.
27 Diese Differenzierung ist historisch bedingt. Die Privilegierung der ab 1994 eingetragenen Gesellschaften gilt auf Grund des Gesetzes „für kleine Aktiengesellschaften" (BGBl. 1994, I S. 1961; näher *Seibert/Coester*, Die Kleine AG, 3. Aufl. 1996, Rn 245), wodurch die Attraktivität der Aktiengesellschaft gesteigert werden sollte (*Lieb*, 8. Aufl., Rn 906).
28 *Lieb*, 8. Aufl., Rn 906 zum BetrVG 1952.
29 *Junker*, Arbeitsrecht, 5. Aufl. 2006, § 11 Rn 917.
30 Vgl OLG Zweibrücken v. 18.10.2005, 3 W 136/05, ZIP 2005 1966; so bereits zu § 77 BetrVG 1952 BayObLG v. 10.12.1992, 3 ZBR 130/92, NZA 1993, 518; *Hachenburg/Raiser*, GmbH-Gesetz, 8. Aufl. 1997, § 52 Rn 6; vgl dagegen § 5 MitbestG, § 3 MitbestErgG.
31 BGBl. I S. 3675.

zunächst die Bildung eines besonderen Verhandlungsgremiums vor, für das Mitglieder gewählt oder bestellt werden, welche die in jedem Mitgliedstaat beschäftigten Arbeitnehmer der beteiligten Gesellschaften und betroffenen Tochtergesellschaften oder Betriebe vertreten. Gem. § 4 Abs. 1 S. 2 SEBG liegt die Aufgabe des besonderen Verhandlungsgremiums darin, mit den Leitungen eine schriftliche Vereinbarung über die Beteiligung der Arbeitnehmer in der SE abzuschließen (Einzelheiten zu dieser Vereinbarung in § 21 SEBG)[32]. Dieser **Vorrang der Verhandlungslösung** ist wie schon beim Europäischen Betriebsrat und dem EBRG zu begrüßen, weil die Vertragsfreiheit Priorität gegenüber hoheitlicher Gestaltung genießt. Es ist zu wünschen, dass er Reformimpulse für das deutsche Recht, insbes für eine Generalrevision der deutschen Mitbestimmungsgesetze, auslöst[33].

921   Kommt indes eine Vereinbarung nicht innerhalb des von § 20 Abs. 1 SEBG vorgegebenen Zeitrahmens von spätestens sechs Monaten (verlängerbar nach § 20 Abs. 2 SEBG) zustande, greifen unter den Voraussetzungen des § 34 SEBG die in §§ 35–38 ff SEBG enthaltenen **gesetzlichen Auffangregelungen**. Der Umfang der gesetzlichen Mitbestimmung differenziert dann nach den verschiedenen Gründungsformen. Bei einer Gründung der SE durch Umwandlung bleibt die Mitbestimmung erhalten, die in der Gesellschaft vor der Umwandlung bestanden hat (§ 35 Abs. 1 SEBG). Erfolgt die Gründung durch Verschmelzung oder durch Gründung einer Holding-SE oder Tochter-SE, bestimmt sich die Zahl der Arbeitnehmervertreter im Aufsichts- oder Verwaltungsorgan der SE nach dem höchsten Anteil von Arbeitnehmervertretern, der in den Organen der beteiligten Gesellschaften vor der Eintragung bestanden hat (§ 35 Abs. 2 SEBG). Die gesetzliche Mitbestimmung richtet sich damit gemäß dem **Vorher-Nachher-Prinzip** nach dem höchsten anzutreffenden Mitbestimmungsstandard in den beteiligten Gesellschaften.

922   Die Nachteile dieses Konstruktionsfehlers liegen nicht nur in der verminderten Verhandlungsbereitschaft der Arbeitnehmerseite, sondern vor allem darin, dass sich das deutsche Mitbestimmungsrecht mit dem europaweit höchsten Standard auf diese Weise für deutsche Gesellschaften vermutlich als gravierender Standortnachteil erweisen wird. Rechtlich problematisch ist va die Frage, ob die Übertragung der paritätischen Mitbestimmung aus einer deutschen Gesellschaft auf eine **monistisch strukturierte SE** mit einem Verwaltungsorgan, das nicht nur Überwachungs-, sondern auch Leitungsaufgaben wahrnimmt, richtlinien- und verfassungskonform ist. Dafür

---

32   Dazu ausführl *Oetker*, FS Konzen 2006, 635 ff mwN.

33   Die Unternehmensmitbestimmung vor dem Hintergrund europarechtlicher Entwicklungen ist auch das Thema der arbeitsrechtlichen Abteilung des 66. Deutschen Juristentages 2006 in Stuttgart („Unternehmensmitbestimmung vor dem Hintergrund europarechtlicher Entwicklungen"). Mit Blick auf eine Reform des Mitbestimmungsrechts sind in jüngerer Vergangenheit verschiedene Kommissionen ins Leben gerufen worden, so etwa Anfang 2004 die Kommission Mitbestimmung von BDA und BDI, die im November 2004 den Bericht „Mitbestimmung modernisieren" vorgelegt hat, sowie die vom ehemaligen Bundeskanzler Schröder im Jahre 2005 ins Leben gerufene, von der Großen Koalition bestätigte Kommission zur Mitbestimmung unter der Leitung von Kurt Biedenkopf („Biedenkopf-Kommission"), die den Auftrag hat, ausgehend vom geltenden Recht Vorschläge für eine moderne und europataugliche Weiterentwicklung der deutschen Unternehmensmitbestimmung zu unterbreiten; dazu näher statt vieler *Oetker* RdA 2005, 338 ff mwN.

wird das **Zweitstimmrecht** des Vorsitzenden des Verwaltungsorgans angeführt (vgl Art. 45 S. 2, 50 Abs. 2 S. 1 SE-VO, § 35 Abs. 3 SEAG). Die schematische Übertragung der paritätischen Mitbestimmung auf das Verwaltungsorgan in der monistisch verfassten SE bedeutet indes eine **qualitativ-materielle Ausweitung** der Mitbestimmung, die va das **mitgliedschaftsrechtliche** Element des Eigentumsrechts der Anteilseigner verletzt[34]. Sie ist deshalb **verfassungswidrig**.

6. Zusammensetzung und Wahlverfahren in Bezug auf die sog. Arbeitnehmerbank

Von beträchtlichem politischen Gewicht ist die Frage, ob sich unter den Arbeitnehmervertretern auch solche befinden sollen, die dem Unternehmen nicht als Arbeitnehmer angehören (sog. **externe** Arbeitnehmervertreter)[35]. Ihre Bedeutung erklärt sich daraus, dass davon vor allem die Intensität des Einflusses der Gewerkschaften auf die Aufsichtsräte mitbestimmter Unternehmen abhängt. Sie ist in den einzelnen Mitbestimmungsgesetzen unterschiedlich geregelt (§ 6 Abs. 3 Montan-MitbestG, § 6 Abs. 1 MitbestErgG, § 16 MitbestG). Auf Grund dieser Regelungen ist im Ergebnis sichergestellt, dass die Gewerkschaften über von ihnen vorgeschlagene Repräsentanten in den Aufsichtsräten mitbestimmter Unternehmen selbst vertreten sind. **923**

Völlig unterschiedlich ausgestaltet sind jeweils auch die Wahlverfahren (vgl nur § 6 iVm. § 5 Montan-MitbestG, §§ 7 ff MitbestErgG, § 5 DrittelbG, §§ 9 ff MitbestG). Dies ist keine rein technische Angelegenheit; vielmehr verbergen sich auch dahinter Fragen von erheblichem politischem Gewicht, weil von der Ausgestaltung des Wahlverfahrens die Wahlchancen bestimmter Gruppen entscheidend abhängen[36]. Dies erklärt die merkwürdige Tatsache, dass es zu den Wahlvorschriften des MitbestG insgesamt drei Wahlordnungen mit jeweils über 100 Paragraphen gibt[37]. Kann die Wahl der Arbeitnehmervertreter nicht in angemessener Zeit erfolgen, soll wegen der Unzulässigkeit eines Aufsichtsrates ohne Arbeitnehmervertreter eine gerichtliche Bestellung von Arbeitnehmervertretern möglich sein[38]. **924**

7. Arbeitsdirektor

Die Mitbestimmung der Arbeitnehmer im Unternehmen wird durch die (paritätische) Besetzung des Aufsichtsrats verwirklicht, während das eigentliche Leitungsorgan der mitbestimmten Gesellschaften, also vor allem der Vorstand der AG (§ 76 AktG) und die Geschäftsführer einer GmbH (§ 35 GmbHG), davon im Wesentlichen unberührt bleiben. Insbesondere gibt es keine mitbestimmungsrechtlichen Vorschriften, die eine bestimmte Zusammensetzung des Vorstandes vorschreiben. Vielmehr soll dessen Homogenität grundsätzlich erhalten bleiben. Der Mitbestimmungseinfluss beschränkt sich auf das Wahlverfahren des § 31 MitbestG, dem sich alle Vorstandsmitglieder für ihre jeweils höchstens fünfjährige Wahlperiode (§ 31 Abs. 1 MitbestG iVm § 84 Abs. 1 S. 1 AktG) zu stellen haben. **925**

---

34 Näher MünchKommAktG-*Jacobs* § 35 SEBG Rn 18 ff mwN.
35 Zur ihrer Rolle vgl Mitbestimmungskommission, BT-Drs VI/334, 33 f, 106 f.
36 Zu Bedenken gegen die Verfassungsmäßigkeit der Quoren für die Wahlvorschläge vgl *Spindler* AG 1993, 25.
37 Dazu ausführlich *Säcker*, Die Wahlordnungen zum Mitbestimmungsgesetz 1978.
38 LG Hof v. 17.11.1992, 1 HT 3/92, BB 1993, 138.

926 An einer Stelle nimmt das Gesetz aber auch Einfluss auf Vorstand bzw Geschäftsführung mitbestimmter Gesellschaften, und zwar dadurch, dass mitbestimmungsrechtlich das Vorhandensein eines sog. **Arbeitsdirektors** zwingend vorgeschrieben wird (§ 33 MitbestG, § 13 Montan-MitbestG)[39]. Damit soll sichergestellt werden, dass die Personal- und Sozialangelegenheiten[40] auf der Vorstandsebene durch ein Mitglied wahrgenommen werden, das sich diesen Fragen vorzugsweise widmet[41] und ihnen damit neben den „klassischen" Vorstandsressorts (Finanzen, Technik, Ein- und Verkauf etc) die gebührende Beachtung sichert[42]. Dieser Arbeitsdirektor benötigt nur im Geltungsbereich des Montan-MitbestG das besondere Vertrauen der Arbeitnehmervertreter im Aufsichtsrat (§ 13 Abs. 1 S. 2 Montan-MitbestG), während schon nach dem MitbestErgG (vgl die eingeschränkte Verweisung in § 13 MitbestErgG), aber auch im Bereich des MitbestG diese zusätzliche Voraussetzung nicht besteht.

927 Die Rechtsprechung hatte wiederholt Veranlassung, sich mit der Rechtsstellung des Arbeitsdirektors zu beschäftigen: So muss dem Arbeitsdirektor ein Mindestressort als Mitglied des Vertretungsorgans der Gesellschaft zugewiesen werden, das alle wesentlichen Personal- und Sozialfragen umfasst. Ihm muss außerdem eine gleichberechtigte Stellung im Verhältnis zu anderen Mitgliedern des Vertretungsorgans eingeräumt werden[43]. In einem der Mitbestimmung unterliegenden Unternehmen ist es mit Rücksicht auf die Rechtsstellung des Arbeitsdirektors unzulässig, dem Vorsitzenden der Geschäftsführung ein allgemeines Vetorecht einzuräumen[44]. Dem entspricht es, dass in einem zweigliedrigen Vorstand dem Vorsitzenden ein Stichentscheid nicht zugebilligt wird[45].

II. Funktionsweise der Mitbestimmung

1. Mitbestimmung in der AG

928 Der Gesetzgeber hat als Ansatzpunkt für die institutionell-organisatorische Verwirklichung der Mitbestimmungsidee in den Kapitalgesellschaften seit jeher den Aufsichtsrat – in der Europäischen Gesellschaft (SE) ist jetzt der Verwaltungsrat hinzugekommen, der in monistisch strukturierten Gesellschaften an die Stelle des Aufsichtsrates und des Vorstandes tritt und gleichzeitig Leitungs- und Überwachungsaufgaben wahrnimmt – gewählt. Dies ist auf den ersten Blick überraschend, da der Aufsichtsrat nach der Konzeption des Aktiengesetzes grundsätzlich auf eine bloße Überwachungs- und Kontrollfunktion beschränkt ist. Dies kommt nicht nur in § 111 Abs. 1 AktG („der Aufsichtsrat hat die Geschäftsführung zu überwachen") und § 111 Abs. 4 S. 1 AktG („Maßnahmen der Geschäftsführung können dem Aufsichtsrat nicht übertragen wer-

---

39 Überblick über die Entstehungsgeschichte der Norm bei Ulmer/Habersack/Henssler-*Henssler*, § 33 Rn 9 ff.
40 Zum Inhalt dieses Begriffs Ulmer/Habersack/Henssler-*Henssler* § 33 Rn 42 ff.
41 Zur Streitfrage, ob und inwieweit dem Arbeitsdirektor zusätzliche Aufgaben übertragen werden können, Ulmer/Habersack/Henssler-*Henssler* § 33 Rn 41.
42 Vgl dazu BGH v. 14.11.1983, II ZR 33/83, BGHZ 89, 48, 58 ff; *Konzen* GmbHR 1983, 92, 98; *Hanau* ZGR 1984, 346, 359 ff; *Schiessl* ZGR 1992, 64, 72 ff.
43 OLG Frankfurt v. 23.04.1985, 5 U 149/84, AG 1985, 220.
44 BGH v. 14.11.1983, II ZR 33/83, BGHZ 89, 48, 58 ff.
45 OLG Hamburg v. 20.05.1985, 2 W 49/84, AG 1985, 251.

den"), sondern vor allem auch darin zum Ausdruck, dass der Vorstand gemäß § 76 Abs. 1 AktG die Geschäfte der AG nach wie vor „unter eigener Verantwortung", also autonom, zu leiten hat.

So sehr es rechtspolitisch auch erwünscht ist, die Neutralität des Vorstands als des eigentlichen Leitungsorgans zu erhalten und nicht etwa direkt mit Arbeitnehmervertretern zu besetzen, so sehr erstaunt die auf den ersten Blick relativ schwach erscheinende Anbindung der Mitbestimmung an die Funktionen des Aufsichtsrats. Dieser erste Blick trügt indessen: Zunächst ist zu berücksichtigen, dass bereits die Kompetenz zur Bestellung des Vorstands, verbunden mit deren Höchstdauer von fünf Jahren (§ 84 Abs. 1 AktG), für den Aufsichtsrat de facto eine gewichtige Einflussmöglichkeit bzw entsprechende Abhängigkeiten der Vorstandsmitglieder begründet[46]. Zum zweiten darf die Tatsache nicht außer Acht gelassen werden, dass sich in vielen Unternehmen unter Überwindung der strengen Zuständigkeitsabgrenzung zwischen Vorstand und Aufsichtsrat eine Praxis herausgebildet hat, wichtige unternehmerische Probleme schon vor ihrer Entscheidung durch den dafür zuständigen Vorstand im Vorfeld zumindest mit dem Aufsichtsratspräsidium gründlich zu beraten[47] und sich auf diese Weise des Einverständnisses des Aufsichtsrats auch dort zu vergewissern, wo es rechtlich nicht erforderlich ist. Auf diese Weise nähert sich die Entscheidungsfindung auch im deutschen Aktienrecht dem monistischen System an.

Schließlich gilt es zu bedenken, dass dem **Aufsichtsrat** auf Grund der wichtigen Ausnahmevorschrift des § 111 Abs. 4 S. 2 AktG in gewissem Rahmen die Kompetenz zusteht, bestimmte Geschäfte von seiner **(vorherigen) Zustimmung** abhängig zu machen und damit den Vorstand (intern) auch rechtlich zu binden[48]. Diese Möglichkeit ist ein interessantes Beispiel für die Problematik mitbestimmungsfreundlicher Behandlung gesellschaftsrechtlicher Streitfragen: Gemäß § 111 Abs. 4 S. 2 AktG kann die Zustimmungsbedürftigkeit bestimmter Arten von Geschäften sowohl durch die Satzung als auch durch den Aufsichtsrat selbst angeordnet werden. Dies hat zu der Frage geführt, ob die Satzung als das Grundgesetz der Gesellschaft auf Grund eines entsprechenden Normenvorrangs den Kreis der zustimmungsbedürftigen Geschäfte abschließend – und damit auch für den Aufsichtsrat bindend – festlegen und damit die potenziellen Zustimmungsrechte des Aufsichtsrats einschränken kann. Im aktienrechtlichen Schrifttum vor Erlass des MitbestG war diese Frage überwiegend verneint worden[49], obwohl aus rein gesellschaftsrechtlicher Sicht ein Vorrang der Satzung durchaus nahe gelegen hätte.

Heute fragt es sich indessen, ob ein solcher, **gesellschaftsrechtlich begründeter Vorrang** auch in Bezug auf die Zuständigkeit eines nunmehr mitbestimmten Aufsichtsrats angenommen werden kann oder ob nicht angesichts dessen paritätischer Zusammensetzung zumindest in Zuständigkeitsfragen eine Bindung an die nur von den Anteilseignern beschlossene Satzung (§ 119 Abs. 1 Nr 5 AktG) verneint werden

929

930

931

---

46 Vgl dazu *Immenga* ZGR 1977, 249, 250; *Mertens* ZGR 1983, 189.
47 Bericht der Mitbestimmungskommission, BT-Drs VI/334, 35 ff.
48 Vgl auch § 32 MitbestG zur Ausübung von Beteiligungsrechten.
49 Vgl dazu nur KölnKomm-*Mertens*, AktG, 1. Aufl. 1973, § 111 Rn 59 ff.

muss. Die hL nimmt insoweit in der Tat zutreffend an, dass eine Bindung des Aufsichtsrats an die Satzung jedenfalls im Bereich des § 111 Abs. 4 S. 2 AktG nicht mehr bejaht werden kann, so dass der Aufsichtsrat autonom darüber entscheiden kann, welche Beschlussgegenstände er von seiner Zustimmung abhängig machen will[50].

932 Im Übrigen gehört diese Streitfrage in den größeren Problemkreis, ob und inwieweit überhaupt der Weg der Satzungsbestimmung noch beschritten werden kann, um den mitbestimmten Aufsichtsrat – sei es in Bezug auf das von ihm einzuhaltende Verfahren, sei es in Bezug auf materielle Entscheidungen – an Grundsätze zu binden, die nur von den Anteilseignern beschlossen worden sind[51].

933 Mitbestimmungsrechtlich bedeutsam geworden ist, ob einzelne Mitglieder des Aufsichtsrats befugt sind, gegen ihrer Auffassung nach rechtswidrige Entscheidungen des Vorstandes im Wege der Klage vorzugehen. Der BGH hat dies abgelehnt[52].

2. Mitbestimmung in der GmbH

934 Auch bei der GmbH hat der Gesetzgeber, den Vorbildern des Montan-MitbestimmungsG (§ 3) und des BetrVG 1952 (§ 77 Abs. 1; mittlerweile geregelt in § 1 S. 1 Nr 3 DrittelbG) folgend, die Mitbestimmung durch eine entsprechende **Besetzung des Aufsichtsrats** zu verwirklichen gesucht. Dies war und ist vor allem deswegen problematisch, weil die Zuständigkeitsverteilung zwischen den Organen in der GmbH eine ganz andere ist als in der AG, deren Bild hier lediglich kopiert wurde: In der GmbH ist das Exekutivorgan, nämlich der oder die Geschäftsführer, im Gegensatz zur AG (§ 76 AktG) keineswegs autonom, sondern den Weisungen der Gesellschafter bzw der Gesellschafterversammlung unterworfen[53]. Die eigentlichen Leitungsbefugnisse liegen daher bei den Gesellschaftern, diese können durch entsprechende Weisungen an die Geschäftsführer die Geschäfte der Gesellschaft nach ihren Vorstellungen steuern. Hätte man hier Mitbestimmung wirklich effektiv installieren wollen, hätte man entweder – unter Wahrung ihrer Zuständigkeit – die Gesellschafterversammlung selbst zu einem paritätisch besetzten Organ umgestalten müssen oder aber die Leitungsbefugnisse der Gesellschafter entweder auf den Aufsichtsrat übertragen oder die Stellung des Geschäftsführers an diejenige des Vorstands einer AG angleichen, dh seine Kompetenzen zu Lasten der Gesellschafterversammlung erweitern müssen.

935 Der Gesetzgeber hat keinen dieser Wege beschritten, sondern dem Aufsichtsrat lediglich die bisher der **Gesellschafterversammlung** (§ 46 Nr 5 GmbHG) obliegende Be-

---

50 *Hüffer*, Aktiengesetz, 7. Aufl. 2006, § 111 Rn 17; *Lutter/Krieger*, Rechte und Pflichten des Aufsichtsrates, 4. Aufl. 2002, 36; zweifelnd *Wiedemann* BB 1978, 5, 8.
51 Vgl *Säcker*, Anpassung von Satzungen und Geschäftsordnungen an das MitbestG 1976, 1977, insb 12 ff (auch zur Problematik, ob durch die Satzung noch Eignungsvoraussetzungen für Vorstandsmitglieder bzw Geschäftsführer aufgestellt werden können).
52 BGH v. 28.11.1988, II ZR 57/88, NJW 1989, 979 (Opel-EDV); vgl auch OLG Celle v. 09.10.1989, 9 U 186/89, AG 1990, 264 (Pelikan); *Theisen* AG 1993, 49, 60 ff; *Raiser* AG 1989, 185; *Brücher* AG 1989, 190.
53 § 37 Abs. 1 GmbHG; einschränkend Baumbach/Hueck-*Zöllner/Noack*, 18. Aufl. 2006, § 37 Rn 6 ff.

fugnis zur Bestellung und Abberufung der Geschäftsführer übertragen (§ 31 Abs. 1 S. 1 MitbestG). Dies führt zu dem Ergebnis, dass die Geschäftsführer zwar vom Aufsichtsrat bestellt und abberufen werden, ihre Weisungen, wie sie sachlich zu verfahren haben, aber weiterhin von der Gesellschafterversammlung empfangen. Der sich daraus ergebende Loyalitätskonflikt liegt ebenso auf der Hand wie die weitgehende Einschränkung der Möglichkeit des Aufsichtsrats, die Geschäftsführer wirklich für ihre in erster Linie von den Gesellschaftern bestimmte Geschäftspolitik verantwortlich zu machen.

Angesichts dieses Zustandes haben sich in der Literatur Stimmen erhoben, die vorschlagen, dieses Problem dadurch zu lösen, dass den Gesellschaftern auch ihre bisherigen Weisungsrechte entzogen werden[54]. Eine solche grundlegende Veränderung der Zuständigkeitsverteilung in der GmbH kann im Wege einer teleologischen, mitbestimmungsfreundlichen Auslegung nicht herbeigeführt werden. Dazu hätte es vielmehr einer ausdrücklichen Entscheidung des Gesetzgebers bedurft, zumal bei solchen Vorschlägen offen bleibt, wem dieser Zuständigkeitsverlust der Gesellschafterversammlung zugute kommen soll: Dem Aufsichtsrat, dessen Funktion sich dann im Ergebnis ganz verändern würde, oder den Geschäftsführern, deren Autonomie dann an diejenige des Vorstands einer AG angenähert und damit ein erheblicher Unterschied zwischen AG und GmbH eingeebnet würde. Die hL geht daher trotz der Unzuträglichkeiten dahin, das Weisungsrecht der Gesellschafter der GmbH gegenüber den Geschäftsführern auch bei der mitbestimmten GmbH bestehen zu lassen[55]. **936**

Die Problematik der Zuständigkeit für den Abschluss des Anstellungsvertrages wird dagegen von der hM heute zutreffend anders entschieden: Dort soll die nunmehr gesetzlich angeordnete Bestellungskompetenz des mitbestimmten Aufsichtsrats auch die Kompetenz zum Abschluss des Anstellungsvertrages nach sich ziehen[56]. **937**

Im Übrigen werden in der GmbH auch die **Zustimmungsvorbehalte**, die sich der mitbestimmte Aufsichtsrat, wie bereits erwähnt, gemäß § 111 Abs. 4 S. 2 AktG iVm § 25 Abs. 1 S. 1 Nr 2 MitbestG selbst schaffen kann, de facto deshalb weitgehend leer laufen, weil die Gesellschafter den Geschäftsführern auch in Bezug auf die Erledigung zustimmungsbedürftiger Angelegenheiten Anweisungen erteilen können und – falls die Aufsichtsratsmehrheit eine andere Auffassung vertreten sollte – im Endergebnis gemäß § 111 Abs. 4 S. 3 AktG doch allein entscheiden können, wobei die Geschäftsführer auch angewiesen werden können, diese Letztentscheidung der Gesellschafterversammlung einzuholen. Trotzdem wird man das Verfahren gemäß § 111 Abs. 4 S. 2 AktG auch in der GmbH nicht für überflüssig erklären dürfen[57], da der **938**

---

54 *Reich/Lewerenz* AuR 1976, 261, 272; *Naendrup* AuR 1977, 225, 232; *Vollmer* ZGR 1979, 135, 147; für die kapitalistische GmbH auch *Reuter* AcP 179 (1979), 509, 543 f.

55 Vgl Scholz-*Schneider*, GmbHG, 9. Aufl. 2000, § 37 Rn 41 f; *Fitting/Wlotzke/Wissmann*, MitbestG, 2. Aufl. 1978, § 30 Rn 41; Ulmer/Habersack/Henssler-*Ulmer/Habersack* § 30 Rn 19; *Hommelhoff* ZGR 1978, 119.

56 BGH v. 14.11.1983, II ZR 33/83, NJW 1984, 733; ebenso bereits *Konzen* GmbHR 1983, 92.

57 Vgl *Säcker*, Anpassung von Satzungen und Geschäftsordnungen an das MitbestG 1976, 1977, 40; aA *Zöllner* ZGR 1977, 319, 327 f, der meint, das ganze Verfahren lasse sich auf die GmbH nicht übertragen.

mitbestimmte Aufsichtsrat seine Auffassung auf diese Weise wenigstens in einem institutionalisierten Verfahren ausdrücklich zur Geltung bringen kann.

939 Von einschneidender Bedeutung ist für die GmbH die Vorschrift des § 37 Abs. 3 MitbestG. Nach dem Wortlaut der Norm kann der Aufsichtsrat einer mitbestimmten GmbH nach Ablauf von fünf Jahren auch die Bestellung solcher Geschäftsführer widerrufen, die auf längere Zeit, etwa auf Lebenszeit, bestellt wurden. Dazu soll sogar das geschlossene Votum der Arbeitnehmerseite ausreichen (§ 37 Abs. 3 S. 2 MitbestG). Die verfassungsrechtliche Unzulässigkeit dieser Vorschrift wird besonders deutlich im Falle der Abberufung eines Gesellschafter-Geschäftsführers, dem ein satzungsrechtlich verankertes Sonderrecht auf Geschäftsführung zusteht[58]. Diese Vorschrift ist nicht nur an Art. 12 GG zu messen. Weiter gehend ist zu erwägen, ob nicht auch die Möglichkeit, eigenes im Unternehmen eingesetztes Kapital durch persönlichen Einsatz als Unternehmer zu steuern, verfassungsrechtlich gewährleistet ist[59]. Jedenfalls im Hinblick auf die personalistisch strukturierte GmbH ist deshalb zumindest eine Reduktion des Anwendungsbereichs der §§ 31, 33, 37 Abs. 3 MitbestG geboten[60].

3. Mitbestimmung in der GmbH & Co. KG

940 Noch weiter mediatisiert werden die qua Aufsichtsrat vermittelten mitbestimmungsrechtlichen Einflussmöglichkeiten in der GmbH & Co. KG[61]. Deren – erstmalige – Einbeziehung in den Kreis der **mitbestimmungspflichtigen Unternehmen** durch § 4 Abs. 1 MitbestG stellt bereits insofern eine Ausnahme dar, als die GmbH & Co. KG nach wie vor eine – vom Geltungsbereich der Mitbestimmungsesetze sonst ausgenommene – Personengesellschaft darstellt, mag sie auch, wie an verschiedenen Stellen bedeutsam, gewisse kapitalgesellschaftliche Elemente aufweisen[62]. Diese Ausnahme erklärt sich daraus, dass bei der GmbH & Co. KG im Regelfall keine natürliche Person unbeschränkt haftet und infolgedessen die sonst daraus folgenden Bedenken gegen die Einbeziehung von Personengesellschaften in den Geltungsbereich der Mitbestimmungsgesetze[63] entfallen. Andererseits sollte sich daraus zugleich – entgegen der wohl hL[64] – ergeben, dass die Mitbestimmungspflichtigkeit einer GmbH & Co. KG dann entfällt, wenn ausnahmsweise – und ohne nachweisbare Umgehungsabsicht – auch noch eine natürliche Person als Komplementär vorhanden sein sollte[65].

941 Im Übrigen ist zu beachten, dass der – mitbestimmten – GmbH zwar im Außenverhältnis allein Vertretungsmacht zukommt, dass ihre Geschäftsführung für die KG aber

58 *Ballerstedt* ZGR 1977, 133, 157 f; *Zöllner* ZGR 1977, 319, 320 f; aA *Fitting/Wlotzke/Wissmann*, MitbestG, 2. Aufl. 1978, § 37 Rn 35.
59 Dazu *Zöllner* ZGR 1977, 319, 320 f.
60 Vgl *Reuter* AcP 179 (1979), 509, 543 ff.
61 Darüber hinaus ist § 4 Abs. 1 MitbestG allgemein für die Kapitalgesellschaft und Co. KG relevant. Die Entscheidung des OLG Bremen v. 30.04.1980, 1 W 3/80 (c), DB 1980, 1332 betraf eine AG und Co. KG.
62 Vgl dazu *K. Schmidt*, Gesellschaftsrecht, 4. Aufl. 2002, § 56 IV (1651 f).
63 Vgl zur Begründung der grundsätzlichen Ausnahme von Personengesellschaften aus dem Anwendungsbereich der unternehmerischen Mitbestimmung BVerfG v. 01.03.1979, 1 BvR 532/77, BVerfGE 50, 290, 358 f, 380; Ulmer/Habersack/Henssler-*Ulmer/Habersack* § 1 Rn 32.
64 Vgl dazu *Raiser*, Mitbestimmungsgesetz, 4. Aufl. 2002, § 4 Rn 7 ff.
65 Die Rspr hat dagegen den Wirkungsbereich von § 4 Abs. 1 MitbestG durch analoge Anwendung noch ausgedehnt, vgl OLG Bremen v. 30.04.1980, 1 W 3/80 (c), DB 1980, 1332; OLG Celle v. 30.08.1979, 9 Wx 8/78, BB 1979, 1577.

durchaus an die Zustimmung der Kommanditisten gebunden werden kann, da deren Ausschluss von der Geschäftsführung durch § 164 HGB nicht zwingend ist (§ 163 HGB). Die Kommanditisten haben es also nicht nur als Gesellschafter der GmbH in der Hand, deren Geschäftsführung für die KG zu beeinflussen, sondern sie können sich auch in der KG Mitwirkungsrechte sichern, für die § 4 Abs. 2 MitbestG („Das Unternehmen kann von der Führung der Geschäfte der Kommanditgesellschaft nicht ausgeschlossen werden.") in klarer Erkenntnis dieser Möglichkeit lediglich eine äußerste Grenze setzt. Demnach ist es etwa zulässig, gesellschaftsvertraglich den Kommanditisten Alleingeschäftsführung einzuräumen oder Gesamtgeschäftsführung zwischen GmbH und Kommanditisten anzuordnen[66].

Erwähnt sei schließlich noch das Kuriosum, dass die Mitbestimmungspflichtigkeit **942** der GmbH & Co. KG entfällt, wenn die GmbH über einen **eigenen Geschäftsbetrieb** mit mehr als 500 Arbeitnehmern verfügt. Der dahinter stehende Gedanke ist der, dass durch § 4 MitbestG die GmbH & Co. KG nur als Sondertatbestand erfasst werden soll, wenn sich die GmbH im Wesentlichen auf die Führung der Geschäfte der KG beschränkt, während es bei den allgemeinen Regeln bleiben soll, wenn neben dem durch die GmbH & Co. KG betriebenen Unternehmen die GmbH auch noch über einen nennenswerten eigenen Geschäftsbetrieb mit mehr als 500 Arbeitnehmern verfügt und damit selbst zumindest der Drittelparität unterliegt. Freilich entfällt für die Arbeitnehmer der KG die Möglichkeit der Mitbestimmung im Aufsichtsrat der GmbH selbst dann, wenn diese – bei mehr als 2000 eigenen Arbeitnehmern – bereits gemäß § 1 MitbestG der Mitbestimmung unterliegt. In der Literatur wird daher versucht, diese Mitbestimmungslücke durch Heranziehung der Möglichkeiten der Konzernmitbestimmung gemäß § 5 MitbestG zu schließen, indem angenommen wird, zwischen der GmbH als Komplementärin und der KG, an der sie beteiligt ist, läge ein Konzernverhältnis vor[67]. Die damit angesprochene Problematik der Konzernbildung im Bereich der Personengesellschaften ist noch keineswegs ausdiskutiert.

4. Mitbestimmung im Konzern

a) Grundlagen

Ebenso wie im Montanbereich (dazu bereits Rn 902 ff) sah sich der Gesetzgeber auch **943** im Bereich des MitbestG mit der rechtstatsächlichen Schwierigkeit konfrontiert, dass in sog. **verbundenen Unternehmen** (§§ 15 ff AktG) die Leitentscheidungen nicht in den einzelnen (produzierenden bzw unmittelbar am Markt tätigen) Unternehmen, sondern in Ober- (Holding-) Gesellschaften fallen, die das Gesetz als **herrschende Unternehmen** bezeichnet (§ 18 AktG). Sollte die Unternehmensmitbestimmung

---

66 *Schneider* ZGR 1977, 335, 348 f; Ulmer/Habersack/Henssler-*Ulmer/Habersack* § 4 Rn 27 f; Bedenken bei *Ballerstedt* ZGR 1977, 133, 154 f.
67 Vgl OLG Bremen v. 30.04.1980, 1 W 3/80 (c), DB 1980, 1332, 1334 f; OLG Celle v. 30.08.1979, 9 Wx 8/78, BB 1979, 1577, 1578; Ulmer/Habersack/Henssler-*Ulmer/Habersack* § 5 Rn 9; *Schneider* in: Gemeinschaftskommentar Mitbestimmungsgesetz, § 5 Rn 62 ff; berechtigte Bedenken bei *Zöllner* ZGR 1977, 319, 332 ff.

wirklich effektiv sein, musste ein Weg gefunden werden, auch diese herrschenden Unternehmen der Mitbestimmung zu unterwerfen, obwohl sie in aller Regel weniger als 2000 Arbeitnehmer beschäftigen. Diese Möglichkeit eröffnete der Gesetzgeber im Anschluss an § 77a BetrVG 1952[68] in eleganter Weise durch die Fiktion des § 5 Abs. 1 MitbestG, wonach die Arbeitnehmer der abhängigen Gesellschaften auch als Arbeitnehmer des herrschenden Unternehmens gelten und dieses damit mitbestimmungspflichtig machen. An der Mitbestimmungspflichtigkeit (auch) der abhängigen Unternehmen ändert dies bei Erfüllung der Voraussetzungen des Gesetzes nichts: Im Konzern findet Mitbestimmung daher ggf sowohl beim herrschenden als auch bei den abhängigen Gesellschaften statt.

b) Konzernbegriff

944 Der Konzernbegriff richtet sich auf Grund der **Legalverweisung in § 5 Abs. 1 MitbestG** nach demjenigen des Aktiengesetzes (§ 18 Abs. 1)[69]. Auch diese Verweisung wirft jedoch Probleme auf, weil die Zwecke der beiden in verschiedenen Gesetzen enthaltenen Vorschriften durchaus unterschiedlich sind und dementsprechend auch verschiedene Anforderungen insbesondere an den Begriff des herrschenden Unternehmens stellen[70]. Im Konzernrecht hat sich die Auffassung durchgesetzt, von einem herrschenden Unternehmen könne nur gesprochen werden, wenn kraft eigenen wirtschaftlichen Geschäftsbetriebs oder kraft Beteiligung an insgesamt mindestens zwei (abhängigen) Gesellschaften widerstreitende wirtschaftliche Interessen vorhanden seien und damit die Gefahr bestehe, dass diese im Konzernverbund zu Lasten ihrer Aktionäre und Gläubiger entschieden würden[71]. Die reine Holding, die sich mit der Verwaltung und unternehmerischen Leitung nur einer Tochtergesellschaft begnügt, würde infolgedessen vom Unternehmens- und damit vom Konzernbegriff des Aktienrechts nicht erfasst. Da § 5 MitbestG ausdrücklich auf § 18 AktG verweist, müsste dies eigentlich auch für das MitbestG gelten, dh die Mitbestimmungspflichtigkeit einer solchen Unternehmensverbindung wäre zu verneinen. Es liegt allerdings auf der Hand, dass ein solcher Unternehmensbegriff mitbestimmungsrechtlichen Erfordernissen nicht gerecht werden könnte, da es hier offenbar im Gegensatz zum Aktienrecht, das ganz andere Ziele verfolgt, nicht auf den Tatbestand widerstreitender wirtschaftlicher Interessen, sondern allein auf die Verlagerung von unternehmerischer Entscheidungsmacht ankommt. Dementsprechend muss der mitbestimmungsrechtliche Unternehmensbegriff trotz der engen Anbindung an das Aktiengesetz weiter ausgelegt werden[72].

---

68 Diese Regelung ist jetzt in § 2 Abs. 2 DrittelbG verankert.
69 Erfasst werden auch Unternehmensverbindungen außerhalb des Vertragskonzerns (zum Begriff des sog. „faktischen Konzerns" KölnKomm-*Koppensteiner*, AktG, 3. Aufl. 2004, Rn 10 ff vor § 311).
70 Vgl den Überblick bei Ulmer/Habersack/Henssler-*Ulmer/Habersack* § 5 Rn 11.
71 BGH v. 13.10.1977, II ZR 123/76, NJW 1978, 104 (VEBA/Gelsenberg); BGH v. 16.02.1981, II ZR 168/79, NJW 1981, 1512 (Süßen); BGH v. 29.09.1982, I ZR 88/80, BGHZ 85, 84, 90 f (ADAC); BGH v. 16.09.1985, II ZR 275/84, BGH v. 16.09.1985, NJW 1987, 188 (Autokran); dazu *Emmerich/Habersack*, Konzernrecht, 8. Aufl. 2005, 23 ff.
72 Vgl OLG Stuttgart v. 03.05.1989, 8 W 38/89, DB 1989, 1128; Ulmer/Habersack/Henssler-*Ulmer/Habersack* § 5 Rn 11 aE, 16.

c) „Konzern im Konzern"

Unter dem Stichwort „Konzern im Konzern" wird die Frage diskutiert, ob es möglich **945** ist, neben der durch § 5 Abs. 1 MitbestG angeordneten Mitbestimmungspflichtigkeit der Konzernobergesellschaft auch noch eine konzernrechtlich begründete **spezielle Mitbestimmungspflichtigkeit abhängiger Gesellschaften** anzunehmen, wenn diese für einen Teilbereich des Konzerns selbstständig Leitungsmacht ausüben. Es geht hier um die mitbestimmungsrechtliche Erfassung des sog. **dezentralisierten Konzerns**, in dem die unternehmerischen Leitentscheidungen nur teilweise in der eigentlichen Konzernspitze fallen, im Übrigen aber zwecks selbstständiger Entscheidung Tochtergesellschaften überlassen werden, die sie – möglicherweise für verschiedene Bereiche (sog. Spartenkonzern) – als **Teilkonzernspitze** zugleich für weitere, von ihnen abhängige Unternehmen selbstständig treffen[73]. Bedeutsam ist dieses Problem sowohl für die eventuelle Mitbestimmungspflichtigkeit dieser Teilkonzerne, wenn deren eigene Arbeitnehmerzahl 2000 nicht übersteigt, als auch für die Wahlberechtigung der Arbeitnehmer der Enkelgesellschaften zum Aufsichtsrat der Tochter.

Die Beantwortung dieser schwierigen, vom MitbestG offenbar übersehenen Frage **946** hängt zunächst davon ab, ob **konzernrechtliche Leitungsmacht** überhaupt **teilbar** ist. Bereits dies ist zweifelhaft und im konzernrechtlichen Schrifttum umstritten[74]. Der Streit hängt zusammen mit der weiteren Frage, ob nicht die uneingeschränkte Möglichkeit der Konzernspitze, auch unternehmerische Entscheidungen von Teilkonzernspitzen zu beeinflussen bzw im Einzelfall an sich zu ziehen, ausreicht, die Entscheidungseinheit im Konzern zu bejahen und damit lückenlose Mitbestimmung wenigstens potenziell zu gewährleisten. Es spricht viel dafür, sie zu bejahen: Die Frage zentralisierter oder dezentralisierter Unternehmensorganisation ist in der Konzernspitze zu entscheiden. Hier steht es den Arbeitnehmervertretern im Aufsichtsrat frei, unter mitbestimmungsrechtlichen Aspekten eine straffe zentralisierte Konzernorganisation durchzusetzen. Gelingt ihnen dies nicht, besteht entgegen der Rechtsprechung kein Anlass, das daraus ggf resultierende rein tatsächliche mitbestimmungsrechtliche Defizit durch Anerkennung eines Konzerns im Konzern auszugleichen[75]. Vom Konzern im Konzern ist die Problematik des mitbestimmten **Teilkonzerns** bei mitbestimmungsfreier Konzernspitze zu unterscheiden (§ 5 Abs. 3 MitbestG)[76].

---

73 Vgl zur rechtstatsächlichen Entwicklung *Säcker*, Die Wahlordnungen zum Mitbestimmungsgesetz 1978, Rn 151 ff.

74 Dazu eingehend *Gessler* BB 1977, 1313; Ulmer/Habersack/Henssler-*Ulmer/Habersack* § 5 Rn 35 ff; *v. Hoyningen-Huene* ZGR 1978, 515, 528 ff.

75 Im Ergebnis ebenso *Hoffmann/Lehmann/Weinmann*, Mitbestimmungsgesetz 1978, § 5 Rn 41 ff; *v. Hoyningen-Huene* ZGR 1978, 515, 536 ff; *Lutter* ZGR 1977, 195, 212; *Säcker*, Die Wahlordnungen zum Mitbestimmungsgesetz 1978, Rn 164; aA die ständige Rechtsprechung bei originärer Leitungsmacht auf mindestens einem Sektor: OLG Zweibrücken v. 09.11.1982, 3 W 25/83, ZIP 1984, 316 (dazu *Konzen* ZIP 1984, 269); OLG Düsseldorf v. 30.01.1979, 19 W 17/78, WM 1979, 956; BAG v. 30.10.1986, 6 ABR 19/85, AG 1988, 106; LG Hamburg v. 26.06.1995, 321 T 61/94, AG 1996, 89; vgl auch Ulmer/Habersack/Henssler-*Ulmer/Habersack* § 5 Rn 35, 38 ff.

76 Dazu OLG Stuttgart v. 30.03.1995, 8 W 355/93, ZIP 1995, 1004 ff mit Anm. *Mankowski*; umfassend KölnKomm-*Mertens*, AktG, 2. Auf. 1996, Anh. § 117 B § 5 MitbestG Rn 44 ff.

d) Gemeinschaftsunternehmen

947 Problematisch ist auch die mitbestimmungsrechtliche Erfassung des – ebenfalls schon gesellschaftsrechtlich umstrittenen – Phänomens der sog. Gemeinschaftsunternehmen[77]. Es handelt sich hier um Unternehmen, an denen mehrere (Mutter-) Gesellschaften meist gleichmäßig beteiligt sind, ohne dass ein eigenes Unternehmen als Leitungsorgan zwischengeschaltet wäre, an dem Mitbestimmung ansetzen könnte. Hier stellt sich die Frage, ob diese spezielle Art von Abhängigkeit von mehreren Gesellschaften, die die Leitungsmacht nach Absprache untereinander gemeinsam ausüben (zwischen den herrschenden Gesellschaften besteht nur eine bürgerlich-rechtliche Innengesellschaft[78]) als Konzerntatbestand gewürdigt werden und damit die Mitbestimmungspflichtigkeit aller Obergesellschaften ggf begründen kann[79]. Obwohl das Gesetz auf diesen Fall unstreitig nicht zugeschnitten ist, glaubt eine wohl hL, diese Gesetzeslücke durch (analoge) Anwendung des § 5 Abs. 1 MitbestG auf Gemeinschaftsunternehmen schließen zu können[80].

e) Beteiligungsausschuss

948 Die Mitbestimmungspflichtigkeit des herrschenden Unternehmens gemäß § 5 Abs. 1 MitbestG lässt – dies wurde bereits erwähnt – die Mitbestimmungspflichtigkeit abhängiger Unternehmen nicht entfallen, wenn diese selbst die Voraussetzungen des Gesetzes, insbesondere im Hinblick auf die Zahl der beschäftigten Arbeitnehmer, erfüllen. Damit ergibt sich die Gefahr der **Kumulierung von Mitbestimmungsrechten**, da auch die Ausübung der Beteiligungsrechte des herrschenden Unternehmens am abhängigen zumindest potenziell unter Mitbestimmungseinfluss steht und damit einer reinen Anteilseignerwillensbildung entgegensteht. Der Gesetzgeber hat dem im Anschluss an § 15 MitbestErgG dadurch Rechnung zu tragen versucht, dass er die Zuständigkeit zur Beschlussfassung über die Ausübung bestimmter Beteiligungsrechte durch § 32 MitbestG dem Vorstand entzog und dem Aufsichtsrat übertrug, wobei insoweit gemäß § 32 Abs. 1 S. 2 MitbestG nur die Anteilseigner stimmberechtigt sind[81]. Diese Lösung ist trotz der zu billigenden Tendenz in vielem unglücklich und daher sehr umstritten. Zweifelhaft ist außerdem, ob hier eine Durchbrechung des Grundsatzes der Unbeschränkbarkeit der Vertretungsmacht des Vorstands bzw der Geschäftsführer vorliegt oder ob nur deren „rechtliches Dürfen" eingeschränkt ist[82].

III. Spannungsverhältnis zwischen Mitbestimmungs- und Gesellschaftsrecht

1. Grundsätzliches (insbesondere zur Auslegung des MitbestG)

949 Das MitbestG ist ein Gesetz, das an die vorhandenen Rechtsformen des Gesellschaftsrechts und deren gesellschaftliche Organisationsstruktur anknüpft und infolgedessen seine arbeitsrechtliche Zweckrichtung, die Mitbestimmung der Arbeitnehmer im Un-

---

77 *Klinkhammer,* Mitbestimmung im Gemeinschaftsunternehmen 1977; *Hoffmann-Becking/Kellermeyer,* FS Goerdeler 1987, 199, 203 ff.
78 Ulmer/Habersack/Henssler-*Ulmer/Habersack* § 5 Rn 48.
79 So LAG Hamm v. 17.08.1977, 3 TaBV 46/77, DB 1977, 2052; ebenso BAG v. 16.08.1995, 7 ABR 57/94, NZA 1996, 274, 275; BAG v. 18.06.1970, 1 ABR 3/70, DB 1970, 1595 zu § 76 BetrVG 1952.
80 So Ulmer/Habersack/Henssler-*Ulmer/Habersack* § 5 Rn 47 ff.
81 Ulmer/Habersack/Henssler-*Ulmer/Habersack* § 32 Rn 24 f.
82 Vgl Ulmer/Habersack/Henssler-*Ulmer/Habersack* § 32 Rn 15 einerseits; *Säcker,* Die Wahlordnungen zum Mitbestimmungsgesetz 1978, 77 und *Crezelius* ZGR 1980, 359, 372 andererseits.

ternehmen, fast ausschließlich durch die Besetzung vorhandener (oder – wie bei der GmbH – nunmehr zwingend vorgeschriebener) Organe mit Arbeitnehmervertretern verwirklicht. Dementsprechend lässt sich das MitbestG dahingehend kennzeichnen, dass arbeitsrechtliche Zielvorstellungen mithilfe gesellschaftsrechtlicher Regelungen durchgesetzt werden: Die Berücksichtigung von Arbeitnehmerinteressen im geltenden Gesellschaftsrecht wird auf diese Weise nachgeholt, ohne dass freilich der Schritt zu einer arbeits- und gesellschaftsrechtliche Ansätze verschmelzenden Unternehmensverfassung gewagt worden wäre[83].

Diese Regelungstechnik ist nicht nur unglücklich, weil sie die systematische Zuordnung des MitbestG zum Gesellschafts- und/oder Arbeitsrecht erschwert[84], sie bringt vielmehr erhebliche Rechtsanwendungsprobleme mit sich, weil sich in den vielen offenen Streitfragen, die die knappe und lückenhafte Gesetzesregelung mit sich gebracht hat, nunmehr stets die vor allem methodische Frage stellt, ob dem gesellschaftsrechtlichen Grundansatz und hier insbesondere der gesellschaftsrechtlichen Gestaltungsfreiheit der Vorzug zu geben ist oder ob dem – über den schmalen Wortlaut des Gesetzes hinaus – im Hinblick auf den Mitbestimmungstelos besondere Schranken gesetzt sind[85]. Sie hat eine intensive Diskussion hervorgerufen, auf die im Wesentlichen verwiesen werden muss[86]. Im Vordergrund stand zunächst der Gegensatz zwischen einer mitbestimmungsfreundlichen Auslegungstendenz, die die „gleichberechtigte und gleichgewichtige Teilnahme von Anteilseignern und Arbeitnehmern an den Entscheidungsprozessen im Unternehmen"[87] durch Effektuierung der Mitbestimmung auch da sicherstellen wollte, wo das MitbestG schweigt, und einer gesellschafts- bzw organisationsrechtlich determinierten Betrachtungsweise, die auf der im Gesetzgebungsverfahren mehrfach artikulierten Prämisse beharrte, das geltende Gesellschaftsrecht solle weitgehend unverändert beibehalten werden[88].

950

In der Diskussion wird zutreffend betont, dass es insbesondere bei einem neueren politischen Kompromissgesetz nicht die Aufgabe der Rechtsprechung sein könne, der Mitbestimmungsidee, verstanden als eine Art von oberstem Auslegungsprinzip, auch da zum Zuge zu verhelfen, wo sie sich im Gesetzgebungsverfahren eben nicht durchzusetzen vermochte[89]. Andererseits wird aber auch nicht mehr ganz am unbedingten Vorrang des Gesellschaftsrechts festgehalten, sondern versucht, „zu einer Harmonisierung von Mitbestimmungs- und Gesellschaftsrecht als den beiden für den mitbestimmten Aufsichtsrat maßgebenden, gesetzlich nicht voll in Einklang gebrachten Re-

951

---

83 Ähnlich Ulmer/Habersack/Henssler-*Ulmer* Einl. Rn 6. Zu Auswirkungen des MitbestG *Kübler* ZGR 1981, 377; *Kunze* ZHR 144 (1980), 100; *Ulmer*, Der Einfluss des Mitbestimmungsgesetzes auf die Struktur von AG und GmbH 1979; *H.P. Westermann* ZGR 1981, 393.
84 Dazu nur Ulmer/Habersack/Henssler-*Ulmer* Einl. Rn 5.
85 Überblick bei Ulmer/Habersack/Henssler-*Ulmer* Einl. Rn 47 ff und § 25 Rn 5 ff.
86 ZB *Canaris* DB 1981, Beil. 14; *Mertens* AG 1981, 113; *Reuter* AcP 179 (1979), 509; *Wiedemann* ZGR 1977, 160; *Säcker* ZHR 148 (1984), 153; *Martens* ZHR 148 (1984), 183.
87 BT-Drs VII/2172, 17.
88 *Canaris* DB 1981, Beil. 14; *Mertens* AG 1981, 113; *Reuter* AcP 179 (1979), 509; *Wiedemann* ZGR 1977, 160; *Säcker* ZHR 148 (1984), 153; *Martens* ZHR 148 (1984), 183.
89 OLG Köln v. 25.03.1981, 2 U 91/80, NJW 1981, 1380; *Canaris* DB 1981, Beil. 14, 2; *Rittner* DB 1980, 2493.

gelungen zu kommen, soweit nicht den einzelnen Regelungen des MitbestG klare, für die teleologische Auslegung berücksichtigungsfähige Zielbestimmungen entnommen werden können"[90]. Auch dies stellt freilich nur eine notwendigerweise recht allgemeine Grundposition dar, die für die Entscheidung von Einzelfragen noch mancherlei Spielraum lässt. Im Übrigen gehen alle diese methodischen Versuche von der Vorstellung aus, dass sich die hier zu entscheidenden Sachprobleme mithilfe methodischer Disziplin im Rahmen eines herkömmlichen juristischen Erkenntnisverfahrens beantworten lassen, ohne dass den rechtspolitischen Vorstellungen der zur Entscheidung Berufenen bzw derjenigen, die Entscheidungsvorschläge unterbreiten, allzu großes Gewicht zukommt. Auch dies ist bereits methodisch umstritten[91].

952 Der BGH hat vor allem die Notwendigkeit der Gleichbehandlung aller Aufsichtsratsmitglieder betont und die Berücksichtigung eines möglicherweise unterschiedliche Regelungen rechtfertigenden „Bänkeprinzips" abgelehnt[92].

2. Grenzen zulässiger Satzungsregelungen

953 Die skizzierte allgemeinere Problematik konkretisiert sich vor allem bei der Erörterung der Frage, ob die auch unter der Geltung des MitbestG grundsätzlich fortbestehende gesellschaftsrechtliche Gestaltungsfreiheit durch Satzung oder die Geschäftsordnung des Aufsichtsrats (vgl § 25 Abs. 2 MitbestG) unter mitbestimmungsrechtlichen Aspekten einzuschränken ist. Sie stellt sich hier vor allem in zwei Einzelbereichen, nämlich in Bezug auf die Zulässigkeit von weiteren, über die (Mindest)Regelung des § 28 MitbestG hinausgehende Regelungen über die Beschlussfähigkeit des Aufsichtsrats und die Möglichkeiten der Vertagung sowie in Bezug auf die Zusammensetzung von Aufsichtsratsausschüssen.

a) Beschlussfähigkeit und Vertagung

954 Das MitbestG hat den Anteilseignervertretern im Aufsichtsrat mitbestimmter Gesellschaften durch die Zweitstimme des Aufsichtsratsvorsitzenden (§ 29 Abs. 2 S. 1) ein leichtes Übergewicht eingeräumt und das BVerfG hat dies in seinem Mitbestimmungsurteil nicht nur gebilligt, sondern auch ausgeführt, es sei zulässig, dieses Übergewicht im Rahmen gesellschaftsrechtlicher Gestaltungsmöglichkeiten abzusichern[93]. Dementsprechend waren die Anteilseigner mitbestimmter Gesellschaften vor allem bestrebt, durch Satzungsregelungen sicherzustellen, dass Abstimmungen im Aufsichtsrat nur dann erfolgen können, wenn Anteilseigner und Arbeitnehmer gleichstark vertreten sind. Nur auf diese Weise können Abstimmungsniederlagen vermieden und im Konfliktfall, bei einem Patt im Aufsichtsrat, die Zweitstimme des Aufsichtsratsvorsitzenden überhaupt eingesetzt werden. (Noch weiter gehende Regelungen mach-

---

90 Ulmer/Habersack/Henssler-*Ulmer/Habersack* § 25 Rn 6; krit *Mertens* AG 1981, 113, 128.
91 Vgl dazu nur die Auseinandersetzung von *Mertens* AG 1981, 113 mit *Säcker*, Aufsichtsratsausschüsse nach dem MitbestG 1976, 1979.
92 BGH v. 25.02.1982, II ZR 123/81, NJW 1982, 1525, 1526; BGH v. 25.02.1982, II ZR 145/80, NJW 1982, 1528, 1529; BGH v. 28.11.1988, II ZR 57/88, NJW 1989, 979, 982.
93 BVerfG v. 01.03.1979, 1 BvR 532/77 ua, BVerfGE 50, 290.

ten die Beschlussfähigkeit des Aufsichtsrats von der Anwesenheit des Aufsichtsratsvorsitzenden abhängig[94].) Eine solche Regelung wurde insbesondere für erforderlich gehalten, weil das AktG merkwürdigerweise die Wahl stellvertretender Aufsichtsratsmitglieder, mit deren Hilfe sich das Problem hätte entschärfen lassen, untersagt (§ 101 Abs. 3 S. 1 AktG) und stattdessen nur das wenig hilfreiche Instrument der **Stimmbotenschaft**[95] zur Verfügung gestellt hat (§ 108 Abs. 3 S. 1 AktG).

Die Zulässigkeit solcher Satzungsbestimmungen hängt zunächst einmal von der Frage ab, ob die Regelung der Beschlussfähigkeit durch § 28 MitbestG abschließend zu verstehen ist oder Raum für ergänzende Regelungen lässt[96]. Der BGH[97] hat diese Frage bisher offen gelassen und nur ganz grundsätzlich die Auffassung vertreten, differenzierende (Satzungs- oder Geschäftsordnungs-) Regelungen verstießen gegen den tragenden Grundsatz der individuell gleichen Berechtigung und Verantwortung aller Aufsichtsratsmitglieder ohne Rücksicht darauf, wer sie in den Aufsichtsrat berufen habe. Dieser Grundsatz sei zwar an einzelnen Stellen des Gesetzes (§§ 27 Abs. 2, 32 MitbestG) bewusst durchbrochen worden. Darüber hinaus kenne das MitbestG aber kein allgemeines „Bänkeprinzip", kraft dessen weitere Ausnahmen angenommen werden könnten[98]. **955**

Denselben Zweck wie die Regelungen über die Beschlussfähigkeit verfolgen Regeln, die einer Aufsichtsratsminderheit das Recht einräumen, bei nicht ausreichender Präsenz eine Vertagung der Beschlussfassung zu erreichen[99]. Sie gewinnen insbesondere an Bedeutung, wenn sonstige Regelungen der Beschlussfähigkeit unzulässig sein sollten. Auch insoweit ist zumindest das Gebot der Gleichbehandlung von Anteilseigner- und Arbeitnehmervertretern zu beachten[100]. **956**

Streitig ist die Rechtsfolge eventueller Satzungsverstöße gegen das MitbestG. In Frage kommt aktienrechtlich sowohl die Nichtigkeit entsprechender Hauptversammlungsbeschlüsse (§ 241 Nr 3 AktG) als auch die bloße Anfechtbarkeit (§ 243 Abs. 1 AktG), wobei Letztere zu Zusatzproblemen führt, weil die Aufsichtsratsmitglieder ein Anfechtungsrecht nur in Ausnahmefällen haben (§ 245 Nr 5 AktG) und damit entsprechende Verstöße jedenfalls nicht ohne entsprechende Rechtsfortbildung geltend gemacht werden könnten[101]. Der BGH hat sich generell für die Nichtigkeitsfolge entschieden[102]. **957**

---

94 Vgl die rechtstatsächliche Darstellung bei *Ulmer*, Die Anpassung der Satzungen mitbestimmter Aktiengesellschaften an das MitbestG 1976, 1980, 29 f und *Säcker/Theisen* AG 1980, 29, 35 ff. Eine Rechtsprechungsübersicht gibt *Theisen* AG 1987, 137; *ders*. AG 1993, 49.
95 Vgl nur Ulmer/Habersack/Henssler-*Ulmer/Habersack* § 25 Rn 29 ff.
96 Darstellung des Meinungsstands bei Ulmer/Habersack/Henssler-*Ulmer/Habersack* § 28 Rn 4.
97 BGH v. 25.02.1982, II ZR 145/80, NJW 1982, 1530 f; für Dispositivität OLG Hamburg v. 04.04.1984, 2 W 25/80, BB 1984, 1763 mit krit Anm. *Oetker*.
98 Vgl BGH v. 25.02.1982, II ZR 123/81, NJW 1982, 1525 f.
99 Zu den Rechtstatsachen *Ulmer*, Die Anpassung der Satzungen mitbestimmter Aktiengesellschaften an das MitbestG 1976, 1980, 32; *Säcker/Theisen* AG 1980, 29, 36 f.
100 Ulmer/Habersack/Henssler-*Ulmer/Habersack* § 25 Rn 25, § 29 Rn 7; *Raiser* NJW 1980, 209, 212.
101 Vgl dazu nur *Canaris* DB 1981, Beil. 14, 5 f.
102 BGH v. 25.02.1982, II ZR 123/81, NJW 1982, 1525.

b) Aufsichtsratsausschüsse

958 Äußerst umstritten ist die Rechtslage auch in Bezug auf die **Besetzung von Aufsichtsratsausschüssen**[103]. Die Bildung solcher Ausschüsse ist im MitbestG nicht geregelt worden und richtet sich daher (für die übrigen Gesellschaftsformen auf Grund der Verweisung in § 25 Abs. 1 Nr 2 MitbestG) nach § 107 Abs. 3 AktG. Unter mitbestimmungsrechtlichen Aspekten stellt sich die Frage, ob und ggf unter welchen Voraussetzungen eine **nichtparitätische Besetzung** zulässig ist. Stark vereinfacht stellt sich das Meinungsbild in der Literatur wie folgt dar: Nach einer Auffassung muss die Besetzung der einzelnen Ausschüsse zumindest in ihrer Gesamtheit derjenigen entsprechen, die das Gesetz für den Gesamtaufsichtsrat vorschreibt[104]. Eine weitere Auffassung verlangt sachliche, insbesondere durch die Aufgaben des betreffenden Ausschusses und die Eignung der einzelnen Aufsichtsratsmitglieder bedingte Gründe für ein Abgehen von der Parität **und** sieht einen völligen Ausschluss der Arbeitnehmervertreter als unzulässig an[105]. Eine dritte Strömung verlangt keine Minderheitsbeteiligung der Arbeitnehmervertreter und zieht die Grenze erst bei einem willkürlich diskriminierenden und damit rechtsmissbräuchlichen Ausschluss der Arbeitnehmervertreter von der Mitarbeit, wobei die Grenzen zum Erfordernis eines sachlichen Grundes nicht immer deutlich sind[106].

959 Die Rechtsprechung[107] verlangt nicht, dass in jedem Ausschuss oder für die Gesamtheit der Ausschüsse Parität bestehen muss. Sie geht vielmehr grundsätzlich von der sich aus § 107 Abs. 3 S. 1 AktG ergebenden Gestaltungsfreiheit aus. Diese Gestaltungsfreiheit soll es jedoch nicht erlauben, das Mitbestimmungsrecht entgegen seinem Sinn zu unterlaufen oder zu umgehen. Daraus soll vor allem die Notwendigkeit einer nichtdiskriminierenden Behandlung der Arbeitnehmervertreter folgen. In der Konkretisierung ist die Rechtsprechung vorsichtig tastend. Offengelassen wird zB bisher, ob in jedem Ausschuss ein Arbeitnehmervertreter ordentliches Mitglied sein muss[108]. Nicht zulässig soll jedenfalls der völlige Ausschluss der Arbeitnehmervertreter aus dem zentralen Personalausschuss ohne sachlichen Grund sein, da hierdurch insbesondere § 31 MitbestG umgangen wird[109]. Ob dies auch für einen Ausschuss gilt, der über zustimmungsbedürftige Geschäfte des Vorstandes entscheidet, ist streitig[110]. Umge-

---

103 Vgl *Rellermeyer*, Aufsichtsratsausschüsse 1986; *Säcker*, Aufsichtsratsausschüsse nach dem MitbestG 1976, 1979; *Zöllner*, FS Zeuner 1995, 161 ff.

104 Vgl *Nagel* DB 1982, 2677; *Geitner* AG 1976, 210, 211 f; beschränkt auf entscheidungsbefugte Ausschüsse auch *Fitting/Wlotzke/Wissmann*, MitbestG, 2. Aufl. 1978, § 29 Rn 38; ähnlich *Säcker*, Aufsichtsratsausschüsse nach dem MitbestG 1976, 1979, 56 ff; zurückhaltender *ders.* ZHR 148 (1984), 153, 177 ff.

105 Ulmer/Habersack/Henssler-*Ulmer/Habersack* § 25 Rn 127; *Raiser*, MitbestG, 4. Aufl. 2002, § 4 Rn 7 ff § 25 Rn 57, 55.

106 *Canaris* DB 1981, Beil. 14, 15; *Rittner* DB 1980, 2493, 2500; *Mertens* AG 1981, 113, 132; *Zöllner*, FS Zeuner 1995, 161 ff.

107 BGH v. 25.02.1985, II ZR 102/81, NJW 1982, 1528 (Dynamit-Nobel); BGH v. 17.05.1993, II ZR 89/92, NJW 1993, 2307, 2310.

108 Vgl BGH v. 17.05.1993, II ZR 89/92, NJW 1993, 2307, 2311; dazu *Kindl* DB 1993, 2065, 2069 ff.

109 BGH v. 17.05.1993, II ZR 89/92, NJW 1993, 2307, 2311 f; krit *Zöllner*, FS Zeuner, 1995, 161 ff.

110 Für die Notwendigkeit eines sachlichen Grundes LG Passau v. 31.05.1994, HK O 75/93, AG 1994, 428; LG Frankfurt v. 19.12.1995, 2/14 O 183/95, ZIP 1996, 1661 (für BetrVG 1952); differenzierend *Jaeger* ZIP 1995, 1735 ff; OLG Hamburg ZIP 1995, 1673 betraf einen Ausschuss mit Arbeitnehmerbeteiligung.

kehrt soll es ohne weiteres zulässig sein, wenn im Personalausschuss der Vorsitzende
– selbst wenn er nicht Aufsichtsratsvorsitzender ist – ein Zweitstimmrecht für Stich-
entscheide zur Sicherstellung des Anteilseignerübergewichts hat[111].

Soweit ein entsprechender Aufsichtsratsbeschluss das MitbestG verletzt, ist er nichtig, **960**
da die §§ 241 ff AktG mit der bloßen Anfechtbarkeit bei minderschweren Mängeln
nach richtiger Ansicht nicht analog auf Aufsichtsratsbeschlüsse übertragbar sind[112].

3. Verschwiegenheitspflicht

Auch die Aufsichtsratsmitglieder mitbestimmter Gesellschaften sind gemäß § 25 **961**
Abs. 1 Nr 2 MitbestG in Verbindung mit § 116 AktG und § 93 Abs. 1 S. 2 AktG zur
Verschwiegenheit verpflichtet. Schon bald nach Erlass des MitbestG setzten indessen
literarische Bestrebungen ein, die Verschwiegenheitspflicht der Aufsichtsratsmitglieder der Arbeitnehmerseite zu lockern[113], und sei es auch nur durch eine möglichst
enge Fassung des Geheimnisbegriffs des Gesetzes. Tragendes Motiv dieser Bestrebungen war die Behauptung, Aufsichtsratsmitglieder der Arbeitnehmerseite seien zur
ausreichenden Erfüllung ihrer Aufgaben als Interessenvertreter der Arbeitnehmer im
Aufsichtsrat nur in der Lage, wenn sie ihre Wähler über ihre Tätigkeit und ihr Verhalten im Aufsichtsrat jedenfalls in wesentlichen Fragen unterrichten und dadurch eine
gewisse Meinungsbildung herbeiführen könnten. Dies ist wohl als Ausfluss der bereits dargestellten Grundauffassung zu verstehen, nach Erlass des MitbestG seien
auch die in Bezug genommenen aktienrechtlichen Vorschriften im Hinblick auf den
Zweck des MitbestG, so auszulegen, dass die Mitbestimmung möglichst effektiv werden könne. Im Gegensatz dazu wurde in einigen Unternehmen versucht, den nicht immer klaren Umfang der Verschwiegenheitspflicht durch Satzungsbestimmungen oder
den jeweiligen konkretisierenden Aufsichtsratsbeschluss zu präzisieren.

Der BGH[114] hat in zwei Grundsatzentscheidungen beiden Bestrebungen einen Riegel **962**
vorgeschoben, indem er sowohl betonte, das Verschwiegenheitsgebot gelte für An-
teilseigner- und Arbeitnehmervertreter in jeweils gleichem Maße, könne also nicht im
Hinblick auf die besonderen Bedürfnisse einer Seite eingeschränkt werden, als auch
ausführte, diese Verschwiegenheitspflicht dürfe durch Satzung oder Geschäftsordnung nicht verschärft werden. Es stehe auch nicht im Ermessen des Aufsichtsrats oder
eines sonstigen Unternehmensorgans, eine Tatsache für besonders geheimhaltungsbe-
dürftig zu erklären, wenn dies nicht schon kraft Gesetzes und objektiver Auslegung
der Fall sei. Dementsprechend lehnt auch die hL im mitbestimmungsrechtlichen

---

111 BGH v. 25.02.1985, II ZR 102/81, NJW 1982, 1528, 1530 (Dynamit-Nobel); vgl auch OLG Hamburg v. 29.09.1995, 11 U 20/95, ZIP 1995, 1673 (bloße Drittbeteiligung der AN-Vertreter).
112 BGH v. 17.05.1993, II ZR 89/92, NJW 1993, 2307, 2308 ff; *Kindl* AG 1993, 153; aA OLG Hamburg
   v. 06.03.1992, 11 U 134/91, DB 1992, 774; *Baums* ZGR 1983, 300, 305 ff.
113 *Kittner* ZHR 136 (1972), 208; *Köstler/Schmidt* BB 1981, 88; *Nagel* DB 1982, 2677; *Vetter*, Mitbe-
   stimmungsgespräch 1978, 203, 205.
114 BGH v. 15.11.1982, II ZR 27/82, NJW 1983, 991; bereits vor Erlass des MitbestG BGH v.
   05.06.1975, II ZR 156/73, NJW 1975, 1412.

Schrifttum Differenzierungen in der Geheimhaltung zwischen Anteilseigner- und Arbeitnehmervertretern zutreffend ab[115]. Dies gilt auch in Bezug auf Informationen gegenüber dem Betriebsrat[116].

4. Stimmverbote

963 Immer noch nicht abschließend geklärt ist die Rechtslage in Bezug auf die viel diskutierte Frage, ob die Arbeitnehmervertreter bei der Behandlung bestimmter Angelegenheiten im Aufsichtsrat vom Stimmrecht ausgeschlossen sein können[117]. Erwogen wird
ein solcher Ausschluss insbesondere für den Fall, dass im Aufsichtsrat tarifpolitische
oder arbeitskampfrechtliche Fragen diskutiert und entschieden werden sollen, sowie
dann, wenn Sozialplanfragen anstehen[118]. Den Anlass solcher Bestrebungen bildet die
Befürchtung, dass Mitbestimmungseinflüsse im Bereich von Tarifvertragsverhandlungen und Arbeitskampf die Gegnerunabhängigkeit gefährden könnten[119], während
im Bereich der Überschneidung mit betriebsverfassungsrechtlichen Mitbestimmungsrechten in ähnlicher Weise eine „Gleichgewichtsstörung" zu Lasten der Anteilseignerseite befürchtet wird, wenn die Entschließungsfreiheit des Unternehmens im Ver-
handlungspoker mit dem Betriebsrat bereits durch mitbestimmte Vorgaben des
Aufsichtsrats eingeschränkt werden könnte[120].

964 Das BVerfG hat die verfassungsrechtliche Relevanz dieser Gesichtspunkte verneint,
ohne der Entscheidung über die Notwendigkeit und Zulässigkeit von Stimmrechtsaus-
schlüssen auf der einfachgesetzlichen Ebene durch die dafür zuständigen Fachge-
richte vorzugreifen[121]. Diese stehen daher vor der Aufgabe, sowohl die Intensität der
Gefährdung der Arbeitgeberbelange im Hinblick auf eine entsprechende Regelungsnotwendigkeit auszuloten, als auch – wird Letzteres bejaht – einen ausreichend trag-
fähigen gesetzlichen Anknüpfungspunkt ausfindig zu machen.

965 Die Intensität der Gefährdung von Anteilseignerinteressen (**Stichwort: Überparität**)
sowie insbesondere die in Bezug auf die genannten Beschlussgegenstände besondere
Befangenheit der Arbeitnehmervertreter im Aufsichtsrat wird man ebenso wenig leugnen können wie die Notwendigkeit, die Arbeitgeberseite sowohl im tarifvertraglichen
als auch im betriebsverfassungsrechtlichen Bereich von Mitbestimmungseinflüssen
auf die Führung von Tarifvertrags- und Sozialplanverhandlungen freizustellen. (Dagegen ist die Behandlung von Betriebsänderungen im Aufsichtsrat unproblematisch,
da es insoweit kein erzwingbares Mitbestimmungsrecht des Betriebsrats gibt, dazu

---

115 Vgl Ulmer/Habersack/Henssler-*Ulmer/Habersack* § 25 Rn 109; *Lutter*, Information und Vertraulich-
keit im Aufsichtsrat, 2. Aufl. 1984, 169 ff; *Säcker* NJW 1986, 803; *Gaul* GmbHR 1986, 296; *Sina*
NJW 1990, 1016.
116 Zutreffend Ulmer/Habersack/Henssler-*Ulmer/Habersack* § 25 Rn 110; *Lutter*, Information und Ver-
traulichkeit im Aufsichtsrat, 2. Aufl. 1984, 153, 169 ff; *Säcker* NJW 1986, 47 f.
117 Vgl Ulmer/Habersack/Henssler-*Ulmer* Einl. Rn 58 ff, § 25 Rn 27 ff; *Wiedemann*, Gesellschaftsrecht
I 1980, 628 ff.
118 So *Hanau* ZGR 1979, 524, 535, 541 f; *Reuter* RdA 1988, 280, 286.
119 Zu diesem Begriff bereits Rn 556.
120 Vgl dazu *Boewer* DB 1980, 673, 674 f.
121 BVerfG v. 01.03.1979, 1 BvR 532/77 ua, NJW 1979, 699, 708 ff.

Rn 879 ff.) Dem kann auch die Möglichkeit des Einsatzes der Zweitstimme des Aufsichtsratsvorsitzenden nicht entgegengehalten werden, weil auf diese Weise die Effizienz und rechtliche Bedeutung jedes mitbestimmungsrechtlichen Einflusses geleugnet werden müsste.

Außerordentlich problematisch ist jedoch, ob das geltende Recht ausreichende Möglichkeiten der Konfliktlösung bereit hält. Dies ist zu verneinen für den Vorschlag, in den genannten Angelegenheiten müsse die Aufsichtsratszuständigkeit ganz entfallen und auf diese Weise die Leitungsorgane mitbestimmter Gesellschaften von Mitbestimmungseinflüssen freigehalten werden[122]. Dafür dürfte es de lege lata keine ausreichende Begründungsmöglichkeit geben. Auch für die von *Reuter* vorgeschlagene Heranziehung des § 32 MitbestG[123] fehlt eine ausreichende Analogiebasis. **966**

Damit bleibt nur die Möglichkeit von **Stimmverboten**. Dabei ist jedoch zu berücksichtigen, dass dafür § 136 AktG angesichts seiner bewusst engen Fassung nicht ausreicht und dass auch § 34 BGB[124] allenfalls im Wege einer recht vagen Rechtsanalogie herangezogen werden könnte. Schließlich ist auch die Existenz eines allgemeinen Rechtsgrundsatzes, wonach Interessenkollisionen das Stimmrecht entfallen lassen[125], außerordentlich zweifelhaft. Diese Unzulänglichkeit des geltenden Rechts könnte die Annahme begründen, es liege eine – im Wege der Rechtsfortbildung zu schließende – Gesetzeslücke vor. Voraussetzung dafür ist allerdings, dass deren Planwidrigkeit ausreichend dargetan werden könnte. Dies ist im Hinblick auf die Auffassung des BVerfG, der Gefährdung der Anteilseignerbelange komme jedenfalls keine verfassungsrechtliche Qualität zu[126], zweifelhaft. Erwägenswert bleibt damit allein der Vorschlag, wenigstens der betriebsverfassungsrechtlichen Problematik dadurch Rechnung zu tragen, dass Entscheidungen des mitbestimmten Aufsichtsrats von der Einigungsstelle weitgehend zu berücksichtigen sind[127]. **967**

---

122 So aber *Martens* ZGR 1977, 422, 430.
123 *Reuter* AcP 179 (1979), 509, 562 f; abl insb Ulmer/Habersack/Henssler-*Ulmer/Habersack* § 32 Rn 14.
124 Dafür *Wiedemann*, Gesellschaftsrecht I 1980, 634; *Hanau* ZGR 1977, 397, 403.
125 So *Wiedemann*, Gesellschaftsrecht I 1980, 634; dagegen zutreffend KölnKomm-*Zöllner*, Kölner Kommentar zum AktG 1985, § 136 Rn 2.
126 Vgl BVerfG v. 01.03.1979, 1 BvR 532/77 ua, NJW 1979, 699, 708 ff.
127 So schon *Martens* ZGR 1977, 422, 425 f; zust Ulmer/Habersack/Henssler-*Ulmer* Einl. Rn 60; ähnlich *Wiedemann*, Gesellschaftsrecht I 1980, 637.

Sachverzeichnis

Die Angaben beziehen sich auf die Randnummern.

Abfindung 386, 894
Abhängigkeit
– Arbeitnehmereigenschaft 1, 12, 31
Ablösungsprinzip 284, 490
Abmahnung 359
Abschlussnormen 465
Änderungskündigung
– Begriff 396 ff
– irrtümliche Eingruppierung 407
– Massenänderungskündigung 709 ff
– Nachwirkung von Tarifvertrag 499
– Prüfungsmaßstab 399
– Sozialauswahl 407
– soziale Rechtfertigung des Änderungs-
  angebots 401 ff
– Unrentabilität einzelner Betriebsteile
  403
– Vorrang vor Beendigungskündigung 348
Allgemeinverbindlicherklärung
– Normen über gemeinsame Einrichtungen
  548
– Rechtsnatur 551
– Tarifvertrag 549 ff
Akkordlohn
– Akkordrichtsatz 246, 827, 829
– Begriff 244 ff
– Geldakkord 247
– Geldfaktor 245, 828
– Mitbestimmung im Betrieb 826 ff
– Zeitakkord 248
– Zeitfaktor 244, 828
Allgemeine Arbeitsbedingungen
– Begriff 50
– Günstigkeitsprinzip 796 f
– Inhaltskontrolle 142
Allgemeine Geschäftsbedingungen
– Inhaltskontrolle 140 ff
Altersgrenzen
– Betriebsvereinbarung 336
– Tarifvertrag 336
Altersversorgung, siehe betriebliche Alters-
  versorgung
Ameisensäurefall 236
Andersorganisierte
– Arbeitskampf 673

Anfechtung
– arglistige Täuschung 126
– Aufhebungsvertrag 129
– Eigenkündigung 129
– Eigenschaftsirrtum 126
– Fragerecht des Arbeitgebers 117 ff
– Offenbarungspflicht des Arbeitnehmers
  117, 125
– Rechtsfolgen 132 ff
– widerrechtliche Drohung 128
Annahmeverzug 173 ff, 298
Anrechnung, siehe Tariflohnerhöhung
Angestellte
– außertarifliche Angestellte
  (AT-Angestellte) 821 ff
– Gleichbehandlung mit Arbeitern 80 f
– leitende Angestellte 27, 311, 335, 749 ff,
  912
Angriffsaussperrung 645, 652
Anhörungsrecht
– Betriebsrat 332
Anwesenheitsprämien
– Fehlzeiten 240
– „Krankfeiern" 241
  siehe auch Entgelt
Arbeiter
– Gleichbehandlung mit Angestellten 80 f
Arbeitgeberverband
– Flucht aus 526
– Flucht in 562, 614
– Industrieverbandsprinzip 513
– Mitgliedschaft ohne Tarifbindung
  (OT-Mitgliedschaft) 528
– soziale Mächtigkeit 562
– Tariffähigkeit 554
– Verbandswechsel 529
Arbeitnehmer
– Schutzbedürftigkeit 3, 13, 31
Arbeitnehmerähnliche Personen 13
Arbeitnehmereigenschaft
– Abhängigkeit 1, 12, 31
– Ausdehnungstendenzen 25
– Begriff 1 ff
– Chefarzt 2
– Eingliederung 10

– Freie Mitarbeiter 16 ff, 850
– Fremdbestimmung 8
– Gesellschafter 29
– Neue Selbstständigkeit 22 ff
– Organe juristischer Personen 26
– Rot-Kreuz-Schwestern 30
– Schauspieler 8, 15
– Scheinselbstständigkeit 23
– Weisungsgebundenheit, fachliche 4
– wirtschaftliche Schutzbedürftigkeit 3, 13
Arbeitnehmergesellschaften, alternative 29
Arbeitnehmerschutzrecht 33
Arbeitsbedingungen
– Abänderbarkeit 75 ff
– Änderungskündigung 77, 396 ff
– Herabsetzung von über- oder außertariflichen Lohnbestandteilen 403
– materielle 720
– Widerrufsvorbehalt 76
Arbeits- und Wirtschaftsbedingungen 438, 565
Arbeitsdirektor
– Mitbestimmung im Unternehmen 925 ff
Arbeitsförderungsgesetz
– Verfassungsmäßigkeit von § 116 AFG 683
Arbeitskampf
– Andersorganisierte 673
– Arbeitslosengeld 683 ff
– Arbeitskampftaktik 612, 666, 669, 689 f
– Arbeitskampfrisikolehre 186, 574, 654, 678 ff
– Außenseiter 573, 670 ff
– Aussperrung 641 ff
– Begriff 687
– Betriebsstillegung 662 f
– Betriebsverfassungsrecht 741
– Beweislast für Rechtswidrigkeit 629 f
– Boykott 698 f
– einstweilige Verfügung 640
– Einzellösung 665
– Erhaltungsarbeiten 607
– Fernwirkungen 674 ff, 678 ff
– Fernwirkungen von Arbeitskämpfen 683 ff
– Friedenspflicht 591, 599, 692, 696
– Gesamtparität 647
– „Gesetz zur Regelung kollektiver Arbeitskonflikte" 575
– individualrechtliche Betrachtungsweise 569 ff
– Kampfgrenzen, spezielle (öffentl. Dienst) 598, 609
– Koalitionsmittelgarantie 442

– kollektivrechtliche Betrachtungsweise 570
– Komplementärfunktion des Arbeitskampfrechts 578
– Massenänderungskündigungen 709 ff, 712 f
– Maßregelungsverbote 634 ff
– Modellarbeitskämpfe mit Pilotfunktion 685
– Neutralitätspflicht des Staates 683
– öffentlicher Dienst 609
– Paritätsprinzip 580, 677, 693
– Paritätsstörung 649, 680, 693
– Prinzip fairer Kampfführung 607
– Sozialadäquanz 577
– Streik 567 ff
– Sympathiearbeitskampf 688 ff
– ultima-ratio-Prinzip 577, 592, 596, 597, 599
– Unterlassungsanspruch 638 f
– Urabstimmung 599, 602
– Verhältnis zum Schuldrecht 677
– Verhältnismäßigkeitsgrundsatz 578, 604, 650
Arbeitskampfparität 580, 677, 693
Arbeitskampfrisikolehre
– Arbeitslosen- (Kurzarbeiter-) Geld gem. § 146 SGB III 683 ff
– Aussperrung 654
– Bedeutung 190 f, 678 ff
– Betriebsrisikolehre 186
– Betriebs- und Wirtschaftsrisiko 192, 679
– Binnendrucktheorie 680
– kalte Aussperrung 682
– Mitbestimmung im Betrieb 682
– Paritätsprinzip 580
– Prinzip der Solidarität 680
– Schadensteilung 192
– Stilllegungsbefugnis 194
– Streik 574
– Teilstreik 194
Arbeitskampftaktik
– Grundsatz der freien Wahl der Kampfmittel 689
– Produktionsverlagerung 669
– Weiterproduktion 666
Arbeitskampfverbot
– Betriebsverfassungsrecht 730, 741
Arbeitslosengeld 683
Arbeitspflicht
– Erfüllungsanspruch des Arbeitgebers 201
– Erzwingbarkeit 201
– Fixschuldcharakter 204
– Leistungsverweigerungsrecht 72 f

– Nichterfüllung 200 ff
– Suspendierung bei Streik 570
– Zurückbehaltungsrecht 213 ff
Arbeitsrechtliches Beschäftigungsförderungs-
    gesetz 168, 412
Arbeitsunfall 231ff
Arbeitsverhältnis
– atypisch faktisches 255
– Beendigung 331 ff
– Betriebsübergang 291 ff
– fehlerhaftes 132 ff
– Gestaltungsfaktoren 39 ff
– personaler Charakter 36
– unternehmerisches Teilhabeverhältnis 37
Arbeitsvertrag
– Anfechtung 132 ff
– Befristung 411 ff
– Betriebsübergang 291 ff
– und Dienstvertrag 32, 33
– Inhaltskontrolle 141 ff
– Nichtigkeit 137 f
– Unterlassungsanspruch 202
Arbeitsvertragliche Einheitsregelung, siehe
    allgemeine Arbeitsbedingungen
Arbeitsverweigerung aus Gewissensgründen
    72, 357
siehe auch Direktionsrecht
Arbeitszeit
– Betriebsvereinbarung 197, 790 ff
– Flexibilisierung 791
– Günstigkeitsprinzip 488 f
– Mitbestimmung im Betrieb 790, 802 ff
Aufhebungsvertrag
– Anfechtung 129
– Betriebsänderung 886
– Betriebsübergang 330
Aufsichtsratsausschüsse
– Zulässigkeit nichtparitätischer Besetzung
    958 ff
Aufwendungsersatzanspruch 236
Aus- und Fortbildungsbeihilfen 419
Ausgliederung von Betriebsteilen 532
Ausschlussfristen
– formularvertragliche 151
Ausschlussklausel 417, 456
Außenseiter
– Außenseiterarbeitgeber 444, 671 f
– Außenseiterarbeitnehmer 670
– Arbeitskampf 573, 670 ff
– Aussperrung 659 f
– Betriebsvereinbarung 794
– negative Koalitionsfreiheit 456

– positive Koalitionsfreiheit 459
– Rechtstellung im Streik 573
– Tarifvertrag 456, 504 f, 542, 792
Außerordentliche Kündigung
– Beweislast 384
– dringender Tatverdacht 378
– Erklärungsfrist 381
– Tarifvertrag 510
Außertarifliche Angestellte (AT-Angestellte)
– Mitbestimmung im Betrieb 821 ff
Aussperrung
– Adressaten 659 f
– Angriffsaussperrung 645, 652
– Arbeitskampfrisikolehre 654
– Außenseiter 659 f, 671
– Aussperrungserklärung 642, 661
– Aussperrungsurteile des BAG 647 ff
– Begriff 641
– Defensivaussperrung 648
– Einzellösung 665
– Gesamtparität 647
– kalte Aussperrung 682
– Koalitionsmittelgarantie 442 f
– lösende Aussperrung 664
– Paritätsprinzip 580
– positive Koalitionsfreiheit 459
– Quotenrechtsprechung 650
– Rechtsfolgen 641
– Rechtsfortbildung 655 ff
– selektive Aussperrung 660
– Sympathieaussperrung 697
– Verbandsaussperrung 642
– Verhältnismäßigkeitsgrundsatz 644, 650
– Zulässigkeit 644 ff
Auswahlrichtlinien 858 ff

Beamte
– Streik 668
Beendigungskündigung
– Darlegungs- und Beweislast 349
– Vorrang der Änderungskündigung 348
Beendigungsnormen
– Tarifvertrag 465
Befristung von Arbeitsverträgen
– einzelne Arbeitsbedingungen 424 f
– Grenzen der Befristung 411 f
– Inhaltskontrolle 425
– Rechtsfolgen unzulässiger Befristung 414
– Tarifvertragsparteien 156
– Teilzeit- und Befristungsgesetz 412 ff
– wissenschaftliche Mitarbeiter 423
– Zulässigkeit 411 ff

Benachteiligungsverbot, siehe Gleich-
  berechtigungsgrundsatz
Berechnungsdurchgriff (betriebl. Altersvers.)
  279
Berufsgenossenschaft 232
Bestandsgarantie, Koalition 430
– Mitgliederwerbung 431
– Unerlässlichkeitskriterium 432
Betätigungsgarantie, Koalition 437
Beteiligungsausschuss (Mitbestimmung) 948
Betriebliche Altersversorgung
– Änderung von Versorgungsordnungen 281
– Anpassung von Betriebsrenten 273 ff
– Auszehrung 271
– Bedeutung 258 ff
– Berechnungsdurchgriff 279
– Betriebsübergang 312
– Direktversicherung 265
– Direktzusage 264
– Dreistufensystem 284
– Entgeltcharakter 259
– Gesamtversorgung 271
– Gesellschafter als Arbeitnehmer 286
– Günstigkeitsprinzip, kollektives 283
– Inhaltskontrolle 262
– Insolvenzsicherung 280
– Konzern 279
– Leistungsplan 814
– Mitbestimmung im Betrieb 810 ff
– Nachhaftung 287 ff
– nachholende Betriebsrentenanpassung 278
– Nominalwertprinzip 274
– Organmitglieder 286
– Pensionskasse 266
– Pensionssicherungsverein (PSV) 280
– Überversorgung 272
– Unterstützungskasse 267
– Verfallbarkeit 260, 269
– Verteilungsplan 283
– Vertrauensschutz 262
– Versorgungsanwartschaft 270
– Wartezeiten 260
– wirtschaftliche Notlage 285
Betriebliche Mitbestimmung, siehe
  Mitbestimmung im Betrieb
Betriebliche Normen
– Ordnungsnormen 538
– qualitative Besetzungsregelungen 539 ff
– Solidarnormen 538
– Tarifvertrag 465
– Vorruhestandstarifvertrag 544
– Zulassungsnormen 541

Betriebliche Übung
– Beendigung 64
– Funktion 54 ff
– irrtümliche 61
– Vertrauenshaftung 55, 57
– Widerruf 64
Betriebsänderung 884 ff
Betriebsaufspaltung 888 ff
Betriebseinschränkung 884 ff
Betriebsbedingte Kündigung
– betrieblicher Grund 362 ff
– Betriebsrisikolehre 189
– Darlegungs- und Beweislast (abgestufte)
  372
– Punktetabellen 371
– Sozialauswahl 367 ff
– Verhältnis zur Kurzarbeit 362, 366
– Wirtschaftsrisiko 362
Betriebsblockade 607
Betriebsinhaberwechsel, siehe Betriebsüber-
  gang
Betriebsrat
– Europäischer 46
– Initiativrecht 768, 805
– Widerspruchsrecht bei Kündigung 345, 385
– Zustimmung 838 ff
– Zustimmungsverweigerung 851 ff
  siehe auch Mitbestimmung im Betrieb
Betriebsrente, siehe betriebliche Alters-
  versorgung
Betriebsrisikolehre 182 ff, 678 ff
– Arbeitskampfrisikolehre 186, 678 ff
– betriebsbedingte Kündigung 189
– Kurzarbeit 189
Betriebsstilllegung
– Kündigung 373 ff
– Stilllegungsbefugnis 194, 574, 662 f
Betriebsübergang 291 ff
– Abgrenzung zur Betriebsstilllegung 329
– Betriebsaufspaltung 315
– Betriebsteil 305 ff
– Betriebsvereinbarung, Weitergeltung
  318 ff
– Funktionsnachfolge 302
– Insolvenz 314
– Kündigungsverbot 327 ff
– Pensionsanwartschaften 313
– durch Rechtsgeschäft 310
– Ruhestandsverhältnis 312
– soziale Auswahl 295 ff
– Tarifvertrag, Weitergeltung 318 ff
– Tatbestandsmerkmale 299 ff

– Umwandlung von Unternehmensträgern
315
– Widerspruchsrecht 294 ff
Betriebsvereinbarung 720 ff
– abändernde Betriebsvereinbarung 79,
281 ff, 795 ff
– Altersgrenzen 336, 488
– Arbeitszeit 197, 790 ff, 804
– Außenseiter 794
– Betriebsübergang, Weitergeltung 318 ff
– Delegationsproblematik 790 ff
– Einigungsstelle 730 ff
– erzwingbare Betriebsvereinbarung 723
– freiwillige Betriebsvereinbarung 723
– Gewerkschaftsklagen 483, 779 f
– Günstigkeitsprinzip 492, 720, 795 ff
– Inhaltskontrolle 157
– Kompetenzkonflikt 478
– Kopplungsgeschäfte 740
– Kündigung 724 ff
– Nachwirkung 724 ff
– Nichtigkeit/Umdeutung 778
– Rückwirkung 722
– Ruheständler 721
– Tarifvorbehalt 773
– Tarifvorrang (Zwei-Schranken-Theorie)
781 ff
– tarifwidrige Betriebsvereinbarung 482, 779
– teilmitbestimmte Betriebsvereinbarung 724
– verschlechternde Betriebsvereinbarung
713, 795 ff
– Vorrangtheorie 781 ff
Betriebsverfassungsgesetz 1952 910
Betriebsverfassungsrecht
– Arbeitskampfverbot, absolutes 730, 741
– Günstigkeitsprinzip 795 ff
– Leitprinzipien 738 ff
– Tarifvertrag 465
siehe auch Mitbestimmung im Betrieb
Betriebsverfassungsrechtliche Normen 465,
535, 793
Beweislast
– Arbeitskampf 629
– außerordentliche Kündigung 384
– Beendigungskündigung 349
– betriebsbedingte Kündigung 372
Bezugnahme
– Tarifvertrag 505
Bezugnahmeklausel
– formularvertragliche 150
Bildschirmarbeitsplätze 835
· Bilka-Fall 95

Binnendrucktheorie 680
Boykott
– Zulässigkeit 698 f

Darlegungslast, siehe Beweislast
Defensivaussperrung 443, 643 ff
Delegation 468, 790
Deliktsrecht
– Streik 622 ff
Demonstrationsstreik 586 f
Dienstvertrag
– und Arbeitsvertrag 32 ff
Differenzierungsklausel
– negative Koalitionsfreiheit 456
– Streik 585
Direktionsrecht
– Inhalt 67 ff
– Kurzarbeiterklauseln 197
– Mitbestimmung im Betrieb 715, 765, 804
– Streik 668
– Tarifvertrag 787
Direktversicherung 265
Direktzusage 264
Diskriminierung
– Allgemeines Gleichbehandlungsgesetz
(AGG) 86 ff
– Arbeitsentgelt 94 ff
– Bewerbungskosten 92
– mittelbare 96
Doppelgrundrecht 426
Drittwirkungen, siehe Fernwirkungen
Druckkündigung 338
Durchführungspflicht
– Inhalt und Reichweite 482

Effektivgarantieklausel 496
Effektivklausel 493 ff
Effektivlohn
– Änderungskündigung 402, 712
– Tariflohnerhöhung 494
Eigenkündigung
– Anfechtung 129
Eingliederungstheorie 135 f
Eingruppierung 861ff
Einigungsstelle
– Betriebsvereinbarung 723
– Einlassungszwang 881
– Funktion 730
Einstellung
– Begriff 845 f
– vorläufige 864 ff
– ohne Zustimmung des Betriebsrats 851 ff

Einstweilige Verfügung
– Arbeitskampf 640
– Betriebsverfassungsrecht 736
Einwirkungsklage, Einwirkungspflicht 482
Entgelt
– Akkordlohn 245 ff, 826 ff
– Anwesenheitsprämien (Fehlzeiten) 240 ff
– Effektivlohn 494
– Lohnüberzahlung 257
– Mitbestimmung im Betrieb 809
– Prämienlohn 244, 250, 830 ff
– Provision 833 f
– Sonderzahlungen (Gratifikationen) 55, 239 ff
– zweckverfehlende Arbeitsleistung 251 ff
Entgeltfortzahlung im Krankheitsfall 161 ff, 356, 454
Entsenderichtlinie 45
Erhaltungsarbeiten 607
Erwirkung von Ansprüchen (Gratifikationen) 55
Europarechtliche Fragen
– Entsenderichtlinie 45
– Europäischer Betriebsrat 46
– Gleichberechtigung 44
– Richtlinien 42
Exzesskontrolle
– Arbeitskampf 604
– Einigungsstelle 731

Fachtarif 513
Fehlerhaftes Arbeitsverhältnis 132 ff, 255
Fernwirkungen
– Arbeitskampf 674 ff
– Vorsorge- und Übernahmeverschulden 676
Firmentarifvertrag 472, 527, 613 ff
Flächentarifvertrag, siehe Verbandstarifvertrag
Flexibilisierung der Arbeitszeit 791
Fixschuldcharakter der Arbeitsleistung 204
Fortsetzungserkrankungen 166
Fragerecht des Arbeitgebers 117 ff
Franchising 22 f
Freie Mitarbeiter, siehe Arbeitnehmereigenschaft
Freistellungsanspruch des Arbeitnehmers 227, 230
Fremdfirmeneinsatz 847 ff
Friedenspflicht
– Betriebsverfassungsrecht 730, 741
– Streik 591, 599, 691, 692
– Tarifvertrag 480
Fürsorgepflicht des Arbeitgebers 36, 225

Funktionsnachfolge (Betriebsübergang) 302
Gebot der vertrauensvollen Zusammenarbeit 739
Gefahrgeneigte Arbeit 224
Gegnerreinheit 460, 559
Gemeinsame Einrichtungen
– Allgemeinverbindlicherklärung 548
– Tarifvertrag 465, 479, 545 ff
Gemeinschaftsunternehmen (Mitbestimmung) 947
Gemeinwohlbindung 606
Gesamtdotation 281 ff, 812
Gesamtparität 647
Gesamtschuldverhältnis
– Störungen 230, 234
Gesamtzusage 51
Gesellschafter als Arbeitnehmer
– Arbeitnehmereigenschaft 29
– betriebliche Altersversorgung 286
„Gesetz zur Regelung kollektiver Arbeitskonflikte" 575
Gewerkschaften
– Angreiferrolle im Arbeitskampf 648
– Ausschluss von Mitgliedern 435
– Betriebsverfassungsrecht 744
– Industrieverbandsprinzip 513
– Klage gegen Arbeitgeberverband 481 f
– Klage gegen Betriebsvereinbarung 483, 779
– Tariffähigkeit 554
– Unterlassungsanspruch siehe dort
– Vertrauensleute 433
– Werbetätigkeit 431, 447
– Wirtschaftsausschuss 877 f
– „wilder Streik", Übernahme durch 584
Gleichbehandlungsgrundsatz
– arbeitsrechtlicher 104 ff
– Betriebsverfassungsrecht 743
– Geltungsbereich 108
Gleichberechtigung
– Arbeitsentgelt 94
– Bedeutung 80 ff
– Benachteiligungsverbot 88 f
– Diskriminierung, mittelbare 96
– Entschädigungsanspruch 92
– Schwangerschaft 123
– Quotenregelung 101 ff
Gleichheitssatz 80 f
Gratifikationen
– Bedeutung 239 ff
Grundrechtsgeltung 40, 471

Grundsatz der freien Wahl der Kampfmittel
612, 689
Grundsatz des Vorrangs unternehmerischer
(Vor-) Entscheidungen 718, 772, 808
Gruppenarbeit 217
Günstigkeitsprinzip
– Arbeitszeit 488 f
– Betriebsvereinbarung 492, 720, 795 ff
– Effektivklausel 493 ff
– Günstigkeitsvergleich 486 f
– kollektives 283, 797 f
– Lebensarbeitszeit 488 f
– Tarifvertrag 484, 490

Haftung des Arbeitgebers
– Aufwendungsersatzanspruch des Arbeit-
nehmers 236
– Eigenschäden des Arbeitnehmers 237
– Haftungsbeschränkung bei Personenschäden
231 ff
Haftung des Arbeitnehmers
– Freistellungsanspruch 227
– gefahrgeneigte Arbeit 224
– Haftungsbeschränkungen 218 ff
– Kameradenhaftung 233
– Mankohaftung 210
Haftung der Gewerkschaft im Arbeitskampf
631
Handwerksinnung (Tariffähigkeit) 556
HIV-Infektion 122
Holdingnovelle 903

Industrieverbandsprinzip 513
Inhaltskontrolle
– allgemeiner Arbeitsbedingungen 141 ff
– Arbeitsvertrag 141 ff, 424 f
– betriebliche Altersversorgung 262
– Betriebsvereinbarung 157, 732
– Individualarbeitsvertrag 145
– Tarifvertrag 156
Inhaltsnormen
– Tarifvertrag 465
Insolvenz
– betriebliche Altersversorgung 280
– Betriebsübergang 314
– Sozialplan 901
Insolvenzsicherung (betriebl. Altersvers.) 280
Interessenausgleich 879 ff

Karenztage 167, 241
Kernbereichslehre 447
Kettenarbeitsvertrag 411

Kleinbetriebsklausel 333 f
Koalition
– Bestandsgarantie 429 ff
– Betätigungsgarantie 429, 437 ff
– Einrichtungsgarantie 437
– Koalitionsfreiheit 426 ff
– Koalitionsmittelgarantie 442 ff
– Koalitionszweckverfolgungsgarantie 429
– paritätische Mitbestimmung 460 ff
– Tarifautonomie 451 ff
– Verteilung von Gewerkschaftszeitungen
427, 447
Koalitionsfreiheit 426
– negative 456 ff
– positive 426 ff, 459
– Regelungsbefugnis des Gesetzgebers 445
Koalitionsmittelgarantie 442
Kodifikation 38
Konzern
– betriebliche Altersversorgung 279
– faktischer 907
– Mitbestimmung im Unternehmen 943 ff
– Weiterbeschäftigung bei Kündigung 343
Konzern im Konzern (Mitbestimmung) 945 f
Krankheit des Arbeitnehmers
– Entgeltfortzahlung 161 ff, 356, 454
– Kündigung 353 ff
Krankheitsbedingte Kündigung 353 ff
Kündigung
– Abfindung 386
– Änderungskündigung 396 ff
– Anhörung des Betriebsrats 332
– außerordentliche 378 ff
– betriebsbedingte 189, 361 ff
– Betriebsstillegung 373 f
– Betriebsübergang 327 ff
– Betriebsvereinbarung 724 ff
– Darlegungs- und Beweislast 349
– Eigenkündigung des Arbeitnehmers 129
– Fristwahrung 376
– Interessenabwägung 340, 355
– Kleinbetriebsklausel 333 f
– krankheitsbedingte 353 ff
– leitende Angestellte 335
– Massenänderungskündigungen 709 ff
– Nachschieben von Gründen 351
– Prognoseprinzip 340, 360
– Sozialauswahl 367 ff
– Sozialplan 899
– Tarifvertrag 510
– ultima-ratio-Prinzip 339
– verhaltensbedingte 358 f

– Vorrang Änderungs- vor Beendigungs-
kündigung 348
– Weiterbeschäftigung nach 385
– Weiterbeschäftigungsmöglichkeit,
anderweitige 342 ff
– Wiedereinstellungsanspruch 352
– Widerspruchsrecht des Betriebsrats 345,
385
Kündigungsfristen
– Arbeiter/Angestellte 80
– Fristwahrung 376
– Tarifvertrag 81
Kurzarbeit
– Betriebsrisikolehre 189
– Direktionsrecht 197
– Einführung von 196 ff, 366
– Kurzarbeitsklauseln 197
– Mitbestimmung im Betrieb 804 f
– Verhältnis zur betriebsbedingten Kündigung
362, 366
Kurzarbeitergeld 683

Ladenöffnungszeiten
– Arbeitskampf 588
– Mitbestimmung im Betrieb 807 f
Leistungslohn 244 ff
– Mitbestimmung im Betrieb 826 ff
Leistungsstörungen
– Arbeitskampf 674 ff
– Arbeitsverhältnis 158 ff
– Schadensersatzansprüche des Arbeitgebers
198 ff
Leitende Angestellte
– Betriebsübergang 311
– Betriebsverfassungsrecht 748 ff
– Kündigungsschutz 27, 335
– MitbestG 910
Lohnfortzahlung
– Feiertage 159 f
– Krankheit, siehe Entgeltfortzahlung
– persönliche Verhinderung 172
– Urlaub 159 f
Lohnleitlinien, siehe Gemeinwohlbindung

Mankohaftung 210
Massenänderungskündigungen
– der Arbeitgeber 712 f
– der Arbeitnehmer 709 ff
– verschlechternde Betriebsvereinbarung 713
Maßregelungsverbot 634 ff
Mischbetrieb (Tendenzschutz) 758
Mitbestimmung im Betrieb

– Abgrenzung zur Mitbestimmung im Unter-
nehmen 715 ff
– Abgrenzung zur Regelungszuständigkeit der
Tarifvertragsparteien 773 ff
– Akkordlohn 826 ff
– Arbeitskampfrisikolehre 682
– Arbeitszeit 790 ff, 802 ff
– Direktionsrecht 715, 765, 804
– einstweilige Verfügung 736
– Günstigkeitsprinzip 720, 795 ff
– Initiativrecht des Betriebsrats 768, 805
– Instrumente der Mitbestimmung 720 ff
– Kollektivbezug 769 f
– leitende Angestellte 748 ff
– Mitbestimmungsrecht des Betriebsrats bei
kalter Aussperrung 682
– personelle Angelegenheiten 837 ff
– Regelungsabrede 733
– soziale Angelegenheiten 764 ff
– Tendenzbetrieb 754 ff
– Unterlassungsanspruch des Betriebsrats
734 f
– Vorrang unternehmerischer (Vor-)
Entscheidungen 718, 772, 808
– wirtschaftliche Angelegenheiten 877 ff
Mitbestimmung (unternehmerische) im
Konzern 943 ff
Mitbestimmung im Unternehmen
– Abgrenzung zur Mitbestimmung im Betrieb
715 ff
– Aktiengesellschaft 928 ff
– Arbeitnehmerbank, Zusammensetzung und
Wahlverfahren 923 ff
– Aufsichtsratsausschüsse 958 ff
– Beschlussfähigkeit des Aufsichtsrats 954 ff
– Beteiligungsausschuss 948
– Betriebsverfassungsgesetz 1952 910
– Funktionsweise 928 ff
– Gemeinschaftsunternehmen 947
– GmbH 934 ff
– GmbH & Co KG 940 ff
– Konzern 943 ff
– MitbestG 910
– Mitbestimmungsergänzungsgesetz 903
– Montanmitbestimmung 902 ff
– paritätische 913
– Satzungsregelungen (Grenzen) 953 ff
– Spannungsverhältnis zum Gesellschafts-
recht 949 ff
– Stimmverbote von Arbeitnehmervertretern
963 ff

– Verschwiegenheitspflicht der Aufsichtsrats-
   mitglieder 961 f
– Vertagung des Aufsichtsrats 954 ff
Mitbestimmung (betriebliche) in personellen
   Angelegenheiten
– Auswahlrichtlinien 858 f
– Eingruppierung 861 ff
– Einstellung 845 ff
– Fremdarbeitnehmereinsatz 850
– Fremdfirmeneinsatz 847 ff
– Umgruppierung 861 ff
– Versetzung 855 ff
– vorläufige Einstellung 864 ff
– Zustimmungspflicht des Betriebsrats 838 ff
– Zustimmungsverweigerung 851 ff
Mitbestimmung (betriebliche) in sozialen
   Angelegenheiten
– Arbeitszeit 802 f
– Außertarifliche Angestellte (AT-Ange-
   stellte) 821 ff
– betriebliche Altersversorgung 810 ff
– Bildschirmarbeitsplätze 835
– Direktionsrecht 765
– Kurzarbeit 804 f
– Ladenöffnungszeiten 807
– leistungsbezogene Entgelte 826 ff
– Lohngestaltung 809
– Ordnung des Betriebs 801
– Personalinformationssysteme 835
– Telefonüberwachungsanlagen 835
– Tendenzträger 762 f
– Theorie der Wirksamkeitsvoraussetzung
   766 f
– Überstunden 803, 805
– Zulagen, übertarifliche (freiwillige) 815 ff
Mitbestimmung (betriebliche) in wirtschaftli-
   chen Angelegenheiten
– Betriebsänderung 884ff
– Betriebsaufspaltung 888 ff
– Einlassungszwang 881
– Interessenausgleich 879 ff
– Sozialplan 879 ff
– Wirtschaftsausschuss 877 ff
Mitbestimmungsergänzungsgesetz
– Arbeitsdirektor 925 ff
– externe Arbeitnehmervertreter 923
– Unterschiede zum MitbestG 910 ff
– Wahlverfahren 924
Mitbestimmungsgesetz 1976 (MitbestG)
– Arbeitsdirektor 925 ff
– Auslegung 949 ff
– externe Arbeitnehmervertreter 923

– leitender Angestellter 912
– Patt-Auflösung 913
– Tendenzunternehmen 910
– Unterschiede zur Montanmitbestimmung
   911 ff
– Wahlverfahren 924
– Zweitstimme des Aufsichtsratsvorsitzen-
   den 922
Mittelbare Diskriminierung 96
Montanmitbestimmung 902 ff
Montanmitbestimmungsgesetz
– Arbeitsdirektor 925 ff
– externe Arbeitnehmervertreter 923
– Holding-Gesellschaften 903
– neutrales Aufsichtsratsmitglied 913
– Patt-Auflösung 913
– Unterschiede zum MitbestG 911 ff
– und Verfassung 908
– Wahlverfahren 924
Mutterschutz 170 f

Nachhaftung 287 ff
Nachholende Betriebsrentenanpassung 278
Nachschieben von Kündigungsgründen 351
Nachwirkung von Betriebsvereinbarungen
   724 ff
Nachwirkung von Tarifverträgen 470, 497 ff,
   527
– bei Allgemeinverbindlicherklärung 500
– Austritt aus dem Verband 526
– bei Tarifgebundenheit (§ 3 Abs. 3 TVG)
   499
Nebenbetrieb 519
Neue Beweglichkeit 595
Neue Selbstständigkeit 22 f
Normsetzungsprärogative
– der Tarifvertragsparteien 449
Notdienstvereinbarungen 608

Öffentlicher Dienst
– Kampfgrenzen im Arbeitskampf 609
Öffnungsklauseln 473
Offenbarungspflichten des Arbeitnehmers
   117, 125
Ordnungsprinzip 490
Organe juristischer Personen; siehe Arbeit-
   nehmereigenschaft

Paritätische Mitbestimmung (unter-
   nehmerische) und Art. 9 Abs. 3 GG 460 ff
Paritätsprinzip
– Arbeitskampfrecht 580

Pensionskasse 266
Pensionssicherungsverein (PSV) 280
Personalinformationssysteme 835
Personenbedingte Kündigung 353 ff
Personenrechtliches Gemeinschaftsverhältnis
  36
Politischer Streik 586
Prämienlohn
– Bedeutung 250
– Mitbestimmung im Betrieb 830 ff
Prinzip fairer Kampfführung 607
Prognoseprinzip 340
Provision
– Mitbestimmung im Betrieb 833 f

Qualitative Besetzungsregelungen 539 ff
Quotenrechtsprechung
– Aussperrung 650
Quotenregelung 101 ff

Recht am Gewerbebetrieb 623 ff
Recht auf Arbeit 395
Rechtmäßiges Alternativverhalten 209, 599
Rechtsfortbildung
– Arbeitskampf 655 ff
– Richterrecht und Rechtsquellenlehre 658
– Rückwirkung 657
– Wesentlichkeitstheorie 656
Rechtsgeschäftslehre
– Modifizierungen im Arbeitsrecht 113 ff
Regelungsabrede 733, 774
Regelungsbefugnis
– Gesetzgeber 449
Religionsgemeinschaften 754
Richterrecht
– gesetzesvertretendes 575, 655
Rückwirkung
– Betriebsvereinbarung 720
– Rechtsprechung 100, 110, 657
Ruhestandsverhältnisse
– Betriebsübergang 312, 316

Schadensersatzansprüche des Arbeitgebers
– Nichterfüllung 200 ff, 204
Schlichtung 479, 567, 601, 603
Schwangerschaft
– Akkordarbeit 244
– Fragerecht des Arbeitgebers 123
– Gehalts- und Lohnfortzahlungsansprüche
  170
Schwarzarbeit 138
Schwerbehinderteneigenschaft 123

Schwerpunktstreik 612, 649
Seeschifffahrt
– Boykott 699
Sonderzahlungen, siehe Gratifikationen
Sozialadäquanz 577
Sozialauswahl
– Änderungskündigung 407
– betriebsbedingte Kündigung 346, 367 ff
– Betriebsübergang 296 f
– Personenkreis 368
– Punktetabellen 371
– soziale Grunddaten 370
– vertikale Vergleichbarkeit 368
Soziale Mächtigkeit 560 ff
Sozialplan
– Betriebsänderung 886
– Insolvenz 901
– Kündbarkeit 899
– Nachteilsausgleich 893 ff
– Neugründungen 887
– Rang der Sozialplanansprüche 901
Spannenklauseln 456
Stimmverbote
– Arbeitnehmervertreter mitbestimmter Ge-
  sellschaften 963 ff
Streik
– Außenseiter 573
– Beamte, Einsatz auf bestreikten Arbeits-
  plätzen 668
– Begriff 567
– Betriebsblockaden 607
– Betriebsstilllegung 662 f
– deliktsrechtliche Einordnung 622 ff, 631 ff
– Demonstrationsstreik 586 f
– Direktionsrecht 668
– Erhaltungsarbeiten 607
– Fernwirkung 674 ff
– Firmentarifvertrag 613 ff
– gewerkschaftliche Organisation 567 ff, 583
– Kampftaktik 612, 666, 669
– Notdienstvereinbarungen 608
– politischer Streik 586
– Rechtmäßigkeitskriterien 582 ff
– Schadensberechnung 633
– Schlichtung 567, 591, 601, 603
– Schwerpunktstreik 649
– Streikarbeit, Verweigerung von 669
– Streikbruchprämien 635 f
– Streikexzess 632
– Streikposten 607
– Streikunterstützung 659
– Sympathiestreik 688 ff

– tariflich regelbares Ziel 585, 590, 691
– Teilstreik 612
– Urabstimmung 599 ff
– Verschulden 631 ff
– Warnstreik 594 ff
– Wegfall der Arbeitspflicht 570
– Wegfall der Lohnzahlungspflicht 572
– Wellenstreik 681
– „wilder Streik" 584, 630, 707 f
Streikarbeit, Verweigerung von 669
Streikbruchprämien 635 ff
Streikexzess 632
Streikposten 607
Streikunterstützung 659
Suspendierung, siehe Wegfall
Sympathieaussperrung 697
Sympathiestreik 688 ff

Tarifautonomie
– Arbeits- und Wirtschaftsbedingungen 565
– Betätigungsgarantie 437
– Entgeltfortzahlung im Krankheitsfall 454
– Grenzen 563 ff
– Mitbestimmung im Betrieb 773
– Umfang 448 ff
Tarifeinheit 515 ff
Tariffähigkeit 554 ff
Tarifgebundenheit
– Austritt aus dem Verband 526
– Bedeutung 501 ff
– beiderseitige 464, 502
– Betriebsübergang 322
Tarifkonkurrenz 518, 520, 530
Tariflohnerhöhung (Anrechnung) 816 ff
Tarifmacht, Grenzen 563 ff
Tariftreue 507
Tarifvertrag
– Ablösungsprinzip 490 f
– Abschlussnormen 465
– Abspaltung von Betriebsteilen 532
– Allgemeinverbindlicherklärung 549 ff
– Außenseiter 456, 504 f, 542, 792
– außerordentliche Kündigung 510
– Austritt aus dem Verband 526
– Beendigungsnormen 465
– betriebliche Normen 465, 535 ff
– Betriebsübergang, Weitergeltung 318 ff
– Betriebsvereinbarung 795 ff
– betriebsverfassungsrechtliche Normen 465, 535, 793
– Bezugnahme auf 505
– deklaratorische Regeln 454

– Delegation 468
– Differenzierungsklausel 456, 504, 585
– Direktionsrecht 787
– Durchführungspflicht 480, 482
– Effektivklausel 493 ff
– Einwirkungsklage 482
– Erweiterung betrieblicher Mitbestimmung 790 ff
– Fachtarif 513
– Firmentarifvertrag 472, 527, 613 ff
– Friedenspflicht 480
– Geltungsbereich 508 ff
– Geltungsbereich, Veränderungen 525 ff
– gemeinsame Einrichtungen 465, 479, 545 ff
– Gemeinwohlbindung 606
– Grundrechtsbindung 471
– Günstigkeitsprinzip 484 ff, 490
– Industrieverbandsprinzip 513
– Inhaltskontrolle 156
– Inhaltsnormen 465
– Kartellwirkung 472
– Kompetenzkonflikt mit Betriebsvereinbarungsparteien 478
– konstitutive Regeln 454
– korporative Normenverträge 466
– Kündigung 510
– Leitfunktion 504
– Nachwirkung 467, 470, 497ff, 527
– Normenwirkung 467
– Normsetzungsprärogative 449
– Öffnungsklauseln 473
– Ordnungsprinzip 490
– OT-Mitgliedschaft 528
– Repräsentationsfunktion 504
– Schlichtungsverfahren 479
– schuldrechtlicher Teil 464, 479
– Suspendierung entgegenstehender Vereinbarungen 470
– Tarifeinheit 516
– Tariffähigkeit 554 ff
– Tarifgebundenheit 501 ff
– Tarifkonkurrenz 518, 520, 530
– Tarifmacht, Grenzen 563 ff
– tarifwidrige Betriebsvereinbarung 482, 779
– Tarifzuständigkeit 508, 513
– Verbandstheorie 480
– Vorruhestandstarifvertrag 458, 544
– Wiedereinstellungsklausel 569
Tarifvertragsparteien
– Auflösung 531
– Verbandswechsel 529 f

Tarifvorbehalt 773 ff
Tarifvorrang 781 ff
Tarifwilligkeit 557
Tarifzuständigkeit 508
Teilhabeverhältnis, unternehmerisches 37
Teilstreik 194, 612, 666
Teilzeit- und Befristungsgesetz 412 ff
Telefonüberwachungsanlagen 835
Tendenzbetrieb
– Begriff 754 ff
– MitbestG 910
– Tendenzträger 759 ff
Tendenzträger
– Betriebsverfassungsrecht 759 ff
Theorie der Wirksamkeitsvoraussetzung 766 f
Treu- und Fürsorgepflichten 36

Überstunden
– Mitbestimmung im Betrieb 805
Übertarifliche Zulagen
– Anrechnung von Tariflohnerhöhung 816
– Dotationshöhe 815
– Leistungsplan 815
– Mitbestimmung im Betrieb 815 ff
ultima-ratio-Prinzip
– Kündigung 339
– Streik 577, 592, 596, 599
– Verhältnismäßigkeitsgrundsatz 578
Umdeutung
– Betriebsvereinbarung 778
– Kündigung 378
Umgruppierung 861 ff
Unfallversicherung, gesetzliche 231 f
Unterlassungsanspruch
– Arbeitskampf 638 f
– Arbeitsvertrag 202
– Betriebsverfassungsrecht 734 ff, 780
Unternehmerische Entscheidung
– Betriebsverfassung 718, 772, 808
– Kündigung 364, 405
Unternehmerische Mitbestimmung, siehe
    Mitbestimmung im Unternehmen
Unterstützungskasse 267
Unverfallbarkeit
– Versorgungsanwartschaft 269 f
Urabstimmung 599 ff

Verbandsaussperrung 642
Verbandsaustritt 526
Verbandsbeitritt 614, 562
Verbandstarifvertrag 472 ff
Verbandstheorie 480

Verbandswechsel 529
Verdachtskündigung 378, 352
Verfassungsrechtliche Vorgaben 40 f
Verhältnismäßigkeitsprinzip
– Aussperrung 645, 650
– Kündigung 339
– Streik 578, 604
– ultima-ratio-Prinzip 578
Verhaltensbedingte Kündigung
– Abmahnung 359
– Prognose 360
– Vorgänge im privaten Bereich 359
Verschulden
– Arbeitskampf 631 ff
– Krankheit und persönliche Verhinderung
    161 ff
– Schadensteilung nach Verschuldensgraden
    219 ff
– Vorsorge- oder Übernahmeverschulden 676
Verschwiegenheitspflicht
– Aufsichtsratsmitglieder mitbestimmter
    Gesellschaften 961 f
Versetzung
– Mitbestimmung im Betrieb 856 ff
– Versetzungsvorbehalte 78
Versorgungsanwartschaft 269 f
Versorgungsordnung 281 ff
Vertragsstrafen
– formularvertragliche 152 f
Vertrauensleute, gewerkschaftliche 433
Vorrangtheorie 781 ff
Vorruhestandstarifvertrag 458, 544
Vorstrafen des Arbeitnehmers 121

Warnstreik 595 ff
Wegerisiko 172, 195
Wegfall
– Arbeitspflicht im Arbeitskampf 570
– der Bereicherung bei Lohnüberzahlung 257
– Lohnzahlungspflicht im Arbeitskampf 572
Weihnachtsgratifikation, siehe Gratifikationen
Weisungsgebundenheit
– Arbeitnehmer 1, 4, 6, 67 ff
Weiterbeschäftigung
– während Kündigungsschutzprozess 34,
    179, 385 ff
Wellenstreik 681
Wesentlichkeitstheorie
– Arbeitskampfrecht 656
Widerspruch
– Betriebsübergang 294 ff
– des Betriebsrats bei Kündigung 345, 385

Widerrufsvorbehalt
– einzelvertragliche 76
– formularvertragliche 149
Wiedereinstellungsanspruch
– nach Verdachtskündigung 352
Wilder Streik
– Begriff 707 f
– Deliktsrecht 630
– Übernahme durch Gewerkschaft 584
Wirtschaftsausschuss 877 f
Wirtschaftsrisiko 192, 196, 362, 679
Wissenschaftliche Mitarbeiter 423

Zeitlohn 244
Zugangsrecht
– Gewerkschaftsvertreter 433
Zulagen, siehe übertarifliche Zulagen
Zurückbehaltungsrecht
– individuell 213 ff, 702
– kollektiv 703
Zweckverfehlende Arbeitsleistungen 251 ff
– atypisch faktisches Arbeitsverhältnis 255
Zwei-Schranken-Theorie 781 ff
Zweitstimmrecht
– MitbestG 910

Die wirtschaftsrechtlichen

••• *Schwerpunkte*